Minerva Shobo Librairie

中部地域有力卸売企業・伊藤伊の展開

多段階取引から小売直販への移行と全国卸あらたへの道

佐々木聡［著］

ミネルヴァ書房

中部地域有力卸売企業・伊藤伊の展開——多段階取引から小売直販への移行と全国卸あらたへの道

目次

第七章　損益・財務面の特徴（一九八五年以降）……369

序　日雑総合卸売企業の直販化と全国化への展開

1　経営史の視点と方法

本書の課題は、かつて「問屋無用論」[1]などによって想定された卸売企業（中間流通企業）の社会・経済的役割の終焉がなぜ現実のものとならなかったのかという歴史的な課題を、経営史的な視点と方法によって解明することにある。

経営史的な視点とは、市場や競合企業および政府の政策や法律という外部環境や、組織内の当該主体にとっての諸関係（内部環境）との関わりのなかで、経営者や従業員といった人間主体がどのような意思決定や行動をとって、どのような作用・反作用があったかを時系列的にみる視点である。

その際の視野は、経営の営みに関する諸職能の全般に及ぶ。主体的な側面では、所有と経営の特徴、経営者による戦略や組織設計と革新、組織に配置される従業員による現業上の創意や工夫、経営者と従業員との関係、財務面の特徴、経営成果などであり、客体的な側面では市場や業界の状況、政府の政策などである。すなわち、経営史的な視点とは、主体的諸条件に焦点をあてて、客体的諸条件との動態的相互作用を経営の諸職能の全般にわたって客観的に跡づける見方といってよい。

そうした視点による経営史的な方法とは、主に企業史料、業界団体史料、紙誌史料、政策史料、当事者の記録・手紙などの史料の吟味や分析と聞き取り調査によって、経営の諸側面の史的な傾向や特徴を解明する手法である。

2 検討対象の経営史的概略と位置づけ

本書で検討の対象とする業種は、石鹸・洗剤はじめ家庭用紙や、髪や肌や口腔のケア商品、台所や住居用の洗剤・雑貨、衛生材料、ペット用品などの卸売りを主業務とする日用雑貨の中間流通業である。検討の対象とする企業は、一九〇四（明治三七）年に伊藤伊三郎によって創業され、名古屋を起点に東海地域に経営の地盤を置きながら広域的に発展し全国卸へと展開した伊藤伊である。

伊藤伊は、一九二八（昭和三）年に個人経営から合名会社伊藤伊三郎商店となり、一九六六（昭和四一）年には新たに伊藤伊株式会社を設立し、創業以来の主業務のすべてを新設した伊藤伊株式会社へ移した。合名会社のほうは、損保・不動産専従部門として存続し、一九八三（昭和五八）年には、その前年に設立された音羽殖産株式会社と合併する。伊藤伊株式会社は、とくに一九八〇年代後半以降、三代目社長となった伊藤昌弘のリーダーシップによって、台頭する小売勢力への直販拡充と広域展開を遂げ、関西のほか、東海、北陸、関東といった本州の真ん中を商圏とする広域卸売企業に成長した。

二〇〇二（平成一四）年には、ダイカ株式会社（北海道から東北および関東へ進出）、株式会社サンビック（一九九〇年に九州の一〇社合併によって成立し、その後、中国および四国へ進出）と共同持株会社あらたを設立し、同年中には四国の徳倉株式会社も、この持株会社の完全子会社に加わった。二年後の二〇〇四年には、ダイカ、伊藤伊、サンビック、徳倉のほか、伊藤伊の子会社であった野村商事を株式会社あらたに吸収合併して、全国卸売企業の株式会社あらたが誕生した。

ここで、山田啓蔵氏（株式会社プラネット顧問、アイリスマーケティング研究所）が作成した二〇一七年度の業界主要各社の売上高の図と業界の系譜図によって、伊藤伊の位置づけを確認しておきたい。

図序－１に示されるように、二〇一七年三月期の日用雑貨（化粧品を含む）業界全体の市場をみると、花王製品の卸売機能を担う花王グループカスタマーマーケティング株式会社（ＫＣＭＫ）の売上高（八四四九億円、二〇一七年一二月期）[2]を除く一般卸売企業の売上高の合計で約二兆一二〇〇億円である。このうち首位の株式会社ＰＡＬＴＡＣ（パルタック）が三七％のシェアであり、伊藤伊が統合に加わった株式会社あらたが第二位で二七％のシェア、第三位のＪ－ＮＥＴグループが一三％、第四位が北海道から沖縄まで七一社の全国的連携であるサプリコグループで九％のシェアとなっている。したがって、伊藤伊は、現状では業界二位の地位の企業を構成したひとつということになる。本書第四章以下で検討する一九九〇年代～二〇〇一年度まででみると、売上高ランキングでおおむね第三位～第五位の地位にあった。[3]

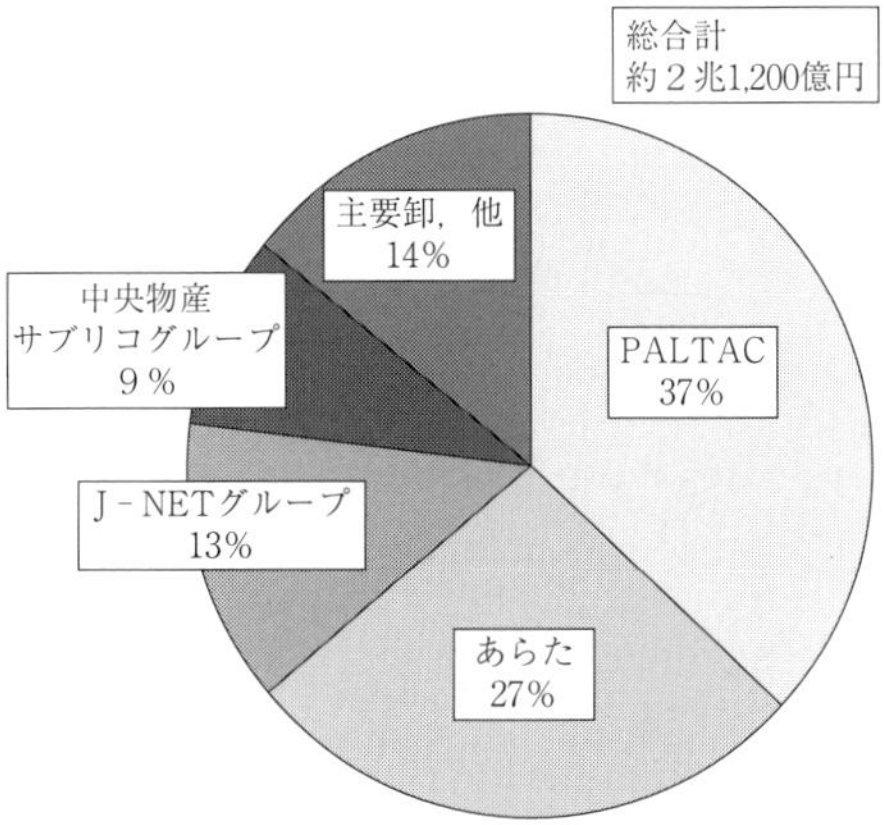

図序－1　日用雑貨・化粧品卸の占有率（2017年３月期）

（注）PALTACは医薬品の売上高を除く。あらたは，ペット部門の売上を除く。

（出典）原資料は，2017年３月期各社『有価証券報告書』，『平成30年版全国日用品・化粧品業界名鑑』（2017年11月，石鹸新報社），『2018年版帝国データバンク会社年鑑』（2017年10月，帝国テータバンク）。グループ企業の年商は個別企業の年商の合算とした。

3　主要各社の系譜

さて、ここで主要各社の系譜をみておこう。[4]

ＰＡＬＴＡＣ

図序－２に示される首位の株式会社ＰＡＬＴＡＣは、一八九八（明治三一）年に化粧品・小間物商のおぼこ号角倉支店として開業した。創業者の角倉種次郎の兄が営む本店に対する「支店」という位置づけであった。[5]角倉支店は、一九一八（大正七）年に合資会社角倉商

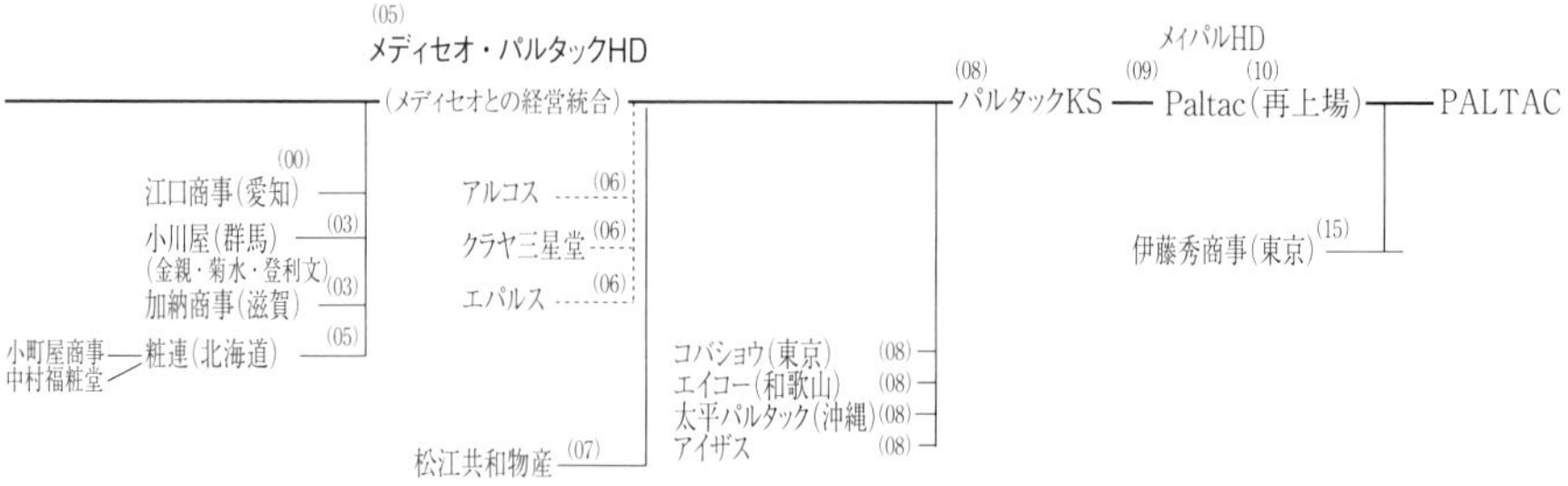

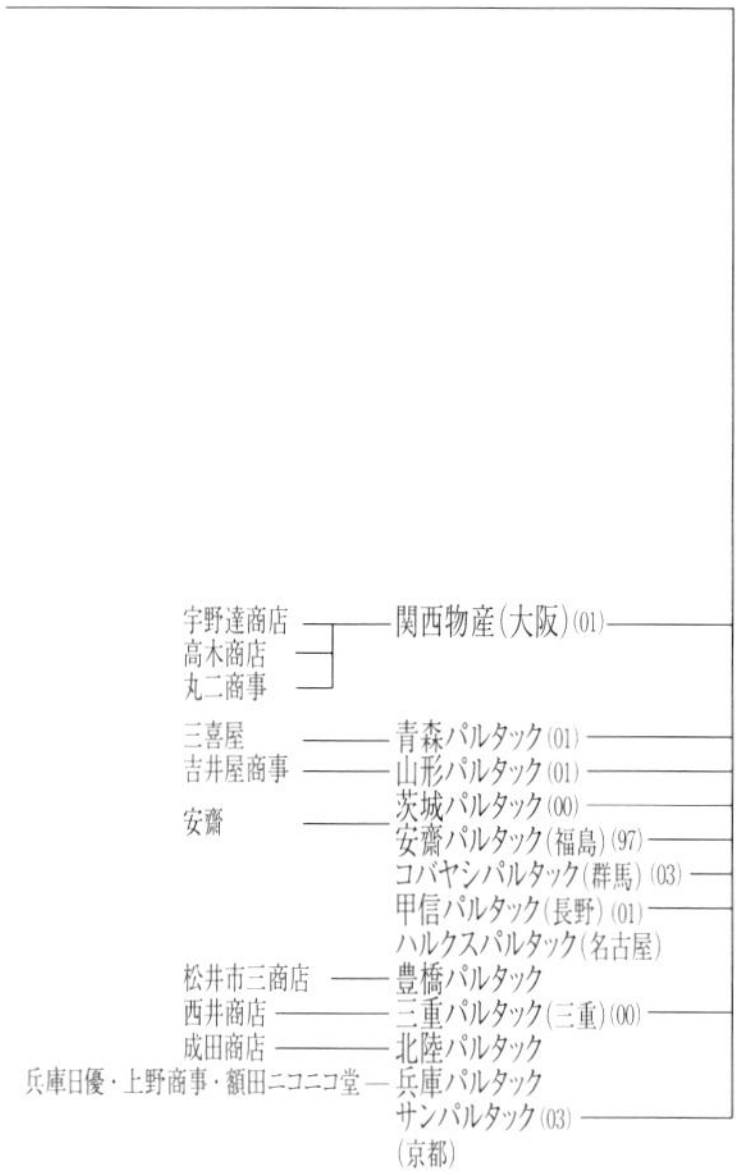

の系譜

年５月）に一部補筆・修正。

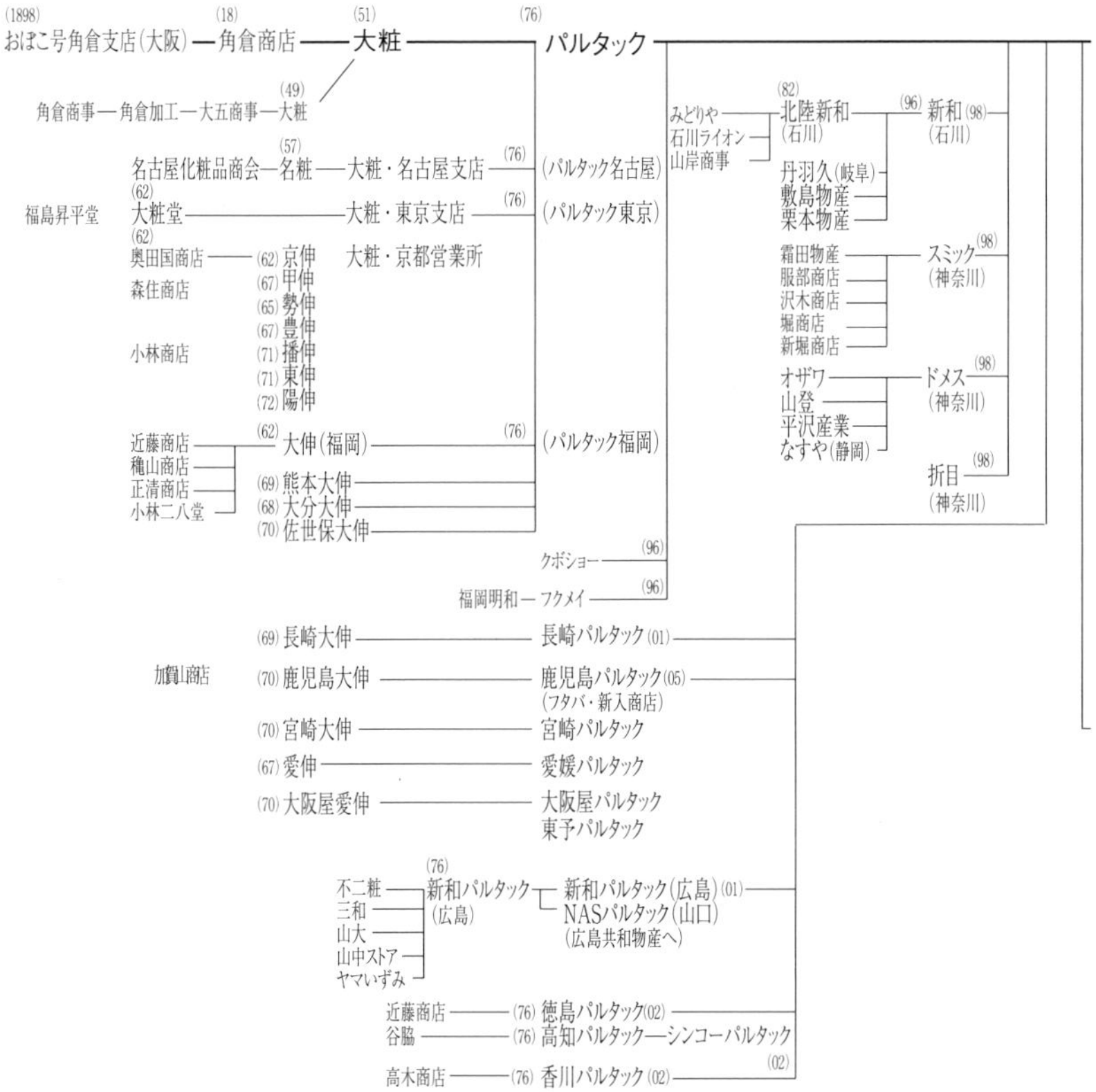

図序-2　PALTAC

（出典）山田啓藏『日用品・化粧品卸流通の歴史』第16版（アイリスマーケティング研究所所蔵，2018

店（一九二八年株式会社へ改組）となり、一九五一年には前年に吸収合併した株式会社大粧（雑貨販売のために一九三八年に設立された角倉商事が一九四九年に商号変更）の名称に商号変更した。そして、一九七六（昭和五一）年にパルタック（Pioneers Alliance of Living-necessaries, Toiletries And Cosmeticsの頭文字から命名）となった。大粧時代の一九六〇年代に名古屋と東京に支社、京都に営業所をそれぞれ開設していたが、一九七〇年代には九州・中国・四国地域に進出する。一九九〇年代には中部・関東地域、二〇〇〇年代には東北地域に進出した。そして、二〇〇五年の粧連の営業譲渡を受けて北海道支社を置いて全国卸化した。

伊藤伊は、前述のように各地域の有力卸が合併した二〇〇二年をもって全国卸化したとみることもできるし、あるいは完全統合の二〇〇四年をもって全国卸化したともいえる。いずれにせよ、あらたのほうが少しパルタックよりも全国化の時期が早かったといえよう。

パルタックの広域化の動きは、一九六九年の北海道でのダイカの成立による道内七社の統合や九〇年代の東北地域への進出に刺激された面があり、それはパルタックに限られたことではなかった。パルタックの広域化の動きは、各地域の業界各社に影響を与えた。第五章でみるように、パルタックに統合される北陸新和が合併した丹羽久、敷島物産、粟本物産の岐阜県三社は伊藤伊の仲間卸（二次卸）であり、伊藤伊の経営者に大きな刺激を与えることになる。一九九〇年代は、業界全体で広域的な展開と統合が進展し、全国の各地域で商圏をめぐって競い合った、いわば「戦国時代」であった。

パルタックは、受注から庫内作業を経て配送にいたる流れをシステム化して、ローコストのオペレーションを確立させた。二〇〇五年には、このローコスト・オペレーションをもって、医薬品の卸店・メディセオとの経営統合を実現し、大きな転換を遂げた。同社は二〇〇九年にＰａｌｔａｃ、二〇一五年にＰＡＬＴＡＣへと社名を変更した。

あらた

伊藤伊が加わった合併会社で業界第二位の株式会社あらたは、図序－3に示されるように、前述の持株会社の設立から完全統合への移行後に伊藤伊の子会社となっていた野村商事を吸収合併した。その後も、伊藤伊と関係のあった木曽清やジャペル（ペット商品）と包括的業務提携を経て合併して、大阪のシスコ（旧秀光舎など）を二〇〇六年に合併することで全国卸としての基盤を強化した。二〇一〇年にはあらたのローコスト・オペレーションを医薬品業界や食品業界に展開するため、アルフレッサHD、日本アクセスとの業務提携をはかった。

J－NET

業界第三位のJ－NET（ジェイ・ネット）グループは、図序－4に示されるように、一九六八年に中野彦三郎商店（広島共和物産）、岡山石鹸（岡山共和物産）、津田物産（ハリマ共和物産）が、共同仕入を目的に西日本共和物産を設立したことに始まる。

広島共和物産は、一九九五年から二〇〇〇年にかけて、広島、山口、岡山、大阪の卸店との合併によって商圏の拡大をはかった。岡山共和物産は、四国の各卸店と二〇〇一年に岡山四国共和を設立した。なお、同社は二〇一一年には広島共和物産と合併した。津田物産は一九六九年にハリマ共和物産と社名変更した後も、数社を合併して拡充をはかった。西日本共和物産は一九九七年に九州明和を統合し、西日本共和を発足させた。同社は、翌一九九八年四月から活動を開始し、中国、四国、九州の共和グループをメンバー店として中国、近畿、九州、四国に基盤を強化していった。

東流社は、一九九一年の東北広域流通協同組合を母体に、寺長（青森）、熊長本店（岩手）、大須賀（宮城）、芳賀（福島）の四社によって[6]一九九五年に設立され、東北地域の連合を果たした。

二〇〇七年に、東流社、中央ホームズ、西日本共和の共同出資によりJ－NETが設立された。さらに、二〇〇九

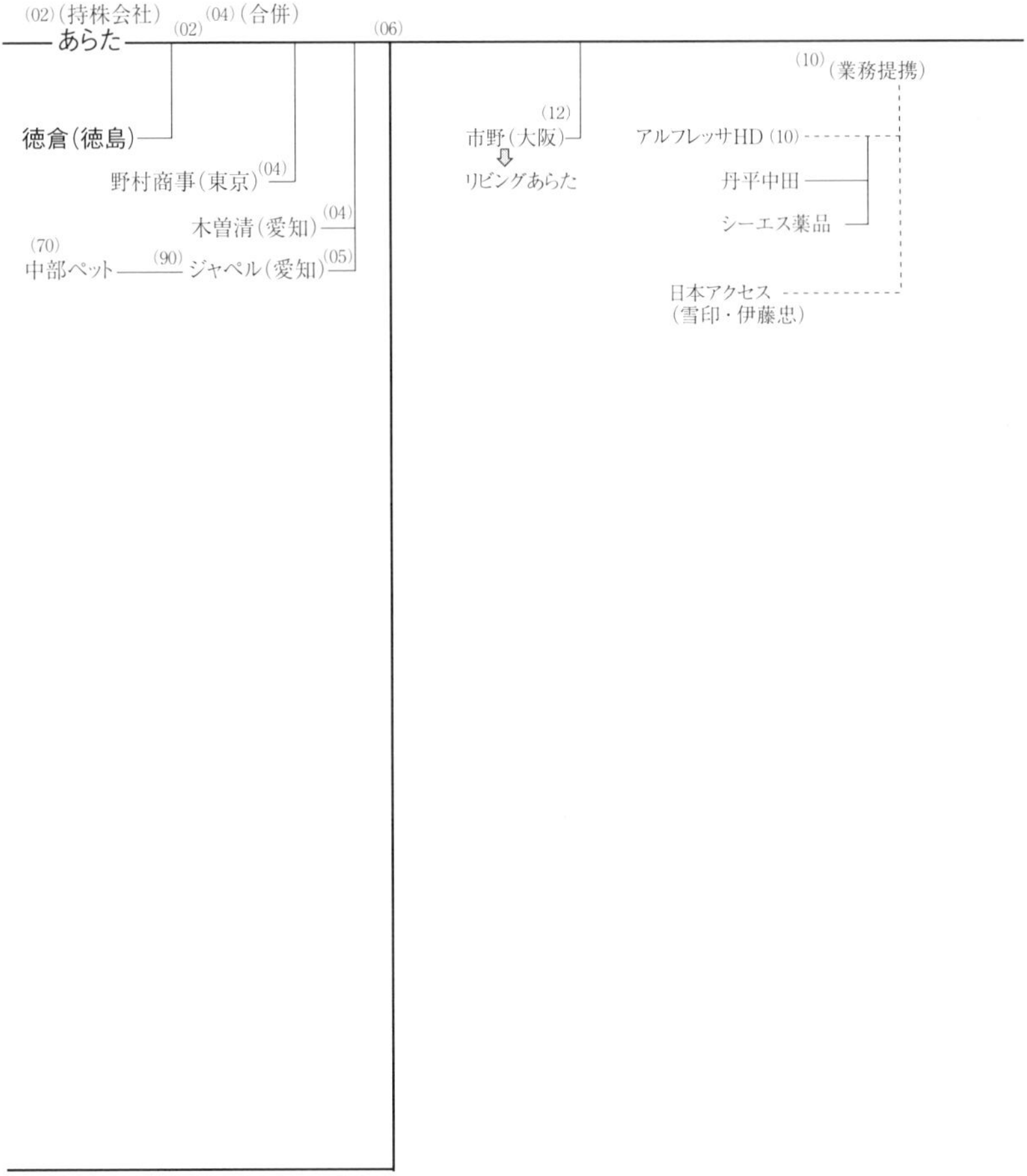

らたの系譜

年５月）に一部補筆・修正。

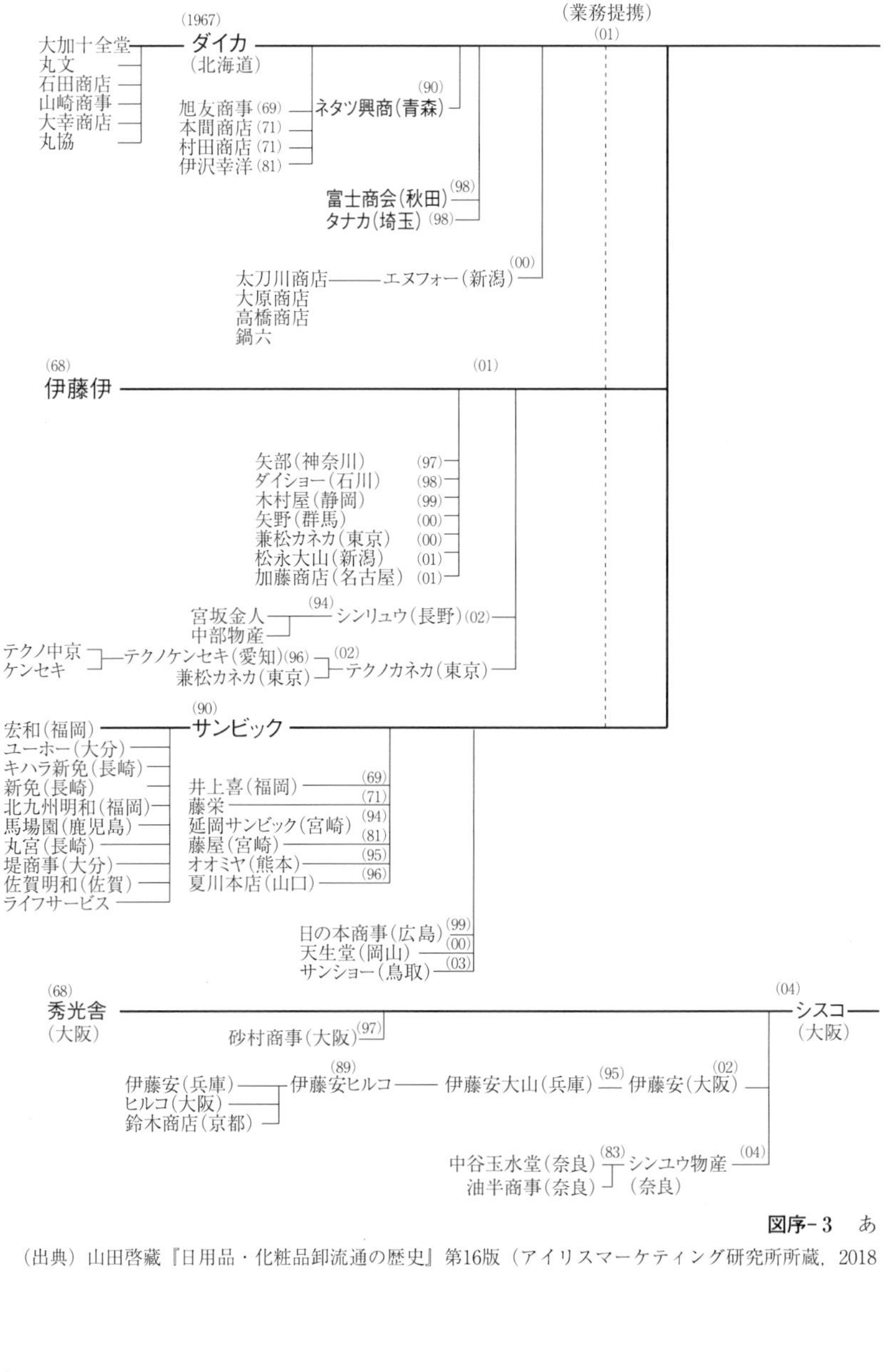

図序-3　あ

（出典）山田啓藏『日用品・化粧品卸流通の歴史』第16版（アイリスマーケティング研究所所蔵，2018

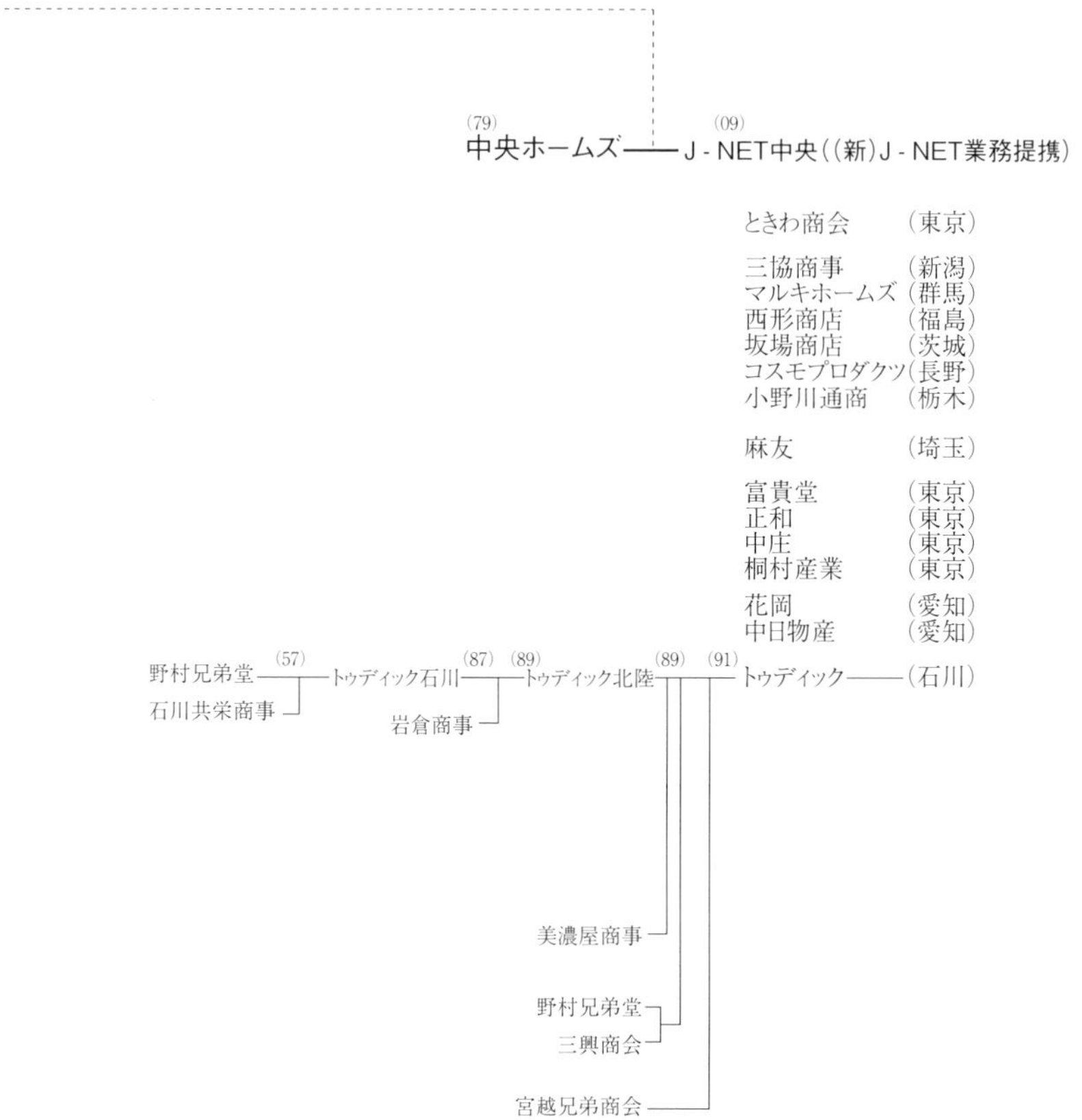

西日本共和・九州明和の系譜

年5月）に一部補筆・修正。

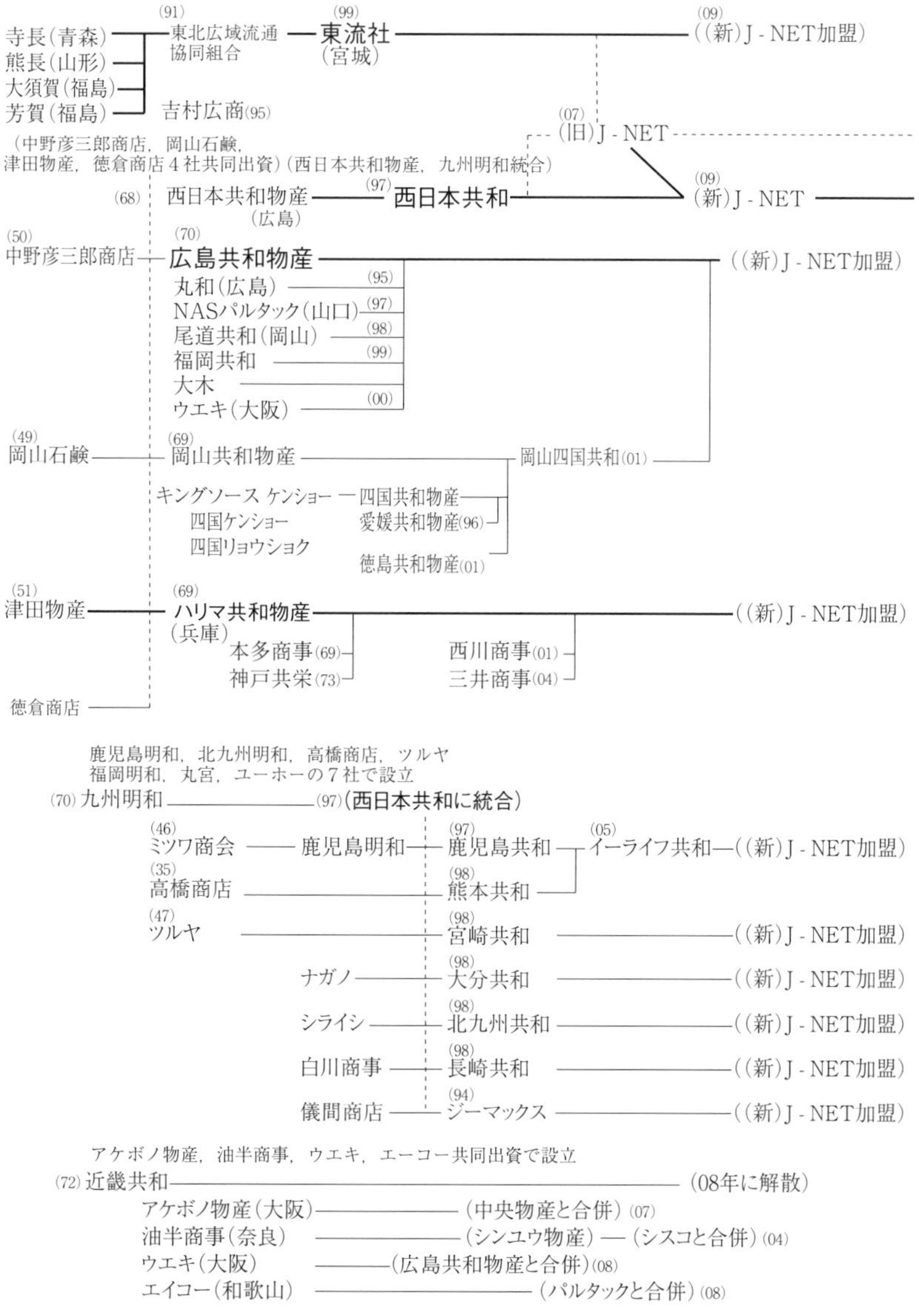

図序−4　J−NET・東流社・

（出典）山田啓藏『日用品・化粧品卸流通の歴史』第16版（アイリスマーケティング研究所所蔵，2018

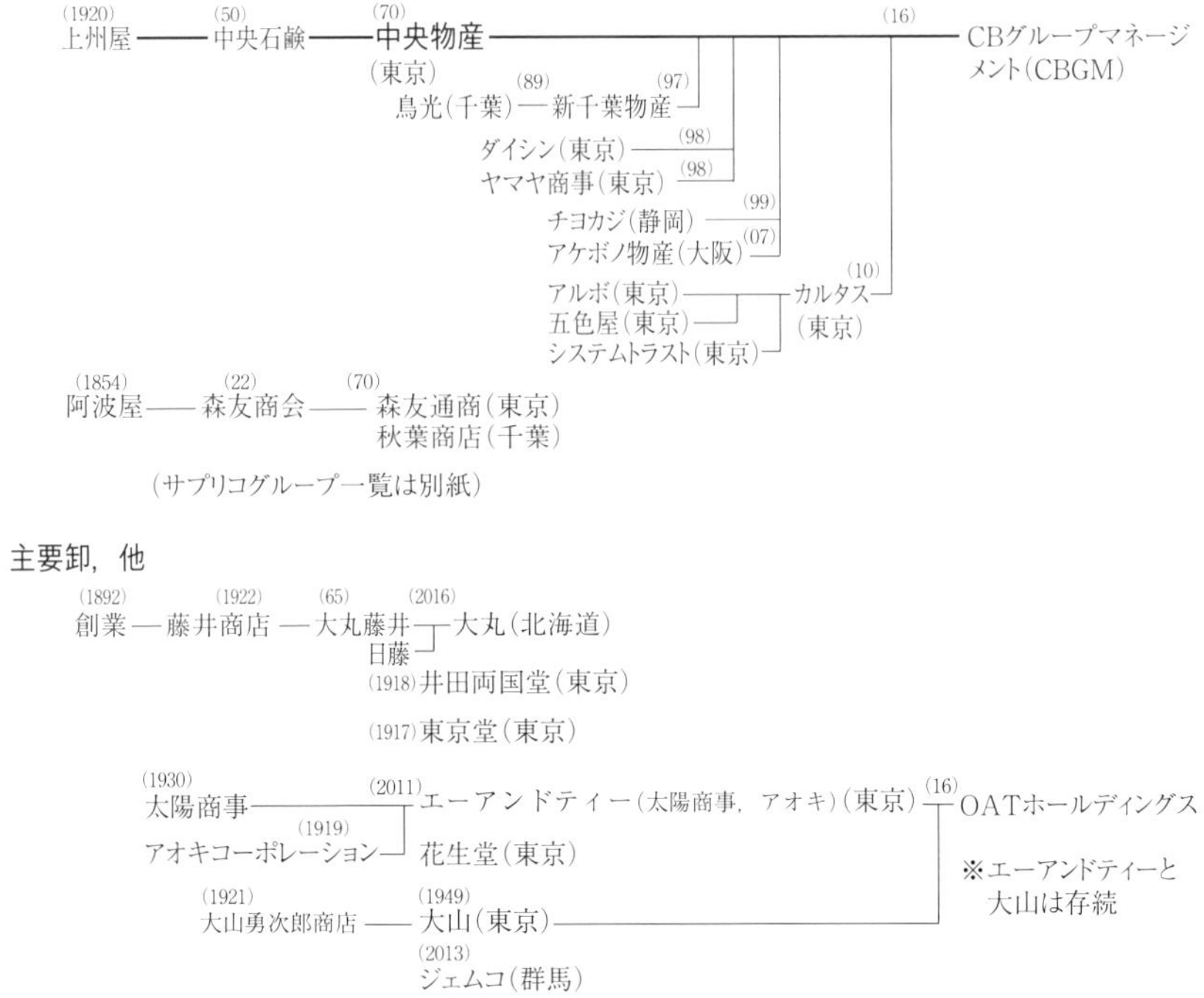

図序-5　CBグループマネージメント（中央物産）およびサプリコ・主要卸の系譜

（出典）山田啓藏『日用品・化粧品卸流通の歴史』第16版（アイリスマーケティング研究所所蔵，2018年5月）に一部補筆・修正。

年には、Ｊ－ＮＥＴと西日本共和が合併し株式会社Ｊ－ＮＥＴが設立された(7)。中央ホームズは二〇〇九年Ｊ－ＮＥＴ中央に社名変更し、関東圏の卸店をメンバー店として展開するとともに、株式会社Ｊ－ＮＥＴと業務提供を果たした。東流社は株式会社Ｊ－ＮＥＴの東日本支社として位置づけられた。これにより、東北から九州までのＪ－ＮＥＴグループの全国展開が確立したといえる。

中央物産

業界第四位の中央物産株式会社は、図序－５に示されるように、一九二〇（大正九）年に東京の京橋に丸山松治が開業した荒物・雑貨業の上州屋が起点となっている。一九五〇（昭和二五）年に設立した中央石鹸が、一九六七年に上州屋を吸収合併し、一九七〇年には中央物産株式会社と商号を変更した。同社の社長となった丸山松治の

表序-1　サプリコのメンバー（2018年２月現在）（71社）

都道府県	所在地	社　名
北海道	旭川	旭川石鹸販売株式会社
青森県	青森	株式会社クロベ
青森県	三沢	株式会社根久商店
岩手県	花巻	株式会社小瀬川商店
岩手県	宮古	株式会社高岩本店
秋田県	秋田	株式会社丸幸
秋田県	秋田中央	株式会社辻源
宮城県	仙台	株式会社渋谷商店
山形県	山形	有限会社イワイ
福島県	いわき	合名会社山城屋商店
福島県	会津若松	株式会社山形屋
栃木県	栃木	株式会社サノヤ
栃木県	栃木南	マチダ
茨城県	笠間	株式会社塙屋
千葉県	銚子	有限会社時友商店
千葉県	千葉	株式会社秋葉商店
千葉県	船橋	株式会社川上商店
千葉県	市川	株式会社イースト
千葉県	木更津	株式会社冨田屋商店
埼玉県	深谷	株式会社中島半平商店
埼玉県	志木	有限会社吉津屋
埼玉県	入間	株式会社坂口屋
埼玉県	岩槻	株式会社長野商店
東京都	渋谷	株式会社柏屋
東京都	目黒	株式会社柳屋
東京都	品川	株式会社冨田ライオン堂
東京都	中央	森友通商株式会社
東京都	青山	中央物産株式会社
東京都	多摩	吉本商事株式会社
神奈川県	八王子	株式会社カネカ
神奈川県	厚木	相模スミック株式会社
神奈川県	小田原	株式会社内亀
神奈川県	横須賀	株式会社まるいフジワラ
新潟県	新潟	株式会社紫竹屋
新潟県	越後	株式会社遠藤商店
新潟県	長岡	株式会社米弥商店
長野県	長野	マルナカ通商株式会社
長野県	飯田	株式会社今泉
静岡県	富士宮	株式会社タケウチ
静岡県	藤枝	キンモ株式会社
愛知県	東愛知	粕又株式会社
愛知県	尾張小牧	山登株式会社
愛知県	三河	株式会社豊栄
愛知県	名古屋	株式会社ヤマダヤ
三重県	四日市	元三株式会社
三重県	伊勢	角仙合同株式会社
岐阜県	飛騨高山	有限会社丸由商店
岐阜県	岐阜羽島	株式会社鷲見商会
富山県	富山	大協紙商事株式会社
和歌山県	和歌山紀北	株式会社亀井商店
京都府	京都南	日華商事株式会社
京都府	京都	福大商事株式会社
大阪府	北大阪	株式会社藤原物産
兵庫県	神戸	カドヤ産商株式会社
兵庫県	姫路	いせ商事株式会社
岡山県	岡山	西本薬品株式会社
広島県	広島	株式会社三久商会
島根県	島根	株式会社井上正文堂
山口県	東山口	株式会社フクヤ
徳島県	徳島	株式会社宇山商事
愛媛県	愛媛	株式会社五百木屋
高知県	高知	有限会社東亜商事
福岡県	福岡	株式会社まさ屋
福岡県	福岡中央	武本ホームズ株式会社
福岡県	久留米	株式会社ビーレイク
佐賀県	鳥栖	梶山商事株式会社
熊本県	熊本	株式会社島崎商店
熊本県	熊本東	株式会社ＫＳイヅミ
宮崎県	延岡	株式会社清水京十郎商店
長崎県	長崎	有限会社ワコー紙業
鹿児島	鹿児島	株式会社柳元

（出典）山田啓藏『日用品・化粧品卸流通の歴史』第16版（アイリスマーケティング研究所所蔵，2018年５月），http://www.supplico.co.jp/member.htm（2018年５月18日アクセス）。

子息・丸山源一によって大きく経営の展開がなされた(8)。二〇一六年に中央物産は、CBグループマネージメント株式会社を中心とする持株会社体制に変更し、関東、東海、関西に拠点を拡大している。サプリコのメンバー企業でもある。

地域卸の連携と単独卸

そのサプリコグループは二〇〇三年に千葉の秋葉商店や東京の森友通商を中心に三八社のメンバーでスタートした。共同企画販売、商品開発、小売業などに対する商談代行を主要業務として、日用雑貨・化粧品卸を中心に、家庭用品卸など全国の中小卸が参加する全国ネットワークをかたちづくっている。二〇一八年二月現在、現在のメンバー店は表序-1に示されるように、七一社となっている。

このほか単独の卸店としては、井田両国堂、東京堂、大山、ジェムコ、A&T、大丸などがある。これらのなかには長い社歴を誇るものもあり、仲間卸(二次卸)の取引はじめ、業界のきめ細かいニーズに応えるなど、独自の路線を展開している。

4 本書の構成と概要

さて、本書では、伊藤伊の創業からあらたへの完全統合にいたる約一〇〇年の伊藤伊の歩みを検討するが、多くは大きな経営の展開を遂げる一九六〇年代後半以降にあてられる。検討に際しては、次のような順で進めることにしたい。

第一章では、伊藤伊の創業の一九〇四(明治三七)年から伊藤伊株式会社が設立される一九六六(昭和四一)年頃までの約六〇年間を検討の対象としている。この時期を経営基盤の形成期と捉えて、初代伊藤伊三郎による創業期の業界やメーカーの販売戦略への対応、化粧品販売の試みとその中止による戦時統制下の経営への影響、戦時期・復興期の統制への対応、一九四七（昭和二二）年に亡くなった創業者の跡を継いだ娘婿の伊藤弥太郎による経営の再建、高度成長期の商品や販売地域の拡充過程などを追った。所有と経営の特徴の検討はもとより、メーカーとの取引関係、仕入先や販売先との関係なども、可能な限り、詳細に検討する。

第二章では、伊藤伊が株式会社を設立する前後の一九六〇年代後半から一九八〇年代前半までの伊藤伊の経営体制を検討する。すなわち、この時期の伊藤伊株式会社の所有と経営の特徴、二代目経営者の伊藤弥太郎やその実弟の服部清成《きよしげ》らの経営方針、三代目社長となる伊藤昌弘の入社の過程、メーカーの戦略への対応戦略、組織の整備や事務や物流業務の合理化の過程などを、できるだけ詳細に検討する。

第三章では、一九六〇年代から八〇年代前半にいたるまでの二次卸への恒常的な販売、すなわち多段階取引を中心としてきた卸売企業の経営がどのような特徴をもっていたかを明らかにする。これに際しては、取引に付随する信認金や預り金、取引先の株式や債券の購入、それら有価証券の配当金や受取利息、販売先への掛売りと貸倒損失金、一部メーカーとの取引制度の内容、内部留保や手元流動性、経営実績とその一部に影響を及ぼす帳合料《ちょうあいりょう》の実態、この時期の業界ランキングなどを吟味する。

第四章では、伊藤昌弘が三代目社長に就任した一九八五年から、全国卸となる二〇〇四年までの所有と経営の状況や、従来の取引関係からの変容の過程を検討する。経営面の検討に際しては、経営史の一般的課題である専門経営者(salaried manager)層の形成過程や伊藤昌弘による経営方針の転換や長期計画、さらには伊藤昌弘の業界内での立場もみることになる。

第五章では、一九八五年から九〇年代前半までの情報システムやロジスティック・システムの高度化の推進、店頭管理システムの構築の過程を検討する。これらは、卸売企業の機能面の競争力を決定づける機能進化の側面といってよいであろう。さらに、有力卸売企業の経営の継承による新会社の設立、P&Gの中核代理店指定、岐阜県への水平的広域化（二次卸との取引というタテの関係ではなく同一レベルの経営統合）などの過程を詳細に検証する。さらに、伊藤伊の経営と営業を担う人的資源の充実や、彼らを合理的に配置すべき組織の変遷も検討する。

第六章では、一九九〇年代後半以降の伊藤伊の広域的な経営展開の過程を検討する。これに際しては、会社の新設や提携および合併の過程、営業の現場、情報システム、ロジスティック・システムの展開の実際などをできるだけ詳細に確認する。さらに、二〇〇〇年代初頭の伊藤伊グループの概要を確認したうえで、持株会社あらた設立前の店頭登録などの準備過程、持株会社あらた設立後の伊藤伊の展開の過程も検討する。本章は、多くの関係者への聞き取り調査もあって、経営史的視点からみて、かなり動態的な検証となろう。

第七章では、三代目の伊藤昌弘社長時代すなわち一九八〇年代後半から二〇〇〇年代初頭までの伊藤伊の損益構造、財務状況を検証する。これによって、第四～六章で検討する伊藤伊の経営展開のなかで、損益構造、資金のやり繰り、信用度、取引先との関係などの実態がどのようなものであったのか、さらには、それらにどのような変化がみられたのかについて明らかにすることになろう。

注

（1）周知のように、この「問屋無用論」は、一九六二（昭和三七）年に出版された林周二（「しゅうじ」と読まれることが多いが、本人の著作での著者名のルビのように「しうじ」と平仮名表記する、一九二六年三月生まれ）の『流通革命』の刊行によって展開された議論である。これについては、佐々木聡『地域卸売企業ダイカの展開――ナショナルホールセラーへの歴史的所産』（ミネルヴァ書房、二〇一五年三月、四四～四五頁）で紹介したように、林の『流通革命』を警鐘と捉えて自己革新に向かった経営者と、否定的な立場にとどまった経営者・学者・ジャーナリストがいた。後者の問屋経営者の反発に対して、林が「今日の問屋経営者の頭脳レベルを反映して、論理の貧弱なものが多い」（ここでは『流通革命』改訂増補版、一九八二年、第五二版、一六三頁による）と述べたことは、大いに当事者たちの感情を逆なでしたに違いないであろう。ただし、同書で林は「昔の意味における問屋機能滅亡論であって、現実の問屋資本そのものが新しい時代に即応して変化することを否定するものではない」（同書、一七〇頁）と述べており、ダイカや伊藤伊のような経営革新による「問屋有用論」を完全に否定してはいない。

波紋を呼んだ『流通革命』の出版から五二年後の二〇一四（平成二六）年四月二七日の『日本経済新聞』（朝刊）で、林周二は、『流通革命』の出版の契機を「ダイエーの一号店（大阪市）を見に行き、その繁盛ぶりに驚いたのがきっかけの一つです。」とし、「当時は高度成長期で、世の中がものすごいスピードで変化していました。そのスピードがもっと速くなることを言いたかったのです。その変化の早さに対応できるかどうかを豊富な事例で紹介しました。」と述べている。また記者による「問屋不要論に関心が集まりましたが、メガ卸は存在します」との指摘に対して、林は「未来書のような読み方をされた読者もいますが、『ここは当たっている。当たっていない』と読まれることに当惑しています。変化をどう捉えるかを読んでほしかった」と返している。

筆者は、筆者の元の勤務先であった静岡県立大学経営情報学部の初代学部長でもあった林周二先生と二〇一五年七月二一日に新宿で久しぶりに会食しながら、同様に『流通革命』の出版の意図と主たる論点について尋ねたが、やはり右の新聞記事とおおむね同様のお答えであった。また、さまざまな林先生のご説明のなかに、自著の波紋の大きさが筆者の予想の範囲を超えていたような印象も感じられた。さらに、もう『流通革命』については、これ以上ふれたくないようにも感じられた。

（2）花王グループカスタマーマーケティング株式会社ホームページによる。

（3）前掲『地域卸売企業ダイカの展開——ナショナル・ホールセラーへの歴史的所産』二五七〜二五九頁。

（4）なおここでの主要各社の系譜については、一部で山田啓蔵氏による系譜に関する解説文を引用するか参考にしている。

（5）パルタック株式会社編『パルタック八十年史』（一九七八年一二月）および株式会社Paltac『有価証券報告書』（自平成二二年四月一日至平成二三年三月三一日）三〜四頁所収「沿革」などによる。

（6）この四社に吉村広商株式会社（熊長本店の一〇〇％子会社となっていた）を加えた「五社によって」という見方もあるが（熊谷昭三・岩倉重夫・佐藤美枝子編『熊長本店社史一八七六—一九九五桜雲緑風一二〇年』二〇〇九年七月、一二一頁）、旧熊長本店関係者に確認したところ「他の一〇〇％子会社も設立時の会社数にはカウントしていない」というので、四社という見方でよいと思われる。

（7）『日経MJ』（二〇〇六年一二月六日）、同紙（二〇〇七年三月一一日）。
（8）加藤与三郎『腹八分の商法――丸山松治商魂の半世紀』（週刊粧業、一九七一年一二月）、尾高煌之助・松島茂編『丸山源一オーラル・ヒストリー』（法政大学イノベーション・マネジメント研究センター、ワーキングペーパーシリーズ№39、二〇〇七年八月）。

第一章　伊藤伊の創業と経営基盤の形成

はじめに

本章では、名古屋で創業し中部地方の日用雑貨卸業の有力卸売企業となってゆく伊藤伊の創業から株式会社設立までの経営の歩みを検討する。日本経済史のなかでは、日露戦争勃発の年で工業化の進展していた時期から高度成長期後半のいざなぎ景気の初期、すなわち一九〇四（明治三七）年から一九六六（昭和四一）までの時期である。

序でもふれたように、伊藤伊は、二〇〇四（平成一六）年四月には、北海道から東北・関東・越後に進出したダイカ、九州のサンビックおよび四国の徳倉との統合により、全国卸売企業の株式会社あらたとなる。(1)

ここでの伊藤伊の検討に際しては、創業者の創業前の経験と創業期の事業、それを継承した二代目経営者の資質と事業展開、メーカーの販売戦略への対応や位置づけ、業界組織のなかでの経営者の役割、戦時から戦後にかけての統制経済への対応、戦後の経営戦略と組織、拡大過程と取引関係の特徴、戦後の伊藤伊の経営実績とそこにみる取引関係上の特徴など、多面的に検討することにしたい。

1　創業から戦前期までの事業と経営

伊藤伊の経営史については、日本経営史上あまり知られていないので、まずその創業から戦時期までの経営者の足跡と事業内容および業界内での位置づけなどについて、概観しておくことにしたい。

創業者・伊藤伊三郎と継承者・伊藤弥太郎

蠟燭製造・販売事業の創業

伊藤伊の創業者である伊藤伊三郎は、一八八〇（明治一三）年六月一八日に、[2] 岐阜県海津郡西濃町松山の農家・伊藤仙八の三男として生まれた。

一三歳のときに大阪の砂糖問屋の丸金商店に奉公したが、二一歳のときに倒産の憂き目に会い帰郷した。その後、養蚕技術をおぼえて養蚕指導員をしていたが、商人としての志を捨てがたく、原蠟問屋船入町安藤商店の支配人をしていた次兄の藤市を頼って名古屋に出て、仲の町で貸自転車店を始めた。しかし、これは失敗に終わった。[3] その後、次兄の援助を得て、蠟燭の製造と卸売を始めた。木蠟（ハゼノキの果皮から採った脂肪）を原料とした流し込み蠟燭で、人力車、自転車、無燈家屋に使用されたほか、手掛蠟燭、神仏用にも使われた。主な用途が人力車であったので、人力蠟燭とも呼ばれた。[4] この人力蠟燭の事業開始をもって伊藤伊の創業とされる。その創業の年月日は、一九〇四（明治三七）年二月一日とされている。[5] なお、その九日後に日露戦争が始まった。

伊藤伊三郎商店では、その後、石鹸・日用雑貨・化粧品にまで取扱品を増やし、日用雑貨問屋としての基盤を築いていく。

伊藤弥太郎の入店

一方、伊藤伊三郎の親戚筋で、後に二代目伊藤伊店主となる伊藤弥太郎は、伊藤伊の創業年である一九〇四（明治三七）年の一月五日に三重県桑名郡野代村南之郷の農家、伊藤清四郎、やゑの次男として生まれた。幼少の頃は病弱で、医者の手を放すことがなかったようで母親の心配は絶えなかった。一九一八（大正七）年三月二二日、地元の多度高等小学校を卒業後、本人は四日市商業学校への入学を希望していた。しかし、父親はすでに伊藤伊三郎との間で、弥太郎入店の話を進めており、本人の希望は受け入れられず、同年七月一五日、名古屋の伊藤伊三郎商店に入店した。これは、座学よりも実践の学びに重きを置く風習もあってのこととされる。

入店前に、桑名の珠算塾に通っていたが、入店後は簿記の専門学校と英語の個人指導に通った。いずれも、日々の仕事の後の夜学であった。一九二二（大正一一）年、一八歳の春で夜学をすべてやめた。当時、店員は七人くらいで、掃除、荷造り、配達、集金、得意先回り、帳簿と一人三役のような状況であった。得意先とのつながりも深くなり、夜の勉強時間が確保できなくなったためである。[6]

取扱商品の回商と近隣の同業者

伊藤弥太郎が仕事に専念することになった一九二二年頃、伊藤伊三郎商店の代理店としての主要商品は、孔官堂、日扇燐寸、リーバ・ブラザースの石鹸、ライジングサンの洋蠟燭、柳屋石鹸（東京）の粉石鹸、ワイヱス石鹸であった。これらのほかに、共進社石鹸の委託製造（OEM）のスタンダード化粧石鹸や長保蠟燭があり、自家製造の流し込み人力蠟燭もあった。これらの商品を、地元の名古屋市を中心に、愛知県、岐阜県、三重県および静岡県の一部へと重点的に販売し、回商範囲も次第に広げていった。[7]日用雑貨商品の販売区域で愛・三・岐という地域区分があるが、すでにこの頃からそうした商圏ができていたことがわかる。

当時の名古屋地域での同業者は、主な取り扱い商品によって分けられる。石鹸専業では、御園町の大木商店、西角町の岩田逸作商店、常盤町の岩田幸十郎商店、押切町の加藤彦三郎商店、伝馬町の丸二水谷商店などがあった。また伊藤伊の創業の事業の蠟燭関係では、堀詰町の中彦商店、大久保商店、森下商店などがあり、化粧品関係では、宮田辰次郎商店、掛布仙太郎商店、中東本店、村瀬谷三郎商店、水谷友吉商店、小足商店、加藤寛次郎商店などがあった。さらに、荒物雑貨関係では、山崎洋行、白宗商店、松卯商店、北山商店、木曽清商店などがあった。[8]

これらのうち、大木（吉次郎）商店、中彦（加藤彦治郎）商店、中東本店（伊藤東兵衛）、村瀬谷三郎商店、宮田辰次郎、掛布仙太郎らは、すでに一九一〇（明治四三）年の『名古屋商工案内』にも業界人として名前が掲載されている。[9]
また、村瀬谷三郎商店、中東本店、水谷友吉（仁三郎）商店などは、明治後期の時点でライオン歯磨の名古屋地区の主要取引先であり、[10]中東商店は、後述するように、一九三〇年頃の名古屋市内の花王石鹸の有力代理店でもあった。
伊藤伊は、後にライオン油脂のトップ・クラスの代理店にまで成長するが、創業期の明治後期の時点では後発の小さな商店であり、まだライオンの有力取引の担い手としては認められない存在であった。その後、後述する配給所の設立はじめ、大正期から昭和初期の営業努力を経て、名古屋の先発の商店と並ぶ存在としてメーカーに認知されるまでに成長する。

合名会社伊藤伊三郎商店の設立

地方出張と商圏の拡大

ところで、伊藤弥太郎は、一九二六（大正一五）年、二二歳で、伊藤伊三郎に見込まれ一人娘のとしと養子縁組して結婚した。当時、日帰りの外商は別として、泊り込みの外商は妻帯者でなければ許されなかった。これは、一人者は泊り込みで誘惑も多くなり遊蕩に陥り易く、挙句には使い込みをしたり体調不良になる心配があったからという。伊藤弥太郎も、二二歳で泊り込み出張の資格をもったので、前述のような営業範囲、すなわち三重県、岐阜県、静岡県へと地方回商に出た。

一九三〇年代になると、鉄道路線の延長によって三重と大阪との往来が便利になり、これにともない大阪との競争が激しくなった。また一九三八（昭和一三）年には、名古屋と大阪もつながって利便性を増すとともに、[11]伊藤弥太郎も地域営業担当者たちも愛・三・岐三地域と大阪の大きな商圏をおのずと意識せざるを得なくなったとみられる。

合名会社の創立

一九二七（昭和二）年六月一〇日、それまでの名古屋市の中区南伏見町二丁目二九番地から中区花園町五番地に移転した。後に伊藤伊の不動産会社として設立された音羽殖産株式会社のビルが現在ある辺りである。都市政策で新地遊郭と称せられた花柳界地区が中村区に移ったので、旧山水楼の跡地を購入してのことであった(12)。

翌一九二八年二月一日、個人経営の伊藤伊三郎商店を改組して、合名会社伊藤伊三郎商店を設立した。なお、この二月一日というのは設立の登記日であり、実際の営業開始という意味での設立日は、後述する定款制定日の同年一月二七日である(13)。資本金は、伊藤弥太郎の記述では七万二〇〇〇円であったとされるが、これは後の時期の七万円の資本金と錯誤したものであろう(14)。設立当初の出資社員と出資額は伊藤伊三郎が一万七〇〇〇円、伊藤弥太郎が六〇〇〇円、伊藤としが六〇〇〇円の合計二万九〇〇〇円である。これが変更されるのは一九四〇年六月二九日のことであり、伊藤伊三郎五万二〇〇〇円、伊藤弥太郎、伊藤とし、伊藤たつゑの三名が各六〇〇〇円で、合計七万円となる(15)。おそらく、このときの資本金七万円との記憶違いであろう。

設立当初の事業目的は、化粧品・雑貨の売買およびこれに附帯する業務とされた(16)。一九四〇（昭和一五）年九月一〇日には事業目的の変更がなされ、①石鹸・雑貨の販売、②洋蝋燭の売買、③右に附帯する一切の事業とされた(17)。また代表社員となる業務執行社員は、伊藤伊三郎であった(18)。存立期間は定めず、営業年度は毎年一一月二九日に始まり翌年一一月二八日に終わる、とされている(19)。

設立から約六年後の状況であるが、同商店の陣容をみると、店主・伊藤伊三郎、支配人・伊藤弥太郎、地方販売部主任・小川勇吉、市内販売部主任・伊藤二郎、支店（中区音羽町四―一）主任・伊藤甚九郎、経理主任・奥村忠夫、計算主任・辰巳新三となっている(20)。したがってこの合名会社設立によって、創業者の伊藤伊三郎が所有と経営の両面のトップを務めながら、伊藤弥太郎が支配人となって事業経営の実質上のリーダーを継承する態勢を内外に示したといえよう。実際、この時期のことであるが、店主の伊三郎が持病のために五〇歳（一九三〇年）を過ぎると第一線から退いたとされているので(21)、一九三〇年代には、すでに実質的な経営のリーダーシップは支配人である伊藤弥太郎が担っていたとみてよいであろう。

また職制で、地方販売部と市内販売部さらに支店があるのは、本店・支店体制による名古屋市内の取引はもとより、前述の愛・三・岐の商圏への取引体制を意識した人員配置であったとみられる。後に、こうした仲間取引の広域化はさらに進展する。

メーカーの販売戦略への対応

ライオン石鹸名古屋配給所　ライオン歯磨の小林商店（一九四九年二月に小林商店からライオン歯磨に改称）では、一九二七（昭和二）年一月以降、歯磨関連製品の卸売値段の協定を全国の卸業者に呼びかけて、各地で協定会を設立していった。名古屋では早くも同年同月、東京、大阪と並んで協定会が設立された[22]。一方、ライオンの石鹸部門が一九一九（大正八）年八月に小林商店から独立したライオン石鹸株式会社（一九四〇年九月にライオン油脂と改称）は、東京・大阪・名古屋などの都市部で卸店を経由しない小売店との直接取引を推進したが、地方部については各地の有力代理店を頼りにした。

伊藤伊三郎商店にも、ライオン石鹸から愛・三・岐の代理店としての商談があった。半年間の交渉を経て、一九二九（昭和四）年の初頭に契約が成立し、同年三月から販売活動を開始した。しかし、ライオンの洗濯石鹸が植物性でほかの石鹸よりも四割ほど高く、販売面での苦労が続いた。その後の三年間の努力にもかかわらず、ライオン製品の単独計算では赤字が続き、経常欠損の半額をライオン石鹸に負担してもらう契約とした。結局、ライオン石鹸の販売部門を独立せざるを得なくなり、伊藤伊本店から一〇〇メートルほど東の城代町三番地にライオン石鹸配給所の看板を掲げて[23]、営業を開始した。所長の伊藤甚七以下、五名の所員であった。その後、三年で黒字に転換し、一九三五（昭和一〇）年には、再び伊藤伊三郎商店に合併することとなった[24]。こうしてライオンとの取引関係では、次第に愛知県内で有力店として基礎を固めてゆくこととなった。

花王の流通改革と名古屋地区代理店　花王石鹸では、一九三〇（昭和五）年八月一日の新装花王発売計画の発表にともない、流通上の革新を遂行した。それまで、東京の大きな問屋は東日本一帯に対して、大阪の大問屋は西日本全般に対して、それぞれ帳合元の広域代理店として広い商圏を確保していた。流通改革の手始めとして、一九三一年一月から、こうした東京・大阪の有力代理店による地方直送を制限した。これと関連する流通改革の第二として、従来の間接（B級）店を花王石鹸本舗との直接取引の代理店（A級）店に昇格させるなど、各地域の流通機構の見直しをはかった[25]。

愛知県を含む東海道甲信越地域でも、これらの措置が進められた。各県の代理店は各県ごとの独立した存在とされ、原則として他県への進出を認めないこととされたが、地理的関係その他の事情によって例外もあるとされた。岐阜県は、その例外のひとつであった。同県では、四つの代理店があったが、一般化粧品のみならずすべての商品が大阪や名古屋の勢力範囲の下にあり、岐阜県として独立して進み得る有力な代理店の存在が認められなかった。そこで、岐阜県については、名古屋の中東商店と森本商店の配下とし、岐阜市の松物商店と大垣市の村上才治商店を副代理店として販売援助をさせることとした[26]。

中東商店や森本商店は、名古屋市のほかに岐阜県下に帳合先をもっていた。店に納品される店入品《みせいれ》については、これら中東商店や森本商店のような直接店（一次卸代理店――引用者）と間接店（二次卸店――引用者）のいずれにも、一ダースにつき金四銭を即時歩引きすることとし、代理店の帳合にもとづいて間接店などに直送される直送品については、帳合元の直接店に対して一ダースあたり二銭を即時歩引きすることとされた。ただし直接店に対しては仕切書をもって、間接店に対しては歩引券を発行して出荷の都度送付することとされた。また、直接店の取引サイトは五〇日とされた[27]。

この即時歩引きは仕入割戻金と考えられる。また帳合品の歩引きは、帳合料の側面もあわせもっていたと考えてよいであろう。

中東商店と森本商店は店入品よりも帳合による直送品の比率が高く想定されていた。直接店と間接店のいずれも、取引実績と期待値にもとづいて年末の奨励金を付与することが予定されており、両店とも二銭五厘と他店より五厘高い比率で設定されている。これらのことから、この両店は、花王との取引関係では有力店として位置づけられていたことがわかる。一方、愛知県内では二九の間接店があり、伊藤伊三郎商店は、そのひとつであった。その販売予定量も四〇梱（一梱は五〇ダース）ほどであり、奨励金の比率も一ダース当たり二銭五厘から一銭五厘の幅のなかで、一銭五厘と低めに設定されていた[28]。

このように、一九三〇年代初期にあっては、花王との取引関係でみると、伊藤伊は愛知県内ではまだ二次卸店の位置づけにすぎなかった。とはいえ、花王との恒常的な取引関係はこの新装花王発売にともなう流通改革の時期に始まり、後述する戦後の配給統制などで関係が強化されてゆく。

丸五商会の設立

花王と伊藤伊の取引の開始が遅れたのは、花王が創業期から化粧品関係の問屋を中心に代理店を設けていったためであるとされている[29]。伊藤伊三郎商店の取扱品目は、前述の主な事業分野にも示されていたように、化粧品の取扱いがあったものの雑貨・荒物系統が中心であり、花王の取引制度と販売の改革と同じ一九三〇年頃の化粧品売上高は「総売上高の三割を占める」に過ぎなかった。伊藤弥太郎は、その「三割を占める[30]」化粧品の営業の分離を考えた。これは、化粧品類の取引慣習と石鹸や日用雑貨の取引制度との違いによるものであった[31]。

というのは「当時から石鹸雑貨取引の支払い慣習は六〇日サイト、化粧品の取引サイトはそれよりも長く九〇日から一二〇日であった」し、「石鹸雑貨の取引は正味単価であり化粧品の制度は歩引制度にて然も都度引、特定歩引、期末歩引、詰合歩引、単品歩引等々、複雑極まる仕組に成っていた」ので、「仕入、販売、経理を兼ねて奔走しつつあった」伊藤伊の従業員たちには「到底仕訳明細の記帳は至難であった」という[32]。

伊藤弥太郎は、「このように取引性格《ママ》が大きく異なり分野の違う商品を併合販売することの難業から脱出しようと」考えて[33]、創業者の義父・伊三郎の同意を得たうえで、当時の同業の盟友であった亀谷商店の横井竹松[34]、水谷藤助（水谷商店）、梶浦倉一（梶浦商店）の協力を得、さらに化粧品業界に精通していた大倉氏[35]を支配人として招いて、伊藤伊三郎商店を含む五人の共同による化粧品問屋を設立することとした。一九三二（昭和七）年五月三一日、名古屋市中区門前町二丁目に、現金問屋の丸五商会が設立され、翌日から営業を開始した[36]。伊藤伊三郎商店の化粧品の在庫を、同月末にこの新会社に売り渡した。これをもって、伊藤伊三郎商店では、化粧品の取扱を全廃することとなった。前述のように、この九年後に事業目的から化粧品の販売が外された。しかし、後の統制期に、このことが裏目ともなる[37]。

化粧品メーカーの販売会社設立への対応　一九二〇年代後期（昭和初期）に、資生堂や中山太陽堂などの化粧品メーカーは、各地域に有力卸店の協力を得ながら、自社製品専門の卸売りの販売会社すなわち販社を設立していった。資生堂では、一九二八年八月に水谷友吉商店の資生堂中京地方卸部を独立させて、名古屋資生堂販売株式会社を設立した[38]。中山太陽堂の関係では、一九三四年二月に設立された名古屋クラブ特定品販売株式会社で、中東商店、原錦粧堂、水谷商店、井澤屋本店などが経営陣となっている[39]。

その四年一〇カ月後に設立された愛知県クラブ化粧品販売株式会社では、やはり中東商店の伊藤東兵衛が代表者となっており、同氏が中山太陽堂から最も信頼されていた存在であったとみられる。中山太陽堂の関係者を除くと、村瀬俊一や水谷藤助など名古屋市の有力店の経営者や前述の丸五商会の関係者が経営陣・出資者として名を連ねており、伊藤伊三郎も監査役に就いている。このことから、丸五商会の化粧品販売の実績が認められ、その経営陣が愛知県クラブ化粧品販売株式会社の中心となったことがうかがわれよう。伊藤伊三郎商店も、スピンアウトさせた事業とはいえ、こうして愛知県の化粧品の有力商として次第に認められるようになっていった[40]。

ところで、メーカーの販売会社に対して、ライオン石鹸名古屋配給所のように分離独立組織として対応したり、あるいは丸五商会や愛知県クラブ化粧品販売株式会社のように同業他社との共同の出資・経営による別会社として対応する方法は、この時期から戦後の一九六〇年代にかけて、ほかの地域の有力卸売企業についてもみられたことである[41]。このようなスピンアウト戦略や共同出資企業の設立の戦略は、メーカーの前方統合的な販売戦略に対する、流通の中間段階に位置する卸企業による川上方向への対応措置として注目しておきたい。

伊藤伊三郎商店では、石鹸や化粧品などの卸業者としての事業のほか、創業の生業である蠟燭の製造と卸売も継続した。創業の事業であった人力蠟燭は自家製造であったが、後に取り扱うようになった洋蠟燭は、大阪の中村物吉商店（後の東洋ローソク株式会社）から新案特許の長保ローソクとともに仕入れて販売していた。この仕入れにともなう運賃が価格競争上のネックとなっていたので、伊藤伊では中村物吉商店と協議のうえ、名古屋市に工場をもつこととした。一九三二（昭和七）年の夏、両社の共同出資で、名古屋市南部の工場地帯の堀田地区、瑞穂区新開町に五〇〇坪の土地を購入し、工場を建設し「共進社」と命名した。これが、後の伊藤伊の堀田《ほりた》工場となる。ちなみに、意図した命名であるか否か確認できていないが、大阪で宮崎奈良次郎が一九〇九（明治四二）年に創業した共進社石鹸製造所（牛乳石鹸）と同一の名称であることは興味深い(42)。

蠟燭製造工場の経営

蠟燭の販売競争が激しくなるなかで、同工場は量産と量販に努め、東海地域のほか、滋賀県、京都府へと得意先を拡げた。しかし、赤字決算から脱することができず、共同経営者の中村氏は手を引いてしまったので、伊藤伊による単独経営となった。

しかし、その後も経営は好転しなかった。やがて、戦時体制に移行するなかで、洋蠟燭が統制品となり、主原料のパラフィンとステアリン酸が全国二〇〇の工場に割り当てられ、製品の七〇％が供出となった。製品の配給は県単位組合と軍が中心で、一般市販品は二割程度に制限された。原料が割り当てられ、販売面の買上も一定程度まで保証されているため、工場経営は名目上は好転した(43)。もちろん、自由な市場経済下での経営の好転とはいい難い。

蠟燭のほか、石鹸、燐寸、蚊取線香など、伊藤伊の主な扱い品の九〇％が統制品となった。価格と配給経路が公的に定められたため、自由競争による利潤獲得が許されず、伊藤伊の経営は苦しくなっていった。伊藤弥太郎は、このとき化粧品には統制が布かれなかったので、前述の化粧品取扱の全廃が悔やまれたという(44)。

しかし、化粧品について統制がなかったわけではない。一九四一年五月には、不足する原料の割当のため化粧品工業組合連合会が設けられた。また各地で、配給経路としての化粧品卸業統制組合も設立された。シャンプーや歯磨には物品税が課税され、しかも増税が重ねられた。容器不足から製造中止となる化粧品が出たり、容器の規格も制定された。また、化粧品の販売会社・メーカーがともに容器回収に努力を傾けることになった。統制外の代用原料による「化粧品」が製造され、販売された。伊藤弥太郎が悔やんだというのは、そもそも品不足で「売手市場であった」ことや、そうした統制外商品の販売に活路があったと思ってのことであったろう。(45)

岐阜支店と四日市支店　戦時期の一九四一年八月二九日、伊藤伊三郎商店では、岐阜市（元浜町七番地）と四日市市（浜町一〇三番地）に支店を開設して、三重県と岐阜県での販売拠点とした。これら二つの支店の営業活動の実態は不明であるが、いずれも終戦翌年の一九四六年九月一七日に廃止している。(46)

2　戦時期から戦後復興期の経営

次に、戦時から戦後期の経済統制への対応と業界での伊藤伊および経営者の位置づけを確認するとともに、戦後復興期の経営再建過程の所有と経営の特徴などについてみてみよう。

業界組織と戦時の経営

名古屋地区の業界組織　名古屋地区では、すでに一九三〇年代に表1－1に示すような業界組合ができていた。ここには、設立が最も早い石鹸製造から、設立が新しく組合数が最多の化粧品の小売まで示されているが、卸商関係では名古屋小間物卸商組合と名古屋荒物雑貨卸商組合が示されている。蠟燭を除く当時の伊藤伊の業務内容でみると、名古屋小間物卸商組合が関連が深いであろう。組合長の森本善七は、名古屋銀行、日本車輛、日本撚糸、東陽倉庫などの取締役も務め、東京の日本橋横山町に森本商店の支店を設けるほどの展開をしていた。(47)

このほかに、この時期の名古屋地区に存在した小間物・化粧品の卸業者が集った業界組織としては、共同仕入と親

合を除く業界組合（1934年）

組合長	組合長所属（1936年）	組合員数
森本善七	森本本店店主	30
後藤庄太郎	ゑびすや店主	2,300
森　庄助	葵香本店店主	12
石塚元雄	石塚石鹸製造所代表社員	14
青山庄兵衛	不明	20
馬淵源六	馬淵合名会社代表社員	19
竹市代吉	合資会社竹市商店店主	75
荒川源市	不明	25

「大」となっているが，『昭和11年小間物化粧品年鑑』249
にしたがい「代」としている。
年１月）41頁，同『昭和11年小間物化粧品年鑑』（同社，

関連の商業組合（1934年）

理　事	理事所属（1936年）	組合員数	出資総額（円）
加藤寛次郎	加藤化粧品部代表社員	80	10,530

248〜250頁，310〜313頁。

睦を目的に一九二六（大正一五）年一月に創設された商栄会、本舗側代理店側双方の懇親・研究を目的として一九三二（昭和七）年五月一一日に設立された十一日会、化粧品の共同仕入れを目的として一九三三年一一月に設立された草進会、優良化粧品の統制販売を目的に一九三四年三月一三日に設立された名古屋化粧品統制聯盟会などがあった[48]。この組織は、表１－２に示す名古屋化粧品卸商組合と関係する団体と思われるが、その詳細は不明である。ただし、これらのいずれにおいても、伊藤伊および伊藤弥太郎はまだ中心的存在ではなかったようである。

戦時中の石鹸配給統制組合　一九四二（昭和一七）年六月一日、各地の石鹸工業組合が解散させられて、新たに日本石鹸工業組合が設立された。その翌月の同年七月二日、商工次官通牒によって、各府県の卸商業組合が府県単位の統制組合としてあらためて位置づけられることになった。同年同月一五日の創立総会を経て、同月二五日、「石鹸、家庭用洗剤及石鹸生地ノ統制配給[49]」を目的とする日本石鹸配給統制株式会社が設立された[50]。

愛知県でも、府県単位の新たな統制組合として一九四二年一一月五日に、愛知県化粧品卸商業組合から分離して愛知県石鹸卸商業組合が仮登録された。同年一〇月より、日本石鹸配給統

表1-1　名古屋市内の商業組

組合名称	設立年月	所在地
名古屋小間物卸商組合	1919年11月	名古屋市中区白川町5の27
名古屋化粧品小売業組合	1926年10月	名古屋市西区日津町野合170
名古屋香油商組合	1924年6月	名古屋市中区白川町5の27
名古屋石鹸製造組合	1886年2月	名古屋市東区水筒先町2の8
名古屋組絲商組合	1909年2月	名古屋市中区白川町5の27
名古屋袋物卸商組合	1919年12月	名古屋市中区白川町5の27
名古屋金属小間物製造同業組合	1919年10月	名古屋市中区南新町3の5
名古屋荒物雑貨卸商組合	1912年1月	名古屋市西区伝馬町1丁目荒川方

（注）竹市代吉氏の名前の「代」の表記は前掲『昭和10年小間物化粧品年鑑』41頁では
頁，311頁やその他の関係史料では「代」となっている。ここでは，これらの表記
（出典）広田嘉一編『昭和10年小間物化粧品年鑑』（東京小間物化粧品商報社，1935
1936年1月）248～250頁，310～313頁。

表1-2　名古屋市内の業界

組合名称	設立年月日	事務所所在地
名古屋化粧品卸商組合	1933年3月29日	名古屋市中区南伊勢町3の12

（出典）前掲『昭和10年小間物化粧品年鑑』52頁，前掲『昭和11年小間物化粧品年鑑』

制株式会社から愛知県石鹸卸商業組合を経て各地区の小売商業組合へ卸され消費者へ公定価格で販売される配給が、実施に移されることとなった。愛知県石鹸卸商業組合の仮登録段階では、一口の出資金額は五〇〇円で、第一回払込金額は一口二五〇円とし、それまでの卸業者の販売実績調査にもとづいて各口数が設定された。総口数一〇二七口で、第一回払込金額は、二五万六七五〇円の払込金額となって、活動を開始することになった[51]。この愛知県石鹸卸商業組合の設立に際しては、大きな対立もあったが[52]、表1-3に示すようなメンバーで一九四二年三月一〇日に正式に設立された。

この表で注目したいのは、伊藤弥太郎が副組合長に就任していることである。すでに伊藤伊三郎商店の営業部主任として、持病のあった伊三郎に代わって一九三〇（昭和五）年頃から采配を振っていたが、一九四二（昭和一七）年八月二一日には、合名会社伊藤伊三郎商店の代表社員に就いた[53]。三八歳のことである。これにより、名実ともに伊藤伊の後継経営者となったのである。と同時に、伊藤伊三郎の後継者として、業界内のとりまとめに尽力し、名古屋の業界内では知られる存在となっていったのである。そうした実績や評価を反映しての副組合長就任であっただろう。

表1－3　愛知県石鹸卸商業組合役員（1943年）

役職	氏名
組合長	山口祐造
副組合長	伊藤弥太郎
理事	永井鎌吉
理事	横井竹松
理事	正村誠一
理事	岩田幸十郎
理事	白木松兵衛
理事	加藤孝三
理事	岩田逸作
理事	鈴木丈八
理事	木村安次郎
理事	伊東東兵衛

（注）永井鎌吉は，別の関係史料から永井謙吉と思われる。
（出典）伊藤弥太郎『星霜』（伊藤伊株式会社，1984年2月）50頁。

日本石鹸配給統制株式会社の株主

さらに注目したいのは、伊藤伊が戦時期の配給統制の中央組織である日本石鹸配給統制株式会社の元売業者（卸業者）側の五八名の株主の一人になっていたことである。

日本石鹸配給統制会社の経営陣は、東京の元売卸業者二名、堺市の元売卸業者一名を除き、他の一五名の経営陣は製造業者であった。資本金三〇〇万円、総株数六万株であったが、その七三・五五%は製造業者が所有し、残る二六・四五%が元卸業者であった(54)。

そうした製造業者優位の体制下のことではあるが、元売卸業者の一人として、合名会社伊藤伊三郎商店が一六〇株を所有する株主となったのである(55)。その全発行済株式に対する比率は〇・二七%、元売卸業者の全所有株式に対する比率も一・〇一%で三四位にすぎなかったが、石鹸流通の「元売業者」すなわち愛知県の配給経路の要を担う、実績のある卸業者として認められていたことが重要であろう。

前述のように、伊藤弥太郎は合名会社伊藤伊三郎商店の経営者としてリーダーシップを発揮するようになっていた。先にふれた愛知県内の統制組合たる愛知県石鹸卸商業組合の設立過程をはじめ、さまざまな局面で、三八歳の若手経営者・弥太郎は、愛知県内の業界リーダーとしても頭角を現していったのであろう。ただし、そうであったとしても、石鹸の販売実績がなければ、中央組織の株主や県内組合の副理事長にはなれなかったと思われる。ここでは、残念ながらこの時期の伊藤伊の業績を確認する経営史料は発見できていないが、おそらく前述のライオンとの関係や、さらには花王との取引期実績を拡大しながら愛知県内での実績を積んで、ここにいたったと推定される。

なお、配給統制会社設立後の公定価格は、八五グラム以上の浴用石鹸（従来の化粧石鹸から改称）で統制会社の販売価格（統制会社から府県の卸商業組合が購入する価格）一ダース九八銭、卸商業組合価格（卸商業組合が地区小売商業組合に販売する価格）一ダース一円四銭、小売価格一個一〇銭、すなわち一ダースあたり一円二〇銭であったとされる(56)。しかし、終戦時には、極端なモノ不足のなかで石鹸は貴重品で、「標準小売価格一個一〇銭の石鹸が、闇市では二〇円で売られていた(57)」という。

経営の再建と製品・商品の拡充

廃墟からの経営再開

一九四五（昭和二〇）年三月一二日午後一一時頃の名古屋空襲で、伊藤弥太郎は永く住んでいた花園町の住宅も、営業所も、倉庫も焼失した。同年三月二〇日、家族全員を伊藤弥太郎の郷里である三重県桑名郡多度町に疎開させた。伊藤弥太郎は、その後、新開町の堀田工場の隠居宅に寝泊まりしてローソクの製造を手伝いながら花園町の焼け跡の整理をしていた。同年五月一七日の空襲で、この最後の砦ともいうべき堀田工場も、倉庫とともに焼夷弾を浴びた。幸いにして消し止めたが、家屋疎開命令の赤紙を張られた。すなわち「工場が全焼した以上、居宅は疎開すべきである」との命令で、やむなく自己疎開の許可を取って、人夫を雇って壊し、焼失した旧営業所の防空壕として使っていた一六坪の地下室に起居することとなった(58)。

一九四五年八月一五日の終戦直後、焼け跡に残された一六坪の地下室で寝起きしながら、ここを根城として商売を始めた。同年九月一六日、地下室の上に古材を集めて八坪の小屋を建てた。さらに同年一二月五日、当時の許可坪数一六坪の倉庫を建てた。これによって「商売らしい恰好ができて、うれしかった」と伊藤弥太郎は述懐している(59)。

翌年の一九四六年一月一七日に養母つたゑ（伊三郎夫人）を喪い、翌一九四七年一〇月二三日には伊藤伊の創業者の義父・伊三郎を亡くした(60)。伊藤伊の後継経営者・弥太郎にとっては、日本の政治・経済の大きな転換期のなかで、傷心の自らを鼓舞しながらの再スタートであったろう。同年一〇月、旧店舗跡に二〇坪の総二階建の営業所を新築した。これと同時に、疎開家屋としての命令で取り壊した住宅の移築の必要も感じて、親友の大工に依頼して着工し、翌一九四七年三月一〇日に竣工した。疎開期間二年を経過して、旧焼跡に落成した住まいに家族全員が帰宅することとなった[61]。

新たな経営の布陣

伊藤弥太郎自身は徴兵検査で乙種合格であり、戦地に赴くことはなかったが、戦後、兵役に服した人材も復員してきた[62]。身内では、伊藤弥太郎の実弟の伊藤（服部）清成《きよしげ》は[63]、弥太郎の右腕としての役割を果たすこととなる。弥太郎が強いリーダーシップを発揮するなかで、それを支えるシャープな人柄であったという。後に伊藤昌弘が社長に就いてからは会長に就く。戦前からの番頭格の人材では、小川勇吉、伊藤修（伊藤弥太郎夫人・としの親戚）、伊藤忠勝（南忠勝、伊藤弥太郎と同じ三重県桑名郡多度町出身）、伊藤徳蔵（藤倉徳蔵、伊藤弥太郎と同じ三重県桑名郡多度町出身）らが復員し、後述する出資社員として伊藤弥太郎の経営方針すなわち仲間卸拡充戦略を実践していくことになる。後にみるように、彼らの多くが地方開拓の任を担うように配置されたのもそうした方針に沿ってのことであったろう。

資本の継承と資本増加

所有の面の変更についてみると、他界から半年以上を経てのことになるが、弥太郎の養母つたゑは一九四六年八月三一日をもって退社とされた（同年九月九日登記[64]）。また伊三郎他界の直前の一九四七年三月一五日には、伊藤弥太郎が九万四〇〇〇円を、弥太郎夫人の伊藤としが六〇〇〇円をそれぞれ増資するとともに、伊藤徳蔵、伊藤修、伊藤忠勝、伊藤（服部）清成、伊藤幸雄（弥太郎の長男）の五名が一人当たり五〇〇〇円を出資して社員に加わることになった[65]。これらの事情により、出資者と出資額は、表1-4-1と表1-4-2に示すように変更された。資本金額は終戦翌年の七万円からその一年後に一八万九〇〇〇円にまで増加したことになる。と同時に、伊藤弥太郎が筆頭出資者となり、所有と経営両面のトップに立ったことになる。所有面では、義父と妻の分を合わせると、八七％近くの所有比率であり、それ以外の一三％余りの所有も、弥太郎の親族や同郷の近しい者たちであったことがわかる。

戦後インフレの進むなかで、資本金の増加はさらに続く。伊三郎他界翌月の一九四七年一一月二五日には、伊藤伊三郎の持ち分のうち三万円を伊藤弥太郎に、二万二〇〇〇円を伊藤としに、それぞれ譲渡して伊三郎の退社が合意さ

表1－4－1　資本金明細（1946年３月２日）

氏　名	出資金額（円）	出資比率（％）
伊藤伊三郎	52,000	74.29
伊藤弥太郎	6,000	8.57
伊藤つたゑ	6,000	8.57
伊藤とし	6,000	8.57
合　計	70,000	100.00

（出典）合名会社伊藤伊三郎商店『昭和21年度決算報告書』。

表1－4－2　資本金明細（1947年３月15日）

氏　名	出資金額（円）	出資比率（％）
伊藤伊三郎	52,000	27.51
伊藤弥太郎	100,000	52.91
伊藤とし	12,000	6.35
伊藤徳蔵	5,000	2.65
伊藤修	5,000	2.65
伊藤忠勝	5,000	2.65
伊藤清成	5,000	2.65
伊藤幸雄	5,000	2.65
合　計	189,000	100.00

（注）伊藤としの出資額が15,000円とされているが，諸史料から正しくは12,000円である。
（出典）合名会社伊藤伊三郎商店『昭和22年度上半期仮決算書』および「社歴書」（合名会社伊藤伊三郎商店，作成年月不明であるが最終記述は1965年３月１日）。

表1－4－3　資本金明細（1947年11月25日）

氏　名	出資金額（円）	出資比率（％）
伊藤弥太郎	130,000	66.67
伊藤とし	35,000	17.95
小川勇吉	5,000	2.56
伊藤徳蔵	5,000	2.56
伊藤修	5,000	2.56
伊藤忠勝	5,000	2.56
伊藤清成	5,000	2.56
伊藤幸雄	5,000	2.56
合　計	195,000	100.00

（出典）合名会社伊藤伊三郎商店『昭和23年度上半期仮決算書』。

表1－4－4　資本金明細（1948年６月１日）

氏　名	出資金額（円）	出資比率（％）
伊藤弥太郎	200,000	40.00
伊藤とし	100,000	20.00
小川勇吉	30,000	6.00
伊藤徳蔵	30,000	6.00
伊藤修	30,000	6.00
伊藤忠勝	30,000	6.00
伊藤清成	30,000	6.00
伊藤幸雄	50,000	10.00
合　計	500,000	100.00

（出典）合名会社伊藤伊三郎商店『登記簿抄本』（昭和23年６月○日，名古屋法務事務局）。※○は判読不可。

表1－4－5　資本金明細（1949年７月25日）

氏　名	出資金額（円）	出資比率（％）
伊藤弥太郎	350,000	43.75
伊藤とし	150,000	18.75
小川勇吉	50,000	6.25
伊藤徳蔵	50,000	6.25
伊藤修	50,000	6.25
伊藤忠勝	50,000	6.25
伊藤清成	50,000	6.25
伊藤千代子	50,000	6.25
合　計	800,000	100.00

（出典）合名会社伊藤伊三郎商店『登記簿抄本』（昭和24年７月27日，名古屋法務局）。

れ、さらに伊藤としは出資を一〇〇〇円を増やすこととされた。また小川勇吉が五〇〇〇円を出資して社員となることも認められた[66]。これにより、表1‐4‐3に示されるように一九万五〇〇〇円の資本金となった。伊藤弥太郎・とし夫妻の所有比率は八五%近くで変更前と同様に大きな比率であった。

一九四八（昭和二三）年六月一日には、伊藤弥太郎が七万円、伊藤としが六万五〇〇〇円、それぞれ出資を増やし、また伊藤徳蔵、伊藤修、伊藤忠勝、伊藤清成、小川勇吉が各二万五〇〇〇円を追加出資して、さらに伊藤幸雄が四万五〇〇〇円を追加出資することとされた[67]。これによって、表1‐4‐4に示されるように、五〇万円の資本金となった。翌一九四九年七月二五日には、前年の八月一日に他界した伊藤幸雄の持ち分全部すなわち五万円を伊藤千代子（伊藤弥太郎の長女、鈴木堅二夫人）に譲渡することとし、また他の社員の出資額の増加も履行されて[68]、表1‐4‐5に示す通りとなった。この時点での資本金総額は八〇万円であるから、終戦から約四年間で一一倍以上の資本増加となった。一九四八年六月以降の伊藤弥太郎・とし夫妻の所有比率は六〇%台であり、それ以外の者たちはおおむね六%台となったことがわかる。

いずれにせよ、この戦後の時期の合名会社伊藤伊三郎商店の所有構造をみると、主人夫妻が六〇～八〇%台という圧倒的な所有比率を占め、それ以外を親戚・縁者で占めるという同族による封鎖的な所有構造であったことがわかる。

戦後の石鹸配給統制への対応

ところで、石鹸配給の中央統制機関は、その後、油脂全般の統制機関となって終戦を迎えた後に解散した。油脂製品販売株式会社が新たな中央機関として機能したが、一九四七年二月には同社も解散した[69]。これは、同年同月の商工組合法廃止によって、各府県に新たに石鹸卸商による協同組合が設立されることにともない、その連合体として新たに全日本石鹸類卸商業協同組合連合会が中央配給機関としての機能をもつにいたったためである。愛知県でも愛知県石鹸卸商業協同組合が設立された[70]。

その後、さまざまな議論や検討を経て、一九四九（昭和二四）年四月一五日、予約注文（クーポン）制を基礎とする石鹸配給規則が制定・公布され、同年五月一五日に施行された。これは、消費者→小売店→卸店→メーカーという経路で予約クーポン券が集められ、その集券実績に応じてメーカーに原料が割り当てられるシステムであった。このため、最終段階のメーカーによる流通過程へのはたらきかけはもとより、流通の各段階で激しい集券競争が行われることとなった。

卸店では、同業者の乱立を避けるために、共同出資による卸販売会社を設立する動きがあった[71]。愛知県でも「一一グループが名乗りを上げ」たという[72]。伊藤伊では「当時県単位石鹸配給統制組合にて組織して居た、メンバーの七〇パーセントが打って一丸とな」ったグループとともに[73]、一九四九年四月二一日、名古屋市中村区大船町四丁目七番地に資本金二〇万円をもって愛知県石鹸販売株式会社を設立した[74]。表1－5に示されるように、役員の多くは戦時期の県内卸配給統制機関であった表1－3の愛知県石鹸卸商業組合のメンバーと重なっており、伊藤弥太郎もそのひとりであった。このことから、戦時から戦後の復興期にかけて、配給統制機構の担い手の連続面が確認できるとともに、伊藤伊の代表たる伊藤弥太郎が県内卸業者の中心人物であり続けたことがわかる。

石鹸の「クーポンの獲得戦は目に余る激しさとなり、泣かされた」という[75]。すなわち、「県内の各地区を分担し地区毎に小売店の方々を集め、供応をしながら、自由クーポン制の法規を説明し切符を頂くよう懇請するのであるが、他のグループも同様な運動を展開して居るから、小売業者は日和見式でなかなかまとまらず、泣くに泣けない」状況であったという[76]。それでも、「三か月の血みどろの獲得戦の結果は、愛知県三二九万五一五五票」のうち、伊藤伊が「一六〇万四七八一票の過半数を獲得することに成功した」のであった[77]。

このとき、花王石鹸についても積極的な集券が行われ、このクーポンのメーカーへの還流というシステムのなかで、花王との取引が強化されたとみられる[78]。

石鹸配給規則は一九五〇年七月二〇日をもって廃止され、石鹸生

表1－5　愛知県石鹸販売株式会社役員（1949年）

役職	氏名
役員	山口祐造
役員	伊藤弥太郎
役員	正村誠一
役員	横井竹松
役員	岩田幸十郎
役員	永井謙吉
役員	白木松兵衛
役員	岩田幸一
役員	植原信男
役員	加藤市右ヱ門
役員	加藤寿康
役員	細井登志雄

（出典）前掲『星霜』，66～67頁。

産の復興とともに、市場経済への移行が次第に進むこととなった。戦時中に東京地区のライオン油脂のクーポン集券の要に位置していたライオン商事[79]は、戦時中・戦後の配給統制で関係を構築した地方有力卸店への販売も行った。その関係で、愛知県では伊藤伊は依然として有力取引先店であり、一九五〇年九月から翌一九五一年三月にかけて、七二一〇円の取引実績を有していた[80]。

伊藤弥太郎の経営理念と信用拡大

終戦後の物資欠乏下、伊藤弥太郎は、一九四六年の秋頃より自由販売の途が開けた線香、歯磨、歯ブラシはじめ日用品雑貨を、少量ずつながら、できるだけ「広範囲の需要者の方に販売することが雑貨卸業としての責務であり天職を全うすることでもある」との理念から努力を怠らなかった。その範囲は、愛知はもとより、三重、岐阜、静岡、長野、山梨、福井、富山、滋賀の各県に及び、各県の同業者の店を訪問して取引を始めた。多くの商品が欠乏し「数多い得意先の要求を満たす事の困難な時代であったので、どちらでも非常な歓迎を受けた」という[81]。

また、前述の戦後の石鹸配給クーポン制の下でも、「得意先の獲得合戦（小売店・二次卸店の消費者からのクーポン集券競争――引用者）には各県お取引先への協力に東奔西走ご援助を惜しまなかったお陰で信頼の度を深め」て、「此の営業姿勢が市場拡大政策につながった」という[82]。

このように、終戦直後に取引範囲と仲間取引の範囲を流通の川下方向に拡げ、さらにその後の石鹸配給統制期にそうした仲間取引やその先の小売店のみならず仕入先メーカーの信用度を高めたとみることができる。このことは伊藤弥太郎の経営戦略の基盤を成してゆくこととなる。

3 高度成長期の経営展開

ここでは、高度成長前半期における伊藤伊の経営発展とその特徴についてみてみたい。これに際しては、二代目経

表1－6　主な取引の開始履歴

年（月日）	取引先	取扱商品
1907～10年頃	株式会社孔官堂	線香
1909～24年頃	牛乳石鹸共進社株式会社	石鹸
1921年頃	キング株式会社	殺虫剤
1921年頃	大日本除虫菊株式会社	金鳥（殺虫剤）
1925～30年頃	株式会社日本香堂	線香
1927年	由利石鹸（後のマダム石鹸株式会社）	石鹸
1920年頃	小林商店	歯磨
1929～30年	ライオン石鹸	石鹸
1931年	花王石鹸株式会社長瀬商会	石鹸
1951年	カモ井加工紙株式会社	蠅取り紙
1954年	貝印刃物株式会社	貝印カミソリ
1950～60年頃	天使株式会社	天使綿（局方脱脂綿）
1956年	株式会社鎌田商会（後の株式会社白元）	白元（蛍光染料），パラゾール
1957年（11月2日）	松下電器産業株式会社	電球，乾電池
1960年（12月）	フェザー安全剃刀株式会社	安全剃刀
1961年（4月）	株式会社ケントク（後のジョンソン株式会社）名古屋支店	床用・家具用・自動車用ツヤ出しワックス
1961年（8月頃）	株式会社津村順天堂	バスクリーン（入浴剤）
1960年	ジョンソン・エンド・ジョンソン株式会社	ジョンソン・ベビーパウダー
1962年（10月）	松下電工株式会社	配線器具
1963年	アンネ株式会社	アンネナプキン
1964年（2月）	大成化工（後のユニ・チャーム）	チャームナプキン
1966年（12月1日）	尚和化工株式会社	ビニローブ（塩化ビニール製手袋）
1970年	小林製薬株式会社	ブルーレット
1971年	王子ティッシュ株式会社	ネピア（ティッシュ・ペーパー）
1972年	日本リーバ株式会社	ラックス（化粧石鹸）
1978年（4月）	藤沢薬品工業株式会社	ピコレット（芳香防臭剤）

（出典）伊藤弥太郎『星霜』（伊藤伊株式会社，1984年2月）69～70頁および93～181頁。

営者による経営戦略と組織、工場や営業所の活動と実績、メーカーとの取引実績などを中心に検討してみたい。

伊藤弥太郎の経営戦略と組織

取扱商品の拡充　表1－6は伊藤伊三郎商店の主な新規取引開始の歩みを一覧にしたものである。これをみると、高度経済成長の始まる一九五〇年代半ば頃から、取扱品目が拡がったことがわかる。蠟燭の関係品である線香、石鹸、殺虫剤といった従来の取扱品目に加えて、蠅取り紙、剃刀、脱脂綿、蛍光染料、電球、乾電池、配線器具、ワックス、入浴剤、生理用品、紙製品、芳香剤など今日の日用雑貨で扱う主な製品群をおおむねカバーするにいたったといってよいであろう。一九五七年一一月の松下電器との取引開始に際しては、ホーム用品課を新設して、電気製品のみならずホーム用品雑貨の営業の専門部署とした。[83]

新規の取引開始の要因は、この時期の愛・三・岐地区での伊藤伊三郎商店および伊藤弥太郎の信用度の高さであった。松下電器は自社の知人の金物業界の方、[84]津村順天堂の場合も中央物産の丸山社長、[85]アンネでは三井銀行の上前津支店長、[86]王子ティッシュは花王の豊田達治常務、[87]などの紹介であった。またケントク（一九六二年にジョンソンと提携しジョンソン株式会社となる）では、名古屋支店の全員が小売店活動を通じて卸店の調査を行った結果、伊藤伊三郎商店が「東海、北陸、甲信越、近畿地区の流通業界の最大手であり、同時にお得意先の評判も他に類のない、りっぱな評価であ」ったので、取引を開始した。[88]さらに尚和化工のように、当時の伊藤伊三郎商店の声価にかんがみてのことと思われるが、「中部地区はもちろんのこと、広く商圏をお持ちの伊藤伊さんに、何《ママ》んとしてもお世話になりたいと思い、中部地区の日用雑貨を御社（伊藤伊三郎商店――引用者）にお任せ」した場合もあった。[89]

高度成長期に仕入先の拡充により取扱商品分野を拡充したことによって、販売市場も拡げる必要があった。このために伊藤弥太郎が積極的に示した経営戦略は、従来にもまして広範囲に及ぶ仲間取引の拡大であった。

仲間取引の拡充

伊藤伊は、上述のように多くのメーカーとの関係で愛知・三重・岐阜の総代理店の地位を確保することとなった。これらの地域のほか、静岡、長野、山梨、新潟および北陸三県の福井、石川、富山および滋賀、京都の広い範囲にわたって、帳合先の仲間卸店を開拓していった。また後述する大阪営業所を拠点に大阪市以西下関までも進出した。[90]一九五八（昭和三三）年一一月時点で、販売先店数は約二〇〇〇店におよび、そのうち約七割が仲間卸で、残りの三割が「小売卸」であった。[91]この「小売卸」は小売だけの店と、一部で「卸」も行っていた小売店を含むと思われる。

伊藤伊を総代理店として位置づけることで、仕入先メーカーにとっては、さしあたって市場開拓コストをかけずに自社製品の市場浸透をはかることができる。伊藤伊にとっては、広範囲に及ぶ比較的長期の仲間取引先を確保することで、その仲間卸の販売先である拠点周辺地域の複数の小売店を販路として確保できる。このことは、伊藤伊にとっ

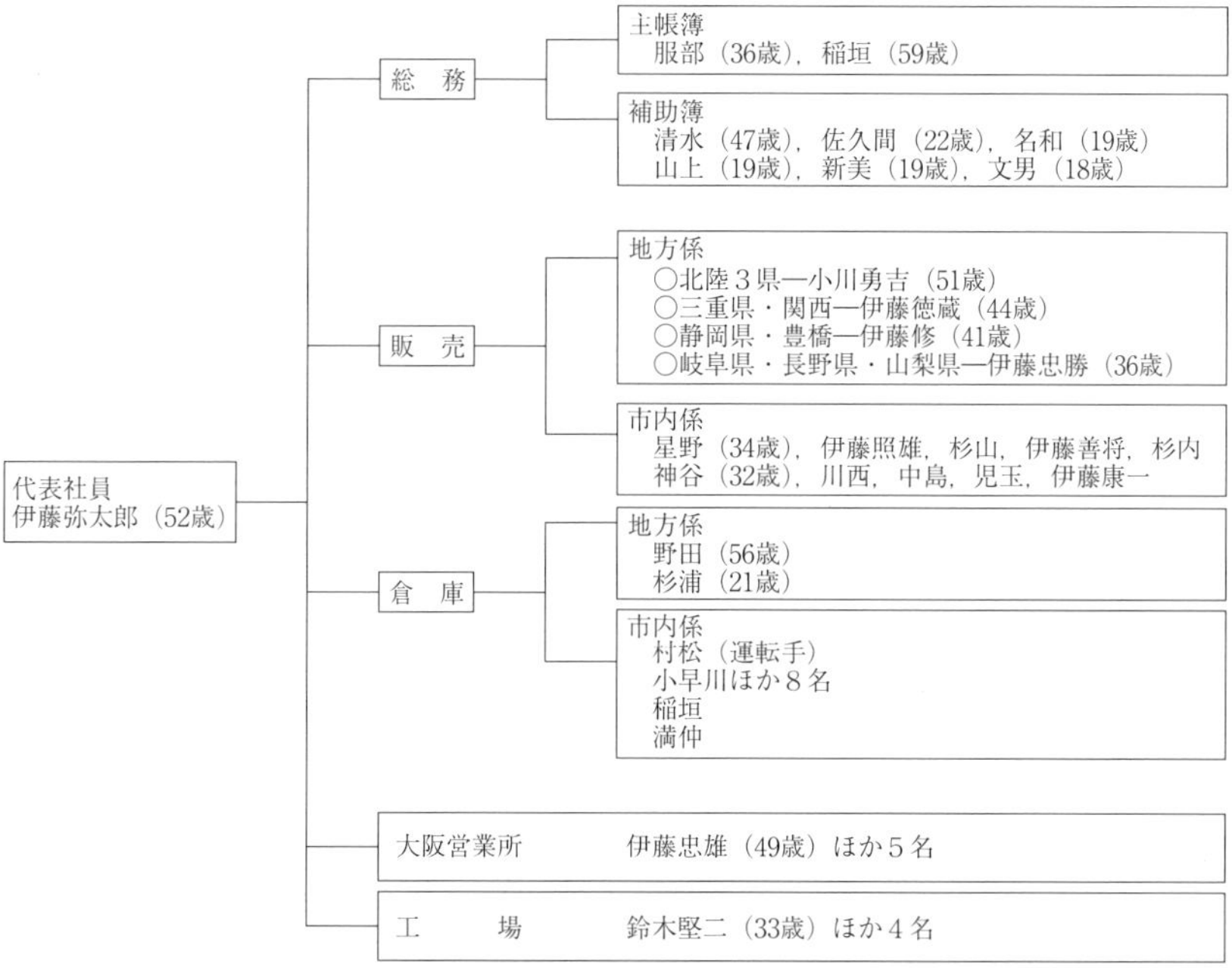

図1-1　合名会社伊藤伊三郎商店組織図（1955年11月頃）

（出典）合名会社伊藤伊三郎商店『第28回決算書』（昭和33年11月28日）所収「組織図」および伊藤伊関係者への聞き取り調査による。

てもコスト節約的な販路確保という意味をもった。さらに伊藤伊にとっては、これによって安定的な帳合料収入（おおむね卸価格の二・五%から三%）をメーカーから確保することができる。このため、伊藤弥太郎は「商取引の円滑をはかるには総ての取引先との融和と互敬と信頼の上に立って愛情と親切を忘れてはならない」という営業方針を説いている(92)。広範囲の仲間取引の拡大という経営戦略は、一九六五（昭和四〇）年に伊藤弥太郎の次男の伊藤昌弘が入店した頃まで継続していたという(93)。

この仲間卸を中心とする取引構造の実態と特徴については、後にやや詳しくみることにしたい。

一九五五年頃の組織と人員配置

図1-1は、一九五五年一一月頃の伊藤伊三郎商店の大まかな組織図である。伊藤伊創業の一九〇四（明治三七）年一月生まれの伊藤弥太郎（数え年で五二歳）を経営トップの代表社員

合名会社の増資過程（1954～1965年）

1960年5月29日		1965年3月1日	
出資金額（円）	出資比率（％）	出資金額（円）	出資比率（％）
4,200,000	43.75	8,400,000	43.75
1,800,000	18.75	3,600,000	18.75
600,000	6.25	1,200,000	6.25
600,000	6.25	1,200,000	6.25
600,000	6.25	1,200,000	6.25
600,000	6.25	1,200,000	6.25
600,000	6.25	1,200,000	6.25
300,000	3.13	600,000	3.13
300,000	3.13	600,000	3.13
9,600,000	100.00	19,200,000	100.00

(昭和31年11月28日)，『登記簿抄本』(昭和35年6月3日，名古屋法務局)，「社歴
いる)。

とし、総務、販売、倉庫、後述する大阪営業所と堀田工場の五部門に分かれている。本社スタッフの総務部門は、弥太郎の実弟の服部清成が主帳簿担当として配置されており、経理部門の管理者の立場に置かれている。補助簿担当には、清水を除けば、若手の従業員が配置されており、日常の帳簿記録を担当したと思われる。

販売部門では、服部と同様に出資社員であった小川勇吉、伊藤徳蔵、伊藤修、伊藤忠勝が地方係に配置されている。前述のように、伊藤弥太郎の経営戦略は、多くの商品を広い営業エリアで販売し、仲間取引を尊重することであったから、各担当地域での商談は重要であった。このため、無限責任社員たる要人たちがその任に当たることになったのであろう。その意味で、この販売部・地方係の陣容は、伊藤弥太郎の経営戦略を実現するうえで重要な役割を担った部門であるといえる。

大阪市以西下関までを担当する大阪営業所の所長には遠縁の伊藤忠雄、堀田工場長には伊藤弥太郎の長女の千代子の夫である鈴木堅二（後に出資社員）がそれぞれ配置されてる。いずれも、出資社員に関係する要人が配置されていることがわかる。ただし、やはり伊藤伊のなかでは中部地域が中心であり、西日本エリアの販売を担う大阪営業所は周辺的な位置づけであったろう。

人員規模は、雇用形態の違いは不明であるが、本店が総務八名、販売一四名、倉庫一四名で計三六名、大阪営業所六名、堀田工場五名である。代

表1－7　合名会社伊藤伊・伊藤伊

氏　名	1954年6月3日		1956年5月29日	
	出資金額（円）	出資比率（%）	出資金額（円）	出資比率（%）
伊藤弥太郎	525,000	43.75	2,100,000	43.75
伊藤とし	225,000	18.75	900,000	18.75
小川勇吉	75,000	6.25	300,000	6.25
伊藤徳蔵	75,000	6.25	300,000	6.25
伊藤修	75,000	6.25	300,000	6.25
伊藤忠勝	75,000	6.25	300,000	6.25
服部清成	75,000	6.25	300,000	6.25
鈴木千代子	75,000	6.25	−	−
鈴木堅二	−	−	300,000	6.25
合　計	1,200,000	100.00	4,800,000	100.00

（出典）合名会社伊藤伊三郎商店『第27回決算書』（昭和29年11月28日），同『第29回決算書』
書」（合名会社伊藤伊三郎商店，作成年月不明だが最終記述は1965年3月1日となって

表社員を含めると、全体として四八名の人的規模であった。五〇人弱というのは、日用雑貨の地域卸売会社としては、規模の大きい企業であったといえる。

資本増加と所有構造

高度成長期の取引の種類と営業範囲の拡大過程で、合名会社伊藤伊三郎商店は、表1－7に示すように、出資資本を増加させていった。一九五四年六月三日には、表1－4－5でみた一九四九年七月二五日の八〇万円の一・五倍程度の増加の一二〇万円であった。しかし、一九五六年五月二九日には四倍の四八〇万円、一九六〇年五月二九日にはその倍額の九六〇万円、一九六五年三月にはさらにその倍額の一九二〇万円と大幅な資本増加となった。

所有比率をみると、表1－7に示されるように、伊藤弥太郎が四三・七五%、妻の伊藤としが一八・七五%となっており、この比率はこの時期の増資過程を通じて一定である。夫妻合わせても六二・五%であり、これは、表1－4－5の一九四九年七月の資本増加の時期から変わらないことになる。

伊藤弥太郎・とし夫妻以外の者についてみると、弥太郎長女の鈴木千代子とその夫の鈴木堅二の所有比率が合わせて六・二五～六・二六%であるが、それ以外の者はそれぞれ六・二五%とほぼ同一の所有比率で、これもこの期間に変化はない。

いずれにしても、主人夫妻の所有比率が六〇%以上の高い比率を占め、

それ以外の出資者が同族および近しい者たちの少人数で占められているという所有構造が、一九四〇年代の時期と変わってはいなかったことがわかる。

工場の再建と営業所の活動

堀田工場の再建と製造品目の転換

ところで、戦後、伊藤伊では、配給制度が変転するなかで本社の営業の立て直しを急がなければならなかったが、その一方で、前述のように戦災で焼失した堀田工場の再建は放置されたままであった。本社の営業が軌道に乗るとともに、工場の再建をはかることとなった[94]。再建のあり方を検討するなかで、かつての蠟燭の生産では今後の発展は望めないので、当時の時流に乗って粉石鹼の生産を始めることとなった。しかし、未経験の技術であったので、鈴木取締役が大阪の明星石鹼株式会社の好意で実地研修を受けて、製造技術の習得に努めた。併行して、工場の建設が進められた。

一九五三年一〇月に設立された新工場では、チベット石鹼の製造を始め、このほかスタンダード、ヒマラヤ、音羽などの商標の粉石鹼を発売し、数年間は順調な売上実績を残した[95]。しかし、一九五一年発売の花王粉せんたく（一九五三年にソープレスソープ・ワンダフルに改称）、日産化学のニッサンウェット、三池合成のミケソープ、ライオン油脂のライポンなど、次々と合成洗剤が発売され、一九五〇年代後半まで伸びた粉石鹼の生産は横ばいとなり、一九六〇年には合成石鹼の生産高が粉石鹼を超えた。その後は、合成石鹼が急速な伸びを示すこととなった[96]。

こうした変化のなかで、一九六三年頃から粉石鹼生産を中心とする工場経営は難しい局面を迎え、製造品目の転換を余儀なくされた。社内会議を重ねた結果、創業当時から専門としてきた洋蠟燭の再建をはかるべきとの意見が出された。その採算が今日的に不利であっても、創業者伊藤伊三郎の遺志を継ぐ意義もあるという見解が加えられて、蠟燭生産再開の結論に達した。このため工場の一部を改装して、機械と資材を購入し、製造技術を導入した。これにより、洋蠟燭を主軸に、ダイヤモンド金属磨、トイレ洗剤タイルキレー、トイレ香水、ダイヤ食器洗剤などの製造も開始した(97)。

堀田工場は、表1－8に示されるように、一九五七年一一月期までは五〇〇万円台の総資産であったが、その次の時期から大きくなり、一九六〇年代には一一〇〇万円から一三〇〇万円台の規模となった。また、同表に示されるように、合名会社伊藤伊三郎商店からの資金提供の「本店勘定」が大きな割合を占めており、第三一回～第三三回および第三九回を除くと、その比率は七〇～八〇％台であった。本店の大きな支えによって運営されていたことがわかる。業績をみると、表1－9に示されるように、一一〇〇万円台から一七〇〇万円台の売上高を維持していた。すなわち前述の総資産とほぼ同様の売上を維持していたので、総資本回転率でみるとほぼ一回転前後の実績ということになる。しかし、利益面では、第三〇回から第三九回の一〇期間のうち、半分の時期で赤字となっており、なかなか単独で収益を安定させることは難しかったとみられる。

大阪営業所の活動　伊藤伊三郎商店の名古屋市の本店・営業所以外の営業拠点としては、前述のように一九四六年九月に閉鎖された岐阜支店と四日市支店があった。一九五二（昭和二七）年三月には、関西への進出をはかり、大阪市西成区阿波座一丁目に大阪営業所を開設した。その営業範囲は、大阪から下関までとされたが(98)、人員数は一九五六年時点で八名、一九六三年時点でも九～一一名であり、伊藤伊のなかでは小規模な拠点であった(99)。

表1－10に示されるように、堀田工場と同様に、名古屋本店からの融資が充当されており、その比率は第三〇回は高いが、それ以外の時期は堀田工場よりは低く三〇％未満であった。

売上高をみると、表1－11に示されるように、この高度成長期の前期に確実に伸びており、第三六回（一九六三年一一月）には第三〇回（一九五七年一一月）の三倍にも達していることがわかる。ただし、売上総利益率（粗利）をみると必ずしも大きくなく、第三六回以降は三％未満であった。

ここで少し注意しなければならないのは、まず仲間取引の場合、小売店での小売価格を同一に設定させるという趣旨から、仕入原価と売上高が同一で売上総利益（粗利）がゼロであることである。さらに、仲間取引の帳合品に関わ

（1956年11月29日～1966年11月28日）

第34回	第35回	第36回	第37回	第38回	第39回
1960年11月29日 ～1961年11月28日	1961年11月29日 ～1962年11月28日	1962年11月29日 ～1963年11月28日	1963年11月29日 ～1964年11月28日	1964年11月29日 ～1965年11月28日	1965年11月29日 ～1966年11月28日
13,572,807	11,043,485	13,072,152	11,417,754	13,767,816	12,833,348
11,476,652	9,010,370	10,660,427	8,693,525	10,261,989	8,338,152
84.56	81.59	81.55	76.14	74.54	64.97

『第38回～第40回決算書』。

（1956年11月29日～1966年11月28日）

第34回	第35回	第36回	第37回	第38回	第39回
1960年11月29日 ～1961年11月28日	1961年11月29日 ～1962年11月28日	1962年11月29日 ～1963年11月28日	1963年11月29日 ～1964年11月28日	1964年11月29日 ～1965年11月28日	1965年11月29日 ～1966年11月28日
12,029,094	10,251,508	11,213,931	11,951,418	13,068,596	17,444,632
△916,771	44,116	△744,292	△155,788	△1,298,582	1,308,356

目がある（第36回で120,780円）が，これは売上高に加えている。
と同様に売上高として合算している。
『第38回～第40回決算書』。

（1956年11月29日～1966年11月28日）

第34回	第35回	第36回	第37回	第38回	第39回
1960年11月29日 ～1961年11月28日	1961年11月29日 ～1962年11月28日	1962年11月29日 ～1963年11月28日	1963年11月29日 ～1964年11月28日	1964年11月29日 ～1965年11月28日	1965年11月29日 ～1966年11月28日
28,042,235	29,707,461	29,874,238	33,746,558	105,296,272	33,445,045
7,143,060	7,384,596	8,495,815	9,063,538	10,074,451	10,014,728
25.47	24.86	28.44	26.86	9.57	29.94

所）『第38回～第40回決算書』。

る帳合料が、仕入原価から即歩引きされて原価が減額される場合があることである(100)。

前者の粗利ゼロということは、伊藤三郎商店のように仲間取引の比率が大きい卸店の売上総利益が比較的小さくなることを意味する。また後者の帳合料による原価減額との関連については、この場合、売上高がその分だけ嵩上げされて売上総利益額が大きくなる。そうした状況もあるとすれば、とくに仲間取引への依存度が低い卸店との比較の際には、嵩上げ分を差し引いて、売上総利益率をさらに低く見積もってみる見方もあってよいであろう。

大阪営業所の純利益をみると、これも変動があり、安定していなかった。第三九回（一九六六年一一月）には、欠損となっている。

取引先メーカーとの取引実態をみる

表1－8　堀田工場の総資本・本店勘定

期	第30回	第31回	第32回	第33回
時期（年・月・日）	1956年11月29日 ～1957年11月28日	1957年11月29日 ～1958年11月28日	1958年11月29日 ～1959年11月28日	1959年11月29日 ～1960年11月28日
総資産（円）A	5,409,481	9,010,658	9,222,243	11,137,745
本店勘定（円）B	4,250,916	3,834,608	5,898,979	6,491,614
B／A×100（%）	78.58	42.56	63.96	58.28

（出典）合名会社伊藤伊三郎商店（堀田工場）『第30回～第37回決算書』，伊藤伊合名会社（堀田工場）

表1－9　堀田工場の売上・利益

期	第30回	第31回	第32回	第33回
時期（年・月・日）	1956年11月29日 ～1957年11月28日	1957年11月29日 ～1958年11月28日	1958年11月29日 ～1959年11月28日	1959年11月29日 ～1960年11月28日
売上高（円）	14,194,812	15,807,536	14,208,179	13,108,399
純利益（円）	225,000	345,110	△1,743,548	2,504,071

（注1）第36回以降は「ヘヤードライヤー売上高」（銭湯に設置したヘヤードライヤーの賃貸料金）の科
（注2）第38回にはブロック売上高（497,441円）の科目があるが，これも「ヘヤードライヤー売上高」
（出典）合名会社伊藤伊三郎商店（堀田工場）『第30回～第37回決算書』，伊藤伊合名会社（堀田工場）

表1－10　大阪営業所の総資本・本店勘定

期	第30回	第31回	第32回	第33回
時期（年・月・日）	1956年11月29日 ～1957年11月28日	1957年11月29日 ～1958年11月28日	1958年11月29日 ～1959年11月28日	1959年11月29日 ～1960年11月28日
総資産（円）A	10,438,626	12,812,745	16,929,666	18,820,128
本店勘定（円）B	7,694,793	3,555,602	2,994,235	3,753,402
（B／A）×100（%）	73.71	27.75	17.69	19.94

（注）円未満は四捨五入した。
（出典）合名会社伊藤伊三郎商店（大阪営業所）『第30回～第37回決算書』，伊藤伊合名会社（大阪営業

ひとつの指標として、表1－12に示した信認金勘定があろう。これは取引担保金であるが、取引実績に応じて加減されると推定される。しかも、おそらく店入品ではなく帳合品に関わる取引額であろう。全体として、信認金の総額は著しく増加する傾向がみられ、第三九回（一九六六年一一月）には第三〇回（一九五七年一一月）の七〇倍以上にもなっている。仕入先（購買先）別にみると、第三三回（一九六〇年一一月）まではライオン油脂、丸見屋、花王石鹸などがあるが、第三四回（一九六一年一一月）にはライオン歯磨と大日本除虫菊が加わり、さらに第三五回（一九六二年一一月）には共進社石鹸株式会社（表1－12では共進社油脂《（ママ）》株式会社）とサンスターが加わっている。その次の時期からは松井燐寸なども加わり、次第に長期的取引の仕入先が増えて

・純利益（1956年11月29日～1966年11月28日）

第34回	第35回	第36回	第37回	第38回	第39回
1960年11月29日～1961年11月28日	1961年11月29日～1962年11月28日	1962年11月29日～1963年11月28日	1963年11月29日～1964年11月28日	1964年11月29日～1965年11月28日	1965年11月29日～1966年11月28日
69,544,840	76,627,001	84,859,876	92,476,168	93,562,012	91,706,574
3,226,339	4,492,267	4,260,674	5,005,719	5,601,055	6,051,636
67,226,222	73,401,064	83,255,667	91,486,788	91,373,968	90,345,663
4,492,267	4,260,674	5,005,719	5,601,055	6,051,636	6,925,064
65,960,294	73,632,657	82,510,622	90,891,452	90,923,387	89,472,235
3,584,546	2,994,344	2,349,254	1,584,716	2,638,625	2,234,339
5.15	3.91	2.77	1.71	2.82	2.44
640,315	1,253,290	308,983	825,298	206,965	△44,828

所）『第38回～第40回決算書』。

（1956年11月29日～1966年11月28日）

第34回	第35回	第36回	第37回	第38回	第39回
1960年11月29日～1961年11月28日	1961年11月29日～1962年11月28日	1962年11月29日～1963年11月28日	1963年11月29日～1964年11月28日	1964年11月29日～1965年11月28日	1965年11月29日～1966年11月28日
283,630	517,534	709,318	891,119	1,071,707	1,116,569
83,460	123,543	128,543	148,148	150,066	150,066
368,468	368,468	556,468	806,468	1,128,468	1,340,468
27,222	173,650	115,873	127,750	140,844	152,280
15,000	15,000	15,000	15,000	15,000	15,000
–	100,000	230,000	260,000	260,000	260,000
–	48,450	59,700	0	–	–
–	–	13,678	13,678	13,678	13,678
–	–	–	46,500	80,500	84,500
–	–	–	–	6,430	130
777,780	1,346,645	1,828,580	2,308,663	2,866,693	3,132,691

ないが，そのまま記載した。
所）『第38回～第40回決算書』。

（1956年11月29日～1966年11月28日）

第34回	第35回	第36回	第37回	第38回	第39回
1960年11月29日～1961年11月28日	1961年11月29日～1962年11月28日	1962年11月29日～1963年11月28日	1963年11月29日～1964年11月28日	1964年11月29日～1965年11月28日	1965年11月29日～1966年11月28日
251,166	296,585	135,910	0	1,350,000	0

ある。
所）『第38回～第40回決算書』。

表1-11　大阪営業所の売上・売上総利益（率）

期	第30回	第31回	第32回	第33回
時期（年・月・日）	1956年11月29日 ～1957年11月28日	1957年11月29日 ～1958年11月28日	1958年11月29日 ～1959年11月28日	1959年11月29日 ～1960年11月28日
売上高（円）A	28,202,540	33,548,976	39,893,972	47,965,704
期首商品在高（円）B	2,459,820	2,421,897	2,700,943	2,707,725
商品仕入高（円）C	26,076,157	31,560,125	37,969,934	46,013,775
期末商品在高（円）D	2,421,897	2,700,943	2,707,725	3,226,339
売上原価（円）E（B＋C-D）	26,114,080	31,281,079	37,963,152	45,495,161
売上総利益（円）F（A－E）	2,088,460	2,267,897	1,930,820	2,470,543
売上総利益率（%）{(F/A)×100}	7.41	6.76	4.84	5.15
純利益（円）	225,000	177,176	169,772	729,551

（注）円未満は四捨五入した。
（出典）合名会社伊藤伊三郎商店（大阪営業所）『第30回～第37回決算書』，伊藤伊合名会社（大阪営業

表1-12　大阪営業所の信認金勘定

期	第30回	第31回	第32回	第33回
時期（年・月・日）	1956年11月29日 ～1957年11月28日	1957年11月29日 ～1958年11月28日	1958年11月29日 ～1959年11月28日	1959年11月29日 ～1960年11月28日
花王石鹸株式会社	20,162	44,765	120,457	319,917
株式会社丸見屋	23,245	29,009	45,914	62,600
ライオン油脂株式会社	－	145,643	256,825	368,468
ライオン歯磨株式会社	－	－	－	－
大日本除虫菊株式会社	－	－	－	－
共進社油脂株式会社	－	－	－	－
サンスター株式会社	－	－	－	－
松井燐寸株式会社	－	－	－	－
児玉商店	－	－	－	－
大東燐寸株式会社	－	－	－	－
信認金総額（円）	43,407	219,417	423,196	750,985

（注）第39回の合計額は3,132,691円となって表示（貸借対照表の資産科目計上）の信認金総額と一致し
（出典）合名会社伊藤伊三郎商店（大阪営業所）『第30回～第37回決算書』，伊藤伊合名会社（大阪営業

表1-13　大阪営業所の貸倒金勘定

期	第30回	第31回	第32回	第33回
時期（年・月・日）	1956年11月29日 ～1957年11月28日	1957年11月29日 ～1958年11月28日	1958年11月29日 ～1959年11月28日	1959年11月29日 ～1960年11月28日
貸倒損失（円）	80,389	105,376	97,745	155,983

（注）第37回には貸倒損失金の科目はない。ただし，同期雑損失（23,623円）に含まれている可能性も
（出典）合名会社伊藤伊三郎商店（大阪営業所）『第30回～第37回決算書』，伊藤伊合名会社（大阪営業

いったことがわかる。この傾向は、前述の売上高の増加傾向と連動したものとみることができよう。

一方、これにともない販売先も拡がっていった。しかしながら、表1-13に示されるように、販売先の経営悪化にともなう貸倒金（債権放棄）の金額も増えていった。販売先の経営悪化の大きな要因のひとつは乱売による不毛な競争であり、[101]そのことが大阪営業所の経営にもマイナスの影響を与えることになった。その後も、激化する競争下で営業不振が続いたので、大阪営業所は、後述する服部清成の判断で一九七一年三月に大福商事株式会社に譲渡した。建物自体は、ダイトウ商事株式会社の営業所として活用されることとなった。[102]

ライオンとの関係

ライオン歯磨との関係

伊藤伊三郎商店は、すでにみてきたように、戦前からライオン歯磨やライオン油脂の有力店として認められ、戦中・戦後の配給統制を経て、愛・三・岐はじめ全国の代理店のなかでも、より主要な地位に位置づけられるようになる。

まずライオン歯磨との関係をみると、一九五一（昭和二六）年に創業六〇周年（小林商店創業から）を記念して全国ライオン連合会が結成され、翌一九五二年にかけて、全国組織を支える地域組織も結成され、基盤が固められた。この一九五二年一〇月七日（東京ステーションホテル）、八日（熱海）の両日、第一回ライオン会連合会理事会が開催され、伊藤弥太郎は五名の副議長の一人に選出されている。[103]

ライオン油脂との関係

ライオン油脂との関係では、一九五四年六月の東京地区ライオン石鹸会をはじめ、高度成長期の初期の一九五六年から一九六一年にかけて、九州（一九五六年）、北海道（一九五七年）、東北、関東甲信越、中部、四国、近畿（一九六一年）の計八ブロックの卸店組織が結成された。この地域組織を基礎に、一九六三年一〇月に全国ライオン石鹸会が結成され、[104]伊藤弥太郎はこの全国組織の会長に就任した。[105]一九五〇年代半ばの伊藤伊のライオン油脂製品の販売額は全国首位となっており、[106]全国組織の代表を務めるにふさわしい実績を示していたといえる。

日本LB株式会社の取締役就任

ライオン歯磨との関係から派生したメーカーの流通戦略への対応という点では、一九六四年六月一日に設立された日本LB株式会社にもふれておかなければならない。同社は、アメリカのブリストル・マイヤーズ（Bristol-Myers Co.、以下BM社と略記）とライオン歯磨との技術提携にもとづいて、BM社との提携商品すなわちLB製品を販売する目的で設立された[107]。すでに、一九六二年七月一三日にBM社の全額出資による日本ブリストルマイヤーズ（以下、BMJ社と略記）が設立されてから、ライオン歯磨では、整髪料のバイタリス、鎮痛剤バファリン、制汗剤バンなどのライオンとBM社との提携商品（LB製品）を扱うこととなった。その販売網をつくるに際して、従来のライオン歯磨の代理店網のなかにLB代理店を設けたのである。これによって、市場を開拓し売上を向上させていった。しかし、LB独自の流通経路強化と幅広いマーケティングの必要から、メーカーと代理店が一体となった共同経営による販売体制をあらためて構築することとなり、日本LB株式会社が設立されることとなったのである。

資本金は五〇〇〇万円で、BM社とライオン歯磨および代理店が分担出資する合弁会社であった。伊藤伊もそれら代理店のひとつであり、伊藤弥太郎は同社の取締役に就任した。これによっても、ライオン歯磨の諸代理店のなかで、伊藤弥太郎が重要な存在と認められていたことがわかる[108]。

全鹸連副会長就任と社名・事業目的の変更

また業界全体での役割として、伊藤弥太郎は、一九六一年に設立された全国石鹸洗剤雑貨卸商連合組合会の副会長も務めることになった[109]。

このように、伊藤弥太郎は、戦時中から戦後の信用と実績を基礎に、高度成長期には全国の業界を代表する立場にまでになっていたのである。

その伊藤弥太郎が舵をとる合名会社伊藤伊三郎商店の方は、一九六四年一一月二九日の社員総会で、定款第一条の社名を伊藤伊合名会社と変更する件を決議した。あわせて、定款第三条の事業目的に「不動産の売買並に賃貸の業務及び之に附帯する一切の業務」の条文を追加することが決議された[110]。

社名変更は、一九二八（昭和三）年以来の社名の合名会社伊藤伊三郎商店の「伊三郎」の頭文字一文字を残して短くしたわけであるが、社名の短縮化という戦後の傾向に沿った判断で、糸井大乗先生の鑑定を受けたうえでのことであったという[111]。

事業目的については、一九四七（昭和二二）年四月二九日に従来の「石鹸雑貨の販売」「洋蠟燭の販売」「油脂製品の販売」に、蠟燭と油脂製品の「製造」と「医薬品の販売」が加わっていた。さらに前述の松下との取引などを反映して、一九六三年一月二八日には「電気器具製品・食料品・家具及家庭器具一切の販売」と「損害保険並に生命保険の代理業及之に附帯する一切の業務」が加わった[112]。この一九六四年一一月の変更により、伊藤伊合名会社の事業目的は、①石鹸雑貨の販売、②洋蠟燭の製造及販売、③油脂製品の製造及販売、④医薬品の販売、⑤電気器具製品・食料品・家具及家庭器具一切の販売、⑥損害保険並に生命保険の代理業及び之に附帯する一切の業務、⑦不動産の売買並に賃貸の業務及び之に附帯する一切の業務、⑧右に附帯する一切の業務の八項目となった[113]。

また事業目的変更直前の一九六四年九月には、建坪七〇坪、地下一階、地上六階、延坪四九〇坪の貸ビルの音羽ビルディングも竣工させ[114]、新しい事業の準備を整えた。

なお、二年後の一九六六（昭和四一）年九月二九日、経営環境の変化に対応するべく、新たに伊藤伊株式会社を設立した。伊藤伊合名会社には、不動産事業と損保関係の業務だけを継続させ、その営業のすべてを伊藤伊株式会社に継承させた。業務拡大にともなって、新しい本社ビルの建設を進めていたが、これも同年一一月五日に竣工した。資本を充実させ、資本自由化と国内競争に対処する態勢を整えるためでもあった[115]。

4　経営実績とその特徴

本章の最後に、戦後復興期から高度成長期前半までの伊藤伊の経営実績について、売上・利益のほか、出資とそれへの還元、仕入先と販売先との関係を捉える諸数値などを中心に検討することにしたい。

売上と利益の増加

売上の増加　前述の取引先メーカーと取扱商品の拡充、販売地域の拡大、堀田工場での製品販売などがあいまって、伊藤伊の売上は、先にみた大阪営業所、堀田工場を含む伊藤伊全体の数値でみると、戦後復興期、経済自立期、高度成長期を通じて増加の傾向を辿った。表1-14に示されるように、戦後混乱期の第二〇回（一九四七年一一月）では一一二五万円程度であったが、高度成長の始まった第二八回（一九五五年一一月）では五億六四四〇万円台となり、第三二回（一九五九年一一月）では一〇億円を超えた。そして、いわゆる四〇年不況を脱して高度成長期後半に入る第三九回（一九六六年一一月）では、三七億円台となっている。

厳密にはインフレ率も考慮しなければならないが、大雑把にみて戦後から株式会社形態への移行までの約二〇年間の合名会社時代で、三三〇倍以上の伸びとなったことになる。ちなみに、この間の資本増加は一九万五〇〇〇円から一九二〇万円へと約九八倍の増加であったから、それをはるかにしのぐ増加率ということになる。

売上総利益と当期利益の増加　売上総利益（粗利）についてみると、表1-14に示されるように、第二七回（一九五四年一一月）や第三二回（一九五九年一一月決算）のように対前期マイナスとなる時期もあったが、全体としてみると増加傾向を辿った。増加の規模をみると、まず第二〇回（一九四七年一一月）の二九万円から次期（一九四八年一一月）の二八三万円へと約一〇倍近く伸びた後、第三九回（一九六六年一一月）では一億四一〇六万円へと伸びてい

・伊藤伊合名会社（1964年11月29日～1966年11月28日）の経営実績

第24回	第25回	第26回	第27回	第28回	第29回
1950年11月29日 ～1951年11月28日	～1951年11月29日 ～1952年11月28日	1952年11月29日 ～1953年11月28日	1953年11月29日 ～1954年11月28日	1954年11月29日 ～1955年11月28日	1955年11月29日 ～1956年11月28日
800,000	800,000	800,000	1,200,000	1,200,000	4,800,000
321,741,170	341,917,887	379,128,708	487,769,178	564,498,921	631,048,071
13,521,737	14,988,361	1,466,857	15,744,111	11,743,170	12,676,347
308,385,818	323,061,119	361,591,523	459,080,203	538,541,227	594,480,168
14,988,361	13,995,977	15,923,640	11,743,170	12,676,347	15,671,667
306,919,194	324,053,503	347,134,740	463,081,144	537,608,050	591,484,848
14,821,976	17,864,384	31,993,968	24,688,034	26,890,871	39,563,223
4.61	5.22	8.44	5.06	4.76	6.27
665,204	1,163,706	1,927,185	4,579,302	6,150,413	12,355,394
0.21	0.34	0.51	0.94	1.09	1.96
75,692,211	106,471,786	126,651,330	504,021,671	584,513,872	228,138,709
240,000	0	0	150,000	1,200,000	2,400,000
500,000	0	0	0	200,000	500,000
30.00	–	–	12.50	100.00	50.00
36.08	–	–	3.28	19.51	19.42
1.06	0.75	0.63	0.24	0.21	2.10
0.88	1.09	1.52	0.91	1.05	5.42
4.25	3.21	2.99	0.97	0.97	2.77
第34回	第35回	第36回	第37回	第38回	第39回
1960年11月29日 ～1961年11月28日	1961年11月29日 ～1962年11月28日	1962年11月29日 ～1963年11月28日	1963年11月29日 ～1964年11月28日	1964年11月29日 ～1965年11月28日	1965年11月29日 ～1966年11月28日
9,600,000	9,600,000	9,600,000	9,600,000	19,200,000	19,200,000
1,569,510,299	1,839,060,578	2,187,460,693	2,676,537,677	3,215,406,723	3,758,584,852
39,412,960	34,271,794	39,830,401	57,661,435	63,386,556	114,735,562
1,496,868,101	1,756,779,370	2,128,410,953	2,579,479,545	3,144,320,992	3,581,811,525
34,271,794	39,830,401	57,661,435	63,386,556	114,735,562	79,019,457
1,502,009,267	1,751,220,763	2,110,579,919	2,573,754,424	3,092,971,986	3,617,527,630
67,501,032	87,839,815	76,880,774	102,783,253	122,434,737	141,057,222
4.30	4.78	3.51	3.84	3.81	3.75
22,351,065	27,709,041	24,574,332	51,331,094	14,663,711	37,375,230
1.42	1.51	1.12	1.92	0.46	0.99
695,137,315	787,037,763	959,046,510	1,206,960,473	1,476,119,014	1,656,986,838
3,360,000	3,360,000	3,360,000	3,360,000	4,200,000	4,800,000
1,000,000	1,300,000	1,200,000	2,000,000	2,500,000	2,500,000
35.00	35.00	35.00	35.00	21.88	25.00
15.03	12.13	13.67	6.55	28.64	12.84
1.38	1.22	1.00	0.80	1.30	1.16
3.22	3.52	2.56	4.25	0.99	2.26
2.26	2.34	2.28	2.22	2.18	2.27

ないなど，決算期によって総資産額の算出基礎が異なり，社員出資資本比率なども同一の基準で算出されてい

のみ）が計上されているが，これらは期末・期首・当期仕入の各商品高および売上高に算入している。

ものである。

表 1-14　合名会社伊藤伊三郎商店（1946年11月29日～1964年11月28日）

期	第20回	第21回	第22回	第23回
時期（年・月・日）	1946年11月29日 ～1947年11月28日	1947年11月29日 ～1948年11月28日	1948年11月29日 ～1949年11月28日	1949年11月29日 ～1950年11月28日
資本金（円）(A)	195,000	500,000	800,000	800,000
売上高（円）(B)	11,251,195	39,320,543	86,173,440	175,298,938
期首商品高（円）(C)	276,004	556,084	2,299,821	4,406,569
商品仕入高（円）(D)	11,238,499	38,234,130	80,966,413	167,982,192
期末商品高（円）(E)	556,084	2,299,821	4,406,569	7,210,898
売上原価（円）(F)（C＋D－E）	10,958,419	36,490,393	78,859,665	165,177,863
売上総利益（円）(G)（B－F）	292,776	2,830,150	7,313,775	10,121,075
売上総利益率（%）(H)（G÷B×100）	2.60	7.20	8.49	5.77
純利益（円）(I)	58,446	114,109	348,744	766,863
売上高利益率（%）(J)（I÷B×100）	0.52	0.29	0.40	0.44
総資産額（千円）(K)	1,814,655	10,998,468	34,829,254	59,267,413
配当金（円）(L)	－	－	60,356	240,000
賞与（円）(M)	－	－	18,252	50,000
配当率（%）(N)（L÷A×100）	－	－	7.54	30.00
配当性向（%）(O)（L÷I×100）	－	－	17.31	31.30
社員出資資本比率（P）（%）（A÷K×100）	10.75	4.55	2.30	1.35
総資本利益率（%）(Q)（I÷K×100）	3.22	1.04	1.00	1.29
総資本回転数（回）(R)（B÷K）	6.20	3.58	2.47	2.96
期	第30回	第31回	第32回	第33回
時期（年・月・日）	1956年11月29日 ～1957年11月28日	1957年11月29日 ～1958年11月28日	1958年11月29日 ～1959年11月28日	1959年11月29日 ～1960年11月28日
資本金（円）(A)	4,800,000	4,800,000	4,800,000	9,600,000
売上高（円）(B)	713,530,766	832,898,846	1,023,937,044	1,264,627,150
期首商品高（円）(C)	15,956,451	15,954,381	24,635,208	28,385,300
商品仕入高（円）(D)	672,118,453	798,020,084	987,059,416	1,225,994,075
期末商品高（円）(E)	15,954,381	24,635,208	24,858,985	39,413,960
売上原価（円）(F)（C＋D－E）	672,120,523	789,339,257	986,835,639	1,214,965,415
売上総利益（円）(G)（B－F）	41,410,243	43,559,589	37,101,405	49,661,735
売上総利益率（%）(H)（G÷B×100）	5.80	5.23	3.62	3.93
純利益（円）(I)	9,023,343	9,204,767	8,494,248	18,915,677
売上高利益率（%）(J)（I÷B×100）	1.26	1.11	0.83	1.50
総資産額（千円）(K)	287,220,288	367,175,484	454,023,058	682,032,095
配当金（円）(L)	3,840,000	4,800,000	1,440,000	2,160,000
役員賞与（円）(M)	400,000	500,000	500,000	500,000
配当率（%）(N)（L÷A×100）	80.00	100.00	30.00	22.50
配当性向（%）(O)（L÷I×100）	42.56	52.15	16.95	11.42
社員出資資本比率（P）（%）（A÷K×100）	1.67	1.31	1.06	1.41
総資本利益率（%）(Q)（I÷K×100）	3.14	2.51	1.87	2.77
総資本回転数（回）(R)（B÷K）	2.48	2.27	2.26	1.85

（注1）円未満は四捨五入。
（注2）期末商品高と時期期首商品高が一致しない回もあるが，そのまま記載した。
（注3）第20～第22回は剰余金（法定積立金，当期未処分利益など）の科目が負債・資本の部に計上されていないが，その回の算出方法によった。
（注4）第26回，第31回，第32回，第35回には期末・期首・当期仕入の原料高および売上高（第31回と第32回
（注5）第30期以降，総合，本店，大阪支店，堀田工場の4つの決算書になるが，ここでの数値は総合決算の
（出典）合名会社伊藤伊三郎商店『第20回～第37回決算書』，伊藤伊合名会社『第38回～第40回決算書』。

る。したがって、第二〇回からみると約四八二倍、第二一回からみても、約五〇倍の伸びとなったことになる。

その売上高に対する比率すなわち売上総利益率についてみると、最も大きかったのは第二二回（一九四九年一一月）の八・四九％であり、その次に大きかったのは第二六回（一九五三年一一月）の八・四四％であった。これらと第二一回を除いてみると、だいたい三〜六％台の水準にあった。

参考までに一九六五年の産業構造審議会の石鹸・洗剤卸売企業六七社の調査からの引用史料によると、この業界の卸売企業の売上総利益率の平均値が六・二九％であった[116]から、これと比べると、伊藤伊のそれはやや低い値にあったとみることができよう。この低さは、前述のように、伊藤伊が仲間卸（二次卸）中心の営業であったことも大きな要因であった。後に伊藤伊と合併するダイカは、伊藤伊とは対照的に小売店への直販の比重が大きかった。その売上総利益率は、やや後の一九六〇年代末（一九六九年一月二一日〜一九七〇年一月二〇日）で一三・二％であり[117]、一九七〇年代を通じて一二〜一三％の水準であった。すなわち、仲間卸中心の伊藤伊の方が、小売直販中心のダイカよりも、売上総利益率が低い傾向にあったとみることができるのである。

やや後の一九九〇年代半ばの伊藤伊社長の伊藤昌弘の言葉によれば「仲間である同業者から利益を得ることは正統《ママ》ではありません」との考え方から、「当社の直販価格と仲間への価格（二次卸店が小売店に販売する価格――引用者）は同じ」とされた[118]。すなわち伊藤伊にしてみれば仲間卸への販売価格とメーカーからの仕入価格が同一であるから、当然、仲間卸分への売上総利益はゼロとなる。

ただし、いわば仲間卸の管理・手数料として二・五〜三％の販売価格に対する帳合料が、仕入先メーカーから一次卸である伊藤伊に支払われるのが通常であり、この帳合料分は一般に仕入原価から控除される仕入割戻金（通常は仕入量に応じた割引）あるいは営業外収益の仕入割引（通常は早期支払いの割引）として処理されることが多いようである。この時期の伊藤伊の会計処理がいずれであったかは、関係者によっていずれの説もあり特定できなかった。ただ、可能性としては、ある時期まで仕入割引で処理され、それが仕入割戻金としての処理に変わった可能性が高い[119]。いずれにせよ、その分、経常利益が増えることにかわりはない。

仕入割戻金の場合、その帳合料分だけが売上総利益（粗利）となるにすぎない。ただ、いったん仕入先との取引が安定すれば、さほど大きな営業努力をせずに居ながらにして得られる利益ともいえる。なお、帳合料は後述するように、割戻金に含まれているとみて、その分を原価算入（減額）して試算してみると、売上総利益の値が少し異なった値となることにも注意しなければならない。

一方、当期利益（純利益）も、大きく増えていった。表1－14に示されるように、第二〇回には五万八〇〇〇円程度であったが、次期にはほぼ倍増した。その後は、第二四回（一九五一年一一月）のように前期と比べて下がった時期もあるが、全体の流れとしては、増加傾向を辿ったといえよう。第三九回（一九六六年一一月）は約三、七三八万円であったから、第二〇回と比べると実に六四〇倍近く、第二一回の一一万四〇〇〇円と比べても約三二八倍の利益額の大きさになったことになる。

出資者の貢献度と還元

出資額の総資本に対する比率

さて、ここで合名会社伊藤伊三郎商店および伊藤伊合名会社の出資社員の出資総額である資本金の総資産に占める比率の推移をみてみよう。前述のように、ここで検討の対象としている約二〇年間に、資本金も総資産も増加した。ここで出資社員の資本金の総資産に対する比率すなわち表1－14に示す社員出資資本比率が前期よりも大きくなるということは、資本金の増加率が総資産の増加率より大きかったことを意味し、逆の場合は小さかったことになる。表1－14をみると、その社員出資資本比率は、増減を繰り返しており、その増減反復がひとつの傾向であるといってよいであろう。その比率をみると、第二〇回（一九四七年一一月）の一〇・七五％、第二一回（一九四八年一一月）の四・五五％を除けば、おおむね一～二％前後の比率であり、さほど大きくないことがわかる。

配　当　一方、配当金についてみると、確認できた限り、配当率はおおむね高い時期が多かったといえる。表1-14に示されるように、第二二回の一九四九年一一月決算の七・七五%だけが一割を下回った配当率となっているが、一割配当、三割配当、五割配当、八割配当そして一〇割配当の時期もあったことがわかる。配当性向をみても、第二七回（一九五四年一一月）や第三七回（一九六四年一一月）を除けば、一〇%台から五〇%台であり、おおむね高かったと思われる。

合名会社の出資社員は、全員、無限責任という重い負担があるが、これに見合うだけの配当と役員賞与が還元されるべきとの利益処分の考え方があったのであろう。

仕入先との関係

信認金　これまでみてきたように、取引の拡充にともない資本と資産の規模が大きくなったが、取引先との関係では、まず表1-15と表1-16に示す信認金に注目したい。先に大阪営業所の実績でもみたが、これは仕入先メーカーなどに預け置く取引担保金であり、恒常的な一定規模以上の取引量を反映する数値とみてよいであろう。

表1-15に示されるように、第二〇回（一九四七年一一月）からから第二二回（一九四九年一一月）までは一万円台であった。第二三回（一九五〇年一一月）から第二五回（一九五二年一一月）までは「信認金」あるいは「預ヶ金」に相当する科目がなく不明であり、この間の変化はわからないが、第二六回（一九五三年一一月）では二八二万円にも急増している。その最大の取引先は、共進社石鹸株式会社（一九六七年三月に牛乳石鹸共進社株式会社と改称）であった。表1-16に示されるように、それ以外では大日本除虫菊と花王があった。

表1-15に示されるように、第三四回（一九六一年一一月）では、約二九二六万円となり、第二六回の一〇倍を超え、第三九回（一九六六年一一月）では、さらにその二・五倍近くの七二六一万円にまで増えている。その内容の推移を表1-16によってみると、取引先が増えたことと関係しているであろう。前述のように、戦前から取引関係の深いライ

表１-15　合名会社伊藤伊三郎商店（1946年11月29日～1964年11月28日）・伊藤伊合名会社（1964年11月29日～1966年11月28日）の信認金

期	第20回	第21回	第22回	第23回	第24回
時期(年・月・日)	1946年11月29日～1947年11月28日	1947年11月29日～1948年11月28日	1948年11月29日～1949年11月28日	1949年11月29日～1950年11月28日	1950年11月29日～1951年11月28日
合計信認金(円)	14,000	14,000	10,000	-	-
期	第25回	第26回	第27回	第28回	第29回
時期(年・月・日)	1951年11月29日～1952年11月28日	1952年11月29日～1953年11月28日	1953年11月29日～1954年11月28日	1954年11月29日～1955年11月28日	1955年11月29日～1956年11月28日
合計信認金(円)	-	2,820,000	4,760,059	6,997,361	10,120,825
期	第30回	第31回	第32回	第33回	第34回
時期(年・月・日)	1956年11月29日～1957年11月28日	1957年11月29日～1958年11月28日	1958年11月29日～1959年11月28日	1959年11月29日～1960年11月28日	1960年11月29日～1961年11月28日
本店信認金(円)	11,241,504	13,964,411	16,467,712	19,492,199	28,480,567
大阪営業所信認金(円)	43,407	219,417	423,196	750,985	777,780
合計信認金(円)	11,284,911	14,183,828	16,890,908	20,243,184	29,258,347
期	第35回	第36回	第37回	第38回	第39回
時期(年・月・日)	1961年11月29日～1962年11月28日	1962年11月29日～1963年11月28日	1963年11月29日～1964年11月28日	1964年11月29日～1965年11月28日	1965年11月29日～1966年11月28日
本店信認金(円)	32,064,727	31,194,461	38,963,306	50,618,170	69,476,018
大阪営業所信認金(円)	1,346,645	1,828,580	2,308,663	2,866,693	3,135,691
合計信認金(円)	33,411,372	33,023,041	41,271,969	53,484,863	72,611,709

（注１）円未満は四捨五入。
（注２）第30期以降，総合，本店，大阪支店，堀田工場の４つの決算書になる。
（出典）合名会社伊藤伊三郎商店『第20回～第37回決算書』，同大阪営業所『第30回～第37回決算書』及び伊藤伊合名会社及び同大阪営業所『第38回～第40回決算書』。

オン油脂やライオン歯磨のほか、ライオン薬粧なども信認金の預け先に加わり、さらに孔官堂、吉原製油、丸見屋、桐灰化学なども加わった。前述のように伊藤伊との関係が長いライオン各社がなぜこの時期に初めて登場するのか不明であるが、それ以前は信認金を不要としていたか、あるいは一時期取引が中断ないし少額となった可能性もある。いずれにせよ、その後、燐寸会社も加わり、多くの取引先の信認金の額が増額されている。

とくに注目したいのは、第三六回（一九六三年一一月）では、それまで信認金額が最大であった共進社を花王とライオン油脂が上回り、ライオン油脂が最多金額となっていることである。次期の第三七回（一九六四年一一月）では、花王がライオン油脂を超えるが、その次期の第三八回（一九六五年一一月）では、再びライオン油脂が最大預け先となっている。前述のように、この前の時期から、ライオン油脂の全国の代理店のなかで伊藤伊は販売額が首位となっている。

11月29日～1966年11月28日）

第29回	第30回	第31回	第32回
1955年11月29日 ～1956年11月28日	1956年11月29日 ～1957年11月28日	1957年11月29日 ～1958年11月28日	1958年11月29日 ～1959年11月28日
65,000	90,000	113,000	165,000
8,600,000	9,300,000	10,000,000	10,000,000
368,226	425,527	1,396,353	2,997,625
10,120	－	－	－
252,269	335,542	492,510	500,000
400,000	600,000	1,200,000	1,800,000
35,000	35,000	79,507	98,757
－	－	－	－
－	－	－	－
180,000	66,435	136,435	196,435
10,210	－	31,106	44,395
200,000	239,000	255,500	255,500
－	150,000	250,000	350,000
－	－	10,000	10,000
－	－	－	50,000
10,120,825	11,241,504	13,964,411	16,467,712

第36回	第37回	第38回	第39回
1962年11月29日 ～1963年11月28日	1963年11月29日 ～1964年11月28日	1964年11月29日 ～1965年11月28日	1965年11月29日 ～1966年11月28日
345,000	345,000	345,000	345,000
7,000,000	9,000,000	11,000,000	11,000,000
7,959,376	10,219,376	11,826,376	16,422,376
500,000	500,000	－	－
8,006,002	8,000,000	13,800,000	17,000,000
3,682,194	6,396,703	9,045,322	19,142,956
－	－	－	－
300,000	300,000	300,000	300,000
325,777	350,061	－	－
193,702	227,500	234,131	236,430
255,500	555,500	755,500	755,500
960,000	1,160,000	1,360,000	1,580,000
－	－	－	－
207,391	469,097	653,703	653,703
364,890	317,097	326,140	98,075
359,249	376,503	－	－
8,579	19,671	20,483	23,621
500,000	500,000	500,000	500,000
226,798	226,798	226,798	246,798
－	－	65,294	99,049
－	－	159,423	578,331
－	－	－	454,179
－	－	－	40,000
31,194,458	38,963,306	50,618,170	69,476,018

式会社となっている。1954年8月に花王油脂は花王石鹸と合併しているので，第

株式会社となっており，第34回で区別される東京支店と名古屋支店の合算の可

り日扇燐寸調製組合としてその数字を記載した。
書』。

表 1-16　本店の信認金勘定（1956年

期	第26回	第27回	第28回
時期（年・月・日）	1952年11月29日 〜1953年11月28日	1953年11月29日 〜1954年11月28日	1954年11月29日 〜1955年11月28日
大日本除虫菊株式会社	20,000	30,000	50,000
共進社油脂工業株式会社	2,790,000	4,500,000	6,200,000
花王油脂株式会社・花王石鹸株式会社	10,000	166,999	266,294
花王石鹸大阪出張所	−	−	−
株式会社孔官堂	−	63,060	146,067
ライオン油脂株式会社	−	−	200,000
ライオン歯磨株式会社名古屋支店	−	−	35,000
ライオン歯磨株式会社東京支店	−	−	−
ライオン粧薬株式会社	−	−	−
吉原製油株式会社	−	−	100,000
丸見屋	−	−	−
桐灰化学株式会社	−	−	−
日扇燐寸株式会社	−	−	−
名古屋交通局共済組合	−	−	−
三和刃物株式会社	−	−	−
本店信認金（円）	2,820,000	4,760,059	6,997,361

期	第33回	第34回	第35回
時期（年・月・日）	1959年11月29日 〜1960年11月28日	1960年11月29日 〜1961年11月28日	1961年11月29日 〜1962年11月28日
大日本除虫菊株式会社	195,000	265,000	345,000
共進社油脂工業株式会社	12,000,000	15,000,000	15,000,000
花王油脂株式会社・花王石鹸株式会社	2,915,704	4,731,376	6,286,376
株式会社孔官堂	500,000	500,000	500,000
ライオン油脂株式会社	2,734,000	5,000,000	5,006,002
ライオン歯磨株式会社名古屋支店	108,880	643,946	2,404,979
ライオン歯磨株式会社東京支店	−	13,584	−
ライオン粧薬株式会社	−	−	300,000
吉原製油株式会社	262,262	282,257	303,237
丸見屋	60,853	101,550	180,702
桐灰化学株式会社	255,500	255,500	255,500
日扇燐寸株式会社	400,000	710,000	750,000
名古屋交通局共済組合	10,000	10,000	10,000
三和刃物株式会社	50,000	50,000	50,000
日扇燐寸調製組合	−	317,351	353,171
シャープ電機	−	300,000	319,760
松下電工株式会社名古屋支店	−	−	−
ジョンソン・エンド・ジョンソン社	−	−	−
三和刃物(貝の友会)	−	−	−
象印マホービン株式会社	−	−	−
日本共同燐寸株式会社	−	−	−
大東燐寸株式会社	−	−	−
大成火災海上保険株式会社	−	−	−
本店信認金（円）	19,492,199	28,180,564	32,064,727

（注１）第26回から第28回の決算書では「信認金」ではなく「預ヶ金」となっている。
（注２）第26回〜第27回および第29回は花王油脂株式会社，第28回および第30回以降は花王石鹸株
29回の花王油脂の記載は誤りであろう。
（注３）第28回，第32回および第33回はライオン歯磨株式会社名古屋支店ではなく，ライオン歯磨
能性もあるが，名古屋支店として記載した。
（注４）第35回以降は，孔官堂は株式会社大阪孔官堂と記載されている。
（注５）第39回では，日扇燐寸調製組合ではなく，日本燐寸調製組合と記載されているが，従来通
（出典）合名会社伊藤伊三郎商店『第30回〜第37回決算書』，伊藤伊合名会社『第38回〜第40回決算

その背景には、合成洗剤の時代の到来があった。ライオン油脂も花王石鹸も一九五一（昭和二六）にそれぞれライポンと花王粉せんたく（一九五三年にワンダフルに改称）を発売し、その後、一九五〇年代から六〇年代前半にかけて、各社によって合成洗剤の製品が次々と発売されていった。[120] こうしたことが、ライオン油脂や花王および丸見屋など洗剤各社の信認金の増加に反映しているとみられる。他方、前述の松下電工との取引は、取引開始時点より少し遅れて信認金が計上されており、同一業界では、シャープの方が二年ほど早い。

受取割戻金

仕入先との関係でもうひとつ注目したいのは、受取割戻金である。その内容としては、大量仕入量などに対する仕入割戻金などが考えられる。この仕入割戻金には、前述の帳合料も含まれていた可能性がある。ほかの割戻の要素も排除できないが、いまこの受取割戻金の大方を仕入割戻金と想定して、これを表1-14でみた仕入高からすなわち売上原価から控除して（この時期の『決算書』では未控除）、実質的な売上高と売上総利益率を試算してみると表1-17に示した通りとなる。ここに示された試算上の売上総利益率の推移をみると、第二六回（一九五三年一一月）は一〇・三九%とかなり高く、次期（一九五四年一一月）は急落している。これ以降は、おおむね六〜七%の水準となっており、第二八回（一九五五年一一月）の六・〇二%と、第三二回（一九五九年一一月）の六・一〇%を除くと、前述の卸売企業の売上総利益率の平均値がの六・二九%を上回っていることがわかる。

また、表1-14で示された売上総利益率との差をみると、第二六回（一九五三年一一月）から第二七回（一九五四年一一月）にかけて一%以上小さくなったが、その後、この差が開いていった。第三〇回（一九五七年一一月）の一・六九%の差が、次期（一九五八年一一月）には二・四五%と二%台となり、第三四回（一九六一年一一月）には三・一六%、第三七回（一九六四年一一月）には、四・〇五%となっている。これは、試算上のいわば実質的な売上総利益のなかで受取割戻金の比重が少しずつ増していったことを意味するが、これは先の信認金の増加傾向と同様に、仕入先の拡がりと取引量の増大を反映したものといえよう。

出資金・投資有価証券　仕入先との関係でさらにみておきたいのは、仕入先への出資である。表1-18に示されるように、第二〇回（一九四七年一一月）から第二五回（一九五二年一一月）にかけて有価証券・出資金合計額は漸増し、第二六回（一九五三年一一月）に半減以下の約五七万円となるが、第二六回（一九五三年一一月）から再び増加し続け、一三年後の第三九回（一九六六年一一月）には第二六回の値の三九倍の約二二四四万円となった。

その内容をみると、表1-19に示されるように、戦後復興期の第二〇回（一九四七年一一月）と第二一回（一九四八年一一月）にかけては、業界の組合や前述の日本油脂製品統制組合などの業界団体への出資に限られていた。(121) 第二三回（一九四九年一一月）の出資・有価証券の内容は不明であるが、第二三回（一九五〇年一一月）に花王や共進社など仕入先メーカーへの出資があることが注目される。その後、第二七回（一九五四年一一月）にはキング除虫菊、第三〇回（一九五七年一一月）には吉原製油、第三七回（一九六四年一一月）には大東燐寸、フェザー安全剃刀、日本LB、第三九回（一九六六年一一月）にはライオン油脂などと、メーカーへの出資が始まっている。また、第二八回（一九五五年一一月）のオリエンタル中村（後の名古屋三越）、第二九回（一九五六年一一月）のホテル丸栄など、地元サービス業への出資も始まっている。

このように、流通の中間段階に位置する卸売企業の合名会社伊藤伊三郎商店・伊藤伊合名会社は、仕入先メーカーなどへの出資者という一面をあわせもっていたのである。このことは、日本の卸売企業経営史上、流通の垂直的な関係の一面として注目してよいであろう。

販売店との関係

支払割戻金　他方、販売先の仲間取引（二次卸店）や小売店との関係をみるとき、支払割戻金に注目したい。これは、先にみた受取割戻金とは逆に、伊藤伊がその販売先の仲間卸や小売店に対して、販売量に対する報奨金や販売奨励の感謝金として支払うものであり、決算書添付の詳細をみると、毎月その事案ごとに支払っている。(122)

・伊藤伊合名会社（1964年11月29日～1966年11月28日）の受取割戻金

第28回	第29回	第30回	第31回	第32回
1954年11月29日 ～1955年11月28日	1955年11月29日 ～1956年11月28日	1956年11月29日 ～1957年11月28日	1957年11月29日 ～1958年11月28日	1958年11月29日 ～1959年11月28日
5,158,378	6,916,606	8,322,682	15,848,941	21,792,242
537,608,050	591,484,848	672,120,523	789,339,257	986,835,639
0.96	1.17	1.24	2.01	2.21
532,449,672	584,568,242	663,797,841	773,490,316	965,043,397
564,498,921	631,048,071	713,530,766	832,898,846	1,023,937,044
32,049,249	46,479,829	49,732,925	59,408,530	58,893,647
6.02	7.95	7.49	7.68	6.10
4.76	6.27	5.80	5.23	3.62
1.26	1.68	1.69	2.45	2.48
第35回	第36回	第37回	第38回	第39回
1961年11月29日 ～1962年11月28日	1962年11月29日 ～1963年11月28日	1963年11月29日 ～1964年11月28日	1964年11月29日 ～1965年11月28日	1965年11月29日 ～1966年11月28日
49,255,310	72,763,755	93,034,116	113,613,165	130,800,741
1,751,220,763	2,110,579,919	2,573,754,424	3,092,971,986	3,617,527,630
2.81	3.45	3.61	3.67	3.62
1,701,965,453	2,037,816,164	2,480,720,308	2,979,358,821	3,486,726,889
1,839,060,578	2,187,460,693	2,676,537,677	3,215,406,723	3,758,584,852
137,095,125	149,644,529	195,817,369	236,047,902	271,857,963
8.06	7.34	7.89	7.92	7.80
4.78	3.51	3.84	3.81	3.75
3.28	3.83	4.05	4.11	4.05

・伊藤伊合名会社（1964年11月29日～1966年11月28日）の出資金・投資有価証券

第25回	第26回	第27回	第28回	第29回
～1951年11月29日 ～1952年11月28日	1952年11月29日 ～1953年11月28日	1953年11月29日 ～1954年11月28日	1954年11月29日 ～1955年11月28日	1955年11月29日 ～1956年11月28日
5,000	548,000	673,000	884,000	1,144,000
1,403,088	26,900	17,900	17,900	10,000
1,408,088	574,900	690,900	901,900	1,154,000
第35回	第36回	第37回	第38回	第39回
1961年11月29日 ～1962年11月28日	1962年11月29日 ～1963年11月28日	1963年11月29日 ～1964年11月28日	1964年11月29日 ～1965年11月28日	1965年11月29日 ～1966年11月28日
4,769,260	7,345,680	14,305,420	18,107,520	21,883,926
10,500	10,500	10,500	550,500	560,000
4,779,760	7,356,180	14,315,920	18,658,020	22,443,926

対照表では2,870,260円と記載されている。ここでは計算上の数値を記載した。

伊藤伊合名会社及び同大阪営業所『第38回～第39回決算書』。

表1-17　合名会社伊藤伊三郎商店（1952年11月29日～1964年11月28日）

期	第26回	第27回
時期（年・月・日）	1952年11月29日 ～1953年11月28日	1953年11月29日 ～1954年11月28日
受取割戻金（円）A	3,701,848	2,595,364
売上原価（円）B	347,134,740	463,081,144
売上原価に対する割戻金の比率（%）C（A÷B×100）	1.07	0.56
売上原価－受取割戻金（円）D（B－A）	343,432,892	460,485,780
売上高（円）E	379,128,708	487,769,178
試算上の売上総利益（円）F（E－D）	35,695,816	27,283,398
試算上の売上総利益率（%）G（F÷D×100）	10.39	5.92
表－14の売上総利益率（%）H	8.44	5.06
G－H（%）	1.95	0.86
期	第33回	第34回
時期（年・月・日）	1959年11月29日 ～1960年11月28日	1960年11月29日 ～1961年11月28日
受取割戻金（円）A	30,815,740	41,460,377
売上原価（円）B	1,214,965,415	1,502,009,267
売上原価に対する割戻金の比率（%）C（A÷B×100）	2.54	2.76
売上原価－受取割戻金（円）D（B－A）	1,184,149,675	1,460,548,890
売上高（円）E	1,264,627,150	1,569,510,299
試算上の売上総利益（円）F（E－D）	80,477,475	108,961,409
試算上の売上総利益率（%）G（F÷D×100）	6.80	7.46
表－14の売上総利益率（%）H	3.93	4.30
G－H（%）	2.87	3.16

（注）円未満は四捨五入。
（出典）合名会社伊藤伊三郎商店『第26回～第37回決算書』，伊藤伊合名会社『第38回～第39回決算書』。

表1-18　合名会社伊藤伊三郎商店（1946年11月29日～1964年11月28日）

期	第20回	第21回	第22回	第23回	第24回
時期(年・月・日)	1946年11月29日 ～1947年11月28日	1947年11月29日 ～1948年11月28日	1948年11月29日 ～1949年11月28日	1949年11月29日 ～1950年11月28日	1950年11月29日 ～1951年11月28日
有価証券(円)	－	－	－	5,000	5,000
出資金（円）	35,638	35,638	210,938	260,688	310,688
合計（円）	35,638	35,638	210,938	265,688	315,688
期	第30回	第31回	第32回	第33回	第34回
時期(年・月・日)	1956年11月29日 ～1957年11月28日	1957年11月29日 ～1958年11月28日	1958年11月29日 ～1959年11月28日	1959年11月29日 ～1960年11月28日	1960年11月29日 ～1961年11月28日
有価証券(円)	1,562,260	1,612,260	2,311,260	2,311,260	2,930,260
出資金（円）	10,500	10,500	10,500	10,500	10,500
合計（円）	1,572,760	1,622,760	2,321,760	2,321,760	2,940,760

（注1）円未満は四捨五入。
（注2）第34回の有価証券のうち大阪営業所のものを除く合計額は計算上2,780,260円となるが，その内訳書と貸借
（出典）合名会社伊藤伊三郎商店及び同大阪営業所『第20回～第37回決算書』，同大阪営業所『第30回～第37回決算書』，

合名会社（1964年11月29日～1966年11月28日）の出資金・投資有価証券の内訳

第24回	第25回	期	第26回	期	第27回
1950年11月29日～1951年11月28日	1951年11月29日～1952年11月28日	時期（年・月・日）	1952年11月29日～1953年11月28日	時期（年・月・日）	1953年11月29日～1954年11月28日
		（有価証券）		（有価証券）	
5,000	5,000	電話公債	5,000	電話公債	30,000
5,000	5,000	共進油脂株式会社	288,000	キング除虫菊	100,000
		中部商工株式会社	5,000	共進，花王その他	543,000
118,100	160,500	花王油脂株式会社	50,000	小計	673,000
16,900	16,900	特別減税国債	200,000	（出資金）	
10,000	10,000	小計	548,000	中部洋蝋燭工業組合ほか	17,900
100,000	1,150,000	（出資金）		小計	17,900
60,000	60,000	中部洋蝋燭工業組合	16,900		
5,000	5,000	日本油脂製品統制組合	10,000		
125	125	小計	26,900		
500	500				
63	63				
310,688	1,403,088				
315,688	1,408,088	合計（円）	574,900	合計（円）	690,900

第33回	第34回	第35回	第36回	第37回	第38回	第39回
1959年11月29日～1960年11月28日	1960年11月29日～1961年11月28日	1961年11月29日～1962年11月28日	1962年11月29日～1963年11月28日	1963年11月29日～1964年11月28日	1964年11月29日～1965年11月28日	1965年11月29日～1966年11月28日
150,000	270,000	270,000	441,420	598,540	747,640	867,640
–	–	–	2,000,000	4,500,000	4,500,000	0
–	–	–	–	2,163,620	2,163,620	282,420
956,260	1,305,260	1,654,260	1,654,260	2,003,260	2,352,260	2,352,260
400,000	400,000	400,000	805,000	805,000	805,000	805,000
5,000	5,000	5,000	5,000	5,000	–	–
100,000	100,000	100,000	100,000	100,000	100,000	100,000
300,000	300,000	300,000	300,000	300,000	300,000	300,000
50,000	50,000	100,000	100,000	100,000	100,000	100,000
300,000	300,000	390,000	390,000	390,000	390,000	390,000
50,000	50,000	50,000	50,000	50,000	50,000	50,000
–	–	–	–	–	–	–
–	–	1,350,000	1,350,000	1,350,000	4,350,000	4,350,000
–	–	–	–	140,000	140,000	140,000
–	–	–	–	900,000	1,200,000	1,200,000
–	–	–	–	750,000	750,000	750,000
–	–	–	–	–	9,000	9,000
–	–	–	–	–	–	187,606
–	–	–	–	–	–	10,000,000
–	150,000	150,000	150,000	150,000	150,000	–
2,311,260	2,930,260	4,769,260	7,345,680	14,305,420	18,107,520	21,883,926
–	–	–	–	–	–	–
10,000	10,000	10,000	10,000	10,000	510,000	510,000
500	500	500	500	500	500	500
–	–	–	–	–	10,000	10,000
–	–	–	–	–	30,000	30,000
10,500	10,500	10,500	10,500	10,500	550,500	550,500
2,321,760	2,940,760	4,779,760	7,356,180	14,315,920	18,658,020	22,443,926

ある。
貸借対照表では2,870,260円と記載されている。ここでは計算上の数値を記載した。

訳書の合計額は40,500円となっている。ここでは内訳書の数値を記載した。
算書』，伊藤伊合名会社及び同大阪営業所『第38回～第39回決算書』。

表 1 -19　合名会社伊藤伊三郎商店（1946年11月29日～1964年11月28日）・伊藤伊

期	第20回	第21回	期	第23回	期
時期（年・月・日）	1946年11月29日～1947年11月28日	1947年11月29日～1948年11月28日	時期（年・月・日）	1949年11月29日～1950年11月28日	時期（年・月・日）
愛知県石鹸卸施設組合	17,600	17,600	（有価証券）電話公債	5,000	（有価証券）
愛知県洋蝋燭施設組合	1,900	1,900	（出資金）愛知石鹸販売会社・蝋燭組合・油脂統制組合・共進社・花王石鹸その他	260,688	電話公債
日本油脂製品統制組合	10,000	10,000			小計
東北北陸除虫菊組合	200	200			（出資金）
愛知県荒物卸施設組合	125	125			愛知県石鹸株式会社
愛知県線香卸施設組合	750	750			中部洋蝋燭工業組合
名古屋線香卸施設組合	63	63			日本油脂製品統制組合
中部商工施設組合	5,000	5,000			共進油脂株式会社
					花王油脂株式会社
					中部商工株式会社
					愛知県荒物施設組合
					愛知県線香商工組合
					名古屋線香施設組合
					小計
合計（円）	35,638	35,638	合計（円）	265,688	合計（円）

期	第28回	第29回	第30回	第31回	第32回
時期（年・月・日）	1954年11月29日～1955年11月28日	1955年11月29日～1956年11月28日	1956年11月29日～1957年11月28日	1957年11月29日～1958年11月28日	1958年11月29日～1959年11月28日
（有価証券）					
電話公債（電電公社債権）	30,000	30,000	30,000	30,000	150,000
日本不動産銀行不動産債権	–	–	–	–	–
割引商工債権	–	–	–	–	–
共進社油脂工業株式会社	349,000	349,000	607,260	607,260	956,260
花王石鹸株式会社	50,000	110,000	220,000	220,000	400,000
中部商工株式会社	5,000	5,000	5,000	5,000	5,000
キング除虫菊株式会社	100,000	100,000	100,000	100,000	100,000
オリエンタル中村	150,000	300,000	300,000	300,000	300,000
ホテル丸栄	–	50,000	50,000	50,000	50,000
吉原製油	–	–	250,000	250,000	300,000
中部観光株式会社	–	–	–	50,000	50,000
特別減税国債	200,000	200,000	–	–	–
伊藤伊食品株式会社	–	–	–	–	–
大東燐寸株式会社	–	–	–	–	–
フェザー安全株式会社	–	–	–	–	–
日本LB株式会社	–	–	–	–	–
東急鯱バス	–	–	–	–	–
ライオン油脂株式会社	–	–	–	–	–
伊藤伊株式会社	–	–	–	–	–
大阪営業所投資有価証券	–	–	–	–	–
小　計	884,000	1,144,000	1,562,260	1,612,260	2,311,260
（出資金）					
中部洋蝋燭工業組合	16,900	–	–	–	–
中部石鹸工業協同組合（石鹸工業組合）	1,000	10,000	10,000	10,000	10,000
大阪石鹸卸協同組合				500	500
大阪花王製品卸協同組合	–	–	–	–	–
関西金鳥販売	–	–	–	–	–
小　計	17,900	10,000	10,000	10,500	10,500
合計（円）	901,900	1,154,000	1,572,260	1,622,760	2,321,760

（注 1 ）円未満は四捨五入。
（注 2 ）第22回の有価証券および出資金の詳細は不明である。
（注 3 ）出資金のうち大阪石鹸卸協同組合，大阪花王製品卸協同組合，関西金鳥販売は，大阪営業所の出資金で
（注 4 ）第34回の有価証券のうち大阪営業所のものを除く合計額は計算上2,780,260円となるが，その内訳書と
（注 5 ）大阪営業所『第35回有価証券報告書』によれば投資有価証券は，電話公債となっている。
（注 6 ）大阪営業所の『第39回有価証券報告書』の出資金は，貸借対照表では50,000円となっているが，その内
（出典）合名会社伊藤伊三郎商店及び同大阪営業所『第20回～第37回決算書』，同大阪営業所『第30回～第37回決

伊藤伊合名会社（1964年11月29日～1966年11月28日）の支払割戻金・値引割戻金

第35回	第36回	第37回	第38回	第39回
1961年11月29日 ～1962年11月28日	1962年11月29日 ～1963年11月28日	1963年11月29日 ～1964年11月28日	1964年11月29日 ～1965年11月28日	1965年11月29日 ～1966年11月28日
11,672,979	17,777,155	16,201,538	22,801,857	24,567,118
15,923	32,131	18,714	39,877	33,978
11,688,902	17,809,286	16,220,252	22,841,734	24,601,096

伊藤伊合名会社（1964年11月29日～1966年11月28日）の貸倒損失金

第24回	第25回	第26回	第27回	第28回	第29回
1950年11月29日 ～1951年11月28日	1951年11月29日 ～1952年11月28日	1952年11月29日 ～1953年11月28日	1953年11月29日 ～1954年11月28日	1954年11月29日 ～1955年11月28日	1955年11月29日 ～1956年11月28日
17,266	-	1,465,329	283,851	947,730	649,621
第34回	第35回	第36回	第37回	第38回	第39回
1960年11月29日 ～1961年11月28日	1961年11月29日 ～1962年11月28日	1962年11月29日 ～1963年11月28日	1963年11月29日 ～1964年11月28日	1964年11月29日 ～1965年11月28日	1965年11月29日 ～1966年11月28日
1,013,003	1,057,432	12,056,322	6,265,371	996,212	1,845,587
251,166	296,585	135,910	0	1,350,000	0
1,264,169	1,354,017	12,192,232	6,265,371	2,346,212	1,845,587

算書』，伊藤伊合名会社及び同大阪営業所『第38回～第39回決算書』。

確認できる決算期について、その期間の月次支払額の総額を表1－20に示した。第三四回（一九六一年一一月）からは値引割戻金という科目があり、これは伊藤伊の販売先の仲間卸店による小売店への販売奨励のための値引きや、伊藤伊の販売先小売店が集客のために値引き販売した分の卸店たる伊藤伊からの補償金と考えられる。第三三回（一九六〇年一一月）までは、この値引割戻も支払割戻金に含まれていると思われる。第三四回以降は、それぞれの金額と合算額の双方を併記した。

この表1－20をみると、第三一回（一九五八年三月）から第三二回（一九五九年一一月）にかけては減っているが、それ以降は、かなり大きく増加してゆく傾向をたどっている。第三三回（一九六〇年一一月）は三四〇万円程度であったが、その三年後の第三六回（一九六三年一一月）には約一七八一万円と五・二倍となり、次期にやや減るものの、第三九回（一九六六年一一月）には約二四六〇万円と第三六回の一・五倍以上となる。これをみても、急速に支払割戻金が増えていったことがわ

表1-20　合名会社伊藤伊三郎商店（1957年11月29日～1964年11月28日）・

期	第31回	第32回	第33回	第34回
時期（年・月・日）	1957年11月29日 ～1958年11月28日	1958年11月29日 ～1959年11月28日	1959年11月29日 ～1960年11月28日	1960年11月29日 ～1961年11月28日
支払割戻金（円）A	2,709,097	1,833,080	3,405,031	8,031,821
値引割戻金（円）B	-	-	-	78,943
割戻金の合計（円）（A＋B）	2,709,097	1,833,080	3,405,031	8,110,764

（注）円未満は四捨五入。
（出典）合名会社伊藤伊三郎商店『第31回～第37回決算書』，伊藤伊合名会社『第38回～第39回決算書』。

表1-21　合名会社伊藤伊三郎商店（1946年11月29日～1964年11月28日）・

期	第20回	第21回	第22回	第23回
時期（年・月・日）	1946年11月29日 ～1947年11月28日	1947年11月29日 ～1948年11月28日	1948年11月29日 ～1949年11月28日	1949年11月29日 ～1950年11月28日
合計貸倒損失金（円）	-	411	511	-
期	第30回	第31回	第32回	第33回
時期（年・月・日）	1956年11月29日 ～1957年11月28日	1957年11月29日 ～1958年11月28日	1958年11月29日 ～1959年11月28日	1959年11月29日 ～1960年11月28日
本店貸倒損失金（円）	634,500	1,782,708	1,669,559	3,531,568
大阪営業所貸倒損失金（円）	80,389	105,376	97,745	155,983
合計貸倒損失金（円）	714,889	1,888,084	1,767,304	3,687,551

（注1）円未満は四捨五入。
（注2）第30期以降，総合，本店，大阪支店，堀田工場の4つの決算書になるが，総合の損失金額不明の回もある。
（出典）合名会社伊藤伊三郎商店及び同大阪営業所『第20回～第37回決算書』，同大阪営業所『第30回～第37回決

かる。これも、この期間の卸店間レベルと小売店間レベルの双方の激しい販売競争を反映したものとみることができよう。

いずれにせよ、前述の帳合料と同様に、受取割戻金と支払割戻金の双方とも、この当時の日本の流通システムの「不透明な取引慣行」として指摘された部分の一角を成すものであったろうが、その推移はここで大づかみながら把握できたといえる。

貸倒損失金　販売先での激しい販売競争を反映する数字として、いまひとつ注目したいのは貸倒損失金の推移である。

表1-21にその推移を示したが、伊藤伊全体としてみると、すでにみた大阪営業所よりかなり大きな額となっていることがわかる。第二六回（一九五三年一一月）に続いて、第三一回（一九五八年一一月）にも、その額は一〇〇万円を超え、年によって増減を繰り返すが、第三六回（一九六三年一一月）には一〇〇〇万円を超えている。次期には減るものの、第三八回（一九六五年一一月）のい

表1-22-1　合名会社伊藤伊三郎商店の第36回の貸倒損失金の明細（1962年11月〜1963年11月）

店　名	所在地	金額（円）	理　由
㈱山都石鹸	高山市天満町6－27	4,517,843	経営不振の為倒産。精算人に依る清算並び配当の見込みなし。
古川商店	高山市天満町6－27	4,157,807	経営不振倒産の為第二会社株式会社山都石鹸を設立。債権を引継ぐも㈱山都石鹸の倒産に依り回収の見込み全くなし。
河合商店	名古屋市中村区西柳町1－11	1,728,938	営業不振の為倒産倒産。破産宣告。配当見込なし。
中富商事	金沢市池田町3－45	868,558	倒産の為債権者会議に基き債権放棄。
仁保商店	京都市上京区下長者町日暮東入	326,380	倒産の為債権者会議に基き債権放棄。
協和商事	松本市伊勢町3	240,000	倒産の為債権者会議に基き債権放棄。
柴清本店	藤枝市伝馬町	146,115	倒産の為回収の見込なく債権放棄。
美生堂	名古屋市熱田区2番町1－3	45,480	事業閉鎖。行方不明。回収不能。
鈴木新薬堂	桑名市馬通2－797	25,201	営業状態悪く再建の見通し無し。回収の見込なし。
合　計		12,056,322	

（出典）合名会社伊藤伊三郎商店『第36回決算書』（1962年11月29日〜1963年11月28日）。

表1-22-2　合名会社伊藤伊三郎商店大阪営業所の第36回の貸倒損失金の明細（1962年11月〜1963年11月）

店　名	所在地	金額(円)	理　由
あさひ薬局	大阪市東成区大今里本町1－85－9	50,561	経営不振の為倒産。転居先調査するも不明。
大藪商店	布施市御厨	19,065	経営不振倒産の主人逃亡。行方不明。
久宝寺寺口薬局	八尾市久宝寺寺口駅前	17,709	経営不振倒産の主人の死亡と共に倒産。目下行方不明。
八戸ノ里センター	布施市岩田	13,440	経営不振の為倒産後，転居先不明。
吉田商店	布施市横沼	12,725	経営不振の為倒産後，転居先不明。
あやめ化粧品店	布施市永和	11,895	経営不振の為倒産後，転居先不明。
柿迫商店	大阪市東成区大今里	10,515	経営不振の為倒産後，転居先不明。
合　計		135,910	

（出典）合名会社伊藤伊三郎商店大阪営業所『第36回決算書』（1962年11月29日〜1963年11月28日）。

わゆる四〇年不況の年にも約二三五万円もの金額となっている。

貸倒損失金が初めて一〇〇〇万円を超えた第三六回の本店の明細をみると、表1-22-1の通りである。これをみると、仲間卸店の古川商店と、同商店の知人が古川商店の得意先を引き継いで設立した山都石鹸の倒産による損失額が大きい。両社を合わせて約八六八万円であり、この期間の本店の貸倒損失金の約七二％を占めている。表1-22-2に示される大阪営業所の明細をみると、本店ほどの大きな損失額にはなっていないことがわかる。ただ、損失事由がすべて行先と転居先の不明ということが共通している。これは小売店自身による無謀な販売競争の面だけではなく、卸店などによる無理な押し込み販売の可能性もあり、いずれによるものか必ずしも特定できない。

いずれにせよ、伊藤伊にとっては、仲間取引や小売店との取引の規模と範囲の拡充につれて、前述の支払割戻金が増えるとともに、貸倒損失金も増える傾向が確認できる。これは、流通の川下の販路拡充にともなうリスクを中間流通業の有力卸店が負担していたことを意味する。このことは、少なからず伊藤伊の利益を圧迫する要因となっており、表1－14に示すように、売上・利益ともに増加傾向を辿りながらも、売上高利益率がさほど伸びなかった要因のひとつになっていたとみられる。

おわりに

最後に本章の検討によって確認されたことや明らかにされたことを整理しておくことにしたい。

まず、伊藤伊は伊藤伊三郎によって一九〇四年に蠟燭の製造・販売を営む事業として創業され、その後、一九二〇年代前半（明治後期から大正期）にかけて、石鹼・化粧品・荒物へと取扱商品を拡げ、販売区域も愛知、三重、岐阜および静岡の一部と広範囲に及んだ。そうした時期に、二代目を継承する伊藤弥太郎も経験を積み、業界内で少しずつ信用を厚くしていったと推定される。

メーカーとの関係では、一九二〇年代末からライオン石鹼（後のライオン油脂）との関係が強化されたが、一九三〇年代初頭にはまだ二次卸店の位置づけであった花王との関係も次第に強いものとなっていった。化粧品メーカーとの関係では、共販会社の実績もあってクラブ化粧品販売の監査役となるまで信用を得ることとなった。戦時中および戦後の石鹼配給統制の時期には、名古屋地区の重要な配給経路として位置づけられるまでになった。戦後、二代目経営者の伊藤弥太郎はそうした信用と実績を基礎に、仲間卸の取引関係を広範囲にわたって構築する戦略を進めた。それが功を奏し、ライオン油脂の取引実績では、首位の業績にまでなっていたので、伊藤弥太郎は卸業界の全国組織を代表する立場にまでなった。さらに、ライオンの外資対応戦略にも協力を惜しまなかった。

企業形態とその所有と経営についてみると、一九二八（昭和三）年から高度成長前半期にいたるまで、資本規模を大きくしてゆくなかでも合名会社形態を維持し、伊藤伊三郎あるいは後継者の伊藤弥太郎の家族・同族による封鎖的な出資であった。経営のリーダーシップも代表社員たる伊藤弥太郎が発揮し、同族の出資社員たちは地方の商談を進めるという重要な立場に置かれていた。高度成長の始まる一九五〇半ばで従業員規模は五〇名弱であり、日雑の地域卸売企業としては、比較的大きな規模の企業であった。出資社員への報酬をみると、合名会社出資社員の無限責任というハイリスクのためか、そのリターンである配当率は時期によって異なるが全般的に高めに設定されていた。

経営実績をみると、戦後のある時期まで約七割を占めたという仲間取引の取引構造を反映した面もあって、売上総利益率はさほど高くはないが、割戻金などを考慮すると、業界平均程度であった。しかし、小売直販の比重の大きいダイカなどと比べると低かった。全体的な傾向としては、増収・増益の傾向をたどり、経営基盤は拡充した。

取引先との関係をみると、仕入関係では、恒常的取引の拡大を反映して仕入先への信認金や仕入先からの受取割戻金の額は増加する傾向をたどり、また仕入先メーカーなどへの出資者という関係も構築されるようになっていった。販売先との関係でみると、販売先への支払割戻金も増加したが、その一方で、過当な競争にともなう貸倒損失も増えていったことが明らかにされた。

こうした伊藤伊の経営の歩みは、多段階取引を広域的に展開するという戦略が主軸にあったといえる。この多段階性は、日本型の取引構造の特徴でもあった。

この多段階性の合理性は、次のように説明され得るであろう。まず、流通の上流に位置するメーカーにとっては、コスト節約的かつリスク回避的に販路を確保できるということであった。すなわち、流通の中間段階から川下にかけての市場確保とそれにともなうリスクを、伊藤伊のような仲間卸先を多数擁する有力卸店に依存して、自らの負担を軽減させることができた。また、伊藤伊のような中間流通業者にとっても、多くの仲間卸（二次卸）店を擁することで、物的・人的資源の負担を増すことなく、販売先の複数小売店を広範囲に確保できるメリットがあった。こうしたネットワークによる広範囲の販路の確保と中間から川下にかけてのリスクを負担することで、中間流通の要となる卸店はメーカーの信用を得ることも可能となり、経営発展を期することができたのである。

こうした意味で伊藤伊の戦略は、日本経営史上の一定期間において典型的であった日本型の取引構造を構築し続ける戦略であったといえる。この戦略は、メーカーによる市場に対するテリトリー制が明確で、大手小売店の全国展開がみられず、卸店の地理的営業範囲が卸店の本拠地の周辺の府県に限定されていた時期までは有効であったろう。ただし後の趨勢との関連でみると、そうした戦略の追求は、小売店の店頭から離れた営業感覚と経営感覚を卸企業にもたせるようになり、一般の消費者や小売店の変化に疎くなるという面があった。このため、ECR（Efficient Consumer Response）を重視する流通の川下の動態的な変化の時期が到来すると、限界をきたすことになる。そうしたECRにも関連する情報・物流システムの高度化と小売企業の広域展開の動きは、別の側面から卸業経営の動態的な変化を促すことになる。

そうした限界的局面とその打破による新たな展開の過程についての検討が、次章以降の課題となる。

注

（1）ダイカの事例については、佐々木聡『地域卸売企業ダイカの展開——ナショナル・ホールセラーへの歴史的所産』（ミネルヴァ書房、二〇一五年三月）を参照されたい。

（2）生年月日は、廣田嘉一編『昭和一一年小間物化粧品年鑑』（東京小間物化粧品商報社、一九三六年一月）三一〇頁および同『昭和一三年小間物化粧品年鑑』（同社、一九三八年一月）三二一頁による。

（3）ここでの創業者・伊藤伊三郎についての叙述は、伊藤弥太郎『星霜』（伊藤伊株式会社、一九八四年二月）一九〜二〇頁による。

(4) この後になって、パラフィンとステアリン酸を用いた木綿芯の俗称・西洋蠟燭が発売されてから、木蠟の和蠟燭と、洋蠟燭が区別されるようになったという(同書、二〇頁)。

(5) 伊藤弥太郎の次男で伊藤伊株式会社・元代表取締役社長の伊藤昌弘氏への聞き取り調査によれば、この創業年月日については、伊藤弥太郎がこの日と定めたという。

(6) ここでの伊藤弥太郎に関する叙述は、前掲『星霜』二〇〜二七頁による。

(7) 同書、二七〜二八頁。なお、翌一九二三(大正一二)年九月一日の関東大震災に関する同書の記述のなかで、伊藤伊三郎商店ではこのほかに自営工場として熱田区伝馬町にブリキの製品工場をもっていたことが紹介されている。同工場では、カイロ器などの製造のほか、小田原提灯も製造していたという(同書、三〇頁)。

(8) 同書、二七〜二八頁。

(9) 佐藤敏三郎編『名古屋商工案内』(名古屋商業会議所、一九一〇年三月)二〇頁および一二六〜一二七頁。なお、中尾矩市『名古屋商工名鑑』(名古屋商工社、一九一二年五月)には、これら六名のうち掛布仙太郎の名前だけが見当たらないが、増本敏三郎『名古屋商工名鑑』『名古屋商工案内』(名古屋商業会議所、一九一四年四月)には掛布仙太郎を含む六名の名前が掲載されてる(同書、一四五〜一四六頁および一七八頁)。また同書名は、愛知県図書館所蔵のハードカバー製本の背表紙に付された書名である。実物の表紙がなく、奥付でも実物の正式な書名情報が欠落しており、正式書名は特定できない。同書には、名古屋を含む愛知県のほか、新潟県、長野県、岐阜県などの商工業者の情報もあり、名古屋が入らず『商工名鑑』という書名の可能性も高い。

(10) ライオン歯磨株式会社社史編纂室『ライオン歯磨八十年史』(一九七三年一〇月)一二九頁。ただし、同書では、伊東藤兵衛となっているが、諸業界関係史料から、これは誤りで、正しくは伊藤東兵衛と推定される。

(11) 伊藤弥太郎は「私が三重県を回商し始めた当時(二二歳で出張の資格を得た後すなわち一九二六年以降——引用者)に、近畿鉄道が津市に乗り入れ、伊勢鉄道が津の江戸橋に乗り入れたのが同時であった。電車の乗り入れ競争の激しかった当時が思い出される。伊勢路に双方の電車が走り込んだ記念すべき年であった。その後も、近鉄と伊勢鉄の宇治山田への乗り入れ競争は激しく続いた。(中略——引用者)近鉄の乗り入れによって大阪との競争が激しくなった」(前掲『星霜』三五〜三六頁）と述懐している。これに関して、『近畿日本鉄道一〇〇年の歩み　一九一〇〜二〇一〇』（近畿日本鉄道株式会社、二〇一〇年一二月）によれば、津市（後の部田）と一身田町間の営業開始にともない江戸橋が開業されたのは一九一七（大正六）年一月であり（同書、六九頁、七一頁、八四九頁）、一九二四（大正一三）年四月に部田（旧津市）から津市間まで延伸させて津市の市街地へ乗り入れた（同書、八五一頁）。さらに参宮急行電鉄が、一九三一（昭和六）年七月に久居と津市間、翌年四月には市街地の津新町と津間が開業した（同書、一五二頁、一九〇頁、八五四頁）。これによって津市と大阪がつながったとみることができる。同社の桜井・宇治山田間の全線開業も、一九三一年三月のことである（同書、一三三頁）。さらに参宮急行電鉄系列の関西急行電鉄によって、桑名・関急名古屋間が開業したのは一九三八（昭和一三）年六月のことであり、これによって大阪と名古屋がつながることとなった（同書、一九〇頁）。

(12)　前掲『星霜』三六頁。

(13)　合名会社伊藤伊三郎商店「登記簿謄本」（昭和二三年一月一三日）。

(14)　前掲『星霜』三六頁。

(15)「社歴書」（伊藤伊合名会社、作成年月は不明であるが最終記述は一九六五年三月一日のものである）。

(16)　同「社歴書」および「合名会社伊藤伊三郎商店定款」（合名会社伊藤伊三郎商店代表社員伊藤弥太郎、昭和三年一月二七日）。なお、この定款は、戦後に伊藤弥太郎が代表社員を継承して代表業務執行社員名が伊藤伊三郎から弥太郎に変更された後のものと推定される。

(17)　前掲「社歴書」、前掲「登記簿謄本」（昭和二三年一月一三日）。

(18)　前掲「社歴書」および合名会社伊藤伊三郎商店『昭和一九年度（自昭和一八年一一月二九日至昭和一九年一一月二八日）決算報告書』、同『昭和二〇年度（自昭和一九年一一月二九日至昭和二〇年一一月二八日）決算報告書』、同『昭和二一年度（自昭和二〇年一一月二九日至昭和二一年一一月二八日）決算報告書』に記載の代表社員名による。

(19)　前掲「登記簿謄本」（昭和二三年一月一三日）。

(20)　廣田嘉一編『昭和一〇年小間物化粧品年鑑』（東京小間物化粧品商報社、一九三五年一月）二四四頁。

(21)　前掲『星霜』四九頁および六四頁。

(22)『ライオンだより』創刊号（一九二七年六月）、前掲『ライオン歯磨八十年史』一六六〜一六八頁および佐々木聡『日本的

流通の経営史』（有斐閣、二〇〇七年一一月）一九～二〇頁。
(23) ライオン株式会社代表取締役小林敦の回想では、名称は「ライオン石鹸中部配給所」とされている（前掲『星霜』一七五頁掲載）。
(24) 前掲『星霜』四一頁。
(25) この時期の花王の流通改革については、前掲『日本的流通の経営史』第三章を参照されたい。
(26) 長瀬薬局、天丸屋商店、服田商店、林源次郎の四つであった（花王石鹸株式会社長瀬商会「昭和六年度（自三月一日至一一月三〇日）東海道甲信越販売方針並予算体系」）。
(27) 同「予算体系」。
(28) 同「予算体系」。
(29) 花王の代表取締役社長の丸田芳郎の記述による（前掲『星霜』一〇三頁）。
(30) 伊藤伊株式会社『和親』No.3（一九七一年八月一日）所収「続・会社の足跡」（社長・伊藤弥太郎執筆）。
(31) 前掲『星霜』四二頁。
(32) 前掲『和親』No.3所収「続・会社の足跡」。
(33) 同稿。
(34) 同稿。この横井竹松と横井が経営する亀屋商店についての詳細は不明であるが、前掲『昭和一一年小間物化粧品年鑑』の業界人名辞典の三一二頁には、化粧品・石鹸卸業経営の横井金松（結城屋合名会社、名古屋市東区久屋町二丁目）という人物が掲載されている。この関係者かどうかも不明である。
(35) この大倉氏についても詳細は不明である。
(36) 前掲『星霜』四二～四三頁。なお、前掲『昭和一一年小間物化粧品年鑑』の業界人名辞典の三一〇頁には伊藤伊三郎が丸五商会取締役、同三一一頁には水谷藤助が丸五商会社長として紹介されている。
(37) 前掲『和親』No.3所収「続・会社の足跡」。
(38) 株式会社資生堂広報室『資生堂販売会社五〇年史』（一九七八年）一一九頁および前掲『日本的流通の経営史』五〇～五一頁。

(39) クラブ特定品販売株式会社は、乱売防止と販売網の確立を目指して、一九二五（大正一四）年以降各地に設立された小売店の協力機関の共栄クラブ会向けの留型商品（化粧品・石鹸・歯磨・歯ブラシ）を扱う卸会社である（株式会社クラブコスメチックス『クラブコスメチックス八〇年史』一九八三年、一一〇～一一一頁、同社『百花繚乱　クラブコスメチックス百年史』二〇〇三年、八二頁、八八頁および前掲『日本的流通の経営史』五二～五五頁）。

(40) 「クラブ特定品販売株式会社機構概況報告」（昭和一三年一二月調査）、前掲『昭和一一年小間物化粧品年鑑』、前掲『昭和一三年小間物化粧品年鑑』。

(41) 戦前期の事例については、同書五〇～五七頁、前掲『地域卸売企業ダイカの展開――ナショナル・ホールセラーへの歴史的所産』一二～一四頁を参照されたい。また戦後の一九六〇年代以降の花王販社への対応については、佐々木聡「花王初期販社の設立過程と経営状況」（明治大学経営学研究所『経営論集』第五五巻第二・三号、二〇〇八年三月）、同「京阪神・近畿地域での花王販社の設立と統合の過程」（同誌第五六巻第一・二号、二〇〇九年一月）、同「中国・四国・九州地域での花王販社の設立と統合の過程」（同誌同号）、同「中部地域での花王販社の設立と統合の過程」（同誌第五六巻第三・四号、二〇〇九年三月）、同「関東・甲信越地域での花王販社の設立と統合の過程」（同誌第五七巻第四号、二〇一〇年三月）、同「北海道・東北地域での花王販社の設立と統合」（同誌第五八巻第三号、二〇一一年三月）などを参照されたい。

(42) 前掲『星霜』四三～四五頁、伊藤伊株式会社『和親』No.4（一九七二年五月一日）所収「続・会社の足跡（4）」（社長・伊藤弥太郎執筆）。なお、牛乳石鹸共進社株式会社の経営史については、『牛乳石鹸共進社株式会社八〇年史』（一九八八年一〇月）と『牛乳石鹼一〇〇年史』（二〇〇九年一〇月）を参照されたい。

(43) 前掲『星霜』四三～四五頁、前掲『和親』No.4所収「続・会社の足跡（4）」。

(44) 同稿。

(45) ここでの戦時期の化粧品の統制に関する叙述は、株式会社資生堂『資生堂百年史』（一九七二年六月）二六七～二八三頁および株式会社パルタック『株式会社パルタック八十年史』（一九七八年一二月）一一一～一二二頁による。

(46) 前掲「社歴書」。

(47) 前掲『昭和一一年小間物化粧品年鑑』二四二頁、二九七頁および前掲『昭和一三年小間物化粧品年鑑』三三五頁などによる。

(48) 前掲『昭和一〇年小間物化粧品年鑑』二八頁。

(49) 「日本石鹸配給統制株式会社定款」第二条の一。

(50) 前掲『日本的流通の経営史』一二二頁。

(51) 前掲『星霜』五九～六九頁。

(52) 五カ月ほど続いたとされる対立の詳細は不明であるが、「営業活動を主目的とする石鹸組合は、もっぱら親睦を目的とする愛知県化粧品卸商業組合の石鹸部会としてでは、活動が至難であるからと強く要望した」とされている。すなわち石鹸業者が分離・独立に強く反対したと思われる。これにより、「組合内の（愛知県石鹸卸商業組合の愛知県化粧品卸商業組合からの——引用者）分離問題は、当然真二つに分れた《ママ》。その仲裁を県の商工課にお願いしたところ妥当を欠く判断であったので、経済警察に依頼したから、事件は大袈裟になった。曲折をくりかえして、単独設立の夢は叶えられた」という（同書、四九頁）。

(53) 前掲『星霜』四九頁では一九四一年八月二七日となっているが、ここでは、前掲「社歴書」、前掲「登記簿謄本」（昭和二二年一月一三日）にしたがった。

(54) 前掲『日本的流通の経営史』一二二～一二六頁。

(55) 「昭和一七年一一月三〇日現在株主姓名表」（日本石鹸配給統制株式会社、一九四二年一一月）五頁。なお、愛知県では、合名会社伊藤伊三郎のほかに、伊藤三郎が一四五株所有の元売業者として名を連ねているが、伊藤三郎の詳細は不明である。

(56) 『中外商業新報』（一九四二年八月二七日号）による。同紙によると、一四〇グラム以上の洗濯石鹸については、統制会社の販売価格一ダース八四・一銭、卸商業組合価格一ダース八八・八銭、小売価格一個一〇銭、すなわち一ダースあたり一円二〇銭であったとされる。また前掲『星霜』では、「一個当り正味重量一一二・五グラム、統制会からの仕入価格一打八二銭、卸売業者の販売価格一打八六銭、小売業者の最高販売価格一個八銭」と記述されている（同書、六〇頁）。

(57) 前掲『星霜』、六〇頁。

(58) 同書、五一～五六頁。

(59) 同書、六二頁。

(60) 同書、六三～六五頁。

(61) 同書、六四頁。
(62) ここでの伊藤弥太郎の周辺の人物や経営方針・経営戦略に関する叙述は、主に伊藤昌弘氏への聞き取り調査による。
(63) 服部清成は一九二〇（大正九）年一月生まれなので、一九〇四（明治三七）年一月生まれの伊藤弥太郎より一六歳年下ということになる。伊藤弥太郎兄弟のなかでの長女の嫁ぎ先の服部家でその長女の主人が亡くなったため、伊藤清成が服部家を継いで服部姓を名乗ったという（伊藤昌弘氏への聞き取り調査による）。また服部が他界した一九九二（平成四）年八月の一年後、清成の書き綴った数冊の冊子を伊藤昌弘らがまとめた服部清成『歴史からみたライフサイクル試論他』（伊藤伊株式会社、一九九三年八月）は、服部清成の学識と思想を知るうえで貴重な著書といえる。
(64) 前掲「登記簿謄本」（昭和二二年一月二三日）。
(65) 合名会社伊藤伊三郎商店「総社員同意書」（昭和二二年三月一五日）および前掲「社歴書」。ただし、この「社歴書」では、伊藤としのこのときの増資後の出資金額が一万五〇〇〇円と誤って記載されている。正しくは一万二〇〇〇円である。
(66) 合名会社伊藤伊三郎商店「総社員同意書」（昭和二二年一一月二五日）および前掲「社歴書」。
(67) 合名会社伊藤伊三郎商店「総社員同意書」（昭和二三年六月一日）および前掲「社歴書」。
(68) 合名会社伊藤伊三郎商店「登記簿抄本」（昭和二四年七月七日）および前掲「社歴書」。
(69) 日本石鹸配給統制株式会社は、設立翌年の一九四三年一二月に硬化油グリセリン統制株式会社を合併して油脂製品統制株式会社となり、翌一九四四年から油脂製品全般の中央の配給を行うこととなった。地方の卸組合も、一九四四年七月施行の商工組合法にもとづく組織に改組された。終戦翌年の一九四六年一〇月、油脂製品統制株式会社が解散し、新たに油脂製品販売株式会社が設立された。同社は、油脂統制会の後継組織であった化学工業統制会第五部会（一九四五年四月に油脂統制会から移行したもの）が一九四五年九月に解散したのにともなって発足した三つの団体、すなわち油脂加工品統制組合、石鹸統制組合、油脂統制組合と密接に連絡をとりあいながら販売事業を継続した。三つの統制団体は一九四七年二月に解散し、油脂加工、石鹸、油剤の三つの工業会に改組され、同年六月には新たに油脂工業連合会が設立された。翌一九四八（昭和二三）年五月には、油脂加工、石鹸、油剤の三つの工業会が解散して油脂工業協会が設立された。一方、油脂製品販売株式会社は配給機関として存続していたが、一九四九（昭和二四）年三月、石鹸クーポン制への移行とともに閉鎖された。一九五〇年八月、石鹸配給規則の撤廃にともない油脂工業協会は解散し、同年九月には、解散した油脂工業協会の旧会員を母体に、日本油脂加工工業会、日本石鹸工業会、日本繊維油剤工業会の三つの工業会が発足した。これらのうち、日本油脂加工工業会と日本石鹸工業会は、一九五五（昭和三〇）年四月に一本化して日本油脂工業会となった（日本油脂工業会『油脂工業史』一九七二年四月、一五六頁、一六八〜一七二頁および同資料編四〜五頁の年表記事）。

(70) 前掲『日本的流通の経営史』一四三〜一四四頁。

(71) 同書、一六一〜一六二頁。

(72) 伊藤伊株式会社『和親』No.2（一九七一年一月一日）所収「新年号によせて（続・会社の足跡）」（社長・伊藤弥太郎執筆）。

(73) 同稿。

(74) 前掲『星霜』六六〜六七頁。

(75) 同書、六七頁。

(76) 前掲『和親』No.2所収「新年号によせて（続・会社の足跡）」。

(77) 同稿。

(78) 後に花王の代表取締役社長となった丸田芳郎の発言では、このクーポン集券で花王との「取引が再開された」（前掲『星霜』一〇四頁）とされているが、諸史料から、花王の取引がまったく途絶していたとは考えにくいので、ここでは「強化された」と表現している。なお、丸田芳郎の足跡と人柄については、佐々木聡『日本の企業家シリーズ9　丸田芳郎』（PHP研究所、二〇一七年六月）を参照されたい。

(79) ライオン商事の設立過程と活動の実績については、前掲『日本的流通の経営史』一八〇〜一九五頁を参照されたい。

(80) ライオン商事株式会社『第二〇期決算書』（自昭和二五年四月一日至昭和二十五年九月三〇日）、同『第二一期決算書』（自昭和二五年一〇月一日至昭和二六年三月三一日）による。

(81) 前掲『和親』No.3所収「続・会社の足跡」。

(82) 同稿。

(83) 前掲『星霜』六九頁。

(84) 同書、一五七〜一五八頁。

(85) 同書、一三四〜一三五頁。ここでの丸山社長とは丸山松治社長と思われる。この津村順天堂との取引が開始された一九六一年の一月に丸山松治の長男の丸山源一が中央石鹸に取締役として入り、同年三月に代表取締役に就任したばかりである。なお、丸山松治については加藤与三郎『腹八分の商法――丸山松治商魂の半世紀』（週刊粧業、一九七一年一二月）を、丸山源一については尾高煌之助・松島茂編『丸山源一オーラル・ヒストリー』（法政大学イノベーション・マネジメント研究センター、二〇〇七年八月）をそれぞれ参照されたい。

(86)　前掲『星霜』九六頁。

(87)　同書、一〇〇頁。

(88)　同書、一二六頁。

(89)　同書、一二一～一二二頁。

(90)　ここでの営業エリアについての記述は、合名会社伊藤伊三郎商店「営業概要」（一九五八年四月五日）による。

(91)　同「営業概要」。

(92)　伊藤伊株式会社『和親』№7（一九七三年一月一日）所収「新年新心」（社長・伊藤弥太郎執筆）。

(93)　伊藤昌弘氏への聞き取り調査による。

(94)　ここでの堀田工場に関する叙述は前掲『星霜』六八～六九頁および七〇頁による。

(95)　堀田工場の新設年月と主要製品については前掲「営業概要」（一九五八年四月五日）と前掲『星霜』六九頁による。ただし、伊藤伊三郎商店合名会社『第二八回決算書』（一九五四年一一月二九日～一九五五年一一月二八日）添付の「営業規模」によれば、工場の摘要欄に「二八年一二月ヨリ作業始ム」と記載されており、生産開始時期に二カ月の違いがある。

(96)　花王ミュージアム・資料室編『花王一二〇年　一八九〇―二〇一〇年』（二〇一二年五月）一六二～一六四頁および一九四～一九九頁。

(97)　前掲『星霜』六八～六九頁および七四頁。

(98)　前掲「営業概要」（一九五八年四月五日）。大阪営業所の開業時期については、前掲『第二八回決算書』添付「営業規模」によれば、大阪営業所の摘要欄に「二九年九月大阪ニ店舗借用開店卸売」という記載があり、二年半ほどの違いがある。

(99)　大阪営業所の人員数は、昭和三一年度および昭和三八年度の税務関係諸書類記載の各月人数による。

(100)　伊藤昌弘氏への聞き取り調査による。

（101）たとえば第三三回（一九六〇年一一月二八日決算）には四つの貸倒金損失の計上があったが、そのいずれの事由も「乱売競争甚ダシク行詰行先不明ニ付債権放棄」と記載されている（伊藤伊合名会社『第三三回決算書（大阪営業所）』）。

（102）前掲『星霜』七九頁および伊藤昌弘氏への聞き取り調査による。

（103）前掲『ライオン歯磨八十年史』二三七〜二四〇頁、前掲『星霜』一七七〜一七八頁。なお、理事会の議長は桑原啓造、伊藤弥太郎以外の副議長は宮永直治、中野巌、米田忠勝、大総一郎であった（同書、一二三九頁）。

（104）ライオン油脂株式会社社史編纂委員会『ライオン油脂六十年史』（一九七九年一二月）一九四〜一九六頁、二一一〜二一二頁。なお、『和親』No.5（伊藤伊株式会社、一九七二年八月一五日）所収「続・会社の足跡（5）」（社長・伊藤弥太郎執筆）では、全国ライオン石鹸会の結成日を、一九六三（昭和三八）年一〇月二二日としている。

（105）前掲『星霜』一七八頁。

（106）前掲『日本的流通の経営史』二五三〜二五四頁。

（107）ここでのBM社およびBMJ社および両社との伊藤伊との関連に関する記述は、前掲『ライオン歯磨八十年史』三三九〜三四八頁、前掲『星霜』七四〜七五頁および前掲『和親』No.5所収「続・会社の足跡（5）」による。

（108）なお、同社の名古屋営業所は、後に設置された伊藤伊合名会社および伊藤伊株式会社の販売三課が管轄することになり、六名の人員でスタートしたという（伊藤昌弘氏への聞き取り調査による）。

（109）前掲『星霜』八二〜八三頁、伊藤伊株式会社『和親』No.8（一九七三年九月一日）所収「全鹸連会長就任におもう事」（社長・伊藤弥太郎執筆）および信岡秀典編『業界五〇年の歩み』（石鹸新報社、一九九八年七月）五〇〜五一頁。なお、全鹸連の初代会長には、東京下落合の多喜屋の岩田勘良氏が就いた。この多喜屋は、花王の販社設立の初期の動きである多喜屋花王を誕生させることになる。その詳細は、前掲「花王初期販社の設立過程と経営状況」を参照されたい。

（110）「合名会社伊藤伊三郎商店社員総会議事録」（一九六四年一一月二九日）。

（111）前掲『星霜』七五頁。

（112）前掲「社歴書」。

（113）「伊藤伊合名会社定款」（一九六四年一一月二九日）および前掲「社歴書」。

（114）前掲『星霜』七五〜七六頁。

(115)　同書、七七頁、前掲『和親』No.5所収「続・会社の足跡（5）」。
(116)　前掲「花王初期販社の設立過程と経営状況」一〇二頁掲載の表1-5の売上総利益率の一九六五年の数値を参照されたい。
(117)　前掲『地域卸売企業ダイカの展開――ナショナルホールセラーへの歴史的所産』一四八～一四九頁を参照されたい。
(118)　伊藤伊株式会社社内報編集委員会『社内報ぱぶりん』Vol.20（一九九六年）二頁。
(119)　伊藤伊関係者への聞き取り調査による。
(120)　ライオン油脂と花王の合成洗剤と一九五〇～六〇年代の日本の合成洗剤市場については、前掲『ライオン油脂六十年史』（一九七九年一二月）一五〇～一五四頁、一七〇～一七二頁、一八四～一九四頁、ライオン株式会社社史編纂室『ライオン一〇〇年史』（一九九二年一〇月）二二二～二二三頁、二二九～二三三頁、日本経営史研究所・花王株式会社社史編纂室『花王史一〇〇年（一八九〇～一九九〇年）』（一九九三年三月）二〇六～二〇八頁、二二六～二六一頁、および前掲『花王一二〇年　一八九〇―二〇一〇年』一六二～一六四頁、二〇二～二一一頁などを参照されたい。
(121)　この日本油脂製品統制組合がどの団体を指すのか特定できていない。注(69)に記述した戦後の業界団体の変遷との関係でみると、一九四六年一月に発足し一九四七年二月に解散した三つの統制組合の一つの油脂加工統制組合、一九四六年一〇月に油脂製品統制株式会社の後継団体として発足した油脂製品販売会社（一九四九年三月に解散）、一九四七年六月に同年二月解散の三つの統制団体の後継組織として設けられた油脂工業会連合会、あるいは一九五〇年九月に油脂工業連合会の後継組織として発足した三つの工業会のひとつの油脂加工工業会などのいずれか、あるいはそれらの関連組織と考えられる（前掲『油脂工業史』一六八～一七二頁および同資料編四～五頁）。
(122)　伊藤伊合名会社『第三八回決算書』（一九六四年一一月二九日～一九六五年一一月二八日）および同『第三九回決算書』（一九六五年一一月二九日～一九六六年一一月二八日）に添付されている「支払割戻金明細表」。
(123)　伊藤伊関係者への聞き取り調査による。なお、当時、高山にはかなりの雑貨問屋があり、その間で融通手形のやりとりもあったという。当時、この地区の担当であったのは、図1-1の販売（地方係）で岐阜県・長野県・山梨県担当となっている伊藤（南）忠勝氏であった。

第二章　株式会社の設立と経営体制（一九六〇年代後半から八〇年代前半）

はじめに

一九六二（昭和三七）年、林周二の『流通革命』が上梓され、学会・業界に大きな影響をもたらした。その論旨は、現状維持に甘んじる卸売企業はその社会的役割を終えて衰亡するというものであった。それから半世紀余りを経過したが、この林周二の「流通革命」論の主旨やその影響についての歴史的検証はいまだに十分になされていない(1)。

その後の実態の大きな趨勢をみると、一九六〇年代後半から八〇年代にかけて日本の流通業界は大きな変革の時期となった。再販制度やメーカー販社の設立によって流通の川上からの価格統制圧力が強まるなかで、流通の川下では、スーパー、コンビニに加えてドラッグストアやホームセンターなどの新業態が登場した。いずれの業態も広域的なチェーン・オペレーションを進展させ、流通の川下からの交渉力を強化させた。

川上と川下の双方からの圧力のなかで、中間流通業者たる卸売企業の経営者たちのなかには林の主張を警鐘と捉えた者も多く、けっして現状に甘んじるものばかりではなかった。革新を志向した経営者たちは、従来の狭い商圏を越えた広域的な合併・統合により、取引規模と取引範囲の拡大をはかった。それと同時に、小売業との直接取引とECRを追求する傾向もみえ始めた。こうした趨勢のなかで、従来型の取引構造を尊重した伊藤伊は、どのような経営体制をもって経営の進展を実現したのであろうか。

本章では、一九六〇年代後半から八〇年代前半の伊藤伊の経営体制の諸側面のうち、所有と経営、経営方針、メーカーへの対応戦略、管理体制と組織の整備などについて実証的に検討することにしたい。これによって、日本の多段階的構造に依拠した中間流通企業の経営体制の諸特徴を明らかにすることにしたい。

1 伊藤伊株式会社の設立とその所有面の特徴

伊藤伊株式会社の発足と当初の従業員数

第一章でみたように、伊藤伊は一九〇四（明治三七）年に創業し、愛知・岐阜・三重を中心に仲間取引を軸としながら営業を拡げ、その範囲は東海・関西・北陸・信州地域へと及んだ。一九二八（昭和三）年二月一日に、従来の個人経営の伊藤伊三郎商店を合名会社伊藤伊三郎商店に改組してからは、二代目の後継者・伊藤弥太郎が経営の舵取りを担うこととなった。伊藤弥太郎は、戦時中や戦後の統制期の中軸としての役割や復興期以降の業界での信用を基礎に、伊藤伊を名実を備えた優良卸売企業に成長させた。一九六四年一一月には、社名を伊藤伊合名会社に改称した。

一九六六（昭和四一）年九月二〇日、新たな発展を期して伊藤伊株式会社が設立された[2]。母体となった伊藤伊合名会社に不動産事業と損害保険事業を残し、営業のすべてを新設の伊藤伊株式会社へ継承させた[3]。同年一一月三日には、鉄筋三階建て延べ面積一三五一・六㎡の伊藤伊合名会社の本社ビルと倉庫も竣工した[4]。

伊藤伊株式会社では、名古屋市中区花園町の新本社の土地・建物、大阪市阿波座中通の大阪営業所の建物、名古屋市瑞穂区新開町の堀田《ほりた》工場の建物を、伊藤伊合名会社（代表社員・伊藤昌弘）から賃借する契約書を同年一一月二〇日に結び[5]、同年一一月二九日から営業を開始した[6]。営業開始時の人員は、本社八〇名、工場九名、大阪営業所六名の計九五名であった[7]。

資本増加と出資者構成の推移

伊藤伊株式会社の経営体制の特徴を把握する手始めとして、まず所有面について、設立時の伊藤伊株式会社の株主構成と、その後の資本増加過程での株主構成をみておこう。

まず、母体となった伊藤伊合名会社がその営業権を新設の伊藤伊株式会社へ譲渡する直前の出資者をみると、表2－1に示されるように、伊藤弥太郎はじめ伊藤とし（弥太郎夫人）、伊藤修（弥太郎夫人としの親戚）、服部清成《きよしげ》（弥太郎の実弟、弥太郎・清成の姉であるかつの嫁ぎ先の服部家を継ぐ）、鈴木千代子（弥太郎の長女、昌弘の実姉）、鈴木堅二（千代子の夫）の六名の伊藤家の者と、小川勇吉、伊藤徳蔵（藤倉徳蔵、伊藤弥太郎と同じ三重県桑名郡多度町出身）、伊藤忠勝（南忠勝、伊藤弥太郎と同じ三重県桑名郡多度町出身）ら、古くからの番頭格の三名によって占められている。そのなかで、伊藤弥太郎の出資比率が最も高く、とし夫人とあわせて六二・五％の出資比率であった。

表2－2によって、伊藤伊株式会社設立時の株主の明細をおおむね知ることができる。これをみると、伊藤伊合名会社が五〇％の出資比率の最大株主となっているほかは、合名会社の出資者名簿と大きな違いはない。表2－1の株式会社設立直前の合名会社の出資比率と比べると、伊藤弥太郎・とし夫妻の出資比率合計は三二％に下がっている。表2－3によってこの時点での伊藤伊合名会社の出資構成をみると、代表社員となった伊藤弥太郎の次男の伊藤昌弘《まさひろ》が加わっているだけで、おおむね伊藤家と古参番頭の出資が中心であることに変わりはない。したがって、伊藤伊株式会社は、最大株主の伊藤伊合名会社も含めて、伊藤弥太郎・とし夫妻をはじめとする伊藤家の家族・同族の封鎖的所有の域を出るものではなく、おおむね伊藤家の意思を株主総会で貫徹させることが可能な所有形態であったといえる。

その後、伊藤伊株式会社は、表2－4に示されるように資本を増加させてゆく。資本が増加された段階での出資構成を追ってみると、まず資本金が三〇〇〇万円となった一九六八年一一月決算時点および四五〇〇万円となった翌一九六九年一一月決算時点の二つの時点をみると、表2－5に示される通りである。表2－2の資本金二一〇〇〇万円の

表2-1　伊藤伊合名会社の出資者明細（1965年3月1日）

氏　名	出資金額(円)	出資比率(%)
伊藤弥太郎	8,400,000	43.75
伊藤とし	3,600,000	18.75
小川勇吉	1,200,000	6.25
伊藤徳蔵	1,200,000	6.25
伊藤修	1,200,000	6.25
伊藤忠勝	1,200,000	6.25
服部清成	1,200,000	6.25
鈴木千代子	600,000	3.13
鈴木堅二	600,000	3.13
合　計	19,200,000	100.00

（出典）「社歴書」（合名会社伊藤伊三郎商店，作成年月不明だが最終記述は1965年3月1日となっている）。

表2-2　伊藤伊株式会社の株主明細（1966年11月28日）

氏　名	1967年度の役職	1株額面	株　数	出資金額（円）	出資比率（%）
伊藤弥太郎	代表取締役社長	500	9,200	4,600,000	23.00
伊藤とし	監査役	500	3,600	1,800,000	9.00
小川勇吉		500	1,200	600,000	3.00
伊藤徳蔵		500	1,200	600,000	3.00
伊藤修	常務取締役	500	1,200	600,000	3.00
伊藤忠勝	取締役	500	1,200	600,000	3.00
伊藤伊合名会社		500	20,000	10,000,000	50.00
鈴木堅二	取締役	500	600	300,000	1.50
伊藤千代子		500	600	300,000	1.50
計算上の合計		−	38,800	19,400,000	97.00
確定資本金上の合計			40,000	20,000,000	100.00

（注1）表示のように下記典拠史料上の合計値と確定資本金上の合計には差がある。
（注2）不一致の可能性として専務取締役の伊藤（服部）清成の出資分（推定：1,200株）を欠いている可能性がある。
（注3）出資比率は確定資本金2,000万円に対する比率で計算している。
（出典）伊藤伊株式会社『第1回決算書』（1966年9月20日～1966年11月28日）所収「新株引受人名簿」および『1967年度法人税支払関係書類綴』所収「昭和42年度簿分役員賞与支給明細」。

表2-3　伊藤伊合名会社の出資者明細（1966年11月28日）

氏　名	出資金額(円)	出資比率(%)
伊藤弥太郎	8,100,000	42.19
伊藤とし	3,600,000	18.75
小川勇吉	1,200,000	6.25
伊藤徳蔵	1,200,000	6.25
伊藤修	1,200,000	6.25
伊藤忠勝	1,200,000	6.25
服部清成	1,200,000	6.25
鈴木堅二	600,000	3.13
鈴木千代子	600,000	3.13
伊藤昌弘	300,000	1.56
合　計	19,200,000	100.00

（注）下記出典のうち「昭和41年度配当金明細書」では伊藤弥太郎の出資金が840万円となっているが，合計額1,920万円にならない。ここでは，この時期の伊藤弥太郎の出資金が正しくは次期の810万円と想定して記載した。
（出典）伊藤伊合名会社「昭和41年度（1965年11月29日～1966年11月28日）配当金明細書」，同「昭和42年度（1966年11月29日～1967年11月28日）配当金」。

時期と異なるのは、伊藤家の家族・同族・古参番頭以外の一七名の従業員が出資者となっていることである。これは、後述するように、管理者となった従業員の持株制度によるもので、株主として経営に対する意識をもたせるとともに、若干の経営成果である配当を付与する意味をもつものであったろう。

しかしながら、全体の所有構成をみると、いずれの時期においても、伊藤家メンバー出資による伊藤伊合名会社の所有比率が過半数を超える五一・八三％であり、これに伊藤家の家族・同族・古参番頭の所有比率を加えると九三・八三％という高率であった。すなわち、経営の意思決定権は伊藤家関係者が保持し続けていたといえる。表２‐６に示されるように、そうした株式所有の比率は、資本金が四五〇〇万円から七二〇〇万円に増資される前後の時期においてもほとんど変わることはなかった。

従業員持株会の結成と同族会社

表２‐７は、一九八五年一一月現在の出資構成を示している。これをみると、古参番頭はおらず伊藤家同族のみで、最大株主は音羽殖産株式会社となっている。同社は、一九八一（昭和五六）年五月一日に伊藤家の財産管理会社として設立された。[8] この音羽殖産の出資も含めた伊藤家同族の出資比率は七八・三八％となっている。また新たな出資者として社員（従業員）持株会[9]がある。その出資比率は一三・七四％である。これと伊藤家同族の出資比率を合わせると九二・一二％と、以前の伊藤家同族および古参番頭の出資比率よりもやや少ない値となる。したがって、以前の伊藤家および古参番頭出資比率分のいくばくかがこの社員持株会とほかの従業員に割り当てられたとみることができる。この持株会設置の経緯と、この株式譲渡の過程について確認しておこう。

社員（従業員）持株制度は、すでに表２‐５でみた一九六八年一一月時点で存在していた。そこでは「役付き社員である係長心得へ（ママ）昇格を機に自社株式一〇〇株の持株権を与えられ分譲される」という制度になっていた。表２‐５に示された一七名は、この制度によって一〇〇株以上の持株を付与された者たちであった。しかし、「社員歴一〇年、

～1986年11月28日）の資本金の推移

第６期	第７期	第８期	第９期	第10期
1970年11月29日 ～1971年11月28日	1971年11月29日 ～1972年11月28日	1972年11月29日 ～1973年11月28日	1973年11月29日 ～1974年11月28日	1974年11月29日 ～1975年11月28日
45,000,000	45,000,000	45,000,000	45,000,000	45,000,000
第16期	第17期	第18期	第19期	第20期
1980年11月29日 ～1981年11月28日	1981年11月29日 ～1982年11月28日	1982年11月29日 ～1983年11月28日	1983年11月29日 ～1984年11月28日	1984年11月29日 ～1985年11月28日
90,000,000	90,000,000	90,000,000	90,000,000	90,000,000

ここではその呼称にしたがっている。
株式会社『第３期～第18期営業報告書』。

（1968年11月，1969年11月）

1969年11月時点				
新株割当株数	合計所有株数	１株額面（円）	出資金額（円）	出資比率（％）
4,600	13,800	500	6,900,000	15.33
1,800	5,400	500	2,700,000	6.00
750	2,250	500	1,125,000	2.50
750	2,250	500	1,125,000	2.50
750	2,250	500	1,125,000	2.50
375	1,125	500	562,500	1.25
750	2,250	500	1,125,000	2.50
750	2,250	500	1,125,000	2.50
375	1,125	500	562,500	1.25
1,700	5,100	500	2,550,000	5.67
15,550	46,650	500	23,325,000	51.83
28,150	84,450	－	42,225,000	93.83
200	600	500	300,000	0.67
200	600	500	300,000	0.67
200	600	500	300,000	0.67
200	600	500	300,000	0.67
100	300	500	150,000	0.33
100	300	500	150,000	0.33
100	300	500	150,000	0.33
100	300	500	150,000	0.33
100	300	500	150,000	0.33
100	300	500	150,000	0.33
100	300	500	150,000	0.33
100	300	500	150,000	0.33
50	150	500	75,000	0.17
50	150	500	75,000	0.17
50	150	500	75,000	0.17
50	150	500	75,000	0.17
50	150	500	75,000	0.17
1,850	5,550	－	2,775,000	6.17
30,000	90,000	－	45,000,000	100.00

1969年11月の間の増資時直前と推定される）。

表2－4　伊藤伊株式会社（1966年11月29日

期	第1回	第2回	第3期	第4期	第5期
時期(年・月・日)	1966年9月20日 ～1966年11月28日	1966年11月29日 ～1967年11月28日	1967年11月29日 ～1968年11月28日	1968年11月29日 ～1969年11月28日	1969年11月29日 ～1970年11月28日
資本金（円）	20,000,000	20,000,000	30,000,000	45,000,000	45,000,000
期	第11期	第12期	第13期	第14期	第15期
時期(年・月・日)	1975年11月29日 ～1976年11月28日	1976年11月29日 ～1977年11月28日	1977年11月29日 ～1978年11月28日	1978年11月29日 ～1979年11月28日	1979年11月29日 ～1980年11月28日
資本金（円）	45,000,000	72,000,000	72,000,000	72,000,000	72,000,000

（注）伊藤伊株式会社の決算期の呼称は，下記出典のように，第1～第2までが「回」，第3以降は「期」となっており，
（出典）伊藤伊株式会社『第1回～第2回決算書』，同『第3期～第14期決算書』，同『第17期～第20期決算書』，伊藤伊

表2－5　伊藤株式会社の株主明細

氏　名	1969年11月時点の役職	1968年11月時点			
		持株数	1株額面（円）	出資金額（円）	出資比率（%）
伊藤弥太郎	代表取締役	9,200	500	4,600,000	15.33
伊藤とし	監査役	3,600	500	1,800,000	6.00
服部清成	専務取締役	1,500	500	750,000	2.50
伊藤　修	常務取締役	1,500	500	750,000	2.50
伊藤忠勝	取締役	1,500	500	750,000	2.50
鈴木堅二		750	500	375,000	1.25
小川勇吉		1,500	500	750,000	2.50
伊藤徳蔵		1,500	500	750,000	2.50
伊藤千代子		750	500	375,000	1.25
伊藤昌弘		3,400	500	1,700,000	5.67
伊藤伊合名会社		31,100	500	15,550,000	51.83
小　計		56,300	－	28,150,000	93.83
星野市雄		400	500	200,000	0.67
神谷健三		400	500	200,000	0.67
伊藤哲也		400	500	200,000	0.67
伊藤照雄		400	500	200,000	0.67
杉山政佳		200	500	100,000	0.33
伊藤喜将		200	500	100,000	0.33
松田　哲		200	500	100,000	0.33
村松芳一		200	500	100,000	0.33
松田常次		200	500	100,000	0.33
児玉正雄		200	500	100,000	0.33
伊藤康一		200	500	100,000	0.33
松山礼子		200	500	100,000	0.33
稲垣三男		100	500	50,000	0.17
三浦弘史		100	500	50,000	0.17
織田栄一		100	500	50,000	0.17
荒川文男		100	500	50,000	0.17
河村二郎		100	500	50,000	0.17
小　計		3,700	－	1,850,000	6.17
合計数		60,000	－	30,000,000	100.00

（出典）音羽殖産株式会社所蔵「株式割当数一覧表」（正確な作成年は不明であるが，1968年11月～

明細（1976年11月，1977年11月）

1977年11月時点				
新株割当株数	合計所有株数	1株額面（円）	出資金額（円）	出資比率（%）
30,150	80,400	500	40,200,000	55.83
5,880	15,680	500	7,840,000	10.89
5,460	14,560	500	7,280,000	10.11
3,240	8,640	500	4,320,000	6.00
1,350	3,600	500	1,800,000	2.50
1,350	3,600	500	1,800,000	2.50
675	1,800	500	900,000	1.25
675	1,800	500	900,000	1.25
1,350	3,600	500	1,800,000	2.50
50,130	133,680	－	66,840,000	92.83
360	960	500	480,000	0.67
360	960	500	480,000	0.67
360	960	500	480,000	0.67
360	960	500	480,000	0.67
180	480	500	240,000	0.33
180	480	500	240,000	0.33
180	480	500	240,000	0.33
180	480	500	240,000	0.33
180	480	500	240,000	0.33
180	480	500	240,000	0.33
180	480	500	240,000	0.33
90	240	500	120,000	0.17
60	160	500	80,000	0.11
90	240	500	120,000	0.17
60	160	500	80,000	0.11
60	160	500	80,000	0.11
90	240	500	120,000	0.17
60	160	500	80,000	0.11
60	160	500	80,000	0.11
60	160	500	80,000	0.11
60	160	500	80,000	0.11
60	160	500	80,000	0.11
60	160	500	80,000	0.11
60	160	500	80,000	0.11
60	160	500	80,000	0.11
60	160	500	80,000	0.11
60	160	500	80,000	0.11
60	160	500	80,000	0.11
60	160	500	80,000	0.11
3,870	10,320	－	5,160,000	7.17
54,000	144,000	－	72,000,000	100.00

表２－６　伊藤伊株式会社の株主

氏　名	1977年11月時点の役職	1976年11月時点			
		持株数	１株額面（円）	出資金額（円）	出資比率（%）
伊藤伊合名会社		50,250	500	25,125,000	55.83
伊藤弥太郎	代表取締役社長	9,800	500	4,900,000	10.89
伊藤昌弘		9,100	500	4,550,000	10.11
伊藤とし	監査役	5,400	500	2,700,000	6.00
服部清成	専務取締役	2,250	500	1,125,000	2.50
伊藤　修	常務取締役	2,250	500	1,125,000	2.50
鈴木堅二	取締役	1,125	500	562,500	1.25
伊藤千代子		1,125	500	562,500	1.25
伊藤忠勝	取締役	2,250	500	1,125,000	2.50
小　計		83,550	－	41,775,000	92.83
星野市雄	取締役	600	500	300,000	0.67
神谷健三		600	500	300,000	0.67
伊藤哲也		600	500	300,000	0.67
伊藤照雄		600	500	300,000	0.67
伊藤喜将		300	500	150,000	0.33
松田　哲		300	500	150,000	0.33
村松芳一		300	500	150,000	0.33
児玉正雄		300	500	150,000	0.33
杉山政佳		300	500	150,000	0.33
松田常次		300	500	150,000	0.33
伊藤康一		300	500	150,000	0.33
織田栄一		150	500	75,000	0.17
二村　清		100	500	50,000	0.11
稲垣三男		150	500	75,000	0.17
島崎仙次		100	500	50,000	0.11
深見　隆		100	500	50,000	0.11
三浦弘史		150	500	75,000	0.17
水野康次		100	500	50,000	0.11
安江　功		100	500	50,000	0.11
横江元和		100	500	50,000	0.11
小川　博		100	500	50,000	0.11
黒宮幸雄		100	500	50,000	0.11
大島　昇		100	500	50,000	0.11
山崎二夫		100	500	50,000	0.11
平野正俊		100	500	50,000	0.11
上野　豊		100	500	50,000	0.11
鈴木幹男		100	500	50,000	0.11
前田裕彦		100	500	50,000	0.11
阿知波一夫		100	500	50,000	0.11
小　計		6,450	－	3,225,000	7.17
合計数		90,000	－	45,000,000	100.00

（出典）伊藤伊株式会社『第12回決算書』所収「支払配当金明細書」。

表2－7　伊藤伊株式会社の株主明細（1985年11月）

氏　名	1985年11月時点の役職	1985年11月時点			
		持株数	1株額面（円）	出資金額（円）	出資比率（％）
音羽殖産株式会社		98,875	500	49,437,500	54.93
伊藤昌弘	代表取締役社長	20,700	500	10,350,000	11.50
伊藤とし	監査役	12,500	500	6,250,000	6.94
服部清成	代表取締役会長	4,500	500	2,250,000	2.50
鈴木堅二	取締役	2,250	500	1,125,000	1.25
伊藤千代子		2,250	500	1,125,000	1.25
小　計		141,075	－	70,537,500	78.37
星野市雄	取締役	1,200	500	600,000	0.67
神谷健三	取締役	1,200	500	600,000	0.67
伊藤哲也	取締役	1,200	500	600,000	0.67
伊藤照雄		1,200	500	600,000	0.67
伊藤喜将		600	500	300,000	0.33
松田　哲		600	500	300,000	0.33
村松芳一		600	500	300,000	0.33
児玉正雄		600	500	300,000	0.33
松田常次		600	500	300,000	0.33
杉山政佳		600	500	300,000	0.33
伊藤康一		600	500	300,000	0.33
織田栄一		300	500	150,000	0.17
稲垣三男		300	500	150,000	0.17
島崎仙次		200	500	100,000	0.11
深見　隆		200	500	100,000	0.11
三浦弘史		300	500	150,000	0.17
水野康次		200	500	100,000	0.11
安江　功		200	500	100,000	0.11
横江元和		200	500	100,000	0.11
小川　博		200	500	100,000	0.11
黒宮幸雄		200	500	100,000	0.11
大島　昇		200	500	100,000	0.11
山崎二夫		200	500	100,000	0.11
平野正俊		200	500	100,000	0.11
上野　豊		200	500	100,000	0.11
鈴木幹男		200	500	100,000	0.11
前田裕彦		200	500	100,000	0.11
阿知波一夫		200	500	100,000	0.11
内田喜美雄		125	500	62,500	0.07
太田　宏		125	500	62,500	0.07
服部章信		125	500	62,500	0.07
武内　修		125	500	62,500	0.07
今西正巳		125	500	62,500	0.07
浅井清弘		125	500	62,500	0.07
加藤　功		125	500	62,500	0.07
河野幹生		125	500	62,500	0.07
伊藤春樹		125	500	62,500	0.07
伊藤広高		125	500	62,500	0.07
山田隆雄		125	500	62,500	0.07
高橋洋史		125	500	62,500	0.07
社員持株会		24,725	500	12,362,500	13.74
小　計		38,925	－	19,462,500	21.63
合計数		180,000	－	90,000,000	100.00

（出典）伊藤伊株式会社『第20期決算書』所収「支払配当金明細」および『昭和59年11月29日～昭和60年11月28日事業年度分の確定申告書』所収「利益処分の配当・賞与に関する明細書」。

一五年に達するも役付昇格が困難」となる社員は、退社にいたるまで株式所有が不可能となる者が多くなってきた。

そこで、一九八一（昭和五六）年一月二五日、当時の伊藤弥太郎社長に対して「社員の持株制度の改善についてのお願い」を従業員持株会発起委員が提出した(10)。これを受けて、伊藤家の関係者たちは、同年翌月には「社員が営業活動に意欲を持つ為、持株会の組織を作り度いとの要望」があったので「多数株を所持する株主の株の権利を持株会に譲渡する事を承諾」し、伊藤家同族の株式の一部を漸次、譲渡することを決定した(11)。したがって、表2-7で、社員持株会という団体株主や伊藤家の家族・同族以外で、一二五株以上の持株をもつ個人株主は、この制度改正前に役付社員あるいは取締役になった者たちということになろう。

発足した社員持株会の加入資格は「五カ年以上勤続する従業員」とされ、加入期間は「従業員として勤務する期間」とされた。応募による自由参加で、申込単位は「一口五〇〇〇円」で、「最高五口迄」とされた。この社員持株会の発足をもって「従来の役付社員持株制に代え」るとともに、「新たに役付資格え《ママ》の個人分譲は廃止する」こととされた(12)。

ところで、この表2-7に示された時点でも、伊藤伊株式会社は、所得税法（昭和四〇年三月三一日法律第三四号）上、上位株主三人以下とその三人と特殊な関係のある個人・法人の株式所有比率五〇%以上となっているので、同族会社と認められるものであった(13)。

2　経営面の特徴

同族の経営者

次に、経営面についてみてみよう。表2-8は、伊藤伊株式会社が設立された一九六六年九月から一九八五年一一月までの経営陣を示したものである。

月29日～1985年11月28日）の経営陣

第5期	第6期	第7期	第8期	第9期	第10期
1969年11月29日～1970年11月28日	1970年11月29日～1971年11月28日	1971年11月29日～1972年11月28日	1972年11月29日～1973年11月28日	1973年11月29日～1974年11月28日	1974年11月29日～1975年11月28日
伊藤弥太郎	伊藤弥太郎	伊藤弥太郎	伊藤弥太郎	伊藤弥太郎	伊藤弥太郎
服部清成	服部清成	服部清成	服部清成	服部清成	服部清成
伊藤　修	伊藤　修	伊藤　修	伊藤　修	伊藤　修	伊藤　修
鈴木堅二	鈴木堅二	鈴木堅二	鈴木堅二	鈴木堅二	鈴木堅二
伊藤昌弘	伊藤昌弘	伊藤昌弘	伊藤昌弘	伊藤昌弘	伊藤昌弘
–	–	**星野市雄**	星野市雄	星野市雄	星野市雄
伊藤とし	伊藤とし	伊藤とし	伊藤とし	伊藤とし	伊藤とし
伊藤忠勝	伊藤忠勝	–	–	–	–

第15期	第16期	第17期	第18期	第19期	第20期
1979年11月29日～1980年11月28日	1980年11月29日～1981年11月28日	1981年11月29日～1982年11月28日	1982年11月29日～1983年11月28日	1983年11月29日～1984年11月28日	1984年11月29日～1985年11月28日
–	–	–	–	–	服部清成
伊藤弥太郎	伊藤弥太郎	伊藤弥太郎	伊藤弥太郎	伊藤弥太郎	伊藤昌弘
服部清成	服部清成	服部清成	服部清成	服部清成	鈴木堅二
伊藤昌弘	伊藤昌弘	伊藤昌弘	伊藤昌弘	伊藤昌弘	神谷健三
伊藤　修	鈴木堅二	鈴木堅二	鈴木堅二	鈴木堅二	**伊藤哲也**
鈴木堅二	星野市雄	星野市雄	星野市雄	星野市雄	–
星野市雄	伊藤　修	**神谷健三**	神谷健三	神谷健三	–
伊藤とし	伊藤とし	伊藤とし	伊藤とし	伊藤とし	伊藤とし

降は「期」となっており，ここではその呼称にしたがっている。
期～第18期営業報告書』，同『第21期営業報告書』および各期「役員賞与支給明細書」，服部清成『歴史からみたライフ・
査による。

設立時から一年二カ月余りの第一期（回）と第二期（回）の時期については、代表取締役の伊藤弥太郎と専務取締役の服部清成以外の経営陣は不明であるが、おそらく第三期の経営陣とおおむね同様と推定される。その第三期の経営陣をみると、役付取締役は代表取締役社長の伊藤弥太郎、専務取締役の服部清成ほか、常務取締役の伊藤修である。この役付取締役の編成は、第一五期に伊藤弥太郎の次男の伊藤昌弘が常務取締役となって、伊藤修が平取締役となるまで変わらない。平取締役についてみると、第三期には伊藤忠勝と鈴木堅二の二名であるが、第五期に伊藤昌弘が取締役に就いたのと同時に、伊藤忠勝は監査役に退く。二期を務めた後、伊藤忠勝は監査役からも退くが、第三期から第二〇期にいたるまで、伊藤としが監査役を務めている。いずれにせよ、第六期までは、ほぼ全員が伊藤弥太郎の家族・同族および古参番頭で占められていた。

表2－8　伊藤伊株式会社（1966年11

期	第1回	第2回	第3期	第4期
時期（年・月・日）	1966年9月20日～1966年11月28日	1966年11月29日～1967年11月28日	1967年11月29日～1968年11月28日	1968年11月29日～1969年11月28日
代表取締役社長	伊藤弥太郎	伊藤弥太郎	伊藤弥太郎	伊藤弥太郎
専務取締役	服部清成	服部清成	服部清成	服部清成
常務取締役	－	－	伊藤　修	伊藤　修
取締役	－	－	伊藤忠勝	伊藤忠勝
取締役	－	－	鈴木堅二	鈴木堅二
取締役	－	－	－	－
監査役	－	－	伊藤とし	伊藤とし
監査役	－	－	－	－

期	第11期	第12期	第13期	第14期
時期（年・月・日）	1975年11月29日～1976年11月28日	1976年11月29日～1977年11月28日	1977年11月29日～1978年11月28日	1978年11月29日～1979年11月28日
代表取締役会長	－	－	－	－
代表取締役社長	伊藤弥太郎	伊藤弥太郎	伊藤弥太郎	伊藤弥太郎
専務取締役	服部清成	服部清成	服部清成	服部清成
常務取締役	伊藤　修	伊藤　修	伊藤　修	伊藤　修
取締役	鈴木堅二	鈴木堅二	鈴木堅二	鈴木堅二
取締役	伊藤昌弘	伊藤昌弘	伊藤昌弘	伊藤昌弘
取締役	星野市雄	星野市雄	星野市雄	星野市雄
監査役	伊藤とし	伊藤とし	伊藤とし	伊藤とし

（注1）太字は新任，下線付きは異動をそれぞれ示す。
（注2）伊藤伊株式会社の決算期の呼称は，下記出典のように，第1～第2までが「回」，第3以
（出典）名古屋市瑞穂区長宛「法人等の設立申告書」（1966年11月14日），伊藤伊株式会社『第3
サイクル試論他』（伊藤伊株式会社，1993年8月1日）および伊藤伊関係者への聞き取り調

従業員経営者の誕生

　第七期には、星野市雄が取締役に就いて、初めて伊藤家同族および古参番頭以外の従業員からの経営者が生まれた。その後、平取締役は第一四期まで、鈴木堅二、伊藤昌弘、星野市雄の三名が務める。前述のように、第一五期に伊藤昌弘が常務取締役となった後は、伊藤修、鈴木堅二、星野市雄の三名が第一六期まで平取締役を務めるが、第一七期には伊藤修が退き、神谷健三が取締役に就いている。二人目の従業員出身の取締役である。その後、第二〇期には、伊藤哲也（伊藤弥太郎の甥）が取締役に就く。

　二名の従業員出身の経営者の誕生がみられたとはいえ、一九八五年一一月にいたるまで伊藤伊株式会社の経営陣は、伊藤弥太郎の家族・同族が中心であった。先にみた所有面と合わせてみると、伊藤伊株式会社は、伊藤弥太郎家の家族・同族が所有と経営の両面をコントロールする企業であったとみることができる。

3　経営者とその経営方針

伊藤弥太郎の経験と経営方針

伊藤弥太郎のタイプと経営理念　伊藤伊株式会社の代表取締役の伊藤弥太郎は、伊藤伊創業年の一九〇四（明治三七）年の一月五日生まれであるから、伊藤伊株式会社が発足した一九六六年九月には六二歳となっていた。実際の商業活動の経験を重ねて経営者となった、いわば商人型経営リーダーである。ちなみに、後に合併する北海道の㐂《ダイカ》十全堂の大総一郎は、一九〇七（明治四〇）年一月一九日生まれであり[14]、同様の商業経験をもつので、同世代・同タイプの二代目経営者といってよいであろう。

ただ、㐂十全堂との違いは、伊藤伊の方が仲間取引の比重が大きかったことであろう。仲間取引[15]とは、いわゆる二次卸店との取引をいう。その売上高全体に占める比率は、一九五八（昭和三三）年で七〇％であり、弥太郎の次男・昌弘が代表取締役となる一九八五（昭和六〇）年でも八〇％であった[16]というから、伊藤弥太郎が代表取締役を務めていた一九六〇年代後半から八〇年代前半まで仲間取引尊重の経営方針は変わらなかったといえる。

ちなみに、通産省が一九七一年頃に社団法人流通問題研究協会に委託した家庭用合成洗剤の卸売業者の取引実態調査によると、表2‐9に示されるように、売上高の七六～一〇〇％が卸売業者（仲間卸）であるのは七五社中四社すなわち五・三％程度であり、六〇社が五〇％以下であった。この調査は、家庭用合成洗剤のみの調査でかつ直販推進を進める一一の花王販社も含むなどの問題点もあるものの、伊藤伊の仲間卸経路中心の経営方針が、この時期にすでに少数派であったことを示しているといえよう。

さて、伊藤弥太郎は、戦前から愛知・三重・岐阜はじめ各府県の二次卸機能を活用して商圏を拡げ、メーカー・卸売・小売間の関係や卸業界の結束を基盤とした戦時中と戦後の統制経済システムのなかで重要な役割を果たした[17]。そうした経験からも、業界の垂直的な関係と卸業界の水平的な関係の双方の協調を重視する経営方針を貫いた。その方針の一端は、次のような一九七三年の年頭挨拶のなかの営業方針にも表されている(18)。

「商取引の円滑をはかるには総てのお取引先との融和と互恵と信頼の上に立って愛情と親切を忘れてはならない。社会の信用を得るには自己の人格の形成管理が必要である。その凡ての根元に成るのは前述のように家庭から生まれると考えられる。最《ママ》も商取引はそれのみで完全な取引が継続せられるものではない。一番大切なのは経済の均衡である。経済の均衡が破れた時は瞬時にして破滅を招来する。経営の根本問題は正常な取引に依る利益の配分が乱れては成らない。営業は天職である『利益なくして繁栄なし』の名言はそこにある。資本の蓄積なくしては繁栄は望めない。」

表2-9　売上高に占める卸売相手売上高比率別の卸売業の割合と業者数（1971年頃）

売上高に占める卸売業に対する売上高の比率(%)	卸売業者	
	比率（%）	数
0～25	48.0	36
26～50	32.0	24
51～75	12.0	9
76～100	5.3	4
無回答	2.7	2
合　計	100.0	75

（出典）通商産業省企業局編『取引条件の実態（2）』（大蔵省印刷局，1971年8月31日）45頁。

「総てのお取引先との融和と互恵と信頼」は、仕入先や販売先の二次卸店や小売店との長期的な取引関係を尊重する考え方にもとづく表現であると捉えられよう。そして、ここでいう「経済の均衡」とは、そうした長期的な取引関係にある、メーカー、中間流通、小売、消費者の間の適正な「利益配分」や「経済的負担」の公正さを意味するのであり、業者間の秩序ある経済行為による「安定」といったイメージであったろう。そこでは、各流通段階での適正な利益が確保されなければならない。流通の垂直的関係のなかで中間段階にある伊藤伊株式会社自らが、その社会的役割に相応した適正利益を確保するだけではなく、その取引先である二次卸や小売店の利益をも確保する責任を負っていることを示唆しているといえよう。また「資本の蓄積なくして繁栄は望めない」の理念は、内部留保を重視する経営姿勢でもある。

さらに、伊藤弥太郎は「会社の全員が一丸と成っての戦後二十数年の敢闘の答えとなって中部経済圏内に多くの同盟得意先を得る事が出来た」のも「社員一人一人の努力の結晶であ」ったと振り返る。そして「今日の努力が明日につなが」るように発展させ、「消費者大衆への奉仕」と「地域社会」への「貢献」を実現するには、「1．計画的売上の増進、2．商社としての流通機能の充実、3．効率の向上と正当利潤の確保、4．社訓の実践による人格の向上、5．営業姿勢を正して社会的地位の向上を計る、6．人材の育成と生活の向上に努力する」こと、などが重要であるとしている。[19]

こうした人的資質向上の方針やその結束による社会的貢献という経営方針は、㐫十全堂でも同様に尊重された方針である。㐫十全堂では、一九六九年に北海道内での七社合併を実現してからは、とくにそうした社会貢献の理念にもとづく結束と個々の人的資質の向上が重視され、具体的な人材開発プログラムを遂行していった。[20]

しかしながら、伊藤伊では、この時期はまだそうした人材開発プログラムを想定しておらず、後にダイカと合併する際に彼我の隔絶を認識させられることになる。[21]

すなわち、伊藤伊の経営方針は、まさに「中部経済圏内」というメーカーや小売業者による市場のテリトリー制が一般的であった時代には、その当時の組織能力でも有効であった。しかし、メーカーや小売の広域な展開が活発になるとともに、二次卸尊重の経営方針も、新しい動向へ対応するための組織能力の面も、ともに限界を来たすようになる。

社訓と社是および綱領　経営理念の表象としての社訓の制定年月日は不明であるが、一九七三年の年初の時点では「敬神・誠実・勤勉・愛情・親切・明朗・互敬」の七つとなっている。[22]

一九八四年頃の時点では「敬神」が「感謝」に、「勤勉」が「邁進」にそれぞれ変わってはいるが、その意味する内容は変わっていない。[23]またこれも制定年月日不明であるが、一九八四年頃には、社訓のほかに社是と綱領も明示されている。社是は「毎度ありがとうございます。自然界と社会より受けて居る総ての恩恵に真心をこめて感謝報恩を表しましょう」とされており、綱領は「1．生業《なりわい》を通じて社会に貢献し感謝の誠を尽くしましょう。2．業界のルールを重んじお取引先との交流を大切に相互繁栄に励みましょう。3．和親・協調・連帯意識の高揚を図り楽しい職場づくりに努力致しましょう。」の三項目となっている。[24] こうした社是・社訓は、朝の始業時の朝礼などで、伊藤弥太郎自身によって解説が施されることもあった。[25]

年頭方針、社是、社訓および綱領に示された内容を総合的にみると、「関係企業との信用・互恵、個々人の資質向上と自社の業務能力の向上による継続的社会貢献」と集約的に表現できよう。そのいずれにせよ、仲間卸とのネットワークを尊重した事業経営の方針であったといえよう。

全卸連会長就任と課題

業界全体の安定的発展を理念とした伊藤弥太郎は、各府県単位の組織の連合体として全国石鹸洗剤日用品雑貨卸商組合連合会（通称　全鹸連）を設立する中心となり、一九六一年一〇月一七日に同会が設立された後はその副会長を務めていた。一九七三年五月二一日の総会では、会長に指名された。[26]

一九七五年五月一日には、全国化粧品歯磨卸商組合連合会との合併により、全国石鹸洗剤化粧品歯磨雑貨卸商組合連合会（通称　全卸連）が発足するはこびとなり、伊藤弥太郎は同会の会長に就いた。[27] 伊藤弥太郎が会長に推されたのは、前身団体の会長であったということだけではなく、伊藤伊が化粧品・歯磨・雑貨も含めた取扱商品の豊富さの点で、いわば「範囲の経済性」の優位を保っており、それだけ賛助会員たるメーカーの信頼も得ていたからであったろう。

会長就任当時の課題は、当時、勢力を増してきたスーパーへのメーカーからの直販すなわち卸売企業の帳合を経ない取引が増えてきたことであった。さらに、全鹸連加入のための県単位組織結成の促進もあった。

このうち前者は大型スーパーによるPB（Private Brand）商品の開発と販売にともなうもので、全鹸連としてはその納入にあたって「メーカーよりの直接納入をされることなく、従来からの問屋帖合制度を尊重され、卸業者の手を通じて納入されますよう」に各メーカーや関係工業会に文書を発送している。[28] しかし、こうした卸売企業の担う中間流通を排除したメーカーと小売の直接取引の方向性は抗しがたい趨勢であり、卸業界の団体としては再三、関連する要望も提出する。[29] それだけではなく、各卸売企業自身としては、自らの機能の高度化をもって、いわば垂直的機能競争の優位を確保する方法が選択されてゆくことになる。[30]

なお、後者の県単位組織結成促進は、いわば市場テリトリーとその担い手を明確にする方針であり、これによってメーカーや大手小売の圧力へ対応しようという業界リーダーとしての保守的な方針であったといえよう。

服部清成の経営理念と方針

経　歴

伊藤弥太郎が業界人としての仕事を進めてゆくなかで、伊藤伊株式会社の専務取締役として、また経理責任者としてリーダーシップを発揮したのが服部清成である。一九二〇（大正九）年一月生まれであるから、一九〇四（明治三七）年一月生まれの伊藤弥太郎より一六歳年下の実弟である。ちなみに、伊藤弥太郎と同じ名前の三菱の創始者である岩崎弥太郎とその弟の弥之助が一七歳違いであるから、ほぼ同じ年齢差ということになろう。

服部は、四日市商業学校（現在の三重県立四日市商業高等学校）卒業後の一九三七（昭和一二）年四月、繊維卸売業の藤井商店へ入り、一九四一年九月に陸軍に入隊する。一九四二年には幹部候補生として陸軍少尉に任官し、一九四三年五月に中国派遣軍として従軍、一九四六年三月の復員後、合名会社伊藤伊三郎商店に入社し、一九六六年九月の伊藤伊株式会社発足と同時に同社専務取締役に就いた。[31] 服部清成は相当の読書家であり、思想家であった。世界と日本の歴史や風土および文化に関する論考を冊子にして伊藤伊文化愛好会の名で出版するほどであった。[32]

不断の業務改善

服部の経営方針について、一九七三年の新年の年頭所感によってみると「コストが上が」って「即売値に転嫁しなければならない様では流通業のパイオニアを自負する私共に取っては仕事に打ち込む甲斐がない」とする。「価格転嫁に依らないでコストの上昇分を吸収する手段方法を創造し実行に移すことこそ私共に与えられた使命達成への道」であるという。そのためには「細かい一つ一つの創造改善を重ねその間試行錯誤の連続の中から更に細かい一つ一つを重ねる外はない」とする[33]。

いわばインクレメンタル・イノベーション（累積的革新）による役割と機能の高度化を目指した方針といえよう。

他方で、服部は、「自己資本の充実」を主張する。業務の改善によって「一人当り《ママ》の資本装備率一千万円水準」を目指すなど「具体的に」目標を設定する必要があるという。このほか「倉庫設備にしても厚生施設にしても」、さらに充実をはからなければならないとしている[34]。

資本装備率向上の意識

服部がこれを述べた直前の一九七三年一一月二八日現在の伊藤伊株式会社の資本装備率を試算してみると、建設仮勘定を除く有形固定資産額が九五四万五〇九五円である[35]。従業員数は、本社一〇四名、堀田工場九名の計一一三名とされているから[36]、資本装備率は、一人当り《ママ》約八万四四七〇円ということになる。伊藤伊株式会社は、前述のように伊藤伊合名会社から土地を賃借していたので、固定資産に土地が含まれていないことに注意する必要があるが、服部の目指す水準まではかなりの努力が必要であったことがわかる。

伊藤弥太郎と服部清成の補完的関係

伊藤弥太郎の経営理念やそれにもとづく社是・社訓は、どちらかといえば企業組織全体の社会的役割とそれを実現するための組織的能力の向上に主眼をおいていた。これに対して、服部清成の方針は、そうしたあるべき姿を実現するための具体的な業務管理上の課題と目標を設定することを重視しているように思われる。伊藤弥太郎が戦略的方針を示し、服部清成が戦術的方針を示したともいえよう。

実際、この時期の伊藤伊では、首座にあって大きな方針を厳然として決定する立場の伊藤弥太郎、そして経理・人事などのマネジメントや組織の重要事項を差配する服部清成という役割分担があったようである[37]。いずれによ、この両者の補完的リーダーシップによって、一九六〇年代後半から八〇年代初期までの伊藤伊株式会社の経営が展開され、後継経営者も育成されてゆくこととなる。

伊藤昌弘の入社

一九六〇年代半ばの伊藤伊の経営面で重要なことは、後継者たる伊藤昌弘が伊藤伊合名会社および伊藤伊株式会社に入社したことであろう。

生誕と学校時代

伊藤昌弘は、伊藤弥太郎の次男で一九三九年一月二五日生まれである。(38) 長兄の幸雄（一九二九年一二月二〇日生まれ）が、一九四八年八月一日に水泳中に他界してしまった。(39) 伊藤弥太郎夫妻にとっては、痛恨の極みであった。(40) それが癒えるにしたがって、暗黙のうちに伊藤昌弘が実質的な後継者として周囲から期待を寄せられることになったであろう。

伊藤昌弘は、伊藤家の住宅と伊藤伊の営業所が一九四五年三月一二日の空襲で焼失したため、六歳で家族とともに父弥太郎の郷里である三重県桑名郡野代村字南之郷に疎開し、翌年に野代小学校に入学した。二年に進んだとき、名古屋に戻り大須小学校に入り、東海中学・東海高校を経て、一九五七年四月に慶應義塾大学に入学した。

大学卒業と入社後の業務

伊藤昌弘は、大学卒業後の一九六一年四月に、ライオン油脂に入社した。ライオン油脂では、当時、取引先の子弟を受け入れる制度あるいは慣行があり、伊藤昌弘もそれによったという。ライオン油脂では、都市課に勤務した。当時、とくに感銘を受けた人物としては、同じ慶應義塾大学出身の縫野欽彌（後に常任監査役）氏の名前があげられるという。その直言的姿勢や社会人としてのスタンスなどについて、影響を受けたようである。(41) 伊藤昌弘は、約四年間のライオン油脂勤務を経て、一九六五年三月に伊藤伊合名会社に入社した。この前後に欧米視察も経験している。(42)

翌一九六六年九月には前述のように、新設された伊藤伊株式会社に卸売企業としての業務が移行したので、合名会社としての残された業務に携わるとともに、伊藤伊株式会社の販売業務に従事する。後述する組織図でもみられるが、販売二課（星野市雄課長）に配属され、名古屋市内の卸売店や小売店を毎日スクーターで廻ったほか、一宮、江南、刈谷、安城、半田などのエリアを月二回ほど廻った。これは、営業の現場を学ばせようという伊藤弥太郎や服部清成による配慮がはたらいていた可能性があるという。四年ほどを経た一九六九年一一月には、前述のように取締役となり、かつ販売一課長に就任する。

広域的な仲間卸取引を中心とする伊藤伊にとっては、地方担当の販売一課は最も主要なセクションであった。しかしながら、その頃、伊藤昌弘は「こんな二次卸依存体質がいつまで続くのかなぁ」とも思ったという。また林周二の「流通革命」論も、上の世代では従来型の取引体制の維持を主張する者が多かったが、伊藤昌弘と同世代の者は、問屋の機能進化という要点に首肯する者も少なくなかったという。しかし、この時点では、まだ自ら変革を意識して遂行するほどの危機感もなく、また立場にもなかった(43)。

若手経営者たちの研究会

販売一課長としてかつ取締役として、伊藤伊の将来像を展望していた頃、ライオン油脂の方から、次世代を担う若手研究者たちで今後のあり方を考えるべきとの提案があった。これを受けて設けられたのが、各地域のライオン関係の有力代理店の次世代を担う人々が集ったＭＳＳ研究会であった。発案されたのは一九七四年一〇月とされ、翌一九七五年四月に第一回の研究会が開催された。その後、研究会のほか、会員企業の相互訪問、業界の先輩経営者との懇談、ほかの卸売企業の訪問とその幹部との懇談、流通の専門研究者の講義、海外視察などが行われた。研究会では、配送システムと倉庫投資、セールス体制の強化、商品ラインの構成、チェーンストアの取引システムなど、当時の喫緊の課題がテーマとされた(44)。

このＭＳＳ研究会には、札幌のダイカの大公一郎、八戸の工藤辰四郎商店（ネタツ興商）の工藤欣一、川越の麻友《あさとも》の清水俊吉、横浜の霜田物産の霜田清隆、大阪の大福商事の辻中正、下関の夏川本店の夏川敬三などが参加しており、交流は長年に及んだ。メンバーの多くは大学卒業者であり、林周二の「流通革命」論を警鐘と受け止め、そこで論じられた旧態依然とした卸売企業の機能進化や経営統合を意識していた人々である。伊藤昌弘にとっては、同世代および近い世代の経営者たちと、業界内外についての知識・情報を交換したり蓄積する大きな基盤となった。この若手業界人材の人的ネットワークを通じて得た知見が、自ら社長となって改革を進展させる際の素地となり、後の株式会社あらたへと進展してゆく基盤ともなるのである(45)。

ここで注意してきたいのは、林周二の「流通革命」論が警鐘となって次世代経営者たちの変革を促したことにより、林周二が危惧した問屋の没落とは逆の問屋の進化を促す一面をもったということである。いわば、林の「流通革命」論それ自体が、みずからの予測の実現の可能性を縮小させる経過をたどらせる意味をもったということであろう。

なお、一九六七年四月、伊藤昌弘は伴侶を得た。同年四月一八日に名古屋国際ホテルで三〇〇余名を招いた披露宴では、ライオン油脂の小林寅次郎社長夫妻が媒酌人となっている(46)。

4 メーカーの流通戦略への対応

一九六〇年代後半、伊藤伊株式会社が関わったメーカーの前方統合的な戦略として花王販社の設立とライオン油脂の「三強政策」があった。以下、この二つのメーカーによる流通強化政策への対応についてみておこう。

花王の流通戦略への協力

花王の販社戦略と卸売業界の反応　花王の販社戦略は、従来の花王製品の卸店経由の流通経路を、花王製品専門の卸会社である販社に一元化する戦略であった。メーカーと消費者を太くて短いパイプで結ぶという意味で、いわば林周二の「流通革命」論の趣旨を現実に進める戦略であったともいえよう。

このため、伊藤伊株式会社はじめ多くの卸売企業の関係者の眼には、みずからの存立基盤をゆるがす大きな変革と映った。当時の伊藤伊株式会社の『営業報告書』でも、「一部のメーカーは代理店特約地域の解放、特に花王石鹸に於ては本社の要望に依る専門販売会社としての分離独立等、当業界がかつて見ない変動の激しい年でありました」と述べられている(47)。

伊藤弥太郎が副会長を務めていた全鹸連では、すでに花王販社にくみしていた会員もあれば、絶対反対の立場を崩さない会員もあった。このため、一九六八年四月九日の臨時常任理事会でも「花王販社の設立はやむを得ないものとする。設立された花王販社は特約店並に一般小売店に販社の全扱い商品を既存の取引条件およびルートで販社《ママ》（正しくは「販売」と思われる――引用者）促進することを要望する」[48]という妥協的なものにならざるを得なかった。花王の立場からすると、「既存の取引条件およびルート」というのは、その販社戦略にそぐわないものであったが、後述するように、「既存のルート」は、伊藤伊の関係した販社も含めて「代行店ルート」といったかたちで過渡的に容認されることになる。

中京地区の花王販社

ところで、愛知県では、一九六七年九月に名古屋市の八島商店（店主・八島真弓）によって設立された八島花王製品販売、伊藤伊と永井商事が中心となった中京花王製品販売（一九六八年五月設立）、三河花王製品販売（一九六八年八月設立）および豊橋花王製品販売（一九六八年一〇月設立）の四社が設立された。八島花王は、設立翌年の一九六八年九月に、名古屋花王製品販売へと商号変更した際、名古屋市五店、一宮市一店の六店の資本参加を得ている[49]。

伊藤伊が関わることになった中京地区での花王販社の設立に対しては、他の地域と同様に反対の運動があった。しかし、花王本社の販売部門の人々による説得もあって、結局、それぞれの地域の複数の代理店およびそれらの傘下の特約店の出資を得て設立されたのである。それゆえ、参加した複数卸店の利害も反映しながら運営されることとなり、花王販社が目指す販社から小売店への直販経路の開拓はなかなか進まなかった。

中京花王製品販売の設立と特徴

伊藤伊内部でも、当初は花王販社の設立には反対の声が大きかった。伊藤弥太郎は、全粧連の代表的立場で卸売業の利益を尊重する立場であったので、けっして販社賛成派ではなかったようである[50]。しかし、諸状況をかんがみたうえでの英断をもって、一歩を進めることとした。一九六八年三月二〇日、花王の販社担当者の立ち会いの下、伊藤伊と永井商事との協力によって中京花王製品販売株式会社を設立することが発表された[51]。

中京花王は、伊藤伊と永井商事および前述の名古屋花王製品販売への出資店を除く名古屋市内の代理店や特約店の参加を得て一九六八年五月に設立され[52]、同年八月一日より営業を開始することとなった[53]。同社の設立時の資本金は、一二〇〇万円であり、東海・北陸地域で設立された花王販社のなかでは最大規模であった。しかし、人員規模は一五名程度であった。

伊藤伊からは、平野正俊（一九六四年九月伊藤伊合名会社入社、後に伊藤伊株式会社専務取締役）と市原堅次が出向した[54]。平野は、その前年から、服部清成の指示で販社の準備段階というべき花王の専任制事業部に携わっていた。専任制事業部とは、後述するライオン油脂の油脂製品部と同様に、卸売企業のなかで花王製品を専門に扱う部署のことである。伊藤伊の物流を使って、伊藤伊のなかでは販売高比率の小さい小売店に花王製品を専門に販売することが、主な業務であった。花王では、府県単位をテリトリーと考えていたので、伊藤伊の他県に及ぶ広域的な二次卸店の経路は想定していなかったのである。

市原が岐阜の実家の製紙メーカーに戻ってからは、宮原三郎氏が伊藤伊から出向した。永井商事からの出向者も二名くらいいて、互いに競い合うように、販売業務に勤しんだという。その一方で、和歌山工場や東京のホテルで開催された花王の研修にも参加したという。

ところで、中京花王の直販比率すなわち中京花王から小売店への直接の売上高の比率は全体の売上高の二〇％であり、当時の花王販社の全国平均直販比率五四％、さらには愛知県四社の平均直販比率の三〇・八％と比べても低かった[55]。つまり、残る八〇％が代行店経路すなわち参加した卸店およびその仲間卸の販売経路であった。したがって、中京花王は、伊藤伊および永井商事などの参加卸売会社とは別組織でありながら、営業の実際面ではそれらの出資卸売店に依存していたことになる。伊藤伊側からみると、花王販社の出資に参加しながらも、自社のもつ花王製品の流通経路を手放さなかったことになる。前述の全鹸連の決議の「既存のルート」を、仲間卸を尊重する経営方針によって維持したともいえよう。

伊藤伊株式会社の社名記載の用紙で作成された中京花王製品販売株式会社の『第一期決算書』[56]によると、一九六八年三月二六日から同年九月三〇日の間に、約一億六三九三万の売上と約四六万四〇〇〇円の利益を実現している。ちなみに売上総利益が約五一四万円となっているので、売上総利益率は三％程度の低い水準にあった。

なお、名古屋花王と中京花王の営業と出資を統合するかたちで一九七一年一一月に花王製品東海販売株式会社が設立され、同社が営業を開始した一九七二年四月の翌月に前身の二社は解散した[57]。これとほぼ同時に、平野は伊藤伊に戻り、ダイエーの名古屋進出への対応と小売直販の業務に携わることになる[58]。また、その後の販社合併を通じて花王石鹸本社販売部による販社への所有と経営の関与の度合いが強まるにつれて、伊藤伊との関係は希薄化していった。

ライオンの流通戦略への対応

ライオン油脂の「三強政策」と伊藤伊の立場

花王の販社政策に対抗して、ライオン油脂では、一九六八年五月に卸店との協力による「三強政策」を発表した。「強い卸店」（自ら体質強化をはかる卸店に販売の重点を置く）、「強い商品」（ライオン油脂製品を強く育てる卸店活動の期待）、「強い結びつき」（ライオン党の卸店との結びつきの強化）という三つの面の強化により、メーカーと卸店との共存共栄による発展を期した戦略であった[59]。

この「三強政策」は、当時のライオン油脂マーケティング本部販売企画課長の大川一彦（後にライオン株式会社代表取締役専務）によって構想され、同本部マーケティング部長の佐川昭彦（後に同社常務取締役）によって完成されたという[60]。具体的には、ライオン油脂製品を専門に扱う油脂製品部の設置（一九六九年四月）、販売高契約の実施（同年同月）、割戻金の即時払い制度（同年同月）、現金決済優遇制度（同年一二月）、仕切価格制度（一九七一年一月）などが実行に移されていった。油脂製品部の設置は、四〇〇にも及んだ。そうした油脂製品部を設けた卸売企業を対象に、経営者や油脂製品の部長および部員向けに、マーケティング、企業経営、システム化などのテーマ別の研修も実施していった。

伊藤伊の地位と伊藤弥太郎の立場

名古屋地区でも、「三強政策」公表の一九六八年五月八日に、ライオン油脂名古屋営業所が名古屋駅前のホテルニューナゴヤで開いた中部ライオン石鹸会の拡大委員会で、「三強政策」の方針が明らかにされた(61)。この会合にはライオン油脂側から小林（寅次郎）社長、本郷慰與男常務、富山新一常務、袴田静次部長、佐川昭彦部長、一戸元治部長らが出席した。経済・金融情勢や卸店との協業の方針の説明が経営陣によってなされたのに続いて、袴田部長から「三強政策」についての説明がなされた。ライオン油脂側がこれだけの布陣をしいたのは、名古屋地区の代理店の存在の大きさを重視したからであろう。

卸売企業側の代表は、伊藤弥太郎であった。伊藤弥太郎は、中部地区のライオン石鹸会の代表であったのみならず一九六三年一〇月に設けられた全国ライオン石鹸会の代表でもあった(62)。「三強政策」発表前年のライオン油脂の販売実績でみても、全国のトップを誇っていた(63)。したがって、花王の販社政策には反対であった伊藤弥太郎も、「卸との共存」を理念とするライオンの流通戦略には同意せざるを得なかったであろう(64)。

「油脂製品部」戦略と伊藤伊の対応

ところで、「卸店との共存共栄」を理念とする「三強政策」は、ライオン油脂が、従前通りに卸売企業へ単純に依存するということではなかった。むしろ、「三強政策」の要諦でもある油脂製品部の設置によって、卸店へのライオン油脂の流通政策の浸透をはかることにあった。その眼目は、卸売企業の油脂製品専門部から小売店への売上げを伸ばすことにあったといってよい。一般に、卸売企業の売上は、その二次卸店などへの売上げと小売店への売上に分けられる。前者は、帳合品の売上高であり、後者は店売高《みせうりだか》と呼ばれる。このうち卸売企業の倉庫などから小売店に直接納品されるものを店入品《みせいれ》と呼ぶ。その店入品の売上げや、卸売店と販売契約のあるスーパーなどにメーカーの倉庫などから直送される直送スーパー品などの売上高を伸ばすことが肝要とされた。卸売企業の店売高を伸ばし、その販売先である小売店の計数管理と店頭管理を充実させることにあったのである(65)。いわば、卸売企業を通じての間接的な小売店管理の強化戦略であった。

伊藤伊は、前述のように、この時期においても自らの大きな売上を占める仲間卸を尊重する立場を維持していた。

したがって、この取引先の二次卸売店を排除してまで、ライオン油脂の「三強政策」すなわち、小売店の管理強化の戦略に協力することはできなかったであろう。実際、伊藤伊にとってはライオン製品は主要製品であり、従前にもましてその販売を推進した。後述する組織の各課から一名程度の人員を集めて油脂製品の専門部署を設け、形式的にはその専従員という体裁をとった[66]。しかし、仲間卸を尊重する伊藤伊としては、そうしたメーカーの専従部門を重要な組織と位置づけて重点戦略とすることはなかった。このため、ライオン油脂の販売担当者の眼に「伊藤伊の経営理念はラ社の流通政策を容易には受け入れないようである[67]」と映ったのも無理からぬことであったろう。

なお、ライオン油脂では、一九七三年三月末、本郷慰與男社長から経営を引き継いだ小林宏社長が、各地区のライオン石鹸会の会場で、従来の「三強政策」に代わる「新三強政策」（強い経営リーダーシップ、強いマーケティングの発揮、強いコミュニケーション）を発表したが[68]、伊藤伊の二次卸尊重の経営方針は大きく変わることはなかった。

5　組織と管理の整備

業務拠点と組織体制の整備

音羽営業所の設置と大阪営業所の譲渡　株式会社発足の翌年の一九六七年の四月には、百貨店とチェーンストアを対象とする販売部門として音羽営業所（後の第二・三営業部）を設けた[69]。これは、季節品・贈答品中心の百貨店と新興小売勢力との取引が、伊藤伊の通常の仲間取引や店入品の取引と業務内容を異にするための措置であった。花王製品専門の卸売会社である花王販社でさえ、二〇〇三年（平成一五）年にいたるまで、花王製品の百貨店への卸売を、東京では中央物産、名古屋では伊藤伊に、それぞれ依存し続けることとなる[70]。

一九七一年三月には、大阪市西区阿波座中通り一丁目の大阪営業所の営業の一切を大福商事株式会社へ譲渡し、建物も同社の関係会社のダイトウ商事株式会社の営業所として活用してもらうこととした。大阪営業所は、一九五二年三月に関西進出をはかって開設し、大阪市以西下関までを主要商圏とし、一定程度の営業成績を収めていた。しかし、価格競争の激化にともなう営業不振のため、欠損が続くようになっていた。このため、やむなく営業拠点としての役割を終えさせることとした[71]。

大型小売店の進出

この時期、名古屋市では、大型店の進出が相次いだ。ダイエーでは、一九六九年一一月三〇日の今池店の開店[72]に続き、一九七一年五月一三日には、栄ショッパーズ・プラザを開店した。これは、丸栄百貨店、松坂屋、オリエンタル中村（名古屋三越）などに近接する名古屋の商業の中心地への進出であった[73]。さらに、翌一九七二年九月一五日には、昭和区と緑区の新興住宅街に挟まれた場所に鳴子ショッパーズ・プラザを開店した[74]。

東海道の要路のひとつである豊橋市にも、同年九月八日にダイエー豊橋ショッパーズ・プラザを開店した。豊橋では、既存の勢力に、ダイエーや長崎屋のようなスーパーのほか、豊橋丸栄などの百貨店系も加わって激戦地区となった[75]。とくにダイエーなどは、再販価格を下回る価格での安売り攻勢をかけるなど、大きな波紋を呼んでいた。

音羽営業所と倉庫の建設

こうした状況から、大型量販店への物流上の対応が急がれた。一九七三年一〇月二五日には、瑞穂区高田町へ伊藤弥太郎の自宅を移転させた後の跡地である花園町に、音羽営業所と倉庫を併設したビルを竣工させた。設計は安井建築設計事務所、施工は小原建設株式会社で、敷地七九四㎡、地下一階、地上三階、総建築面積二五一六㎡というスペースであった。鉄筋コンクリート造りの建物の一階にはワンウェイ方式による入出荷倉庫、フォークリフト、冬期作業用のエアカーテンが設けられ、二階は倉庫と営業事務室とされた。三階は倉庫のほか、社員食堂、教養和室などが配置された。地階には書庫と二〇台収容の駐車場とされた。機械設備としては、荷物一トン半用のエレベーター、電動式コンベヤーなどが設けられた[76]。伊藤弥太郎は「二～三年前からこの場所と建築様式のことを考えてき」[77]たという。

この音羽営業所ビルの完成により、量販店市場への販売強化が期待されることとなったが[78]、仲間卸尊重の伊藤伊としては、新興小売勢力への対応組織の場を前面に押し出すことはできなかった。このため、後述する新興小売勢力への対応組織である販売三課や販売五課および後に新設される販売六課などを統括する「音羽営業所」の看板は、目立たないかたちで掲げられ、それらの所属の課も表通りから離れた場所に配置された[79]。

事務合理化と物流機能の整備

ところで、一九七〇年代後半になると、小売新勢力の攻勢への対応もあって、情報処理のスピード化と物流機能の高度化が求められるようになってきた。

事務合理化とコンピュータの導入

情報処理の面では、伊藤伊ではまず事務の合理化から着手することとなった。一九七七年五月には、NECのNEACシステム100Fを導入した[80]。これは、一九七三年一〇月に発売されたオフコン（Office Computer）の先駆機種のNEACシステム100の後継機種であった。システム100シリーズは、特別のコンピュータ・ルームを必要とせず「素人が半日でマスターできる」手軽さがセールス・ポイントであったが、一九七六年四月に発売されたこの100FはLSI化によって小型化とコスト・パフォーマンスの向上が実現され、幅広く浸透した機種であった[81]。

その後も、伊藤伊では社内事務の合理化を進め、一九七八年一一月から計算センター株式会社ユニスのオンライン・システムを導入し、すべての事務のコンピュータ化を推進した。その後、取扱品と販売先の拡大などにともない、伊藤伊は、多様かつ大量の事務処理が必要となり、一九八一年四月にはACOS―250へ切り替えることとなった[82]。ちなみに、このACOS―250は、NECが一九七九年二月に、前月に発売されたIBM4331の対抗機種として発売した機種である。伊藤伊が導入した二カ月後の一九八一年六月時点でNECの小型機では初めて売上一〇〇〇台を突破し、合計で二一四六台を超える記録となったという[83]。

高針配送センターの完成と大治町の用地取得

伊藤伊では、物流については、音羽営業所内に置かれた物流課が配送業務を行ってきたが、前述のような小売量販店の台頭により、十分な対応が難しくなってきた。このため、一九七九年の一〇月に、音羽営業所のデリバリー・センターとして高針《たかばり》配送センターを竣工させた。名東区猪高町大字一社の同センターは、近くに東名高速を控えた立地で、敷地三五九二㎡、建物面積一六六五㎡、総床面積二九八一㎡であった。地上三階建てで、一階と二階が事務所、一階と三階が倉庫であった。このほか、バーチレーター（垂直搬送機）一基とエレベーター一基を装備していた。荷扱いは機械化され、情報処理も音羽営業所とオンラインで直結されており、量販店配送の合理化・能率化を追求した伊藤伊にとって初めての物流センターであった(84)。

さらに、一九八一年には、拡大を続ける大型店やコンビニ市場に対応するため、名古屋市西部配送基地用として、海部郡大治町《おおはるちょう》大字北間島に二一六六・二九㎡の用地を取得した(85)。この大治町の配送センターが完成するのは一九八六年四月のことになる(86)。

組織

図2-1は伊藤伊株式会社設立四年四カ月後の組織図であり、図2-2は図2-1と同時期の伊藤伊合名会社の組織図である。また、図2-3は、高針配送センター建設翌年の伊藤伊株式会社の組織図である。

まず一九七一年時点の図2-1と図2-2をみてわかるように、伊藤伊株式会社設立後、営業の実際は合名会社ではなく、株式会社へ移管されている。伊藤伊合名会社はその後も存続して、図2-2に示されるように、その業務は、不動産管理と損保事業となっている。代表社員は、伊藤伊株式会社の経営の舵取りを後に伊藤弥太郎から継承する伊藤昌弘であった。

実際の営業業務を担う伊藤伊株式会社について二つの時点でみてみよう。図2-1と図2-3の伊藤伊株式会社の営業部門の組織をみると、仕入先メーカーよりも、販売先の二次卸店や小売店を強く意識して職制が定められていることがうかがわれる。図２－１と図２－３の販売一課は、伊藤伊の主たる販売先で名古屋以外の仲間卸すなわち二次卸売店の担当部署である。この両図の販売二課は、名古屋市内および近接市部の仲間卸店と、同一地区内の小売店の担当部署である。一九八二年一月の組織図でも、これら仲間卸の担当部署が販売一課および同二課となっていること自体が、伊藤伊の二次卸中心の経営方針に大きな変化がなかったことを示唆しているといえよう。実際、販売一課や販売二課にはベテランの従業員が配置され、丁寧な商談とリスク管理の目配せを怠らなかったという[87]。

図２－１と図２－３に示される販売三課は、百貨店とその系列のスーパーおよびＬＢ製品の担当部署である。名鉄、丸栄、松坂屋、オリエンタル中村などの百貨店のみならず、その系列のスーパーを担当した。それらの多くは、一九六〇年代に設立された。主なものをあげると、名鉄百貨店系列の名鉄ストア（一九六五年八月設立）、名鉄ショッピ（一九六〇年九月設立）、丸栄系列の栄和ストア（一九六七年設立）、松坂屋系列の松坂屋ストア（初代は一九六七年一一月に設立、一九七〇年一二月に一九五九年設立の松坂屋商事が松坂屋ストアを合併していわば二代松坂屋ストアとなる）、オリエンタル中村のサンナカムラ（設立年不明）などがある[88]。また、ＬＢ製品とは、第一章でみたように、ライオン歯磨とブリストル・マイヤーズとの提携による商品である。

販売四課は、図２－１では開発商品となっているが、図２－３に示されているように、小さな電器製品などの担当部署である。具体的には、松下電器の電池や管球などである。伊藤伊は、一九五七年一一月から松下電器との取引を開始し、翌一九五八年一月にホーム課という部署を設けて松下電器の電球や電池などの販売を担当させた[89]。このホーム課の部署が、販売四課である。

販売五課は、百貨店系以外の地場のスーパーの担当部署であり、具体的にはヤマナカなどである。第六課は、一九七一年の図２－１にはなく、一九八二年の図２－３においてみられる。その設置は、一九七五年一一月から翌一九七六年一一月の間と推定される。その担当は、新興小売勢力のコンビニエンスストアやドラッグのほか、新興のスーパーや、これまで取引のなかったナフコ（後にこの合同チェーンからＦｅｅｌが脱退・独立する）やアオヤマ・スーパー

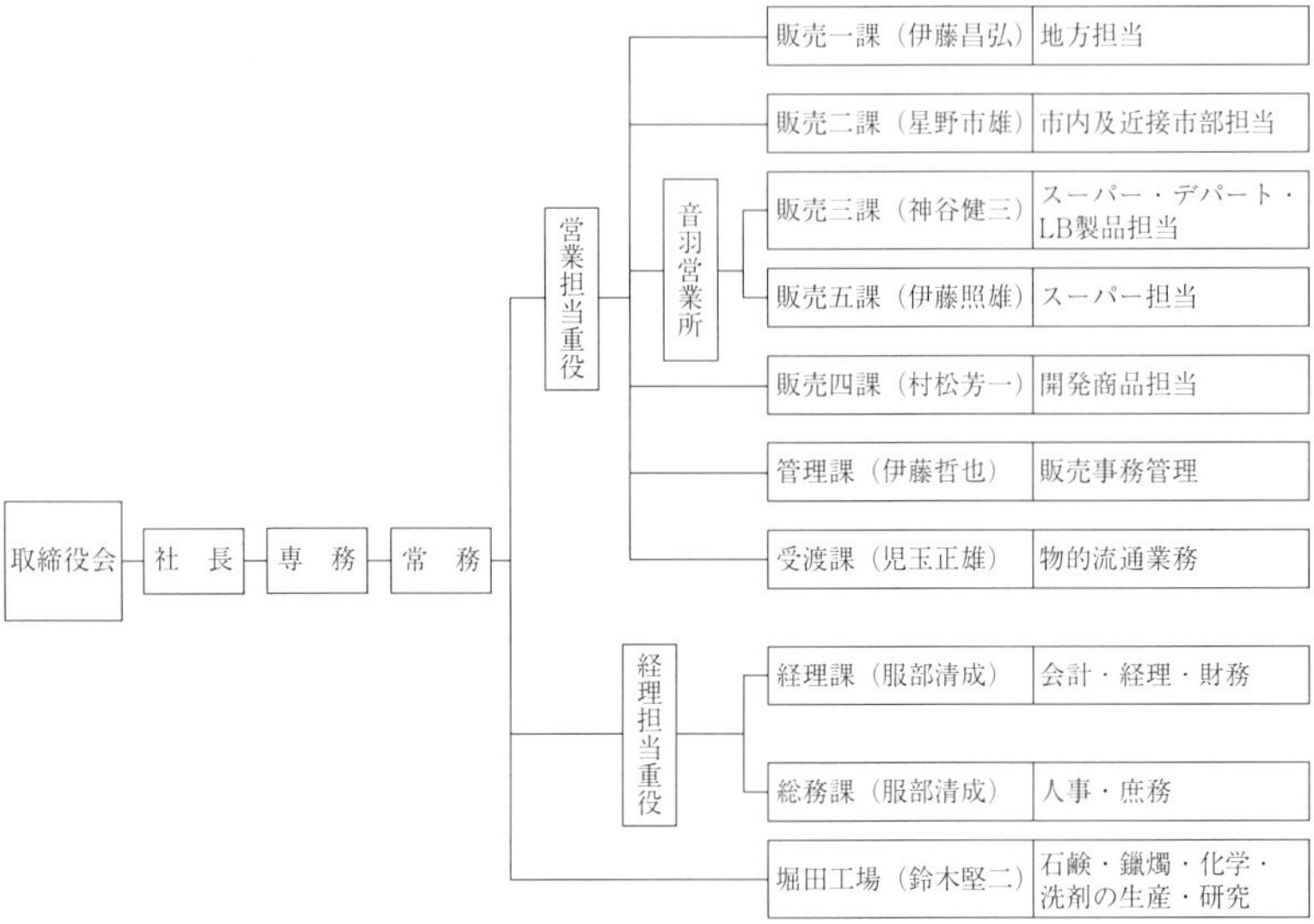

図２－１　伊藤伊株式会社組織図（1971年１月）

（注）各課の名称の（　　）内の氏名は課の課長名である。

（出典）『和親』No.2（伊藤伊株式会社，1971年１月１日）および伊藤伊関係者への聞き取り調査による。

図２－２　伊藤伊合名会社組織図（1971年１月）

（注）下記出典では「代表社員」が「代社長」となっているが，ここでは公的諸文書の記載の通りにしている。

（出典）『和親』No.2（伊藤伊株式会社，1971年１月１日）。

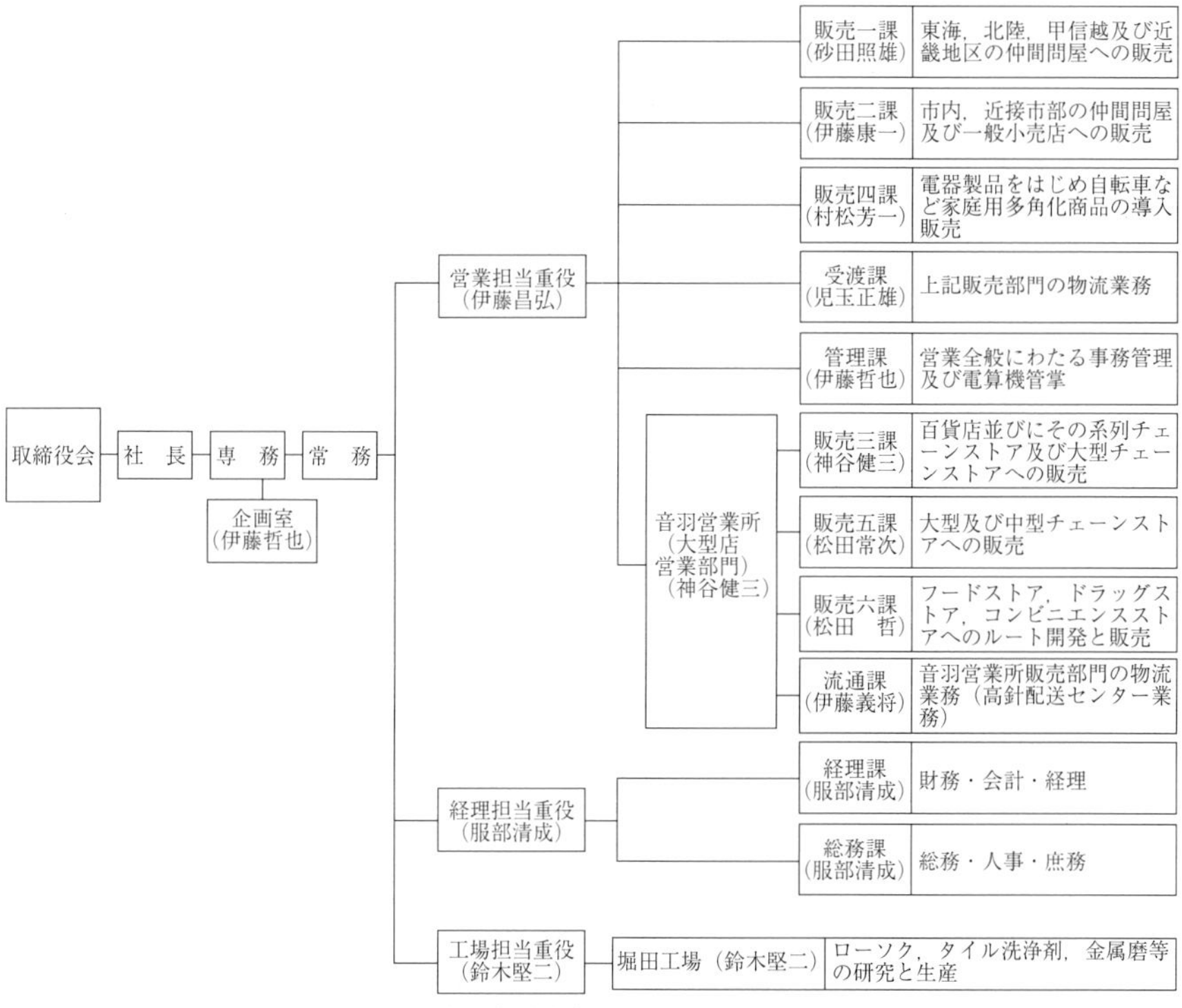

図2－3　伊藤伊株式会社組織図（1982年１月）

（注）各部門の名称の（　　）内の氏名は，当該部署の責任者名である。

（出典）伊藤弥太郎『星霜』（伊藤伊株式会社，1984年２月）90頁および伊藤伊関係者への聞き取り調査による。

などのスーパーである(90)。

図2-1で営業担当直属に置かれていた、デパートや大型チェーンなどの担当の販売三課と大型・中型チェーン担当の販売五課は、図2-3では新設の販売六課と流通課とともに、音羽営業所（大型店営業）のなかに配置されている。流通課は受渡課から独立したもので高針配送センターの担当であった。いずれも販売先である小売店の動きに応じたものであった。

経理部門は、図2-1と図2-3では変わりがなく、財務、会計および経理を担う経理課と人事と庶務を担う総務課が経理担当重役の下に配置されている。また図2-1では、工場は常務の配下に置かれているが、図2-3では常務の下に工場担当重役が置かれ、その下に工場が配置されている。しかし、その機能に変わりはなく、いずれにおいても服部清成が中心になっていた。

おわりに

最後に、本章の検討によって明らかにされたこの時期の伊藤伊の経営体制の諸特徴を整理しておくことにしたい。

第一に、伊藤伊は一九六六年九月に株式会社となったが、その時点の所有と経営の両面をみると、以前の合名会社時代と同様に、いずれも伊藤家の家族・同族が多くを占めていた。所有面では、一九六〇年代末には役付従業員によって構成された従業員持株会の会員の出資がみられ、一九八〇年代初めには従業員持株会の会員資格が一般従業員に拡げられたためにその出資比率がやや大きくなった。しかし、全体としてみると伊藤家関係の出資の比率は依然として大きかった。経営面でも、伊藤家関係者が経営陣を占めており、一九七〇年代初めと一九八〇年代初めに、それぞれひとりずつ従業員出身の経営者が誕生したが、それ以外は伊藤家の関係者が経営陣を構成した。

第二に、伊藤伊の二代目経営者の伊藤弥太郎は、戦後には業界を代表する経営者となっていた。その経営方針は、仲間卸（二次卸）との取引による広域的な販路の確保を尊重することであった。実弟である服部清成も同様の方針であったが、現実の業務目標の設定とその達成のための業務の効率化が主な役割であった。その両者の補完的リーダーシップによって、一九六〇年代から八〇年代にかけての伊藤伊の舵取りが進められる体制であった。さらに、この時期、次代を担う伊藤弥太郎の次男・伊藤昌弘が入社し、メーカーや海外での経験をふまえ、伊藤伊での業務経験を重ねていった。伊藤昌弘は、大学を卒業し、同業の次世代経営者との継続的なネットワークを構築し、業界の新動向についての情報をこだわりなく蓄積できる立場にあった。この点で、父弥太郎や叔父の服部清成とは異なるタイプであった。こうした新しいタイプの経営者を得たことは、伊藤伊にとって、次代の経営環境の変動への対応能力を獲得する意味をもったといえる。

第三に、メーカーによる中間流通への支配的な戦略に対しては、間接的な協力の範囲にとどまった。花王の前方統合戦略である販社戦略に対しては、地元卸売企業との協力による地域販社の設立を担った。また、ライオン油脂による専門部署設立の促進策については、形式的に専門部署を設けたものの、恒常的な組織の設置にはいたらなかった。こうして、メーカーの戦略に対応しながらも、伊藤伊株式会社の経営権や販売方針に関わる根幹部分を自らのもとに確保し、独自の経営方針すなわち仲間（二次）卸尊重の方針を継続したといえよう。

第四に、仲間卸尊重の方針を堅持しながらも、この時期の大型スーパーやコンビニなどの小売新業態の台頭には、組織的に即応した。伊藤伊の経営戦略としては卸売尊重を継続しており、卸店の販売経路を担う部署は重要セクションとされたが、そこは静態的な動きであり、従来通りの仕組みで対応できた。しかし、より動態的な動きとなった小売販売に対しては、営業部門のなかに大型営業部門という別の組織的なくくりを設けて、そのなかに規模や業態に応じた組織を置いて対応したのである。伊藤伊の経営リーダーが全卸連会長を務めており、明示的には小売直販を戦略としてかかげることができないという事情もあったが、動態的な経営環境の変化のなかでは組織的対応を急がなければならなかったのである。それゆえに、新しい営業拠点や物流施設や事務システムへの投資も、積極的に推進されたとみることができよう。

このように、この時期の伊藤伊は、経営方針として仲間卸を尊重しながらも、現実の小売勢力の台頭に応じた組織的な行動をとらざるを得なかった。また、そうした日々の営業活動を担った次世代の経営者や、彼と同様あるいはそれより若い世代の従業員には、仲間卸の時代から小売直販への移行が強く感じられることも多々あった。この意味で、この時期の伊藤伊は、異なった世代の間で、また戦略と戦術との間で、断層が生じた時代であったとみることができよう。

なお、一九八〇年代半ば以降、伊藤昌弘が経営を継承し、これまでの仲間卸尊重の経営方針の変更を迫る新たな外圧も加わることになる。そうした伊藤伊の新たな状況と経営革新の遂行過程についての検討は、第四章以降の課題となる。

注

(1) なお、佐々木聡『地域卸売企業ダイカの展開――ナショナル・ホールセラーへの歴史的所産』(ミネルヴァ書房、二〇一五年三月)第二章では、北海道の有力卸売企業のダイカの事例の経営史的検討を通じて「問屋無用論」の史的検証を試みているので、参照されたい。

(2) 伊藤伊株式会社の設立年月日について、伊藤弥太郎『星霜』(伊藤伊株式会社、一九八四年二月)七七頁では「昭和四一年九月二九日」とされ、伊藤伊株式会社『和親』No.5(一九七二年八月一五日)では「昭和四一年一一月五日」とされている。しかし、伊藤伊株式会社「法人設立届書」(一九六六年一一月一四日昭和税務署収受)、伊藤伊株式会社「法人等の設立申請書」(一九六六年一一月一四日名古屋市瑞穂区税務署受付)、伊藤伊株式会社「青色申告書提出の承認申請書」(一九六六年一一月一四日昭和税務署収受)などの公的書類の日付は「昭和四一年九月二〇日」となっているので、ここでは一九六六(昭和四一)年九月二〇日とした。

(3)　前掲『星霜』七七頁および前掲『和親』No.5。
(4)　前掲『星霜』七七頁および『中日本商業』（一九六六年一一月五日）。
(5)　「土地建物賃貸契約書」（賃貸人伊藤伊合名会社・賃借人伊藤伊株式会社、一九六六年一一月二〇日）。
(6)　伊藤伊株式会社「法人等の設置申告書」（一九六七年二月六日瑞穂区役所税務課受付）記載の営業開始日による。
(7)　同「申告書」記載の人員数による。
(8)　伊藤昌弘氏への聞き取り調査による。なお、一九八三（昭和五八）年五月に、伊藤伊合名会社と音羽殖産株式会社は合併した。
(9)　伊藤伊従業員持株会の正式な発足年月日は特定できていないが、大株主からの株式譲渡は一九八一（昭和五六）年二月から翌一九八二年一月にかけて実施されている。伊藤伊株式会社『第一七期（自一九八一年一一月二九日至一九八二年一一月二八日）決算書』の「支払配当金明細表」のリストには従業員持株会が存在する。
(10)　従業員持株会発起委員「社員の持株制度の改善についてのお願い」（伊藤伊株式会社代表取締役社長伊藤弥太郎宛て、一九八一年一月二五日）。
(11)　「伊藤伊株式会社の株式譲渡について個人の株式を下記の條項に依り譲渡する規約」（一九八一年二月五日）。
(12)　伊藤伊株式会社「従業員持株会規約」（作成年月日不詳）。
(13)　「昭和五九年一一月二九日～昭和六〇年一一月二八日事業年度分の確定申告書」（名古屋中税務署、昭和六一年一月二七日収受）添付「軽減税率適用所得金額等の計算及び同族会社の判定に関する明細書」。同「明細書」では、三人および特殊な関係の個人・法人とは、①伊藤昌弘（二万七〇〇株）、その母である伊藤とし（一万二五〇〇株）、伊藤昌弘が代表取締役を務める音羽殖産株式会社（九万八八七五株）の三名（一三万二〇七五株）、②服部清成（四五〇〇株）、③鈴木堅二（二二五〇株）とその妻伊藤千代子（二二五〇株）の二名（四五〇〇株）となっており、表2‐7に示されているのと同様に、これらの合計一四万一〇七五株（七八・三七五％）をこれら三人による所有比率としている。
(14)　大誠編集『「舛十全堂」創立者　齋藤脩平伝』（人間社制作、二〇〇一年二月）七八頁。
(15)　合名会社伊藤伊三郎商店「営業概要」（一九五八年四月五日）。
(16)　伊藤伊株式会社社内報編集委員会『ぱぶりん』Vol.42（二〇〇二年）。

(17) 第一章を参照されたい。
(18) 伊藤伊株式会社『和親』No.7(一九七三年一月一日)二~三頁。
(19) 同書、三頁。
(20) 夻十全堂の創業者の齋藤脩平の経営理念については、前掲『地域卸売企業ダイカの展開――ナショナル・ホールセラーへの歴史的所産』六~一〇頁を参照されたい。また、道内七社合併以降のダイカの経営理念と人材開発プログラムについては、同書一三二~一三五頁および二四一~二四四頁を参照されたい。
(21) 伊藤昌弘氏への聞き取り調査による。
(22) 前掲『和親』No.7、三頁。
(23) 前掲『星霜』八八~八九頁。
(24) 同書、八七頁。
(25) 『中日本商業』(一九六五年一月一五日)。
(26) 伊藤伊株式会社『和親』No.8(一九七三年九月一日)二~三頁および前掲『星霜』八二頁。なお、会長指名の総会の日付は、『和親』No.8の三頁では五月二一日となっているが、『星霜』八二頁では五月二二日となっており、ここでは前者の日付によった。なお一九六一年一〇月に全鹸連が設立された際の初代会長は、東京の下落合の有力問屋であった多喜屋の岩田勘良であった。この多喜屋は、花王販社の初期的な会社のひとつであった多喜屋花王の母体となった。その詳細は、佐々木聡「花王初期販社の設立過程と経営状況」(明治大学経営学研究所『経営論集』第五五巻第二・三号、二〇〇八年三月)を参照されたい。
(27) 前掲『星霜』八二頁。
(28) 全国石鹸洗剤化粧品歯磨雑貨卸商組合連合会『全卸連会報』第一号(一九七五年一〇月五日)一三~一四頁。
(29) PB商品の販売・納入にも関連する事象として、支払サイトやマージンの問題もあった。当時の取引に関する課題として、一九八一年五月一八日の全卸連第七回通常総会で、メーカーが商品の納入に際して月二回の現金決済を求めるようになってきた状況について、「保証金、担保まで入れ、かつ現金払いなどは他業種ではみられない。我々、卸問屋の現金回収は僅かで、二カ月、三カ月のサイトが通常化している。メーカーにも事情があり早急には難しいが、当面月一回の現金払いに改正をお願いしたい」との要望が、地区組合の一つである九州化粧品石鹸歯磨卸商組合から出されている。それと同時に新製品については二〇日締め、翌月一五日払い、というメーカーもあるが、旧製品を返品する小売店もあり、新製品そのものの売上にはならない。従って新製品は二カ月以上のサイトを考慮してほしい」こと、さらには「契約額を一〇〇％達成しないとリベートがゼロになるところがある」が、「努力しながらもあと僅かで達成できず、リベートが皆無というのでは苦労もむくわれない」ので「例えば契約額の九〇％達成には九〇％のリベートという段階システムを考慮してほしい」などという要望も提起されている（北海道卸粧業連合会『道卸連会報』No.11、一九八一年五月三〇日、四～五頁）。九州の業界から、決済期間についての要望があったことは、地域的な商慣行を反映しているという点で興味深い。九州のなかでも、とくに、日豊線沿線では、ほかの地域よりも決済期間が長い「日豊線手形」という業界用語があったのである（複数の関係者への聞き取り調査による）。

(30) たとえば、そうした卸売企業の機能高度化の事例については、前掲『地域卸売企業ダイカの展開――ナショナル・ホールセラーへの歴史的所産』一三五～一四五頁を参照されたい。

(31) ここでの服部の経歴は、服部清成『歴史から見たライフサイクル試論他』（伊藤伊株式会社、一九九三年八月一日）奥付上の「著者略歴」による。

(32) 同書「あとがき」（伊藤昌弘執筆）による。服部の諸冊子を編集して出版されたのが同書である。

(33) 前掲『和親』No.7、五頁。

(34) 同書、五頁。

(35) 伊藤伊株式会社『第八期営業報告書』（自昭和四七年一一月二九日至昭和四八年一一月二八日）所収「貸借対照表」（昭和四八年一一月二八日現在）による。

(36) ここでの従業員数は、この『第八期営業報告書』の「損益計算書」の欄外への関係者によると推定されるメモによる。

(37) 複数の伊藤伊関係者への聞き取り調査による。

(38) ここでの伊藤昌弘の生年月日はじめ履歴に関する記述は、「伊藤昌弘履歴書」（昭和四一年一二月一九日作成）、株式会社あらた『有価証券報告書』（自平成一五年四月一日至平成一六年三月三一日）二三頁および前掲『星霜』四七頁による。

(39) 伊藤幸雄の生没年月日は、前掲『星霜』三七頁～三八頁および六六頁による。

(40) 同書、三八頁。

(41) 伊藤昌弘氏への聞き取り調査による。なお、当時の卸店関係者の受け入れの制度や慣習の詳細は不明であるが、ライオン油脂では、一九七〇年代後半から卸店の経営者や人材育成の支援策を実施する。ライオン歯磨との合併（一九八〇年一月一日）前の一九七七年一〇月に共販会社としてのライオン製品株式会社を設立した。一九七八年二月、同社が中心となって、従来のライオン歯磨のライオン会とライオン油脂のライオン石鹸会を発展的に解消して新たなライオン会を発足させた。この新しいライオン会の会長は、伊藤弥太郎であった。一九七八年一〇月には、そのライオン会常務理事以上の若手経営者または次期経営者を対象に、LMA（ライオン・マネジメント・アカデミー）第一回研究会を開催し、一一〇名が参加している。一九七九年にはLMA国際研究会がスタートした。さらに合併後の一九八八年にはLSA（ライオン・システムパートナーズ・アカデミー）と改称し、一九八〇年に稼働したライオンの販売情報システムのLCMS（Lion Circle Marketing Management System）を導入していたシステムパートナー卸店の若手経営者・若手幹部を対象に期間限定のセミナーを開催した。前年の一九八七年にはLMA大学院も設けている。なお、合併前の両社の販売網の統合・整備に取り組んだライオン製品株式会社は、合併時の一九八〇年一月一日に新発足したライオン株式会社に営業を譲渡し、出向者も同社に復帰し、同年一二月二五日に清算した。またLCMSは、後に業界VAN運営会社のプラネットへと発展してゆくことになる（ライオン株式会社社史編纂委員会『ライオン一〇〇年史』一九九二年一〇月、二九三～二九六頁および三二八～三三〇頁、同『ライオン一二〇年史』二〇一四年七月、九八～九九頁、一〇〇～一〇一頁、一一一～一一二頁、一二三～一二五頁、一五六～一五七頁および四二四頁）。

(42) 一九六五年二月からニューヨーク・コロンビア大学で英語、ミシガン州デットロイトのウェステイツ大学でマーケティングを学び、一九六六年一〇月にはヨーロッパを視察したとされている（『中日本商業』一九六七年四月二五日）。

(43) 伊藤昌弘氏への聞き取り調査による。

(44) MSS研究会『第二次海外視察研究報告』（期間一九七八年二月四日～二月一七日）一頁。

(45) 同書五頁。発足から約二五年を経た時期で、ちょうどダイカ、伊藤伊、サンビックの持株会社による経営統合を発表した頃、大公一郎氏は『日本経済新聞』（二〇〇一年一〇月一一日）の「交遊抄」で、七人の人柄について「夏川敬三氏（サンビック会長）は折り目正しい紳士。ゴルフもうまいが歌もうまい、辻中正氏（大福商事社長）は誠実な人柄で幹事役として細やかな気配りをみせる。伊藤昌弘氏（伊藤伊社長）は堅実無比。当初はワイシャツのそでをまくり上げ、ズック靴でゴルフをしていた。霜田清隆氏（パルタック副社長）は一番若いだけあってエネルギッシュ。横浜が地元だけにセンスが抜群だ。周囲を明るくする名人の清水俊吉氏（麻友社長）は自然に会の中心人物になっている。工藤欣一氏（ダイカ前会長）は東大出の学者肌で地元八戸への貢献大。かくいう私は特徴のない方だが、見かけより大胆なことをやるらしい」と自他を評している。また、ＭＳＳ研究会と経営統合との関連については「今回、ダイカ、伊藤伊、サンビックの三社で持ち株会社による経営統合を発表したが、ＭＳＳ研究会がその土壌になったような気がする」と述べている。

(46)『中日本商業』（一九六七年四月二五日）。
(47) 伊藤伊株式会社『第三期営業報告書』（自昭和四二年一一月二九日至昭和四三年一一月二八日）。
(48)『中日本商業』（一九六八年四月一五日）。
(49) ここでの中京地区の花王販社に関する叙述は、とくに断りのない限り、佐々木聡「中部地域での花王販社の設立と統合の過程」（明治大学経営学研究所『経営論集』第五六巻第三・四号、二〇〇九年三月）五七頁および六一〜六六頁による。
(50) 複数の伊藤伊関係者への聞き取り調査による。
(51)『中日本商業』（一九六八年四月五日）。
(52) 前掲「中部地域での花王販社の設立と統合の過程」。
(53)『中日本商業』（一九六八年七月二五日）。
(54) ここでの伊藤伊から中京花王への出向者や中京花王の業務に関する叙述は、平野正俊氏への聞き取り調査による。
(55) 人員や直販比率および代行店比率の数値は、前掲「中部地域での花王販社の設立と統合の過程」五三頁の表-1および五五頁の表-2による。
(56) 伊藤伊株式会社所蔵の中京花王製品販売株式会社『第一期決算書』（自昭和四三年三月二六日至昭和四三年九月三〇日）。
(57) 前掲「中部地域での花王販社の設立と統合の過程」六二〜六三頁。
(58) 平野正俊氏への聞き取り調査による。
(59) ここでの「三強政策」に関する叙述は、とくに断りのない限り、ライオン油脂株式会社社史編纂委員会『ライオン油脂六〇年史』（一九七九年一二月）二六八〜二七二頁、ライオン株式会社社史編纂委員会『ライオン一〇〇年史』（一九九二年一〇月）二四〇〜二四一頁、同『ライオン一二〇年史』（二〇一四年七月）七八〜七九頁および佐々木聡「ライオン油脂における三強政策の展開」（明治大学経営学研究所『経営論集』第四六巻第二号、一九九九年一月）などによる。

(60) ライオン株式会社関係者への聞き取り調査による。詳細は前掲「ライオン油脂における三強政策の展開」九五頁および一一〇頁を参照されたい。

(61) 全国八つの地区の卸店組織のひとつで、中部地区は一九六一年に設置された（前掲『ライオン油脂六〇年史』一九五頁）。

(62) 『中日本商業』（一九六八年五月一五日）。

(63) 前掲『ライオン一〇〇年史』二三一頁。

(64) 前掲「ライオン油脂における三強政策の展開」九七頁。

(65) 同稿。

(66) 伊藤昌弘氏への聞き取り調査による。

(67) 前掲「ライオン油脂における三強政策の展開」一〇六頁。

(68) 前掲『ライオン油脂六〇年史』三二七〜三二八頁、前掲『ライオン一〇〇年史』二七六〜二七八頁。

(69) 伊藤伊株式会社（社内史料）「沿革」および伊藤伊株式会社『ぱぷりん』二〇〇四年最終号、二頁所収「会社の沿革」。

(70) 佐々木聡「花王広域販社の全国統合と統合直後の経営状況」（明治大学経営学研究所『経営論集』第六〇巻第二・三号、二〇一三年二月）三六頁を参照されたい。

(71) 前掲『星霜』七九頁および伊藤伊合名会社「営業概要」（昭和三四年四月五日）による。なお、大阪営業所の閉鎖数年前の業績をみると、純損失が第二期（自昭和四一年一一月二九日至昭和四二年一一月二八日）で八三万一二〇四円、第三期（自昭和四二年一一月二九日至昭和四三年一一月二八日）で三四七万九八六八円、第四期（自昭和四三年一一月二九日至昭和四四年一一月二八日）で三二五万三二〇八円となっている。第五期（自昭和四四年一一月二九日至昭和四五年一一月二八日）以降は、大阪営業所の決算書は見当たらない。また伊藤伊関係者の話によると、大阪営業所の開設については、長年勤務した従業員のいっそうの活躍の場を用意するという伊藤弥太郎のはからいもあったという。

(72) 『中日本商業新聞』（一九六九年一二月五日）五頁。同紙は、一九六九年五月二五日号まで『中日本商業』という紙名であるが、同年六月五日号より社名と同一の『中日本商業新聞』という紙名に変わっている。

(73)『中日本商業新聞』（一九七一年五月一五日）。
(74)『中日本商業新聞』（一九七二年九月一五日）。
(75)『中日本商業新聞』（一九七二年九月一五日）、同紙（一九七三年八月五日）。
(76) 前掲『星霜』八〇～八一頁および『中日本商業新聞』（一九七三年一一月一五日）。敷地や総床面積などの数字は、同紙同号によった。
(77)『中日本商業新聞』（一九七三年一一月一五日）。
(78) 伊藤伊株式会社『第八期営業報告書』（自昭和四七年一一月二九日至昭和四八年一一月二八日）。
(79) 伊藤昌弘氏への聞き取り調査による。
(80) 前掲『星霜』八三頁。
(81) 日本電気株式会社社史編纂室『日本電気株式会社百年史』（二〇〇一年一二月）五一九～五二〇頁。
(82) 前掲『星霜』八三～八四頁。
(83) 前掲『日本電気株式会社百年史』六二三～六二四頁。
(84)『中日本商業新聞』（一九七九年一〇月二五日）、前掲『星霜』八四頁、伊藤伊株式会社『第一四期営業報告書』（昭和五三年一一月二九日より昭和五四年一一月二八日まで）一頁、同『第一七期決算書』（自昭和五六年一一月二九日至昭和五七年一一月二八日）所収「土地明細」。ただし、高針配送センターの敷地面積は、『中日本商業新聞』（一九七九年一〇月二五日）では三五九五㎡、前掲『星霜』では三五九六㎡となっている。ここでは、『第一七期決算書』所収「土地明細」の数字によった。
(85) 伊藤伊株式会社『第一六期営業報告書』（昭和五五年一一月二九日より昭和五六年一一月二八日まで）一頁、前掲『第一七期決算書』所収「土地明細」。
(86) 前掲（社内史料）「沿革」。
(87) 伊藤伊関係者への聞き取り調査による。
(88) 平野正俊氏への聞き取り調査などによる。
(89) 前掲『星霜』六九頁、一五七～一六一頁。なお、一九六二年からは松下電工の配線器具などの取り扱いも始まっている（同書一六二～一六四頁）。

(90) 伊藤伊株式会社『第一一期営業報告書』（昭和五〇年一一月二九日から昭和五一年一一月二八日まで）には、「積極的な販売活動と市場変化に対応すべく販売六課の新設によるコンビニエンス市場の開拓等活発な活動を展開した」と記されている。このほか、組織の叙述については、伊藤昌弘氏と平野正俊氏への聞き取り調査による。なお、名古屋市に本社を置くコンビニエンス・ストアとして、ココストア（一九七三年一一月創立）とサークルK（一九七九年一二月設立）がある。一九八四年の愛知県内の店舗数は、ココストアが三五一店、サークルKが一三七店であった。この他に、愛知県内に店舗を有したコンビニとしては、サンエブリー・ディリーストア（一九七七年一二月設立、千葉県市川市、四九店）、サンチェーン（一九七六年一〇月設立、東京都台東区、四三店）、マイショップ（一九七二年四月設立、大阪府淀川区、一五店）、ローソン（一九七五年四月設立、大阪府吹田市、愛知・岐阜両県合計六六店）などがあった（『一九八五中部流通名鑑』中日本商業新聞社、一九八四年一一月、一二六頁）。

第三章　多段階取引経営の特徴（一九六〇年代後半から八〇年代前半）

はじめに

伊藤伊株式会社は、戦時期から一九八〇年代前半にかけて、石鹸・洗剤その他の日用雑貨商品の中間流通業界で、東海地域を代表する有力卸売企業となっていった。第二章で検討したように、同社は、所有面では従業員持株制度を導入し、経営面でも一部の従業員出身者が取締役へ昇任することはあったものの、所有と経営の両面で伊藤家の家族・同族のメンバーが掌握する企業であった。この時期、伊藤家の三代目を継承する新しいタイプの後継者も入社して経営陣に加わった。流通の川上に位置するメーカーによる中間流通過程への統制戦略（前方統合的戦略）に対しては、伊藤伊本体には大きな変革をもたらすことなく対応し、一方、川下の販売先の一部である大手小売店や新興小売勢力の動向に対しては、職制改正をともないながら組織的に対応した。とはいえ、この時期の経営方針は、従前通りの仲間卸（二次卸）尊重であった。すなわち、一定時期までの日本的な取引構造の特徴とされる多段階取引を中心としたものであった。

こうした多段階取引を中心とする卸売企業の経営が、どのような特徴を有していたかについては、これまでの日本経営史の研究史のなかでほとんど知られることがなく、大きな課題とされてきたといってよいであろう。そこで、本

～1985年11月28日）の信認金額の推移

第５期	第６期	第７期	第８期	第９期	第10期
1969年11月29日 ～1970年11月28日	1970年11月29日 ～1971年11月28日	1971年11月29日 ～1972年11月28日	1972年11月29日 ～1973年11月28日	1973年11月29日 ～1974年11月28日	1974年11月29日 ～1975年11月28日
26,198,910	27,552,569	35,922,192	38,732,222	38,550,706	42,241,782
−	−	−	−	−	−
26,198,910	27,552,569	35,922,192	38,732,222	38,550,706	42,241,782
第15期	第16期	第17期	第18期	第19期	第20期
1979年11月29日 ～1980年11月28日	1980年11月29日 ～1981年11月28日	1981年11月29日 ～1982年11月28日	1982年11月29日 ～1983年11月28日	1983年11月29日 ～1984年11月28日	1984年11月29日 ～1985年11月28日
59,308,220	66,414,524	80,982,589	96,481,536	98,995,999	70,108,097
59,308,220	66,414,524	80,982,589	96,481,536	98,995,999	70,108,097

となっており，ここではその呼称にしたがって使用している。

～第18期営業報告書』。

章では、伊藤伊株式会社の経営史料の吟味によって、取引に付随する信認金や預り金、取引先の株式や債券の購入、それら有価証券の配当金や受取利息、販売先への掛売りや貸倒損失金の実態、一部メーカーとの取引制度の内容、内部留保や手元流動性の状況、経営実績とそれに影響を及ぼす帳合料などの実態および業界ランキングなどを検討することによって、多段階取引を基盤とする卸売企業の取引と経理の面の特徴の析出を試みることにしたい。

1　取引に付随する保証金

伊藤伊の取引関係の全貌をもれなく明らかにすることは、確認できている同社の経営史料からも難しいのが現状である。しかしながら、仕入先メーカーとの関係では信認金によって、他方、販売先の仲間卸店や小売店については預り金によって、ある程度まで長期的取引関係あるいは大口の取引関係を確認することが可能である。

信認金にみる仕入先メーカーとの関係の推移

信認金とは、商品を仕入れる卸売企業（代理店）などが仕入先のメーカーへ取引の保証金として預けておく「預け金」である。日本の石鹸・洗剤などの取引では戦前からあった取引慣行のひとつであった。これら

表3－1　伊藤伊株式会社（1966年11月29日

期	第1回	第2回	第3期	第4期
時期（年・月・日）	1966年9月20日 ～1966年11月28日	1966年11月29日 ～1967年11月28日	1967年11月29日 ～1968年11月28日	1968年11月29日 ～1969年11月28日
本社信認金（円）	－	42,847,076	73,066,112	45,490,341
大阪営業所信認金（円）	－	3,293,691	2,911,122	－
合計信認金（円）	－	46,140,767	75,977,234	45,490,341
期	第11期	第12期	第13期	第14期
時期（年・月・日）	1975年11月29日 ～1976年11月28日	1976年11月29日 ～1977年11月28日	1977年11月29日 ～1978年11月28日	1978年11月29日 ～1979年11月28日
本社信認金（円）	35,769,343	38,995,857	41,388,344	46,460,214
合計信認金（円）	35,769,343	38,995,857	41,388,344	46,460,214

（注1）伊藤伊株式会社の決算期の呼称は，下記出典のように，第1～第2までが「回」，第3以降は「期」
（注2）円未満は四捨五入。
（注3）第4期から本店のみの信認金（取引保証金）となる。
（出典）伊藤伊株式会社『第1期～第14期決算書』，同『第16期～第20期決算書』，伊藤伊株式会社『第3期

の多くは、長期的な取引関係を前提としたもので、卸売企業の責めによる事故や違約によってメーカーが被る損失・不利益への保証金であった。

伊藤伊株式会社でも、この信認金を仕入先メーカーに預けていた。表3－1に示されるように、第二回すなわち一九六七年一一月二八日現在で本店と大阪支店の合計額で約四六〇〇万円であった。次期の第三期には、約七六〇〇万円にまで著増している。これは、信認金の内訳を示した表3－2－1の第二回と第三期を比べると明らかなように、本社分では主要取引先のひとつであるライオン油脂の信認金が大きく増えたことが主因である。他に大日本除虫菊や象印や松下電工の信認金が増加しており、大阪支店分では牛乳石鹸共進社株式会社の増加も一因であろう。本社分では花王の地域販社で伊藤伊も出資した中京花王からの仕入、すなわち中京花王からみれば直販ではないいわゆる代行店ルートである卸店経路の販売、伊藤伊からみればその仕入の信認金が加わったことも増加の一因となっている。

その後、表3－1に示されるように、第四期から第五期すなわち一九六九年一一月二八日現在から一九七〇年一一月二八日現在にかけて減少傾向となる。これは、表3－2－1の第四期の明細からわかるように、第三期に著増したライオン油脂の信認金が以前の水準に戻り、第五期にそれがゼロになったことが大きい。また大阪支店の取引先信認金がなくなったことや、牛乳石鹸共進社株式会社などが第五期に減少しているのも

の内訳の推移（1966年11月29日～1985年11月28日）

第5期	第6期	第7期	第8期	第9期	第10期
1969年11月29日～1970年11月28日	1970年11月29日～1971年11月28日	1971年11月29日～1972年11月28日	1972年11月29日～1973年11月28日	1973年11月29日～1974年11月28日	1974年11月29日～1975年11月28日
–	–	–	–	–	–
1,586,896	901,200	–	–	–	–
593,489	500,000	–	–	–	–
9,896,500	10,390,019	12,006,246	13,236,886	14,593,667	16,089,518
–	–	5,916,000	5,916,000	5,916,000	5,916,000
6,000,000	6,000,000	6,000,000	6,000,000	6,000,000	6,000,000
2,200,000	2,900,000	3,600,000	3,800,000	4,500,000	5,300,000
755,500	755,500	755,500	755,500	755,500	755,500
1,770,000	1,770,000	1,770,000	1,770,000	1,770,000	1,770,000
259,680	–	–	–	–	–
160,000	160,000	160,000	160,000	160,000	160,000
1,640,419	1,985,446	2,409,304	3,023,001	–	–
504,227	511,157	528,217	465,530	319,100	146,500
332,199	927,191	1,638,829	2,467,209	3,706,439	5,489,123
500,000	500,000	500,000	500,000	500,000	500,000
–	–	–	–	–	–
–	80,000	80,000	80,000	80,000	80,000
–	172,056	558,096	558,096	–	–
–	–	–	–	250,000	–
–	–	–	–	–	35,141
26,198,910	27,552,569	35,922,192	38,732,222	38,550,706	42,241,782
–	–	–	–	–	–
–	–	–	–	–	–
–	–	–	–		
–	–	–	–	–	–
–	–	–	–	–	–
–	–	–	–	–	–
–	–	–	–	–	–
–	–	–	–	–	–
–	–	–	–	–	–
–	–	–	–	–	–
–	–	–	–	–	–

となっており，ここではその呼称にしたがって使用している。
している。

共進社株式会社80年史』同社，1988年10月，51頁），下記出典の表記にかかわらず，ここではその改称後の

表3-2-1　伊藤伊株式会社の信認金勘定

期	第1回	第2回	第3期	第4期
時期（年・月・日）	1966年9月20日～1966年11月28日	1966年11月29日～1967年11月28日	1967年11月29日～1968年11月28日	1968年11月29日～1969年11月28日
花王石鹸株式会社	－	3,060,000	－	－
中京花王製品販売株式会社	－	－	300,000	－
ハウスホールド株式会社（ライオンハウスホールド）	－	－	512,604	565,151
ライオン歯磨株式会社名古屋支店	－	13,474,000	14,806,493	16,324,159
ライオン油脂株式会社	－	12,000,000	43,000,000	13,000,000
牛乳石鹸共進社株式会社	－	9,000,000	9,000,000	9,000,000
大日本除虫菊株式会社	－	345,000	800,000	1,600,000
桐灰化学株式会社	－	755,500	755,500	755,500
日扇燐寸株式会社	－	2,089,632	1,770,000	1,770,000
ミツワ石鹸株式会社	－	241,088	250,277	254,936
貝の友会	－	140,000	160,000	160,000
三和刃物株式会社・貝印カミソリ株式会社	－	948,720	948,720	1,173,448
象印マホービン株式会社	－	159,759	233,965	355,750
松下電工株式会社	－	25,961	28,553	31,397
ジョンソン・エンド・ジョンソン株式会社	－	500,000	500,000	500,000
日本共同燐寸株式会社	－	107,416	－	－
警察生協	－	－	－	－
住友スリーエム株式会社	－	－	－	－
旭ダウ株式会社	－	－	－	－
十条キンバリー株式会社	－	－	－	－
本社信認金（円）	－	42,847,076	73,066,112	45,490,341
花王石鹸株式会社	－	1,116,569	－	－
ライオン油脂株式会社	－	1,340,468	1,742,468	－
牛乳石鹸共進社株式会社	－	260,000	300,000	－
ライオン歯磨株式会社	－	152,280	152,280	－
大日本除虫菊株式会社	－	15,000	－	－
松井燐寸株式会社	－	13,678	13,168	－
株式会社丸見屋	－	150,066	150,066	－
児玉商店	－	84,500	49,500	－
大東燐寸株式会社	－	3,130	3,130	－
ハウスホールド	－	－	500,000	－
大阪支店信認金（円）	－	3,135,691	2,910,612	－

（注1）伊藤伊株式会社の決算期の呼称は，下記出典のように，第1～第2までが「回」，第3以降は「期」
（注2）上記の信認金合計額推移表の数値とこの表の内訳合計額が一致しない場合もあるが，そのまま記載
（注3）期間中に信認金額が発生し，全額が減じた場合は記載していない。
（注4）1967年3月1日に，共進社油脂工業株式会社は牛乳石鹸共進社株式会社と改称しており（『牛乳石鹸
社名に統一している。
（出典）伊藤伊株式会社『第1回～第2回決算書』，同『第3期～第10期決算書』。

の内訳の推移（1966年11月29日～1985年11月28日）

第15期	第16期	第17期	第18期	第19期	第20期
1979年11月29日～1980年11月28日	1980年11月29日～1981年11月28日	1981年11月29日～1982年11月28日	1982年11月29日～1983年11月28日	1983年11月29日～1984年11月28日	1984年11月29日～1985年11月28日
－	－	21,161,576	23,330,634	25,728,735	1,225,378
－	－	－	－	－	－
－	－	－	－	－	－
－	－	6,000,000	6,000,000	6,000,000	6,000,000
－	－	10,540,000	11,140,000	11,740,000	12,440,000
－	－	3,000,000	3,000,000	3,000,000	－
－	－	26,438,111	31,087,808	35,994,120	20,934,510
－	－	500,000	500,000	500,000	500,000
－	－	－	－	－	－
－	－	5,831,427	6,307,270	－	－
－	－	160,000	160,000	160,000	160,000
－	－	－	－	－	－
－	－	－	－	－	－
－	－	160,000	160,000	160,000	160,000
－	－	5,000,000	4,000,000	3,000,000	2,000,000
－	－	2,191,475	5,795,824	10,501,246	14,440,400
－	－	－	－	2,205,958	12,233,676
－	－	－	－	5,940	14,133
－	－	－	－	－	－
－	－	－	5,000,000	－	－
59,308,220	66,414,524	80,982,589	96,481,536	98,995,999	70,108,097

している。

期～第18期営業報告書』。

一因である。その一方で、大日本除虫菊、三和刃物、象印、松下電工などが次第に信認金額を増やしていることも注目されよう。

表3-1にみられるように、第五期から第一〇期すなわち一九七〇年代前半においては、第九期のわずかな減少を除けば、少しずつ増加する傾向を辿ったといえる。これは、表3-2-1からわかるように、ライオン歯磨名古屋支店や松下電工などの従来からの仕入先の信認金が増額したのと、住友スリーエムや旭ダウや十条キンバリーなど新規の信認金があらわれたことによる。注目されるのは、販売先と思われる警察生協の信認金が始まっていることである。しかし、その経緯と詳細は不明である。

第一一期から第一九期すなわち一九七〇年代後半から八〇年代前半にかけても、表3-1にみられるように増加傾向を辿り、その金額は第一七期には八〇〇〇万

表3－2－2　伊藤伊株式会社の信認金勘定

期	第11期	第12期	第13期	第14期
時期（年・月・日）	1975年11月29日～1976年11月28日	1976年11月29日～1977年11月28日	1977年11月29日～1978年11月28日	1978年11月29日～1979年11月28日
ライオン株式会社	－	－	－	－
ライオン歯磨株式会社名古屋支店	7,517,382	8,287,914	9,137,426	10,074,012
ライオン油脂株式会社	5,916,000	5,916,000	5,916,000	5,916,000
牛乳石鹸共進社株式会社	6,000,000	6,000,000	6,000,000	6,000,000
大日本除虫菊株式会社	5,700,000	6,000,000	6,800,000	7,900,000
桐灰化学株式会社	755,500	755,500	755,500	755,500
松下電工株式会社	7,283,087	9,435,332	11,989,418	15,024,702
ジョンソン・エンド・ジョンソン株式会社	500,000	500,000	500,000	500,000
日扇燐寸株式会社	1,770,000	1,770,000	－	－
サランラップ販売株式会社	－	－	－	－
貝印カミソリ株式会社	－	－	－	－
貝の友会	160,000	160,000	160,000	160,000
象印マホービン株式会社	146,500	－	－	－
警察生協	130,000	130,000	130,000	130,000
丸富通商株式会社	－	－	－	－
東京電気化学工業（TDK）株式会社	－	－	－	－
ユニ・チャーム株式会社	－	－	－	－
ジョンソントレーディング株式会社	－	－	－	－
十条キンバリー株式会社	37,374	41,111	－	－
株式会社ワールド会本部(ワールドカセイ)	－	－	－	－
本社信認金（円）	28,398,461	38,995,857	41,388,344	46,460,214

（注１）上記の信認金合計額推移表の数値とこの表の内訳合計額が一致しない場合もあるが，そのまま記載
（注２）期間中に信認金額が発生し，全額が減じた場合は記載していない。
（注３）第15期と第16期の信認金の預け先の詳細は，『決算書』史料を確認できていないため不明である。
（出典）伊藤伊株式会社『第11期～第14期決算書』，同『第17期～第20期決算書』，伊藤伊株式会社『第11

円を超え、翌第一八期には九〇〇〇万円になっている。第一九期には一億円近い金額ように、この増加は、主要取引先のそれぞれの信認金の増加と、サランラップ、丸富通商、ＴＤＫ、ユニ・チャーム、ジョンソントレーディングなどの取引にともなう新たな信認金が要因となっていることがわかる。

この信認金の推移から、伊藤伊株式会社では、一九六〇年代後半から八〇年代前半の時期、従来の主要取引先との取引量を増加させ、かつ新規取引先を増やし、新しい商品供給の枠を拡充していったことが理解されよう。

なお、仕入先メーカーとの関係では、メーカーから伊藤伊などのような卸売企業へ支払われる帳合料などがあるが、これについては売上総利益との関係で後にみることにしたい。

推移（1966年11月29日～1985年11月28日）

第５期	第６期	第７期	第８期	第９期	第10期
1969年11月29日 ～1970年11月28日	1970年11月29日 ～1971年11月28日	1971年11月29日 ～1972年11月28日	1972年11月29日 ～1973年11月28日	1973年11月29日 ～1974年11月28日	1974年11月29日 ～1975年11月28日
807,225 28	628,723 15	－ －	－ －	－ －	－ －
21,971,154 90	22,342,518 87	22,428,794 87	14,440,682 58	13,274,316 57	13,343,453 56
25,788,474 90	29,785,428 75	36,440,272 79	36,351,239 33	32,980,981 32	34,590,957 30
48,566,853 208	52,756,669 177	58,869,066 166	50,791,921 91	46,255,297 89	47,934,410 86
第15期	第16期	第17期	第18期	第19期	第20期
1979年11月29日 ～1980年11月28日	1980年11月29日 ～1981年11月28日	1981年11月29日 ～1982年11月28日	1982年11月29日 ～1983年11月28日	1983年11月29日 ～1984年11月28日	1984年11月29日 ～1985年11月28日
－ －	－ －	－ －	－ －	－ －	－ －
－ －	－ －	－ －	－ －	－ －	－ －
45,327,691 －	50,881,183 －	54,737,927 20	59,882,196 20	46,913,224 19	46,563,300 19
45,327,691 －	50,881,183 －	54,737,927 20	59,882,196 20	46,913,224 19	46,563,300 19

ており，ここではその呼称にしたがっている。

算書』，伊藤伊株式会社『第３期～第18期営業報告書』。

預り金にみる販売先との関係

この取引預り金は、伊藤伊が商品を販売する仲間卸店や小売店が、取引に関する保証金として伊藤伊株式会社に預け置くものである。仲間卸や小売店からみると、ちょうど前述の信認金に相当する。

表３－３に示されるように、その総額は第二回すなわち一九六七年一一月二八日現在で約二四七〇万円であったが、次第に増加し、第七期すなわち一九七二年一一月二八日現在では二・四倍近くの約五八八七万円となっている。その内訳をみると、メーカーごとの販売組織であるキング会（キング化学の販売組織）やライオン石鹸会の合計額が、第三期から第六期まで過半数以上となっていたが、第七期時点ではキング会の区分がなくなり、それでもライオン石鹸会が三八％ほどを占めていた。そのライオン石鹸会の区分も第一三期にはなくなり、一般店の区分だけとなる。その後、預り金の総額は増減するが、おおむね三〇〇〇万円台後半から五〇〇〇

表3－3　伊藤伊株式会社の取引先預り金の

期		第1回	第2回	第3期	第4期
時期（年・月・日）		1966年9月20日～1966年11月28日	1966年11月29日～1967年11月28日	1967年11月29日～1968年11月28日	1968年11月29日～1969年11月28日
キング会	金額（円）	－	978,915	894,869	840,110
	店数	－	36	31	30
中部ライオン石鹸会	金額（円）	－	11,231,333	21,942,627	22,455,611
	店数	－	35	88	90
一　般	金額（円）	－	12,525,479	14,901,120	20,095,343
	店数	－	88	87	89
合　計	金額（円）	－	24,735,727	37,738,616	43,391,064
	店数	－	159	206	209
期		第11期	第12期	第13期	第14期
時期（年・月・日）		1975年11月29日～1976年11月28日	1976年11月29日～1977年11月28日	1977年11月29日～1978年11月28日	1978年11月29日～1979年11月28日
キング会	金額（円）	－	－	－	－
	店数	－	－	－	－
中部ライオン石鹸会	金額（円）	12,977,003	12,187,504	－	－
	店数	45	37	－	－
一　般	金額（円）	30,516,621	32,280,522	38,611,236	40,588,279
	店数	23	25	34	27
合　計	金額（円）	43,493,624	44,468,026	38,611,236	40,588,279
	店数	68	62	34	27

（注1）伊藤伊株式会社の決算期の呼称は，下記出典のように，第1～第2までが「回」，第3以降は「期」
（注2）店数には，預り金利息のみの対象店は含まれていない。
（出典）伊藤伊株式会社『第1回～第2回決算書』，同『第3期～第14期決算書』，同『第17期～第20期決

万円台後半の幅で推移しており、第一八期すなわち一九八三年一一月二八日現在がこの期間の最高額の約五九八八万円となっている。

ちなみに、表3－1の信認金と比べると、第一三期すなわち一九七八年一一月二八日以降は、預り金よりも信認金の金額の方が上回っており、しかも第一五期すなわち一九八〇年一一月二八日以降、信認金と預り金の金額の差が次第に大きくなっていることがわかる。

さて、その預り金の内訳をみてみよう。表3－4－1は、第四期すなわち一九六九年一一月二八日現在のキング会の店名とそれぞれの預り金額を示しており、表3－4－2は同時期の中部石鹸ライオン会のそれを示している。

表3－4－1をみると、名古屋市をはじめとする愛知県の各市、岐阜県、三重県、静岡県、福井県、石川県、長野県、新潟県まで伊藤伊の二次卸店たる会員が所在していることがわかる。表3－4－2をみても同様の拡がりを確認できるとともに、伊藤商事（半田市）、千代鍛治《チヨカジ》（静

表3-4-1　キング会取引先（二次卸店）預り金明細

（1969年11月28日現在）

通　番	店　名	所在地	預り金（円）
1	月形屋	名古屋市	28,050
2	三勇商店	名古屋市	23,650
3	美の屋油店	名古屋市	44,500
4	永井荒物店	西尾市	47,800
5	釘晴商店	西尾市	39,847
6	古瀬間屋	豊田市	19,333
7	尾張屋	岡崎市	6,645
8	伊藤勇	豊橋市	30,000
9	植原商店	豊橋市	48,000
10	北川商店	東海市	20,000
11	雲井商店	東海市	14,850
12	松物商店	岐阜市	33,000
13	平井商店	岐阜市	44,500
14	南勢キング会	三重県	8,435
15	大場豊吉	静岡市	17,000
16	柏屋商店	静岡市	10,000
17	内田庄太郎	静岡市	11,500
18	酒井商店	静岡市	10,000
19	松島油店	静岡市	17,000
20	海野商店	静岡市	10,500
21	落合商店	福井市	2,200
22	岩倉商事	福井市	24,200
23	木内商店	福井市	35,750
24	木戸礎太郎	福井市	39,050
25	伊藤○一	不　明	24,200
26	伊藤商事	七尾市	45,100
27	粧美堂	松本市	16,000
28	久保田商店	松本市	39,000
29	林商店	松本市	45,000
30	川崎商会	新潟市	85,000
小　計			840,110

（注）○は判読不可。
（出典）伊藤伊株式会社『第4期決算書』および伊藤伊関係者への聞き取り調査による。

岡市）、松物商店（岐阜市）などの各地の有力問屋が、ライオン石鹸との取引ではその地域の小売店への販売を担う二次卸店（仲間卸店）であったことがわかる。この点は、地域有力店がすべてのメーカーに対して一次卸店にはなっていないことを示唆している。実際、伊藤伊の場合も、あるメーカーに対しては別の卸店を通じた二次問屋である場合もあったのである[1]。

表3-4-3は一般の取引先の預り金を示しているが、これをみても同様に広範囲に及んでおり、さらに一般小売店も含まれていることがわかる。

表3-5-1は中部ライオン石鹸会の区分がみられた最後の第一二期すなわち一九七七年一一月二八日時点の中部

表3-4-2　中部ライオン石鹸会取引先（2次卸店）預り金明細（1969年11月28日現在）

通　番	店　名	所在地	預り金（円）	通　番	店　名	所在地	預り金（円）
1	青木新一商店	名古屋市	690,000	46	井沢屋	岡崎市	568,000
2	江口商事	名古屋市	447,000	47	尾張屋	岡崎市	370,000
3	永野商店	名古屋市	811,000	48	平田商店	岡崎市	116,000
4	㈱谷屋	名古屋市	720,000	49	サカエ屋	岡崎市	106,000
5	さくら屋	名古屋市	1,111,000	50	千代鍛治	静岡市	1,123,000
6	水本屋	名古屋市	14,000	51	伊藤勇	豊橋市	831,000
7	鈴木嘉七商店	名古屋市	162,568	52	牧野屋商会	豊橋市	113,000
8	ツルヤ後藤商店	名古屋市	141,000	53	一幸商事	豊橋市	72,000
9	マコト屋商店	名古屋市	10,000	54	植原商店	豊橋市	191,000
10	柴田商店	名古屋市	193,000	55	粕又本店	豊橋市	102,000
11	国定商店	名古屋市	330,000	56	山崎一正	豊橋市	327,000
12	柳屋商店	名古屋市	21,750	57	小池屋商店	豊橋市	117,000
13	高橋好運堂	名古屋市	53,000	58	クワコウ	新城市	276,583
14	美の屋商店	名古屋市	322,000	59	山彦商店	蒲郡市	142,000
15	玉の屋商店	名古屋市	167,000	60	松惣商店	岐阜市	405,000
16	大島屋	名古屋市	212,000	61	油吉商店	岐阜市	774,000
17	松村商店	名古屋市	49,283	62	栗本物産	岐阜市	388,000
18	ニシキ産業	名古屋市	109,000	63	林屋本店	岐阜市	169,000
19	青山商店	名古屋市	109,000	64	大橋商店	大垣市	312,000
20	丸玉商店	名古屋市	47,000	65	宮川政吉	大垣市	94,000
21	溝口商店	名古屋市	72,000	66	筆屋商事	大垣市	186,433
22	双葉屋	名古屋市	40,000	67	ヤマワ商事	多治見市	469,625
23	美鶴園	名古屋市	370,000	68	菱田商事	多治見市	10,000
24	月形屋	名古屋市	253,671	69	丹羽久商店	恵那市	501,000
25	伊藤香華堂	名古屋市	111,000	70	宮地商店	恵那市	78,000
26	名古屋日優	名古屋市	40,000	71	美身堂	高山市	20,000
27	永井商事	名古屋市	906,320	72	長井産業	美濃加茂市	354,300
28	雲井商店	知多町	39,000	73	奈良屋商店	中津川市	105,000
29	マルヤス浅井商店	一宮市	30,333	74	丸芳商店	高山市	175,000
30	小川勝彦	－	26,000	75	勢伸	伊勢市	160,000
31	丸井武夫	名古屋市	47,000	76	奥田商店	伊勢市	65,000
32	丹羽忠商店	刈谷市	92,416	77	スグリヤ	伊勢市	53,000
33	嶋津商店	刈谷市	26,000	78	西川商店	松阪市	619,000
34	上田屋	－	28,000	79	平井商店	松阪市	330,000
35	寺田商店	－	195,000	80	村山商店	志摩郡阿児町	212,000
36	梅田商事	－	33,900	81	合同商事	伊勢市	218,000
37	ろう市商店	岩倉町	79,754	82	奥川本店	伊勢市	103,000
38	伊藤商事	半田市	764,950	83	水谷卯八商店	四日市市	1,085,000
39	北川商店	東海市	125,000	84	藤田商会	鈴鹿市	94,000
40	板倉商店	碧南市	835,000	85	元三㈱	四日市市	83,000
41	久米商店	西尾市	35,000	86	笹岡大三郎	桑名市	65,000
42	釘晴商店	西尾市	226,075	87	丸万商会	四日市市	141,000
43	末広屋	西尾市	232,000	88	金井屋	桑名市	28,000
44	十一屋雑貨店	豊田市	233,650	89	福井商店	桑名市	50,000
45	古瀬間屋	豊田市	52,000	90	丸三商店	桑名市	40,000
小　計							22,455,611

（注）－は不明を表す。

（出典）伊藤伊株式会社『第4期決算書』および伊藤伊関係者への聞き取り調査による。

表3-4-3　一般取引先預り金明細（1969年11月28日現在）

通　番	店　名	所在地	種　別		預り金（円）	通　番	店　名	所在地	種　別		預り金（円）
			問　屋	小売店					問　屋	小売店	
1	双葉屋	名古屋市	○		296,279	46	牧野屋商店	豊橋市	○		303,026
2	平出商店	名古屋市	○		22,630	47	クワコウ	新城市	○		235,923
3	月形屋	名古屋市	○		328,240	48	金井屋	桑名市	○		55,597
4	青木新一商店	名古屋市	○		531,204	49	梅屋商店	津市	○		18,807
5	ニシキ産業	名古屋市	○		229,393	50	勢伸	伊勢市	○		2,306
6	水野商店	名古屋市	○		100,068	51	山川本店	伊勢市	○		17,796
7	美の屋油店	名古屋市	○		339,591	52	村山昭三	志摩郡阿児町	○		96,420
8	木曽清商店	名古屋市	○		15,434	53	奥川本店	津市	○		13,161
9	山久商店	名古屋市		○	16,500	54	池田相互園	津市	○		4,100
10	伊藤化粧品店	名古屋市		○	52,037	55	ラッキー薬店	−		○	28,216
11	佐橋商店	名古屋市	○		159,723	56	松惣商店	岐阜市	○		138,058
12	東海理美容店	名古屋市	○		200,000	57	山勘杉村商店	岐阜市	○		720,780
13	イワタニ	名古屋市	○		500,000	58	平井茂商店	岐阜市	○		2,000
14	中島幸三	名古屋市	○		8,981	59	永井産業	美濃加茂市	○		664,789
15	村田禎三	名古屋市	○		17,463	60	マミーマート○○委員会	−		○	115,589
16	マツオカ薬品	名古屋市		○	1,021,330	61	美身堂	高山市	○		229,755
17	北川商店	東海市	○		177,705	62	丸富商事	高山市	○		349,990
18	西丸屋	東海市		○	418,067	63	サヌキヤ	高山市	○		136,791
19	釘晴商店	西尾市	○		360,845	64	ヤマワ商事	多治見市	○		114,778
20	永井荒物	西尾市	○		48,732	65	天丸屋	高山市	○		25,726
21	大学堂	名古屋市		○	17,844	66	加藤商店	名古屋市	○		117,552
22	丹羽忠商店	刈谷市	○		139,569	67	筆屋商事	大垣市	○		13,445
23	嶋津商店	刈谷市	○		45,383	68	西川商店	大垣市	○		1,403
24	上田商店	長野市	○		7,623	69	大橋商店	大垣市	○		442,772
25	伊藤商事	半田市	○		1,949,005	70	菱田商店	大垣市	○		94,135
26	鈴木紙店	半田市	○		66,066	71	梅鉢屋	大垣市	○		94,372
27	末広屋	幡豆郡一色町	○		345,829	72	鈴木豊	−	−	−	100,000
28	則武商店	名古屋市	○		120,960	73	鈴木美代子	−	−	−	100,000
29	石金東店	名古屋市	○		130,300	74	吉津屋	静岡市	○		42,204
30	丸宮商事	高山市	○		932,310	75	久保田春子	−	−	−	616,515
31	石金西店	名古屋市	○		235,427	76	林商店	飯田市	○		66,017
32	古瀬間屋	豊田市	○		306,510	77	加藤商会	長野市	○		167,100
33	三宅商店	豊田市	○		13,709	78	田村商店	長野市	○		98,929
34	十一屋雑貨店	豊田市	○		88,101	79	町田商店	長野市	○		25,000
35	ホキ仁商店	岡崎市	○		135,547	80	長峰商店	長野市	−	−	327,644
36	大山商店	岡崎市	○		365,311	81	松本清七	近江八幡市	○		27,915
37	吉本屋商店	岡崎市	○		102,930	82	落合商店	近江八幡市	○		12,409
38	丸重本店	−	−	−	194,953	83	協和商事	松本市	○		1,275,569
39	尾張屋	岡崎市	○		107,290	84	大成薬品	甲府市	○		161,241
40	井沢屋	岡崎市	○		525,854	85	矢崎薬品	甲府市	○		168,216
41	コンドー商会	−	−	−	100,000	86	内田盛和堂	小淵沢町	○		44,826
42	小池屋商店	豊橋市	○		105,008	87	仁保商店	京都市	○		212,646
43	伊藤勇商店	豊橋市	○		1,319,751	88	ヒマラヤ会	名古屋市	−	−	232,600
44	伊藤幸枝	豊橋市	○		55,420	89	皆様石鹸	大阪市	メーカー		22,032
45	一幸商事	豊橋市	−	−	102,271	小　計			73	7	20,095,343

（注）60のマミーマート○○委員会の○○は不明である。89の皆様石鹸は，仕入先である。－は不明を表す。
（出典）伊藤伊株式会社『第４期決算書』および伊藤伊関係者への聞き取り調査による。

ライオン石鹸会の店名とそれぞれの預り金を示したものであり、表３－５－２は同時点での一般店のそれを示している。

表３－５－１をみても、やはり、後に伊藤伊株式会社と統合する名古屋市の有力卸店の永井商事などが二次卸店となっていることが確認できる。注目されるのは、競争相手の三重パルタックなども二次卸店となって預り金を拠出しているということである。表３－５－２でも同様に松惣（岐阜市）、なすや（静岡市）など有力卸店の名前があり、伊藤伊がいかに多くの仲間卸店の流通経路に依存していたかが理解されよう。

表３－６は第二〇期すなわち一九八五年一一月二八日時点での預り金の明細を示しているが、やはり松惣（岐阜市）、伊藤商事（半田市）、丸宮商事（高山市）、なすや（静岡市）などの有力店があり、松惣の預り金の金額がとくに大きい

表３－５－１　中部ライオン石鹸会取引先（２次卸店）預り金明細（1977年11月28日現在）

通　番	店　名	所在地	預り金（円）
1	さくら屋	名古屋市	200,000
2	大島産業	名古屋市	212,000
3	ニシキ㈱	名古屋市	109,000
4	青山商店	名古屋市	109,000
5	美鶴園	名古屋市	370,000
6	伊藤香華堂	名古屋市	111,000
7	永井商事	名古屋市	906,320
8	丸八商店	名古屋市	300,000
9	丸井武夫商店	名古屋市	55,974
10	丹羽忠商店	刈谷市	111,745
11	寺田商店	瀬戸市	100,000
12	梅田商事	犬山市	211,777
13	北川商店	東海市	151,041
14	板倉商店	碧南市	2,378,460
15	釘晴商店	西尾市	300,080
16	今川三郎	四日市市	100,000
17	十一屋雑貨店	豊田市	282,025
18	サカエ屋	岡崎市	458,326
19	㈱伊藤勇	豊橋市	1,102,285
20	牧野屋商店	豊橋市	112,233
21	植原商店	豊橋市	253,525
22	粕又商店	豊橋市	102,000
23	山崎一止商店	豊橋市	1,213,560
24	クワコウ	新城市	334,203
25	松惣商店	岐阜市	405,000
26	油吉商店	岐阜市	100,000
27	大橋商店	大垣市	100,000
28	西孝商店	大垣市	160,000
29	筆屋商事	多治見市	186,433
30	ヤマワ商事	多治見市	243,783
31	丹羽久㈱	恵那市	100,000
32	奈良屋商店	恵那市	139,658
33	三重パルタック	四日市市	212,376
34	西川商店	岐阜市	652,300
35	村山商店	志摩郡阿児町鵜方	100,000
36	水谷卯八	四日市市	100,000
37	藤田商会	鈴鹿市	103,400
小　計			12,187,504

（出典）伊藤伊株式会社『第12期決算書』および伊藤伊関係者への聞き取り調査による。

表３－５－２　一般取引先預り金明細　（1977年11月28日現在）

通番	店名	所在地	種別			預り金（円）
			問屋	小売店	仕入先	
1	㈱アオキ	名古屋市	○			409,367
2	ニシキ㈱	名古屋市	○			2,423,950
3	㈱月形屋	名古屋市	○			699,360
4	佐橋商店	名古屋市	○			1,360,232
5	丸玉商店	名古屋市	○			24,000
6	スーパートップ	東海市		○		145,906
7	小川勝彦	一宮市	○			119,289
8	伊藤商事㈱	半田市	○			3,000,000
9	板倉商店	碧南市	○			6,773,195
10	松惣㈱	岐阜市	○			7,074,030
11	大橋商店	岐阜市	○			576,973
12	丸宮商事	高山市	○			615,768
13	美身堂	高山市	○			382,700
14	丹羽久	恵那市	○			52,358
15	西川商店	大垣市	○			9,991
16	吉津屋商店	静岡市	○			89,506
17	なすや	静岡市	○			2,945,164
18	加藤商店	上田市	○			1,753,334
19	町田商店	上田市	○			1,905,699
20	大成薬品	甲府市	○			567,363
21	ジョンソン・エンド・ジョンソン	東京都			○	10,000
22	松坂屋ストアー	名古屋市		○		324,900
23	レイクリビン	津島市		○		138,000
24	日進土地整理会	－	－	－	－	531,904
25	矢崎薬品	甲府市	○			347,533
小計			20	3	1	32,280,522

（注）－は不明を表す。
（出典）伊藤伊株式会社『第12期決算書』および伊藤伊関係者への聞き取り調査による。

ことが注目される。

2　株式や債券購入にみる関係の推移

一方、仕入先メーカーや販売先の仲間卸や小売店との双方の関係については、有価証券および投資有価証券にも注目したい。

出資金にみる関係

まず、伊藤伊株式会社の外部法人への出資や投資の全体像について把握しておこう。表３－７は、伊藤伊の出資金の内容とその推移を示している。これをみると、本社では中部石鹸工業組合、大阪支店では大阪石鹸卸商協同組合と大阪花王製品卸協同組合への出資があったことがわかる。このうち中部石鹸工業組合と大阪石鹸卸商協同組合は、地域の業界組織である。大阪花王製品卸協同組合（一九六四年七月設立）は、花王販社体制の試行的段階ともいうべき卸店の組織であり[2]、これも時限的な地域の業界組織であったといえよう。大阪支店の会計が閉じられた後、後者の二つへの出資はなくなり、中部石鹸工業組合のみへの出資となり、その出資金額が段階的に増えていった。いずれにせよ、伊藤伊は中部地域一円の業界組織への出資者のひとつであり続けたことがわかる。

表3-6　取引先預り金明細（1985年11月28日現在）

通　番	店　名	所在地	種　別		預り金（円）
			問　屋	小売店	
1	ニシキ㈱	名古屋市	○		2,654,307
2	佐橋商店	名古屋市	○		1,360,232
3	伊藤商事㈱	半田市	○		3,000,000
4	㈱伊藤勇	豊橋市	○		1,102,285
5	植原商店	豊橋市	○		253,525
6	山崎一正商店	豊橋市	○		1,213,560
7	板倉商店	碧南市	○		8,330,283
8	松惣㈱	岐阜市	○		10,842,950
9	丸宮商事	高山市	○		1,318,139
10	吉津屋	静岡市	○		191,594
11	㈱なすや	静岡市	○		2,945,164
12	加藤商会	上田市	○		1,753,334
13	町田商店	上田市	○		1,905,699
14	坂巻商事	松本市	○		4,870,486
15	大成薬品	甲府市	○		1,214,519
16	藤升	−	−	−	300,000
17	伊藤伊不動産㈱	−	−	−	1,710,000
18	日進土地整理会	−	−	−	1,138,897
19	㈾サカエ屋	岡崎市	○		458,326
小　計			16	0	46,563,300

（注）−は不明を表す。
（出典）伊藤伊株式会社『第20期決算書』。

有価証券・投資有価証券にみる関係

一方、表3-8をみると、有価証券および投資有価証券への投資額が次第に増えていることがわかる。第二回すなわち一九六七年一一月二八日現在ではその総額は七一万五〇〇〇円程度であったが、一年後の第三期にはその約七倍の約四九七万円となる。一六年を経た第一九期には、第三期の金額の約三一〇倍の約一五億四四一七万円にまで増加している。

その内訳は、表3-9、表3-10、表3-11-1-①・②および表3-11-2に示す通りである。表3-9に示されるように有価証券（流動資産）は債券であり、第九期すなわち一九七四年一一月二八日現在までは電話債権と金融債である。第一〇期の期間には、一般企業の社債購入もみられるようになった。

内訳の推移（1966年９月～1985年11月）

第５期	第６期	第７期	第８期	第９期	第10期
1969年11月29日 ～1970年11月28日	1970年11月29日 ～1971年11月28日	1971年11月29日 ～1972年11月28日	1972年11月29日 ～1973年11月28日	1973年11月29日 ～1974年11月28日	1974年11月29日 ～1975年11月28日
1,210,000	1,210,000	2,210,000	2,210,000	2,210,000	2,210,000
1,210,000	1,210,000	2,210,000	2,210,000	2,210,000	2,210,000
－ －	－ －	－ －	－ －	－ －	－ －
－	－	－	－	－	－
1,210,000	1,210,000	2,210,000	2,210,000	2,210,000	2,210,000
第15期	第16期	第17期	第18期	第19期	第20期
1979年11月29日 ～1980年11月28日	1980年11月29日 ～1981年11月28日	1981年11月29日 ～1982年11月28日	1982年11月29日 ～1983年11月28日	1983年11月29日 ～1984年11月28日	1984年11月29日 ～1985年11月28日
2,210,000	2,210,000	4,210,000	4,210,000	6,210,000	6,210,000
2,210,000	2,210,000	4,210,000	4,210,000	6,210,000	6,210,000
2,210,000	2,210,000	4,210,000	4,210,000	6,210,000	6,210,000

となっており，ここではその呼称にしたがっている。

書』，伊藤伊株式会社『第３期～第18期営業報告書』。

投資有価証券（株式）の推移（1966年９月～1985年11月）

第５期	第６期	第７期	第８期	第９期	第10期
1969年11月29日 ～1970年11月28日	1970年11月29日 ～1971年11月28日	1971年11月29日 ～1972年11月28日	1972年11月29日 ～1973年11月28日	1973年11月29日 ～1974年11月28日	1974年11月29日 ～1975年11月28日
7,221,620 17,560,400	11,835,120 42,302,900	25,048,270 47,516,780	47,355,241 57,709,480	67,299,441 101,530,230	197,258,260 114,944,371
24,782,020	54,138,020	72,565,050	105,064,721	168,829,671	312,202,631
第15期	第16期	第17期	第18期	第19期	第20期
1979年11月29日 ～1980年11月28日	1980年11月29日 ～1981年11月28日	1981年11月29日 ～1982年11月28日	1982年11月29日 ～1983年11月28日	1983年11月29日 ～1984年11月28日	1984年11月29日 ～1985年11月28日
577,311,082 244,577,082	595,017,583 303,890,752	718,320,626 353,519,609	841,895,984 475,032,612	969,306,817 574,863,015	871,147,684 643,104,378
821,888,164	898,908,335	1,071,840,235	1,316,928,596	1,544,169,832	1,514,252,062

となっており，ここではその呼称にしたがっている。

書』，伊藤伊株式会社『第３期～第18期営業報告書』。

表3－7　伊藤伊株式会社の出資金の

期	第１回	第２回	第３期	第４期
時期（年・月・日）	1966年９月20日 ～1966年11月28日	1966年11月29日 ～1967年11月28日	1967年11月29日 ～1968年11月28日	1968年11月29日 ～1969年11月28日
中部石鹸工業組合	－	710,000	710,000	710,000
本社出資金小計（円）	－	710,000	710,000	710,000
大阪石鹸卸商協同組合	－	10,000	10,000	－
大阪花王製品卸協同組合	－	10,000	－	－
大阪支店出資金小計（円）	－	20,000	10,000	－
合計（円）	－	730,000	720,000	710,000
期	第11期	第12期	第13期	第14期
時期（年・月・日）	1975年11月29日 ～1976年11月28日	1976年11月29日 ～1977年11月28日	1977年11月29日 ～1978年11月28日	1978年11月29日 ～1979年11月28日
中部石鹸工業組合	2,210,000	2,210,000	2,210,000	2,210,000
本社出資金小計（円）	2,210,000	2,210,000	2,210,000	2,210,000
合計（円）	2,210,000	2,210,000	2,210,000	2,210,000

（注１）伊藤伊株式会社の決算期の呼称は，下記出典のように，第１～第２までが「回」，第３以降は「期」
（注２）第15期・第16期は下記出典のうち『営業報告書』の「損益計算書」を確認しているだけである。
（出典）伊藤伊株式会社『第１回～第２回決算書』，同『第３期～第14期決算書』，同『第17期～第20期決算

表3－8　伊藤伊株式会社の有価証券（債券・社債）・

期	第１回	第２回	第３期	第４期
時期（年・月・日）	1966年９月20日 ～1966年11月28日	1966年11月29日 ～1967年11月28日	1967年11月29日 ～1968年11月28日	1968年11月29日 ～1969年11月28日
有価証券（円）	－	715,500	4,973,120	6,082,770
投資有価証券（円）	－	－	－	1,000,000
合計（円）	－	715,500	4,973,120	7,082,770
期	第11期	第12期	第13期	第14期
時期（年・月・日）	1975年11月29日 ～1976年11月28日	1976年11月29日 ～1977年11月28日	1977年11月29日 ～1978年11月28日	1978年11月29日 ～1979年11月28日
有価証券（円）	381,524,120	393,860,707	692,656,769	418,134,013
投資有価証券（円）	133,083,471	136,238,177	158,689,656	201,431,657
合計（円）	514,607,591	530,098,884	851,346,425	619,565,670

（注１）伊藤伊株式会社の決算期の呼称は，下記出典のように，第１～第２までが「回」，第３以降は「期」
（注２）第15期・第16期は下記出典のうち『営業報告書』の「損益計算書」を確認しているだけである。
（出典）伊藤伊株式会社『第１回～第２回決算書』，同『第３期～第14期決算書』，同『第17期～第20期決算

内訳の推移（1966年9月～1975年11月）（金額単位：円）

第4期	第5期	第6期	第7期	第8期	第9期	第10期
1968年11月29日 ～1969年11月28日	1969年11月29日 ～1970年11月28日	1970年11月29日 ～1971年11月28日	1971年11月29日 ～1972年11月28日	1972年11月29日 ～1973年11月28日	1973年11月29日 ～1974年11月28日	1974年11月29日 ～1975年11月28日
3,719,020	4,859,020	5,889,020	22,210,570	25,509,941	36,270,441	43,652,441
1,418,550	1,416,600	946,100	–	19,010,000	28,233,000	27,921,000
945,200	946,000	5,000,000	–	–	–	–
–	–	–	–	2,835,300	2,796,000	2,792,100
–	–	–	–	–	–	31,800,000
–	–	–	–	–	–	9,299,000
–	–	–	–	–	–	57,070,819
–	–	–	–	–	–	9,772,900
–	–	–	–	–	–	10,000,000
–	–	–	–	–	–	4,950,000
–	–	–	–	–	–	–
6,082,770	7,221,620	11,835,120	22,210,570	47,335,241	67,229,441	197,258,260
500,000	500,000	500,000	500,000	500,000	500,000	500,000
500,000	1,050,000	1,270,000	1,270,000	1,270,000	1,390,000	1,390,000
–	3,750,000	3,750,000	3,793,000	3,793,000	3,793,000	4,865,500
–	5,433,500	7,083,500	5,536,820	5,536,820	5,536,820	7,536,820
–	6,826,900	15,678,400	10,094,160	10,094,160	10,094,160	10,094,160
–	–	1,694,000	1,694,000	1,694,000	1,694,000	1,694,000
–	–	3,839,000	3,839,000	4,362,500	4,362,500	4,362,500
–	–	910,000	942,500	953,000	986,250	989,400
–	–	6,158,000	3,079,000	3,079,000	3,079,000	3,079,000
–	–	1,420,000	1,420,000	1,420,000	2,840,000	2,840,000
–	–	–	5,529,200	5,529,200	5,529,200	5,529,200
–	–	–	8,819,100	8,936,700	7,518,700	9,040,700
–	–	–	500,000	500,000	500,000	500,000
–	–	–	500,000	500,000	500,000	500,000
–	–	–	–	6,166,100	4,903,400	7,334,600
–	–	–	–	2,075,000	1,403,000	2,075,000
–	–	–	–	300,000	300,000	300,000
–	–	–	–	1,000,000	1,000,000	1,000,000
–	–	–	–	–	14,640,000	15,426,000
–	–	–	–	–	237,200	237,200
–	–	–	–	–	23,600,000	26,918,000
–	–	–	–	–	1,365,000	1,525,000
–	–	–	–	–	1,701,000	1,701,000
–	–	–	–	–	4,093,000	4,993,000
–	–	–	–	–	–	513,291
1,000,000	17,560,400	42,302,900	47,516,780	57,709,480	101,566,230	114,944,371
7,082,770	24,782,020	54,138,020	69,727,350	105,064,721	168,865,671	312,202,631

となっており，ここではその呼称にしたがっている。

書』，伊藤伊株式会社『第3期～第18期営業報告書』。

表3－9　伊藤伊株式会社の有価証券・投資有価証券の

期		第１回	第２回	第３期
時期（年・月・日）		1966年９月20日～1966年11月28日	1966年11月29日～1967年11月28日	1967年11月29日～1968年11月28日
公社債（有価証券）	（割引）電信電話債権	－	－	2,608,820
	割引商工債権	－	－	1,418,400
	商工債権	－	－	945,900
	割引長期信用債券	－	－	－
	利付商工債権	－	－	－
	割引農林債券	－	－	－
	中部電力社債	－	－	－
	新日本製鉄社債	－	－	－
	川崎重工転換社債	－	－	－
	宇部興産転換社債	－	－	－
	丸紅転換社債	－	－	－
	小　計	－	－	4,973,120
株　式（投資有価証券）	アンネ株式会社	－	－	－
	株式会社ヤマナカ	－	－	－
	神戸製鋼株式会社	－	－	－
	日本鋼管株式会社	－	－	－
	東京芝浦電気株式会社	－	－	－
	ライオン歯磨株式会社	－	－	－
	牛乳石鹸共進社株式会社	－	－	－
	株式会社ダイエー	－	－	－
	大同製鋼株式会社	－	－	－
	花王製品東海販売株式会社・花王石鹸東海販売株式会社	－	－	－
	三菱重工業株式会社	－	－	－
	花王石鹸株式会社	－	－	－
	伊藤忠商事株式会社	－	－	－
	丹羽久商店株式会社	－	－	－
	中部電力株式会社	－	－	－
	ライオン油脂株式会社	－	－	－
	株式会社オクゲン	－	－	－
	三洋ホームズ株式会社	－	－	－
	大成建設株式会社	－	－	－
	清水建設株式会社	－	－	－
	フジタ工業株式会社	－	－	－
	ブラザー工業株式会社	－	－	－
	ユニー株式会社	－	－	－
	ジャスコ株式会社	－	－	－
	ジャスコ第二共栄会	－	－	－
	小　計	－	－	－
合　計		－	－	4,973,120

（注１）伊藤伊株式会社の決算期の呼称は，下記出典のように，第１～第２までが「回」，第３以降は「期」

（注２）期間中に所有が発生し期間中に同額の所有分が減少した有価証券については表示していない。

（出典）伊藤伊株式会社『第１回～第２回決算書』，同『第３期～第14期決算書』，同『第17期～第20期決算

内訳の推移（1966年９月～1979年11月）（金額単位：円）

第45回	第46回	第47回	第48回	第49回	第50回	第51回	第52回
1971年11月29日～1972年11月28日	1972年11月29日～1973年11月28日	1973年11月29日～1974年11月28日	1974年11月29日～1975年11月28日	1975年11月29日～1976年11月28日	1976年11月29日～1977年11月28日	1977年11月29日～1978年11月28日	1978年11月29日～1979年11月28日
626,740	626,740	295,500	145,500	145,500	－	－	－
－	－	－	－	－	－	－	－
－	－	－	－	－	－	－	－
－	－	－	－	－	－	－	－
－	－	－	－	－	－	－	－
－	－	－	－	－	－	－	－
626,740	626,740	295,500	145,500	145,500	－	－	－
－	－	－	－	－	－	－	－
－	－	－	－	－	－	－	－
－	－	－	－	－	－	－	－
－	－	－	－	－	－	－	－
100,000	100,000	100,000	100,000	100,000	100,000	100,000	100,000
165,000	165,000	165,000	165,000	165,000	165,000	165,000	165,000
－	－	－	－	－	－	－	－
172,000	501,000	501,000	501,000	501,000	501,000	501,000	501,000
1,200,000	1,200,000	1,200,000	1,000,000	1,000,000	1,000,000	1,000,000	1,000,000
750,000	750,000	750,000	750,000	750,000	750,000	750,000	750,000
－	－	－	－	－	－	－	－
－	－	－	－	－	－	－	－
－	－	－	－	－	－	－	－
－	－	－	－	－	－	－	－
－	－	－	－	－	－	－	－
677,400	815,350	815,350	815,350	815,350	815,350	815,350	815,350
－	－	－	－	－	－	－	－
1,000,000	1,000,000	1,000,000	1,800,000	2,000,000	2,000,000	2,000,000	2,000,000
3,977,500	982,700	990,700	1,229,500	1,229,500	1,229,500	1,229,500	1,525,000
－	－	－	－	－	－	－	－
－	－	－	－	－	－	－	－
1,000,000	1,000,000	1,000,000	1,000,000	1,000,000	600,000	－	－
－	－	－	－	－	－	－	－
100,000	100,000	100,000	100,000	100,000	100,000	100,000	100,000
9,141,900	6,614,050	6,622,050	7,460,850	7,660,850	7,260,850	6,660,850	6,956,350
9,768,640	7,240,790	6,917,550	7,606,350	7,806,350	7,260,850	6,660,850	6,956,350
25,932,500	25,932,500	25,932,500	25,212,500	25,392,500	43,047,500	43,592,300	43,592,300
4,350,000	4,350,000	4,350,000	4,350,000	4,350,000	4,350,000	4,350,000	4,350,000
－	－	－	－	－	－	－	－
1,020,000	1,825,000	1,825,000	1,825,000	1,825,000	1,825,000	1,825,000	1,825,000
31,302,500	32,107,500	32,107,500	31,387,000	31,567,500	49,222,500	49,767,300	49,767,300
41,071,140	39,348,290	39,025,050	38,993,350	39,373,850	56,483,350	56,428,150	56,723,650

表3-10　伊藤伊合名会社の有価証券・投資有価証券の

期		第39回	第40回	第41回	第42回	第43回	第44回
時期（年・月・日）		1966年9月20日～1966年11月28日	1966年11月29日～1967年11月28日	1967年11月29日～1968年11月28日	1968年11月29日～1969年11月28日	1969年11月29日～1970年11月28日	1970年11月29日～1971年11月28日
公社債（有価証券）	電信電話公社	867,640	1,012,640	1,012,640	893,140	893,140	626,740
	日本不動産銀行	−	5,000,000	6,886,000	5,945,900	5,945,900	−
	割引商工	282,420	−	−	−	−	−
	割引短期国債	−	−	−	−	−	−
	割引長期国債	−	−	−	−	−	−
	割引興業債券	−	−	−	−	−	−
	小計（円）A	1,150,060	6,012,640	7,898,640	6,839,040	6,839,040	626,740
株　式（投資有価証券）	牛乳石鹸共進社株式会社	2,352,260	2,701,260	2,701,260	3,399,260	3,399,260	−
	花王石鹸株式会社	805,000	805,000	805,000	805,000	805,000	827,500
	吉原製油株式会社	390,000	390,000	390,000	390,000	390,000	−
	オリエンタル中村	300,000	300,000	300,000	300,000	300,000	300,000
	キング除虫菊工業株式会社・キング化学株式会社	100,000	100,000	100,000	100,000	100,000	100,000
	ホテル丸栄	100,000	100,000	100,000	110,000	110,000	165,000
	中部観光株式会社	50,000	50,000	50,000	50,000	50,000	50,000
	大東燐寸株式会社	140,000	172,000	172,000	172,000	172,000	172,000
	フェザー安全剃刀株式会社	1,200,000	1,200,000	1,200,000	1,200,000	1,200,000	1,200,000
	日本LB株式会社	750,000	750,000	750,000	750,000	750,000	750,000
	伊藤伊食品株式会社	4,350,000	4,350,000	−	−	−	−
	東急鯱バス	9,000	−	−	−	−	−
	ライオン油脂株式会社	187,606	187,606	206,006	206,006	206,006	−
	伊藤伊株式会社	10,000,000	10,000,000	−	−	−	−
	六甲バター株式会社	−	866,000	991,000	991,000	991,000	−
	三共株式会社	−	651,500	651,500	651,500	657,750	670,700
	皆様石鹸	−	−	500,000	500,000	−	−
	株式会社大商	−	−	500,000	500,000	500,000	500,000
	中部電力株式会社	−	−	−	3,553,500	3,977,500	3,977,500
	三菱重工業	−	−	−	6,750,000	6,750,000	6,750,000
	日本ガス化学工業	−	−	−	1,000,000	−	−
	ダイトー商事	−	−	−	1,000,000	1,000,000	1,000,000
	西松舎次郎商店	−	−	−	−	100,000	100,000
	松惣株式会社	−	−	−	−	−	−
	小計（円）B	20,733,866	22,623,366	9,416,766	22,428,266	21,458,516	16,562,700
債券・株式合計（円）C（A+B）		21,883,926	28,636,006	17,315,406	29,267,306	28,297,556	17,189,440
子会社株式	伊藤伊株式会社	−	−	15,500,000	23,365,000	23,075,000	25,932,500
	伊藤伊食品株式会社	−	−	4,350,000	4,350,000	4,350,000	4,350,000
	中京花王製品販売株式会社	−	−	6,000,000	6,345,000	6,345,000	8,460,000
	三河花王製品販売株式会社	−	−	770,000	770,000	770,000	770,000
	小計（円）D	−	−	26,620,000	34,830,000	34,540,000	39,512,500
有価証券類合計（円）E（C+D）		21,883,926	28,636,006	43,935,406	64,097,306	62,837,556	56,701,940

（注）期間中に所有が発生し期間中に同額の所有分が減少した有価証券については表示していない。
（出典）伊藤伊合名会社『第39回～第52回決算書』。

内訳の推移（1975年11月～1985年11月）（金額単位：円）

第15期	第16期	第17期	第18期	第19期	第20期
1979年11月29日 ～1980年11月28日	1980年11月29日 ～1981年11月28日	1981年11月29日 ～1982年11月28日	1982年11月29日 ～1983年11月28日	1983年11月29日 ～1984年11月28日	1984年11月29日 ～1985年11月28日
–	–	–	–	19,028,000	–
–	49,994,212	62,817,072	52,191,766	81,302,581	78,739,741
–	14,745,800	11,445,800	–	–	–
–	11,161,120	11,161,120	69,873,420	68,503,800	68,503,800
–	15,055,840	15,055,840	–	–	–
–	–	–	–	50,000,000	–
–	90,956,972	100,479,832	122,065,186	218,834,381	147,243,541
–	29,800,000	29,800,000	29,800,000	59,658,890	39,808,890
–	–	–	–	–	–
–	–	–	–	19,928,600	19,928,600
–	–	–	–	9,950,000	9,950,000
–	29,800,000	29,800,000	29,800,000	89,537,490	69,687,490
–	10,000,000	10,000,000	10,000,000	10,000,000	–
–	–	–	–	–	–
–	–	–	–	–	–
–	–	–	–	–	–
–	–	–	–	–	–
–	–	–	–	–	–
–	–	–	–	–	–
–	–	–	–	–	30,998,884
–	32,830,388	23,617,088	16,309,988	–	31,548,160
–	–	–	–	–	–
–	–	–	–	–	–
–	51,501,762	80,687,762	53,625,662	22,053,212	–
–	–	–	32,249,175	32,249,175	–
		13,821,075	13,821,075	–	–
–	–	28,264,978	18,126,000	18,126,000	–
–	24,231,522	24,231,522	24,231,522	24,231,522	24,231,522
–	21,709,815	21,709,815	–	–	–
–	–	–	–	–	–
–	34,228,937	34,228,937	–	–	50,199,400
–	–	–	–	–	31,123,628
–	10,059,840	10,059,840	10,059,840	10,059,840	10,059,840
–	11,021,615	6,012,115	5,511,115	3,707,515	2,805,715
–	–	–	–	–	37,000,000
–	–	–	–	36,864,870	–
–	–	–	–	–	–

～第18期営業報告書』。

表3-11-1-①　伊藤伊株式会社の有価証券・投資有価証券の

期		第11期	第12期	第13期	第14期
時期（年・月・日）		1975年11月29日～1976年11月28日	1976年11月29日～1977年11月28日	1977年11月29日～1978年11月28日	1978年11月29日～1979年11月28日
公社債（有価証券）	割引商工債権	30,955,200	18,788,000	－	－
	割引電信電話債権	46,782,311	49,153,191	61,789,481	59,311,165
	利付商工債権	6,000,000	9,300,000	11,400,000	11,400,000
	利付国債	－	500,000	500,000	500,000
	利付興業債券	－	－	－	－
	中期国債ファンド	－	－	－	－
	債券小計（円）A	83,737,511	77,741,191	73,689,481	71,211,165
	中部電力株式会社社債	64,520,819	29,800,000	29,800,000	29,800,000
	宇部興産株式会社社債	－	4,950,000	4,950,000	－
	北海道電力債券	－	－	－	－
	韓国産業銀行債権	－	－	－	－
	社債小計（円）B	64,520,819	34,750,000	34,750,000	29,800,000
	川崎重工株式会社転換社債	10,000,000	10,000,000	10,000,000	10,000,000
	宇部興産株式会社転換社債	4,950,000	－	－	－
	シチズン時計株式会社転換社債	8,542,500	8,542,500	－	－
	豊和工業株式会社転換社債	8,505,624	－	－	－
	古河電気工業株式会社転換社債	8,894,250	8,894,250	－	－
	日立造船株式会社転換社債	18,723,150	18,723,150	18,723,150	－
	日本郵船株式会社転換社債	10,351,500	10,351,500	10,351,500	－
	山下新日本汽船株式会社転換社債	－	－	－	－
	川崎汽船株式会社転換社債	10,150,500	10,150,500	47,868,188	47,444,588
	大阪商船三井船舶株式会社転換社債	9,939,450	9,939,450	31,735,259	－
	ジャパンライン株式会社転換社債	－	－	61,561,131	－
	三光汽船株式会社転換社債	22,209,385	34,104,572	127,694,252	31,272,252
	第一中央汽船転換社債	－	－	－	－
	日本航空株式会社転換社債	－	－	－	－
	東武鉄道株式会社転換社債	－	－	－	－
	相模鉄道株式会社転換社債	－	－	－	－
	阪神電気鉄道株式会社転換社債	17,587,500	17,587,500	17,587,500	17,587,500
	近畿日本鉄道株式会社転換社債	51,744,485	43,688,485	47,566,885	－
	大成建設株式会社転換社債	－	18,488,520	18,488,520	18,488,520
	株式会社大林組転換社債	－	－	－	－
	佐藤工業株式会社転換社債	10,059,840	10,059,840	10,059,840	10,059,840
	フジタ工業株式会社転換社債	11,021,615	11,021,615	11,021,615	11,021,615
	ライオン株式会社転換社債	－	－	－	－
	日本石油株式会社転換社債	－	－	－	－
	日本車輌株式会社転換社債	10,485,991	20,941,470	20,941,470	20,941,470

（注1）第15期は下記出典のうち『営業報告書』の「損益計算書」を確認しているだけである。
（注2）期間中に所有が発生し期間中に同額の所有分が減少した有価証券については表示していない。
（出典）伊藤伊株式会社『第11期～第14期決算書』，同『第17期～第20期決算書』，伊藤伊株式会社『第11期

内訳の推移（1975年11月～1985年11月）（金額単位：円）

第15期	第16期	第17期	第18期	第19期	第20期
1979年11月29日 ～1980年11月28日	1980年11月29日 ～1981年11月28日	1981年11月29日 ～1982年11月28日	1982年11月29日 ～1983年11月28日	1983年11月29日 ～1984年11月28日	1984年11月29日 ～1985年11月28日
–	–	–	–	–	–
–	11,045,380	–	–	–	–
–	21,187,830	21,187,830	21,187,830	–	–
–	10,864,806	10,864,806	7,173,506	–	–
–	11,207,079	8,169,829	7,541,389	–	–
–	15,935,775	15,935,775	12,217,725	–	–
–	–	–	–	–	–
–	12,587,870	12,587,870	12,587,870	–	–
–	24,147,860	24,147,860	24,147,860	24,147,860	24,147,860
–	25,491,962	25,491,962	25,491,962	14,452,362	–
–	7,121,768	4,608,248	1,047,428	209,508	–
–	2,987,580	1,648,320	1,442,280	–	–
–	–	–	5,000,000	5,000,000	5,000,000
–	–	–	–	–	–
–	17,219,700	17,219,700	11,135,830	5,855,030	–
–	–	–	19,515,660	19,515,660	19,515,660
–	–	–	–	–	–
–	–	27,911,470	57,195,124	57,195,124	50,737,624
–	10,890,810	9,833,510	6,027,230	–	–
–	–	–	–	–	10,000,000
–	–	–	–	–	–
–	–	–	–	–	–
–	65,666,920	96,165,822	96,165,822	96,165,822	96,165,822
–	–	–	59,565,260	59,565,260	–
–	1,783,660	1,783,660	1,783,660	1,783,660	1,783,660
–	–	29,750,000	29,750,000	29,750,000	29,750,000
–	–	–	–	18,312,798	–
–	–	–	18,649,640	18,649,640	18,649,640
–	10,584,000	–	–	–	–
–	29,953,732	–	–	–	–
–	–	28,101,000	88,470,345	88,470,345	88,470,345
–	–	–	–	64,369,743	64,369,743
–	–	–	–	–	16,659,150
–	474,260,611	588,040,794	690,030,798	660,734,946	643,216,653
–	595,017,583	718,320,626	841,895,984	969,106,817	860,147,684
–	–	–	–	200,000	200,000
–	–	–	–	200,000	200,000
–	–	–	–	–	108,000,000
–	–	–	–	–	108,000,000
–	595,017,583	718,320,626	841,895,984	969,306,817	871,147,684

～第18期営業報告書』。

表３-11-１-②　伊藤伊株式会社の有価証券・投資有価証券の

期		第11期	第12期	第13期	第14期
時期（年・月・日）		1975年11月29日～1976年11月28日	1976年11月29日～1977年11月28日	1977年11月29日～1978年11月28日	1978年11月29日～1979年11月28日
公社債（有価証券）	鐘淵紡績株式会社転換社債	－	10,291,942	10,291,942	10,291,942
	帝人株式会社転換社債	－	－	11,045,380	11,045,380
	三菱レーヨン株式会社転換社債	20,100,000	20,100,000	40,539,800	25,975,250
	株式会社クラレ転換社債	－	－	－	－
	大日本塗料株式会社転換社債	－	－	22,083,700	18,913,900
	関西ペイント株式会社転換社債	－	－	－	－
	三菱電機株式会社転換社債	－	7,469,354	－	－
	東京芝浦電気株式会社転換社債	－	－	－	21,902,250
	愛知機械工業株式会社転換社債	－	－	－	－
	東洋リノリューム株式会社転換社債	－	－	－	－
	横浜ゴム株式会社転換社債	－	－	－	－
	小野田セメント株式会社転換社債	－	－	－	－
	伊奈製陶株式会社・株式会社ＩＮＡＸ転換社債	－	－	－	－
	新日本製鉄株式会社転換社債	－	11,014,868	11,014,868	－
	住友金属工業株式会社転換社債	－	－	17,219,700	17,219,700
	株式会社神戸製鋼転換社債	－	－	－	－
	三菱金属株式会社転換社債	－	－	27,692,500	－
	大同工業・大同特殊鋼株式会社転換社債	－	－	－	34,028,553
	株式会社日本製鋼所転換社債	－	－	－	－
	愛知製鋼株式会社転換社債	－	－	－	－
	松下電工株式会社転換社債	－	－	－	－
	エヌテーエヌ東洋ベアリング株式会社転換社債	－	－	10,730,088	10,730,088
	三井物産株式会社転換社債	－	－	－	－
	株式会社三越転換社債	－	－	－	－
	株式会社大丸転換社債	－	－	－	－
	株式会社井筒屋転換社債	－	－	－	－
	株式会社ダイエー転換社債	－	－	－	－
	株式会社ニチイ転換社債	－	－	－	－
	トヨタ自動車販売株式会社転換社債	－	－	－	－
	日魯漁業株式会社転換社債	－	－	－	－
	GMAC転換社債（外債）	－	－	－	－
	トレジャリーボンド10-1/8%	－	－	－	－
	トレジャリーストリップスＬ9002	－	－	－	－
	転換社債小計（円）Ｃ	233,265,790	281,369,516	584,217,288	316,922,848
公社債合計（円）Ｄ（A+B+C）		381,524,120	393,860,707	692,656,769	417,934,013
商品券	丸栄商品券	－	－	－	200,000
	商品券合計（円）Ｅ	－	－	－	200,000
保証金	小原カントリークラブ	－	－	－	－
	保証金合計（円）Ｆ	－	－	－	－
有価証券合計（円）Ｇ（Ｄ＋Ｅ＋Ｆ）		381,524,120	393,860,707	692,656,769	418,134,013

（注１）第15期は下記出典のうち『営業報告書』の「損益計算書」を確認しているだけである。
（注２）期間中に所有が発生し期間中に同額の所有分が減少した有価証券については表示していない。
（出典）伊藤伊株式会社『第11期～第14期決算書』，同『第17期～第20期決算書』，伊藤伊株式会社『第11期

内訳の推移（1975年11月～1985年11月）（金額単位：円）

第15期 1979年11月29日 ～1980年11月28日	第16期 1980年11月29日 ～1981年11月28日	第17期 1981年11月29日 ～1982年11月28日	第18期 1982年11月29日 ～1983年11月28日	第19期 1983年11月29日 ～1984年11月28日	第20期 1984年11月29日 ～1985年11月28日
－	2,300,000	2,300,000	2,300,000	2,544,800	2,544,800
－	3,438,750	3,438,750	3,438,750	3,438,750	3,438,750
－	－	－	－	－	29,348,042
－	－	－	－	－	14,628,750
－	－	－	－	1,230,663	－
－	7,536,820	7,536,820	7,536,820	7,536,820	7,536,820
－	4,865,500	4,865,500	4,865,500	4,865,500	4,865,500
－	3,079,000	3,079,000	3,079,000	3,079,000	3,079,000
－	－	1,057,126	1,057,126	－	－
－	－	－	8,883,526	8,883,526	－
－	19,408,444	19,408,444	19,408,444	31,996,271	31,996,271
－	5,529,200	5,529,200	5,529,200	5,529,200	5,529,200
－	－	－	20,932,690	20,932,690	20,932,690
－	11,176,400	11,176,400	11,176,400	11,176,400	11,176,400
－	7,067,300	7,067,300	7,067,300	7,067,300	7,067,300
－	26,918,000	26,918,000	26,918,000	26,918,000	26,918,000
－	－	－	－	27,667,453	27,667,453
－	－	13,267,745	29,728,578	29,728,578	29,728,578
－	－	26,280,627	26,280,627	26,280,627	26,280,627
－	－	－	31,150,850	21,805,850	21,805,850
－	43,397,590	43,810,690	43,810,690	43,810,690	25,191,440
－	－	－	21,951,259	21,951,259	16,936,521
－	－	－	－	21,187,670	21,187,670
－	2,399,945	2,399,945	－	－	－
－	15,728,966	15,996,614	17,871,614	17,871,614	17,871,614
－	27,416,992	27,416,992	27,416,992	27,416,992	27,416,992
－	－	－	－	－	－
－	－	－	－	－	－
－	8,869,000	8,869,000	8,869,000	8,869,000	8,869,000
－	4,362,500	4,362,500	4,362,500	4,362,500	4,362,500
－	11,680,000	11,680,000	11,680,000	11,680,000	11,680,000
－	37,249,955	37,249,955	54,064,980	54,064,980	87,258,005
－	2,840,000	2,840,000	2,840,000	2,840,000	2,840,000
－	－	－	－	8,425,813	－
－	－	－	－	28,082,266	28,082,266
－	500,000	500,000	500,000	500,000	500,000
－	16,842,137	18,665,917	21,532,567	23,478,147	26,829,927
－	－	－	－	1,030,950	1,030,950
－	3,153,870	3,153,870	3,153,870	3,153,870	3,153,870
－	21,069,982	25,627,021	27,926,491	31,278,691	61,819,371
－	6,393,000	7,077,910	7,077,910	8,298,110	8,301,086
－	500,000	500,000	500,000	500,000	500,000
－	－	－	－	－	－
－	300,000	300,000	300,000	300,000	300,000
－	1,000,000	1,000,000	1,000,000	1,000,000	1,000,000
－	2,000,000	2,000,000	2,000,000	2,000,000	2,000,000
－	－	500,000	500,000	500,000	500,000
				5,000,000	5,000,000
－	1,384,773	1,075,711	1,462,371	609,301	983,314
－	3,474,739	3,517,034	3,649,658	2,710,877	1,831,101
－	2,007,889	2,602,538	2,154,336	2,626,339	1,695,404
－	－	449,000	1,055,563	632,518	1,419,316
－	303,890,752	353,519,609	475,032,612	574,863,015	643,104,378
－	898,908,335	1,071,840,235	1,316,928,596	1,544,169,832	1,514,252,062

～第18期営業報告書』。

表3-11-2　伊藤伊株式会社の有価証券・投資有価証券の

期		第11期	第12期	第13期	第14期
時期（年・月・日）		1975年11月29日 ～1976年11月28日	1976年11月29日 ～1977年11月28日	1977年11月29日 ～1978年11月28日	1978年11月29日 ～1979年11月28日
株　式 (投資有 価証券)	株式会社東海銀行	2,150,000	2,150,000	2,150,000	2,150,000
	株式会社第一勧業銀行	3,120,000	3,270,000	3,270,000	3,270,000
	ジャニス工業株式会社	–	–	–	–
	富士精工株式会社	–	–	–	–
	住友金属工業株式会社	–	–	–	–
	日本鋼管株式会社	7,536,820	7,536,820	7,536,820	7,536,820
	株式会社神戸製鋼	4,865,500	4,865,500	4,865,500	4,865,500
	大同製鋼・大同特殊鋼株式会社	3,079,000	3,079,000	3,079,000	3,079,000
	株式会社日本製鋼所	–	–	–	–
	遠州製作所株式会社	–	–	–	–
	東京芝浦電気株式会社・株式会社東芝	10,094,160	10,094,160	10,094,160	10,094,160
	三菱重工業株式会社	5,529,200	5,529,200	5,529,200	5,529,200
	豊田合成株式会社	–	–	–	–
	大成建設株式会社	15,426,000	11,176,400	11,176,400	11,176,400
	清水建設株式会社	6,766,300	6,766,300	6,766,300	6,766,300
	フジタ工業株式会社	26,918,000	26,918,000	26,918,000	26,918,000
	西松建設株式会社	–	–	–	–
	小堀住研株式会社	–	–	–	–
	千歳電気工業株式会社	–	–	–	–
	日本電話施設株式会社	–	–	–	–
	中部飼料株式会社	–	–	–	–
	井村屋製菓株式会社	–	–	–	–
	三菱レーヨン株式会社	–	–	–	–
	株式会社クラレ	–	–	–	–
	中部電力株式会社	13,305,466	13,305,466	13,305,466	15,728,966
	ブラザー工業株式会社	1,525,000	1,525,000	1,525,000	1,525,000
	ライオン油脂株式会社	2,075,000	2,075,000	2,075,000	2,075,000
	ライオン歯磨株式会社	1,694,000	1,694,000	6,794,000	6,794,000
	ライオン株式会社	–	–	–	–
	牛乳石鹸共進社株式会社	4,362,500	4,362,500	4,362,500	4,362,500
	株式会社津村順天堂	–	–	–	35,000,000
	花王石鹸株式会社	9,040,700	12,530,700	19,334,635	21,691,599
	花王製品東海販売株式会社	2,840,000	2,840,000	2,840,000	2,840,000
	関西ペイント株式会社	–	–	–	–
	三洋化成工業株式会社	–	–	–	–
	アンネ株式会社	500,000	500,000	500,000	500,000
	株式会社ヤマナカ	1,390,000	1,390,000	1,390,000	1,535,200
	株式会社松坂屋	–	–	–	–
	株式会社ダイエー	989,400	989,400	3,153,870	3,153,870
	ユニー株式会社	1,701,000	2,688,187	10,856,587	14,772,587
	ジャスコ株式会社	4,993,000	4,993,000	4,993,000	6,393,000
	伊藤商事株式会社	500,000	500,000	500,000	500,000
	株式会社丹羽久（商店）	500,000	500,000	–	–
	株式会社オクゲン・奥川本店株式会社	300,000	300,000	300,000	300,000
	三洋ホームズ株式会社	1,000,000	1,000,000	1,000,000	1,000,000
	株式会社大商	–	–	–	–
	株式会社ドンクホームプロダクツ	–	–	–	–
	伊藤伊不動産株式会社				
	ジャスコ株式会社第二共栄会	882,425	1,259,544	1,640,214	630,480
	ユニー株式会社第二共栄会	–	2,400,000	2,734,004	1,244,075
	株式会社ヤマナカ共栄会	–	–	–	–
	松坂屋共栄会	–	–	–	–
投資有価証券（株式）小計（円）H		133,083,471	136,238,177	158,689,656	201,431,657
合計Ｉ（G＋H）		514,607,591	530,098,884	851,346,425	619,565,670

（注１）第15期は下記出典のうち『営業報告書』の「損益計算書」を確認しているだけである。
（注２）期間中に所有が発生し期間中に同額の所有分が減少した有価証券については表示していない。
（出典）伊藤伊株式会社『第11期～第14期決算書』，同『第17期～第20期決算書』，伊藤伊株式会社『第11期

表３－９の投資有価証券をみると、仕入先メーカーに限らず、販売先のスーパーのほか一般企業の株式を購入していることがわかる。このうち仕入先メーカーでは、アンネをはじめ、ライオン歯磨、ライオン油脂、牛乳石鹸共進社株式会社、花王石鹸および花王製品東海販売などがあげられる。これらのうち、アンネとヤマナカを除くと、ほとんどが一九七〇年一一月二九日から一九七三年一一月二八日の間すなわち第六期から第八期の間に購入している。これらは、表３－10の伊藤伊合名会社の投資有価証券の第四三～第四四回までと第四五回以降を分けてみるとわかるように、かつて伊藤伊合名会社が所有していた株式が伊藤伊株式会社へ移されてゆく傾向がみられたことが確認できよう。表３－11－１－①・②をみると、その後、公社債では一般企業の社債購入が増えていったことがわかる。また表３－11－２をみると、株式購入対象企業も、伊藤伊合名会社からの移転も含めて拡がりをみせ、仕入先メーカーでは、花王石鹸の株式購入額が増えていることが注目される。また販売先の株式では、広域展開を志向した大手スーパーの株式購入額も増えている。

このように、伊藤伊株式会社という中間流通企業は、流通の川上に位置する仕入先メーカーと川下に位置する大手小売企業の双方の株式を所有し、株主として得られる支配的・経済的権利をいちおう行使できる立場にあったことは注意しておいてよいであろう。それにともない、それら双方の企業の戦略や行動や成果に関する最小限の情報を得ることもできたのである。

配当金・受取利息

以上のような証券投資によって、伊藤伊株式会社では、表３－12に示すような配当金を得ていた。その金額は、第五期すなわち一九六九年一一月二九日から一九七〇年一一月二八日までは一二万五〇〇〇円であったが、次期には約二三三万円と急増して、その後も増え続け、第一二期には約八四四万円となる。その次の時期にいったん減るが、その後は増え続け、第一六期には一〇〇〇万円を超えた。そして第二〇期には二〇〇〇万円を超えている。

一方、受取利息は配当金よりも大きい金額であった。同表に示されるように、第八期まで、その金額は一二〇〇万円台から一四〇〇万円台であったが、第九期には二〇〇〇万円近くとなり、その後大きな幅で増加していった。第一七期以降、その水準は約八〇〇〇万円から約九〇〇〇万円となっている。

配当金と受取利息の合計額が、経常利益に占める比率を試算してみると、同表に示されるように、第一二期までは一〇％未満であったが、次期には一〇％を超えている。その後の二年間、再度、一〇％未満となるが、第一六期以降は、ふたたび一〇％以上を継続している。

こうした収益も、伊藤伊株式会社の金融機能的側面の収益として注目しておきたい。これらは、後述する内部留保の源泉の一部となる。

3　決済と貸倒損失金にみる関係

伊藤伊の取引先との関係をみる際に、伊藤伊の債権が放棄される貸倒損失金についてもみておこう。

掛売りと貸倒損失金の推移

伊藤伊の売上の決済面をみると、ほとんどが掛売りであった。第二〇期すなわち一九八五年一一月二八日決算の時点でも、全売上高の九九・九五％が掛売りであった(3)。第二〇期の伊藤伊の売上高は約三〇六億三一五二万円であった(4)から、この時期の売上高だけについて単純に掛売り比率を乗じると、実に三〇六億一六二〇万円の掛売りということになる。一方で、仕入先メーカーへの支払いは、掛売りの販売先からの入金前であることが多いので、伊藤伊はその分の手元流動性を確保していなければならない。このことは、後述する内部留保の問題と関係する中間流通企業の財務の重要な側面といえよう。

配当金の推移（1966年９月～1985年11月）

第５期	第６期	第７期	第８期	第９期	第10期
1969年11月29日～1970年11月28日	1970年11月29日～1971年11月28日	1971年11月29日～1972年11月28日	1972年11月29日～1973年11月28日	1973年11月29日～1974年11月28日	1974年11月29日～1975年11月28日
14,569,227 125,000	12,969,081 2,328,280	13,774,127 3,652,539	14,298,015 4,083,219	19,950,263 4,923,184	29,277,516 4,941,603
14,694,227	15,297,361	17,426,666	18,381,234	24,873,447	34,219,119
228,565,266	293,252,372	403,502,322	517,817,150	740,295,673	449,841,250
6.43	5.22	4.32	3.55	3.36	7.61
第15期	第16期	第17期	第18期	第19期	第20期
1979年11月29日～1980年11月28日	1980年11月29日～1981年11月28日	1981年11月29日～1982年11月28日	1982年11月29日～1983年11月28日	1983年11月29日～1984年11月28日	1984年11月29日～1985年11月28日
50,871,492 8,654,935	64,849,733 10,085,549	89,370,144 12,795,335	78,919,823 14,441,597	80,428,871 18,825,967	88,966,925 20,153,626
59,526,427	74,935,282	102,165,479	93,361,420	99,254,838	109,120,551
758,570,958	739,551,492	821,626,857	860,446,571	−	−
7.85	10.13	12.43	10.85	−	−

となっており，ここではその呼称にしたがっている。
の数値が一致しない。ここでは，『営業報告書』の数値によった。

書』，伊藤伊株式会社『第３期～第18期営業報告書』。

推移（1966年11月29日～1985年11月28日）

第５期	第６期	第７期	第８期	第９期	第10期
1969年11月29日～1970年11月28日	1970年11月29日～1971年11月28日	1971年11月29日～1972年11月28日	1972年11月29日～1973年11月28日	1973年11月29日～1974年11月28日	1974年11月29日～1975年11月28日
1,589,331	3,898,899	355,073	653,242	−	506,302
−	−	−	−	−	−
−	−	−	−	−	−
1,589,331	3,898,899	355,073	653,242	−	506,302
第15期	第16期	第17期	第18期	第19期	第20期
1979年11月29日～1980年11月28日	1980年11月29日～1981年11月28日	1981年11月29日～1982年11月28日	1982年11月29日～1983年11月28日	1983年11月29日～1984年11月28日	1984年11月29日～1985年11月28日
−	−	203,839	7,586,149	41,606,942	25,616,179
−	−	203,839	7,586,149	41,606,942	25,616,179

となっており，ここではその呼称にしたがっている。
こには貸倒（損失）金の科目の記載はない。
書』，伊藤伊株式会社『第3期～第18期営業報告書』。

表 3-12　伊藤伊株式会社の受取利息・受取

期	第1回	第2回	第3期	第4期
時期（年・月・日）	1966年9月20日 〜1966年11月28日	1966年11月29日 〜1967年11月28日	1967年11月29日 〜1968年11月28日	1968年11月29日 〜1969年11月28日
受取利息（円）A	−	−	−	−
受取配当金（円）B	−	−	−	−
受取利息・受取配当金合計（円）C（A+B）	−	−	−	−
経常利益（円）D	−	−	−	−
経常利益に対する受取利息・受取配当金の比率(円) E（C/D)(%)	−	−	−	−
期	第11期	第12期	第13期	第14期
時期（年・月・日）	1975年11月29日 〜1976年11月28日	1976年11月29日 〜1977年11月28日	1977年11月29日 〜1978年11月28日	1978年11月29日 〜1979年11月28日
受取利息（円）A	43,762,965	47,346,958	64,287,496	66,586,137
受取配当金（円）B	6,406,603	8,435,933	6,128,393	8,007,178
受取利息・受取配当金合計（円）C（A+B）	50,169,568	55,782,891	70,415,889	74,593,315
経常利益（円）D	615,809,044	668,733,189	669,117,841	762,782,995
経常利益に対する受取利息・受取配当金の比率(円) E（C/D)(%)	8.15	8.34	10.52	9.78

（注1）伊藤伊株式会社の決算期の呼称は，下記出典のように，第1〜第2までが「回」，第3以降は「期」
（注2）第10期，第17期では下記の出典の『決算書』と『営業報告書』のそれぞれの損益計算書の受取利息
（注3）第15期・第16期は下記出典のうち『営業報告書』の「損益計算書」を確認しているだけである。
（出典）伊藤伊株式会社『第1回〜第2回決算書』，同『第3期〜第14期決算書』，同『第17期〜第20期決算

表 3-13　伊藤伊株式会社の貸倒損失金の

期	第1回	第2回	第3期	第4期
時期（年・月・日）	1966年9月20日 〜1966年11月28日	1966年11月29日 〜1967年11月28日	1967年11月29日 〜1968年11月28日	1968年11月29日 〜1969年11月28日
本社貸倒損失金（円）	−	2,413,862	3,807,728	12,564,621
大阪営業所貸倒損失金（円）	−	−	1,705,561	−
堀田工場貸倒損失金（円）	−	−	145,011	−
合計貸倒損失金（円）		2,413,862	5,658,300	12,564,621
期	第11期	第12期	第13期	第14期
時期（年・月・日）	1975年11月29日 〜1976年11月28日	1976年11月29日 〜1977年11月28日	1977年11月29日 〜1978年11月28日	1978年11月29日 〜1979年11月28日
本社貸倒損失金（円）	17,878,562	568,000	−	7,774,350
合計貸倒損失金（円）	17,878,562	568,000	−	7,774,350

（注1）伊藤伊株式会社の決算期の呼称は，下記出典のように，第1〜第2までが「回」，第3以降は「期」
（注2）第15期・第16期は下記出典のうち『営業報告書』の「損益計算書」を確認しているだけであり，そ
（出典）伊藤伊株式会社『第1回〜第2回決算書』，同『第3期〜第14期決算書』，同『第17期〜第20期決算

それだけではなく、膨大な売掛金が終には一切回収されなくなる事態すなわち貸倒損失も大きかった。表３－13では、一九六六年一一月二九日から一九八五年一一月二八日までの伊藤伊の決算書類のなかで貸倒損失金が確認され、それが計上されたものについて、その金額を時系列的に並べている。

確認され計上されている金額をみる限り、最小額は第一七期の約二〇万四〇〇〇円であり、最大額は第一九期の約四一六一万円である。ここにみる全期間を通じて、その金額の増減幅は大きいといえよう。

貸倒損失金の一部明細

表３－14は、本店・大阪営業所・堀田《ほりた》工場別の貸倒損失金が計上されている唯一の期間である第三期すなわち一九六七年一一月二九日から一九六八年一一月二八日までの貸倒損失金の明細を示している。これをみると、三事業所のなかで最大の貸倒損失は本店であり、そのなかでの最大額は名古屋市北区のスーパーのもので約二七四万円となっている。大阪営業所では、加藤商店が約一六二万円の損失を発生させている。堀田工場では、三つとも建設業関係と思われるが、堀田工場との関係は不明である。

表３－15は、最大額の第一九期の明細である。これをみると、岐阜市の二次卸店であった油吉《あぶきち》商店は約三四四二万円という大きな貸倒損失であり、東京都板橋区の小売店のワールドセカイも約五一九万円の損失となっている。

表３－14と表３－15に示されるように、仲間卸を経ないで伊藤伊との直接取引の小売店も多く、そうした小売店への債権管理が十分でなかったともいえる。また、仲間卸すなわち二次卸店への貸倒損失もあり、流通の川上と川下双方からの競争圧力で、経営が立ち行かなくなった卸店もみられたことになる。これらは、林周二が「流通革命」論(5)のなかで旧態依然とした卸企業の消滅を唱えた主張が、あてはまった事例といえる。

いずれにせよ、伊藤伊株式会社は、こうした多額の貸倒損失の負担を負っていたのであり、そうした負担に耐えうるだけの財務力は、中間流通を担う卸売企業にとっての必要条件のひとつであったといえよう。

表３-14　第３期（1967年11月29日～1968年11月28日）の貸倒損失金の明細

本　店						
店　名	所在地	卸　店	小売店	仕入先	金　額	理　由
春日食品	西春日郡豊山村	－	－	－	75,080	詐欺事件起訴
キング糊本舗	名古屋市中区大池町			○	12,450	債権者会議決定
村田禎三商店	名古屋市中区南新町	○			309,885	〃
マルサン商事	山梨県甲府市山田町	○			125,000	債権放棄
長沢産業	静岡県沼津市東高沢町	○			28,985	〃
スーパーマキ	名古屋市北区大曽根本通		○		2,742,608	債権者会議決定
染井木工所	名古屋市昭和区小針町		○		409,280	〃
山田化粧品店	名古屋市中村区太閤通り		○		23,962	〃
平針ストアー	名古屋市昭和区天白町平針		○		80,478	行方不明
小　計		3	4	1	3,807,728	
大阪営業所						
店　名	所在地	卸　店	小売店	仕入先	金　額	理　由
ミヤタ化粧品店	大阪市南区古市南通		○		35,443	店舗売却　行方不明
和歌浦薬局	大阪市天王寺区石ヶ辻		○		13,693	〃
土井商店	大阪市北区中崎町		○		35,765	〃
加藤商店	不　明		○		1,620,660	〃
小　計		0	4	0	1,705,561	
堀田工場						
店　名	所在地	卸　店	小売店	仕入先	金　額	理　由
森工務店	－	－	－	－	102,828	店舗閉鎖　行方不明
斎藤組	－	－	－	－	15,297	〃
谷中組	－	－	－	－	26,886	〃
小　計		－	－	－	145,011	

（注）－は不明を表す。
（出典）伊藤伊株式会社『第３期決算書』，同大阪営業所『第３期決算書』および同堀田工場『第３期決算書』。

表３-15　第19期（1983年11月29日～1984年11月28日）の貸倒損失金の明細

本　店						
店　名	所在地	卸　店	小売店	仕入先	金　額	理　由
㈱デニー	名古屋市名東区猪高町		○		573,259	債権者会議の決定による
鈴木憲仁商店	愛知県海部郡蟹江町	○			217,664	〃
㈱油吉商店	岐阜市松尾町	○			34,416,985	〃
CVSオレンヂマート	名古屋市中村区日の宮町		○		1,099,537	行方不明により債権放棄
㈲ジョイ	名古屋市北区西味金宛		○		105,771	〃
㈱ワールドセカイ	東京都板橋区志村2丁目		○		5,193,726	破産宣告により債権放棄
小　計		2	4	0	41,606,942	

（出典）伊藤伊株式会社『第19期決算書』。

なお、表3－14と表3－15で本店で損失を発生させた取引先の所在地をみると、愛知県のみならず、岐阜県、静岡県、山梨県および東京都にも及んでおり、ここでも伊藤伊の販売先が広範囲に及んでいたことが確認されよう。

卸売企業倒産の背景

大きな貸倒金の発生は、倒産する卸売企業が少なくなかったことを示している。また事業の縮小傾向に見切りをつけたり、必要な物流・情報システム面の追加投資の見込みがつかず自主廃業するものも少なくなかった。この意味で、林周二の学術的な立場からの予言は的中した面があったといえる。その背景には、第二章でもふれたような一九七〇年代の新興小売勢力とくにナショナル・チェーンのスーパーの台頭と、そうした小売勢力との直販を卸売企業に推進させるメーカーの方針があった。

伊藤伊の仲間卸でも、ナショナル・チェーンの取引上の価格交渉力に抗しきれず仕入価格を割って小売店に販売する場合もあった。また伊藤伊の二次卸からあるメーカーとの直接取引を行う代理店に昇格したものもあって、そうした卸売企業では、有能な販売員たちが新興小売勢力へ回され、安定的収益源であった従来型の小売店への対応が不十分になってゆく傾向もみられた。注力した新興小売勢力には売上原価割れの販売を強いられ、伊藤伊からの仕入も、メーカーからの仕入れも赤字の累積となってゆくこともあった。こうした卸売企業のいくつかは、巨額の負債を残して倒産にいたったのである(6)。

他方、メーカーの卸売会社である販社や、伊藤伊をはじめとする有力卸売企業では、物流・情報の機能を進化させることによって、スケール、スコープ、スピードの三面で競争力を強化して価格交渉上の優位性を保つことができたので、そうした事態を回避できたのである。

4　取引制度と販売組織にみる関係

牛乳石鹸共進社株式会社の取引制度

ここで、先の信認金でもみたが、長く伊藤伊へ商品を供給していた牛乳石鹸共進社[7]の一九七四年三月時点の取引制度によって、伊藤伊と仕入先メーカーおよび販売先との関係をみてみることにしたい。この前年には、公正取引委員会が浴用石鹸、合成洗剤、練歯磨などの再販指定解除を決めており、花王などのメーカーも翌年にかけて再販を離れていった[8]。したがって、この牛乳石鹸共進社株式会社の取引制度も、再販離脱直後の取引制度であると推定される。

さて、牛乳石鹸共進社株式会社では、一九七四年三月二一日の出荷分から、「仕切価格」と「標準小売価格」の二本による建値制とすることを牛乳石鹸製品代理店すなわち卸店へ通達している[9]。

「仕切価格」とは、牛乳石鹸製品代理店である伊藤伊から小売店への卸売価格、および牛乳石鹸会会員である仲間卸（二次卸店）から小売店への卸売価格である。つまり、伊藤伊から小売店へ直接に販売される、いわゆる店入品《みせいれ》（店売品《みせうり》）の卸売価格と、伊藤伊を帳合元として仲間卸に商流の上で販売されたうえで、その仲間卸（二次卸店）から小売店へ販売されるいわゆる帳合品の卸売価格は同一とされたのである。伊藤伊がメーカーから仕入れる場合の仕入価格は、「仕切価格の一〇％を即引」した金額とされた。この伊藤伊の仕入価格と「仕切価格」の差額は「手数料」とされ、これが伊藤伊などの代理店の売上総利益（粗利）ということになる。

図３‐１に示すように、いま仮に「仕切価格」を一〇〇円とすれば、代理店の仕入価格（売上原価）は九〇円となる。この図に示されるように、代理店である伊藤伊が小売店への店入品（店売品）を「仕切価格」の一〇〇円で販売すると、その売上総利益（粗利）は一〇円である。一方、伊藤伊から仲間卸（二次卸店）への帳合品に対しては、仕入原価と同額で販売することになるので、その仲間卸についての売上総利益はゼロとなる。ただし、伊藤伊は、「牛乳

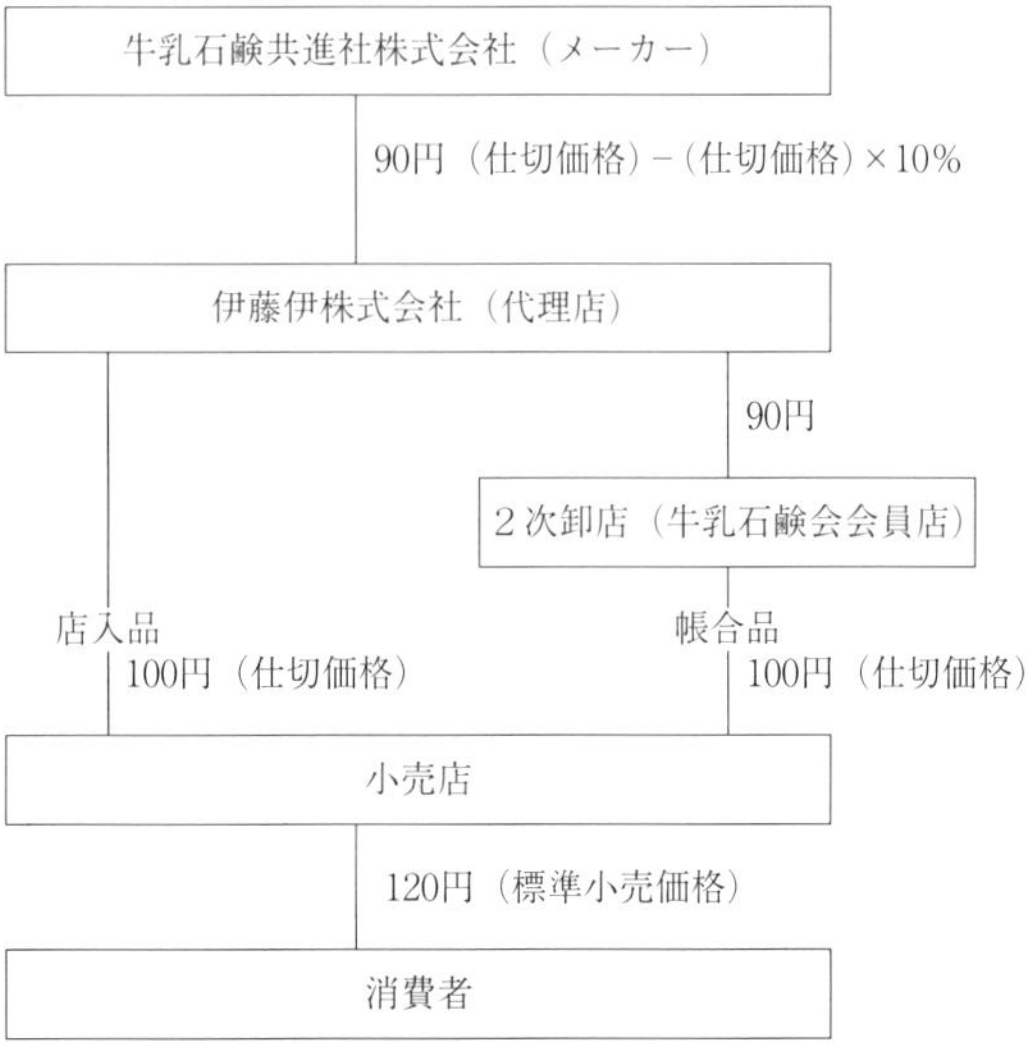

図3－1　牛乳石鹸製品取引制度（1974年3月）

（注）ここでは，「仕切価格」を仮に100円とし，「標準小売価格」を仮に120円と想定している。あくまで仮の金額であって，下記の出典には金額は明記されていない。

（出典）牛乳石鹸共進社株式会社「修正お取引制度（代理店様）」（昭和49年3月22日実施分）。

石鹸会会員店様分の帳合料」である「仕切価格の三％」をメーカーである共進社から受け取る。これは、通常、受取払戻金（仕入割戻金）として売上原価から控除される。この分が、伊藤伊の仲間卸店への帳合品の販売による売上総利益ということになるのである。

いま仮に「標準小売価格」を一二〇円とすれば、小売店の売上総利益（粗利）は、「仕切価格」との差額の二〇円ということになる。これより以前の再販売価格維持制度の下でも、こうした建値には幅がもたされ、いわゆる値幅再販（花王などでも一〇％引き）ということが多く、小売価格が安価になりがちであり、それが仕切価格にも影響したようである。

さて、伊藤伊などの牛乳石鹸製品代理店からメーカーへの支払いについては、「現金決済で」で、かつ「締切後一〇日以内に」送金することとし、一〇日以内の現金支払いについては「決済協力金として、三％を差し引く」とされた。伊藤伊の場合、通常は毎月二〇日締めの月末起算六〇日手形が基本であり、月末現金支払いの場合、三％を差し引いて支払ったという。他方で、伊藤伊の仲間卸（二次卸店）である牛乳石鹸会会員が同様に月末に振り込んでくる場合も、伊藤伊が三％を支払うか、会員が三％を差し引いて振り込んだという。しかしながら、仲間卸の方では、通常の手形取引での六〇日サイトで伊藤伊に支払ってくれることはあまりなく、九〇日から一〇〇日が一般的であったという[10]。このため、伊藤伊のような代理店にとっては、資金ショートを避けるためにも、手元流動性を確保しておく必要があったのである。

各メーカーの販売組織と中部ナショナル松栄会

伊藤伊では、中京地区のメーカーごとの販売店組織の中心的な役割も担った。前述のキング会やライオン石鹸会なども、そうした組織であった。キング化学と伊藤伊との取引は第一章の表1-6に示されるように一九二二（大正一〇）年頃とされるが、中部日本キング会としての組織的販売を開始したのは一九三七（昭和一二）頃とされている[11]。

ライオンの販売店組織について、まずライオン歯磨のほうをみると、一九二七（昭和二）年一月に東京・大阪・名古屋の三都市に設けられた値段協定会に遡り、一九三一年の取引制度改訂を機に各地の卸店組織のライオン会が結成され、同年三月一六日には名古屋ライオン会が結成された[12]。ライオン油脂の方では、一九五四年六月の東京ライオン石鹸会をはじめとして、一九六一年には中部地区ライオン石鹸会も設立され、同年中に全国八つの地区に石鹸会が設立され[13]、一九六三年一〇月には全国ライオン石鹸会が設立された[14]。

これらは、いずれも卸店レベルの中間流通段階での主要代理店を中核とするメーカー別の販売店組織であり、伊藤伊はこれらの中部地域の卸店組織の中心的存在であった。そして、これらのなかには伊藤伊の仲間卸として取引関係にあるものも少なくなかったのである。

他方、一九五八年一〇月に合名会社伊藤伊三郎商店では、ナショナル電球の販売を始めていた。伊藤伊では、当初、最有力の仲間卸二〇社に対して電球の発売を考え、一社で五〇〇軒の小売店があるとして約一万軒の小売店を想定した。小売店一店に一個で一万個、一〇個で一〇万個、一〇〇店で一〇〇万個になると想定し、一〇〇万個の販売目標をかかげて取り組んだという。結成時期は不確かであるが、そうした仲間卸の組織として組織されたのが中部ナショナル松栄会であった。その後、当初の電球や電池はもとより、蛍光灯、乾電池応用商品（カイロ、オートポンプ、台所

表3-16　中部ナショナル松栄会総会参加店（2次卸店）名（1954年5月）

通番	店名	地区名	通番	店名	地区名	通番	店名	地区名
1	㈲国定商店	名古屋市	30	藤田商会	鈴鹿市	59	㈲久保田商店	飯田市
2	㈾美濃屋商店	〃	31	㈱山勘杉村商店	岐阜市	60	㈲今泉商店	〃
3	ニシキ㈱	〃	32	栗本物産㈱	〃	61	㈱杉田	伊那市
4	㈱伊神商店	〃	33	松惣株式会社	〃	62	㈲脇坂○元商店	岡谷市
5	大橋栄吉商店	〃	34	㈾西川商店	大垣市	63	㈱三和	諏訪市
6	㈲ヤマダヤ	〃	35	㈱金森香粧堂	〃	64	坂巻商事㈱	松本市
7	㈱さくら屋	〃	36	㈲森勇新堂	郡上八幡	65	㈱山口商会	〃
8	㈲マキタ商事	〃	37	㈾長井産業	美濃加茂	66	㈱鈴木商店	長野市
9	㈲古瀬間屋	豊田市	38	加藤商店	多治見	67	㈱塚伝	〃
10	十一屋雑貨店	〃	39	筆屋商事㈲	〃	68	㈲三光	飯山市
11	㈱北川商店	東海市	40	㈱丹羽久	恵那市	69	㈴加藤商会	上田市
12	シマツ㈱	刈谷市	41	㈲前田商店	中津川市	70	柏木商店	佐久市
13	三洋ホームズ㈱	岡崎市	42	㈲美身堂	高山市	71	㈾内田盛和堂	長坂町
14	㈾サカエイワ	〃	43	㈱丸宮商事	〃	72	㈱上田商店	韮崎市
15	㈾釘晴商店	西尾市	44	㈱大野屋本店	浜松市	73	㈱マルヤマ	甲府市
16	㈲山彦商店	蒲郡市	45	林屋本店	〃	74	大木荒物店	〃
17	㈲牧野屋商会	豊橋市	46	㈱近江屋	〃	75	㈱道永商会	敦賀市
18	株式会社伊藤勇	〃	47	鈴木商事㈱	〃	76	美濃屋商事	〃
19	㈲山崎一正	〃	48	㈱スルガヤ商店	袋井市	77	㈱カクダイ	福井市
20	㈱酒井商店	京都市	49	服部商店	掛川市	78	㈱マキノ香陽堂	〃
21	㈲岡嶋商店	〃	50	㈲サカイ	島田市	79	㈱宮越兄弟商会	〃
22	㈲北勢堂	阿下喜	51	海野製蝋	静岡市	80	㈱中野粧業社	小松市
23	㈱水谷卯八商店	四日市市	52	萩原商店	清水市	81	㈱築田商店	〃
24	㈱丸万商会	〃	53	㈱糸内田	富士宮	82	㈱大商	金沢市
25	㈾福井商店	〃	54	㈱助三	〃	83	石川共栄商事㈱	〃
26	㈱富田屋	津市	55	㈱三幸商会	三島市	84	浜田紙業㈱	〃
27	㈱野田商事	〃	56	㈱柏屋	藤枝市	85	㈱野村兄弟堂	高岡市
28	㈲村山商店	鵜方	57	大滝商店	清水市	86	近藤商事㈱	富山市
29	㈱にしきや	名張市	58	㈱くらや杉山本店	三島市	87	赤松株式会社	〃

（注）62番の店名中の○部分は判読不能。
（出典）中部ナショナル松栄会『第24回中部ナショナル松栄会総会と商品展示説明会実施要領書綴』（昭和59年5月22日）。

用品）など取扱商品も増えて、同会では販売促進検討会なども開催し、売上増進をはかった(15)。

表3-16は、一九七四（昭和四九）年五月二二日に名古屋都ホテルで開催された中部ナショナル松栄会総会および商品展示説明会の参加店のリストである。それら販売店の所在地をみると、愛知県・三重県・岐阜県・静岡県・石川県・富山県・長野県・山梨県・京都府までの広い範囲に及んでいることがわかる。すなわち、それまでの伊藤伊の広範囲に及ぶ仲間卸のネットワークを基盤に、メーカーの地域販売網が形成されたとみることができよう。

5　内部留保の充実

第二章でもみたように、伊藤弥太郎は「資本の蓄積なくして繁栄は望めない」という考え方を示していたし、伊藤伊を支えた実弟の服部清成《きよしげ》も「自己資本の充実」を重視していた(16)。伊藤伊株式会社で、この資本蓄積の面が、実際にどのようであったのかについて確認しておこう。

内部留保率の推移

表3‐17は、伊藤伊株式会社の純利益と配当金および役員賞与などの推移を示している。このなかの配当性向をみると、第四期と第五期すなわち一九六〇年代末と一九七〇年代初期には六～七％台であったが、ほかの時期は一～四％台の低い水準にあった。

今、純利益から配当分を差し引いた額すなわち外部の株主へ分配された以外の部分をフローの内部留保とみると、その比率は上記の比率を一〇〇％から引いた比率となる。すなわち表3‐17の内部留保率①の欄に示されるように、確認できる第三期以降第二〇期までの全期間を通じて九〇％台を維持していることがわかる。

さらに、役員賞与も外部に配分されたといちおう考えて、これを控除した比率をみると、内部留保率②の欄に示されるように、第五期の約八二％を除くと、ほぼ八〇％台後半から九〇％台の水準にあることがわかる。

このように、いわば配当余力としての観点からフローの内部留保率をみると、その水準はおおむね九〇％の高い水準にあったといえる。さらに、前述のように、配当金を受け取る株主や役員賞与を受け取る経営陣の多くが伊藤家の同族であり、かつ従業員持株会の存在もあったことを考慮すれば、最終的な経営成果のほとんどが法人それ自体と、その法人に経営と所有と業務の面で密接に関わる個人に還元されたとみることができる。

推移（1966年11月29日～1985年11月28日）

第５期	第６期	第７期	第８期	第９期	第10期
1969年11月29日 ～1970年11月28日	1970年11月29日 ～1971年11月28日	1971年11月29日 ～1972年11月28日	1972年11月29日 ～1973年11月28日	1973年11月29日 ～1974年11月28日	1974年11月29日 ～1975年11月28日
74,718,896	115,419,318	156,326,880	207,003,705	217,728,187	342,678,491
5,400,000	5,400,000	6,750,000	5,400,000	5,400,000	5,400,000
8,000,000	8,500,000	9,800,000	12,700,000	15,500,000	15,000,000
7.23	4.68	4.32	2.61	2.48	1.58
10.71	7.36	6.27	6.14	7.12	4.38
92.77	95.32	95.68	97.39	97.52	98.42
82.06	87.96	89.41	91.25	90.40	94.04
1,804,746,379	1,978,630,107	2,257,658,270	3,349,032,738	3,670,447,310	3,941,149,030
15,000,000	20,000,000	30,000,000	40,000,000	45,000,000	45,000,000
145,265,985	220,310,884	340,227,621	500,096,046	727,980,541	995,983,577
1,617,589	12,936,485	14,455,803	24,232,683	23,136,388	29,964,575
161,883,574	253,247,369	384,683,424	564,328,729	796,116,929	1,070,948,152
8.97	12.80	17.04	16.85	21.69	27.17
第15期	第16期	第17期	第18期	第19期	第20期
1979年11月29日 ～1980年11月28日	1980年11月29日 ～1981年11月28日	1981年11月29日 ～1982年11月28日	1982年11月29日 ～1983年11月28日	1983年11月29日 ～1984年11月28日	1984年11月29日 ～1985年11月28日
371,498,934	243,088,778	314,684,402	271,569,277	315,659,842	298,864,075
8,640,000	9,720,000	10,800,000	13,500,000	10,800,000	10,800,000
18,000,000	16,500,000	18,500,000	19,200,000	19,700,000	18,000,000
2.33	4.00	3.43	4.97	3.42	3.61
4.85	6.79	5.88	7.07	6.24	6.02
97.67	96.00	96.57	95.03	96.58	96.39
92.82	89.21	90.69	87.96	90.34	90.37
6,438,843,415	7,152,228,272	7,722,205,078	8,093,220,339	9,242,436,230	10,308,544,026
72,000,000	72,000,000	90,000,000	90,000,000	90,000,000	90,000,000
2,388,464,378	2,792,413,832	3,077,320,737	3,458,886,771	3,793,488,028	4,157,285,048
27,555,187	32,414,121	31,282,899	36,667,301	40,536,578	63,096,420
2,488,019,565	2,896,827,953	3,198,603,636	3,585,554,072	3,924,024,606	4,310,381,468
38.64	40.50	41.42	44.30	42.46	41.81

となっており，ここではその呼称にしたがっている。
実績の数値と一致しない回（期）があるが，ここでは，下記出典の数値によった。
決算書』，伊藤伊株式会社『第３期～第18期営業報告書』。

表 3 -17　伊藤伊株式会社の内部留保の

期	第 1 回	第 2 回	第 3 期	第 4 期
時期（年・月・日）	1966年 9 月20日 ～1966年11月28日	1966年11月29日 ～1967年11月28日	1967年11月29日 ～1968年11月28日	1968年11月29日 ～1969年11月28日
純利益（円）（A）	166,795	16,384,128	123,261,520	62,165,146
配当金（円）（B）	－	－	3,200,000	4,050,000
役員賞与（円）（C）	－	3,000,000	3,500,000	3,500,000
配当性向（%）（D）（B÷A×100）	－	－	2.60	6.51
役員賞与比率（%）（E）（C÷A×100）	－	18.31	2.84	5.63
内部留保率①（%）（100－D）	－	－	97.40	93.49
内部留保率②（%）{100－（D＋E）}	－	－	94.56	87.86
総資産額（円）（F）	－	1,617,241,335	1,392,548,483	1,552,232,638
法定積立金（利益準備金）（円）（G）	－	－	－	10,000,000
任意積立金（諸積立金）（円）（H）	－	－	－	29,019,615
前期繰越金(円)（I）	－	－	－	2,002,443
利益剰余金(円)（J）（G＋H＋I）	－	－	－	41,022,058
内部留保比率（%）（J÷F×100）	－	－	－	2.64
期	第11期	第12期	第13期	第14期
時期（年・月・日）	1975年11月29日 ～1976年11月28日	1976年11月29日 ～1977年11月28日	1977年11月29日 ～1978年11月28日	1978年11月29日 ～1979年11月28日
純利益（円）（A）	168,603,724	229,884,922	265,125,743	254,079,223
配当金（円）（B）	5,400,000	7,020,000	8,640,000	8,640,000
役員賞与（円）（C）	16,000,000	16,500,000	18,000,000	20,000,000
配当性向（%）（D）（B÷A×100）	3.20	3.05	3.26	3.40
役員賞与比率（%）（E）（C÷A×100）	9.49	7.18	6.79	7.87
内部留保率①（%）（100－D）	96.80	96.95	96.74	96.60
内部留保率②（%）{100－（D＋E）}	87.31	89.77	89.95	88.73
総資産額（円）（F）	4,389,658,833	4,853,633,921	5,297,639,553	6,010,196,827
法定積立金（利益準備金）（円）（G）	45,000,000	45,000,000	72,000,000	72,000,000
任意積立金（諸積立金）（円）（H）	1,301,096,197	1,512,681,449	1,770,138,662	2,087,955,044
前期繰越金(円)（I）	27,238,030	29,441,754	28,630,221	27,115,964
利益剰余金(円)（J）（G＋H＋I）	1,373,334,227	1,587,123,203	1,870,768,883	2,187,071,008
内部留保比率（%）（J÷F×100）	31.29	32.70	35.31	36.39

（注 1 ）伊藤伊株式会社の決算期の呼称は，下記出典のように，第 1 ～第 2 までが「回」，第 3 以降は「期」
（注 2 ）総資産額は，第 6 回，第12回，第13回，第14回，第17回，第18回のように，表 3 -19の伊藤伊経営
（出典）伊藤伊株式会社『第 1 回～第 2 回決算書』，同『第 3 期～第14期決算書』，同『第17期～第20期

推移（1966年11月29日～1985年11月28日）

第５期	第６期	第７期	第８期	第９期	第10期
1969年11月29日 ～1970年11月28日	1970年11月29日 ～1971年11月28日	1971年11月29日 ～1972年11月28日	1972年11月29日 ～1973年11月28日	1973年11月29日 ～1974年11月28日	1974年11月29日 ～1975年11月28日
1,804,746,379	1,978,630,107	2,257,658,270	3,349,032,738	3,670,447,310	3,941,149,030
327,006,360	351,439,341	288,427,715	310,572,110	653,547,269	593,746,169
7,221,620	11,835,120	25,048,270	47,355,241	67,299,441	197,258,260
334,227,980	363,274,461	313,475,985	357,927,351	720,846,710	791,004,429
18.52	18.36	13.89	10.69	19.64	20.07
第15期	第16期	第17期	第18期	第19期	第20期
1979年11月29日 ～1980年11月28日	1980年11月29日 ～1981年11月28日	1981年11月29日 ～1982年11月28日	1982年11月29日 ～1983年11月28日	1983年11月29日 ～1984年11月28日	1984年11月29日 ～1985年11月28日
6,438,843,415	7,152,228,272	7,722,205,078	8,093,220,339	9,242,436,230	10,308,544,026
708,988,928	927,143,611	1,106,300,318	1,027,622,183	1,197,899,950	1,427,215,282
577,311,082	595,017,583	718,320,626	841,895,984	969,306,817	871,147,684
1,286,300,010	1,522,161,194	1,824,620,944	1,869,518,167	2,167,206,767	2,298,362,966
19.98	21.28	23.63	23.10	23.45	22.30

となっており，ここではその呼称にしたがっている。

実績の総資産数値と一致しない回（期）があるが，ここでは，下記出典の数値によった。

当該期の下記出典によった。

以降である。ここでは，それ以前の時期でも公社債は流動資産の有価証券としてここに記載している。

決算書』，伊藤伊株式会社『第３期～第18期営業報告書』。


他方、表３－17に示されるように、ストックとしての内部留保比率も、第五期までは一〇％未満であったが、次第に大きくなり、第一六期には四〇％以上にもなっている。

手元資金の推移

内部留保分の投資への充当可能性の観点から、手元の流動的資金に注目してみてみたい。

表３－18は、伊藤伊の総資産と現金・預金および有価証券の推移を示している。これをみると、総資産に占める手元資金の比率は、第九期すなわち一九七四年一一月二八日現在頃までは二〇％未満であったが、第一〇期すなわち一九七五年一一月二八日現在以降は、二〇％を下回ることがあっても二〇％近くであり、多くは二〇％以上の比率となっていることがわかる。すなわち、おおむね総資産の約二〇％以上の流動性をストックとして維持していたことになる。

このように配当余力としての高い内部留保率とストックとしての内部留保比率の増大および手元流動性の維持は、この時期、とくに一九七〇年代後半以降の伊藤伊の財務体質の特徴のひとつであった。そして、こうした内部留保の

表3－18　伊藤伊株式会社の手元資金の

期	第1回	第2回	第3期	第4期
時期（年・月・日）	1966年9月20日～1966年11月28日	1966年11月29日～1967年11月28日	1967年11月29日～1968年11月28日	1968年11月29日～1969年11月28日
総資産額（円）（A）	－	1,617,241,335	1,392,548,483	1,552,232,638
現金・預金(円)（B）	－	201,092,773	252,565,419	244,008,979
有価証券(円)（C）	－	715,500	4,973,120	6,082,770
手元資金(円)（D）（B＋C）	－	201,808,273	257,538,539	250,091,749
総資産に対する手元資金比率(%)E(D÷A×100)	－	12.48	18.49	16.11
期	第11期	第12期	第13期	第14期
時期（年・月・日）	1975年11月29日～1976年11月28日	1976年11月29日～1977年11月28日	1977年11月29日～1978年11月28日	1978年11月29日～1979年11月28日
総資産額（円）（A）	4,389,658,833	4,853,633,921	5,297,639,553	6,010,196,827
現金・預金(円)（B）	584,819,497	575,521,900	673,659,978	748,894,857
有価証券(円)（C）	381,524,120	393,860,707	692,656,769	418,134,013
手元資金(円)（D）（B＋C）	966,343,617	969,382,607	1,366,316,747	1,167,028,870
総資産に対する手元資金比率(%)E(D÷A×100)	22.01	19.97	25.79	19.42

（注1）伊藤伊株式会社の決算期の呼称は，下記出典のように，第1～第2までが「回」，第3以降は「期」
（注2）総資産額は，第6回，第12回，第13回，第14回，第17回，第18回のように，表3－19の伊藤伊経営
（注3）第13期のように，同一期で別の『決算書』と下記出典とで現金・預金の数値が一致しない場合，
（注4）伊藤伊株式会社で流動資産のなかに有価証券という科目が記載されるのは下記出典のうち第7期
（出典）伊藤伊株式会社『第1回～第2回決算書』，同『第3期～第14期決算書』，同『第17期～第20期

蓄積は、来るべき設備更新の必要な時期への大きな基礎となったとみることができよう。

6　経営実績と「見えざるマージン」

売上高の推移

ここで、伊藤伊株式会社のこの時期の約二〇年の売上高と純利益について、『営業報告書』の表現にみる同社の自己分析を紹介しながら、みておくことにしたい。

表3－19に示されるように、伊藤伊株式会社では、毎年、売上高を増加させた。第二期すなわち一九六七年一一月二八日決算では約四五億五八五〇万円であったが、五年後の第七期決算では九八億三二二〇万円と倍増している。

この間、「メーカー間の競争激化は流通部門への介入を強化し」て、花王石鹸では「独立販社の設立を強要し」た。その一方で「少数の大型スーパーチェーン等一方的な買手市場としての圧力を高め納入競争も一層の激しさを加へて《ママ》」いった[17]。業界では「有名商品への集中集約化が一層激しくなると」ともに、決済面では「強力寡占化体勢を固めたメーカー」が、前述の牛乳石鹸共進社株式会社の事

29日～1986年11月28日）の経営実績

第５期	第６期	第７期	第８期	第９期	第10期
1969年11月29日～1970年11月28日	1970年11月29日～1971年11月28日	1971年11月29日～1972年11月28日	1972年11月29日～1973年11月28日	1973年11月29日～1974年11月28日	1974年11月29日～1975年11月28日
45,000,000	45,000,000	45,000,000	45,000,000	45,000,000	45,000,000
6,875,868,750	8,303,047,545	9,832,226,363	12,323,837,661	15,175,394,517	15,014,431,133
151	182	216	270	333	329
148,277,046	142,846,044	181,724,200	181,585,966	268,996,679	360,169,205
6,567,191,966	7,943,881,570	9,359,393,061	11,824,720,710	14,326,281,270	14,290,357,990
142,846,044	181,724,200	181,585,966	268,996,679	360,167,205	401,442,308
6,572,622,968	7,905,003,414	9,359,531,295	11,737,309,997	14,235,110,744	14,249,084,887
303,245,782	398,044,131	472,695,068	586,527,664	940,283,773	765,346,246
4.41	4.79	4.81	4.76	6.20	5.10
74,718,896	115,419,318	156,326,880	207,003,705	217,728,187	342,678,491
456	704	954	1,263	1,329	2,092
1.09	1.39	1.59	1.68	1.43	2.28
1,804,746,379	2,039,552,434	2,257,658,270	3,349,032,738	3,670,447,310	3,941,149,030
5,400,000	5,400,000	6,750,000	5,400,000	5,400,000	5,400,000
8,000,000	8,500,000	9,800,000	12,700,000	15,500,000	15,000,000
12.00	12.00	15.00	12.00	12.00	12.00
7.23	4.68	4.32	2.61	2.48	1.58
2.49	2.21	1.99	1.34	1.23	1.14
4.14	5.66	6.92	6.18	5.93	8.69
3.81	4.07	4.36	3.68	4.13	3.81
第15期	第16期	第17期	第18期	第19期	第20期
1979年11月29日～1980年11月28日	1980年11月29日～1981年11月28日	1981年11月29日～1982年11月28日	1982年11月29日～1983年11月28日	1983年11月29日～1984年11月28日	1984年11月29日～1985年11月28日
72,000,000	90,000,000	90,000,000	90,000,000	90,000,000	90,000,000
22,484,300,396	24,351,959,557	24,829,960,148	26,592,985,416	29,008,389,688	30,631,518,132
493	534	545	583	636	672
－	－	759,898,126	821,928,824	693,181,804	697,662,458
－	－	23,384,946,987	24,787,828,794	27,218,634,544	28,767,845,244
－	－	821,928,824	693,181,804	697,662,458	754,775,804
20,661,461,527	22,577,502,083	23,322,916,289	24,916,575,814	27,214,153,890	28,710,731,898
1,822,838,869	1,774,457,474	1,507,043,859	1,676,409,602	1,794,235,798	1,920,786,234
8.11	7.29	6.07	6.30	6.19	6.27
371,498,934	243,088,778	314,684,402	271,569,277	315,659,842	298,864,075
2,267	1,484	1,921	1,658	1,927	1,824
1.65	1.00	1.27	1.02	1.09	0.98
6,438,843,415	7,152,228,272	7,874,465,078	8,280,870,339	9,242,436,230	10,308,544,026
8,640,000	9,720,000	10,800,000	13,500,000	10,800,000	10,800,000
18,000,000	16,500,000	18,500,000	19,200,000	19,700,000	18,000,000
12.00	10.80	12.00	15.00	12.00	12.00
2.33	4.00	3.43	4.97	3.42	3.61
1.12	1.26	1.14	1.09	0.97	0.87
5.77	3.40	4.00	3.28	3.42	2.90
3.49	3.40	3.15	3.21	3.14	2.97

となっており，ここではその呼称にしたがっている。
かある。たとえば，第6期の『決算書』では8,303,047,545円であるが，『営業報告書』では8,256,554,753円
書』の売上高から控除すると，『営業報告書』の売上高の数値と一致する。同様の控除の方法によって，一
ているが，『決算書』を確認できていない第15回と第16回については『営業報告書』の数値によった。

書』，伊藤伊株式会社『第３期～第18期営業報告書』。

表3-19　伊藤伊株式会社（1966年11月

期	第1回	第2回	第3期	第4期
時期（年・月・日）	1966年9月20日～1966年11月28日	1966年11月29日～1967年11月28日	1967年11月29日～1968年11月28日	1968年11月29日～1969年11月28日
資本金（円）（A）	20,000,000	20,000,000	30,000,000	45,000,000
売上高（円）（B）	−	4,558,530,463	5,207,528,288	5,705,691,334
売上高指数(第2回の数字を100として)	−	100	114	125
期首商品高（円）（C）	−	79,019,457	107,063,774	151,484,281
商品仕入高（円）（D）	−	4,400,362,295	5,057,348,047	5,479,367,306
期末商品高（円）（E）	−	107,063,774	151,484,281	148,277,046
売上原価（円）（F）（C＋D－E）	−	4,372,317,978	5,012,927,540	5,482,574,541
売上総利益（円）（G）（B－F）	−	186,212,485	194,600,748	223,116,793
売上総利益率（%）（H）（G÷B×100）	−	4.08	3.74	3.91
純利益（円）（I）	166,795	16,384,128	123,261,520	62,165,146
純利益指数(第2回の数字を100として)	1	100	752	379
売上高利益率（%）（J）（I÷B×100）	−	0.36	2.37	1.09
総資産額（円）（K）	−	1,617,241,335	1,392,548,483	1,552,232,638
配当金（円）（L）	−	−	3,200,000	4,050,000
役員賞与（円）（M）	−	3,000,000	3,500,000	3,500,000
配当率（%）（N）（L÷A×100）	−	−	10.67	9.00
配当性向（%）（O）（L÷I×100）	−	−	2.60	6.51
株主資本比率（%）（M）（A÷K×100）	−	1.24	2.15	2.90
総資本利益率（%）（N）（I÷K×100）	−	1.01	8.85	4.00
総資本回転数（回）（O）（B÷K）	−	2.82	3.74	3.68
期	第11期	第12期	第13期	第14期
時期（年・月・日）	1975年11月29日～1976年11月28日	1976年11月29日～1977年11月28日	1977年11月29日～1978年11月28日	1978年11月29日～1979年11月28日
資本金（円）（A）	45,000,000	72,000,000	72,000,000	72,000,000
売上高（円）（B）	16,641,586,275	18,264,716,105	19,101,750,769	21,052,572,407
売上高指数(第2回の数字を100として)	365	401	419	462
期首商品高（円）（C）	401,442,308	414,574,173	491,576,965	494,632,554
商品仕入高（円）（D）	15,688,228,742	17,300,135,786	18,045,048,521	20,064,677,512
期末商品高（円）（E）	414,574,173	491,576,965	494,632,554	724,157,212
売上原価（円）（F）（C＋D－*E*）	15,675,096,877	17,223,132,994	18,041,992,932	19,835,152,854
売上総利益（円）（G）（B－F）	966,489,398	1,041,583,111	1,059,757,837	1,217,419,553
売上総利益率（%）（H）（G÷B×100）	5.81	5.70	5.55	5.78
純利益（円）（I）	168,603,724	229,884,922	265,125,743	254,079,223
純利益指数(第2回の数字を100として)	1,029	1,403	1,618	1,551
売上高利益率（%）（J）（I÷B×100）	1.01	1.26	1.39	1.21
総資産額（円）（K）	4,389,658,833	4,989,811,921	5,442,770,429	6,154,856,827
配当金（円）（L）	5,400,000	7,020,000	8,640,000	8,640,000
役員賞与（円）（M）	16,000,000	16,500,000	18,000,000	20,000,000
配当率（%）（N）（L÷A×100）	12.00	9.75	12.00	12.00
配当性向（%）（O）（L÷I×100）	3.20	3.05	3.26	3.40
株主資本比率（%）（M）（A÷K×100）	1.03	1.44	1.32	1.17
総資本利益率（%）（N）（I÷K×100）	3.84	4.61	4.87	4.13
総資本回転数（回）（O）（B÷K）	3.79	3.66	3.51	3.42

（注1）伊藤伊株式会社の決算期の呼称は，下記出典のように，第1～第2までが「回」，第3以降は「期」

（注2）下記出典で同一期で『決算書』と『営業報告書』の売上高の数字が一致していない場合がいくつ
である。この第6期の支払割戻金46,394,152円と値引割戻金98,640円の合計額46,492,792円を『決算
致する期と一致しない期がある。ここでは，他の科目も含めて原則として『決算書』の数値を記載し

（注3）期末商品高と時期期首商品高が一致しない回もあるが，そのまま記載した。

（出典）伊藤伊株式会社『第1回～第2回決算書』，同『第3期～第14期決算書』，同『第17期～第20期決算

例にもみられたように「取引改善を制度化し取引の現金化が強力に進められ支払条件に依る差別が激しく打出され」るようになった[18]。このため「問屋金融力の有無が問はれ《ママ》、それが直接仕入コストに決定的な影響を持つに到」るようになった。

商品の仕入・販売の面では、ライオン油脂やライオン歯磨をはじめ「主力メーカー商品製品の市場拡大」と「生活の高度化による日用家庭雑貨の需要増」のなかでの販売努力およびメーカー各社の支援[19]によって売上を伸ばした。また金融面では、取引銀行の「支援を仰ぎ取引の現金化によるコスト低減に勉め《ママ》」[20]たので、大幅な増収を確保できたのである。

第七期すなわち一九七二年一一月二八日決算の売上高約九八億三二〇〇万円によって、「社内に於ける額面販売額が待望の一〇〇億に達し」たということで、「記念に二分の増配を」した[21]。表3-19で、第七期でその前後の一割二分（一二％）より三％高い一割五分（一五％）の配当率になっているのはこのためである。第一次石油危機の発生した第八期の期末には「石鹸・洗剤・トイレットペーパーのパニック」はじめ「価格の高騰は取扱商品のほとんど総てにわた」[22]り、第九期の期首には「石鹸洗剤、トイレットペーパー等異常な品不足と狂躁に明け暮れた」[23]。そうした混乱のなかで、伊藤伊では主要メーカーとの緊密な連携で供給に努め[24]、表3-19に示されるように、売上高では一五〇億円を超えた。

しかし、その後の不況感のなかで「石鹸・洗剤の需要不振、家庭紙の値乱れ等異常現象が続発」し、第一〇期すなわち一九七五年一一月二八日決算では表3-19に示されるように減収となった。伊藤伊にとっては「戦後始め《ママ》て売上の停滞を喫し」[25]たことになる。その後、翌第一一期すなわち一九七六年一一月二八日決算では「販売六課の新設によるコンビニエンスストア市場の開拓等活発な営業活動を展開し」たが「十分な成果を上げる迄に到らず」[26]、次期も「百貨店、スーパー等末端市場に於ける石けん《ママ》、歯磨、家庭紙を始めとする日用雑貨の需要は極めて低調であり、競合の激しさが際立つのみにて十分なる成果が得られず」[27]、売上の伸びは低調であった。

その後、第二次石油危機の影響による原料・資材の高騰にともない、第一四期すなわち一九七九年一一月二八日決算から第一五期の前半すなわち一九八〇年前半にかけて、各メーカーによって「七～一〇％前後の値上が五月雨的に行は《ママ》れ値上前の洗剤など仮需要に活況を呈し[28]」たが、第一五期後半には「実質所得の目減による消費減退と仮需反動による低迷に加え夏期天候不順の為蚊取線香・殺虫剤等夏物商品が不調を極めた[29]」。しかし、「期末近くになり流通市場在庫調整も一順《ママ》したるものの如く漸く生気を取り戻し低調の内にも安堵感が現は《ママ》れ明るさが出て」きた[30]。こうした好環境と高針配送センターの稼働による量販市場への対応努力[31]もあって、表3‐19に示されるように売上高は着実に伸びて二二四億円を超えた。

その後、第一六期には「夏期に於ける気候不順による夏物不振に拘らず会社挙げての営業努力により[32]」二四三億円を超えたが、次期の第一七期でも、「個人消費の不振」と「夏期に於ける天候不順」が、蚊取線香など「夏場商品群の比重が高い」伊藤伊にとって不振の要因となり、売上高の伸び率は低かった[33]。その後も、伸び率は高くはなかったが、創業八〇周年を迎えた第一九期すなわち一九八四年一一月二八日決算では約二九〇億円となり、次期の第二〇期決算で三〇〇億円を超えた。

全体を通じてみると、日本経済全体が二つの石油危機を経験しながら安定成長の時期に入っていくなかで、さほど売上高の減少がなく、むしろ漸増したとみることができよう。これは、伊藤伊株式会社の『営業報告書』のなかでもふれられているように[34]、取扱商品が生活必需品であるため、経済の好不況の影響をさほど受けることがないからであるとみてよい。

なお、後に伊藤伊と経営統合を果たすダイカと比較してみると、ダイカの一九七一年一月決算の売上高は約五七億二二〇〇万円であり、ほぼ同時期の伊藤伊の第五期すなわち一九七〇年一一月決算での売上高は約六八億七五八七万円であった。またダイカの一九八五年七月三一日決算での売上高は約二八七億三四六三万円であり[35]、その前後の伊藤伊の第一九期すなわち一九八四年一一月二八日決算での売上高は約二九〇億八三九万円、第二〇期すなわち一九八五年一一月二八日決算でのそれは約三〇六億三一五二万円であった。したがって、ここで比較した時期のいずれにおいても伊藤伊のほうが少しだけ上回っていたが、ほぼ同水準の売上規模といってよいであろう。

売上総利益と売上総利益率

ここで、流通の川上と川下の双方からの競争圧力が直接的に影響する売上総利益（粗利）の推移についてみてみよう。

表3-19に示されるように、第二回すなわち一九六七年一一月二八日決算の伊藤伊の売上総利益は約一億八六二一万円であったが、第一〇期すなわち一九七五年一一月二八日決算、第一六期一九八一年一一月二八日決算および第一七期すなわち一九八二年一一月二八日決算の三期を除いて、毎年、着実に増加し、第二〇期すなわち一九八五年一一月二八日決算では約一九億二〇七九万円となっている。この間、第一三期のように「価格競争の激化による荒利の低下（ママ）により売上増加に拘らず荒利総額の増が殆んどな[36]」い時期もあったが、一八年間で一〇倍を超える伸びとなったことになる。

販売商品の種別をみると、第二〇期の時点では、家庭用石鹸・洗剤が四五％、歯磨・刷子が八％、家庭紙が五・五％、衛生紙・綿が五・四五％という比率で、石鹸・洗剤が大きな比重を占めていた[37]。また同時期の販売先をみると、伊藤伊から一般小売店への直販が二一％、花王製品なども含むデパート向け製品[38]が二％、他の卸業者が七七％であり[39]、依然として仲間卸中心の販売であった。

売上総利益率をみると、第二回から第八期まですなわち一九六六年一一月二九日から一九七三年一一月二八日までは三％台から四％台の水準であったが、その後五％台から六％台の水準を維持し、第一五期から第一六期すなわち一九八〇年第初頭には七％台や八％台となっている[40]。その後は、六％台の水準を維持した。伊藤伊合名会社時代の一九六〇年代前半の水準が三％台から四％台であった[41]のと比べると、売上総利益率の水準が少し高くなったことがわかる。

しかし、同時期の同業者と比べてみるとさほどでもなかった。たとえば、後に合併するダイカの一九七〇年代から一九八〇年代前半の売上総利益率は一一％台から一四％台であったから[42]、伊藤伊のそれはかなり低い水準にあったということになろう。

この売上利益率の相対的な低さは、伊藤伊株式会社の主な取引相手が、前述のように仲間取引（二次卸）であったことによる。小売店相手と異なり、仲間卸との取引では、小売店への卸価格すなわち仕切価格が同一でなければならないので、仲間卸への販売価格とそれについての伊藤伊の仕入価格は同額とせざるを得ない。このため、仲間卸との取引では、売上総利益がゼロとなるからである。ただし、伊藤伊が、仲間卸相手の取引で得る売上総利益をみる場合、次に述べるような帳合料や受取感謝金を考慮しなければならない。

帳合料と受取感謝金

帳合料は、二次卸店などへの販売額・帳簿管理などについて、有力卸店が仕入先メーカーから受け取る商流上の報酬である。メーカーからは、一般に二次卸店などへの販売額の二～三％の帳合料が、帳合元である伊藤伊株式会社へ支払われる。また感謝金は、さまざまな取引目標の達成などの実績に対して仕入先メーカーから伊藤伊のような代理店（帳合元）へ支払われるものである。これらは、外部の者には「見えざるマージン」とされてきた。しかしながら、伊藤伊株式会社はじめ卸売企業の経理上、おおむね明確に処理されてきたものである。

この帳合料は、一般に売上原価から控除される仕入割戻金、あるいは営業外収益の仕入割引のいずれかで処理されることが多い。伊藤伊の場合も、時期によって異なったようであるが、ある時期以降は仕入割戻金で処理されている。ただし、それがいつからであるかは特定できなかった。この時期の伊藤伊の帳合料は、筆者が確認した諸経営史料や関係者への聞き取り調査から、仕入割戻金として処理されていたとみられる。それに関して、表3-19およびその出典である各時期の『決算書』の「損益計算書」で注意しなければならないのは、本来、仕入原価から減額されるべきこれら帳合料や感謝金を含む仕入割戻金[43]が減額されていないということである。

売上総利益率の推移（1966年11月29日〜1985年11月28日）

第５期	第６期	第７期	第８期	第９期	第10期
1969年11月29日 〜1970年11月28日	1970年11月29日 〜1971年11月28日	1971年11月29日 〜1972年11月28日	1972年11月29日 〜1973年11月28日	1973年11月29日 〜1974年11月28日	1974年11月29日 〜1975年11月28日
193,694,531	235,225,108	296,727,380	391,475,379	426,632,311	397,358,696
6,572,622,968	7,905,003,414	9,359,531,295	11,737,309,997	14,235,110,744	14,249,084,887
2.95	2.98	3.17	3.34	3.00	2.79
6,378,928,437	7,669,778,306	9,062,803,915	11,345,834,618	13,808,478,433	13,851,726,191
6,875,868,750	8,303,047,545	9,832,226,363	12,323,837,661	15,175,394,517	15,014,431,133
496,940,313	633,269,239	769,422,448	978,003,043	1,366,916,084	1,162,704,942
7.23	7.63	7.83	7.94	9.01	7.74
4.41	4.79	4.81	4.76	6.20	5.10
2.82	2.84	3.02	3.18	2.81	2.64

第15期	第16期	第17期	第18期	第19期	第20期
1979年11月29日 〜1980年11月28日	1980年11月29日 〜1981年11月28日	1981年11月29日 〜1982年11月28日	1982年11月29日 〜1983年11月28日	1983年11月29日 〜1984年11月28日	1984年11月29日 〜1985年11月28日
−	−	520,101,012	484,005,807	462,972,804	505,811,187
20,661,461,527	22,577,502,083	23,322,916,289	24,916,575,814	27,214,153,890	28,710,731,898
−	−	2.23	1.94	1.70	1.76
−	−	22,802,815,277	24,432,570,007	26,751,181,086	28,204,920,711
22,484,300,396	24,351,959,557	24,829,960,148	26,592,985,416	29,008,389,688	30,631,518,132
−	−	2,027,144,871	2,160,415,409	2,257,208,602	2,426,597,421
−	−	8.16	8.12	7.78	7.92
8.11	7.29	6.07	6.30	6.19	6.27
−	−	2.09	1.82	1.59	1.65

となっており，ここではその呼称にしたがっている。
外は『決算書』の数字による。したがって，15期と16期だけは根拠となる数値が異なっており，受取割戻金

書』，伊藤伊株式会社『第３期〜第18期営業報告書』。

この帳合料や感謝金を含む仕入割戻金の金額の推移は、表３－20に示す通りである。これをみると、仕入割戻金の売上原価に占める比率は、第二回すなわち一九六七年一一月二八日決算から第一四期すなわち一九七九年一一月二八日決算までは、二・五〜三％前後の比率となっている。第一七期以降すなわち一九八二年一一月二八日決算以降、その比率はやや低下し、二％を下回るようになっている。とはいえ、この仕入割戻金を売上原価から控除して売上総利益率を試算してみると、同表に示されるように、おおむね七〜八％前後となっており、仕入割戻金を売上原価から控除しない前述の表３－19の売上総利益率と比べると、一〜四％前後高くなっていることがわかる。

支払感謝金

一方、今ひとつ注意しなければならな

表3－20　伊藤伊株式会社の受取割戻金とそれを算入した

期	第1回	第2回	第3期	第4期
時期（年・月・日）	1966年9月20日～1966年11月28日	1966年11月29日～1967年11月28日	1967年11月29日～1968年11月28日	1968年11月29日～1969年11月28日
受取割戻金（円）（A）	－	137,408,611	177,813,322	169,943,244
売上原価（円）（B）	－	4,372,317,978	5,012,927,540	5,482,574,541
売上原価に対する割戻金の比率(%)(C)(A÷B×100)	－	3.14	3.55	3.10
売上原価－受取割戻金(円)(D)(B－A)	－	4,234,909,367	4,835,114,218	5,312,631,297
売上高（円）（E）	－	4,558,530,463	5,207,528,288	5,705,691,334
試算上の売上総利益(円)(F)(E－D)	－	323,621,096	372,414,070	393,060,037
試算上の売上総利益率(%)(G)(F÷E×100)	－	7.10	7.15	6.89
表3-19の売上総利益率(%)(H)	－	4.08	3.74	3.91
利益率差（G-H）（%）	－	3.02	3.41	2.98
期	第11期	第12期	第13期	第14期
時期（年・月・日）	1975年11月29日～1976年11月28日	1976年11月29日～1977年11月28日	1977年11月29日～1978年11月28日	1978年11月29日～1979年11月28日
受取割戻金（円）（A）	402,581,571	465,048,836	462,665,000	492,362,169
売上原価（円）（B）	15,675,096,877	17,223,132,994	18,041,992,932	19,835,152,854
売上原価に対する割戻金の比率(%)(C)(A÷B×100)	2.57	2.70	2.56	2.48
売上原価－受取割戻金(円)(D)(B－A)	15,272,515,306	16,758,084,158	17,579,327,932	19,342,790,685
売上高（円）（E）	16,641,586,275	18,264,716,105	19,101,750,769	21,052,572,407
試算上の売上総利益(円)(F)(E－D)	1,369,070,969	1,506,631,947	1,522,422,837	1,709,781,722
試算上の売上総利益率(%)(G)(F÷E×100)	8.23	8.25	7.97	8.12
表3-19の売上総利益率（%）(H)	5.81	5.70	5.55	5.78
利益率差（G-H）（%）	2.42	2.55	2.42	2.34

（注1）伊藤伊株式会社の決算期の呼称は，下記出典のように，第1～第2までが「回」，第3以降は「期」

（注2）下記出典のうち15期と16期は『決算書』を確認できていないので『営業報告書』によるが，それ以の数値も確認できていない。

（出典）伊藤伊株式会社『第1回～第2回決算書』，同『第3期～第14期決算書』，同『第17期～第20期決算

いのは、伊藤伊株式会社が販売店へ支払う感謝金である。この感謝金も、本来は売上高から控除されるべき売上割戻金である。このほかに、伊藤伊から販売店へ値引割戻金も支払われている。表3－21に示されるように、伊藤伊の支払割戻金は第二回すなわち一九六七年一一月二八日決算では二八四一万円程度であったが、次第に増えて第一一期すなわち一九七六年一一月二八日決算では、約二・七倍の七七五九万円になっている。その後、増減するが六〇〇〇～七〇〇〇万円台の値となっている。値引割戻金は、さほど大きな金額ではなく、第一三期すなわち一九七八年一一月二八日決算の約三二三万円を例外的とすれば、五～三一万円の範囲内となっている。

今、前述の帳合料・感謝金などの仕入割戻金を売上原価から控除したうえで、さらに売上割戻金の分を売上高から控除

戻金の推移（1966年11月29日～1985年11月28日）

第５期	第６期	第７期	第８期	第９期	第10期
1969年11月29日 ～1970年11月28日	1970年11月29日 ～1971年11月28日	1971年11月29日 ～1972年11月28日	1972年11月29日 ～1973年11月28日	1973年11月29日 ～1974年11月28日	1974年11月29日 ～1975年11月28日
26,201,934	46,394,152	49,947,753	48,186,485	55,568,663	51,673,797
–	–	–	–	–	–
26,201,934	46,394,152	49,947,753	48,186,485	55,568,663	51,673,797
259,390	98,640	301,893	308,703	298,546	261,007
26,461,324	46,492,792	50,249,646	48,495,188	55,867,209	51,934,804
第15期	第16期	第17期	第18期	第19期	第20期
1979年11月29日 ～1980年11月28日	1980年11月29日 ～1981年11月28日	1981年11月29日 ～1982年11月28日	1982年11月29日 ～1983年11月28日	1983年11月29日 ～1984年11月28日	1984年11月29日 ～1985年11月28日
–	–	65,248,776	75,853,336	75,053,846	71,626,261
–	–	77,683	66,827	74,812	54,383
–	–	65,326,459	75,920,163	75,128,658	71,680,644

となっており，ここではその呼称にしたがっている。
こには支払割戻金と値引き割戻金の科目の記載はない。
書』，伊藤伊株式会社『第３期～第18期営業報告書』。

算入した売上総利益率の推移（1966年11月29日～1985年11月28日）

第５期	第６期	第７期	第８期	第９期	第10期
1969年11月29日 ～1970年11月28日	1970年11月29日 ～1971年11月28日	1971年11月29日 ～1972年11月28日	1972年11月29日 ～1973年11月28日	1973年11月29日 ～1974年11月28日	1974年11月29日 ～1975年11月28日
193,694,531	235,225,108	296,727,380	391,475,379	426,632,311	397,358,696
6,572,622,968	7,905,003,414	9,359,531,295	11,737,309,997	14,235,110,744	14,249,084,887
2.95	2.98	3.17	3.34	3.00	2.79
6,378,928,437	7,669,778,306	9,062,803,915	11,345,834,618	13,808,478,433	13,851,726,191
6,875,868,750	8,303,047,545	9,832,226,363	12,323,837,661	15,175,394,517	15,014,431,133
26,461,324	46,492,792	50,249,646	48,495,188	55,867,209	51,934,804
6,849,407,426	8,256,554,753	9,781,976,717	12,275,342,473	15,119,527,308	14,962,496,329
470,478,989	586,776,447	719,172,802	929,507,855	1,311,048,875	1,110,770,138
6.87	7.11	7.35	7.57	8.67	7.42
4.41	4.79	4.81	4.76	6.20	5.10
2.46	2.32	2.54	2.81	2.47	2.32
第15期	第16期	第17期	第18期	第19期	第20期
1979年11月29日 ～1980年11月28日	1980年11月29日 ～1981年11月28日	1981年11月29日 ～1982年11月28日	1982年11月29日 ～1983年11月28日	1983年11月29日 ～1984年11月28日	1984年11月29日 ～1985年11月28日
–	–	520,101,012	484,005,807	462,972,804	505,811,187
20,661,461,527	22,577,502,083	23,322,916,289	24,916,575,814	27,214,153,890	28,710,731,898
–	–	2.23	1.94	1.70	1.76
–	–	22,802,815,277	24,432,570,007	26,751,181,086	28,204,920,711
22,484,300,396	24,351,959,557	24,829,960,148	26,592,985,416	29,008,389,688	30,631,518,132
–	–	65,326,459	75,920,163	75,128,658	71,680,644
–	–	24,764,633,689	26,517,065,253	28,933,261,030	30,559,837,488
		1,961,818,412	2,084,495,246	2,182,079,944	2,354,916,777
–	–	7.92	7.86	7.54	7.71
8.11	7.29	6.07	6.30	6.10	6.27
–	–	1.85	1.56	1.44	1.44

となっており，ここではその呼称にしたがっている。
外は『決算書』の数字による。したがって，15期と16期だけは根拠となる数値が異なっており，受取割戻金

書』，伊藤伊株式会社『第３期～第18期営業報告書』。

表 3 -21　伊藤伊株式会社の支払割戻金・値引割

期	第１回	第２回	第３期	第４期
時期（年・月・日）	1966年９月20日 ～1966年11月28日	1966年11月29日 ～1967年11月28日	1967年11月29日 ～1968年11月28日	1968年11月29日 ～1969年11月28日
本社支払割戻金（円）A	－	28,411,283	28,438,905	23,724,341
大阪営業所支払割戻金（円）B	－	－	－	105,550
支払割戻金の合計C(A+B)	－	28,411,283	28,438,905	23,829,891
本社値引割戻金（円）D	－	66,757	118,412	113,455
割戻金の合計（円）（C＋D）		28,478,040	28,557,317	23,943,346
期	第11期	第12期	第13期	第14期
時期（年・月・日）	1975年11月29日 ～1976年11月28日	1976年11月29日 ～1977年11月28日	1977年11月29日 ～1978年11月28日	1978年11月29日 ～1979年11月28日
支払割戻金（円）A	77,594,266	60,296,444	63,585,007	65,955,444
値引割戻金（円）B	190,622	180,646	3,228,350	137,583
割戻金の合計（円）（A＋B）	77,784,888	60,477,090	66,813,357	66,093,027

（注１）伊藤伊株式会社の決算期の呼称は，下記出典のように，第１～第２までが「回」，第３以降は「期」
（注２）第15期・第16期は下記出典のうち『営業報告書』の「損益計算書」を確認しているだけであり，そ
（出典）伊藤伊株式会社『第１回～第２回決算書』，同『第３期～第14期決算書』，同『第17期～第20期決算

表 3 -22　伊藤伊株式会社の受取割戻金/支払・値引割戻金とそれらを

期	第１回	第２回	第３期	第４期
時期（年・月・日）	1966年９月20日 ～1966年11月28日	1966年11月29日 ～1967年11月28日	1967年11月29日 ～1968年11月28日	1968年11月29日 ～1969年11月28日
受取割戻金（円）（A）	－	137,408,611	177,813,322	169,943,244
売上原価（円）（B）	－	4,372,317,978	5,012,927,540	5,482,574,541
売上原価に対する割戻金の比率（%）（C）（A÷B×100）	－	3.14	3.55	3.10
売上原価－受取割戻金（円）（D）（B－A）	－	4,234,909,367	4,835,114,218	5,312,631,297
売上高（円）（E）	－	4,558,530,463	5,207,528,288	5,705,691,334
支払・値引割戻金の合計（円）（F）	－	28,478,040	28,557,317	23,943,346
試算上の売上高（円）（G）（E－F）	－	4,530,052,423	5,178,970,971	5,681,747,988
再試算上の売上総利益（円）（H）（G－D）	－	295,143,056	343,856,753	369,116,691
再試算上の売上総利益率（%）（I）（H÷G×100）	－	6.52	6.64	6.50
表３-19の売上総利益率（%）（J）	－	4.08	3.74	3.91
利益率差（I－J）（%）	－	2.44	2.90	2.59
期	第11期	第12期	第13期	第14期
時期（年・月・日）	1975年11月29日 ～1976年11月28日	1976年11月29日 ～1977年11月28日	1977年11月29日 ～1978年11月28日	1978年11月29日 ～1979年11月28日
受取割戻金（円）（A）	402,581,571	465,048,836	462,665,000	492,362,169
売上原価（円）（B）	15,675,096,877	17,223,132,994	18,041,992,932	19,835,152,854
売上原価に対する割戻金の比率（%）（C）（A÷B×100）	2.57	2.70	2.56	2.48
売上原価－受取割戻金（円）（D）（B－A）	15,272,515,306	16,758,084,158	17,579,327,932	19,342,790,685
売上高（円）（E）	16,641,586,275	18,264,716,105	19,101,750,769	21,052,572,407
支払・値引割戻金の合計（円）（F）	77,784,888	60,477,090	66,813,357	66,093,027
試算上の売上高（円）（G）（E－F）	16,563,801,387	18,204,239,015	19,034,937,412	20,986,479,380
再試算上の売上総利益（円）（H）（G－D）	1,291,286,081	1,446,154,857	1,455,609,480	1,643,688,695
再試算上の売上総利益率（%）（I）（H÷G×100）	7.80	7.94	7.65	7.83
表３-19の売上総利益率（%）（J）	5.81	5.70	5.55	5.78
利益率差（I－J）（%）	1.99	2.24	2.10	2.05

（注１）伊藤伊株式会社の決算期の呼称は，下記出典のように，第１～第２までが「回」，第３以降は「期」
（注２）下記出典のうち15期と16期は『決算書』を確認できていないので『営業報告書』によるが，それ以
の数値も確認できていない。

（出典）伊藤伊株式会社『第１回～第２回決算書』，同『第３期～第14期決算書』，同『第17期～第20期決算

して、あらためて売上総利益率を再試算してみると、表3-22の再試算上の売上総利益率に示す通りとなる。これをみると、六・五〜八・七%の範囲内で推移していることがわかる。これが、この時期の伊藤伊株式会社の実質的な売上総利益率と考えてよいであろう。なお、表3-19でみた売上総利益率と比べると、表3-22の利益率差（I－J）に示すように、一・四〜二・九%の範囲での差異があることがわかる。

純利益の推移

さて、ここで最終利益ともいうべき純利益の推移をみておこう。表3-19に示されるように、第一〇期すなわち一九七五年一一月二八日決算まで、純利益は増加傾向にあったが、その後は増減を繰り返し、第一五期すなわち一九八〇年一一月二八日決算にはピークとなる。そして、その後も増減を繰り返していたことがわかる。

第一一期の大幅な落ち込みは法人税等充当額の増加によるものであった[44]。その後、「経費の節減を計る」ことや「金利の軽減」が幸いしたこと[45]、「経費の自然増加を財務収益の増加により補」ったことで[46]経常収益を維持し、純利益も増加させた。第一四期の純利益微減は、経常利益と税引前利益は増加したものの法人税等充当金が増えたためであり[47]、第一五期の増益は「諸経費の増大特に金利の高騰」によって前述の「高針配送センターの完成による負担を加え」たため経常利益が若干落ち込んだが[48]、法人税等充当額が減ったためである[49]。その後も、表3-19に示されるように、純利益が微増微減を繰り返すが、「乱売合戦」による営業利益を「有価証券の処分益」で補ったり[50]、「経費の節減と利益商品の拡販[51]」によって利益の確保に努めたという。

売上高と同様に、伊藤伊とダイカの純利益を比較してみると、ダイカの一九七一年一月二一日決算の純利益は約二〇七八万円であり、ほぼ同時期の伊藤伊の第五期すなわち一九七〇年一一月決算での純利益は約七四七二万円であった。またダイカの一九八五年七月三一日決算での純利益は約一億八九三九万円であり、その前後の伊藤伊の第一九期すなわち一九八四年一一月二八日決算での純利益は約三億一五六六万円、第二〇期すなわち一九八五年一一月二八日

表3-23　伊藤伊とダイカの損益比較（1970年代末～1980年代初期）（金額単位：円）

企業・期	伊藤伊第15期	ダイカ第11期	伊藤伊第16期	ダイカ第12期	伊藤伊第17期	ダイカ第13期
時期（年・月・日）	1979年11月29日～1980年11月28日	1979年8月1日～1980年7月31日	1980年11月29日～1981年11月28日	1980年8月1日～1981年7月31日	1981年11月29日～1982年11月28日	1981年8月1日～1982年7月31日
（経常損益の部）						
Ⅰ営業損益						
(1)売上高	22,484,300,396	22,673,901,141	24,351,959,557	24,510,805,955	24,829,960,148	26,067,503,189
(2)売上原価	29,661,461,527	19,937,790,882	22,577,502,083	21,666,303,168	22,868,345,575	23,081,303,490
(3)一般管理費・販売費	865,757,818	2,663,445,416	915,490,972	2,820,974,371	1,020,843,786	2,973,755,522
営業利益	957,081,051	72,664,843	858,966,502	23,528,416	940,770,787	12,444,177
Ⅱ営業外損益						
(1)営業外収益						
受取利息	50,871,492	18,792,507	64,849,733	20,050,391	89,370,144	21,002,133
受取配当金	8,654,935		10,085,549		12,795,335	672,360,493
雑収入	8,467,629	524,945,809	67,885,242	559,243,652	17,989,602	693,362,626
(2)営業外費用						
支払利息	157,616,909	237,624,329	155,026,494	244,990,746	141,504,021	229,288,009
事業税等引当額	108,887,240		107,209,040		97,794,990	37,228,870
雑損失		8,182,914		7,524,719		6,908,019
経常利益	758,570,958	370,595,916	739,551,492	350,306,994	821,626,857	432,381,905
（特別損益の部）						
Ⅲ特別利益						
(1)固定資産売却益		63,673,582		104,764,407		688,400
(2)貸倒引当金戻入						4,300,000
(3)債権償却特別勘定戻入		898,822		3,371,467		232,000
(4)賞与引当金戻入						3,935,400
(5)退職給与引当金戻入						38,010,600
(6)価格変動準備金戻入				4,300,000		2,000,000
Ⅳ特別損失						
(1)貸倒引当金繰入額	46,949,479		49,907,479		48,109,479	
(2)価格変動準備金繰入額	34,167,855	200,000	31,986,975	4,300,000	35,401,426	
(3)固定資産売却損				4,621,144		
(4)固定資産圧縮損				73,797,090		
(5)債権償却特別勘定繰入				232,000		
(6)退職金		108,000,000		47,950,200		36,725,100
(7)退職給与引当金繰入						56,453,460
税引前当期利益	677,453,624	326,968,320	657,657,038	336,142,434	738,115,952	388,369,745
法人税等充当額	305,954,690	159,342,110	414,568,260	199,582,140	423,431,550	220,063,050
当期利益	371,498,934	167,626,210	243,088,778	136,560,294	314,684,402	168,306,695

（出典）伊藤伊株式会社『第15期～第16期営業報告書』，ダイカ株式会社『第11期・第12期営業報告書』，同『第13期事業報告書』。

決算でのそれは約二億九八八六万円であった(52)。したがって、伊藤伊のほうがダイカと比べて高収益であったといえよう。

これは、一九七〇年代末と一九八〇年代初頭の両社の損益計算書を比較した表3-23に示されるように、ダイカの一般管理費・販売費が大きかったことが主な要因といえる。このため、営業利益の段階から、伊藤伊の方が相対的に大きかった。前述のように、伊藤伊では仲間卸の貸倒損失を常にかかえる状況にあったが、そうしたマイナス要因の控除をもってしても、伊藤伊の税引前利益はダイカに比べて高かったことがわかる。

ダイカの一般管理費・販売費のなかで、大きな比率を占めた

表3-24　伊藤伊・ダイカの1人当たり資本装備率比較（1981～1982年）

企業・期	伊藤伊第17期	ダイカ第13期
時期（年・月・日）	1981年11月29日～1982年11月28日	1981年8月1日～1982年7月31日
有形固定資産（A）（円）	842,344,937	1,604,465,096
建設仮勘定（B）（円）	10,000,000	0
(A)－(B)＝(C)（円）	742,344,937	1,604,465,096
従業員数（D）（人）	172	564
1人当たり資本装備率(C)÷(D)(円)	4,315,959	2,844,796
土地（E）（円）	531,172,650	－
(C)－(E)＝（F）（円）	211,172,287	－
土地資産額を控除した1人当たり資本装備率（F)÷(D)(円)	1,227,746	－

（出典）伊藤伊株式会社『第17期営業報告書』，ダイカ株式会社『第13期事業報告書』，伊藤伊株式会社「法人の事業概要説明書（卸売業）」（自昭和56年11月29日至昭和57年11月28日，提出先・受理年月日不明）。

のは給料・手当と福利厚生費であった。第一二期でみると、給料・手当は一三億四〇五二万四一八七円、福利厚生費が一億八六九三万九七〇六円であったから[53]、この二つの合計額の一般管理費・販売費総額二八億二〇九七万四三七一円に占める比率は、五四・一%と半額以上であった。

人員数と資本装備率

ダイカのこの給料・手当および福利厚生費の大きさは、やはり従業員数が多かったことによる。表3-24に示されるように、時期は少し異なるが、一九八二年一一月二八日現在の伊藤伊の従業員数は一七二名、ダイカの同年七月三一日現在のそれは五六四名であり、ダイカの人員数は伊藤伊のそれの三倍以上であった。

このため、資本装備率について比較しても、伊藤伊の一人当たり資本装備率は四三一万五九五六円で、ダイカの二八四万四七九六円を上回っていたのである。

第二章でもみたように、伊藤弥太郎の実弟で経営の舵取りを担った服部清成が資本装備率一〇〇〇万円水準を目標値として述べた[54]直前の一九七三年一一月二八日現在の伊藤伊株式会社の資本装備率は、一人当たり約八万四四七〇円であった[55]。ただし、その時点では、伊藤伊合名会社から賃借していた土地が固定資産に含まれていないので、同一基準での比較のために、伊藤伊株式会社第一七期の固定資産から土地価格を差し引いた値を人員数で除すると、一二二万七七四六円となる。したがって、土地を含んでない値での比較になるが、伊藤伊では、一人当たり資本装備率を九年間で一四・五倍に増加させたとみることができる。とはいえ、土地価格を算入した資本装備率の四三一万五九五九円でも、服部が目指した一〇〇〇万円の半分にも達していなかった。

7　業界での地位

ここで、伊藤伊株式会社の一九八〇年代前半期の業界内の地位について、売上高および一人当たり売上高、さらには法人所得によって確認しておくことにしたい。

売上高と一人当たり売上高

表3－25は、『日経流通新聞』の調査による一九八二年度から一九八六年度までの洗剤・石鹸の卸企業の売上高の順位を示したものである。これをみると、伊藤伊が業界のトップ10のなかに登場してくるのは一九八四年度からである(56)。この時点での伊藤伊は、パルタック、ダイカ・グループおよび中央物産に次ぐ第四位の地位にあった。その後の二年間、各社とも売上を応分に伸ばしたため、第九位までのランキングに変化はなく、伊藤伊も一九八六年度まで業界四位の地位にあったのである。

一方、一人当たり売上高をみると、売上高で業界四位となった一九八四年度には、表3－26に示されるように、業界首位となった(57)。その実績値は一人当たり約一億五一二六万円であり、二位の山宝を約三七〇〇万円以上引き離していた。その後、二位の企業は変わり、その二位の実績が伊藤伊のそれに近くなるものの、伊藤伊は一九八六年度まで首位を保ったのである。

法人所得ランキング

他方、業界紙『週刊粧業』の調査による一九八〇年代の洗剤・化粧品卸企業の法人所得ランキングでみると、表3

表 3-25 洗剤・化粧品卸企業売上高上位10社の推移（1982～1986年度）

順位	1982年度 企業名	売上高（百万円）	1983年度 企業名	売上高（百万円）	1984年度 企業名	売上高（百万円）	1985年度 企業名	売上高（百万円）	1986年度 企業名	売上高（百万円）
1	パルタック	44,553	パルタック	50,598	パルタック	55,483	パルタック	59,530	パルタック	65,453
2	中央物産G	30,172	中央物産G	30,052	ダイカG	30,732	中央物産G	32,140	中央物産G	33,700
3	ダイカG	28,290	ダイカG	29,906	中央物産G	29,729	ダイカG	31,615	ダイカG	33,233
4	井田両国堂	20,330	井田両国堂	20,900	伊藤伊	28,891	伊藤伊	30,534	伊藤伊	32,383
5	東京堂	16,340	東京堂	18,701	小川屋	24,086	小川屋	25,579	小川屋	28,292
6	チヨカジ	14,090	チヨカジ	15,646	井田両国堂	22,100	井田両国堂	23,900	井田両国堂	25,700
7	粧連G	12,028	粧連G	12,095	東京堂	19,893	東京堂	21,368	東京堂	23,419
8	広島共和物産	10,797	広島共和物産	11,506	チヨカジ	16,970	チヨカジ	16,951	チヨカジ	20,977
9	山　和	10,055	山　和	10,300	広島共和物産	12,361	広島共和物産	13,175	広島共和物産	13,849
10	麻　友	9,200	麻　友	9,660	粧連G	12,095	山　和	12,500	宏和G	12,761

（出典）『日経流通新聞』各年所収前年度卸業調査記事による。

表 3-26 洗剤・化粧品卸企業1人当たり年間売上高上位10社の推移（1982～1986年度）

順位	1982年度 企業名	売上高（千円）	1983年度 企業名	売上高（千円）	1984年度 企業名	売上高（千円）	1985年度 企業名	売上高（千円）	1986年度 企業名	売上高（千円）
1	花生堂	156,250	花生堂	173,611	伊藤伊	151,262	伊藤伊	130,487	伊藤伊	128,504
2	山　和	105,842	山　和	107,292	山　宝	114,069	山　和	126,263	山　和	120,000
3	野村商事	85,833	山　宝	93,353	山　和	109,278	山　宝	97,294	野村商事	116,047
4	永井商事	85,821	野村商事	91,529	野村商事	86,719	ウエキ	94,205	伊東秀商事	98,246
5	大福商事	83,564	ウエキ	85,288	永井商事	85,784	伊藤秀商事	93,962	山　宝	98,143
6	－		永井商事	80,822	伊藤秀商事	82,635	野村商事	92,592	ウエキ	87,977
7	－		アケボノ物産	78,716	ウエキ	81,653	永井商事	80,723	ハリマ共和物産	81,240
8	－		中央物産	76,081	アケボノ物産	80,862	中央物産	80,150	中央物産G	80,622
9	－		麻　友	71,556	中央物産	77,825	アケボノ物産	74,308	大福商事	77,376
10	－		霜田物産	70,659	霜田物産	74,892	麻　友	71,753	永井商事	76,500

（注）ライオン油脂『代理店名簿』（1969年9月）などによると，伊藤秀商事は1984年度までの記載の通り伊藤秀商事である。しかし，ここでは1986年度以降は下記出典記載の通り，伊東秀商事としている。
（出典）『日経流通新聞』各年所収前年度卸業調査記事による。

-27に示されるように、各社の決算期の違いに注意しなければならないが、一九八四年一一月決算で伊藤伊は第二位となっている。その金額は、約九億六五五万円である。これは、伊藤伊が名古屋中税務署宛てに提出したこの時期の『確定申告書』の所得金額と一致している[58]。翌年に伊藤伊は、前年よりも所得金額が減ったものの、首位となっている。この数字も、この時期の『確定申告書』の所得金額と一致している[59]。

このように売上高、一人当たり売上高および法人所得ランキングでみる限り、伊藤伊は、一九八〇年代に

表3-27　洗剤・化粧品卸企業法人所得上位10社の推移（1984〜85年）

順位	1984年				1985年			
	企業名	本社所在地	決算期（月）	所得（万円）	企業名	本社所在地	決算期（月）	所得（万円）
1	大木産業	赤穂	12	124,516	伊藤伊	名古屋	11	90,112
2	伊藤伊	名古屋	11	90,655	大木産業	赤穂	12	66,862
3	小川屋	館林	12	83,284	小川屋	館林	12	61,924
4	パルタック	大阪	9	54,866	東京アイスター	東京	8	58,223
5	ダイカ	札幌	7	44,566	パルタック	大阪	9	58,007
6	岡本商会	大阪	4	36,145	ダイカ	札幌	7	57,174
7	広島共和物産	広島	8	34,547	東京花王販売	東京	3	53,718
8	資生堂大阪販社	大阪	11	33,712	滝川	東京	6	41,621
9	井田両国堂	東京	11	32,999	井田両国堂	東京	11	40,832
10	東京アイスター	東京	8	31,931	広島共和物産	広島	8	36,516

（出典）『週刊粧業』(株)週刊粧業）1986年5月12日。

は、石鹸・洗剤・紙製品などの日用雑貨卸業界では、中部地区のみならず日本の主要な卸売企業としての地位を築くにいたったのである。

おわりに

最後に本章の検討によって、明らかにされた諸点を整理しておくことにしたい。

第一に、仕入先や販売先との関係を、取引とそれに付随する保証の面からみてみると、仕入先メーカーへ伊藤伊が預け置く信認金は、長期的にみて取引の拡大にともない増加する傾向を辿ったが、短期的には年々の取引実態を反映するかのように増減していることもわかった。また、伊藤伊の販売先からの預り金をみると、その販売先が二次卸店を中心に広範囲に及んでいることも明らかにされた。

第二に、伊藤伊が株式や債券の購入によって、仕入先メーカーや販売先小売店の株主となっていたことや、そこからの配当などを受け取り、それが利息と合わせると多いときで経常利益の一割以上を占めていたことも確認された。他方、伊藤伊の販売のほとんどが掛売りであり、このため貸倒損失の負担が継続していたことも明らかにされた。

第三に、再販撤廃直後と推定される一部の取引制度をみると、伊藤伊から仲間卸への販売価格と伊藤伊から小売店への販売価格を同一にし、かつ仲間卸の利益を確保するために、伊藤伊は仕入価格と同額で仲間卸へ販売していることも明らかにされた。

第四に、その仲間卸への販売にともなう伊藤伊の報酬は、仕入先メーカーからの帳合料のみであり、これが売上原価控除として処理されているので、その分が伊藤伊の仲間卸相手の売上総利益に相当することも明らかにされた。

第五に、二次卸店との関係では、伊藤伊は多様な取引に関わる経理を集約する金融機能も担っており、メーカーにとっては、中部地域の市場戦略の要と位置付けられる存在であった。

第六に、伊藤伊では、フローとしての内部留保が高くてストックとしての内部留保を次第に増やしており、手元資金の流動性も確保されていたことが明らかにされた。これらは、伊藤伊の卸売企業としての主要な機能である金融機能の基盤を成すものであり、後の時代の投資の基礎となるものでもあったろう。

第七に、以上のような取引面や経理面の特徴を有する伊藤伊は、売上・利益ともに順調に増加し、一九八〇年代前半には売上高で業界第四位、一九八五年の法人所得のランキングでは、首位の地位にまでなった。

こうして伊藤伊株式会社は、全国を代表する卸売企業の地位を保持し続けたが、それは前述のように、メーカーによる販売テリトリー制の方針が大きく変わらないという条件の下でのことであった。一九八〇年代後半以降、小売業界の広域展開と新興小売勢力のいっそうの攻勢、さらにはそれにともなうメーカーや卸業界の従来の地域割りを越えた展開が活発になるにともない、伊藤伊株式会社は大きな変革を迫られることになる。そうした新たな経営環境の下での伊藤伊の経営展開についての検討が、次章以降の課題となる。

注

（1）伊藤伊関係者への聞き取り調査による。
（2）販社設立の初期の状況については、日本経営史研究所・花王株式会社社史編纂室編『花王史一〇〇年　一八九〇～一九九〇年』（一九九三年五月）三六六〜三七九頁および花王ミュージアム・資料室編『花王一二〇年　一八九〇－二〇一〇年』（二〇一二年五月）二二一〜二二九頁を参照されたい。また、関西地区での花王販社の設立過程については、佐々木聡「京阪神・近畿地域での花王販社の設立と統合の過程」（明治大学経営学研究所『経営論集』第五六巻第一・二号、二〇〇九年一月三一日）を参照されたい。

（3）伊藤伊株式会社「法人の事業概況説明書（卸売業）」（昭和六一年一月二七日収受の印鑑が押印されているが、収受先は判読不可）。

（4）伊藤伊株式会社『第二〇期決算書』（自昭和五九年一一月二九日至昭和六〇年一一月二八日）。

（5）ここでは、林周二『流通革命』増補版（中公新書、一九八二年一〇月、第五二版）による。

（6）伊藤昌弘氏はじめ伊藤伊関係者への聞き取り調査による。

（7）牛乳石鹸共進社株式会社は一九〇九（明治四二）年に創業したが、伊藤伊はその頃からの長い取引関係を有していた（『牛乳石鹸共進社株式会社八〇年史』一九八八年一〇月、二九頁および伊藤弥太郎『星霜』伊藤伊株式会社、一九八四年、一一三頁）。

（8）なお、一九六〇年代後半の消費者物価高騰のなかで、再販制度は物価問題の焦点となった。花王などのメーカーは、再販によって不当廉売などを防止する有効な手段であるとの主張であったが、一部には、独占的な立場での再販利用が価格の高値安定を狙っているとの批判もあった。花王の経営者も参加していた物価問題懇談会では、一九六六（昭和四一）年六月に再販制度をより厳しく規制する方針を打ち出し、一九七一年には住居用洗剤、洗濯用石鹸、粉末石鹸が再販指定から外された。さらに一九七三年八月二九日には、家庭用浴用石鹸、家庭用合成洗剤、練歯磨は「メーカー段階における寡占の程度が甚だしい」との理由で、公正取引委員会が不当廉売を規制する何らかの措置を講ずるとしたうえで、再販指定を外す方針を示し、同年一〇月一九日をもって翌年九月一日に石鹸・洗剤・歯磨の再販指定を取り消す旨の告示が出された。しかし、その直後の石油危機により、不当廉売や値崩れを取り上げるべき状況ではなくなり、かつ原材料価格の急騰にともなう製品価格の大幅引き上げ申請が再販下で認められる可能性も乏しくなった。このため、一九七四年九月の石鹸・洗剤の再販指定商品からの除外を前に、代表的なメーカーは再販を離脱してゆくこととなったのである（前掲『花王史一〇〇年（一八九〇〜一九九〇年）』三五三〜三五六頁および前掲『花王一二〇年　一八九〇－二〇一〇年』三〇二〜三〇三頁、三一三〜三一四頁、

花王社史編纂室編『花王史一〇〇年　年表／資料（一八九〇〜一九九〇年）一九九三年三月、一二一頁、花王ミュージアム・資料室編『花王一二〇年　資料編（一八九〇‐二〇一〇年）』二〇一二年五月、七五頁。
（9）ここでの牛乳石鹸共進社株式会社の取引制度に関する叙述は、とくに断りのない限り、牛乳石鹸共進社株式会社「修正お取引制度（代理店様）」（昭和四九年三月二二日実施分）および伊藤伊関係者への聞き取り調査による。
（10）伊藤昌弘氏への聞き取り調査による。
（11）前掲『星霜』一一一頁。
（12）ライオン歯磨株式会社社史編纂委員会『ライオン歯磨八〇年史』（一九七三年一〇月三〇日）一六七〜一六九頁、ライオン株式会社社史編纂委員会『ライオン一〇〇年史』（一九九二年一〇月三〇日）六三〜六五頁、同『ライオン一二〇年史』（二〇一四年七月）三八頁。なお、一九五二（昭和二七）年に、その前年に結成された全国ライオン会の理事会が開催されたときに、伊藤弥太郎は理事に選出されるほど信頼が厚かった（前掲『ライオン歯磨八〇年史』一三九頁）。
（13）ライオン油脂株式会社社史編纂委員会『ライオン油脂六〇年史』（一九七九年一二月二〇日）一九四〜一九六頁、前掲『ライオン一〇〇年史』二〇五〜二〇六頁、前掲『ライオン一二〇年史』七四頁。
（14）前掲『ライオン油脂六〇年史』二一一〜二一二頁、前掲『ライオン一〇〇年史』二三一頁、前掲『ライオン一二〇年史』七五頁。
（15）前掲『星霜』一五七〜一六一頁。
（16）伊藤弥太郎の「資本の蓄積なくして繁栄は望めない」は伊藤伊株式会社『和親』No.7（一九七三年一月一日）三頁、服部清成の「自己資本の充実」は同書の五頁を根拠としている。
（17）伊藤伊株式会社『第四期営業報告《ママ》』（自昭和四三年一一月二九日至昭和四四年一一月二八日）。
（18）伊藤伊株式会社『第五期営業報告書』（自昭和四四年一一月二九日至昭和四五年一一月二八日）。
（19）伊藤伊株式会社『第六期営業報告書』（自昭和四五年一一月二九日至昭和四六年一一月二八日）。
（20）前掲『第五期営業報告書』。
（21）伊藤伊株式会社『第七期営業報告書』（自昭和四六年一一月二九日至昭和四七年一一月二八日）。
（22）伊藤伊株式会社『第八期営業報告書』（自昭和四七年一一月二九日至昭和四八年一一月二八日）。

(23) 伊藤伊株式会社『第九期営業報告書』(自昭和四八年一一月二九日至昭和四九年一一月二八日)。
(24) 前掲『第八期営業報告書』、前掲『第九期営業報告書』。
(25) 伊藤伊株式会社『第一〇期営業報告書』(自昭和四九年一一月二九日至昭和五〇年一一月二八日)。
(26) 伊藤伊株式会社『第一一期営業報告書』(自昭和五〇年一一月二九日至昭和五一年一一月二八日)。
(27) 伊藤伊株式会社『第一二期営業報告書』(自昭和五一年一一月二九日至昭和五二年一一月二八日)。
(28) 伊藤伊株式会社『第一四期営業報告書』(自昭和五三年一一月二九日至昭和五四年一一月二八日)。
(29) 伊藤伊株式会社『第一五期営業報告書』(自昭和五四年一一月二九日至昭和五五年一一月二八日)。
(30) 前掲『第一五期営業報告書』。
(31) 前掲『第一四期営業報告書』、前掲『第一五期営業報告書』。
(32) 伊藤伊株式会社『第一六期営業報告書』(自昭和五五年一一月二九日至昭和五六年一一月二八日)。
(33) 伊藤伊株式会社『第一七期営業報告書』(自昭和五六年一一月二九日至昭和五七年一一月二八日)。
(34) 前掲『第六期営業報告書』および前掲『第七期営業報告書』。
(35) 佐々木聡『地域卸売企業ダイカの展開——ナショナル・ホールセラーへの歴史的所産』(ミネルヴァ書房、二〇一五年三月)一四八〜一四九頁を参照されたい。
(36) 伊藤伊株式会社『第一三期営業報告書』(自昭和五二年一一月二九日至昭和五三年一一月二八日)。
(37) 前掲「法人の事業概況説明書(卸売業)」(昭和六一年一月二七日収受の印鑑が押印されているが、収受先は判読不可)。
(38) 花王は、デパート向け商品の販売は、東京では中央物産、中京地区では伊藤伊に長く依存していた。これを花王販社による直販に切り替えるのは、二〇〇三(平成一五)年一月のことである(花王販売株式会社『有価証券報告書　第三二期』自平成一四年四月一日至平成一五年三月三一日、七頁)。
(39) 「法人の事業概況説明書(卸売業)」(昭和六一年一月二七日収受の印鑑が押印されているが、収受先は判読不可)。
(40) 第一五期の約八%から第一六期の七%台への低下について、この時期の伊藤伊の『営業報告書』では「市況低迷は勢い価格競争を呼び特に主婦に関心の深い主力トイレタリー商品は大型量販店、コンビニエンスストアーを始めとする乱売合戦の目玉となり易く市場価格の低落は即値引、値下の要請となり荒利率の落込は一%近くに達しました」としている(前掲『第一六期営業報告書』)。
(41) 第一章表1－14を参照。
(42) 前掲『地域卸売企業ダイカの展開——ナショナル・ホールセラーへの歴史的所産』一四八〜一四九頁を参照されたい。
(43) 確認できる限りではあるが、伊藤伊株式会社『第一八期決算書』(自昭和五七年一一月二九日至昭和五八年一一月二八日)および伊藤伊株式会社『第一九期決算書』(自昭和五八年一一月二九日至昭和五九年一一月二八日)所収の「未収金明細」のなかの「受取割戻金」の「摘要」欄には「帳合料」および「感謝金」の項目が記載されている。
(44) 前掲『第一一期営業報告書』では、「人件費を始めとする諸経費の上昇は受けましたものの偶々前期大巾減益の結果による事業税等公租公課の減少もあり税引前利益は前期比二八％増の五億四千万円を確保することが出来ました」(傍点引用者)と説明されている。確かに税引前利益は、一〇期の約四億二〇六三万円から第一一期の約五億四〇〇八万円と増加しているが、法人税等充当金は約一億四七九六三万円から三億七一四七万円へと増加している(前掲『第一〇期営業報告書』、前掲『第一一期営業報告書』)ので、純利益は表3－19に示されるように減っている。したがって、この引用文の「事業税等公租公課の減少」が何を意味するのか現時点では特定できていない。
(45) 前掲『第一二期営業報告書』。
(46) 前掲『第一三期営業報告書』。
(47) 第一三期の経常利益は約六億六九一二万円、税引前利益は約五億八六二三万円であり、第一四期(期)の経常利益は約七億六二七八万円、税引前利益は約六億八二三五万円であった(前掲『第一三期営業報告書』、前掲『第一四期営業報告書』)。
(48) 前掲『第一五期営業報告書』。
(49) 第一四期の経常利益は約七億六二七八万円、税引前利益は約六億八二三五万円であり、第一五期の経常利益は約七億五八五七万円、税引前利益は約六億七七四五万円であった(前掲『第一四期営業報告書』、前掲『第一五期営業報告書』)。
(50) 前掲『第一六期営業報告書』。
(51) 前掲『第一七期営業報告書』。
(52) ダイカの決算数値については、前掲『地域卸売企業ダイカの展開——ナショナル・ホールセラーへの歴史的所産』一四八〜一四九頁を参照されたい。

(53)　ダイカ株式会社『第一二期営業報告書』（自昭和五五年八月一日至昭和五六年七月三一日）。

(54)　前掲『和親』No.7、五頁。

(55)　伊藤伊株式会社『第八期営業報告書』（自昭和四七年一一月二九日至昭和四八年一一月二八日）と同報告書記載の従業員数メモによると、建設仮勘定を除く有形固定資産が九五四万五〇九五円であり、従業員数が本社一〇四名、堀田工場九名の計一一三名であるから、一人当り資本装備率は約八万四四七〇円ということになる。

(56)　一九八四年度は、伊藤伊の決算期では第一九期すなわち一九八三年一一月二九日から一九八四年一一月二八日の期間が重なる期間が最も長いが、完全には一致しない。このため、表3－25の一九八四年度の伊藤伊の売上高の二八八億九一〇〇万円と、表3－19の伊藤伊の一九八四年度の売上高二九〇億八三九万円も一致せず、いくらかの誤差が生じる。それでも業界内のランキングをみるうえで、この『日経流通新聞』の年度別ランキングはひとつの有用な情報といえよう。

(57)　この一人当たり売上高も、期間のずれがあることにより、数字に違いがある。

(58)　伊藤伊株式会社『昭和五八年一一月二九日～昭和五九年一一月二八日事業年度分の確定申告書』（昭和六〇年一月二五日付名古屋中税務署収受）。このなかでの所得金額は、九億六五五万四三一五円となっている。

(59)　伊藤伊株式会社『昭和五九年一一月二九日～昭和六〇年一一月二八日事業年度分の確定申告書』（昭和六一年一月二七日付名古屋中税務署収受）。このなかでの所得金額は、九億一一二万六六一〇円となっている。

第四章　所有・経営と取引関係の変容（一九八〇年代半ばから二〇〇〇年代前半）

はじめに

本章では、中部地域の有力な卸売企業となっていた伊藤伊株式会社が、三代目社長が就任した一九八五年から、ダイカ、サンビック、徳倉との四社合併により全国卸の株式会社あらたとなる二〇〇四年までの間に、所有と経営、経営方針、実際の取引対象などの面でどのような変容を遂げたかを検討する。

一九八〇年代半ばから二〇〇〇年代初頭までの日本経済は、プラザ合意以降のバブル発生とその崩壊そして大手金融機関の破綻という流れとなった。産業界に関わる重要な変化としては、電気通信の自由化や持株会社の解禁はじめ、さまざまな規制緩和が進展したことがあげられよう。流通業界でも、一九八九年以降の日米構造協議を背景とする大型店の出店規制の緩和にともない、大手小売チェーンの広域展開が進むとともに、コンビニンスストアやドラッグストアなどの業態が勢力を増していった。石鹸・洗剤・紙製品などの日用雑貨の卸売業界でも、それに対応して広域的な統合・合併が進展した。

本章で検討の対象とする伊藤伊は、第二章と第三章でみたように、一九八〇年代前半まで、急成長するスーパーやコンビニへ組織的に対応しながらも、従来型の二次卸尊重の経営方針を堅持し、その取引範囲は地元の愛知県はもと

の推移（1984年11月～2004年３月）

第24期	第25期	第26期	第27期	第28期	第29期
1988年11月29日 ～1989年11月28日	1989年11月29日 ～1990年11月28日	1990年11月29日 ～1991年11月28日	1991年11月29日 ～1992年11月28日	1992年11月29日 ～1993年11月28日	1993年11月29日 ～1994年11月28日
90,000 180,000	90,000 180,000	90,000 180,000	90,000 180,000	90,000 180,000	135,000 270,000
					１株を1.5株に分割
第34期	第35期	第36期	第37期	第38期	第39期
1998年４月１日 ～1999年３月31日	1999年４月１日 ～2000月３月31日	2000年４月１日 ～2001年３月31日	2001年４月１日 ～2002年３月31日	2002年４月１日 ～2003年３月31日	2003年４月１日 ～2004年３月31日
735,000 350,000	758,940 7,957,600	922,740 8,657,600	922,740 8,657,600	922,740 8,657,600	922,740 -
	①木村屋との合併（合併比率１：2.1），②株式分割（500円額面株式を50円額面株式20株に分割）	株式店頭公開			

書』。

より、三重・岐阜・静岡・滋賀・京都・福井・石川・富山・新潟・長野の各府県へと広範囲に及んでいた。すなわち従来型の広域多段階取引の中枢的立場を堅持してきたのである。

このような従来型の卸売企業の伊藤伊は、上述のような一九八〇年代半ば以降の経営環境の加速度的変化のなかで、どのように経営全体の体制を適応させて進化を遂げたのであろうか。こうした疑問は、日本経営史の研究史上の課題のひとつであったといってよい(1)。

1　伊藤伊の所有と経営

第二章でみたように、一九八〇年代前半までの伊藤伊は所有と経営の両面で同族中心であり、経営面の舵取りは二代目の伊藤弥太郎とその実弟の服部清成《きよしげ》が中心となっていた。その経営方針は、従来からの仲間卸尊重すなわち多段階取引中心であった。

ここで、一九八五年二月一日に伊藤弥太郎の次男の伊藤昌弘が三代目の経営者となってから、企業経営の基本的特性ともいうべき所有と経営の両面がどのように推移したかについて、検証しておこう。

表4－1　伊藤伊株式会社の資本金

期	第20期	第21期	第22期	第23期
時期（年・月・日）	1984年11月29日～1985年11月28日	1985年11月29日～1986年11月28日	1986年11月29日～1987年11月28日	1987年11月29日～1988年11月28日
資本金（千円）	90,000	90,000	90,000	90,000
発行済総株式数（千株）	180,000	180,000	180,000	180,000
資本金増加の要因				
期	第30期	第31期	第32期	第33期
時期（年・月・日）	1994年11月29日～1995年11月28日	1995年11月29日～1996年3月31日	1996年4月1日～1997年3月31日	1997年4月1日～1998年3月31日
資本金（千円）	135,000	135,000	735,000	735,000
発行済総株式数	270,000	270,000	350,000	350,000
資本金増加の要因			第3者割当増資	

（出典）伊藤伊株式会社『第21期～第31期営業報告書』，『第32期～第38期営業報告書』，『第39期決算報告

資本金と株式所有の推移

さて、まず所有面の推移について、みておくことにしよう。

資本増加の過程

表4－1に示されるように伊藤昌弘が社長に就任した一九八五年の資本金は九〇〇〇万円であり、八年後の一九九三年一一月まで変わりはない。その後、四回の資本増加と一回の株式数のみの増加という五つの段階を経て、二〇〇一年三月末には、一九八五年の一〇倍強の九億二二七四万円へと増加する。

五つの段階の概略をみておくと、まず初めは第二九期（一九九三年一一月二九日～一九九四年一一月二八日）の株式分割によるものである。一株を一・五株に分割したので、一八万株×一・五＝二七万株となり、資本金は五〇〇円×二七万株＝一億三五〇〇万円となった。第二段階は、第三二期（一九九六年四月一日～一九九七年三月三一日）の増加であった。一九九七年三月の有償第三者割当増資によるもので、金融機関八社、伊藤伊の取引先一九社、ベンチャー・キャピタル（JAVFカストディアンBVなど）八社、その他七社、計四二社が八万株の引き受け手となった。発行価格は一万五〇〇〇円（株価算定会社は国際証券で類似業種批准価額方式によった）で、資本金組入額は七五〇〇円であった。したがって、株式数は二七万株＋八万株で三五万株

に増加し、資本金は、一億三五〇〇万円＋七五〇〇円×八万株＝七億三五〇〇万円となった。

伊藤昌弘は、社長就任年も含めて一〇年目にあたる一九九四年の春から伊藤伊の資金調達手段の多様化という面から株式の公開を考え始めていた(2)。これ以降の一連の増資は、自己資本の充実と株式店頭公開への準備という面をあわせもつものであった。

第三段階と第四段階は、三五期（一九九九年四月一日〜二〇〇〇年三月三一日）に発生した。第三段階は、二〇〇〇年四月一日の浜松市の木村屋との合併によるもので、木村屋の総株式二万一八〇〇株の一株につき、二・一株の合併比率であったので、増加株式数は二万二八〇〇株×二・一＝四万七八八〇株となり、合計株式数は三五万株＋四万七八八〇株＝三九万七八八〇株となった。これによる資本増加は、五〇〇〇円×四万七八八〇株＝二三九四万円であり、合計資本金額は七億三五〇〇万円＋二三九四万円＝七億五八九四万円となった。第四段階は、二〇〇〇年三月二一日の五〇〇〇円額面株式一株を五〇円額面株式二〇株に分割する株式分割（一〇割無償すなわち一株を二分割と額面変更）によるもので、株式数は三九万七八八〇株×二〇＝七九五万七六〇〇株となったが、資本増加はない。これは次の段階の店頭公開に向けて、一般的な額面であった五〇円に合わせる意味もあった(3)。

第五段階は、三六期（二〇〇〇年四月一日〜二〇〇一年三月三一日）の二〇〇〇年九月一九日の株式店頭公開によるものである。伊藤伊の最後の資本増加である。七〇万株を売り出したので、これによって株式数はそれまでの七九五万七六〇〇株＋七〇万株で八六五万七六〇〇株となった。発行価格は四六八円で、その半額が資本金組入額であったので、増加資本金額は四六八円÷二×七〇万株＝一億六三八〇万円となる。したがって、新たな資本金額は七億五八九四万円＋一億六三八〇万円で、九億二二七四万円となった。

主要株主とその所有比率の推移

以上のような資本増加の過程で、伊藤伊の主要株主がどのように推移したかについて確認しよう。

まず伊藤昌弘が社長に就任してから九カ月後の一九八五年一一月すなわち第二〇期末の株主明細は、第二章（表2-7）でもすでに紹介したが、あらためて表4-2-1で確認したい。これをみると、伊藤昌弘

表4－2－1　伊藤伊株式会社の株主明細（1985年11月）

氏　名	1985年11月時点の役職	1985年11月時点			
		持株数	1株額面（円）	出資金額（円）	出資比率（%）
音羽殖産株式会社		98,875	500	49,437,500	54.93
伊藤昌弘	代表取締役社長	20,700	500	10,350,000	11.50
伊藤とし	監査役	12,500	500	6,250,000	6.94
服部清成	代表取締役会長	4,500	500	2,250,000	2.50
鈴木堅二	取締役	2,250	500	1,125,000	1.25
伊藤千代子		2,250	500	1,125,000	1.25
小　計		141,075	－	70,537,500	78.38
星野市雄	取締役	1,200	500	600,000	0.67
神谷健三	取締役	1,200	500	600,000	0.67
伊藤哲也	取締役	1,200	500	600,000	0.67
伊藤照雄		1,200	500	600,000	0.67
伊藤喜将		600	500	300,000	0.33
松田　哲		600	500	300,000	0.33
村松芳一		600	500	300,000	0.33
児玉正雄		600	500	300,000	0.33
松田常次		600	500	300,000	0.33
杉山政佳		600	500	300,000	0.33
伊藤康一		600	500	300,000	0.33
織田栄一		300	500	150,000	0.17
稲垣三男		300	500	150,000	0.17
島崎仙次		200	500	100,000	0.11
深見　隆		200	500	100,000	0.11
三浦弘史		300	500	150,000	0.17
水野康次		200	500	100,000	0.11
安江　功		200	500	100,000	0.11
横江元和		200	500	100,000	0.11
小川　博		200	500	100,000	0.11
黒宮幸雄		200	500	100,000	0.11
大島　昇		200	500	100,000	0.11
山崎二夫		200	500	100,000	0.11
平野正俊		200	500	100,000	0.11
上野　豊		200	500	100,000	0.11
鈴木幹男		200	500	100,000	0.11
前田裕彦		200	500	100,000	0.11
阿知波一夫		200	500	100,000	0.11
内田喜美雄		125	500	62,500	0.07
太田　宏		125	500	62,500	0.07
服部章信		125	500	62,500	0.07
武内　修		125	500	62,500	0.07
今西正巳		125	500	62,500	0.07
浅井清弘		125	500	62,500	0.07
加藤　功		125	500	62,500	0.07
河野幹生		125	500	62,500	0.07
伊藤春樹		125	500	62,500	0.07
伊藤広高		125	500	62,500	0.07
山田隆雄		125	500	62,500	0.07
高橋洋史		125	500	62,500	0.07
社員持株会		24,725	500	12,362,500	13.74
小　計		38,925	－	19,462,500	21.63
合計数		180,000	－	90,000,000	100.00

（出典）伊藤伊株式会社『第20期決算書』所収「支払配当金明細」。

表4－2－2－① 伊藤伊株式会社の株主明細（1989年11月）

氏　名	1989年11月時点の役職	1989年11月時点			
		持株数	1株額面（円）	出資金額（円）	出資比率（％）
音羽殖産株式会社		98,875	500	49,437,500	54.93
伊藤昌弘	代表取締役社長	20,700	500	10,350,000	11.50
伊藤とし	監査役	2,080	500	1,040,000	1.16
服部清成	代表取締役会長	4,500	500	2,250,000	2.50
鈴木堅二		2,250	500	1,125,000	1.25
伊藤千代子		2,250	500	1,125,000	1.25
小　計		130,655	－	65,327,500	72.59
神谷健三	常務取締役	1,200	500	600,000	0.67
伊藤哲也	常務取締役	1,200	500	600,000	0.67
伊藤照雄	取締役	1,200	500	600,000	0.67
伊藤喜将		600	500	300,000	0.33
松田　哲		600	500	300,000	0.33
児玉正雄		600	500	300,000	0.33
松田常次		600	500	300,000	0.33
杉山政佳		600	500	300,000	0.33
伊藤康一		600	500	300,000	0.33
織田栄一		300	500	150,000	0.17
稲垣三男		300	500	150,000	0.17
深見　隆		200	500	100,000	0.11
三浦弘史		300	500	150,000	0.17
水野康次		200	500	100,000	0.11
安江　功		200	500	100,000	0.11
横江元和		200	500	100,000	0.11
小川　博		200	500	100,000	0.11
黒宮幸雄		200	500	100,000	0.11
大島　昇		200	500	100,000	0.11
山崎二夫		200	500	100,000	0.11
平野正俊		200	500	100,000	0.11
上野　豊		200	500	100,000	0.11
鈴木幹男		200	500	100,000	0.11
前田裕彦		200	500	100,000	0.11
阿知波一大		200	500	100,000	0.11
内田喜美雄		125	500	62,500	0.07
太田　宏		125	500	62,500	0.07
服部章信		125	500	62,500	0.07
武内　修		125	500	62,500	0.07
浅井清弘		125	500	62,500	0.07
加藤　功		125	500	62,500	0.07
河野幹生		125	500	62,500	0.07
伊藤春樹		125	500	62,500	0.07
伊藤広高		125	500	62,500	0.07
山田隆雄		125	500	62,500	0.07
高橋洋史		125	500	62,500	0.07
鈴木洋一		310	500	155,000	0.17
鈴木隆二		210	500	105,000	0.12
埴原三津男		100	500	50,000	0.06
片岡正治		100	500	50,000	0.06
藤根康裕		100	500	50,000	0.06
糸川寿治		100	500	50,000	0.06
小野沢光男		100	500	50,000	0.06
大坪　稔		100	500	50,000	0.06
鵜飼一守		100	500	50,000	0.06
鈴木輝夫		100	500	50,000	0.06
中沢　勝		100	500	50,000	0.06

表4-2-2-②　伊藤伊株式会社の株主明細（1989年11月）

氏　名	1989年11月時点の役職	1989年11月時点			
		持株数	1株額面（円）	出資金額（円）	出資比率（%）
塚本計巳		100	500	50,000	0.06
宇佐美博		100	500	50,000	0.06
黒川高行		100	500	50,000	0.06
鈴村順一		100	500	50,000	0.06
渡部昭人		100	500	50,000	0.06
斉藤茂次		100	500	50,000	0.06
繁野嘉正		100	500	50,000	0.06
沼田英二		100	500	50,000	0.06
伊藤正成		100	500	50,000	0.06
山口　勇		100	500	50,000	0.06
望月敏世		100	500	50,000	0.06
浜本博光		100	500	50,000	0.06
加藤清和		100	500	50,000	0.06
幸島啓博		100	500	50,000	0.06
山本千年		100	500	50,000	0.06
社員持株会		34,350	500	17,175,000	19.08
小　計		49,345	−	24,672,500	27.41
合計数		180,000	−	90,000,000	100.00

（出典）伊藤伊株式会社『第24期決算書』所収「支払配当金明細」。

が代表取締役を務める音羽殖産株式会社が五四・九三%、代表取締役社長の伊藤昌弘が一一・五%、伊藤昌弘の母の伊藤とし（伊藤伊創業者伊藤伊三郎次女で弥太郎夫人）が六・九四%、伊藤昌弘の父・弥太郎の弟の服部清成《きよしげ》が二・五%、伊藤昌弘の姉・千代子とその夫の鈴木堅二がそれぞれ一・二五%であった。すなわちこれらの同族関係で七八・三八%となる。これに古参番頭で伊藤昌弘の従兄弟でもある伊藤哲也（伊藤弥太郎の兄の子）の〇・六七%を加えると七九・〇五%となる。いずれの場合でも、伊藤伊株式会社は、上位株主三人以下とその三人と特殊な関係のある個人（配偶者、六親等以内の血族および三親等以内の姻族など）・法人（株主本人と特殊な関係にある個人が五〇%超の株式を持つ会社など）の株式所有比率が五〇%以上となっているので、この時点で所得税法（昭和四〇年三月三一日法律第三四号）上も同族会社と認められる企業であったことがわかる。[4]

資本の増加はないが、表4-2-2-①・②に示される四年後の第二四期末（一九八九年一一月）の株主明細をみても、伊藤としの持株数が減少してその所有比率が下がっているほかは大きな変化はない。鈴木（伊藤）千代子の二人の息子（伊藤昌弘の二人の甥）の鈴木洋一と鈴木隆二の比率を表4-2-1と同じ伊藤家メンバーの比率七二・五九%に加えても、七三%未満で

表4-2-3　伊藤伊株式会社の主要株主（1994年11月）

氏　名	1994年11月時点の役職	1994年11月時点			
		持株数	1株額面(円)	出資金額(円)	出資比率(%)
音羽殖産株式会社		148,318	500	74,159,000	54.93
伊藤昌弘	代表取締役社長	31,050	500	15,525,000	11.50
鈴木堅二		4,125	500	2,062,500	1.53
伊藤千代子		3,375	500	1,687,500	1.25
鈴木洋一		2,925	500	1,462,500	1.08
鈴木隆二		2,775	500	1,387,500	1.03
小　計		192,568	500	96,284,000	71.32
伊藤哲也	代表取締役副社長	3,600	500	1,800,000	1.33
松田常次	監査役	2,625	500	1,312,500	0.97
小　計		6,225	500	3,112,500	2.31
合　計		198,793	500	99,396,500	73.63
発行済株式数・資本金額		270,000	500	135,000,000	100.00

（出典）伊藤伊株式会社『同族会社の判定に関する明細書』（1993年11月29日～1994年11月28日）。

表4-2-4　伊藤伊株式会社の主要株主（1997年3月）

株主名	1997年3月末の役職	持株数(千株)	計算上の持株比率(%)	出典記載の持株比率(%)
音羽殖産株式会社		130	37.14	37.34
従業員持株会		69	19.71	19.89
伊藤昌弘	代表取締役社長	31	8.86	8.87
小　計		230	65.71	66.10
株式会社第一勧業銀行		7	2.00	2.03
ライオン株式会社		7	2.00	2.00
株式会社東海銀行		6	1.71	1.71
ユニ・チャーム株式会社		6	1.71	1.71
小　計		26	7.42	7.45
伊藤哲也		5	1.43	1.60
児玉正雄	専務取締役	4	1.14	1.38
鈴木堅二		4	1.14	1.11
合　計		269	76.86	77.64
発行済株式総数		350	100.00	100.00

（注）全株主数は61名である。
（出典）伊藤伊株式会社『第32期営業報告書』（1996年4月1日～1997年3月31日）。

あり、表4-2-1の伊藤家同族の比率七八・三八％よりも少し低下していることが確認できる。ただ、この一九八九年末までは、これ以外の株主が従業員と社員持株会[5]であり、ほぼ伊藤伊株式会社の関係者で一〇〇％の株式所有であったことが確認できよう。

株式分割によって、伊藤昌弘社長になってから初めて株式数と資本の増加があった第二九期末（一九九四年一一月）以降の株主明細に関する史料は確認できていない。そこで、表4-2-3に示した『同族会社の判定に関する明細書』によってみると、鈴木洋一と鈴木堅二を加えた伊藤家同族で七一・三二％の所有比率となっていることがわかる。

伊藤昌弘の従兄弟の伊藤哲也を加えると、七二・六五％となる。(6) ただし、伊藤哲也を除いても、この時期においてもなお明らかに税法上の同族会社のままであることに変わりはない。また、伊藤伊従業員などを含むと関係者による封鎖的な所有であった。

第三者割当によって初めて株式を外部に割り当てて資本を増加した第三二期末（一九九七年三月）の主要株主を、表4－2－4によってみてみよう。これをみると、割当に応じた銀行や仕入先メーカーなどの外部の法人が、初めて主要株主に名前を連ねるようになったことがわかる。音羽殖産と伊藤昌弘だけで四六・二一％、これに一九九六年三月に新発足した従業員持株会を加えると六六・一％、同族の鈴木堅二を加えると六七・二一％となる。伊藤家同族全体の所有比率が低下したことは明らかである。しかし、伊藤昌弘とその関係者・関係機関の所有比率が六〇％以上を占めていることがわかる。

なお、この第三者割当増資以降の従業員持株会は、以前の非公開時代とは異なり、株式上場を控えて、全社員が毎月、定額を給与から天引きし、株式上場時に市場から購入する制度となり、上場後は毎月月末に市場から購入できる制度に変わった。しかし、インサイダー取引の恐れもあって自粛するように指導されたため、実際の売買は急な資金を要する場合を除いてあまりなかったという。(7)

表4－2－5は、木村屋との合併による資本増加と株式分割による株式数増加のあった三五期末（二〇〇〇年三月）、株式店頭公開のあった三六期末（二〇〇一年三月）、および伊藤伊がダイカやサンビックと共同持株会社あらたを設立する二〇〇二年四月の直前の三七期（二〇〇二年三月）の主要株主とその所有比率を示している。これをみると、音羽殖産、従業員持株会、伊藤昌弘の三者合計比率が二〇〇〇年三月末時点で六〇％を割り、その後、少し比率を低下させていることがわかる。ただし、これら三者で五〇％を割ることはなかった。また関係取引先・金融機関と伊藤伊役員の持株比率を合わせると七〇％台から六〇％台を維持していることがわかる。

なお二〇〇二年四月一日をもって持株会社あらたが設立されて株式移転が行われたので、表4－1に示される伊藤

要株主（2000年３月～2002年３月）

第36期（2001年３月）				第37期（2002年３月）			
2001年３月末の役職	持株数（千株）	計算上の持株比率（％）	出典記載の持株比率（％）	2002年３月末の役職	持株数（千株）	計算上の持株比率（％）	出典記載の持株比率（％）
	2,632	30.40	30.40		2,632	30.40	30.40
	1,620	18.71	18.71		1,640	18.94	18.94
代表取締役社長	399	4.61	4.60	代表取締役社長	400	4.62	4.62
	4,651	53.72	53.71		4,672	53.96	53.96
	142	1.64	1.64		142	1.64	1.64
	140	1.62	1.61		140	1.62	1.61
	120	1.39	1.38		120	1.39	1.38
	120	1.39	1.38		120	1.39	1.38
	522	6.03	6.01		522	6.04	6.01
代表取締役会長	107	1.24	1.24		107	1.24	1.24
	86	0.99	0.99		86	0.99	0.99
専務取締役	80	0.92	0.92	専務取締役	80	0.92	0.92
	5,446	62.90	62.87		5,467	63.15	63.12
	8,657	100.00	100.00		8,657	100.00	100.00

一致しない。ここでは『第35期営業報告書』の数値によった。
書』（2001年４月１日～2002年３月31日）および内田喜美雄氏提供史料。

伊の三八期末（二〇〇三年三月）と三九期末（二〇〇四年三月）の株主所有者は株式会社あらた一社となる。(8)

以上みてきたように、伊藤伊株式会社は、伊藤昌弘社長の時代になってから約一〇年間、伊藤家同族による七〇％以上の所有比率を維持した。一九九七年三月の株式の第三者割当増資を契機に、伊藤家とその関係機関および伊藤伊株式会社の役員・従業員による封鎖的な所有から脱した。

その後、伊藤昌弘と関係機関の合計所有比率は低下していったが、二〇〇〇年九月の株式店頭公開を経ても、なお過半数を割ることはなかった。

他社との比較

二〇〇二年四月に伊藤伊と持株会社を設けたダイカの同時期と比較すると、一九九〇年七月時点（ダイカの資本金五億二五〇〇万円、発行済株式数七七〇万株）で、一九六九年の七社合併とその後の合併に参加した卸売企業経営者・同族およびダイカ関係機関によるダイカ株式会社の所有比率は、上位からみて、ダイカ社員持株会の二二・八三％、大公一郎の三・九％、山崎雅夫の二・四二％、石倉克祐の二・三一％、工藤欣一の二・一七％と分散していた。これらの合計でも三三・六三％程度である。(9) したがって、伊藤伊と比べると、同族所有

表 4-2-5　伊藤伊株式会社の主

株主名	第35期（2000年3月）2000年3月末の役職	持株数（千株）	計算上の持株比率(%)	出典記載の持株比率(%)	株主名
音羽殖産株式会社		2,632	33.08	33.08	音羽殖産株式会社
伊藤伊従業員持株会		1,462	18.37	18.37	伊藤伊従業員持株会
伊藤昌弘	代表取締役社長	621	7.80	7.80	伊藤昌弘
小　計		4,715	59.25	59.25	小　計
株式会社第一勧業銀行		142	1.78	1.78	株式会社第一勧業銀行
ライオン株式会社		140	1.76	1.75	ライオン株式会社
株式会社東海銀行		120	1.51	1.50	株式会社ＵＦＪ銀行
ユニ・チャーム株式会社		120	1.51	1.50	ユニ・チャーム株式会社
小　計		522	6.56	6.53	小　計
木村和俊	代表取締役会長	207	2.60	2.61	木村和俊
伊藤哲也		112	1.41	1.40	松田常次
児玉正雄	専務取締役	79	0.99	1.21	平野正俊
合　計		5,635	70.81	71.00	合　計
発行済株式総数		7,957	100.00	100.00	発行済株式総数

（注１）第35期末の株主数は95名，第36期末の株主数は531名，第37期末の株主数は366名である。
（注２）第35期については，下記出典の『第35期営業報告書』の数値と内田喜美雄氏提供史料の数字とが
（出典）伊藤伊株式会社『第35期営業報告書』（1999年４月１日～2000年３月31日）、同『第37期営業報告

比率は、この時点でかなり低くなっていたとみることができる。

伊藤伊が第三者割当増資を実施した一九九七年三月から四カ月後のダイカ（資本金二〇億二二〇八万三〇〇〇円、発行済株式数一一六〇万三七一九）の大株主をみると、ダイカ社員持株会一四・一％、大公一郎二・五六％、石倉明子一・

表 4-2-6　株式会社パルタックの主要株主（1999年９月）

株主名	持株数(千株)	出典記載の持株比率(%)
パルタック共栄会	1,516	6.77
サンスター株式会社	1,029	4.59
株式会社三和銀行	820	3.66
株式会社第一勧業銀行	819	3.66
シティトラスト信託銀行株式会社	733	3.27
ライオン株式会社	694	3.10
守護外治	435	1.94
株式会社住友銀行	381	1.70
株式会社資生堂	375	1.67
湯浅隆	356	1.59
合　計	7,160	31.97
発行済株式総数	22,396	100.00
資本金（千円）	2,667,058	

（注）全株主数は61名である。
（出典）株式会社パルタック『第71期有価証券報告書総覧』（1998年10月１日）

七八％、橋本雄司一・一四％で、これらの合計で一九・五八％である。さらに持株会社あらた設立直前の二〇〇二年三月時点（ダイカの資本金三八億六五三万三〇〇〇円、発行済株式数一三三三万二二一九）でみると、ダイカ社員持株会一〇・四六％、田中作次八・七三％、株式会社アイピス五・七一％、鈴木節夫二・五三％、田中京子二・五三％、ダイカ取引先持株会二・〇八％、株式会社太刀川商店・株式会社大原商店・株式会社高橋商店・株式会社鍋六が各一・二二％となっている。その後の合併によって、合併と関係する個人・法人の数がダイカの大株主のなかに増えてきているが、これらの合計でも、三六・九二％である。それでもやはり、同時期の伊藤伊よりは、同族所有比率は低い。

他方、同業の競争企業の株式会社パルタック（資本金二六億六七〇六万八〇〇〇円、発行済株式数二二三九万五六三五）の一九九九年九月時点の主要株主についてみてみよう。表4-2-6に示される上位一〇名の株主をみると、従業員持株会のパルタック共栄会が首位である。一九九八年四月にパルタックと合併した株式会社新和の名誉会長であった守護外治[10]の一・九四％、パルタックの元代表取締役の湯浅隆の一・五九％を除くと、仕入先メーカーと関係金融機関が主要株主となっており、ダイカ以上に株式の分散度が高いことがわかる。

このように、伊藤伊の株式所有構造を、ダイカやパルタックとの同時期比較でみる限り、創業同族メンバーとその関係機関による所有比率が高い企業であったということができよう。

経営陣の推移と組織的経営能力

ついで、経営の執行機関である経営陣の陣容の推移についてみてみよう。

伊藤家同族経営陣の希釈化　表4-3に示されるように、第二〇期末の一九八五年一一月現在の経営陣は、伊藤昌弘（一九三九年一月生）の父の伊藤弥太郎（一九〇四年一月～一九八五年三月）から会長を引き継いだ服部清成（一九二〇年一月～一九九二年八月）、伊藤昌弘社長、鈴木堅二（伊藤昌弘の姉の千代子の夫、一九二三年二月～二〇一二年七月）、伊藤哲也（一九三一年一月生）および伊藤とし（一九〇七年六月～一九九三年一月）という伊藤家同族に、神谷健三

（一九二四年一〇月〜二〇〇四年五月）という古参番頭が経営陣を構成しており、同族による経営体制であったといってよいであろう。この体制は二二期まで変更がない。[11]

第二三期末の一九八八年一一月の役員をみると、伊藤（砂田）照雄（一九三一年四月生）が加わり、さらに、二五期には松田哲（一九九三年二月生）、児玉正雄（一九三五年一〇月生）など伊藤家以外の取締役が加わる。伊藤照雄は、伊藤昌弘の母の伊藤としの遠縁で、伊藤伊役員・従業員に「伊藤」姓が多いことから、居住していた名古屋市中村区砂田町にちなんで砂田照雄を名乗るようになったという。[12] また、伊藤としに代わって、同じ伊藤家同族の鈴木堅二が監査役に就いている。八名の役員のうち、伊藤（砂田）照雄を加えると五名が伊藤家、残る三名が伊藤家以外となっており、少しだけ伊藤家の同族色が薄くなったといえよう。

第二七期末の一九九二年一一月の役員メンバーをみると、同族色の希釈化が進んでいることがわかる。同年八月に服部会長が他界し、その後七年にわたり会長職は空席となる。伊藤家同族は、八人の取締役のうち、伊藤昌弘と伊藤哲也の二名であり、他の六名は、いわゆる専門経営者（salaried manager）である。しかも、これ以降、伊藤昌弘より若い経営者と大卒の経営者が、増えてゆく傾向がみられる。

若手大卒経営者の増加

第二七期で経営陣に加わった平野正俊は、この期の新たな経営陣のなかでは入社年が最も早い。名古屋市の同朋高等学校を一九六四年三月に卒業後、地元の老舗繊維商社の瀧兵株式会社（現在のタキヒヨー株式会社）に半年間勤務の後、伊藤伊合名会社に一九六四年九月に入社した。[13] 第二章でも紹介したように、平野は、伊藤伊が関係した中京花王をはじめ、伊藤伊株式会社の営業の現場で実績を積んできた。[14] 一九四六年三月生まれであるから、伊藤昌弘より七歳年下の経営陣ということになる。前田裕彦は、一九六八年三月に日本大学を卒業後、伊藤伊株式会社に入社し、一九九〇年四月には企画部長となり、その後、情報システムや物流関係の業務に携わる。一九四四年二月生まれであるから、伊藤昌弘より五歳年下ということになる。

第二九期に経営陣に加わる上野豊は、一九六七年三月に名城大学を卒業し伊藤伊株式会社に入社した。立命館大学

月29日～2004年３月31日）の経営陣

第24期	第25期	第26期	第27期	第28期	第29期
1988年11月29日 ～1989年11月28日	1989年11月29日 ～1990年11月28日	1990年11月29日 ～1991年11月28日	1991年11月29日 ～1992年11月28日	1992年11月29日 ～1993年11月28日	1993年11月29日 ～1994年11月28日
服部清成	服部清成	服部清成			
伊藤昌弘	伊藤昌弘	伊藤昌弘	伊藤昌弘	伊藤昌弘	伊藤昌弘
		伊藤哲也	伊藤哲也	伊藤哲也	伊藤哲也
神谷健三	伊藤哲也		児玉正雄	児玉正雄	児玉正雄
伊藤哲也					
伊藤（砂田）照雄	伊藤（砂田）照雄	伊藤（砂田）照雄	松田　哲	松田　哲	平野正俊
	松田　哲	松田　哲	松田常次	松田常次	前田裕彦
	児玉正雄	児玉正雄	平野正俊	平野正俊	上野　豊
	松田常次	松田常次	前田裕彦	前田裕彦	内田喜美雄
伊藤とし	鈴木堅二	鈴木堅二	神谷健三	神谷健三	松田常次
第34期	第35期	第36期	第37期	第38期	第39期
1998年４月１日 ～1999年３月31日	1999年４月１日 ～2000年３月31日	2000年４月１日 ～2001年３月31日	2001年４月１日 ～2002年３月31日	2002年４月１日 ～2003年３月31日	2003年４月１日 ～2004年３月31日
伊藤哲也	木村和敏	木村和敏			
伊藤昌弘	伊藤昌弘	伊藤昌弘	伊藤昌弘	伊藤昌弘	伊藤昌弘
島村光一	島村光一	島村光一	島村光一	島村光一	島村光一
児玉正雄	平野正俊	平野正俊	平野正俊	平野正俊	平野正俊
			鈴木洋一	鈴木洋一	鈴木洋一
平野正俊	松本富士夫	松本富士夫	松本富士夫	松本富士夫	松本富士夫
			高橋洋史	高橋洋史	高橋洋史
前田裕彦	前田裕彦	前田裕彦	前田裕彦	前田裕彦	前田裕彦
上野　豊	内田喜美雄	内田喜美雄	内田喜美雄	内田喜美雄	内田喜美雄
内田喜美雄	高橋洋史	高橋洋史	河野幹生	河野幹生	河野幹生
高橋洋史	河野幹生	河野幹生	片岡正治	片岡正治	片岡正治
河野幹生	鈴木洋一	鈴木洋一	藤根康裕	藤根康裕	藤根康裕
	戸塚雄二	戸塚雄二	伊藤春樹	伊藤春樹	伊藤春樹
	矢野　昭	矢野　昭		鈴木隆二	鈴木隆二
				井関篤美	井関篤美
		伊藤哲也	伊藤哲也		
			木村和敏		
矢部憲一	矢部憲一	上野　豊	上野　豊	上野　豊	上野　豊
鈴木堅二	鈴木堅二				
阿部　明	木村次七	渡邉一平	渡邉一平	渡邉一平	
		浅井金三	浅井金三	浅井金三	

昌弘氏への事実確認による。

卒業の鈴木幹男（一九四四年七月生まれ）、名古屋商科大学卒業の中澤勝（生年月不詳）とともに、伊藤伊の従業員では、最初の大学卒の従業員であった[15]。一九四四年二月生まれであるから、前田と同様に伊藤昌弘よりも五歳年下である。同時期に取締役となる内田喜美雄は、上野の三年後の一九七〇年三月に名城大学を卒業し伊藤伊に入社した。一九四六年九月生まれであるから、伊藤昌弘よりも七歳年下ということになる。

第三一期の一九九六年三月の経営者をみると、一九七二年三月に愛知学院大学を卒業し伊藤伊に入社した

表 4－3　伊藤伊株式会社（1984年11

期	第20期	第21期	第22期	第23期
時期（年・月・日）	1984年11月29日～1985年11月28日	1985年11月29日～1986年11月28日	1986年11月29日～1987年11月28日	1987年11月29日～1988年11月28日
代表取締役会長	服部清成	服部清成	服部清成	服部清成
代表取締役社長	伊藤昌弘	伊藤昌弘	伊藤昌弘	伊藤昌弘
取締役副社長				
専務取締役				
常務取締役				神谷健三
常務取締役				伊藤哲也
取締役	鈴木堅二	鈴木堅二	鈴木堅二	伊藤（砂田）照雄
取締役	神谷健三	神谷健三	神谷健三	
取締役	伊藤哲也	伊藤哲也	伊藤哲也	
取締役				
監査役	伊藤とし	伊藤とし	伊藤とし	伊藤とし
期	第30期	第31期	第32期	第33期
時期（年・月・日）	1994年11月29日～1995年11月28日	1995年11月29日～1996年3月31日	1996年4月1日～1997年3月31日	1997年4月1日～1998年3月31日
代表取締役会長				
代表取締役社長	伊藤昌弘	伊藤昌弘	伊藤昌弘	伊藤昌弘
取締役副社長	伊藤哲也	伊藤哲也	伊藤哲也	伊藤哲也
専務取締役		児玉正雄	児玉正雄	児玉正雄
専務取締役				
常務取締役	児玉正雄	平野正俊	平野正俊	平野正俊
常務取締役				
取締役	平野正俊	前田裕彦	前田裕彦	前田裕彦
取締役	前田裕彦	上野　豊	上野　豊	上野　豊
取締役	上野　豊	内田喜美雄	内田喜美雄	内田喜美雄
取締役	内田喜美雄	高橋洋史	高橋洋史	高橋洋史
取締役		河野幹生	河野幹生	河野幹生
取締役				
取締役				
取締役				
取締役（相談役）				
取締役（相談役）				
常勤監査役				
監査役	松田常次	松田常次	松田常次	松田常次
社外監査役				
社外監査役				

（出典）　伊藤伊株式会社『第20期～第39期営業報告書』，内田喜美雄氏提供の経営者関係史料および伊藤

高橋洋史（一九四九年八月生）と一九七〇年三月に中部工業大学（現中部大学）を卒業して伊藤伊に入った河野幹生（一九四八年三月生）が取締役に就任している。監査役を含む一〇人の役員のうち、伊藤家同族は伊藤昌弘と年長者の伊藤哲也の二人のみである。児玉正雄専務を除くと、常務の平野正俊のほか五人の平取締役全員が伊藤昌弘の年下で、みな五〇歳以下の若い専門経営者となったことは注目される。いわば内部出身者による年功序列型の経営者層であった。彼ら若い経営陣は、伊藤昌弘社長にとって、後ろ盾となる年長

者とは別の役割、すなわち経営庶務全般と営業の拡がりへの能動的対応と情報・物流機能の高度化を実現してゆくうえで重要な人材となってゆく。とくに、この情報・物流機能の高度化は、一九八〇年代以降の卸売企業の水平的・垂直的機能競争の中心部分であり、彼ら若手の経営陣の担う役割は大きなものであった。伊藤昌弘は、そうした適所に配された経営陣の自主性を尊重しながら、その能力を十二分に発揮させてゆく。

若手経営陣の多くは営業や物流・情報システムという現業のノウハウや構想力を蓄積してゆくが、他面において、経営の全体像を俯瞰して戦略的な構想を組み立てる仕事は必要とされておらず未経験でもあった。したがって、伊藤伊の経営戦略について忌憚のない意見を若手経営陣が求められても、伊藤昌弘社長に対して直言することは容易ではなかったであろう。伊藤昌弘社長にとっては、伊藤哲也副社長の支えがあるものの、いわば「孤高の代表取締役社長」として孤立する可能性を払拭できない体制といえよう。

外部人材の登用

そうした孤立感を払拭するためであったかどうかはわからないが、第三四期以降、伊藤伊の経営陣に外部の人材が加わっていく。第三四期に代表取締役に就いた島村光一は、花王の地域販社のひとつである鶴見花王を設立した共栄商事（横浜市鶴見区生麦）の経営者の家に一九三九年三月に生まれた[16]。伊藤昌弘とは同年齢ということになる。早稲田大学を卒業後、共栄商事を経て鶴見花王の専務取締役、さらに合併・統合された東京花王の代表取締役副社長を経験していた。経営者としての経験を有する人材で、伊藤昌弘に請われて経営陣に加わった。島村は、伊藤伊の子会社となる複数の企業で、経営の一翼を担ってゆくことになる。同じ時期に常勤監査役に就いた矢部憲一（一九四五年六月生）は、後述する横浜の矢部商店の者で法政大学を卒業してから同商店に入った。伊藤昌弘夫人の弟にあたる。阿部明（故人・生没年不詳）は東京大学の出身で、伊藤伊の人材教育にあたる宮野《みやの》入達久《いり》（P&Gの日本市場開拓にも貢献）の紹介で、この役職に就いたという。しかし、第三四期中の一九九九年一月二五日に退任している。いずれにせよ、従来の内部昇進の年功序列的取締役層に新しいタイプの人材が加わったとになる。

第三五期の二〇〇〇年三月末の布陣をみると、期首の木村屋と矢野雑貨部の合併を契機に、その関係者が加わっている。木村屋の関係では、同社代表取締役社長であった木村和敏（一九三七年一月生、高校卒業）[17]が七年の空白の後に代表取締役会長に就いた伊藤哲也の後任の代表取締役会長に就き、木村屋の常務取締役であった松本富士夫（一九四〇年一〇月生）が伊藤伊の常務取締役に就いている。監査役の木村次七も木村屋の関係者である。矢野商店の関係では、同社代表取締役の矢野昭（一九三二年六月生）が、取締役に就いている。合併にともない伊藤昌弘よりも年長でかつ異なる経験と視点を有する経営者が加わることになった。

同じ第三五期には、長野県の小諸市の有力卸売企業のコスモプロダクツ株式会社の戸塚雄二（一九五九年九月生）[18]が伊藤昌弘に請われて二期の間、伊藤伊の取締役を兼任した。伊藤伊の経営史上、初めての社外取締役である。

第三七期の二〇〇二年三月末の役員には、内部昇進型の三名が加わっている。一九七三年三月に名古屋学院大学を卒業して入社し第二営業部長を務めた片岡正治（一九五〇年九月生）、一九七一年三月に愛知大学を卒業し同年六月に伊藤伊に入社し情報システム部長を務めた藤根康裕（一九五一年七月生）、一九七四年三月に名城大学を卒業して入社し営業関係を担当した伊藤春樹（一九四八年一月生、伊藤昌弘家とは血縁関係なし）である。その一方で、外部からの人材登用もあった。第三八期の取締役に名を連ねてる井関篤美（一九四六年一一月生、青山学院大学卒業）である[19]。関西の問屋勤務の経験を買われて、平野正俊の推薦で二〇〇〇年一月に入社した。京都支店の開設にともなう人事であった。

内部昇進と外部人材の登用が進むなかで、伊藤家同族の復帰と新加入もあった。第三四期には鈴木堅二が監査役に就き、翌第三五期には伊藤昌弘の甥の鈴木洋一が取締役に就任している。鈴木洋一は、一九五三年四月生まれで、成蹊大学を卒業の後、ライオン歯磨とライオン製品での勤務の後、アメリカ留学を経て二七歳のときに伊藤伊に入社した[20]。同族関係では、第三五期には経営陣から退いていた伊藤哲也が第三六期に取締役に復帰した。また第三八期に鈴木洋一の弟の鈴木隆二（一九五六年七月生、成蹊大学卒業、一九八二年四月伊藤伊入社）が取締役に就任した。これが、伊藤家同族の最後の伊藤伊役員就任であった。

なお、第三六期にある監査役の渡邉一平（弁護士）と浅井金三（税理士）は、株式会社の監査等に関する商法の特例に関する法律第一八条第一項に定める社外監査役である[21]。

このように、同族の復帰と新規採用があったものの、一九九〇年代末から二〇〇〇年代初めにかけて、伊藤昌弘個人の要請および経営幹部の推薦によって、外部人材の登用が加わった。これにより、伊藤伊の経営陣は、従来の内部昇進型経営陣と外部からの人材によって複合的に構成されるようになった。合併企業の同族一～二名を除き、伊藤家同族は伊藤昌弘社長と伊藤哲也および鈴木洋一・隆二兄弟の四名となり、二〇〇〇年以降の取締役数一二～一四名のなかでは、三分の一以下であった。

他社との比較

伊藤伊の経営陣を、後に合併するダイカと比べてみよう[22]。一九六九年に七社が合併した一年後の一九七〇年一月時点のダイカの取締役は一九名であり、そのうち一〇名が合併会社の同族であった。八戸のネタツ興商との合併（一九九〇年六月）を経た一九九〇年七月現在でみると、一七名の取締役のうち、合併会社の同族は六名に減り、合併前の各社と合併後のダイカで昇進してきた専門経営者の層が増えてきている。その後、タナカ・富士商会の合併（一九九八年四月）を経てエヌフォー（二〇〇〇年八月）との合併を控えた二〇〇〇年七月末時点でみると、一六名の取締役のうち、エヌフォー関係者も含めて九名が合併会社の経営者同族である。むしろ、同族色が強まったといえる。二〇〇四年の株式会社あらたへの統合直前の二〇〇三年三月末では、一四名の取締役のうち合併会社の同族は八名であり、やはり半数以上が同族である。また代表権をもつ取締役会長、取締役社長、取締役副社長は全期間を通じて、同族関係者であった。

したがって、一九八〇年代後半から二〇〇〇年代初めにかけて、ダイカの経営陣は、伊藤伊が専門経営者の色合いを濃くしてゆくなかでも、同族色を一定程度保った布陣であったといえよう。

一方、パルタック（一九七六年一〇月に株式会社大粧から商号変更）についてみてみると、一九九一年九月末時点で一五名の取締役のうち一三名が前身会社の株式会社角倉商店（一九二八年一二月に合資会社角倉商店から商号変更）か株式会社大粧（一九五一年一月に商号変更）に入社して昇進した専門経営者である[23]。このうち、創業会社の角倉商店の同族を厳密には特定できないが、すでに取締役の多くが内部昇進型の専門経営者であったことがわかる。ただ、パルタックでは、その後の合併の過程で、そうした被合併会社の関係者（その同族を含む）が取締役となってゆくため、大粧出身の専門経営者の比率が低下する傾向がみられる(24)。

そうした被合併企業の同族色が加えられる面もあったが、パルタックは、その前身会社の時代からすでに専門経営者層が形成され、その専門経営者による経営が中心の企業となっていた。多くの卸売企業が伊藤伊やダイカのように同族経営が中心であったなかで、パルタックのような卸売企業はむしろ異例であり、いわば近代的大企業の特徴を備えているという意味で先進的であったともいえる。

2　伊藤昌弘のリーダーシップと新たな経営方針

伊藤昌弘の社長就任と経営方針

常務から社長への就任

伊藤伊の一九八五年以降の舵取りを担う伊藤昌弘は、第二章(25)でも述べたように、ライオン油脂での四年間の経験を経て、一九六五年三月に伊藤伊合名会社に入社した。この合名会社は、一九六六年九月二〇日に伊藤伊株式会社が設立された後は、不動産事業と損保事業を残して、営業のすべてを伊藤伊株式会社へ移行させた。その後、伊藤昌弘は、販売二課（名古屋市内の卸店や小売店担当）勤務を経て、一九七〇年二月には伊藤伊株式会社の取締役兼販売一課長（遠隔地の卸店担当）に就いた(26)。

その当時、伊藤昌弘の心の裡では、ほかの従業員と異なり自助努力もなく昇進してゆく自分にある種のコンプレックスを感じることもあったという。資本主義経済に内在する不平等や貧富の格差への疑問とあいまって、ときどき自己批判的な感情にとらわれることがあったようである(27)。しかし、こうした感覚は、自己をより客観化する視野を拡げてゆくこととなる。同族型経営者がこうした感覚と視野をもつということは、人と人との関わりによって織りなされる企業経営という人的営みを司る者の眼差しという点で、かなり重要な要素といえよう。

さて、その後、伊藤昌弘は一九八〇年二月には同社の常務取締役に就任し、その五年後の一九八五年二月一日には代表取締役社長に就任した（同年一月二六日の取締役会で決定）。四六歳での経営の舵取りの継承であった。伊藤伊の創業は一九〇四（明治三七）年二月であるから、(28)創業八〇周年を終えた翌年、すなわち創業八一年目に就任したことになる。これと同時に、前社長で父親の伊藤弥太郎は会長に、弥太郎の弟で弥太郎を補佐してきた服部清成は副会長に、それぞれ就任した。伊藤弥太郎は前年の五月頃から体調を崩しがちであったが、伊藤昌弘の社長就任から一カ月後の一九八六年三月一日、ついに不帰の人となった。享年八一であった。戦前から戦時期そして戦後を通じて伊藤伊を石鹸・洗剤・日用品の中間流通を担う代表的企業に成長させた経営者であり、卸売業界の発展にも寄与した巨星墜つの感があった。(29)

すでに経営を継承していたとはいえ、四六歳の伊藤昌弘社長にとっては、大きな心の支えを失うことになった。伊藤弥太郎の逝去にともない、会長には伊藤昌弘の叔父の服部清成が就任し、後ろ盾となった。しかし、その服部も、一九九二（平成四）八月五日、七二歳で逝去する。(30)伊藤昌弘社長にとっては、もうひとつの大きな支柱を失うことになった。(31)伊藤昌弘は、その後、伊藤哲也はじめ父の弥太郎時代からの先輩や新たな経営陣の協力と支援によって、激変する経営環境のなかで、伊藤伊の経営を大きく転換させてゆくこととなる。

社長就任時の経営方針

伊藤弥太郎は、全卸連の会長はじめ業界を代表する立場にあったこともあって、(32)仲間卸尊重の方針を変えることはなかった。社長を引き継いだ伊藤昌弘も、基本的にはこの経営方針を継承したが、業界のめまぐるしい変化、すなわち現実の仕入先メーカーや販売先小売店への業務対応のなかで、小売店頭での競争を少なからず意識するようになっていた。(33)

社長就任直前、伊藤昌弘は、業界新聞のインタビューにこたえるなかで、物流機能とマーチャンダイジングの重要性について、次のように述べている。(34)

「問屋もサービス業である、というとらえ方をすると、いかに高いサービスを提供できるか、ということにつきますね。では、それは何か、といえば、現在の時点で端的にいうと、一つは物流。いかにリードタイムを短か《ママ》くし、また間違いをなくし、（中略——引用者）標準化されたサービスを提供できること。もう一つはマーチャンダイジング。販売店にとって一番いいこと、つまり坪当たりの売上げ高をいかに上げるか、ということで、それに対してデータベースでどのような情報が提供できるか、ということに集約できる。（中略——引用者）データとか数字とかは科学的なものであっても、それを相手先に信頼してもらえるかどうか、（中略——引用者）だから結論として、得意先との間に信頼性があるかどうか、ということこそ最大のポイントだ、ということですね。」

信頼関係を構築しながら、高度なサービスを提供できる情報機能の充実と経営効率の向上をいかに実現してゆくかを、重要な経営課題としていることがうかがわれよう。

CIの改訂とLCO・HCO

その情報と信頼性に関連して、伊藤昌弘は、伊藤伊のCIの面でも改訂を施した。それについて、同じインタビューで「ご承知のとおり伊藤伊の会社のマークをかえましたね。『C』を二つ重ね合わせたような形に。C&CというとNECになってしまうが（引用者注——日本電気の小林宏治が唱えたComputer & Communication）[35]、うちの場合は外に向かってのコミュニケーション（C）、内に向かってのコミュニケーション（C）という意味で、これは当社の社長（引用者注——伊藤弥太郎）が常々いって来たことをマークにしたものなんです」と説明している[36]。

従来の伊藤伊の商標は、所在地の花園町に由来する「花」を四つの弧が丸く囲むような花という形であったが、その「◯」を円の「○」にしたうえで斜めに分断して、二つに分かれた「C」と「C」が断層でずれるような形とした。その背景色はブルーとし、その下にITOIというアルファベットを置いたの形である。この「C」は伊藤伊の「I」の上下の端を引っ張り合うとちょうど「C」になるというところから発想したという。またカラーは、先代の伊藤弥太郎の時代から親しかった三晃社（名古屋市）に依頼した(37)。

外へのコミュニケーションは、二つの面で早速動くこととなった。ひとつは、一九八五年にスタートした付加価値情報通信網（ＶＡＮ）のプラネットへの参画である。通信自由化という背景のなかでの動きであった。いまひとつは、小売店舗直営や店頭管理技術の向上によるインストアマーチャンダイジングの試みである。これにより、小売店での顧客とのコミュニケーションを充実させてゆくこととなった。いずれも競争力の重要な側面である。

一方の内へのコミュニケーションは、社内人材育成や『社内報』の再発行による社内コミュニケーションの活性化やＱＣサークル活動、さらには第二次中期経営計画のクイック・レスポンスなどを通じて、努力が積み重ねられてゆく。競争力を発揮するうえでの組織能力の強化の側面である。

さらに、伊藤昌弘は、社長就任直前の一九八五年度の伊藤伊の経営方針として「ハイサービス、ローコスト」ということを発表した(38)。前述の経営効率の向上を集約的に表現したものといえよう。これは社長就任後も一貫した経営方針となり、ＬＣＯ（Low Cost Operation）とＨＣＯ（Highly Competitive Operation）という表現で伊藤昌弘社長の基本的経営方針となってゆく(39)。

このように、伊藤昌弘は、自社の経営効率向上と関係取引先との相互信頼と密接な情報交換を基盤に、卸売企業の競争力を強化する経営の方針を打ち出した。競争力の要諦は、情報武装と物流サービス力の強化を基盤とする規模・範囲・速度の経済性を強化することにあった(40)。これを実現するには、相当の資金力と人的資源を必要とすることになる。前者については、第三章でみた内部留保が基礎となったし、後者については、前述の若手経営陣と従業員が大きな力となったのである。

業界組織の役職と業界の課題

愛石粧の理事長就任と消費税問題　伊藤昌弘は、一九八八（昭和六三）年六月には、愛知県石鹸洗剤化粧品歯磨雑貨卸商組合（略称愛石粧）の理事長に就任した。(41)当時、四〇代での理事長は業界でもまれであった。

伊藤昌弘が同組合の理事長に就任した頃、売上税法案（一九八七年二月国会提出、同年五月廃案）に代わる消費税の問題が浮上して、業界にとって大きな課題となっていた。結局、一九八八年一二月に消費税法案が成立したため、伊藤昌弘の立場としても、一九八九年の「四月一日からの実施を覚悟しなくてはなりません」と述べざるを得なかった。そのうえで、伊藤昌弘は、当面の課題を「どのように税を円滑に転嫁するかということ」であるとし、そのために「私共は全卸連を中心として組合での研修会を開き、各工業会、あるいはチェーンストア協会、百貨店協会、全粧連（全国化粧品小売組合連合会――引用者）の皆様からもご意見をうかがい、タテ、ヨコのネットワークの中で、この問題の解決を計っていかなくてはならない」と述べている。(42)

実際、この消費税導入に際しては、優越的地位にある事業者が納入業者に対して、消費税分の仕入価格の値引き要求や不当な返品要求などを行なう可能性が強まり、繊維、医療器具、金属製品などの十数業者から公正取引委員会に苦情が寄せられたという。このため一九八九年二月二二日、公正取引委員会は、同委員会の地方事務所や都道府県、商工会議所などに通達を出して、監視を要請したと報道された。全卸連では、伊藤昌弘が述べたように、異業種の五つの卸団体、一六の工業会・工業組合と意見交換を行うとともに、公取委の指導も得て業界としての共同の取り組みをまとめることとした。そして、全卸連では、一九八九年三月三日付けで、消費税法附則第三〇条の規定にもとづき、石鹸洗剤化粧品歯磨雑貨等を販売する卸売業者が、消費税を円滑かつ適正に転嫁するために行う共同行為に関する事項を定めた「消費税の転嫁方法及び表示方法の決定に係る共同行為協定書」を公正取引委員会に提出した。(43)

全卸連の副会長就任と日米構造協議の影響　ところで、消費税法が施行された二カ月後の一九八九年九月には日米構造協議が始まり、翌一九九〇年四月まで四回にわたって開催され、六月に最終報告書が出された。この会議で、

日本の流通機構、規制緩和（大店法の見直し）、排他的取引慣行が問題とされた。(44)

伊藤昌弘は、この間の一九九〇年五月に全国石鹼洗剤化粧品歯磨雑貨卸商組合連合会（略称・全卸連）の副会長（複数制）に就任し、(45)愛石粧理事長も兼務することとなった。その二カ月後の一九九〇年七月に、全卸連は、その正式名称を全国日用品雑貨化粧品卸連合会とし、(46)さらに一九九三年二月には全国化粧品日用品卸連合会にふたたび変更した。(47)

日米構造協議で卸業の存在が物価高の要因であるとする「問屋無用論」の再燃が懸念された。トイザらスの日本進出もあり、卸売企業を介さない取引の合理性の問題が消えたわけではなかったが、卸業の存在それ自体に関する事項は議題から外された。むしろ同協議で問題とされたのは、商取引慣行の問題であった。これまで力関係でやむを得ないとされてきた商慣行がアメリカ側から指摘されたことにより、卸業界にとっては是正の機会を得ることとなった。さらに、一九九一年七月一一日、これに関して公正取引委員会が発表した「流通・取引に関する独禁法の指針」は、卸業界にとって追い風となった。全卸連では、理事会をはじめ、商慣行懇談会、商流合理化委員会などで、小売業者の優越的地位の濫用すなわち不当返品、納入業者などの従業員の労務提供などの問題の是正や適正なマージンの要求を求めるための検討を行った。(48)日米構造協議に関連する問題に関しては、伊藤昌弘も「メーカー側に対しても、販売店側に対しても、我々の汗と涙の如何に大きいかを語り、それに対する対価を得るよう、経営者として努力すべき時」と会報で述べている。(49)

全卸連の会長就任

伊藤昌弘は、その後、後述するように、伊藤伊の経営者として、大きな転換と拡大を遂げてゆく。そして、一九九八年七月には全卸連の会長に就任した。(50)父弥太郎と同じく、業界の代表者としての役割を担うこととなったのである。

就任に際して伊藤昌弘は「多様な価値観をもった人間が集まり、そのぶつかり合（ママ）の中から新しい創造を造り出す事が要求され」るようになり、「販売店様の要求も一律ではありません。個々の企業に対して果たす役割も多様になって当然です」とし、「化粧品と日用品と言う業種を主として取り扱う卸業とその業種に関連するメーカーの皆様を賛助会員とした任意の連合会で」あり「製販の歴史的関係を大切にしながら、今の多様な要求にフレキシブルに反応するグループとして活動していければ、と考えます」と述べている。[51]伊藤伊での小売直販の推進を経験していたからこその実感であったともいえよう。

さて、伊藤昌弘の全卸連会長就任にともない、愛石粧では後任理事長選出の検討を始め、[52]一九九九年六月に新理事長に中日物産（名古屋市）の山口剛男が就いて伊藤昌弘は副理事長となった。[53]一一年の長きにわたって、地域の代表的な卸売同業者組合のリーダーを努めたことになる。

なお、伊藤昌弘は、全卸連の会長を退いた後の二〇〇〇年五月から二〇〇三年五月までは、再び副会長として、後任の大公一郎会長（二〇〇〇年五月就任[54]）および三木田國夫会長（二〇〇二年五月就任[55]）を支えることとなった。

3　長期経営計画にみる経営方針

長期計画と第一次中期経営計画の策定

長期一〇カ年計画

さて、愛石粧理事となって三年後、全卸連副会長となった翌年すなわち社長就任六年後の一九九一年に、伊藤昌弘は、二一世紀に向かう一〇年間の長期一〇カ年計画を策定した。[56]この長期計画の基本的目標は、「日本における〝真の中堅企業〟になる事です」とした。その「真の中堅企業」とは、「①集団の中での個性の尊重と人間としての豊かさ、②社会の変化に絶えず反応できるフレキシビリティ、③自他共に地味ではあるがキラリと社会的役割を果たしている」といったことを具現している企業であるという。[57]個人の能力を向上させ、個々人が有機的に統合されたより高度な機能を発揮する企業と要約されよう。これは、後の第二次中期経営計画で、スローガンとして出される「流通技能技術者集団」としての企業ともいえよう。

この長期計画は、三カ年度ごとの三つの中期経営計画に分けて、それぞれに具体的な取り組みの目標が示されることなった。

第一次中期経営計画

第二六期（一九九〇年一一月二九日～一九九一年一一月二八日）から第二八期（一九九二年一一月二九日～一九九三年一一月二八日）にかけての第一次中期経営計画は、「卸売業としての基本、物流機能、情報処理機能、マーチャンダイジングのフルライン化等基本機能の整備」をねらいとした。これに関連する二六のプロジェクトも設けられた[58]。このプロジェクトの具体的項目を確認することは、史料面と関係者の記憶の両面の制約から、現在のところ難しい。しかしながら、伊藤昌弘が社長就任前後から公言していたＬＣＯとＨＣＯは、この第一次中期経営計画においても、いわば通奏低音を成す基本的方針となっていたとみられ、計画二年度目に「高い精度、ローコストの二点は誰もが当然と考える事[59]」と述べている。

伊藤昌弘は、その計画二年度目の伊藤伊創業八八周年の場で、第一次中期経営計画の中期ビジョンとして、「①社内におけるシステム整備と取り引きの標準化、②ノンフッド《ママ》におけるフルライン体制へのステップ、③知識集約産業への人材育成のステップ、④周辺産業への健全な多角化」をあげている。このうち①は、ほぼ初年度に問題点の整備は終えたという。②は、テクノ中京の設立をはじめ営業権の継承や合併などを通じて実現される取り引き品目の多様化で、食品以外のあらゆる商品への範囲の拡充をめざすというものである。③は、第二年度目を初年度としてＱＣ活動などや、若手人材育成などの取り組みとして実行されることになる。④も第五章でみるテクノエクスプレス（一九九一年五月設立）やダイヤモンド化学（一九九一年一一月設立）などによって計画通りに進められた[60]。

第二次中期経営計画の策定

流通技能技術者集団の構想

第一次中期経営計画終了の翌期の第二九期（一九九三年一一月二九日～一九九四年一一月二八日）には、第二九期から第三一期（一九九三年一一月二九日～一九九六年三月三一日）までの三期にわたる第二次中期経営計画が策定された。そのキイワードは「流通技能技術者集団」とされた。この言葉は、この二年前に亡くなった服部前会長が遺した言葉であるという。伊藤昌弘社長は、「流通技能技術者集団」を「よりよい流通を実現し、顧客の満足を保証できる集団」と定義し、こうした集団によってこそ「当社が社会的公器として充分な生存理由を持ち、適正な利益を継続的にあげ、社員が豊かになる」ことができるとした(61)。「社会的公器」という言葉に示されるように、この頃から伊藤昌弘は、株式店頭公開を考慮し始める。

LCOとHCO

この「流通技能技術者集団」の形成のために、伊藤昌弘社長は「社内的には一層のローコスト・オペレーション体制（LCO）、社外的には高い競争力のあるオペレーション、Highly Competitive Operation（HCO）を実現する必要があ」るとし、この二つの精度を高める七つのプロジェクトと課別数値経営計画を作成した。七つのプロジェクトは、「その問題の解決に課を超えて対応してゆかなくてはならない問題」であった。また課別数値目標は「売上高、荒利益、経費の課別目標を設定し、その達成のための各課の戦略を計り目標営業利益を達成する計画で」あるという。そして、プロジェクトと課別数値目標を基本的に支えるのがQC活動であるとする(62)。

そして第二次中期経営計画の初年度の一九九四年の伊藤伊の実践要項を「すばやい応答（クイック・レスポンス）」とした。これは、顧客の要望と社内間の双方において実践されるべき日常の要領であり、「こうした事が問題の解決、良い情報の収集にすばらしい成果をあげるだけでなく、一層の人間関係の充実と相互の信頼を（いかに――引用者補筆）かち得る事ができるか、計り知れないものがあると信ずる」と述べている(63)。

七つのプロジェクト

部門横断的な戦略を実行するために設定された七つのプロジェクトは、仕入体制（仕入、販売の連動した仕組づくりのなかで、仕入価格の低減と、粗利益向上のための戦略立案）、エリア制導入（効率的な巡回方法の構築によるLCOへの貢献）、取引改善（受注から納品・回収に至るまでの企業別現状分析と課題抽出による戦略立案と実施）、小売店支援（個店対応の棚割提案と企画提案による売上増進のはかれる体制づくり）、粗利益精度向上（月次決算の早期体制づくり、仕入原価精度の向上と補填価格の入力）、香りプロジェクト（香り商品を扱う小売店舗の展開）、コムフィー（ベルギーなどからの輸入品の販売）であった(64)。

これらのプロジェクトは、詳細な分析と明確な基本方針をもってスタートしたものの、各プロジェクトと全社との整合性の検討が不足していたため、実践面で所期のようには進行しなかった。そこで、これらのプロジェクトを営業部の支援政策としてあらためて位置づけて、営業部が対象顧客を明確にし、それに対する満足を与えられる競争力のある営業提案活動を推進するという目的を確認して取り組むこととなった。

株式店頭公開と第三次中期経営計画

店頭公開の方針

伊藤昌弘が株式店頭公開により、脱同族企業、社会的公器への蝉脱を考慮し始めたのは一九九四年四月のことであった[65]。それから六年半の歳月をかけて、ようやく実現させた[66]。

二〇〇〇年九月の株式店頭公開前に、社長就任後から一九九四年に店頭公開を計画するまでの自身のことについて次のように振り返っている[67]。

「(社長就任は……引用者)丁度バブルが始まる時であったので無我夢中で働けば何とか業績も伸びる時代でした。数年してやっと周りの事を冷静に観る事が出来る様になった時、本当に自分の役割は何なのかを考え始めました。社長になって痛切に感じた事の一つは、自分一人では何も出来ないという事でした。当時一五〇人くらいの社員数でしたが、この平凡な自分に生活を託そうとしてる彼らに自分は何が出来るのか、彼らとその家族の事を考えると空恐ろしく慄然とした気持ちにしばしばなったものでした。バブル崩壊後、社会環境も業界環境も格段の厳しさになっています。『パブリックな会社になろう』。結論はこれしかない、一生懸命働いた人が、会社は勿論社会からも報われる、そんな会社にしたい。父の会社を引き継ぎ、今迄どこかで鬱積していた〝三代目〟を脱ぎ捨てるにはこれしかない、六年前にその結論を引き出し、今やっと店頭公開にたどり着こうとしています。」

一九九〇年代の伊藤伊は、より広汎な事業拠点と事業内容を擁する企業体制となっており、そうしたなかで内部的には従業員の働く場としての伊藤伊の声価の向上、外部的には信用の向上といったことが目標とされた。店頭公開はそのための手段であった。ただし、ここでより注目したいのは、伊藤昌弘自身が、たんなる三代目経営者として従来の経営方針を無批判的に継承したのではないということである。すなわち、企業の社会性と発展の方向性を見据えて、経営の蝉脱を遂げるべき具体的な方策を実現していることである。

第三次中期経営計画　一九九〇年代後半になると、伊藤伊は広汎な関連企業網を形成するようになった。第三一期の『営業報告書』（平成七〔一九九五〕年一一月二九日～平成八〔一九九六〕年三月三一日）では、その点に関して「益々広域化する販売店に対応できる仕組み作りと、卸店（取引先二次卸店――引用者注）とは、伊藤伊ネットワーク化を推進し売上げ拡大に努める一方、全社をあげてローコスト化に取り組んでまいります」という、第三二期（一九九六年一一月二九日～一九九七年三月三一日）に向けての方針が示されている。[68]

その第三二期は、第三次中期経営計画の初年度とされた。その計画の基本方針としては「情報システムを基軸としたマーケティング部と物流部の強化を図ることにより、顧客満足がどこにあるのかを認知し、より速く、より高精度なＬＣＯ（Low Cost Operation）の実施とＨＣＯ（Highly Competitive Operation）の更なる推進」というこれまでの基本方針に加えて、「『商圏の拡大による事業規模の拡大』と『社内の部門収益の拡大』さらに、『物流コストを中心とするオペレーションコストの把握と低減』を前提とする事業構造の変革を掲げ」たのである。[69]

このように、一九九〇年代後半においては、伊藤昌弘は、もはや中部地域の卸売企業の経営者というよりは、全国卸をも展望し得る広域卸売企業の経営者として方針を示し始めた。それを可能にする条件となったのは、先代の時代の内部留保、社長就任直後から示したコミュニケーションの円滑、情報・物流機能の向上、経営効率の向上という諸方針と、それを実現していった「流通技能技術者集団」という人的パワーであったとみてよいであろう。

4　広域化と総合卸への認識と取引比重の変化

「広域化する販売店への対応」と「商圏の拡大」を並行して方針としたことは、広域化する小売店の新店舗への直販を拡大することを意味する。従来、仲間卸すなわち二次卸店との取引を尊重してきた伊藤伊の経営史上の大きな転換点であったといえよう。

広域化と商圏拡大

小売直販推進の方針

伊藤昌弘が、こうした方針を表明する契機となったのは、第五章でみるように、伊藤伊の二次卸であった岐阜の三社（敷島物産、栗本物産、丹羽久）が一九九五年六月二一日をもって、石川県の株式会社新和と合併するという報道が同年四月にあったことである(70)。

仲卸尊重の経営方針を継続してきた伊藤昌弘にとっては、衝撃的なことであった。ただ、さまざまな思いのなかで、ひとつ考えたのは、時勢にあった機能と力を備えた卸売企業にならなければ二次卸も離れてゆくのではないかということであった(71)。その機能には、情報・物流のシステムのほか、店頭管理技術もある。また勢力を増す小売店への商談力もある。

そこで、報道から二〜三カ月後、伊藤昌弘は、小売直販を強化するよう、平野正俊（第一営業部長・仲間卸部門）や高橋洋史（第二営業部長・直販部門）に指示した。これによって、小売店との取引実績を増やすとともに、それに応じて必要とされる情報・物流システムの高度化および店頭管理能力の向上をはかることとした。注意したいのは、当時の伊藤昌弘の考え方としては、そうした機能充実によってこそ、従来の仲間卸との関係も、発展的に継続できるという考えであって、けっして仲間卸を迂回して小売直販を進めるということではなかったことである。

伊藤伊の仕入先の大手メーカーにとっては、各地域でのメーカーの経営方針を反映できる有力代理店の成長を期待していた。したがって、伊藤伊が直販の代理店として広域化することは歓迎すべきことであった。また大手小売店にとって、現存の二次卸を介した取引には、その機能力の面からも満足していなかったので、伊藤伊のこうした直販志向は歓迎すべきことであった。問題は、伊藤伊が直販で進出する地域の仲間卸（二次卸）からのクレームであった。伊藤昌弘は、相当な非難を覚悟していたが、意外なことにほとんどなかったという。

仲間取引と小売直販の利益源の認識　この仲間卸への帳合による販売と小売店への直販のそれぞれについての伊藤伊の方針と今後の展望について、伊藤昌弘は一九九六年二月三日の伊藤伊株式会社創業九二周年記念式典の場で、次のように述べている(72)。

「当社は大きく分けて第一営業部と第二営業部、仲間取引と直販に分けられます。仲間取引における利益の源泉はメーカーであります。仲間である同業者から利益を得る事は正統ではありません。メーカーの代理店として、メーカーから利益を得る事に立脚せねばなりません。原則当社の直販価格と仲間への価格は同じであると言う事が基本姿勢です。仲間取引の仲間である所以はここにあります。メーカーの代理店を遂行して、売上を上げるためには、その同業仲間の成長をサポートする姿勢は当然必要であります。直販における利益は消費者から得られるものと考えます。消費者から利益をいただくためには、お取引先である小売業と共に充分流通機能を発揮し、高い成長をしていただくサポートをする事であります。今日、仲間取引、直販の関係を考える場合、明らかに直販の成功が仲間取引に良い結果を生み出すものであると考えております。」

ここでいう「当社の直販価格と仲間への価格は同じ」というのは、厳密に言えば(73)、伊藤伊から直販の小売店への販売価格と仲間卸から小売業者への販売価格とが同じという意味である。第三章でもみたように、仲間卸へは仕入原価と同額で販売するために売上総利益はゼロとなり、これについてはメーカーからの帳合料（仕入割戻金として売上原価から控除）によって売上が立つことになる。このため、「メーカーから利益を得る」という表現になっているのである。「直販の成功が仲間取引に良い結果を生み出す」というのは、小売店頭での販売機能強化が、仲間卸店への実効あるサポートにつながるという意味であろう。

広域化の進展と総合卸像への認識

第五章と第六章でみるように、伊藤伊は、他地域の卸売企業の営業権継承や合併によって実際に広域化を進展させてゆく。これは、従来の二次卸を介した垂直的広域化ではなく、また先に述べた二次卸の存在する地域への単独直販進出とも異なるものである。伊藤伊と同じく有力代理店機能をもった同業他社との合同などによる、いわば水平的広域化である。一九九七年一〇月には横浜支店を開設、一九九八年七月には北陸支店を開設した。一九九九年四月には浜松支店、静岡支店を開設し、同年七月には新横浜支店を開設した。これによって、静岡・神奈川への東進を果たした。二〇〇〇年代に入ってもその勢いを増し、二〇〇〇年二月には北関東支店を開設し、同年三月には兼松カネカの営業権を取得して関東地域へのネットワークを構築した。さらに、株式店頭公開を果たした翌月の二〇〇〇年一〇月には京都支店を開設し、関西にも地盤を再構築した。さらに、二〇〇一年七月には新潟支店、翌二〇〇二年二月には甲信支店を開設して、甲信越へと広域化した(74)。

なお、二〇〇〇年からは第四次中期経営計画が策定され、その目標は一〇〇〇億円企業とされた。その詳細は不明であるが、この頃から、従来の主力商品である日用品・化粧品に家庭紙・家庭雑貨なども加えた「ノンフーズ総合卸」という伊藤伊の将来像を公表することが多くなった(75)。

ただし、この時点においても、伊藤伊として、仲間卸尊重の方針を自ら取り下げることはなかった。その一方で、新規小売店との取引は新興小売勢力の広域化にともない拡充していかざるを得なかった。

伊藤昌弘が、広域化を意識し始めた象徴的なできごとは、ユニーが二〇〇〇年一一月に新潟県亀田町（二〇〇三年二月に新潟市）に出店した際に、現場レベルでの話で、以前からユニーと取引関係のあった伊藤伊が出店準備要員を出したことであったという。ただし、このユニーの新潟の店舗への帳合は、広域化を進めていたパルタックであり、伊藤伊は準備の人員を出しただけであった。しかし、このとき、伊藤昌弘は「自分がユニー側の経営者であったならば、広域出店にともなって全国の帳合をパルタックに統一するだろう」と思ったという。実際に、「ユニーの社長から、これから全国をパルタックの帳合に統一する。これまでのご尽力に感謝する」といわれる夢までみたという[76]。

表4－4－1　伊藤伊株式会社の主要扱品・売上区分・販売先（1985年11月末・1988年11月末）

期	第20期		第23期	
時期(年・月・日)	1984年11月29日～1985年11月28日		1987年11月29日～1988年11月28日	
対象時期	1985年11月末		1988年6～8月	
主な取扱商品(%)	家庭用石鹸・洗剤	45.0	石鹸・洗剤・歯磨・化粧品	60.0
	歯磨，刷子	8.0	線香等家庭用品	13.7
	家庭紙	5.5	紙製品	4.0
	衛生紙・綿	5.4	衛材関連	9.0
			殺虫・防虫・芳香剤	6.5
			電器関連	6.8
売上区分（%）	現金売上	0.05		
	掛売上	99.95		
販売先（%）	他の卸売業者	77	仲間卸	69.0
	小売業者	21	大型・中型チェーンストア	14.5
	デパート	2	CVS・小型チェーンストア	4.5
	消費者	0	化粧品店・ドラッグストア	4.0
			百貨店	3.0
			ホームセンター	2.0
	その他	0	その他	3.0

（出典）　伊藤伊株式会社『法人の事業概況説明書』（1984年11月29日～1985年11月28日），日本商業新聞社『石鹸・化粧品・日用品卸売業　日本の有力問屋100社』（1988年12月）107頁。

仲間卸取引と直販の推移と仲間卸取引の経営史的意義

仲間卸取引の比重低下

では、実際に伊藤伊の一九八五年の仲間卸の取引と小売店との取引の割合がどのように推移したのかについて確認しておこう。

表4－4－1に示されるように、伊藤昌弘が社長に就任してから約一〇カ月後の一九八五年一一月末つまり第二〇期末時点では、卸売業者との取引すなわち二次卸との取引は七七％であった。その三年後の一九八八年一一月末すなわち第二三期末には六九％に低下している。

表4－4－2に示されるように、この低下傾向はその後も続き、第二六期（一九九一年四月）には六三・五％、三年後の第三〇期（一九九四年度）には六〇％までに低下している。さらに表4－4－3に示されるように、小売直販と広域化を進展させた一九九〇年代後

表 4－4－2　伊藤伊株式会社の主要扱品・売上区分・販売先（1991年 4 月・1992年 4 月）

期		第26期	第27期	第28期	第30期
時期（年・月・日）		1990年11月29日 ～1991年11月28日	1991年11月29日 ～1992年11月28日	1992年11月29日 ～1993年11月28日	1994年11月29日 ～1995年11月28日
対象時期		1991年 4 月	1992年 4 月	1993年 4 月	1994年度
主な仕入れ先		ライオン，ユニ・チャーム，松下電器，ツムラ，日本リーバ，P&G・F，ネピア，小林製薬，日本香堂，牛乳石鹸	花王，ライオン，ユニ・チャーム，松下電器，ツムラ，日本リーバ，ネピア，小林製薬，P&G，資生堂ファイントイレタリー，牛乳石鹸，日本香堂，サランラップ販売，大日本除虫菊，ジョンソン，白元，松下電工，アース製薬，ジョンソン・エンド・ジョンソン，貝印，サンユー，東海販売，呉羽化学，エステー化学，フマキラー	ライオン，ユニ・チャーム，P&G，松下電器，日本リーバ，ツムラ，牛乳石鹸，日本香堂，小林製薬，サンスター，ミヨシ，カネボウ，エスエス製薬，エステー化学	ライオン，ユニ・チャーム，P&G，松下電器，日本リーバ，ツムラ，牛乳石鹸，日本香堂，小林製薬，ネピア他
主な販売先		ユニー，サークルKジャパン，ヤマナカ，ヨシズヤ，ナフコ，松坂屋，名鉄，ハロー，ブーツ，カネスエ，アオキスーパー	三岐中部地方卸商，スーパー，コンビニエンス，ホームセンター，ドラッグストア，デパート	ユニー，サークルK，ヤマナカ，ナフコ，ダイエー	ユニー，サークルK，ヤマナカ，ナフコ，スギヤマ，ダイエー，ジャスコ他
販売先（%）	仲間卸	63.5	63.0	61.04	60.0
	GMS	6.5	6.5	8.52	9.0
	スパマケット	9.5	13.5	12.46	12.5
	CVS	3.6	4.0	4.70	5.0
	ホームセンター	3.0	3.0	3.12	1.5
	ドラッグストア	2.5	2.5	3.16	3.0
	一般小売店	1.6	3.5	2.67	1.5
	その他	9.9	4.0	4.27	5.5
	ディスカウントストア	－	－	0.06	0.5
	合　計	100.0	100.0	100.00	98.5

（注）「主な仕入先」に記載がなく「売上高伸長率の上位メーカー」についての記載があるメーカーについては，「主な仕入先」に加えている。

（出典）伊藤伊株式会社『法人の事業概況説明書』（1991年11月29日～1992年11月28日），洗剤新報社『洗剤・石鹸・日用品ダイジェスト〈90～91年版〉』1991年 5 月25日，181頁，同社『同誌〈91～92年版〉』1992年 6 月10日，198頁，同社『洗剤・石鹸・日用品・化粧品ダイジェスト〈92～93年版〉』1993年 6 月 1 日，233頁，同社『同誌〈95年度版〉』1995年 6 月10日，247頁。

半以降になると、さらにその比重が低下し、第三一期（一九九五年度）には五五％、第三五期（一九九九年度）には半分以下の四七％まで低下する。そして、第三八期（二〇〇二年度）には、さらにその半分以下の二〇％にまで低下する。

当然のことながら、それと逆に、伊藤伊から小売への直販の比率が高まっていった。表4－4－2からわかるように、なかでも、第二六期（一九九一年四月）から第三〇期（一九九四年度）にかけては、GMSや一般スーパーおよびCVS（コンビニエンスストア）の比重が伸びる傾向にあったことがわかる。さらに、表4－4－3からわかるように、GMSやスーパーは、第三三期（一九九七年度）頃まで一定程度の比重を確保し、同期からスーパーが再び伸びを示し、三四期（一九九八年度）からはGMSも伸長の傾向をたどった。第三三期から急速に比重を増やしていったのは、ホームセンターやドラッグストアであった。

ちなみに、同じ表4－4－3に示されるように、第三三期（一九九七年度）以降は、広域化にともない仕入先と商品アイテム数が急増し、販売先も約二〇〇〇になっていた。なお、この表4－4－3では第三四期では仲間卸との取引が過半数を維持したこととされているが、後掲の第七章の表7－1では小売直販比率が五〇％を超えている。おそらく、伊藤伊の『営業報告書』を根拠とした表7－1の数値の方が信頼性が高いと思われる。

いずれにせよ、こうした仲間卸比重の低下は、伊藤伊が仲間卸との取引を停止したためではなく、仲間卸自身が消滅するとともに、伊藤伊が広域化するなかで新規小売店との取引が拡がったためであったとみることができる。[77]

有力仲間卸の廃業・倒産

実際、有力店の廃業や倒産が一九九九年代後半から二〇〇〇年前後と推定される時期にあった。[78] たとえば、伊藤伊および伊藤伊と合併する永井商事と並んで名古屋地区のライオン歯磨の有力代理店であった亀屋ヒルコが一九九七年前後に倒産する。[79]

また二〇〇〇年頃には、伊藤伊との取引関係では二次卸店に位置づけられる有力卸売企業も廃業したり、倒産した。たとえば、二〇〇〇年には、静岡の老舗で有力店のなすや（静岡市）が倒産した。これは、主力取引先の長崎屋の会

売上区分・販売先（1994年度～2002年度）

第34期	第35期	第36期	第37期	第38期
1998年4月1日～1999年3月31日	1999年4月1日～2000年3月31日	2000年4月1日～2001年3月31日	2001年4月1日～2002年3月31日	2002年4月1日～2003年3月31日
1998年度	1999年度	2000年度	2001年度	2002年度
ライオン，ユニ・チャーム，P&G，松下電器，日本リーバ，ツムラ，日本香堂，小林製薬，ネピア，サランラップ販売，カネボウホームプロダクツ，エステー化学，東芝電池，アース製薬，他（総数450）	ライオン，ユニ・チャーム，P&G，松下電器，日本リーバ，ツムラ，日本香堂，小林製薬，ネピア，サランラップ販売，カネボウホームプロダクツ，エステー化学，東芝電池，アース製薬，他（総数500）	ライオン，ユニ・チャーム，P&G，松下電器，ネピア，小林製薬，日本リーバ，ツムラ，日本香堂，他（総数800）	ライオン，ユニ・チャーム，P&G，松下電器，カネボウHP販売，ネピア，小林製薬，日本リーバ，ツムラ，日本香堂，大日本除虫菊，アース製薬，他（総数800）	ライオン，ユニ・チャーム，P&G，松下電器，日本リーバ，王子ネピア，日本香堂，エフティ資生堂，カネボウHP販売，他（総数500）
ユニー，サークルK，ヤマナカ，ナフコ，イトーヨーカ堂，スギヤマ，ダイエー，ジャスコ，他（総数2,000）	ユニー，サークルK，ナフコ，ダイエー，イトーヨーカ堂，ジャスコ，スギヤマ薬品，クスリのアオキ，他（総数2,000）	テクノケンセキ，ユニー，サークルK，松坂屋，ジャスコ，イトーヨーカ堂，他（総数1,780）	ユニー，サークルK，松坂屋，イトーヨーカ堂，イオン，スギヤマ薬局，杏林堂，高田製薬，他（総数2,000）	ユニー，サークルK，松坂屋，三越，イトーヨーカ堂，イオン，他（総数1,000）
51.60	47.0	39.8	32.0	20.0
9.95	10.0	10.0	12.0	15.0
15.96	18.0	19.5	19.0	19.0
5.06	5.0	5.1	13.0	8.0
4.37	5.0	7.4	6.0	10.0
7.41	9.0	12.8	13.0	27.0
0.00	0.0	0.0	0.0	0.0
0.70	2.0	0.0	0.0	0.0
4.95	4.0	5.4	5.0	1.0
100.00	100.0	100.0	100.0	100.0

ては，「主な仕入先」に加えている。第30期の販売先の各パーセンテージの合計が100％とならないと第七章の表7-1の小売直販比率の数値が合致しない時期もあるが，そのまま表示している。

同社『同誌〈96年版〉』1996年6月10日，212頁，同社『同誌〈97年度版〉』1997年5月31日，169頁，1998年5月31日，170頁，同社『同誌〈99年版〉』1999年6月1日，168頁，同社『同誌〈2000年度〈2001～2002年版〉』2002年6月10日，178頁，同社『同誌〈2003～2004年版〉』2001年6月1日，215

表4-4-3　伊藤伊株式会社の主要扱品・

期		第30期	第31期	第32期	第33期
時期（年・月・日）		1994年11月29日～1995年11月28日	1995年11月29日～1996年3月31日	1996年4月1日～1997年3月31日	1997年4月1日～1998年3月31日
対象時期		1994年度	1995年度	1996年度	1997年度
主な仕入れ先		ライオン，ユニ・チャーム，P&G，松下電器，日本リーバ，ツムラ，牛乳石鹸，日本香堂，小林製薬，ネピア，他	ライオン，ユニ・チャーム，P&G，松下電器，日本リーバ，ツムラ，牛乳石鹸，日本香堂，小林製薬，ネピア，カネボウホームプロダクツ，アース製薬，エステー化学，他	ライオン，ユニ・チャーム，P&G，松下電器，日本リーバ，ツムラ，牛乳石鹸，日本香堂，小林製薬，ネピア，カネボウホームプロダクツ，アース製薬，エステー化学，他	ライオン，ユニ・チャーム，P&G，松下電器，日本リーバ，ツムラ，牛乳石鹸，日本香堂，小林製薬，ネピア，カネボウホームプロダクツ，サンスター，エステー化学，アース製薬，サランラップ，他（総数350）
主な販売先		ユニー，サークルK，ヤマナカ，ナフコ，スギヤマ，ダイエー，ジャスコ，他	ユニー，サークルK，ヤマナカ，ナフコ，スギヤマ薬局，ダイエー，ジャスコ，他	ユニー，サークルK，ヤマナカ，ナフコ，スギヤマ薬局，ダイエー，ジャスコ，他（総数2,000）	ユニー，サークルK，ヤマナカ，ナフコ，スギヤマ薬局，ダイエー，ジャスコ，他（総数2,000）
販売先（%）	仲間卸	60.0	55.0	55.0	54.0
	GMS	9.0	9.0	9.0	8.0
	スーパーマーケット	12.5	12.5	12.5	16.0
	CVS	5.0	5.0	5.0	6.0
	ホームセンター	1.5	1.5	1.5	5.0
	ドラッグストア	3.0	3.0	3.0	6.0
	ディスカウントストア	0.5	0.5	0.5	0.5
	一般小売店	1.5	1.5	1.5	0.0
	その他	5.5	12.0	12.0	4.5
	合計	98.5	100.0	100.0	100.0

（注）「主な仕入先」に記載がなく「売上高伸長率の上位メーカー」についての記載があるメーカーについ
　が，そのまま記載した。また，この表の仲間卸の比率を100%から差し引いて算出される小売直販比率
（出典）洗剤新報社『洗剤・石鹸・日用品・化粧品ダイジェスト〈95年度版〉』1995年6月10日，247頁，
　同社『同誌〈96年版〉』1996年6月10日，212頁，『トイレタリー・化粧品ダイジェスト〈98年度版〉』
　版〉』2000年6月1日，190頁，同社『同誌〈2000～2001年版〉』2001年6月1日，215頁，同社『同誌
　頁，同社『同誌〈2001～2002年版〉』2003年6月1日，186頁。

社更生法適用の影響とみられている[80]。この前後には、半田市の伊藤商事も倒産した。伊藤伊は同社の筆頭債権者であった[81]。さらに名古屋市の有力店であった加藤商店も、この頃に廃業した[82]。

仲間卸取引の経営史的意義

このように、伊藤伊は伊藤昌弘が社長になってからも、従来からの仲卸取引尊重の方針を変えることはなく、実際に仲間卸との取引を主体的に停止することもなかったものの、仲間卸の消滅もあって、仲間卸との取引の比重が低下していった。

では、この仲間卸取引の尊重が、伊藤伊の経営史上、どのような意義をもったのかについて少し検討してみたい。伊藤伊の仲間卸取引は、先にもふれたように、地元の愛知県はもとより、三重・岐阜・静岡・滋賀・京都・福井・石川・富山・新潟・長野の各府県という広範囲に及んでいた。これらの地域の卸売企業と伊藤伊の関係は、伊藤伊が代理店（一次卸店）を務めるメーカー（仕入先）商品については、それらの仲間卸が二次卸店という縦型の関係となる。いうまでもなく、別の商品については、逆の関係もあった。

代理店を務めるメーカー商品について、伊藤伊は、いわば階層的な広域化を遂げていたとみることができる。そうしたなかで、伊藤伊と取引関係にある二次卸店のエリアの状況について、伊藤伊は一定程度、情報が入手しやすい状況にあった。実際に、そうしたエリアの展望について、伊藤伊はメーカー側からの要望を聞いたりすることもあった[83]。

中間流通企業の伊藤伊の仲間卸の存在する地域への大手小売チェーンなどの進出や、他地域からの卸売企業の進出は、伊藤伊にとっては、いわば「外堀」[84]を侵食される懸念すべきことであった。それに関する情報はとても重要であり、そうした情報の分析にもとづく反作用が伊藤伊による水平的広域展開であった。その意味で、伊藤伊の階層的広域展開という状況は、伊藤伊にとって、その後の営業権継承やM&A型の統合すなわち水平的展開の前史的意義をもつものであったとみることができよう。

おわりに

最後に本章での検討によって明らかにされたことを、あらためて整理しておくことにしたい。

第一に、伊藤昌弘が社長となった一九八〇年代半ばから二〇〇〇年代初期までの伊藤伊株式会社の資本は、株式分割、有償第三者割当、営業権譲渡、合併、株式店頭公開によって、一〇倍強にまで増加した。そうしたなかで、伊藤伊の創業者の家族・同族および彼らの一〇〇％出資会社による伊藤伊株式会社の所有比率は、次第に低下する傾向がみられた。二〇〇〇年九月の株式店頭公開によって、所有面の社会性が増し、封鎖的所有も解かれる。しかし、伊藤伊創業者の家族・同族およびその出資会社と従業員持株会による株式所有比率が、過半数以下になることはなかった。この意味で、伊藤伊株式会社は、封鎖的所有から脱した後も、創業者の家族・同族・従業員による所有の企業であり続けたといえよう。

第二に、経営陣についてみると、伊藤昌弘が社長となった時点では、伊藤伊創業者の家族・同族に古参番頭が加わった体制であったが、一九九〇年代になると伊藤伊株式会社で採用され昇進した専門経営者も経営陣に加わるようになった。これにより、同族色が薄まる傾向がみられるようになった。彼らの多くは、伊藤昌弘よりも年少の経営者であった。彼ら若手経営陣のほかに、伊藤昌弘より年長の古参番頭型の経営者もおり、伊藤昌弘に請われて外部の人材も経営陣に加わるようになった。営業権譲渡や合併は、被合併会社同族や外部経営陣の比率を高めることにもなった。年長経営者や外部経営者は伊藤昌弘を側面から支え、若手経営陣は、主に、伊藤伊の幅広く展開する営業の現場での対応や情報・物流システムの高度化を実現する役割を担ったとみられる。また、伊藤昌弘は一九八八年に地元愛知県の業界団体の代表者に、一九九八年には全国の業界団体の代表者に就任し、父・伊藤弥太郎と同様に、業界を代表する役割も担うこととなった。

第三に、伊藤昌弘は、代表取締役社長に就任した頃、得意先との信頼と情報共有にもとづく物流・情報機能とマーチャンダイジング機能の高度化、および経営効率の向上を唱えた。一九九〇年代になると、二一世紀を目指した一〇カ年の計画を三つの中期計画に細分して、それぞれの具体的な目標を掲げた。そのなかで、LCO（Low Cost Operation）、HCO（Highly Competetive Operation）という用語がキイワードとなった。またそれを実現する担い手たちを「流通技能技術者集団」として、組織構成員の能力の向上を目標とした。そして、一九九〇年代後半になると、広域展開を遂げるなかで、そうした諸目標のよりいっそうの追求を目指すこととした。

第四に、小売直販の推進と営業権の継承や合併によって広域展開を遂げる過程で、取扱商品の幅を増やすと同時に、小売店への直販量も増やしていった。このため、次第に仲間卸の取引比率が低下し、一九九〇年代末には五〇％を割り、二〇〇二年度には二〇％（後掲の第七章の表7－1の小売直販比率七七・〇七％から算出される仲間卸比率は二二・九三％）まで低下した。ただし、伊藤伊株式会社自身が仲間卸との取引を意図して縮小したことはなく、姿を消す二次卸もあったことがこうした傾向を加速したとみられる。いわば、「問屋無用論」の予見が的中した面もあったことによって仲間卸の比率を低下させ、新興小売勢力への適応的な対応を進化させることによって「問屋無用論」の予見に反する展開を遂げたのである。

第五に、それまでの仲間卸との広範囲におよぶ取引関係、すなわち幅広い垂直的取引関係網は、いわば伊藤伊にとって「外堀」となって、他の地域からの小売および卸売の勢力の展開に対して、大きなアンテナ機能を果たした面もあったと思われる。

注

（1）林周二の『流通革命』（中公新書、一九六二年一一月）を契機に、その拡大解釈が加わって唱えられた「問屋無用論」「問屋斜陽論」の予見に反して、進化を遂げた同業の卸売企業は少なくない。こうした諸企業についての実証的な研究は少ないが、筆者は、佐々木聡『地域有力卸売企業ダイカの展開――ナショナル・ホールセラーへの歴史的所産』（ミネルヴァ書房、二〇一五年三月）で、北海道の有力卸売企業ダイカについて実証的な検討を試みた。ダイカが早い段階で小売直販が中心となっていたのに対して、伊藤伊は一九八〇年代前半まで仲間卸中心で、同時期比較では、ダイカと伊藤伊の経営方針は、大きく異なっていたといえる。こうした異なったタイプの卸売企業の事例を対象としているところに、本書の研究史上の特徴がある。

（2）伊藤伊株式会社社内報編集委員会『社内報ばぶりん』Vol.36（二〇〇〇年）一～二頁。

（3）元伊藤伊株式会社総務担当の内田喜美雄氏による。

（4）この時点での伊藤伊からの税務当局の報告内容については、第二章、一二一頁の注記(13)を参照されたい。

（5）従来の役付対象の持株会とは異なり一九八一年新発足の持株会で五年以上の勤続社員が資格を有する。詳細は、第二章、八九～九五頁を参照されたい。

（6）この税務署提出史料で、なぜ松田常次が（伊藤昌弘の母としの実家の地域の出身ではあるが）記載されているか不明である。

（7）筆者の質問に対する元伊藤伊株式会社総務担当の内田喜美雄氏の回答による。

（8）伊藤伊株式会社『第三八期事業報告書』（平成一四年四月一日より平成一五年三月三一日まで）四頁。

（9）ここでのダイカ株式会社の所有構造についての記述は、前掲『地域卸売企業ダイカの展開――ナショナル・ホールセラーへの歴史的所産』二一八～二一九頁および二二三～二二八頁による。

（10）『一九九七中部流通名鑑』（中日本商業新聞、一九九七年一一月）三一二頁。

（11）ここでの経営陣の生年月や経歴については、特に断りのない限り、内田喜美雄氏提供「役員の状況」（平成一六年六月までの記載あり）および伊藤昌弘氏への聞き取り調査による。

（12）伊藤昌弘氏への聞き取り調査による。

（13）平野正俊氏への聞き取り調査による。

（14）第二章、一〇八頁。

(15) 伊藤昌弘氏への聞き取り調査と、元伊藤伊株式会社総務担当の内田美喜雄氏の情報提供による。

(16) 共栄商事と神奈川県の花王販社については、佐々木聡「関東・甲信越地域での花王販社の設立と統合の過程」(明治大学経営学研究所『経営論集』第五七巻第四号、二〇一〇年三月)一四九〜一五三頁を参照されたい。

(17) 木村和敏の生年月は、『一九九八中部流通名鑑』(中日本商業新聞、一九九八年一二月)九〇頁による。

(18) コスモプロダクツは、一九四九年創業の佐久通商と幕末の一八六三年創業の小山商会の雑貨部が一九九〇年四月一日に合併して成立した。合併の一年後に社長(佐久通商の社長でもあった)の戸塚敏夫が病で倒れたため、戸塚雄二が三二歳で社長を引き継いだ。伊藤昌弘と同じように、慶應義塾大学卒業後にライオンに二年間勤務した経験を有する(『一九八九中部流通名鑑』中日本商業新聞社、一九八九年九月、二一八〜二一九頁、『'95石鹸・化粧品・日用品卸業界 日本の有力卸売企業一〇〇社』日本商業新聞社、一九九五年九月、一〇二〜一〇三頁)。

(19) 井関篤美氏は、一九六九年四月にライオン油脂に入社、一九七八年七月に株式会社エイコー入社(一九九九年一一月同社退社)、二〇〇〇年一月に伊藤伊株式会社に入社した(伊藤伊株式会社社内報編集委員会『社内報ぱぶりん』Vol.43、二〇〇二年、九頁)。なお、株式会社エイコーは和歌山市の日雑系卸で、全盛期の年商は一二〇億とされるが、現在は株式会社パルタックの近畿支社和歌山支店(年商約三〇億)となっている(平野正俊氏の情報提供による)。

(20) 鈴木洋一氏への聞き取り調査による。なお、ライオン製品株式会社は、一九八〇年一月のライオン歯磨とライオン油脂の合併の準備期間である一九七八年一月に設立された両社家庭品の販売会社である。なお、ライオン製品株式会社については、ライオン株式会社社史編纂委員会『ライオン一〇〇年史』(一九九二年一〇月)二八八〜二九六頁を参照されたい。

(21) 伊藤伊株式会社『第三五期営業報告書』(平成一一年四月一日から平成一二年三月三一日まで)四頁。

(22) ここでのダイカ経営陣に関する叙述は、前掲『地域卸売企業ダイカの展開――ナショナル・ホールセラーへの歴史的所産』九四〜九九頁、一八八〜一八九頁および二二八〜二三一頁による。

(23) 株式会社パルタック『第六二期定時株主総会招集ご通知』(一九九〇年一二月五日)一三〜一四頁所収「取締役候補者」リストおよび同社『第六三期定時株主総会招集ご通知』(一九九一年一二月四日)六頁所収「取締役及び監査役」リスト。

(24) 株式会社パルタック『第七四期定時株主総会招集ご通知』(二〇〇二年一二月四日)四〇〜四六頁所収「取締役候補者」リストおよび同社『第七五期事業報告書』(二〇〇二年一〇月一日から二〇〇三年九月三〇日まで)五頁所収「取締役及び監査

役」リスト。
(25) 第二章、一〇四～一〇五頁。
(26) ここでの伊藤昌弘の略歴は、前掲「役員の状況」による。
(27) 伊藤昌弘氏への聞き取り調査による。
(28) 伊藤伊の創業については、第一章、二〇～二四頁を参照されたい。
(29) 『石鹸日用品新報』（一九八五年三月二日）、『中日本商業新聞』（一九八五年三月五日）、『日本商業新聞』（一九八五年三月一一日）。
(30) 伊藤伊株式会社社内報編集委員会『社内報ばぶりん』Vol.6（一九九二年）一一頁。なお服部清成の諸論考は、服部清成『歴史から見たライフサイクル論他』（伊藤伊株式会社、一九九三年八月一日）にまとめられている。
(31) 伊藤伊株式会社社内報編集委員会『社内報ばぶりん』Vol.7（一九九三年）二頁。
(32) 第二章、一〇一～一〇二頁。
(33) 伊藤昌弘氏への聞き取り調査による。
(34) 『日本商業新聞』（一九八五年一月七日）。
(35) 小林宏治のC&Cの概要については小林宏治編著『C&Cは人間性を目指す』（ダイヤモンド社、一九九二年三月）などを参照されたい。また小林宏治が一九七七年一〇月一〇日にアメリカのアトランタで開かれたインテルコム77で発表したC&Cの原稿は、著者が監修・解題執筆した日本電気社史編纂室編『日本電気株式会社百年史資料編』（二〇〇一年一二月）七七～八五頁に収録してあるので参照されたい。
(36) 『日本商業新聞』（一九八五年一月七日）。
(37) 伊藤昌弘氏への聞き取り調査による。
(38) 『日本商業新聞』（一九八五年一月七日）。
(39) 伊藤伊株式会社『第三一期営業報告書』（平成七年一一月二九日から平成八年三月三一日まで）一頁、同社『第三二期定時株主総会招集通知』所収『第三二期営業報告書』（平成八年一一月二九日から平成九年三月三一日まで）二頁。なお、伊藤昌弘によれば、LCOとHCOという用語は、ジョンソン社、P&Gを経てコンサルタントとして独立し、伊藤伊の人材教育に当たった宮野入達久氏の言葉を引用したという（伊藤昌弘氏への聞き取り調査による）。
(40) 第三章、一六七〜一七一頁。
(41) 『中日本商業新聞』（一九八八年六月一五日）。
(42) 『中日本商業新聞』（一九八九年一月一日）。
(43) 全国石鹸洗剤化粧品歯磨雑貨卸商組合連合会『全卸連会報』第五〇号（一九八九年四月一五日）一〜一〇頁。
(44) 通商産業政策史編纂委員会編・石原武政編著『通商産業政策史4　商務流通政策一九八〇—二〇〇〇』（経済産業調査会、二〇一一年三月）一〇三〜一〇四頁。
(45) 全国石鹸洗剤化粧品歯磨雑貨卸商組合連合会『全卸連会報』第五五号（一九九〇年七月五日）五〜六頁。
(46) 全国日用雑貨化粧品卸連合会『全卸連会報』第五六号、一九九〇年八月三〇日、三頁。全卸連が全国日用雑貨化粧品卸連合会へと正式名称を変更したのに合わせて、その約一一カ月後の一九九一年六月に愛石粧も、愛知県日用雑貨化粧品卸商組合と名称を変更した（『中日本商業新聞』一九九一年六月一五日）。正式名称から石鹸は外れたが、略称は愛石粧のままであった。
(47) 全国化粧品日用品卸連合会『全卸連会報』第六六号（一九九三年三月一五日）四頁。全卸連が全国化粧品日用品卸連合会へと名称を再変更した四カ月後の一九九三年六月には、愛石粧も愛知県化粧品日用品卸組合へと再変更した（『中日本商業新聞』一九九三年六月一五日）。
(48) 全国日用品雑貨化粧品卸連合会『全卸連会報』第五八号（一九九一年三月二〇日）二頁。
(49) 全国日用品雑貨化粧品卸連合会『全卸連会報』第五七号（一九九〇年一二月二〇日）一〜四頁、同誌第五九号（一九九一年六月二八日）一〜六頁、同誌第六〇号（一九九一年八月三一日）三〜一七頁。
(50) 『中日本商業新聞』（一九九八年七月一五日）。全国化粧品日用品卸連合会『全卸連会報』No.88（一九九八年九月九日）一〜三頁。なお、同誌は第七三号まで「第〇〇号」となっており、次の号のNo.73から「号」ではなく「No.〇〇」となっている。
(51) 全国化粧品日用品卸連合会『全卸連会報』No.88（一九九八年九月九日）一頁。
(52) 『中日本商業新聞』（一九九八年七月一五日）。
(53) 『中日本商業新聞』（一九九九年六月一五日）。

(54) 全国化粧品日用品卸連合会『全卸連会報』No.94（二〇〇〇年七月四日）一頁および九頁。
(55) 全国化粧品日用品卸連合会『全卸連会報』No.100（二〇〇二年七月一五日）一頁および一六～一七頁。
(56) 前掲『社内報ばぶりん』Vol.6（一九九二年）一一頁。
(57) 伊藤伊株式会社社内報編集委員会『社内報ばぶりん』Vol.4（一九九二年）二頁。
(58) 伊藤伊株式会社社内報編集委員会『社内報ばぶりん』創刊号（一九九一年）一頁。
(59) 伊藤伊株式会社社内報編集委員会『社内報ばぶりん』Vol.3（一九九二年）二頁。
(60) 前掲『社内報ばぶりん』Vol.4、二頁。なお、三〇代若手人材育成研修は、第五章で紹介するように、P&Gにいた宮野入達久氏を指導者として実施された。
(61) 伊藤伊株式会社社内報編集委員会『社内報ばぶりん』Vol.11（一九九四年）一～二頁。
(62) 伊藤昌弘は、この一九九四年時点での伊藤伊のQCについて「当社のQC活動もここにきて、全社的なものになってきました。QC活動の成長が如何に私共に勇気を与えてくれているかを感ぜざるを得ません」と述べている（前掲『社内報ばぶりん』Vol.11、二頁）。
(63) 前掲『社内報ばぶりん』Vol.11、二頁。
(64) ここでの七つのプロジェクトに関する記述は、伊藤伊株式会社『社内報ばぶりん』Vol.15（一九九五年）九頁および伊藤伊関係者からの聞き取り調査による。
(65) 伊藤伊株式会社社内報編集委員会『社内報ばぶりん』Vol.36（二〇〇〇年）一頁。
(66) この店頭公開過程の詳細については、第六章で検討する。
(67) PHP研究所編『経営トップが綴る21世紀への思い「一日一話」私の仕事・人生』（PHP研究所、二〇〇〇年一一月）三一頁。
(68) 前掲『第三一期営業報告書』一頁。
(69) 伊藤伊株式会社『第三二期定時株主総会招集ご通知』（一九九七年六月一二日）二頁。
(70) 『日経流通新聞』（一九九五年六月一三日）、『日本商業新聞』（一九九五年四月一〇日）、『石鹸日用品新報』（一九九五年四月一九日）、『中日本商業新聞』（一九九五年三月三〇日）。

(71) ここでの小売直販推進に関する叙述は、伊藤昌弘氏への聞き取り調査による。
(72) 伊藤伊株式会社社内報編集委員会『社内報ばぶりん』Vol.20(一九九六年)二頁。
(73) 第三章、一七七頁。
(74) 伊藤伊株式会社社内報編集委員会『社内報ばぶりん』最終号(二〇〇四年)所収「会社の沿革」による。
(75) 前掲『社内報ばぶりん』Vol.36(二〇〇〇年)、一~二頁、伊藤伊株式会社『第三七期定時株主総会招集ご通知』(二〇〇二年六月一二日)二頁。
(76) 伊藤昌弘氏への聞き取り調査による。
(77) 伊藤昌弘氏への聞き取り調査でも同様の見解が示されている。
(78) ここでの廃業・倒産に関する記述は、とくに断りのない限り、伊藤昌弘氏への聞き取り調査による。
(79) 『一九九六中部流通名鑑』(中日本商業新聞社、一九九六年一一月)二四三頁によると、亀屋ヒルコ株式会社(名古屋市中川区)は一九一九(大正八年)の創業で、一九六八(昭和四三年)株式会社谷屋と合併し、一九八七年五月一日に名古屋ヒルコとの合併により亀屋ヒルコとなった。資本金は三〇〇〇万円、従業員数は七三名であった。関係会社としては、中日物産(名古屋市中区)、伊藤安大山(神戸市中央区)の二社があげられている。前掲『一九九七中部流通名鑑』には、毎年同年鑑に名前のあった亀屋ヒルコが記載されておらず、このことから一九九六年一一月から一九九七年一一月の間に倒産したと推定される。
(80) 『中日本商業新聞』(二〇〇〇年四月二五日)。株式会社なすやは、同紙と『一九九九中部流通名鑑』(中日本商業新聞社、一九九九年一〇月)七九頁によると、一八八五(明治一八)年の創業で、年商三〇億円(資本金の記載なし)、従業員数は七五名であった。化粧品の有力問屋で、静岡全域の有力スーパー、百貨店を得意先としてきたが、この五~六年、販売先の価格競争とコストアップによって体力を消耗してきたという。なお、同社も『二〇〇〇中部流通名鑑』(中日本商業新聞社、二〇〇〇年一〇月)には記載されていない。なお、伊藤伊となすやとの取引関係の傍証となる「預り金」については、第三章の表3-5-2と表3-6を参照されたい。
(81) 『一九九八中部流通名鑑』(中日本商業新聞社、一九九八年一二月)五九頁によると、伊藤商事株式会社は一九二九(昭和四)年に紙問屋として創業し、その後、石鹸洗剤日用雑貨品など幅広く扱い、一九五一(昭和二六)年に法人改組した。資本金は一六〇〇万円、従業員数は二六名であった。前掲『一九九九中部流通名鑑』五四頁の同社記事では、所在地が半田市ではなく、安城市になっており、前掲『二〇〇〇中部流通年鑑』には同社についての記載がない。なお、伊藤伊と伊藤商事との取引関係の傍証となる「預り金」については、第三章の表3－4－2、表3－4－3、表3－5－2、表3－6を参照されたい。

(82) 前掲『二〇〇〇中部流通名鑑』四六～四七頁によると、株式会社加藤商店は、一九四六（昭和二一）年の創業で、一九五〇年に合名会社設立、一九七六年に株式会社に改組した。資本金は一二〇〇万円、従業員数は四〇名であった。『二〇〇一中部流通名鑑』（中日本商業新聞社、二〇〇一年一一月）には、同社の記載はない。なお、伊藤伊と加藤商店との取引関係の傍証となる「預り金」については、第三章の表3－4－3を参照されたい。

(83) 伊藤昌弘氏への聞き取り調査による。

(84) 伊藤昌弘氏によると、仲間卸による広域網の展開ということについて、先代で父の伊藤弥太郎も「外堀を固める」という表現をしていたという。

第五章　機能進化と水平的広域展開の端緒（一九八〇年代後半から九〇年代半ばまで）

はじめに

本章では、伊藤昌弘が社長に就任した一九八五年から一九九〇年代半ばまでの伊藤伊の情報・物流システムなどの機能進化の過程と水平的広域展開の契機について検討する。

第三章でみたように、伊藤伊の従来からの仲間卸の取引範囲は、愛知・三重・岐阜・静岡の近隣諸県はもとより、滋賀・京都・山梨・長野・新潟・富山・福井の各府県にまで及んでいた。一九八〇年代前半までの伊藤伊の経営活動は、そうした仲間卸を中心に、新興の小売勢力への対応を加えた程度の静態的な経営であったとみることができる。

しかし、一九八〇年代半ばの通信自由化、さらには一九九〇年代半ばの伊藤伊の垂直的取引関係地域への他地域からの卸売企業の進出など、伊藤伊にとって経営の転換と進化を迫られる経営環境となった。そこで、本章では、まずそうした経営環境の変化の状況について確認するとともに、伊藤伊がそうした状況へいかに対応したかについてできるだけ詳細に検討することにしたい。これによって、伊藤伊のその後の発展を可能とさせた諸要因を解明することになろう。

1　情報システムの進展とネットワーク化

一九八〇年代、流通に関わる諸企業は、二つの面の情報インフラ整備にともない新たな局面を迎えた。ひとつは、一九七八年にＪＩＳ規格（Japanese Industrial Standard　日本工業規格）として制定されたＪＡＮコード（Japanese Article Number　共通商品コード）を基礎とするＰＯＳ（Point of Sales　販売時点情報管理）の普及である。いまひとつは、一九八五年の通信自由化にともなうＶＡＮ（Value Added Network　付加価値通信網）事業者の登場によるＥＤＩ（Electronic Data Interchange　電子データ交換）の進展である。これらにともない、各企業は、自社の情報システムを大きく進化させることとなった[1]。ここでは、まず伊藤伊の初期の情報処理システムの進展をみたうえで、一九八〇年代後半から一九九〇年代前半までの業界の情報ネットワーク化と伊藤伊の関連する動きについてみてみよう。

伊藤伊のコンピュータ活用とライオンへの協力

伊藤伊での本格的なコンピュータ活用は、第二章でもみたように、一九七七年の日本電気（ＮＥＣ）のＮＥＡＣシステム１００Ｆによる給与計算などの事務処理のコンピュータ化により始まった[2]。その後、一九八一年には日本電気のＡＣＯＳ―Ｓ２５０を導入して、従来の伝票ごとの合計金額単位の売掛金の管理から、伝票の各行の明細での計上で商品ごとの販売管理（単品販売管理）ができるようになった[3]。

この間の一九八〇年には、後述するライオンの販売情報管理システムのＬＣＭＳ（Lion Circle Marketing System）の稼働のためのテストや準備に協力している。全国のライオンの最有力代理店であったから、伊藤伊への信頼と期待が大きかったのであろう。

企業間ネットワークとの連動

プラネットの設立

一九八五年四月、電気通信事業法と日本電信電話株式会社（ＮＴＴ）法が施行されて、それまでの電電公社と国際電信電話株式会社の独占体制から脱して通信の自由化が実現されることとなった。これにともない、多くのＶＡＮ会社が設立されることとなった(4)。同年八月一日には、化粧品・日用雑貨業界初のＶＡＮ運営会社の株式会社プラネットが東京都千代田区猿楽町に設立された(5)。

同社設立の基礎となったのは、ライオンが卸売企業から小売店への販売情報を把握するために、一九八三年一〇月から全国の卸店に端末を設置して結んでいたライオンの販売情報管理システムのＬＣＭＳであった。その後、ユニ・チャームがこのＬＣＭＳの共同利用をライオンに申し入れてきた。一九八四年一二月、ライオンとユニ・チャームとの共同利用の合意が発表され、同時に、化粧品・日用雑貨業界のＶＡＮ事業運営会社の設立構想が立案された。そして、情報処理会社のインテック(6)、資生堂、サンスター、十条キンバリー（後の日本製紙クレシア）、ジョンソン、エステー化学（後のエステー）、牛乳石鹸共進社株式会社がこれに呼応して参加することとなり、これら七社とライオンとユニ・チャームの九社により、資本金二億四〇〇〇万円でプラネットが設立されることとなったのである(7)。

当時、ひとつの端末機とそれにつながった一本の電線を多くのメーカーが共同で使うという技術はなく、それをやるとすればメーカーごとに時間帯で分けるか、周波数で分けるかしかなかった。これを解決するデジタルパケット通信すなわちデータを小包のようにまとめてそれに行き先の荷札を付ける構造の通信の技術をもっていたのがインテックであったという。このためデータの通信処理はすべてインテックが担うこととなり、プラネットはデータには一切ふれない立場となった(8)。これにより、当初懸念された取引情報の機密性も保たれたこととなった(9)。プラネットは、その後も「システムは共同で、競争は店頭で」を理念に、メーカーと卸売企業の勧誘と組織化を主たる業務とし、事業拡大にともない、端末機のレベルアップのほか、業界標準の諸コードや伝票フォームの維持管理を行っていった(10)。

全卸連での協力

全卸連《ぜんおろしれん》(11)でも、この受発注オンライン化に協力するため、すでに一九八三年頃から、他業界も巻き込み、メーカー間の伝票の標準化に取り組んでいた。一九八五年三月六日には、全卸連としての最初のオンライン委員会を開いた。三〇名の卸売企業の社長が集まったこの委員会では、メーカーとの受発注システムの確立のため、伝票の統一、JAN(一〇桁)コードの使用、JCA(Japan Chain Store Association)手順(12)への統一、取引価格の単純化の協力を呼びかけるとともに、卸売企業による共通取引先コードの登録も伝えるお願い状を、賛助会員であるメーカー宛に発送した(13)。急務であった伝送データ標準フォーマットの作成に関しては、卸売企業の専門家から成るオンライン委員会専門職会を設けて、通産省、流通開発センターおよびメーカー各社の協力を得ながら、検討を進めた。オンライン委員会は一九八六年二月に情報システム委員会と名称が変更された。情報システム委員会の専門職会は、各工業会・工業組合と連絡をとりながら、オンライン化の基盤づくりに努めた。この専門職会には、伊藤伊から藤根康裕が参加し、活用できるシステムを構築するえで貢献した(14)。

伊藤伊のプラネット加入と効果

伊藤伊は、一九八六(昭和六一)年四月にプラネットに加入し、同年八月頃に接続を開始した(15)。ただし、伊藤伊は前述のようにライオンがLCMSを本格稼働させる一九八五年以前の一九八〇年からLCMSのテスト試行に協力しており、実質的にはほぼプラネット設立と同時の加入とみてよいであろう。

伊藤伊はじめ、プラネットに加入した卸売企業は、メーカーからの売上伝票が迅速に送付されてくるようになったので情報入手が即座になった。伊藤伊のように、仲間卸(二次卸)との取引の比率が高い卸売企業は、帳合品のメーカーからの二次卸店への直送分や小売店への直送分の売掛金情報が納品と同時に入手できるようになった。参加メーカー側も、納品・請求伝票を入力する必要がなくなり、卸売企業からの注文伝票への入力も不要となった。また卸店の在庫・実販・小売店情報も容易に入手できるようになった。メーカー間で多様であったデータ交換の仕様が統一されたので、卸売企業とメーカーのシステムの投資コストの削減効果もあわせもつこととなったのである(16)。

表５－１　プラネットＥＤＩメーカー・卸社数推移

プラネット営業期	1期	2期	3期	4期	5期
年月（期末）	1986年7月	1987年7月	1988年7月	1989年7月	1990年7月
接続卸店（社）	86	200	237	255	259
稼動メーカー数（社）	12	23	26	29	34
プラネット営業期	6期	7期	8期	9期	10期
年月（期末）	1991年7月	1992年7月	1993年7月	1994年7月	1995年7月
接続卸店（社）	262	265	279	287	283
稼動メーカー数（社）	39	46	50	58	71
プラネット営業期	11期	12期	13期	14期	15期
年月（期末）	1996年7月	1997年7月	1998年7月	1999年7月	2000年7月
接続卸店（社）	299	319	307	297	301
稼動メーカー数（社）	99	123	140	159	191

（出典）株式会社プラネットから筆者への提供資料（2015年6月提供）。

パンジャパンデータサービスへの加盟とプラネットへの集約　その一方で、一九八六年九月五日、伊藤伊のほか日用雑貨卸売企業九〇社（計九一社）と日本電気（ＮＥＣ）系のＶＡＮ会社の日本電気情報サービス[17]が参加して、パンジャパンデータサービス株式会社が設立された。この会社は、日本電気情報サービスのある東京都の三田に本社が置かれ、全国の卸売企業が小売業に提供する商品・販売情報を集めて、消費者動向を分析・加工して、卸売企業のマーチャンダイジング企画の強化と販売促進に活用するとともに、メーカーにもこうしたデータを販売していくことを目的とした[18]。

代表取締役社長にはジョンソン副会長であった御厨文雄、同副社長には大山俊雄（大山）と熊谷昭三（熊長本店）が就任し、取締役には伊藤昌弘のほか清水俊吉（麻友）、霜田清隆（霜田物産）、西川富三（西川商事）、夏川敬三（夏川本店）、瓜生健二（宏和）、倉田正昭（日本電気情報サービス）が就き、監査役に井吹亢志（パルタック）、岡部洋介（チヨカジ）が就いた。授権資本金額が二億円、払込資本金額が六一三〇万円であり、出資分担は参加企業九一社が各三〇万円（計二七三〇万円）、そのうち発起人会社八社がほかに各三〇〇万円（計二四〇〇万円）、日本電気情報サービスが一〇〇〇万円であった[19]。

しかし、前述のプラネットの販売データ提供の事業と競合することとなり、メーカー各社のはたらきかけによって、プラネットへの活用へとシフトしてゆくこととなった。このため、卸主導のパンジャパンの事業は、実質的には短期間で活動を終え、会社も解散することとなった[20]。

なお、表5-1に示されるように、プラネットの会員は一九八六年に卸売企業八六社、メーカー一一社であったが、一九九七年には卸売企業が三〇〇社を超え、メーカーも一〇倍以上の一一三社となっている。その後、卸売企業は合併・統合や消滅によって若干の減少もあるが、メーカーの加入者数は増えていった。

地域VAN東海流通ネットワークへの参加　プラネットがメーカー主導によるメーカーと卸売企業の間の受発注データを扱うVANであったのに対して、卸売企業の主導で卸売企業と小売業者との間の受発注データを取り扱う業界の枠を越えた地域VAN会社も設立され、伊藤伊もこれに参画した。

一九八七年八月、愛知県、岐阜県、三重県の日用雑貨、食品・酒類、医薬品の卸売企業一三社が結束して、東海地域の流通VAN会社である東海流通ネットワーク株式会社を設立した(21)。

一三社のうち、日雑・石鹸の卸売企業では伊藤伊のほか、株式会社亀屋（名古屋市）、株式会社ケンセキ（岐阜市）、株式会社冨田屋（津市）、永井商事株式会社（名古屋市）の四社であった(22)。医薬品卸では株式会社スズケン、食品・酒類卸ではトーカン（名古屋市）ほか二社（株式会社秋田屋、黒川商事株式会社）、菓子卸では四社（株式会社正直屋、株式会社寿美屋、株式会社種清、株式会社前田）が参加した。

東海流通ネットワークは、愛・三・岐地域の卸売企業と小売業者のEOS（Electronic Ordering System）による受発注業務合理化を主たるねらいとして設立された。北海道のヘリオスと同様に、卸主導ということのほか、業際的な地域VANでもある(23)。一九八七年九月から業務を始め、システムの開発と運用は情報処理会社のセントラルシステムズ（名古屋市）に委託することとした。同社のホスト・コンピュータによって、加盟の卸売企業と小売業者との間をオンライン化した。これにより小売業者が商品の値札に付いているバーコードをハンディ端末で読み取れば、VANセンターで各卸売企業に振り分けて配信し、即座に商品を発注できるようになった。東海流通は、小売業者からは加入料、端末設置料金を徴収して発注作業を軽減するとともに、卸売企業からは接続料やデータ配信料を徴収して受注作業を軽減させることとなった(24)。

なお、東海流通ネットワークでは、運用開始当初からＪＡＮ情報で小売店が卸売企業へ発注する仕組みであった。それ以前は、大手量販店ではＪＡＮコードのソースマーキング[25]率が向上していたものの、まだまだ小売店の自社コードが中心であった。一九八二年にコンビニの急成長企業であったセブン‐イレブンがＰＯＳを導入し、翌年に全店に配置したが、その際ソースマーキングされた商品のみを扱うと表明した。このことは、小売側からのソースマーキングへの圧力となり、さらに流通業界全般へのＰＯＳ普及を促す契機となった[26]。そして、伊藤伊も加盟した東海流通ネットワークが設立された一九八〇年代後半の時期には、伊藤伊を含めてＪＡＮコードとＰＯＳが普及していった。

さて、以上のように、伊藤昌弘が社長に就任した頃から、伊藤伊自らの情報システムが高度化するとともに、卸売企業が参加する情報サービス会社が設立され、卸売企業とメーカーあるいは小売店との取引情報ネットワーク、さらには業際的なネットワークの構築も進展したのである。この情報システムの高度化とネットワークは、物流システムの高度化とも連動してゆくこととなる。

2　大型物流センターとインストア・マーチャンダイジングの始動

情報システムと並んで、物流システムや小売店頭での管理・提案能力は、一九八〇年代以降の卸売企業の競争力を決定づける要諦であった。一九八〇年代から九〇年代前半にかけての伊藤伊の物流システムや店頭管理の進化についてみてみよう。

物流センターの新設と基幹的情報システムの構築

高針センター稼働前後の物流システム　第二章でみたように[27]、伊藤伊では一九七九年一〇月に高針《たかばり》に配送センターを竣工させた。この高針配送センターでは、計算センター（ユニシスに委託　旧タキヒヨービル）と本社のオンライン

（専用線）化やピッキング・リストの発行など、その後の物流システムの展開に関わる萌芽がみられた。小売との直接取引が増えるとともに、自社の物流システムの必要が生じてきたのである(28)。

オンライン化の以前には、注文はデータ化されていなかった。大須の本社で電話で受注すると、事務員は、商品の単価、ケースの合計額まで暗記して、手書きで納品伝票を作成し発行していた。センターでの作業者は、送付されてきた納品伝票をみながら、荷造りをしていたのである。高針配送センターでのオンライン化が実現すると、大須の本社で電話やＦＡＸで受注したものを、計算センターと専用線でつながった端末で入力し、専用線で高針センターへ送信された伝票をプリントアウトしてピッキングするようになった。

高針配送センターでは、伊藤昌弘が社長に就任する前年の一九八四年にＡＣＯＳ―Ｓ４１０を導入し、単品在庫管理を開始した。すなわち、ある商品が倉庫内で合計何個あるかを管理することになったのである。単品の在庫と物流ピッキング・システムを連動させ、ロケーション付きのピッキング・リストを初めて作成した。

ピッキング・リストには、出荷先（得意先店名）、品名、ロケーション、数量などが記載された。ロケーションとは、商品の置き場所を示す住所である。たとえば、「２Ａ―１８―０８―２―０８」とあれば、これは二階の第一八番ラックの左から八番目の棚の上から二段目の左から八番目の商品ということを意味する。この住所は、ラックに貼ってあり、作業者はピッキング・リストに示されたラックの場所でピッキング作業を行う。

このＡＣＯＳ―Ｓ４１０の導入にともない、伊藤伊では、情報システムと物流システムとの原初的ながらも連動というシステムの構築を実現した。これと同時に、日本電気のネットワーク型のデータベース管理システム（ＤＢＭＳ）であるＡＤＢＳ（Advanced Data Base System）を導入した。当時の卸売業界では、先進的なものであったとされている。

高針配送センター開設当初も、ユニーなどの一部の小売店とのオンラインＥＯＳは実施していたが、前述のＪＣＡ手順の進展もあいまって、一九八四年のＡＣＯＳ―Ｓ４１０導入以降、小売店とのオンラインＥＯＳが急速に増加していった。

一九八五年頃には、バーコードの付いたプライス・カードを作成し、ＮＥＣのハンディ端末のＰＯＴ（Portable Order Terminal）―7で営業担当者がスキャンして伝送する受注も開始している。

高針で小売直販のオンライン化が始まると、先に述べたようなピッキング・リストが発行され、これによって作業者がピッキングをするようになった。

なお、ロケーションは、当初は、メーカー別、カテゴリー別で入荷・入庫を優先させて作成されていたが、出荷頻度や出荷数量を重視したロケーションに変更された。作業者の作業動線を見直すとともに、ロケーションと作業のスペースの改善も重ねられた。

こうした改善の背景には、コンビニの急成長があった。多頻度小口配送のニーズの高まりである。これにともない、一個単位という注文に対応するバラ・ピッキングの必要が発生するようになったのである。こうしたコンビニ対応のニーズはさらに高まり、伊藤伊としては、新たな対応が迫られることとなった。

仲間卸の物流

ところで、伊藤伊の販売先で大きな比重を占めていた仲間卸の物流についてみておくと、メーカーからの仲間卸の倉庫への直送が原則であった[29]。しかし、メーカーからの配送基準に満たない少量の場合は、仲間卸からの要請で伊藤伊の倉庫から出荷する場合もあり、これを「店出し」と呼んだ。また、近隣の仲間卸のなかには、在庫をもたずに、伊藤伊の本社併設の大須センターなどの倉庫に自社の販売商品を置いて納品前に伊藤伊倉庫に寄ってもっていくことも多々あった。つまり伊藤伊の倉庫を自社倉庫のように利用していたのである。

仲間卸の「店出し」も伊藤伊倉庫の活用のいずれも、長い間に及ぶ伊藤伊との取引実績をベースとするものであった。しかし、伊藤伊の情報・物流システムの進化とともに、こうした例外的な物流も消えてゆくこととなる。

大治配送センターの開設

一九八六年三月、伊藤伊では、名古屋市の西方に隣接する大治町《おおはる》（愛知県海部郡大治町大字北間島字柚木一四）に、コンビニ向け物流を主とした配送センターを竣工させた。敷地面積二二六六㎡、建築面積一〇二三㎡、床面積一階二五三坪、二階八六坪、三階二六五坪、延床面積一九九三㎡というスペースであった(30)。

特徴は、まず入出荷を一貫させたコンベヤー・システム、配送先の仕分けをする商品自動仕分け装置、自動ラック倉庫装置、コンピュータによる発注・出荷・配送システムなどの導入で省力化をはかったことである。さらに、デジタル表示によるピッキング・システム（DPS）、デジタル回転ラック、折りたたみ式コンテナによるバラ物出荷方式などの採用の面で伊藤伊自身のソフト開発の創意が活かされ、より迅速かつ確実な配送が期されることとなった。いわば、コンピュータ活用によるピッキング・センターであった。

このデジタル・ピッキング・システムは、出荷情報としての店舗コードや、集品する商品の位置情報（ランプの点灯で示す）・集品個数情報などをフロッピー・ディスク（FD）を介して連動させたものであった。マテリアル・ハンドリング（物流）のシステムと本社からの情報システムとの連携という点で、伊藤伊の物流史のなかでは画期を成すものであった(31)。

大治配送センターでは、紙製品以外では、ケース単位の出荷はほとんどなく、九九・九九％がバラ単位出荷であった。おおむね最大二〇〇〇アイテムの商品を扱い、当面は得意先のコンビニ三〇〇店への対応とされたが、六〇〇店までの処理能力を擁していた。実際には、取引店舗五〇〇店舗ほどで、同一店舗に対して週に二回出荷したので、三日間で五〇〇店舗、一週間で延べ一〇〇〇店舗への配送となった。

このコンビニ向け中心の大治配送センターの完成により、伊藤伊の物流センターは、本社配送センター（百貨店、一般小売店、仲間卸）、高針配送センター（量販店）と合わせて三体制となった。本社機能も、電算室に加えて、物流企画室を新たに設けて得意先へのサービスを強化することとした。

この大治配送センターの設置の背景には、名古屋地区でのコンビニの進出競争への対応という事情があった。伊藤昌弘が一九八五年に社長に就任してからまもなく、名古屋地区にファミリーマートが出店することとなった。ファミリーマートは当時西武百貨店系の西友によるものであった。このため伊藤伊の百貨店担当の神谷常務が尽力して、ようやくファミリーマートと取引が出来ることとなった。ところが、伊藤昌弘がこの件をすでに取引のあったサークルKの社長に報告に行ったところ、猛烈な反対に遭った。サークルKを含むユニーグループ全体の取引を考え直すとまでいわれたのである。そこで、伊藤昌弘が熟慮し、サークルK専用のセンターを作り、同時に花王販社や江口商事（化粧品担当）などすべてのノンフード商品を一括ピッキング配送する大治配送センター設立案を出し、最高のピッキング精度にすることを約束した。そうした提案が受け入れられて、やっとサークルKおよびファミリーマート双方との取引を継続することができたのである(32)。

こうした外的な経営環境からの作用に対する反作用としての適応的革新（adaptive innovation）は、これ以後も伊藤伊に頻繁に生じてくることになる。

なお、このときから物流担当の専門担当者として前田裕彦を配置した（後掲の図5－2を参照）。伊藤伊としては、最初のマテハンを使用し、次のみなと商品センターへとつながる本格的な物流システムの第一歩を踏み出したといえる。

なお、大治配送センター稼働開始の二～三年後、同センターでは、花王販社の物流代替・補完機能としてのTC（Transfer Center）型物流を開始した(33)。伊藤伊として、初のTCであった(34)。

ＩＴＯＳの構築

一九八九年、伊藤伊では、汎用コンピュータのACOS―S610によるITOS（Itoi Total Organized System）という自社の基幹情報システムを構築した。

その機能面の特徴として、管理面では、会計システムとの連携強化、EDIの対応、在庫管理（返品在庫管理）、粗利管理の強化などをはかったことがあげられる。また営業支援の強化や情報管理の強化もはかられた。

このシステムは、受注面では外部VANと連動し、発注面では上述のプラネットとも連動しており、経営環境の変化やコンピュータの進化にともない、改変が進められていった。そして、二〇〇一年にはNew Itosという新たなシステムが構築されることとなる。

西春センター

一九八九年からサン電子の子会社のアイワ化成（現在のイードリーム）の二階（名古屋市沖村八反五二―二）を二年間賃借して、西春センターを開設した。これは、高針配送センターのオーバーフローに対処するための暫定的な措置であった。軽量ラックを設置しただけの簡便なセンターであり、清水ドラッグ、マルミ薬品、スギヤマなどを中心に出荷された(35)。

みなと商品センターの開設

一方、一九九一（平成三）年一〇月には、名古屋市港区中川本町三丁目三番地に、みなと商品センター（愛称ポート・アイ）を開設した。伊藤伊にとっては、長年にわたる懸案の本格的な物流センターであった。

伊藤昌弘社長によれば「ジャスト・イン・タイムの商品供給を目指し、①高い精度（納品一〇〇％欠品なし）、②快適な作業環境、③ローコストでオペレーションできる物流センターを基本コンセプトとして建設した」という(36)。敷地面積は三五八一坪で、建物面積はラック棟が六三〇坪で、物流棟が一七八二坪の計二四一二坪であった。土地・建物ともリースであるが、建物そのものは伊藤伊の仕様で、コンピュータやハイテク機器には一五億円が投資された。

バラ・ピッキング・システム、ケース・ピッキング・システム、自動倉庫、荷合わせシステム、在庫管理システム、配送管理システム、物流管理（入荷・棚補充品の自動搬送など）の最新システムを備えた。デジタル・ピッキングをバラ・ピッキングの主力とした点は、伊藤伊の物流進化の大きな転換でもあった(37)。また「伊藤伊式荷合わせコンベアシステム」は、伊藤伊開発による独自のシステムで、コンベヤー・ライン八本二組一六本（一本七〇m）、出荷シュート一〇本（通常八本、特急一本、エラー一本）という構成であった。一五名の従業員とアルバイト五〇名での稼働となり、処理能力は、一カ月二五億円（一万アイテム）とされた[38]。

ちなみに愛称のポート・アイは、社員公募によって命名された。「ポート」は所在地の「港」区とTransportの「ポート」に、「アイ」は伊藤伊の「I」とInformationの「I」にちなんだものであるという。

このポート・アイの新設にともない、本社に併設されていた大須配送センターの百貨店部門を除いて新センターに移し、さらに西春のピッキング・センターの機能も移すこととなった[39]。

このポート・アイの建設にともなう土地は、中部電力の関係会社から三〇年の長期契約で賃借することに成功した。これも、伊藤伊の名古屋での実績と信用が評価されてのことであった。また施設面での大きな設備投資も、第三章で検討したような内部留保や手元流動性の確保といった財務面でのゆとりがあったからこそ可能であった[40]。伊藤昌弘社長も「大型投資で経営者の個人保証を求められたことは一度もなかった[41]」としており、「これも先代社長はじめ先輩諸氏がそれだけのものを残してくれたおかげ」と語っている[42]。

店頭管理への取り組み

さらに、一九八〇年代後半の伊藤伊では、店頭での競争力の強化をはかっていく。こうした面の取り組みについてみておこう。

プレゼンテーション・ルームの開設　まず一九八六年八月には、店頭陳列に関するプレゼンテーション・ルームを開設した。場所は、当時、本社機能を集中させていた南館（旧本館）の二階である。

正面の入口には高級百貨店のディスプレイを思わせる演出提案コーナーが配置された。左手半分には、EOS発注システムを導入したノンフーズ全般商品の効率的な売場づくりを目指したモデルショップ・コーナーが置かれた。また正面右手には、新規取扱商品、話題商品、季節商品の紹介陳列コーナーのほか、コンピュータによる棚割提案コーナー、映画・VTRによる情報提案コーナーなども配置された。八月一一日に有力仕入先や関係者を招いて開催した内見会では、モデルショップ・コーナーでバーコードによるハンディ・ターミナルを使った発注業務の実演などが行われた[43]。

この施設は、伊藤伊従業員の店頭管理に関する教育の場という意味と、仲間卸や販売先小売店の売場効率や店頭管理の向上のための参考に供するという意味を兼ね備えたものであった。伊藤伊の経営史のなかでは、次にみる店頭技術研究所の前段階のものと位置づけられよう。

店頭技術研究所の開設

そして、一九八九年一月（一九八八年一二月という説もある）には、上述のプレゼンテーション・ルームを店頭技術研究所とした[44]。これは、MSS研究会で伊藤昌弘と交流のあった大公一郎が社長を務めていたダイカが一九八七年八月に同社本社に設置したものに学んで命名したという[45][46]。スペースは、二フロアから成り、延べ面積は約四六〇㎡であった。約一万点の洗剤・化粧品を揃えてスーパーなどの売場を再現し、コンピュータを使って商品が売れるようにするための陳列方法をシミュレーションするのが目的である。

このシミュレーションについては、NEC製のN5200―05mkⅡというハード（端末）を使用して、伊藤伊が独自に簡易棚割システムのソフトを開発した。現物で棚割が完了した棚の商品JANをハンディ端末POT―7でスキャンして、N5200―05mkⅡに取り込み、棚割図を印刷（商品サイズにより按分表示あり）するというものであった。これが、後の画像棚割システムのベースとなる[47]。

なお、設置後半年間の状況であるが、メーカーや小売店の見学者が毎日二～三組訪れ、これまで取引のなかったメーカーや小売店との接点の役割も担うようになり、新製品の情報も以前より早く入手できるようになったという[48]。その後、棚割システムの自社開発は、後述する一九九二年のプラノマスターへと進化してゆくことになる。

なお、一九九八年には、三重県三重郡菰野町《こものちょう》菰野の保養施設「湯ノ山荘」の二階大広間（四〇畳）を改造して、店頭技術研究所湯ノ山荘も開設し、取引先の従業員も含めて研修などを行うこととなる[49]。

ミュゼ・アロームの開店

また伊藤伊では、自社による小売店設置による店頭競争力の錬磨も試みた。一九九三（平成五）年四月二四日、名古屋市内の本山交差点から南へ五〇メートルのアルファランド・ビル（同市千種区四谷通一の三）に、ミュゼ・アローム（香りの博物館）を開店した。伊藤伊としては、初めての小売店であり、一一坪のスペースであった。「良質の香りにこだわり、日本人の香りにこだわり、日本人のための香り習慣の情報基地となる」というコンセプトで、調香師が原料にこだわって調香した二〇〇アイテムの商品を展開し、専属スタッフである二名のエバルエーターが来店客に合った香りを提供することとした。オリジナルな香りのブレンドが、一万五〇〇〇円の料金で一週間で「私の香り」として出来上がるとされた。顧客志向を強く打ち出した店舗であった。中心となるオーデコロンのほか、浴用関連商品、香道関連商品も置かれた。これは、一九九〇年に始めた中期経営計画の商品力強化の一環である。香り商品を中心とした店舗経営により、消費者ニーズや嗜好の変化を直接吸収することによって、卸売企業として真の消費者志向の強化とリテール・サポート機能の充実をはかることがねらいであった(50)。

二年後の一九九五（平成七）年二月一六日には、名古屋市栄区栄交差点の栄ＮＯＶＡ四階に二号店となるミュゼ・アローム栄ノバ店をオープンさせた。一号店の本山店に比べるとやや小さい（九坪）が、場所が名古屋の繁華街であった。このほかに、本格的な調香をしないため「ミュゼ・アローム」とは名付けていないが、ＪＲ名古屋駅近くの名鉄セブン四階に別の香りの専門店トレンチ・セブン店も設けられた(51)。

翌一九九六年一二月には、名古屋市のファッション・デザイン情報発信基地となっていたナディアパーク（栄町から南へ約五〇〇メートル、松坂屋本店から西へ一筋目という好立地）四階にミュゼ・アローム香りのデザイン館をオープンさせた(52)。ミュゼ・アロームは、その後、マイカルに一〇店舗、イオンに五〜六店舗出店し、広島まで及んだ(53)。

一号店開店五年後の一九九八年の年初、伊藤昌弘社長は、このミュゼ・アロームについて「もともとは化粧品を揃えよう、ということで始めたが、代理店権とか色々なシガラミがあって思うように揃わない。そこで香水や香りのものなら、そんな問題もないだろう、ということで始めたわけだが、新しい売場作りがドンドン求められている中でＧ

ＭＳさんから声がかかって、場合によっては非常に大きな展開が生まれて来るかもわからない[54]」と述べており、小売店頭での提案力・企画力の錬磨の場としてミュゼ・アロームを位置づけていたと理解されよう。

しかしながら、このミュゼ・アローム運営上の問題は、そこに配置されるべき専門技術者の養成であった。また人件費の問題などで恒常的に赤字となり、またミュゼ・アロームの責任者であった人材の退任と後任の手当の困難から、次第に撤退を余儀なくされることとなる[55]。

仲間卸との情報交換の効率化と独自棚割システム

伊藤伊では、さらに自社の情報システムを仲間卸に適用するとともに、自社開発の店頭管理システムの販売にまで乗り出してゆく。

仲間取引へのＥＤＩ導入

伊藤伊では、一九九四年九月から、仲間卸（二次卸）の経営合理化支援の一環として、受発注データや請求データのやりとりにＥＤＩを導入することとした。当時、伝票などは郵送によっていたが、このシステムの導入により、伝票処理の作業時間の短縮や仕入れデータの自動照合が可能となった。この当時で、約四五〇社の仲間卸との取引があり、売上げの六割程度を占めていたので、全体としてこれによる効率化の期待は大きかった[56]。

なお、伊藤伊では、後に、システム上、仲間卸へのシステムをＰＷ（Partner Wholesaler）システム、小売直販へのシステムをＤＲ（Direct Retailer）システムと区分していくことになる[57]。

「プラノマスター」の販売

伊藤伊では、先述の店頭技術研究所で蓄積したノウハウを基礎に、一九九二年にはＥＷＳ４８００／２３０というユニックス・システムで画像棚割システムを構築した。もともと日本総合システムのもっていた棚割システムを、伊藤伊オリジナルにフル・カスタマイズしたものである。このシステムは、Planogram（棚割）とMaster（達人・職人）を合わせて、プラノマスターと命名された[58]。

これを使うと、メーカー各社の商品をビデオ・カメラで撮影してPCに商品を登録し、画面上で売場の商品の複数の陳列見本を表示することが可能となる。従来の方法は、実際の什器を使って手作業で並べ、写真で撮影する方法が多かったが、これにより大いに省力化され、効率的に棚割見本がつくられて表示されることになった。

すでにみた店頭技術研究所では、それまで主要日用雑貨メーカーの商品を約一万三〇〇〇～一万四〇〇〇種類、棚割システムに登録して、コンピュータによる棚割システムを小売店に提案してきた。プラノマスターは、そうした提案実績を基礎に開発されたシステムであり、伊藤伊の仲間卸（二次卸）が得意先の小売店へ迅速かつ効率的に棚割提案を出来るように支援するシステムでもあった。

一九九五年三月には、この独自開発によるプラノマスターの販売を開始した。価格は、PC本体とソフトと合わせて一七〇万円と設定された。プラノマスターを使用するに際しては、棚割の対象となる個々の商品について映像入力とマスター・コードの登録が必要となる。したがって、メーカーによる新製品発売や商品改良のたびに商品情報を更新する必要があるが、伊藤伊が棚替えシーズンごとに商品情報の更新を代行し、年間三万円の実費で販売することとされた(59)。約二年後の時点で、卸売企業を中心にプラノマスターを活用している企業は二八社であった(60)。

3　永井商事の経営継承

一九八九年、伊藤伊にとっては、外的はたらきかけへの受動的な対応によって、取引範囲を拡充させる好機が到来する。名古屋市内の永井商事の営業権継承である。これは、伊藤伊の経営史上、水平的合併（horizontal combination）とノンフーズ・フルライン化へ向けての起点となることであったので、やや詳しくみておくことにしたい。

永井商事の経営継承の経緯

伊藤伊と永井商事の従来の関係 永井商事株式会社は、一九〇四（明治三七）年に石鹸製造業として創業し、一九一八（大正七）年から卸売業を始めた。一九五〇（昭和二五）年に法人に改組し、一九七八年には後述するテクノ中京の本社ともなる名古屋市名東区姫若町に本社を移転した。一九八八年時点での主要取扱品目の売上高に占める比率は、化粧品香粧品類が三〇％、洗剤洗濯助剤類一五％、口腔衛生用品類一二％、殺虫防虫芳香剤類一〇％、紙衛生用品類八％であった[61]。

第二章でみたように、伊藤伊とは一九六八年五月設立の花王の地域販社である中京花王販売を共に設立した相手であり[62]、ライオン株式会社（一九八〇年一月にライオン歯磨とライオン油脂の合併によりライオン株式会社となる）の油脂製品については、永井商事（ライオンの歯磨製品は代理店）が伊藤伊の二次卸という関係にあった[63]。

永井商事のように、ライオンの歯磨製品のみの代理店というのは、ライオン株式会社にとっては、当時の隠語で「片肺」と称された。すなわち、オール・ライオンの代理店たり得ず、伊藤伊と同様に歯磨製品と油脂製品の双方の代理店への昇格が期待される対象であった。しかし、これについては、同じエリアの伊藤伊の立場も尊重しなくてはならず、伊藤弥太郎の時代にライオン側から交渉があった。永井商事の油脂製品の代理店としての扱いを伊藤弥太郎が認めるところまで話が進んだものの、これがライオン関係者の事情で沙汰止みとなってしまった[64]。

チヨカジと永井商事の業務提携 その後、永井商事は、静岡の有力卸店のチヨカジとの連携が進んだ[65]。一九八七（昭和六二）年七月六日からは、チヨカジによって一九七五年八月に設立された富士流通株式会社を通じて、洗剤、紙、紙おむつなどのかさばるものを除いた商品の配送を始めた[66]。永井商事にとっては在庫をもたずにチヨカジと同じ商品を販売できるし、チヨカジにとっては物流センターの多重活用の進展が期されたのである[67]。その際、永井商事が小売店からの注文を受けて情報を処理し、チヨカジの物流センターを経て富士流通への配送指令を出す役割を担うコアネットインタナショナル（ＣＮＩ）[68]も、チヨカジと永井商事が東京堂およびソフト開発のコアグループとともに、出資主体となっていた(69)。

永井商事の経営悪化と伊藤伊への支援要請

しかし、永井商事の経営の悪化が次第に明らかになっていった。その要因のひとつは、売上の規模に比べて、コンピュータへの投資が過大であったことであるとみられている(70)。前述のコアネットインタナショナルの資本金は一億円で、コアグループの出資額が四〇〇〇万円、東京堂、チヨカジ、永井商事のそれは各二〇〇〇万円であった(71)。一九八七〜八八年のこれら三社の資本金は四、五〇〇〇万円で同一であるが、東京堂の売上は二六〇億円（一九八八年度）、チヨカジの売上が二五〇億円（一九八八年度）であったのに対して(72)、永井商事の売上規模は六九億円（一九八七年度）であったから(73)、そうした見方も的外れとはいえないであろう。

永井商事のそういう経営状況に対して、チヨカジの金融的支援がなされることとなった。さらに進んで、一九八九年二月には、チヨカジによる永井商事の吸収合併という発表もなされた(74)。これに対して、チヨカジの取引銀行の静岡銀行から、チヨカジへのマイナスの影響が思いのほか大きく、懸念する向きもあったという(75)。また、地元の名古屋の販売店からは、静岡に本社を置く会社から仕入れることになるのにも反発があった。これでは、売上の伸長が期待されない。そこで、当時ライオンの名古屋支店長であった井口寛治（後にライオン副社長）が仲介の労をとり、地元の有力店であった伊藤伊へ永井商事の営業を引き継ぐ話がもち込まれたという(76)。

伊藤伊にとって、永井商事はじめ、ＣＮＩに関わったチヨカジおよび東京堂の三社は、東京方面への展開を展望すると、東海道を結ぶ有力なライバル的卸売企業でもあった(77)。また永井商事は、カネボウ、資生堂などの化粧品のほか、サンスター、Ｐ＆Ｇ、フマキラー、などの代理店資格をもっており、伊藤伊にとっては、自ら有していないこれらの資格を獲得できる可能性もあった(78)。

伊藤伊による継承と新会社の設立

永井商事の廃業と伊藤伊の出資決定

当時の伊藤昌弘の『日記』によると、チヨカジからの協力要請を受けた伊藤伊では、一九八九（平成元）年三月一日、伊藤昌弘社長と伊藤哲也常務が静岡を訪問し、チヨカジ、永井商事および伊藤伊との間で次のような諸点について、基本的合意に達したという(79)。

1　永井商事は四月二〇日をもって廃業（又は内整理）をする。
2　情報処理部門は現在のCNIを使用する。
3　物流、商品調達については従来のチヨカジ本社物流を借りる。
4　チヨカジ本社物流にてピッキングされ、名古屋に配送されたものは、量による売上変更を毎日おこなう。当社が直接代理店のものと、化粧品小物等の中でチヨカジから購入するものとに分かれる。チヨカジから購入するものについては商品情報を受けなくてはならない。
5　CNI使用量については売上の〇・五九、チヨカジ使用量については後日定める。
6　三月一七日一一時～一三時三〇分迄、永井、伊藤伊合同説明会を行う。
7　永井本社を伊藤伊が購入する。約一五億円。
8　CVS、ヤマザキ、ファミリーマート、ココストアは先方の方針にて決定する。又、チヨカジ豊橋の取引する店も遠方のものはなるべく伊藤伊につける。

公表とテクノ中京の設立

上記の合意にもとづいて、一九八九（平成元）年三月一七日、伊藤伊では、仕入先約一〇〇社の関係者を名鉄ニューグランドホテルに招いて、永井商事の廃業にともない、その得意先を継承するとともに本社（名古屋市名東区姫若町）の土地と建物を買収して新会社を設立することを発表した。新会社の名称は株式会社テクノ中京とし、資本金は二〇〇〇万円、社長には神谷健三（伊藤伊株式会社常務取締役）、取締役には村松芳一、非常勤取締役には伊藤昌弘と伊藤哲也が就任するとされた(80)。

テクノ中京の新社屋と商品センター

設立三年後の一九九二年七月に、テクノ中京は、高針配送センターがあった名古屋市名東区高間五四三に新社屋と物流センターを竣工させて、移転した。高針配送センターの機能が前述のみなと商品センターに統合されたため、かつての高針配送センターを全面改装してテクノ中京高針商品センターとするとともに、テクノ中京の本社屋を新築したのである。

全体の敷地面積は一〇八九坪、建築面積が五九〇坪、延床面積が一一一八坪で、本社事務所一階に事務所、応接室、社員食堂、二階にＩＳＭ（In-Store Merchandising）ワークショップ、ロッカー室、三階に会議室とロッカー室が配置された。新社屋には、情報処理の強化のため、ＮＥＣシステム３１００―Ａ１００と日本オフィスオートメーションのソフト「ザ・卸」を導入した。また本社二階に配置されたＩＳＭワークショップは、変化の激しい状況下でのインストア・マーチャンダイジングの研究と開発を推進するチームであった。

商品センターでは、一階に物流事務所、出入荷口、ケース棚、ＣＶＳ用ピッキング作業場、二階に社員食堂、ロッカー室、控室、三階に一般バラ・ピッキング作業場がそれぞれ配置された。特徴のひとつは、ピッキングと検品を同時に行うポータブル・ハンドスキャナーのＰＯＴ―４０Ｓを採用し、ローコスト・オペレーションをはかったことである(81)。

これまでテクノ中京の物流は、永井商事と関係のあったチヨカジとの共同物流で行われていた。自社で在庫をもたない商品は、切り替えや廃番などの情報が遅れたり届かないこともあって、テクノ中京自身としてコントロールできない部分があり、これが欠品の大きな要因となっていた。そこで、このＰＯＴピッキング・システムの導入をともなう自社物流によって、納入時のノー検品と欠品が防止できると期待されたのである。ところが、思い通りにはならず、店によっては欠品率が一五～二〇％という事態にも陥った。従業員全員で棚卸しをしたり、ロケーションをつくり直したり、時には夜中までのピッキング応援をしたりという努力が続けられたのである。四カ月を経た頃にはようやく精度も向上し、欠品率も二％以内に収まるようになった。当時、六五名のピッキング担当者、七〇余名のアルバイトを含む総勢一五〇余名による成果であった[82]。

P＆Gの中核代理店指定

伊藤伊は、永井商事の経営継承によって、P＆Gの代理店権を入手したが、さらにP＆Gとの取引関係が強化されることになる。

中核代理店制度

テクノ中京設立の翌月、すなわち一九八九年四月、伊藤伊は、P＆Gから中核卸店の打診を受ける。

P＆Gファーイーストは、一九七二年に日本サンホーム（第一工業製薬、旭電化、ミツワ石鹸のの共同出資で一九六九年設立）と伊藤忠およびP＆Gの合弁によるP＆Gサンホームとして発足した段階では、約三〇〇〇にも及ぶ第一工業と旭電化の卸店網を引き継いだ。しかし、これまで、おおよそ東日本が旭電化系、西日本が第一工業製薬系ということで、なかなか旧来の企業との取引関係の色合いを払拭できなかった。そこで、一九八七年後半からは、その時点での四三〇の代理店から一二五社を中核代理店として選定し、さらにそのなかから三五社を最重要中核卸店として選別し、日本市場でのP＆Gの流通政策の要としたのである[83]。

伊藤伊の指定

一九八九年四月一二日、P＆Gのローバック常務が伊藤伊を訪問し、中核代理店としての指定を受けるかどうかの打診があった[84]。

伊藤伊は、旭電化および第一工業製薬のいずれの代理店でもなかったが、それまでまったくP＆Gの商品を扱っていなかったわけではない。サークルKへのモノゲンユニ（毛糸用洗剤）などの納品の必要上、名古屋市（港区錦）のニシキ株式会社[85]から、一部商品を店出しで仕入れていた。その後、前述の一九八六年のコンビニ向けの大治配送センターの開設後は、ニシキで対応が難しくなり、永井商事に仕入先を変更し、同社の合併後、伊藤伊はP&Gの代理店となったのである。

全国の有力代理店の選定を進める過程で、P&Gとしても、愛・三・岐を中心とする東海圏での伊藤伊の仲間卸網や各メーカーとの取引実績、さらには財務の健全さを評価したと思われる。伊藤昌弘は、先の打診を受け入れ、一九八九年六月二九日に開かれた中核卸店会議から参加した。中核代理店となったことで、伊藤伊の取引の範囲は大きく拡がることとなった。またP&Gにとっても、北海道地区でのダイカと同様[86]に、東海地区で重要な流通の要を得ることになったのである。

なお、当時、伊藤昌弘はP&Gの流通担当の宮野入達久とは、同氏がそれ以前に勤務していたジョンソン社のアメリカのラシーン本社の視察をしたときからの知己でもあった。後述するように、その後、宮野入達久は、コンサルタントとして独立し、伊藤伊の若手幹部の教育に携わることになる。

いずれにせよ、ここでも、伊藤伊は、市場での成長が期待された仕入先メーカーの経営方針という外的要因への受動的対応によって、取引範囲を拡げることとなったのである。

4　周辺事業の整備

一九九〇年代の初期、伊藤伊では、工場部門や運送部門の合理化にも取り組んだ。これについてみておこう。

ダイヤモンド化学の設立

第一章でみたように、伊藤伊は一九〇四（明治三七）年二月に蠟燭の製造と卸売によって創業した[87]。その後、この蠟燭の製造部門は後に伊藤伊堀田《ほりた》工場となり、戦災での焼失からの再建を経て蠟燭の製造・卸売を継続していた。しかし、なかなか安定した経営は難しい状況が続いていた。[88]

一九九一（平成三）年一一月二五日、この堀田工場を独立させてダイヤモンド化学株式会社とした。伊藤伊株式会社の一〇〇％出資で、資本金は二〇〇〇万円（一株五万円×四〇〇株）であった。事業目的は「洋ろうそくの製造」のほか「油脂及び金属磨用剤、磨粉、クレンザー、洗浄剤、つや出し剤等の化学製品の製造」「石鹸洗剤日用品雑貨の販売」などとされた。[89]当初の代表取締役は工場長を務めていた鈴木堅二であったが、一九九六年六月からは伊藤哲也に代わった。[90]

ダイヤモンド化学は伊藤伊の連結子会社となったが、伊藤伊株式会社としては、製造部門を切り離して独立採算制とすることによって、企業の事業目的と財務面との関係を明快にして合理化を図ったことになる。

テクノエクスプレスの設立

一九九一年五月、[91]伊藤伊では運送業に進出した。これまで取引のあった三和運送を買収して、新に株式会社テクノエクスプレスを設立した。資本金は四〇〇万円で、[92]社長には伊藤伊の副社長の伊藤哲也が就任した。車両九台、従業員一九名を引き継いでの運送業務開始となった。

前年の一九九〇年一二月施行の貨物自動車運送事業法の規定で、トラック事業が免許制から許可制に緩和されたことも背景にあった。業務の実際面では、量販店やコンビニからの多頻度小口配送のニーズも高まっており、また運送業者側はトラックや人件費の高騰にともない物流費の引き上げを求めていた。こうした状況に対応するため、配送の効率化など自社の物流管理を徹底することにねらいがあった。また、伊藤伊の物流としては、後述する、同年一〇月のみなと商品センターの開設にともなう配送効率の全体最適をはかることも意図されたであろう。[93]

5　水平的広域化戦略の端緒

一九九〇年代の半ばになると、伊藤伊の仲間卸売企業の所在地域への他地域からの有力卸売企業の進出がみられた。これを契機として、伊藤伊は一九九〇年代半ば以降、小売直販と水平的広域展開を進める。ここでは、その契機となった事態と、それへのいわば反作用として伊藤伊が初めて試みた水平的広域展開についてみておくことにしたい。

卸売企業の広域展開と伊藤伊の方針転換

北陸の新和による岐阜二次卸三社の合併　一九九五（平成七）年四月、伊藤伊にとって衝撃的な合併話が報じられた。これまで、伊藤伊の岐阜県下での有力な仲間卸であった敷島物産株式会社（羽島郡岐南町大字八剣字霜田七二一）、栗本物産株式会社（岐阜市西川手五―一一―一）、丹羽久株式会社（恵那市永島町中野六〇四―一）の三社と石川県の株式会社新和が同年六月二一日をもって合併するという報道である。[94]

新和にとっては、小売店が広域化する状況への対応策の一環であった。大きなきっかけとなったのは、得意先のホームセンターのカーマが商圏を拡大したことである。前身の北陸新和時代の一九九一年一〇月には、西加茂郡に名古屋支店を開設し、さらに一九九三年三月には、名古屋支店を物流センターをもつ拠点に刷新していた。

一方の伊藤伊にとっては、まさに「晴天の霹靂」とまで報じられたほどであった。伊藤伊が事前に情報を入手して説得に当たっていればこうした事態は回避できたかもしれないとの見方や、三社の経路が外れたことで岐阜での小売直販の好機となるとの見方もあった。これらに対して、内田喜美雄取締役は「自社としては元卸事業も懸命に取り組んできたつもりだ。だが努力不足な点もあったかもしれない」とし、また「対小売り販売は大型小売りの登場で出てきた長年の方針（に過ぎない――引用者）」とこたえている。[95]

伊藤昌弘社長個人にとっても大きな衝撃であり、具体的な対応策を見いだし得ないまま数カ月が過ぎた。しばらくしてから、岐阜三社近くに後の江南センターの土地を取得したことが伊藤伊の当該エリアでの小売直販推進という憶測を喚んで刺激となったのかもしれない、と推論するようになったという[96]。

なお、新和と合併した岐阜の三社は、それぞれ、新和岐阜支店の敷島営業所、栗本営業所、丹羽久営業所として営業していたが、一九九六年六月に、前二者は岐阜県安八郡輪之内町里一一七七に新設した新和岐阜支店に統合し、丹羽久営業所は恵那営業所と改称した[97]。

直販の推進と広域化の端緒　岐阜三社の新和による合併という外圧は、伊藤伊にとってはまたも予期せぬことであり、また広域垂直的取引関係の一端すなわち「外堀」を侵食される事態であった。ただ、客観的にみて、伊藤伊が岐阜を含め広域的な仲間卸のネットワークがあったからこそ、こうした他地域の卸売企業による越境的商圏拡大を「本丸」の愛知県外にとどめることができたともいえる。またこの外圧は、伊藤昌弘にとっては、これまでの経営方針に柔軟性を与える大きな転換点となった[98]。

第四章でもふれたように、この報道の二〜三カ月後、伊藤昌弘社長は、まずかつての二次卸の所在地を含む地域の小売直販を推進することを営業担当の平野正敏（第一営業部長）と高橋洋史（第二営業部長）に指示した（図5‐6参照[99]）。

こうした方針転換が可能であったのは、前述のように、伊藤伊が業界の動向に遅れることなく、競争力の源泉である情報・物流システムを高度化させていたからでもあった[100]。

この経営方針の転換の実現により、第四章でみたように、伊藤伊の直販比率が高まってゆくことになる。

岐阜への反作用的展開と関係企業の合併

テクノ中京とケンセキとの合併　上述の岐阜の三社と新和との合併は、伊藤伊にとって岐阜県内での新たな水平的展開へと結びつくこととなった。岐阜市（金園町四丁目）の卸売企業の株式会社ケンセキと、伊藤伊の系列会社であるテクノ中京との合併である。

ケンセキは、一九四〇年一一月一八日の設立で翌一九四一年一月四日に開業している。一九八五年三月二一日に岐阜県石鹸販売株式会社からケンセキに社名を変更した。当時の社長は、加藤基一、資本金は三〇〇〇万円、年間売上二二億円、従業員数は四〇名（社員二五名、パート一五名）であった。(101)

伊藤伊の岐阜県の仲間卸三社と新和との合併が発表された約二カ月後の一九九五年六月、ケンセキの加藤新一会長とテクノ中京の伊藤哲也社長との会談がもたれた。両者は、一九五七年と一九九〇年のアメリカ視察で懇意になった仲でもあったという。ケンセキの加藤会長は伊藤哲也との会談の翌月の一九九五年七月末に逝去したが、加藤基一社長は、会長から「時代の流れだ。ぜひお世話になるよう」激励されていたという。(102)一九九五年八月から伊藤伊と関係のある今井合同会計事務所で検討に入り、一二月一日に契約のはこびとなった。三日後の一二月四日、名古屋市中区伏見の摩天楼飯店でライオンやユニ・チャームなどの仕入先一〇〇名近くを招いて、合併合同発表会が開催され、合併は一九九六年六月一日とされた。

テクノ中京の年間売上高約五八億円と合わせると八〇億円の売上規模となることが想定された。他方、両社の補完性というメリットもあった。というのは、テクノ中京の取扱商品は化粧品が中心で、取引先もコンビニエンスストアが多かった。これに対して、ケンセキは、一般日用雑貨が中心で、食品系スーパーとの取引が多かったのである。(103)

合併後の新会社は、資本金七五〇〇万円の株式会社テクノケンセキとなり、代表取締役社長には伊藤哲也、副社長には加藤基一が就任した。本社は名古屋市名東区高間町に置かれ、従業員数は、パートを含めて一六〇名の規模となった。また岐阜市岐南町伏屋三一四四には、岐阜支店が置かれた。(104)

テクノケンセキの業績とファミリーマート・ショック

テクノケンセキは、合併翌年の一九九七年三月期で八四億九〇〇〇万円、翌一九九八年三月期には九二億円の売上高となり、一九九九年三月期には一〇〇億円が見込まれた。このため、物流の強化をめざして、岐阜に敷地面積一〇〇〇坪（賃借）、延べ床面積一三〇〇坪、年間処理能力七〇億円の新しい物流センターの建設を進めていた。しかし、最大の大口販売先であったファミリーマートの帳合がなくなってしまった。これはテクノケンセキだけではなく、全国では何社にも及んだという。この影響もあって、一九九九年三月期は、八六億九〇〇〇万円、二〇〇〇年三月期には七五億五〇〇〇万円と落ち込んだ。こうした状況の下で、伊藤哲也の後任の加藤基一社長は一期二年で退陣し、伊藤哲也が再び会長兼社長に復帰した。[105]

テクノケンセキが、ファミリーマートの帳合を失ったのは、ファミリーマートの親会社が西友から伊藤忠商事に移り、ファミリーマートの日用雑貨関係の帳合と全国物流が東京堂に一元化されたためであった。[106] 一九九八年二月、すでにファミリーマートの筆頭株主が伊藤忠商事に移行していた。[107] その後、伊藤忠では物流面でも、スーパー向けとコンビニ向けが混在していた西友の物流施設利用を見直し、効率化と集中化を進めたのである。[108] そうしたなかで、化粧品・石鹸・洗剤などいわゆる日用雑貨の帳合と物流も東京堂に一元化されたのである。東京堂側には、それ以前からファミリーマートとの取引関係があり、一九九二年一一月には埼玉県松伏町にコンビニ専用の物流センターも始動させていた[109]という強みもあった。ファミリーマートの帳合・物流一元化にともない、東京堂では、小牧、摂津、淀川、仙台、福岡にファミリーマート専用センターを設けて対応した。こうした対応も功を奏して、東京堂では、売上高を、一九九八年二月期の五二八億円から一九九九年二月には六二一億円と九三億円すなわち一七・六％も伸長させた。[110]

東京堂のみならず、伊藤伊にとっても、こうした小売勢力へのきめ細かい対応、とくに情報システムや物流施設面の機能の充実と高度化は、この時期の中間流通企業の競争力を左右する大きな要因であった。

そうした推移のなかで、テクノケンセキは、二〇〇一年六月二九日に伊藤伊の一〇〇％子会社となり、[111] 二〇〇二年一〇月には、兼松カネカと合併してテクノカネカとなる。

表５－２　伊藤伊株式会社従業員数の推移（1985年11月末～1996年３月末）

期	第20期	第21期	第22期	第23期	第24期	第25期
時期（年・月・日）	1984年11月29日～1985年11月28日	1985年11月29日～1986年11月28日	1986年11月29日～1987年11月28日	1987年11月29日～1988年11月28日	1988年11月29日～1989年11月28日	1989年11月29日～1990年11月28日
年　度	1984年度	1985年度	1986年度	1987年度	1988年度	1989年度
従業員数	229	－	256	271	314	349
期	第26期	第27期	第28期	第29期	第30期	第31期
時期（年・月・日）	1990年11月29日～1991年11月28日	1991年11月29日～1992年11月28日	1992年11月29日～1993年11月28日	1993年11月29日～1994年11月28日	1994年11月29日～1995年11月28日	1995年11月29日～1996年3月31日
年　度	1990年度	1991年度	1992年度	1993年度	1994年度	1995年度
従業員数	367	351	340	355	326	345

（注１）従業員数には，パートなど常勤以外の就業者も含まれている。
（注２）「役員人員給与」を出典とした場合，当該期の期末役員数を控除した数を記載した。
（出典）伊藤伊株式会社『決算書類』各期所収「会社の事業概況（説明）書」（第20期，第26期，第27期，第30期，第31期）・「役員人員給与」（第22期～第25期）・「外国法人税等の額の控除に関する明細書」（第28期，第29期）。

6　人的資源と組織

人的資源の充実

従業員数の推移　伊藤昌弘が社長に就任した第二〇期の伊藤伊の従業員数は、表５－２に示されるように、二二九名であったが、その後、少しずつ増え、第三一期には約一・五倍の三四五名にまで増えている。これは、前述の第二一期（一九八六年三月）の大治配送センターや第二六期（一九九一年一〇月）などの物流センターの開設とピッキング作業などの要員確保にともなう増加も含まれていると推定される。また第二五期（一九八九年三月）のように、永井商事の経営継承とテクノ中京設立にともなう増員もあった。

第四章でもみたように、伊藤伊での初の大学卒業者採用は、一九六七年三月の三名であったが、この時期も数名ずつ大卒採用者の採用が継続していった。そして、彼らの多くは、伊藤伊の経営の担い手に育っていった。

人的資源の資質向上の試み　獲得した社内の人材を育成することも必要であった。

そこで、伊藤昌弘は、かねてより縁があり、経営コンサルタントとしてＰ＆Ｇから独立していた宮野入達久に、伊藤伊の次世代を担う三〇代の主任・係長クラスの資質向上のための教育・訓練を依頼した。社内では「三〇代研修」と呼ばれていた。元伊藤伊専務取締役の鈴木洋一（一九五三年四月生）によると、三八歳のときという記憶であるから、一九九一年頃のことと推定される。[114]

ゼミナール形式の訓練は、月一回のペースで土曜日、あるいは日曜日などの休日に、社内ではなく外部の会議室などを利用して、いわゆるオフサイトミーティングの形式で実施された。服装はカジュアルとし、自由に考えて発言できる環境が大切にされたのである。その内容は、次世代の経営を担うことが期待されている人々が対象であったので、経営戦略の策定に関するものであった。当初は、グループ単位で特定のテーマについて検討し、代表者が限られた時間内で自分たちの考えを伝え、理解してもらうという方式であった。やがて、個人レベルの訓練へと移っていった。

そのいずれも、ＨＥＭＰＯＳＡ理論[115]にもとづいて思考し、各自の業務において目標達成に向けて検討したものを各人が発表し、参加メンバーと意見交換するという形式であった。お互いに評価し合うことによって、参加者間の競争意識も高まり、知的レベルを上げていくことにつながった。

知識を取得するための従来の研修とは違い、参加者は自分の頭を使い考え抜くことを求められたので、戦略策定に必要な分析力と論理的な思考力を身につけることができた。すなわち、従来のいわゆる成り行き的な思考ではなく、中期的に目指す目標をもち、現状とのギャップを明確にして、打ち手（戦略）を策定する「目標管理」の重要性を学んだのである。

それまで、伊藤伊のみならず多くの卸売企業では、「考える前に行動する」、俗にいう「イケイケドンドン」の活動が一般的であった。そのような企業活動でも売上高を増加させることができ、毎年実績を残すことができていたのである。これは、大手メーカーの代理店制度にもとづいて、卸店の権利が守られていたからである。しかし、守られた権利の範囲を越えて、主体的な創意・工夫による収益の向上を実現することはできなかった。つまり大手メーカーや成長する小売企業と対等に話し合い、自社が有利に展開できる力はなく、卸売企業に内在している中間流通機能の主体的な創造性の発揮による収益獲得はできずにいた。これを打破する大いなる機会となったのが、この中間管理職の育成であった。

鈴木洋一も、この訓練で覚醒させられた感があり、大いに自己を成長させる機会になったという。社内の論理的思考性を培養する効果をもったし、得意先や仕入先メーカーの担当者に対して科学的（実証的）・論理的な思考をもって話せるようになったという。ときには、メーカーの担当者の論理性の欠如を感じたり、得意先・仕入先に対して裏付けをもった計画案を提案できるようにもなったという。

さらに、宮野入達久は、伊藤伊の社員研修に限らず、伊藤昌弘社長と話し合い、当時伊藤伊の取引先であった卸売企業の次期経営者も含めたアメリカ流通視察を定期的に行い、先進的な小売企業が求めている中間流通機能についても検討する実務的な研修を行っている。

こうした活動によって、人的資源の育成をはかったのである。また、経営コンサルタントのアタックスから講師を迎えて新入社員から管理職までおよそ七つの研修会も実施されたが、後に合併するダイカと比較すると[116]、全社全層を対象とする体系的・恒常的な教育・訓練プログラムを構築するまでにはいたらなかった。

その意味では、一九九四年一二月一七日の「卒業発表式」をもって終えた[117]「三〇代研修」は、全社的にみると限定的な成果にとどまったといえる。しかし、宮野入達久と取り組んだ各種の人的資質向上の試みのほか、営業・物流・業務などすべての職種と階層にまたがる業務・品質改善を狙ったQC活動などは、各従業員のもつ能力、資質を顕在化させ、社内活性化に大きく貢献したといえる[118]。

職制の変遷

最後に、伊藤伊の一九八〇年代半ばから九〇年代半ばまでの経営と人的資源の関連を、人の配置される組織図によって、六つの時点で確認しておこう。

一九八五〜一九八九年の組織図　図5‐1は、伊藤昌弘が社長になった一九八五年時点での伊藤伊の組織図である。これをみると、営業部門は、主に仲間卸を所管する第一営業部と小売直販を所管する第二営業部とに

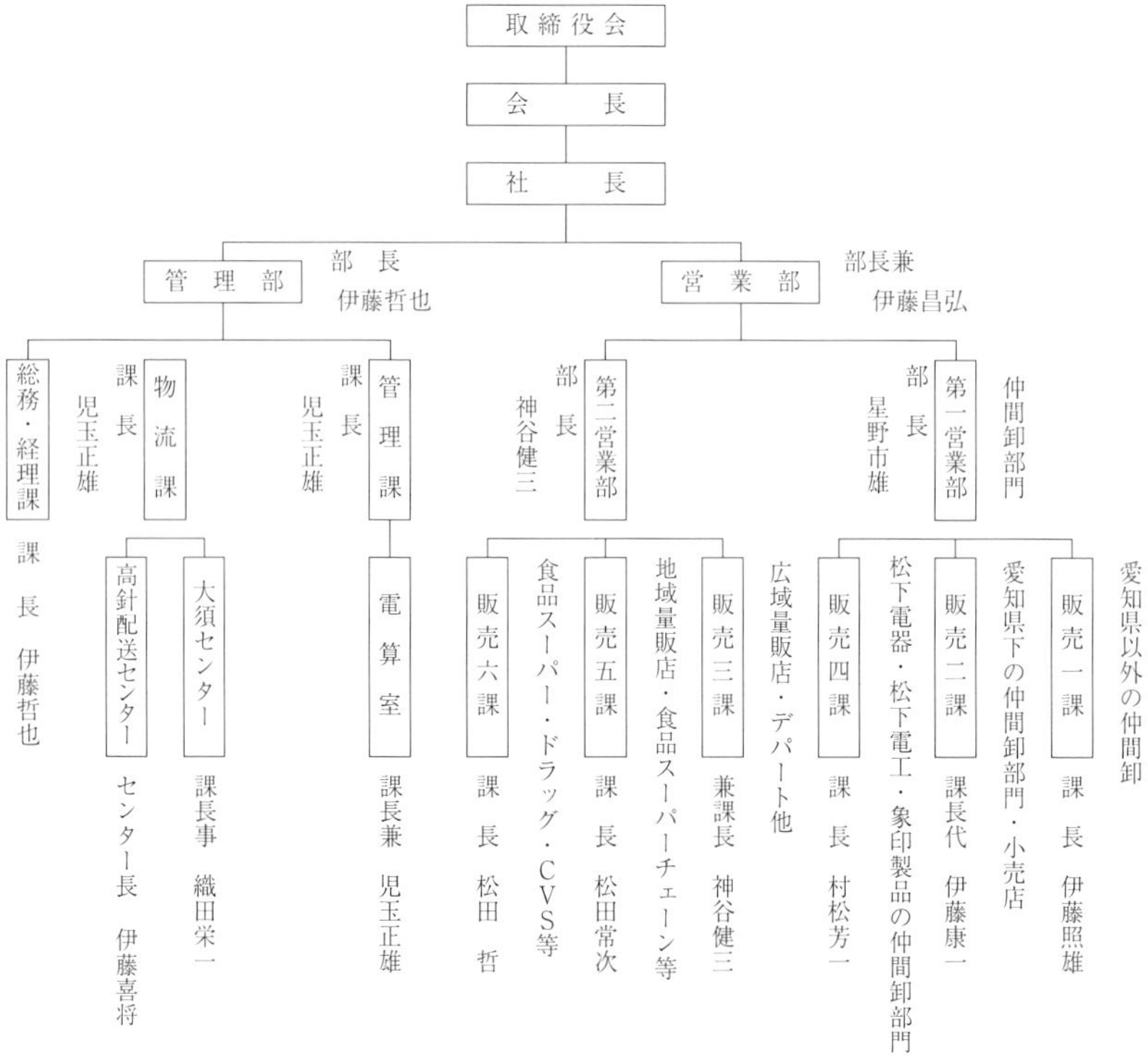

図5-1 1985（昭和60）年　伊藤伊株式会社組織図

（出典）伊藤伊関係者からの情報提供による。

分けられている[119]。

第一営業部の販売一課は、愛知県外の仲間卸（伊藤伊の二次卸）の担当で、その範囲は三重・岐阜・静岡・福井・石川・富山・山梨・長野などのエリアに及んだ。販売二課は、愛知県下の仲間卸とともに、薬局、雑貨店、化粧品などの小売店を担当した。前述のように小売直販は第二営業部である。したがって、この第一営業部販売二課の担当する小売店は例外的なものとなる。すなわち、主にシステム化（EOS発注など）のできない得意先であり、訪問受注のできる小売店を担当した。販売四課は、愛知県内外の松下電器（乾電池、電球、蛍光管、オーディオ・テープなど）・松下電工（配線器具・ドライヤー・電気カミソリなど）両社の製品と象印製品の仲間卸を担当した。松下電器・松下電工からみると、従来からの小売販売チェーンとは別の特販ルートとなる。この課では、主に仲間卸への販売を担当し、新興小売勢力向けの販売は、後述する第二営業部の直販担当の三課などが各センターに発注して、各センターから各小売店へ納品することとした。

第二営業部に置かれた販売三課は、イトーヨーカ堂、イオン、ダイエーなど広域展開していた量販店とデパートを担当した。販売五課は、ユニー、ヤマナカ、ヨシヅヤなどの地域量販店とトヨタ生協などを担当し、販売六課は、ナフコチェーン、地域の食品スーパー、サークルKなどのコンビニ、チェーン・ドラッグなどを担当した。前述の松下電器・松下電工の製品のうち量販店向け販売は、これら販売三課と販売六課が担当した。

第二章の図2－2でみた一九七一年一月時点の組織図と比べると、二つの営業部が設けられて、仲間卸担当を第一営業部、小売直販担当を第二営業部としていることが大きく異なる。仲間卸を「第一」営業部としていることにも、伊藤伊の仲間卸尊重の経営方針が表れているとみることができよう。ただ、その一方で、成長著しいスーパーやコンビニそしてドラッグストアなどへの対応のため、第二営業部として、小売担当の三つの課を所管する部を設けなければならなかった。もっとも、第二章の図2－3の音羽営業所の販売三課、販売五課、販売六課がすでに一九八二年の時点でそうした役割を担っていたともいえる。いずれにしてもここで注意しておかなければならないのは、この時点では、仲間卸の所在する地域に小売直販を推進するための組織ではなかったということである。

管理部門をみると、情報システム関係を担う電算室が管理課に置かれ、この時点の二つの配送センターを管理する物流課と総務・経理課とともに、三つの課で構成されている。大須センターは、従来からの本社併設センターであり、前述の愛知県内の仲間卸の「店出し」のほか、市内の化粧品店、薬局および一部の百貨店の物流倉庫であった。

図5－2は、翌一九八六年の組織図である。これをみると、前年の図5－1とほとんど変わりはない。ひとつだけ注目したいのは、管理部に物流企画室が新設されているところである。前述のように一九八六年三月に、伊藤伊では、コンビニ向け中心の大治配送センターを開設し、新しいシステムが取り入れられた。そのための対応であり、前田裕

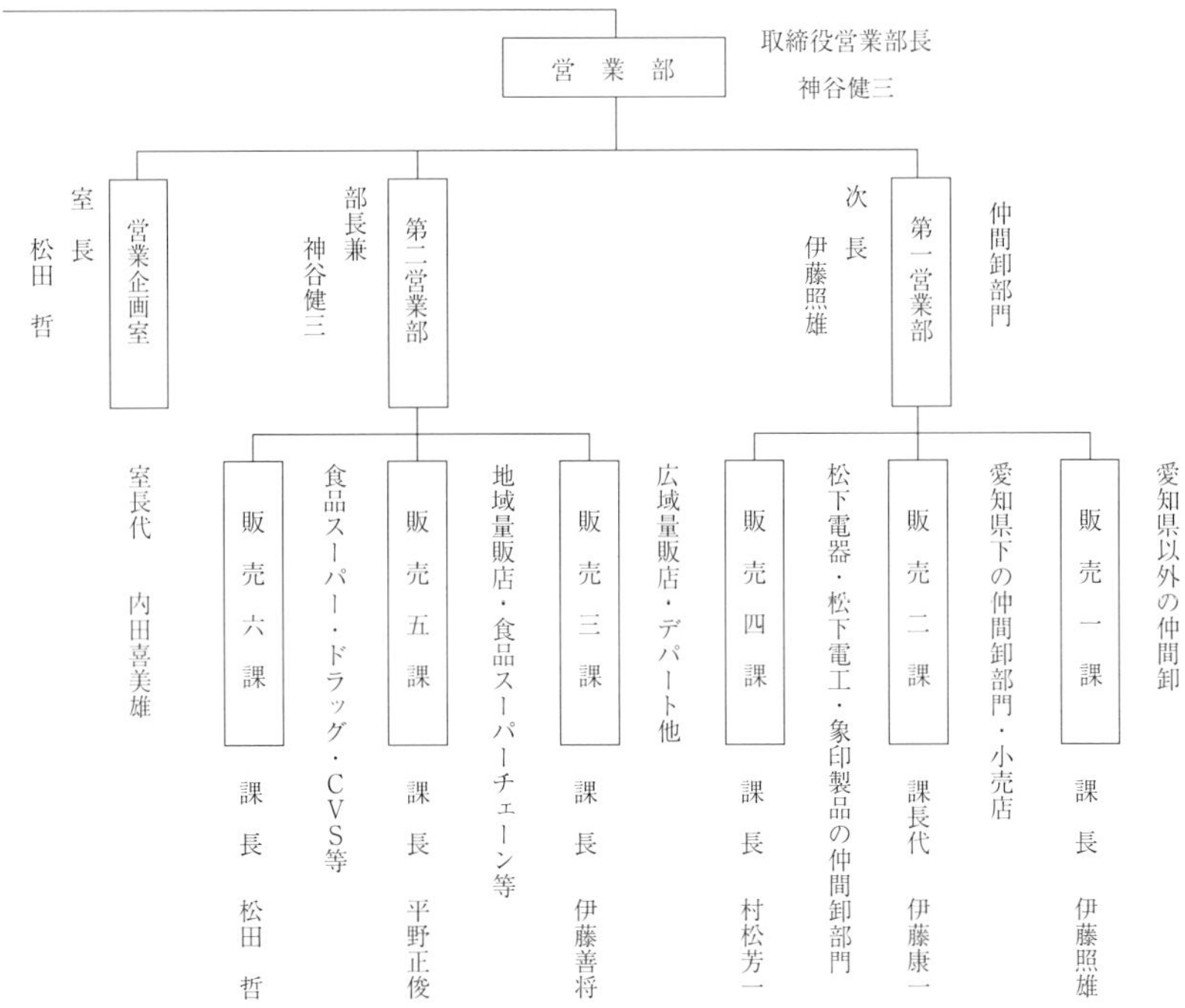
営業部
取締役営業部長
神谷健三
営業企画室
室長
松田哲
第二営業部
部長兼
神谷健三
第一営業部
次長
伊藤照雄
仲間卸部門
販売六課
室長代
内田喜美雄
課長
松田哲
食品スーパー・ドラッグ・CVS等
販売五課
課長
平野正俊
地域量販店・食品スーパーチェーン等
販売三課
課長
伊藤善将
広域量販店・デパート他
販売四課
課長
村松芳一
松下電器・松下電工・象印製品の仲間卸部門
販売二課
課長代
伊藤康一
愛知県下の仲間卸部門・小売店
販売一課
課長
伊藤照雄
愛知県以外の仲間卸

伊藤伊株式会社組織図

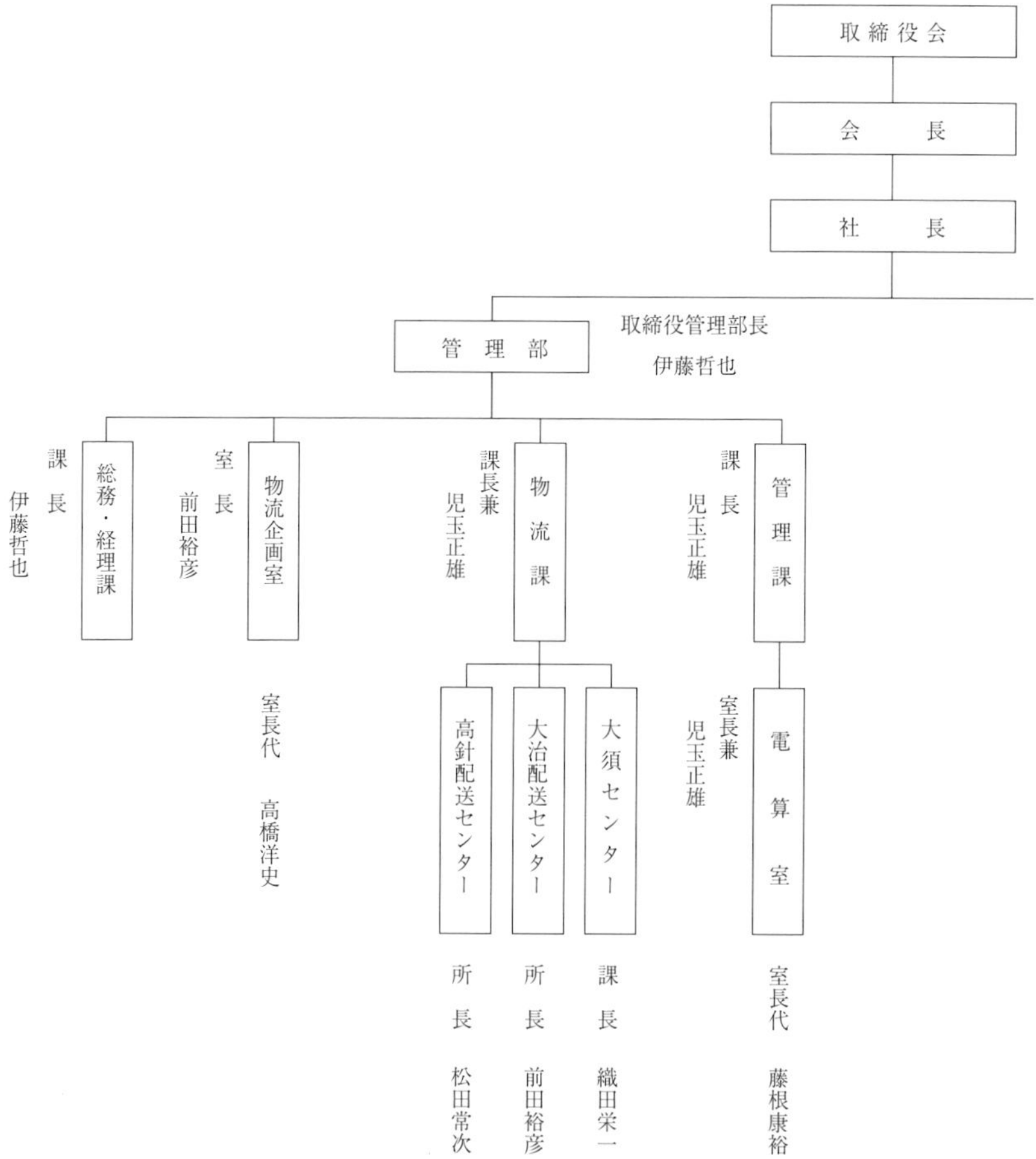

図5-2　1986（昭和61）年

（出典）伊藤伊関係者からの情報提供による。

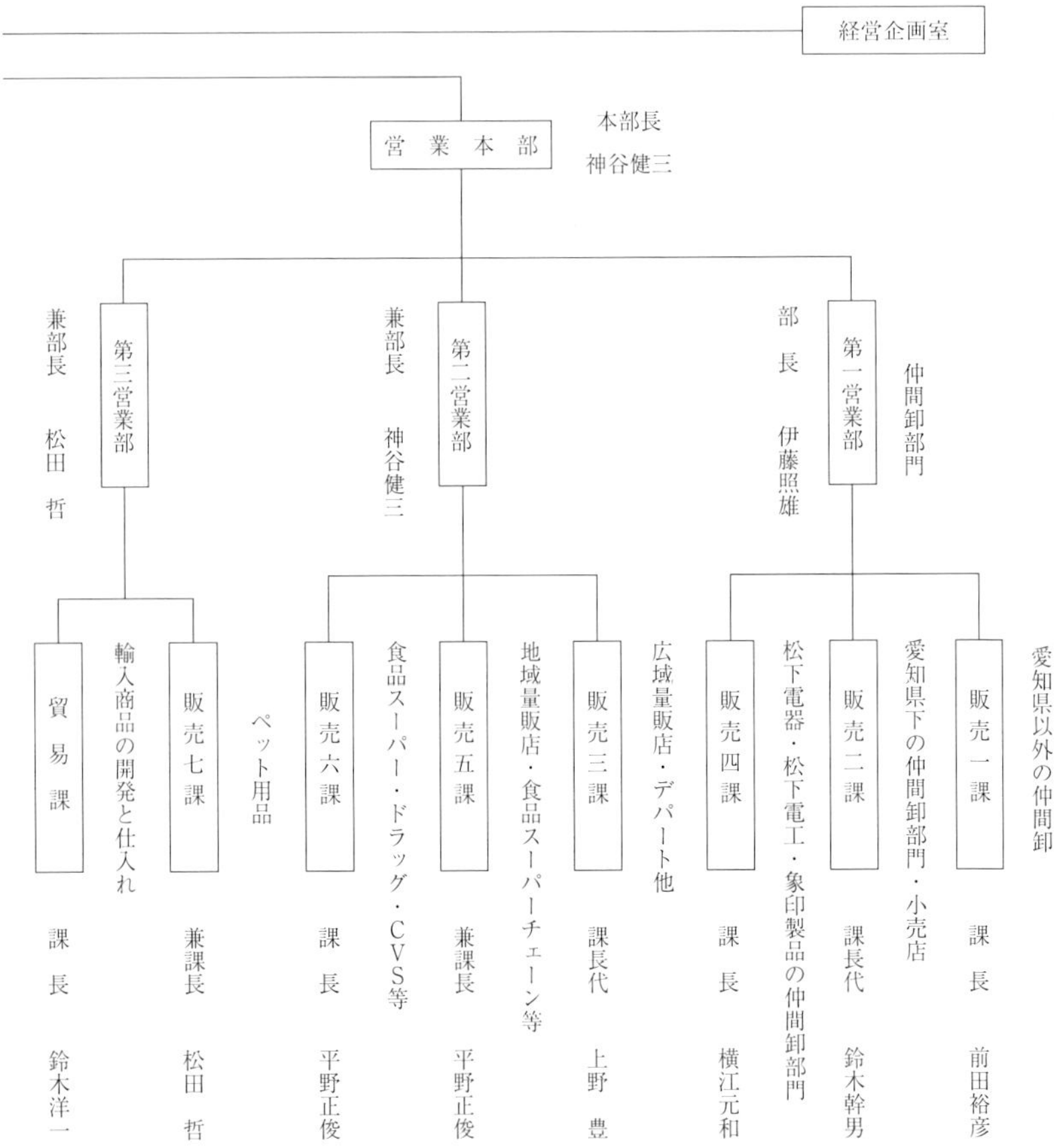
経営企画室
営業本部
本部長
神谷健三
第一営業部
部長　伊藤照雄
仲間卸部門
第二営業部
兼部長　神谷健三
第三営業部
兼部長　松田　哲
販売一課
愛知県以外の仲間卸
課長　前田裕彦
販売二課
愛知県下の仲間卸部門・小売店
課長代　鈴木幹男
販売四課
松下電器・松下電工・象印製品の仲間卸部門
課長　横江元和
販売三課
広域量販店・デパート他
課長代　上野　豊
販売五課
地域量販店・食品スーパーチェーン等
兼課長　平野正俊
販売六課
食品スーパー・ドラッグ・CVS等
課長　平野正俊
販売七課
ペット用品
兼課長　松田　哲
貿易課
輸入商品の開発と仕入れ
課長　鈴木洋一

伊藤伊株式会社組織図

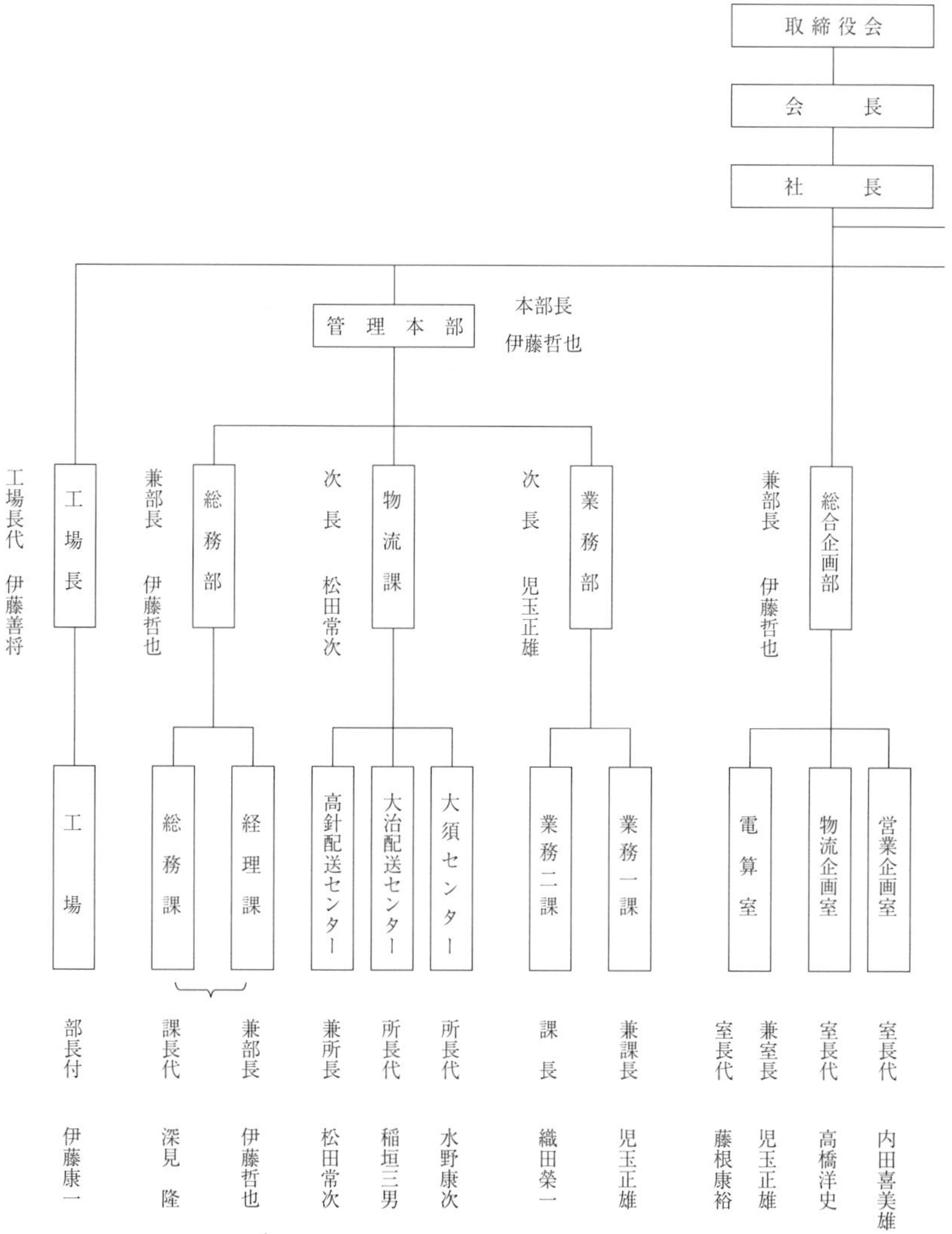

図5－3　1988（昭和63）年

（出典）伊藤伊関係者からの情報提供による。

彦が室長に就いている。大治配送センター長との兼務である。電算室の責任者には、伊藤伊の情報システムの確立と進化を担った藤根康裕が就いている。

図5－3は、一九八八年の組織図である。三つの営業部体制となり、第三営業部に販売七課と貿易課が設けられている。また経営企画室も設けられた。

販売七課の担当とされたペット事業は、ユニ・チャームからペット事業を始めないかとの誘いがあったことによる。ユニ・チャームからの支援がどの程度かもわからなかったが、神奈川ペットフード（通称カナペ）からの支援を得て、ペット事業を開始し、その担当部署として販売七課を設置したという[120]。ちょうどその頃、岐阜県のペット卸の三恵商事からシステム関係の支援要請があり、伊藤伊が岐阜の三恵商事からペット用品を仕入れて、得意先に販売した。伊藤伊と三恵商事との提携へと進展する計画もあったが、経営方針の違いから立ち消えとなり、得意先を三恵商事へ譲渡して、この計画は中断のやむなきにいたった。

貿易課は一九八七年に新設され、同年から台湾からの輸入品の販売を実施に移した。交渉の結果、アースヤードという代理店から傘、扇風機、毛玉取り機、ビデオ・テープ、乾電池、ポータブル・テレビ、クリスマス・ツリーなどを仕入れることになった。その輸入・仕入の担当がこの貿易課であった。輸入品の販売は、各課が担当した。ただ、販売先の小売店がリスクを負うことなく、不良在庫などは伊藤伊が処分せざるを得なかったという面もあり、縮小・撤廃を余儀なくされた。

図5－2で管理部の管理課にあった電算室、同じく管理部にあった物流企画室、営業部にあった営業企画室を統括する部として、総合企画部が設けられている。卸機能の強化を担当する部であり、伊藤伊の経営展開とその基盤となる競争力を左右する重要な部門とされ、管理部から独立したとみられる。

また管理部門では、業務部が設けられ、第一営業部すなわち卸部門の受注処理業務を担当する業務一課と、第二営業部すなわち小売直販部門の受注処理業務を担当する業務二課がその下に置かれている。

図５－４は、一九八九（平成元）年の組織図である。永井商事の経営を継承して、テクノ中京が設立され、またP&Gの中核卸の指定を受けた時期である。

一九九四～一九九五年の組織図

図５－５は、みなと商品センター開設の三年後、プラノマスター開発の二年後の一九九四年の組織図である。宮野入達久による幹部教育も展開されていた頃である。図５－４と比べると、営業部門も管理部門も細分化されていることがわかる。

営業部門では、三つの営業部の下での従来の六課体制から貿易課も含めた一一の課の体制へと変わっている。これは、業態別のきめ細かい対応による小売直販の強化を企図してのことであった。

第二営業部では、図５－４で地域食品スーパーはじめナフコ・チェーン、サークルKの担当およびチェーン・ドラッグを担当していた販売六課のほかに、勢力を増すホームセンターなどの担当の販売八課、地域ドラッグや小売店担当の販売十課が設けられた。第三営業部には、従来販売三課の所管であったデパート部門担当の販売九課が置かれた。また、小売販売強化のために、販売促進部が設けられて、店頭技術研究所も、ここに配置された。

管理部門では、業務部に第三営業部の受注処理業務を担当する業務三課が増設されている。図５－４で総合企画室にあった電算室が情報システム室として総務部に置かれ、諸々の人的資源の資質向上を担う能力開発室も同部に設置されている。

図５－６は、一九九五年の組織図である。伊藤伊が岐阜の二次卸三社の他企業による合併という衝撃を受け、二次卸の所在地も含めた直販拡大への方針に切り替えた時期である。この直販拡充を実現するために、営業本部とその支援部門の体制は大きく変わった。

前年までの第一・第二・第三の三営業部体制が、図５－２と同じ二営業部体制に変わった。これは、平野正俊が二つの営業部を担当していたのをひとつとして、平野を仲間卸その他を担当する第一営業部専管の責任者とし、第二営業部は新しい責任者の高橋洋史の下で業態別小売直販強化を推進しようとしたものである。いわば責任の明確化とい

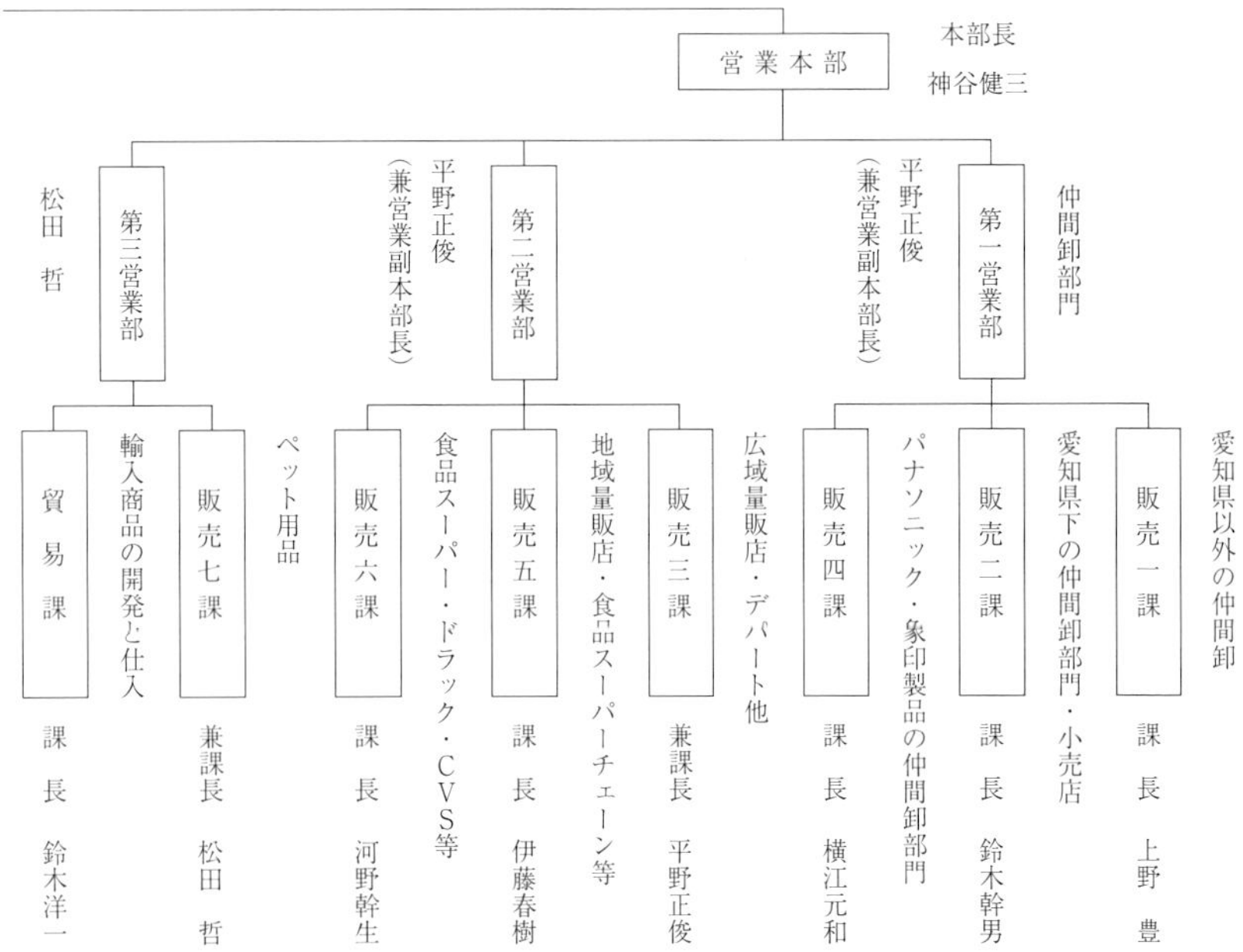
営業本部
本部長
神谷健三
第一営業部
仲間卸部門
平野正俊
（兼営業副本部長）
第二営業部
平野正俊
（兼営業副本部長）
第三営業部
松田　哲
販売一課
愛知県以外の仲間卸
課　長　上　野　豊
販売二課
愛知県下の仲間卸部門・小売店
課　長　鈴木幹男
販売四課
パナソニック・象印製品の仲間卸部門
課　長　横江元和
販売三課
広域量販店・デパート他
兼課長　平野正俊
販売五課
地域量販店・食品スーパーチェーン等
課　長　伊藤春樹
販売六課
食品スーパー・ドラック・CVS等
課　長　河野幹生
販売七課
ペット用品
兼課長　松田　哲
貿易課
輸入商品の開発と仕入
課　長　鈴木洋一

伊藤伊株式会社組織図

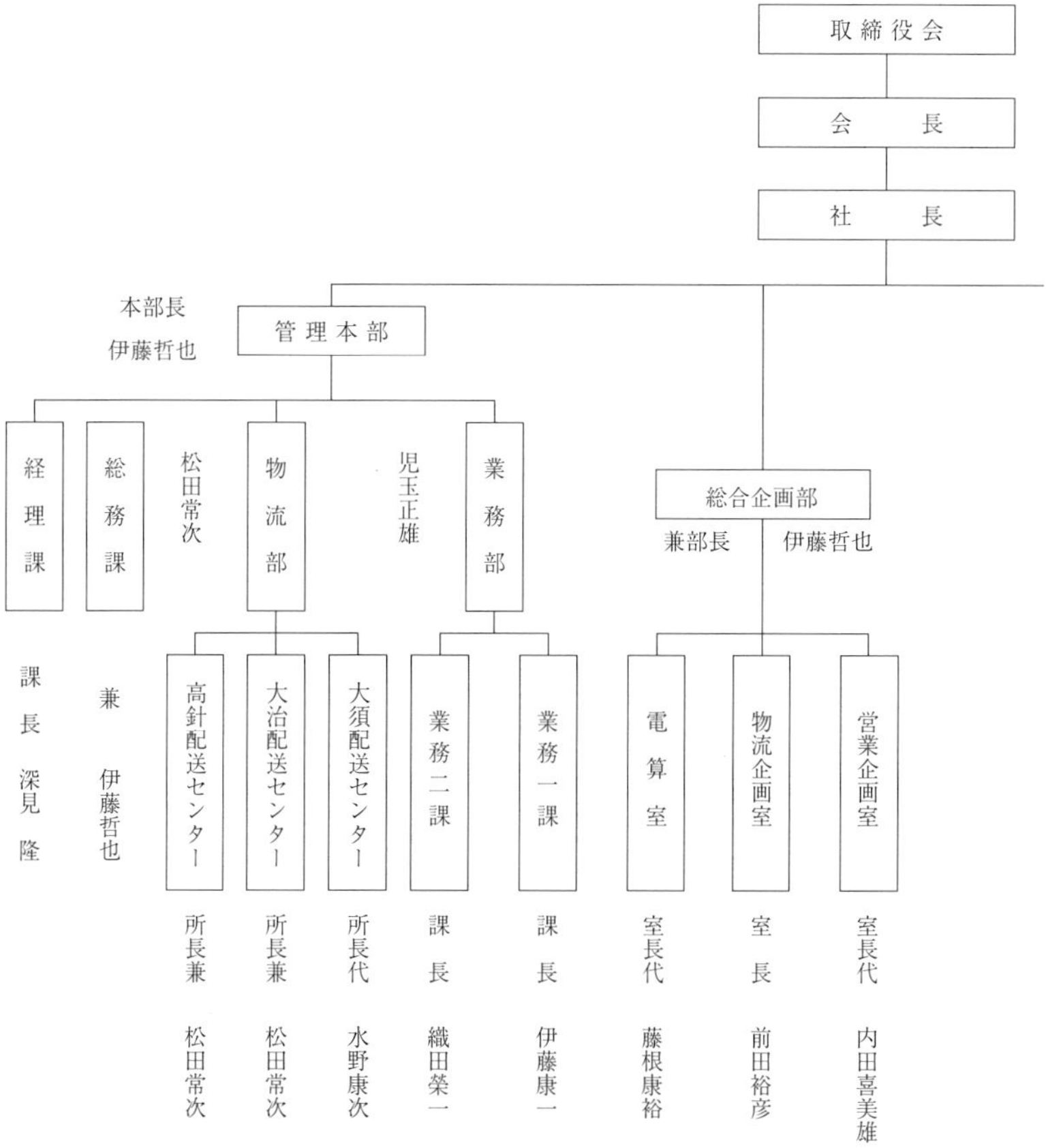

図5-4　1989（平成元）年

（出典）伊藤伊関係者からの情報提供による。

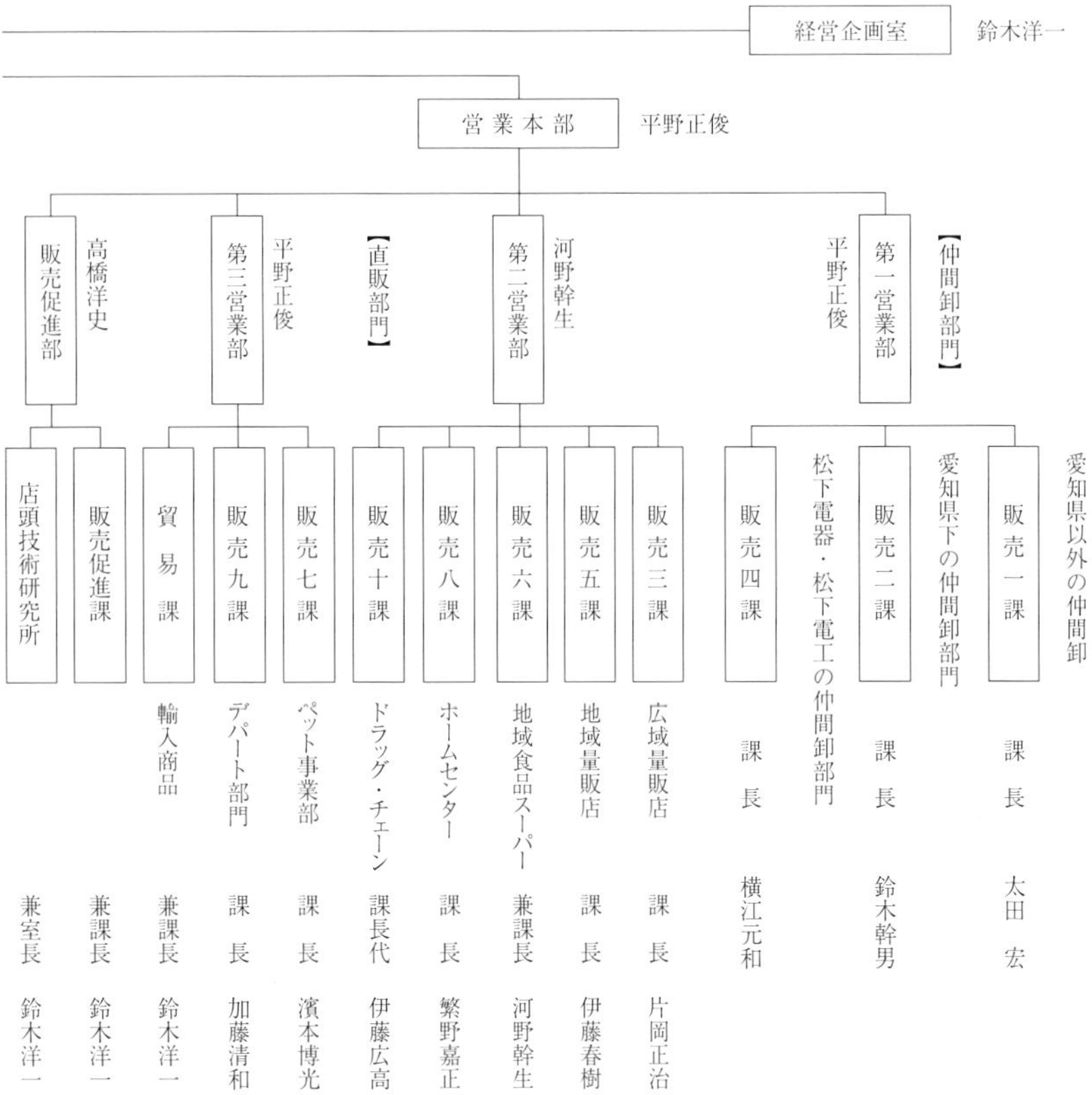

伊藤伊株式会社組織図

者からの聞き取り調査による。

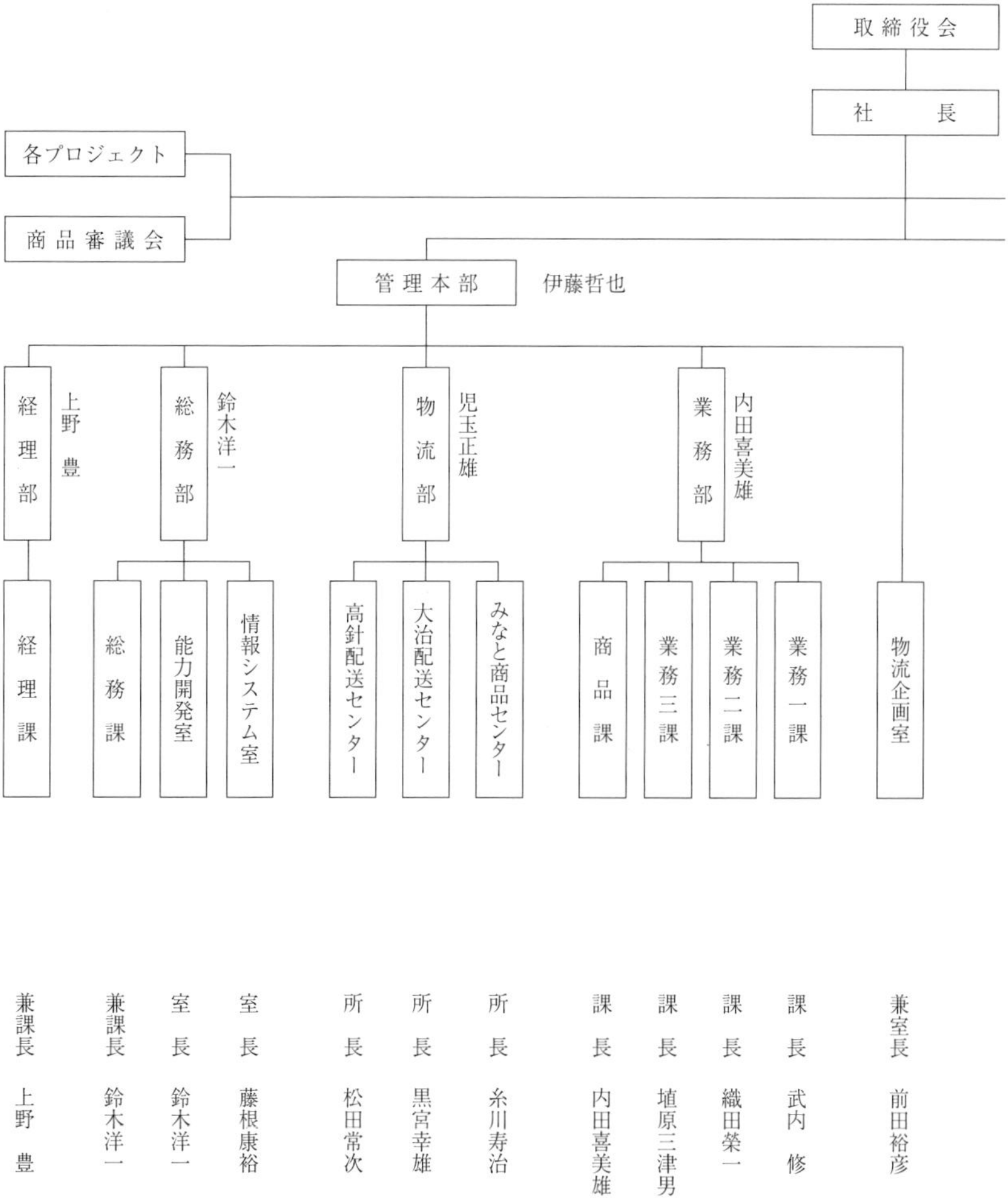

図5-5　1994（平成6）年

（出典）伊藤伊株式会社社内報編集委員会『社内報ぱぷりん』Vol.12（1994年）4頁および伊藤伊関係

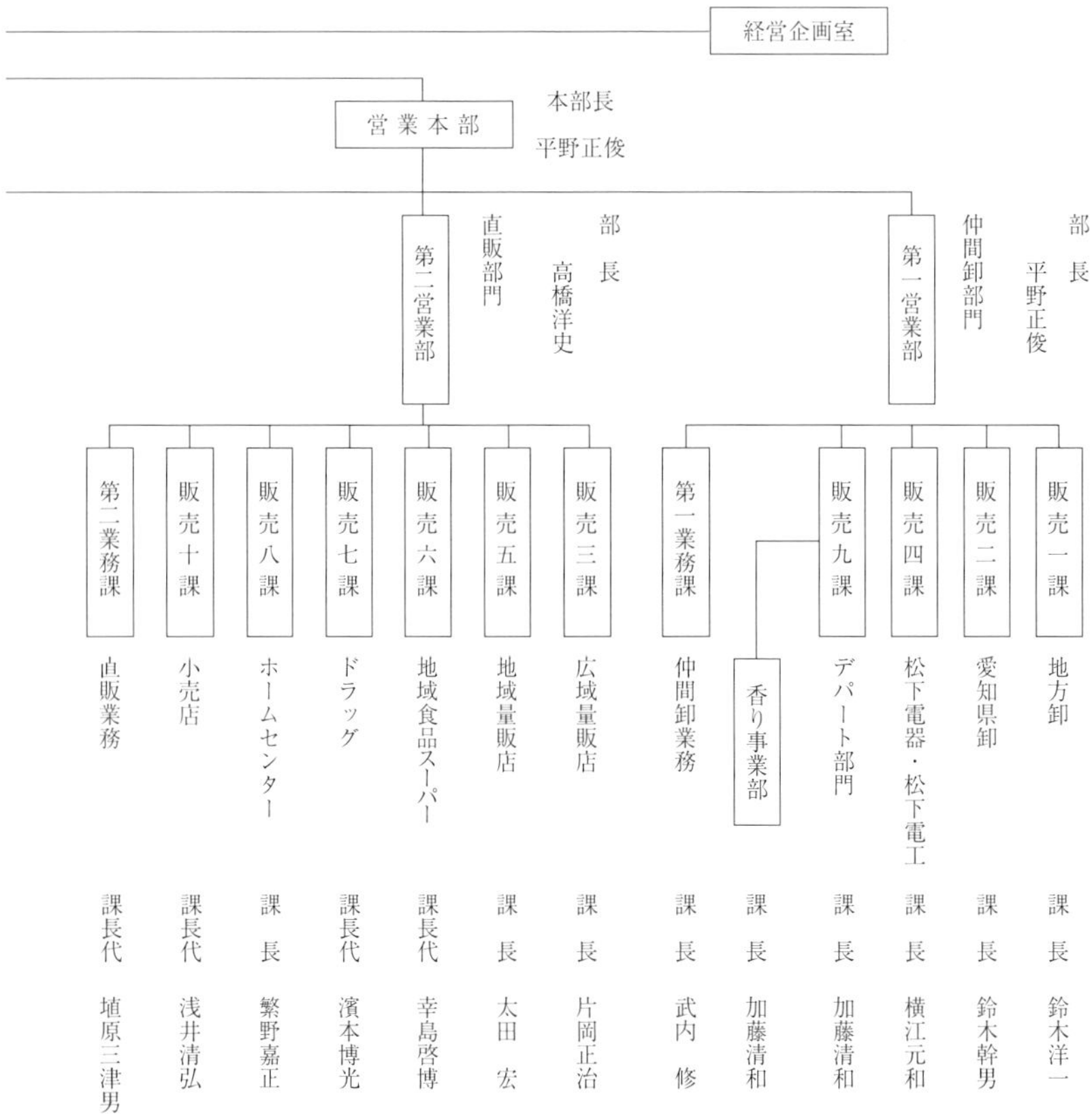

伊藤伊株式会社組織図
からの聞き取り調査による。

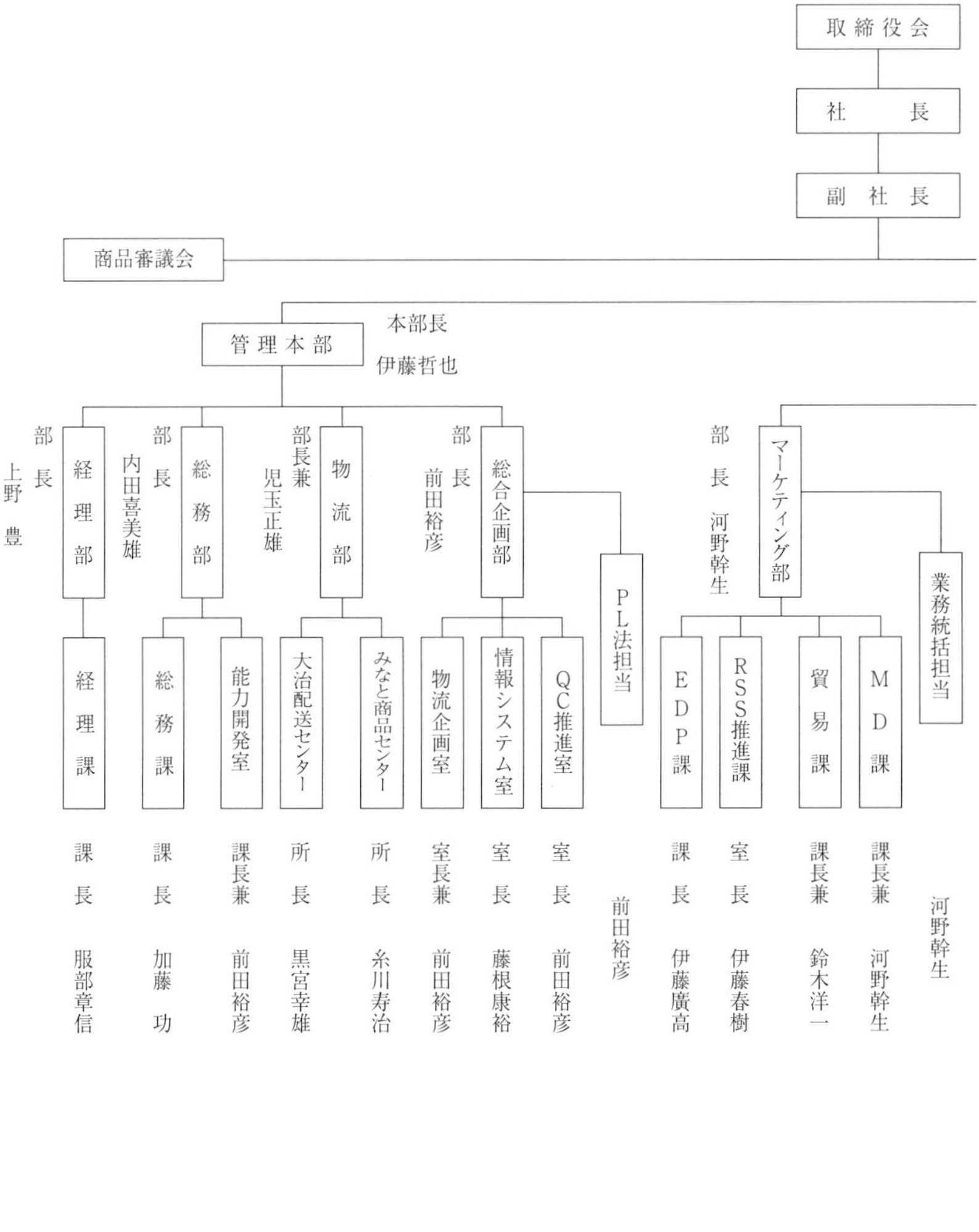

図5-6　1995（平成7）年

（出典）伊藤伊株式会社社内報編集委員会『社内報ぱぷりん』Vol.16（1995年）5頁および伊藤伊関係者

う主旨であった。

図５－５で第三営業部にあったデパート部門担当の販売九課は、図５－６では第一営業部に移され、前述のミュゼ・アローム担当の香り事業部も付設された。販売七課は従来のペット事業の担当からドラッグ担当へと役割を変えて第二営業部へと移された。また同じ第三営業部にあった貿易課は、新設されたマーケティング部に置かれた。このマーケティング部には、かつての販売促進部の機能が発展的に継承された。店頭技術研究所はマーチャンダイジング（ＭＤ）課に、販売促進課の役割は機能分化してＭＤ課とリテール・サポート・システム（サービス）（ＲＳＳ）課にそれぞれ引き継がれた。同課では、セールス・レディが小売店のルートセールスを行い、店頭で注文をとったり、棚の管理を行なったりした。マーケティング部には、このほかにエレクトロニック・データ・プロセッシング（ＥＤＰ）を所管する課が置かれ、ＥＯＳで受注するに際してマスター整備（エラー修正）などを担当した。

また、図５－５で管理本部の業務部にあって受注業務を担当していた業務一課と業務二課は、それぞれ第一営業部と、第二営業部に移された。得意先からの受注処理業務は、営業に近い組織が良いとの考え方からであった。小売直販を担う第二営業部の充実とマーケティング強化がうかがわれよう。

管理部門では、総合企画部が管理本部の下に再び設けられて、図５－５で総務部にあった情報システム室と管理本部直属であった物流企画室が移管され、これらのほかにＱＣ担当部署が置かれて、ＰＬ（Product Liability）担当も置かれた。同じ管理部門の物流部では、図５－５にあった高針配送センターがこの年の三月に閉鎖されて四月からテクノ中京が使用することになったので、この図５－６にはない。

以上のように、伊藤伊の組織は、情報・物流システムの進化、小売勢力の急成長と環境変化と伊藤伊の直販拡充という経営方針の転換にしたがって、所管を明確にし細分化する方向で改正が進められてきた。まさに、組織が戦略（経営方針）にしたがってきめ細かく進化してきたといえよう。

おわりに

最後に本章での検討によって明らかにされた諸点を整理しておくことにしたい。

第一に、伊藤伊では、一九七〇年代末から事務処理などのコンピュータ化を推進し、一九八〇年代半ばには、情報システムの構築とその物流システムとの連動に努めた。一九八〇年代半ばの通信の自由化にともない、業界の受発注ネットワーク・システムの構築が進展した。伊藤伊では、情報システムの担当者が業界の受発注オンライン化の基盤づくりに尽力するとともに、いちやはく先駆的企業が構築したＥＤＩのネットワーク・システムに加入した。

第二に、伊藤伊では、一九八〇年代後半に、物流システムのオンライン化を進めるとともに、勢力を増すサークルＫなどのコンビニ対応の大治配送センターも設けた。さらに、プレゼンテーション・ルームや店頭技術研究所を設置してマーチャンダイジング機能の強化に努めた。一九九〇年代になると、最新の物流センターとしてのみなと配送センターを新設し、卸売企業としての競争力を強化することとなった。この時期には、香り商品の専用の小売店を設けて顧客ニーズの把握とその対応のためのノウハウの蓄積も試みた。さらに、仲間卸との取引にもＥＤＩを導入し、経営支援に努めた。また店頭技術研究所での蓄積を基礎に独自の棚割システムを開発し、これを販売していった。こうした新規展開のための投資の多くは、従来からの内部留保によった。

第三に、他からのはたらきかけで、伊藤伊では、同じエリアの有力卸店の永井商事の経営を継承し、新会社のテクノ中京を設けた。これによって、取扱商品の幅を広げるとともに、伊藤伊グループとしての経営の実質的な第一歩を踏み出した。同業のテクノ中京のほかに、創業の業務のひとつでもあった蠟燭製造部門の工場を法人化したダイヤモンド化学や運送業務のテクノエクスプレスなども、伊藤伊グループの一員となった。さらに、伊藤伊はＰ＆Ｇの中核代理店としての指定を受けて、その取引関係も強化させた。

第四に、岐阜県所在の伊藤伊の仲間卸三企業が、北陸の有力企業に合併されたことは伊藤伊にとって二つの大きな意味をもった。ひとつは、これを契機に小売直販を強化したことであり、いまひとつは、伊藤伊グループ企業のテクノ中京と岐阜県企業ケンセキとの水平的合併が実現し、広域化の第一歩を踏み出したことである。ただし、ここで注意しておかなければならないのは、伊藤伊として、創業以来の仲間卸（二次卸）尊重の方針は、継続したということである。

第五に、人的資源の増加とともに、その能力向上のための努力がなされたということである。三〇代を中心として、対外交渉力や提案能力を培うことになり、将来の経営幹部候補生の充実がはかられた。

第六に、情報・物流システムの充実、小売直販の推進、人材の充実といった経営方針の展開に合わせて、たびたび組織が改編されたことである。伊藤伊という卸売企業も、まさに経営方針という戦略の展開をフォローするかたちで、組織が改編されたのである。

以上のように、伊藤伊の経営は伊藤昌弘が経営を引き継いで一〇年を経過した頃に、小売直販の推進、広域展開への初動という経営の大きな展開期を迎えた。一九九〇年代後半から二〇〇〇年代になると、そうした動きが加速され、さらに全国卸への道を進むことになる。そうした一九九〇年代以降の伊藤伊の経営展開については、次章以降で検討する。

注

（1）ここでの流通業全体の情報システムに関する叙述は、通商産業政策史編纂委員会編・石原武政編著『通商産業政策史一九八〇－二〇〇〇　第四巻　商務流通政策』（経済産業調査会、二〇一一年三月）一九一～二〇〇頁による。

（2）第二章、一一三頁。

（3）ここでの伊藤伊の情報システムに関する叙述は、とくに断りのない限り、元伊藤伊株式会社取締役・情報システム担当・

藤根康裕氏作成『伊藤伊情報系年表』（二〇一五年）、同氏作成『伊藤伊情報システム変遷』（二〇〇三年）のほか、同氏および伊藤伊株式会社元取締役・前田裕彦氏に対する筆者の質問への回答による。

（4）設備を保有してサービスを提供する「第一種電気通信事業者」と、第一種事業者から回線を借りてサービスを提供する「第二種電気通信事業者」の二種類の事業者が認められた。「第一種電気通信事業者」の分野では、一九八四年に設立された第二電電株式会社（ＫＤＤ）、日本テレコム（ＪＴ）、日本高速通信株式会社（ＴＷＪ）のＮＣＣ（New Common Carrier 新規通信事業者）が一九八五年に認可された。「第二種電気通信事業者」の分野では、特定ユーザーにサービスを提供するか、設備規模が基準以下の「一般第二種」、設備規模が大きく不特定多数のユーザーにサービスを提供する「特別第二種」の二種類が認められた。とくに参入が原則自由であった「一般第二種」の分野には、ＶＡＮ事業のほか、電子メール、ボイスメール、データベースなど各種通信サービスから回線のリセールにいたるまでさまざまなタイプの事業者が参入した（日本電気社史編纂室『日本電気株式会社百年史』二〇〇一年一二月、七一三〜七一五頁）。

（5）プラネットの経営史の概要は、株式会社プラネット編『株式会社プラネット設立三〇年　これまでの歩み』（二〇一五年一月改訂）を参照されたい。

（6）一九六四年一月に株式会社富山計算センターとして富山市に設立された。企業と地方自治体が、当時まだ高価であったコンピュータの共同活用を促進させることが事業目的であった。一九六六年一月の新潟進出をはじめとして、翌年四月には東京、その後、名古屋、仙台、大阪、札幌、金沢に事業所を開設した。一九七〇年一〇月には、Information Technology からとってインテックと社名を変更した。その後、多数が同時に大型コンピュータを使用できるサービスを開始し、一九七五年一〇月には富山相互銀行（現富山第一銀行）のオンラインシステムを完成させた。一九八二年三月には、最先端のパケット通信技術をもつアメリカのＧＴＥテレネットと提携した。この年、公衆電気通信法が一部改正され、中小企業向けのＶＡＮサービスが解禁されたのにともない、インテックでは、いち早くパケット交換方式による新しいデータ通信網のエース・テレネット（Ace Telenet）を構築し、翌年にサービスを開始した。一九八五年四月には、電気通信事業法による特別第二種電気通信事業者として郵政省から第一号認可を受けた。一九八五年設立のプラネットのほか、一九八六年の食品業界ＶＡＮのファイネットの設立に参画した（株式会社インテック編『季刊インターリンク』第二五号、二〇一四年四月二五日、一二〜一七頁所収「インテック五〇年の歩み」）。

(7) ライオン株式会社社史編纂委員会『ライオン一二〇年史』二〇一四年七月、一六二～一六四頁。なお、出資比率はインテックとライオンがそれぞれ二五％で、残り七社が残額を当分比率で出資とされた。代表取締役社長にはインテックの金岡幸二が就任した（『中日本商業新聞』一九八五年八月五日）。

(8) 玉生弘昌『これが世界に誇る日本の流通インフラの実力だ』（国際商業出版、二〇一三年六月）一一八～一二〇頁。

(9) 前掲『ライオン一二〇年史』一六三頁。

(10) 同書、一六三頁。

(11) 一九七五（昭和五〇）年三月に全国石鹸洗剤化粧品歯磨雑貨卸商組合連合会として発足し、一九九〇（平成二）年七月一三日の常任理事会で全国日用雑貨化粧品卸連合会への改称を決定した。さらに一九九三（平成五）年二月一九日の常任理事会と同年五月二一日の第一九回通常総会の決定により同年六月から全国化粧品日用品卸連合会と改称した（全卸連ホームページ中「沿革」および全国日用雑貨化粧品卸連合会編『全卸連会報』第五六号、一九九〇年八月三〇日、三頁、同誌第六六号、一九九三年三月二五日、四頁、同誌第六七号、一九九三年七月五日、四～五頁）。なお、同誌第六六号の四頁には「平成四年度全卸連第四回常任理事会を、二月十九日十二時三十分より、東京八重洲富士屋ホテルに於て開催した。」とあるが、前後の記事の関連や同誌発行主体の名称変更時期からみて、「平成四年」ではなく「平成五年」であると推定される。

(12) 一九八〇年に日本チェーンストア協会が会員小売業と取引先とのデータ交換に使用する手順として標準化した。通産省では、これを受けて、流通業界全体に共通する伝送制御手順を「J手順」として制定した。これによって、企業間のデータ交換が促進され、納入業者は受注データを再入力することもなくなり、取引の正確さと効率性の両面で大きく進展することとなった（前掲『通商産業政策史　一九八〇－二〇〇〇　第四巻　商務流通政策』一九三～一九四頁）。なお、ここでの全卸連の初期の試みについては、前掲『伊藤伊情報系年表』による。

(13) 全国石鹸洗剤化粧品歯磨雑貨卸商組合連合会『全卸連会報』第三六号（一九八五年九月一五日）六～七頁。

(14) 全国石鹸洗剤化粧品歯磨雑貨卸商組合連合会『全卸連会報』第三八号（一九八六年三月一五日）三頁および一九～二〇頁、同誌第三九号（一九八六年八月一〇日）二七～二八頁、同誌第四〇号（一九八六年一〇月一日）五頁、一〇頁および一七～一八頁、同誌第四六号（一九八八年三月二三日）一八～二〇頁。

(15) 筆者の質問に対する株式会社プラネット担当者からの回答による。

(16) 前掲『ライオン一二〇年史』一六三頁。
(17) 一九七四年九月一九日設立、所在地は東京都三田であった（日本電気社史編纂室編『日本電気株式会社百年史　資料編』同社、二〇〇一年一二月、三六八頁）。
(18) ここでのパンジャパンデータサービスに関する叙述は『中日本商業新聞』（一九八六年九月一五日）および『洗剤日用品粧報　洗剤・石鹸・日用品ダイジェスト〈八六年版〉』（洗剤新報社、一九八七年五月）六七〜六八頁による。
(19) 前掲『中日本商業新聞』（一九八六年九月一五日）。
(20) 筆者の質問に対する株式会社プラネット担当者と元伊藤伊担当者の回答による。
(21) ここでの東海流通ネットワークに関する叙述は、『日本経済新聞』〈地方経済面　中部〉（一九八七年六月一九日）、『中日本商業新聞』（一九八七年六月一八日）による。
(22) 所在地は『一九八七中部流通名鑑』（中日本商業新聞社、一九八七年三月）二八一頁、二九二頁、三四五頁、三五八頁による。
(23) ヘリオスについては佐々木聡『地域卸売企業ダイカの展開――ナショナル・ホールセラーへの歴史的所産』（ミネルヴァ書房、二〇一五年三月）一四二〜一四四頁を参照されたい。
(24) 筆者による元伊藤伊担当者への質問に対する回答による。
(25) メーカーや発売元が出荷時点でJANコードをマーキングすること。
(26) 前掲『通商産業政策史一九八〇‐二〇〇〇　第四巻　商務流通政策』一九五頁。同書では、「一九八二（昭和五七）年、セブン‐イレブンが全店にPOSシステムを導入し」と記述しているが、川辺信雄『新版　セブン‐イレブンの経営史』（有斐閣、一九九四年四月）二五六頁ではセブン‐イレブンでは「POSシステムが一九八二年秋から導入され、八三年二月に全店に配置され」となっている。
(27) 第二章、一一四頁。
(28) ここでの高針配送センターのピッキングやロケーションおよびオンライン化に関する記述は、前掲『伊藤伊情報系年表』、前掲『伊藤伊情報システム変遷』および筆者の質問に対する伊藤伊関係者からの回答による。
(29) ここでの仲間卸の物流に関する記述は伊藤伊関係者への質問に対する回答による。

(30)とくに断りのない限り大治配送センターについての叙述は、『中日本商業新聞』(一九八六年三月五日)と伊藤伊の関係者に対する筆者の質問への回答による。また、以下、土地・施設の面積表記については、根拠となる出典の記載の通りとし、坪表記と㎡表記の換算や統一は行わない。
(31)筆者の質問に対する伊藤伊関係者からの回答による。
(32)伊藤昌弘氏への聞き取り調査による。
(33)筆者の質問に対する伊藤伊関係者からの回答による。
(34)物流センターは、通過型のTC(Transfer Center)と在庫型のDC(Distribution Center)に分けられる。TCは得意先の小売店に納品するための他社(メーカーや卸店)分の中継センターであり、二つのタイプに分けられる。ひとつは、店別センター納品と呼ばれるもので、発注を受けた卸売企業各社が店舗別に納品物を荷造りしてTCへ持ち込み、TCでは複数の卸店からの納品物を店舗ごと、配送コースごとに仕分けして各店舗へ配送する。もうひとつは、総量型センター納品と呼ばれるもので、商品別に総量が納品され、センターでは、これを店別・部門別に流通加工を加えて納品する。伊藤伊のTCセンターは、小売店の流通センターであり、流通加工した分の手数料は、委託を受けた得意先小売店へ請求した。しかし、納品先の小売店のセンターのセンターフィー(伊藤伊が小売店から請求される)として、相殺されることが多かったという。ただし、大治配送センターは、花王のTCとしての機能をもち、花王が伊藤伊に手数料を支払っていたという。これに対して、DCは、小売や仲間卸へ納品する商品の自社在庫型の配送センターである。ただし、同一納品先小売店へ他社の納品もある場合、他社の在庫も預かって自社分とともに同じオリコンに集品して納品する。これによって、個口数の減少や店頭での品出しの効率化が図られる。他社在庫分は、会計上、他社分として分けて計上される。このように他社からの在庫も預かって納品する場合を、預かり型DCセンターという。このほかに、DCには、在庫振替型DCセンターというのもある。これは、他社分の納品も自社の在庫から自社分とともに出荷し、他社出荷分を他社の仕入データとしてプラネット経由でメーカーに流し、他社仕入に加える(自社仕入からはマイナス)ものである(伊藤伊関係者による説明と㈱あらた『あらた用語集』第六版、二〇一五年二月、二四頁、二九頁)。
(35)筆者の質問に対する伊藤伊関係者からの回答による。
(36)『中日本商業新聞』(一九九一年一〇月二五日)。

(37) 前掲『伊藤伊情報系年表』。
(38) 前掲『中日本商業新聞』（一九九一年一〇月二五日）。
(39) 『日経流通新聞』（一九九一年四月一一日）。
(40) 第三章、一六七～一七一頁。
(41) 伊藤昌弘氏への聞き取り調査による。
(42) 『'91年版石鹸・化粧品・日用品卸売業　日本の有力問屋一〇〇社』（日本商業新聞社、一九九一年三月）一一四頁。
(43) ここでのプレゼンテーション・ルームに関する記述は、『中日本商業新聞』（一九八六年八月二五日）による。
(44) 『日本経済新聞』（二〇〇一年一〇月一一日）の「交遊抄」を参照されたい。
(45) 前掲『地域卸売企業ダイカの展開――ナショナル・ホールセラーへの歴史的所産』一四四～一四五頁を参照されたい。
(46) 伊藤昌弘氏への聞き取り調査による。
(47) 筆者の質問に対する元伊藤伊取締役で情報システム担当者の藤根康裕氏からの回答による。
(48) 『日経流通新聞』（一九八九年七月六日）。
(49) 伊藤伊株式会社社内報編集委員会『社内報ぱぶりん』Vol.28（一九九八年）八頁および伊藤伊関係者からの聞き取り調査による。なお、この「湯ノ山荘」は、ブラザー工業の保養所を購入して七〇〇〇万円を投じて整備した施設であったが、管理責任者の死亡後、後任が難しく、閉鎖したという（筆者の質問に対する伊藤昌弘氏からの回答による）。
(50) 『日本商業新聞』（一九九三年五月一〇日）、『中日本商業新聞』（一九九三年五月一五日）。
(51) 『中日本商業新聞』（一九九五年二月二五日）、『日本商業新聞』（一九九五年二月二七日）。
(52) 『中日本商業新聞』（一九九六年一二月一〇日）。
(53) 伊藤昌弘氏への聞き取り調査による。
(54) 『日本商業新聞』（一九九八年一月一日）。
(55) 筆者による伊藤昌弘氏への質問に対する回答による。
(56) 『日経流通新聞』（一九九四年九月一日）。
(57) 伊藤伊株式会社『伊藤伊情報システム概要　ＮｅｗＩＴＯＳ』（二〇〇三年一月一三日・一四日）一一頁。

(58) 前掲『伊藤伊情報系年表』と筆者の質問に対する伊藤伊関係者の回答による。
(59) 『日経流通新聞』(一九九五年三月七日)。
(60) 伊藤伊株式会社『第三二期営業報告書』(平成八年四月一日から平成九年三月三一日まで)二頁。
(61) 『一九八八中部流通名鑑』(中日本商業新聞社、一九八八年八月)二五一〜二五二頁。
(62) 第二章、一〇七〜一〇九頁。
(63) 伊藤昌弘氏への聞き取り調査による。
(64) 伊藤昌弘氏への聞き取り調査による。
(65) チヨカジは、一八七一(明治四)年三月に創業し、一九四一(昭和一六)年一一月に法人を設立している(チヨカジ株式会社『創業一二五周年記念誌　さらなる躍進をめざして』一九九七年二月、一〇〜一一頁)。
(66) 富士流通については、同書、六二頁を参照されたい。
(67) 同書、三三頁。
(68) 一九八四年一〇月設立。
(69) 『日本経済新聞』(一九八四年一〇月六日)。
(70) 『日本商業新聞』(一九八七年三月二七日)。
(71) 『日本経済新聞』(一九八四年一〇月六日)。
(72) 『洗剤日用品粧報　洗剤・石鹸・日用品ダイジェスト〈八八年度版〉』(平成元年六月一日)一四一頁。
(73) 前掲『一九八八中部流通名鑑』二五二頁。
(74) 『日本商業新聞』(一九八九年二月一三日)、伊藤昌弘自筆『伊藤昌弘日記』(一九八九年三月一日)。
(75) 伊藤昌弘氏への聞き取り調査による。
(76) 『日本商業新聞』(一九八九年三月二七日)、前掲『伊藤昌弘日記』(一九八九年三月一日)。
(77) 伊藤昌弘氏への聞き取り調査による。
(78) 伊藤昌弘氏への聞き取り調査による。
(79) 前掲『伊藤昌弘日記』(一九八九年三月九日)。

(80) 前掲『洗剤日用品粧報　洗剤・石鹸・日用品ダイジェスト〈八八年度版〉』一二三頁、『中日本商業新聞』（一九八九年三月一五日）。
(81) 『中日本商業新聞』（一九九二年七月二五日）。
(82) 伊藤伊株式会社社内報編集委員会『社内報ばぶりん』Vol.7（一九九三年）一〇頁。
(83) 佐々木聡「P&Gの日本進出と日本企業の競争戦略」（明治大学経営学研究所『経営論集』第五四巻第三・四号、二〇〇七年三月三一日）一一三頁および一二九～一三〇頁。
(84) ここでの伊藤伊の中核卸店指定とニシキおよび永井商事とのP&G製品の取引に関する記述は、とくに断りのない限り、伊藤昌弘氏・平野正俊氏への聞き取り調査による。
(85) 一九五九（昭和三四）年の創業で、P&Gサンホームの代理店であった。一九八八年当時、資本金は三〇〇万円、従業員は八名であった（『一九八八中部流通名鑑』中日本商業新聞社、一九八八年八月、二六二～二六三頁）。
(86) ダイカの元専務取締役の振吉巳歳男氏への聞き取り調査によれば、P&Gの日本マーケティング担当の宮野入達久が札幌に説明に来た際、「一方的に選別したかのような言い分に対し、こちらは別に一方的にそちらから選別されるおぼえはない」という旨のことをいちおう述べ、優越的地位であるかのような発言に釘をさしたという。ただ、この指定によってダイカはP&G商品の北海道流通の要となった。その後、振吉氏と宮野入氏は、こだわりのない親しい関係を継続することになったようである。
(87) 第一章、二一〇頁。
(88) 第一章、二八～二九頁、三三頁および四四～五〇頁。
(89) ダイヤモンド化学株式会社「現在事項全部証明書」（名古屋法務局提出、会社番号〇一〇四八四、一九九六年二月九日）。
(90) ダイヤモンド化学株式会社「法人等の異動（変更）届書」（昭和税務署一九九八年一月一四日収受）。
(91) 設立年月は伊藤伊株式会社作成「沿革（昭和四一年九月～平成一二年三月）」（作成年月日不詳）による。
(92) 伊藤伊株式会社『第二六期決算書』（自平成二年一一月二九日至平成三年一一月二八日）の「関連会社株式」では、テクノエクスプレス株式の帳簿価格は一〇六八万六七〇〇円となっている。
(93) 『日経流通新聞』（一九九一年九月一二日）。

(94) ここでのこの四社合併に関する叙述は、とくに断りのない限り、『日経流通新聞』(一九九五年六月一三日)、『日本商業新聞』(一九九五年四月一〇日)、『石鹸日用品新報』(一九九五年四月一九日)、『中日本商業新聞』(一九九五年三月三〇日)などによる。所在地は『一九九四中部流通名鑑』(中日本商業新聞社、一九九四年七月)三〇一頁、三〇三頁、三〇六頁による。なお三社の概要をみておくと、次の通りである。敷島物産は一九六八年一月の設立で、当時の社長は高橋達雄、資本金は七五〇万円、年間売上高は一五億円、従業員数は三五人であった。栗本物産は一九四九年に法人改組し、当時の社長は栗本進治、資本金は二四〇〇万円、年間売上高は二二億円、従業員数は五六名であった。丹羽久は一八八〇(明治一三)年七月の創業で、一九五四年四月に法人改組し、一九七五年に株式会社丹羽久に改称した。当時の社長は丹羽久左衛門、資本金は二〇〇〇万円、年間売上高は一八億円であった(前掲『一九九四中部流通名鑑』三〇一頁、三〇三頁、三〇六頁)。ただし、栗本物産の年間売上高は前掲『中日本商業新聞』(一九九五年三月一〇日)による。

(95) 前掲『日経流通新聞』(一九九五年六月一三日)。すなわち、当時の伊藤伊としては、このことによっても仲間卸尊重という方針を継続的に公言せざるを得なかったのである。

(96) 伊藤昌弘氏への聞き取り調査による。

(97) 『一九九六中部流通名鑑』(中日本商業新聞社、一九九六年一一月)三〇三頁。

(98) 伊藤昌弘氏への聞き取り調査による。

(99) 第五章、二八六頁。

(100) 第四章、二二四〜二三二頁。

(101) 『一九八五中部流通名鑑』(中日本商業新聞社、一九八四《ママ》年一一月)三四四頁、『一九九五中部流通名鑑』(中日本商業新聞社、一九九五年一一月)三〇二頁および『中日本商業新聞』(一九九五年一二月五日)。

(102) 『中日本商業新聞』(一九九五年一二月五日)。

(103) 『日本経済新聞』(地方経済面、一九九五年一二月六日)。

(104) 前掲『一九九六中部流通名鑑』二三三頁および三〇二頁。

(105) 『石鹸化粧品日用品業界「二〇〇〇日本の有力卸売業」一〇〇社』(日本商業新聞社、二〇〇〇年一一月)一二一〜一二三頁。

(106) 伊藤昌弘氏への聞き取り調査による。
(107) 『日経流通新聞』（一九九八年八月一五日）。
(108) 『日経流通新聞』（一九九八年一一月二日）。
(109) 『日経流通新聞』（一九九二年三月三一日）。
(110) 前掲『石鹸化粧品日用品業界「二〇〇〇日本の有力卸売業」一〇〇社』八六～八七頁。
(111) 伊藤伊株式会社『第三七期定時株主総会招集ご通知』所収『第三七期営業報告書』（平成一三年四月一日から平成一四年三月三一日まで）五頁。
(112) 第四章、二〇七～二一〇頁。
(113) 業界誌で、伊藤伊の学校別採用数が記載されているものがある。そのなかで、二一名というのもあるが、伊藤伊の元総務担当の内田喜美雄氏によると、単年度で二〇名を超えて大卒者を採用したことはないという。おそらく、業界誌のデータは、在籍者数かもしれない。
(114) ここでの伊藤伊の人材育成に関する叙述は、主に鈴木洋一氏への聞き取り調査による。
(115) History, External, Mission, Policies, Objectives, Strategies, Actionの頭文字をとったPrograms & Plansである。歴史、外部環境、使命、方針、目的、戦略、行動計画の流れに沿って経営計画を作成する。なお、このＨＥＭＰＯＳＡ理論は、現在ではＯＧＩＳＭ（Ａ）理論（Objectives, Goal, Issues, Strategies, Measures, Actionの頭文字をとったPrograms & Plans）といわれ、目的、達成目標、課題、戦略、判定基準、行動計画から構成された戦略立案シートに昇華し、大手の上場会社において活用されている。
(116) 伊藤伊株式会社社内報編集委員会『社内報ばぷりん』Vol.5（一九九二年）一一頁、前掲『地域卸売企業ダイカの展開――ナショナル・ホールセンターへの歴史的所産』二三二～二三三頁、二四一～二四四頁を参照されたい。
(117) 伊藤伊株式会社社内報編集委員会『社内報ばぷりん』Vol.15（一九九五年）一〇頁。
(118) 同書、一〇頁。なお、伊藤伊のＱＣ活動については、伊藤伊株式会社社内報編集委員会『社内報ばぷりん』各号に関連記事が紹介されている。
(119) ここでの職制に関する説明は、伊藤伊関係者への聞き取り調査によっている。

(120) ここでのペット事業に関する記述は、筆者の伊藤昌弘氏に対する質問の回答による。

第六章　水平的広域展開と全国卸への布石（一九九〇年代後半以降）

はじめに

第四章と第五章でみたように、伊藤伊は一九九五年の自社の仲間卸（二次卸）のテリトリーへの他地域からの企業による合併戦略を契機に、小売直販の拡充を推進した。その直後、岐阜県の企業と伊藤伊の関係会社との合併による新会社設立を実現する。これ以降、伊藤伊では、小売直販としては未開拓の地域へ進出してゆく。その過程で、従来、仲間卸（二次卸）に依存していた地域での仲間卸やそれ以外の卸売企業との提携・合併を進めてゆくことになる。

従来の伊藤伊の取引網を仲間卸に依存した垂直的取引にもとづく広域展開とするならば、この一九九〇年代後半以降に進展したのは、伊藤伊の二次卸機能を有する卸店や地元の有力卸店との合併を通じた、伊藤伊の支店や物流センターなどの直販拠点網の拡がりであり、水平的広域展開とでも呼ぶべきものであった。

こうした水平的広域展開を経て、伊藤伊は、北海道から東日本にいたる広域卸となったダイカ、(1) 九州のサンビックとともに二〇〇二年に共同の持株会社を設立し、さらに二〇〇四年には、持株会社設立後にその子会社に加わった四国の徳倉も加えた四社合併により、全国的卸売企業の株式会社あらたとなる。

本章では、一九九〇年代後半以降、伊藤伊が水平的広域展開を進め、さらに全国卸へと移行する準備までの過程をできるだけ詳細に検討する。これによって、一九九〇年代後半以降の伊藤伊の経営の発展を促した客体的要因と、それを可能にした主体的要因を解明することにしたい。

1　京都・神奈川・石川・静岡・群馬への水平的広域展開

伊藤伊では、一九九六年に京都にコンビニ対応の共同設立の関連会社を設立したのをはじめ、一九九七年には横浜支店、一九九八年には北陸支店、一九九九年には静岡・浜松の両支店を開設する。これらの支店開設は、いずれも他企業の営業継承や合併によるものであった。以下では、こうした一九九六年から一九九九年までの伊藤伊の水平的広域化の過程の詳細を検討することにしたい。

関西進出の基盤形成

関西では、一九五二（昭和二七）年に伊藤伊の大阪営業所が置かれ、十分な実績を上げられないまま、一九七一年に大福商事に譲渡された[2]。この撤退後、伊藤伊にとって、関西地域は未開拓市場となったままであった。そこへ、愛知県内の有力小売店の関西進出にともなう市場開拓の機会が訪れることとなった。

ＫＩＫの設立

伊藤伊では、第五章でみた[3]、テクノ中京へのケンセキの合併の二カ月前の一九九六年四月、株式会社ケイ・アイ・ケイ（ＫＩＫ）を京都府八幡市に設立した。これは、当時、急成長していたコンビニ・チェーンのサークル・ケイ・ジャパン株式会社の共同物流事業のため、伊藤伊と株式会社木曽清（名古屋市東区、一九〇四年創業、当時の資本金二四〇〇万円）とが共同出資で設立した会社である。持分法適用関連会社で、伊藤伊と木曽清が各一〇〇〇万円を出資して資本金は二〇〇〇万円であった[4]。

伊藤伊では、すでに一九九四年一一月から一九九五年一一月の間には、「物流体制を確立すべく、江南の物流センターの建設、関西に対するＫＩＫの設立運営」に努めるとしており、[5] 少なくとも半年以上の準備期間を要したと推定される。

サークル・ケイは一九八四年一月一六日の設立で、一〇年後の一九九四年七月二九日の時点でサークル・ケイ・ジャパンの運営店舗が首都圏九一、中京・静岡一一一〇、北陸一二八、関西・岡山で一六二と一四九〇店舗を超えていた。このほかにエリア・フランチャイズのサークル・ケイ・ノースジャパン（青森・秋田・岩手）の運営が一〇一店舗あった。合計で一六〇〇店舗近くになっていたが、同年八月一一日にはサークル・ケイ・ジャパンだけで一五〇〇店舗に達する見通しと報じられた。[6] 伊藤伊は、サークル・ケイの親会社のユニーが西川屋とほていや屋の合併によって設立される以前からほていやとの取引があった縁で、ユニーとの取引関係が継続していた。[7]

急成長するサークル・ケイ・ジャパンへの積極的な対応策としてケイ・アイ・ケイが設立されたのである。サークル・ケイの「ケイ」、伊藤伊のイニシャルの「アイ」、木曽清のイニシャルの「ケイ」から、命名された。[8] 同社は、コンビニ対応の物流子会社であるが、伊藤伊にとっては、関西地域の拠点の基盤をつくることにもなった。

ＫＩＫ京都商品センター　翌年の一九九七年二月二六日には、ＫＩＫ京都商品センターの竣工式が行われた。[9] 伊藤伊と木曽清の共同物流によるサークルＫ（以下、この表記とする）の関西地区各店舗向けの商品供給のためのセンターである。所在地は、ＫＩＫのある八幡市上津屋中堤八七―三上津屋工業団地であった。

三六四二㎡（一一〇一坪）の敷地面積に、建築面積二〇四九㎡（六一九坪）、延べ床面積二六二九㎡（七九八坪）の二階建ての物流倉庫が建てられた。設備としてはデジタル表示システム、搬送物反転機能付きコンベア、パレット・ラックが配置され、庫内では、デジタル・ピッキングによる方面別の一括ピッキングと、適正化在庫計算によるロケーション別在庫管理と発注が行われることとなった。保管アイテム数は最大約二二〇〇アイテムとされた。庫内の作業は、豊興運輸に委託することとなった。

この地区のサークルＫ向け化粧品は、名古屋市の江口商事が納めることになっていたので、このセンターでは、江口商事の化粧品在庫も管理して、一括納品した。後に、花王の製品も同様に扱うようになったという[10]。

なお、四年後の数値では、KIKへの伊藤伊の出資額は二〇〇〇万円となっている[11]。このKIKの用地として伊藤伊では三〇〇〇坪を確保していたが、実際に要したのは一五〇〇坪で、残る一五〇〇坪は後述する二〇〇〇年一〇月の京都支店開設に充てられる[12]。

オープン・システムの採用

このKIK京都商品センターでは、伊藤伊としては初めて、クライアント・サーバーを利用したオープン・システムを開発して導入した。サーバーにNECのUP4800のUNIXマシン、データベースにオラクル、端末にWINDOWSパソコンを利用したものである。当時としては、このオープン・システムは先進的であったと思われる。これが伊藤伊のその後の支店システムの基礎となったという意味で、大きな意義があった[13]。

神奈川県への進出

横浜支店の開設と支店システムの開発

関東地区では、横浜地区が最初の拠点となる。京都でのKIK設立の約七カ月後の一九九六年一一月一日、伊藤伊では、矢部商事株式会社と新会社の株式会社矢部を設立し、矢部商事の営業を継承させた。新会社の資本金は二〇〇〇万円で、横浜市瀬谷区五貫目町二二―二に置かれ、代表取締役社長には、矢部商事の矢部憲一が就任した[14]。出資比率は、伊藤伊九〇%、矢部商事側一〇%であった[15]。

株式会社矢部の設立は、矢部商事の経営支援という側面もあった。伊藤伊社長の伊藤昌弘によると、バブルの時代、矢部商事は本社移転を決意して、新しく本社並びに物流設備を東京の野村商事の子会社であるプラネットワークに委託したが、矢部商事の経営規模から考えると、かなり高額な投資であったという。一九九五年、矢部隆司会長と矢部憲一社長の了解を得たうえで、伊藤伊出資の株式会社矢部を設立し、事業を継承することにしたという[16]。

翌一九九七年一〇月一日には、伊藤伊がこの株式会社矢部を吸収合併して横浜支店とした。同日付で、同社の従業員一二名（男性一〇名、女性二名）を引き継いだ。伊藤伊が株式会社となってからは、初の支店ということになる。しかしながら、横浜支店とした折、東京花王販売（花王の販社）から花王代行店としての資格を剥奪され、当時二〇％ほどあった花王の売上が消滅し、多難な船出となったのである。(17)

この伊藤伊初の支店である横浜支店では、前述のＫＩＫ京都のオープン・システムを基礎に初の支店システムを開発し、それ以降の伊藤伊の各支店・物流拠点の展開に大きな基盤を提供することとなる。(18)

新横浜支店と海老名物流センターの開設

横浜支店発足直後、国道拡幅工事のため、社屋などが立ち退きの対象となった。このため、海老名に二八〇〇坪の土地を確保した。この土地は、旧北見木材（倒産企業）の銀行の差し押さえ物件であった。社屋売却代金三億四〇〇〇万円をはじめ、土地売却代金、借地倉庫の借地権、その他資産撤去などの移転費用の支給などで一億二〇〇〇万円、合計四億六〇〇〇万円の金額を得ることとなったので、これを海老名物流センター建設資金の一部に充てることとした。(19)

そして、二年後の一九九九年七月には、新しい横浜支店と海老名物流センターを開設した（横浜支店移転は同年一〇月）。(20)所在地は、神奈川県海老名市河原口字代官分七〇二―一であった。(21)敷地面積は四四五〇㎡、建屋は三階建てで、延べ面積は六七一六㎡であった。(22)

一階と二階（二階のカート・ピッキング・ラインには一万アイテムが保管）が新しい横浜支店とされ、三階が前述のＫＩＫすなわちサークルＫ対応の伊藤伊と木曽清の共同物流会社の海老名物流センターとされたのである。

一階と二階の新しい横浜支店は、企業別固有ＳＣＭ（Shipping Carton Marking）対応の完全なＥＤＩセンターで、クライアント・サーバーによる最新のオープン・システムを採用し、本社ＦＥＰ（Front End Processor）サーバーを中継して本社ホストとフレーム・リレー・ネットワークで結合された。(23)

ＳＣＭは、出荷時の梱包やオリコン（折りたたみコンテナ）に貼付するラベルであり、販売先・出荷先の小売業の求めに応じて貼られる。後述するように、伊藤伊では、一九九八年四月に竣工した江南センターで初めて採用され、その後、金沢商品センター（一九九八年五月竣工）でも採用されていた。販売先の小売業とのＥＤＩで、ＳＣＭラベルと関連付けられた事前出荷通知データ（ASN：Advanced Shipping Notice）を送信しておくと、小売業では、店頭で陳列したい順番に商品がオリコンから出てきたり、検品時にも伝票順に検品することが可能となった[24]。

構内無線ＬＡＮを使用したピッキング・カート一五台を導入し、それぞれのカートにはオリコン四個とバラ・ピッキング用のハンディ・ターミナルとＪＡＮ読み取りスキャナーが搭載された。この無線ＬＡＮバラ・ピッキング・カートは、独自開発のもので、オリコンのカテゴリー別・オーダー順を可能にした。ターミナルに表示された種類の商品のＪＡＮコードをスキャンして、ターミナル画面で指定されたオリコンに投入するという作業の流れである。この発足当初で、一万アイテムの処理が可能であった。納品伝票とカテゴリー別バラ商品がオリコンに詰め合わされるので、納入先販売店の作業が効率化されることになった[25]。

なお、伊藤伊では、この新横浜支店と物流センター用地購入のために一六億三二〇〇万円の投資を要したが、これらは自己資金と先にふれた社屋・土地の売却代金などのほか、借り入れによった[26]。

営業面の新規開拓と業務対応

一九九六年に株式会社矢部に取締役営業本部長として出向し、一九九七年一〇月に伊藤伊の横浜支店となった際に営業部長として赴任した濱本博光（一九五五年生まれ、一九七八年伊藤伊入社）によると、当時は、名古屋と異なる地域で東西南北の方向感覚がなく、細く曲がりくねった道で裏道も多く、地理や道路を覚えるのがたいへんであったという。また、それまで愛知県内の百貨店系のスーパーやユニーなどの小売企業との取引では、伊藤伊がメインのベンダー（供給業者）であったので、商談の中心となっていた。しかし、横浜では、メーカー主導で小売業との商談が進められた。すなわち、矢部商事あるいは伊藤伊横浜支店として同席させてもらって、大枠がほぼ固められた後に細かいマージンなどを交渉するといういわば従属的な流れとなって戸惑いを覚えたという。新規開拓の商談では、名古屋の伊藤伊といっても「何しに来た」といわれ相手にされないことも多く、それまで伊藤伊の看板にどれだけ助けられていたかを実感したという[27]。

飴達志（一九六二年生まれ、一九八六年伊藤伊入社）が一九九九年三月に横浜支店に赴任した時点でも、濱本支店長（後掲図6－4参照）と大須賀一典（一九六九年生まれ、一九九三年伊藤伊入社）営業担当以外は、旧矢部商事のメンバーであったという。上述のように一九九九年一〇月に海老名に移転した後には、ユニーの関東エリアの帳合を獲得し、さらにドン・キホーテ、セイジョー（二〇〇八年にセガミメディクスと統合しココカラファインとなる）などとの直販取引を獲得していった。

ところが、取引の急拡大によって、倉庫の逼迫が発生した。このため、新設の海老名物流センターでは足りず、主にケース単位の商品の保管が目的であったが、近隣の倉庫の賃借契約で対応した。支店前の駐車場を利用して、大きなテントをレンタルして、ケース商品を保管したことさえあったという。また、これまで納品先店舗の定番商品の陳列はドライバーの業務であった。これは、名古屋の取引慣習を踏襲したものであり、関東で新規契約を増やしていくなかでの条件としても、納品ドライバーによる商品陳列を約束していたのである。しかし、物流環境が異なりかつ新規契約が増えてゆくなかでは、不可能となった。このため陳列要員として、納品日の毎週火曜日の九時から一三時までの四時間に限定して、店舗近隣のパートタイマーを募集した。一週四時間だけの契約であったので、時給は一五〇〇円と高めに設定したという(28)。

南関東物流サービス株式会社の設立　一九九九年五月には、群馬県の北関東物流会社と伊藤伊との共同出資で南関東物流サービス株式会社を横浜支店内に設立した。出資比率は、北関東物流六〇％、伊藤伊四〇％であった。

伊藤伊島村光一副社長の提案で、物流代行機能いわゆるTC機能の充実による横浜支店の生産性向上を目的とした。島村が東京花王販売在籍時代にイトーヨーカ堂などTC型物流を稼働させて成功した経験にもとづく構想であった。北関東物流は群馬花王（一九六八年設立、一九七五年の北関東花王を経て、一九九二年に東京花王に統合し、一九九九年に花王各販社の全国統合で花王販売の群馬支店となる）の配送を行っていた。したがって、北関東物流との提携も、島村副社長と群馬花王との関係を基礎としたものであった。

横浜支店が海老名の新支店に移動して四カ月後の二〇〇〇年二月には、伊藤伊が南関東物流サービスを北関東物流会社より買い取り、一〇〇%子会社（持分法非適用関連会社）とした。これにより、伊藤伊グループとしては、関東地区における物流受託業と運送業務に進出した。

南関東物流サービスでは、横浜支店のほか、後述する兼松カネカの立川センターおよび甲府支店の物流を請け負うこととされた。しかし、立川などでの早朝から夜遅くまでの配送や、立川の一番の顧客であったサンドラッグでの日曜納品などには十分に対応できず、結局は横浜支店の物流の請け負いのみとなった。累積で二千数百万円の赤字となり、これらは伊藤伊からの借り入れで補填し、二〇〇四（平成一六）年三月の精算時の最終収支では七〇〇万円の黒字となった。(29)

北陸地区への進出

伊藤伊では、神奈川県に続いて、伊藤伊の岐阜の仲間卸三社を合併した株式会社新和（旧北陸新和）の本拠地であった北陸地域へ進出する。

伊藤伊株式会社金沢店の新設と北陸支店開設

伊藤伊は、一九九七年一一月に、石川県河北郡津幡町の株式会社ダイショウ（資本金四八〇〇万円）の九〇%の株式を取得し、翌年の一九九八年一月一日をもって伊藤伊株式会社金沢店を設立した。(30)

ダイショウは、一九六八年一〇月三〇日に金沢市の石鹸・雑貨系問屋の高沢商会（一八九二年創業）と化粧品系問屋の番商店（一九二二年創業）が同時廃業し、北陸の業界では初の五対五の協業合併による株式会社大商として設立された。両社とも伊藤伊株式会社の仲間卸であり、伊藤昌弘の父で先代社長の伊藤弥太郎は両社合併の「媒酌人」としての役割を果たした。また、両社各一二五万円の出資に加えて伊藤弥太郎個人も五〇万円を出資していた。(31)一九九三年五月には、伊藤伊から服部章信を出向させ、物流面で倉庫内のロケーション管理や経理面の改善を実現し、経営者の若返りなどをはかっていた。このように、その前身会社の時代から大商の発足以降も、伊藤伊とは浅からぬ縁のあった企業であった。そのダイショウも、一九九七年四月に高沢正治取締役相談役が死去し、得意先の変化もあって、将来の展望を見据えて、伊藤伊との連携を望むようになり、提携が実現したという経緯があった[32]。

ところで、一九九八年一月一日時点での名称が伊藤伊株式会社金沢店とされているが、この時点では、伊藤伊とは別の関係会社である。一九九八年三月三一日時点での伊藤伊の株式所有比率は一〇〇％となっている[33]。さらに一九九八年七月一日をもって、伊藤伊では伊藤伊株式会社金沢店を吸収合併して北陸支店とした。これとあわせて、金沢センターを併設させた[34]。

金沢商品センターの開設

その金沢商品センターが竣工したのは、一九九八年五月一五日である。伊藤伊株式会社金沢店のあった石川県河北郡津幡町に、北陸の物流拠点として設けられた。金沢商品センターは、同年七月に伊藤伊株式会社金沢店を吸収して新設される伊藤伊株式会社北陸支店と株式会社ＫＩＫ（伊藤伊と木曽清と江口商事のサークルＫ対象物流会社）の配送センターとしての役割を担うこととされた[35]。

敷地面積は一九九七坪、建築面積は六六〇坪、延床面積は一八六二坪（一階六〇〇坪、二階六三一坪、三階六三一坪）であった。伊藤伊北陸支店としてのシステムの特徴は、クライアント・サーバーによる最新のオープン・システムを採用し、名古屋の本社ＦＥＰサーバーを中継して本社とホストとフレーム・リレー・ネットワークにより結ばれていることである。また構内無線ＬＡＮにより、入荷から出荷・補充まですべて完全スキャンによることとされた。また、みなと商品センターですでに実績のあったオリコン容積計算により、企業別固有のＳＣＭラベルをデマンド発行するなど省力化がはかられていた。また、独自開発の無線ＬＡＮバラ・ピッキング・カートによって、店頭での検品・陳列の効率化とローコスト化に貢献できるとされた。なお、この北陸支店の保管（二階）アイテム数は六〇〇〇とされた。

他方、ＫＩＫ金沢支店は、ＫＩＫ京都で関西方面に安定供給している方式で、京都とマスター連携し、オープン・システムとデジタル・ピッキングの組み合わせにより、さらに高精度で生産性の高いセンターを実現するとされた。

この北陸支店と金沢商品センターの開設に際して、一一億一四〇〇万円の資金が必要であったが、これらは自己資金と借り入れによった(36)。この時点でもなお自己資金の余裕があったのは、やはりこれまでの内部留保の大きさによるものであったろう(37)。

直販開拓の努力

新たな拠点となった北陸地域では、やはり小売直販の努力が必要であった。伊藤伊株式会社金沢店設立三カ月後に伊藤伊から出向した只野善春（一九六二年生まれ、一九八二年伊藤伊入社）によると、この地域は、やはり新和の組織力の強い地域であったという。そうしたなかで、地元の有力なドラッグ・チェーンのクスリのアオキ（一九九六年に本社を金沢市から松任市・現白山市に移転）との取引を開始することが大きな第一歩となった。この取引は、伊藤昌弘社長の甥の鈴木洋一が一九八八年頃、クスリのアオキの青木桂生とドラッグストア研究会の海外視察で一緒となって、その後、それぞれの立場でドラッグストアの社会的役割やさまざまな話題で親交を深めたことがきっかけであったという(38)。

クスリのアオキとの取引は、一九九八年六月四日の富山野村店の改装時からスタートした。その後も、アオキの関係者との人脈を模索しながら、取引の拡大に努めた。また、伊藤伊の北陸支店に併設される金沢商品センターが富山との県境に近いこともあって、富山県の開拓に努めることとした。人員は、只野とともに伊藤伊から派遣された一名と合わせても計六名程度であったという。その際、どこの卸店とどの商品分野の取引があって、どの商品分野の取引がないかを詳細に調べて、その空白を埋めるかたちで拡充をはかっていったという。後に一九九九年四月の職制図（図6-4）でみるように、只野は営業部次長となり、営業の責任者として取引の拡充をはかり、約二年半の間で、ホームセンターのオスカーJマート（住宅メーカーのオスカーホームのホームセンター部門が分社化、後にカーマに吸収合併、カーマは現在のDCMカーマ）、クスリのライフ、アルビス、北陸CGCなどと新規直販の契約を実現していった(39)。

静岡地区への進出

伊藤伊では、上述のように関西と神奈川そして北陸へと営業拠点を築いていったが、隣接する静岡県への進出はなく、本拠地の愛知県と神奈川県との間が空白地域となっていた。このため東海道筋が連結されてはいなかったのである。

株式会社木村屋との合併

東海道筋の連結を実現させたのは、浜松の木村屋との合併であった。(40)一九九八年一二月二六日、伊藤伊は翌一九九九年四月一日をもって静岡県浜松市の株式会社木村屋と合併するという内容の契約書に調印した。(41)伊藤伊が存続会社となり、木村屋は解散することとなった。木村屋は一八七四（明治七）年創業の名門で、静岡県内の売上高規模では、一八七一（明治四）年創業のチヨカジ株式会社の三五四億円に次ぐ一一〇億円であった。(42)しかし、「大手メーカーの施策の変更による売上の減少や、主力得意先のヤオハンの倒産などがあり新しい出発の道を模索していた」(43)のである。

すでに、契約書調印の一年前の一九九七年から伊藤伊の平野正俊常務と木村屋の松本富士夫常務との間で話し合いの場がもたれており、一九九八年一〇月になって伊藤昌弘・木村和敏両社長の会談が実現し、三回程度の話し合いで大筋の合意が得られたという。同年一一月一九日に東京駅近くの八重洲富士屋ホテルでメーカー五〇社あまりを招いて開かれた合併発表の場で、伊藤伊の伊藤昌弘社長は「債権債務を織り込んだ合併」と表現したが、(44)後に「木村屋様とは先代からの長いご交誼で、信頼関係が事業の基本である事を改めて教えてくれました。」と述懐すると同時に、その伊藤伊経営史上の意義について「この合併は当社の広域卸としての存在を盤石にしたと考えています」と述べている。(45)

合併後、木村屋の社長の木村和敏は伊藤伊の代表取締役会長に、木村屋常務の松本富士夫は伊藤伊の常務取締役にそれぞれ就任した。(46)その松本富士夫に合併後の社内の様子について尋ねたところ、「良い相手を探していて、伊藤伊との合併後はとても良い雰囲気であった」という。(47)

浜松支店・静岡支店の開設

伊藤伊では、この合併により、浜松支店（磐田郡豊田町一色八五七）と静岡支店（静岡市中島一〇四三―一）を設置した。[48] これにより、伊藤伊は、後述する京都および前述の金沢、神奈川に続き、静岡県にも拠点を築くこととなったのである。これによって、東海道筋で関東圏と連結された。

木村屋も伊藤伊と同様にP&Gの中核代理店であり、その代理店権も継承したので、P&Gの代理店としての取引地域をさらに大きく拡充させることとなった。それと同時に、この木村屋との合併によりその直販売上が加わり、伊藤伊の直販比率を大幅に増加させ六〇%台まで高めることとなったと報じられた。[49] 実際の伊藤伊の小売直販比率は、第三四期すなわち一九九八年四月～一九九九年三月期で五〇%を超え、第三五期すなわち一九九九年四月～二〇〇〇年三月期で六〇・二六%となった。したがって報道されたように、直販比率が六〇%を超えたのは木村屋との合併によるということになる。[50] いずれにしても、仲間卸のみの尊重からの脱却への転換をなす合併でもあったといえよう。

この隣接の静岡県への進出段階では、他地域からの進出者に対する抵抗を伊藤伊関係者が感ずることはなかった。これは、「何と云っても、木村屋さんの信用や木村和敏氏の人徳によるものだった」と伊藤昌弘は後に述懐している。[51] すなわち、さほど営業面の苦労もなく、木村屋の信用を基礎に伊藤伊浜松支店への取引変更が可能になったのである。

また、前述のように、一九九七年一〇月には横浜支店を開設し、この一九九九年七月には北陸支店を開設する見通しとなり、これらと静岡・浜松をあわせると四支店体制となる。こうした展開と今後の方向性について、伊藤昌弘社長は、「これら（横浜と北陸――引用者）の支店開設はたまたま矢部さん、ダイショウさんとの御縁で実現したものである。ただ企業としては、伸びていくために商圏の拡大をしなければいけない。そういった意味では、東海四県（愛知・三重・岐阜・静岡――引用者）だけでは限界があり、商圏拡大の道を選んだということだ」としている。そして、今後の市場戦略については、食品系スーパーマーケットやドラッグストアやホームセンターなどを対象に拡充をはかりたい旨、抱負を語っている。[52]

北関東への進出

矢野伊藤伊株式会社の設立

神奈川、北陸へと広域化を進めた伊藤伊では、静岡・浜松両支店の開設と同時期に、さらに北関東にも進出する。一九九九（平成一一）年四月一日、伊藤伊は群馬県桐生市の株式会社矢野との共同出資で、矢野伊藤伊株式会社を設立した。資本金は三〇〇〇万円で、伊藤伊の出資は二〇〇〇万円（六六・六％）であった(53)。

株式会社矢野は、群馬県を地盤とする地域卸売企業で、もともとは近江商人であった。この年はちょうど創業二五〇年であった。石鹸・雑貨のほかに、染料や合成樹脂、包装資材、お茶・酒類などを取り扱っていた。ピーク時の年額売上は約二〇〇億円と推定され、雑貨はその約四分の一であった。一九八七年には、桐生の本社から車で約三〇分の伊勢崎東流通団地に敷地面積二八〇〇坪、延べ面積一五〇〇坪の鉄骨二階建ての雑貨部専用の社屋を建設した。しかし、その後、二〇％を占めていた仲間卸の不振と有力販売先であったドラッグストアの倒産および主力メーカーの低迷などが重なって伸び悩んでいたのである(54)。

こうした状況の下で、矢野としては、雑貨部門を切り離すことで経営資源を化学品部門などに集中させることにし、雑貨部は伊藤伊との統合を進めたい旨、矢野社長の矢野昭から伊藤伊の伊藤昌弘社長へ話が持ち込まれたのである(55)。伊藤伊としては、一九九七年秋に業務提携関係にあった横浜市の矢部を吸収合併して南関東に進出したが、その年間売上規模が約二〇億円程度にとどまっていた。この新会社設立によって、北関東に拠点を築くこととなり、伊藤伊は関東地域での販路と売上げの拡大を期することとなった(56)。

矢野伊藤伊株式会社は、株式会社矢野雑貨部事業所のあった群馬県佐波郡東村東小保方六二三一—三に置かれ、取締役会長には矢野社長の矢野昭、取締役社長には伊藤伊の島村光一が就任した(57)。矢野伊藤伊は、株式会社矢野の雑貨部門の営業権と人員約三〇名や物流センターなどを引き継いで、営業を開始することとなった(58)。

倉庫の整理と営業面の逆風

矢野伊藤伊発足の前月の一九九九年三月に出向した服部章信によると、メーカーの過剰在庫や販促物で倉庫が溢れていた。服部は、メーカーの圧力に屈していると感じたが、これを月内に返品し、整理した。それとともに、倉庫内にピッキング・システムを導入するため、伊藤伊本社に応援を求め、大治配送センターの黒宮幸雄（一九四一年生まれ、一九六〇年伊藤伊入社）が応援に駆けつけたという(59)。

営業面では、館林の有力卸店小川屋の勢力下にある地域で、売上を伸ばすのは容易ではなかった。名古屋地域の卸店に対する地元からの抵抗も強く、伊藤伊が矢野から継承すべき小売店との取引が、ほかの卸店の取引へと変えられたこともあったという。服部は、桐生市周辺の少額取引先（小売店）の取引中止と他店への引き継ぎ、小さな仲間卸の整理（伊藤伊本社への帳合変更）、営業、物流、業務の管理を進めた(60)。

矢野伊藤伊発足とともに伊藤伊から出向した繁野嘉正（一九五四年生まれ、一九七七年伊藤伊入社）によると、新規取引の開拓のために電話でアポイントメントを取ろうとすると、この地域での伊藤伊の知名度が低く「『伊藤忠』や『伊藤園』しか知らない」といわれたという。また、新規取引先へ価格の見積りを出すと、メーカーや、後に伊藤伊と合併するダイカの関東エリアの営業担当から取引条件（価格やサイトなど）の点でクレームやお叱りを受けることもあったという。さらに、ドラッグストアとの新規取引が実現したと思ったら、六カ月後に倒産してしまうという憂き目にもあったという(61)。

関東地域では、その後も、伊藤伊では少なからず同様の経験を重ねてゆくこととなるが、地道な営業努力によって、少しずつ新規の直販を増やしてゆく。

一九九〇年代後半の伊藤伊の営業拠点網

以上みてきたように、一九九五年から一九九九年までのわずか四年間で、第五章(62)でみた岐阜をはじめ、京都、神奈川、石川、静岡、群馬へと広域的な水平展開を成し遂げた。岐阜にはテクノケンセキ（子会社）、京都にはＫＩＫ（関連会社）と伊藤伊京都事務所、神奈川には横浜支店、石川には北陸支店、静岡には浜松支店と静岡支店、群馬には矢野伊藤伊（子会社）が置かれた。周辺事業に関わるダイヤモンド化学とテクノエクスプレスという二つの子会社をあわせると、一九九九年末の時点で、伊藤伊は本社（名古屋市）のほかに、横浜・浜松・静岡・北陸の四支店と一事務所、四つの子会社とひとつの関連会社を擁する広域的な卸売企業グループに成長していったのである。

この一九九〇年代後半の伊藤伊の広域展開の経緯に注目すると、新たな小売勢力として成長してきたコンビニへの対応や、各地域の関係卸売企業の経営支援・救済という面が強かった。したがって、伊藤伊が明快な広域化戦略を打ちたてて能動的に展開したというよりも、外部要因への受動的・即応的な対応による展開であったとみることができる。ただし、経営史的視点からすると、そうした外部からの働きかけに対する判断や行動面での主体性があったことに注目しなければならない。ひとつは、経営者である伊藤昌弘の意思決定である。伊藤昌弘にとって、情報・物流機能の強化、店頭管理能力の強化にもとづく小売直販の拡充は、大きな経営方針であった。受動的・他律的とはいえ、そうした外部からのはたらきかけは、方針を実現してゆくうえでの好機とも捉えられた。長年にわたって蓄積された内部留保や培われた信用力も、意思決定上の「余裕」としてベースにあった。第二の主体的要因である。さらに、拡充した拠点の経営状態と営業力を確かなものにしてゆくうえでは、そこに派遣された伊藤伊の情報・物流や営業を担う人材がいたのである。これが、主体的要因の三つめである。伊藤昌弘のいう「流通技能技術者集団」である(63)。

2　情報発信とロジスティック戦略の展開

江南センターの開設

上述のように、京都、横浜、金沢、浜松、静岡への事業拠点の拡大は物流センターの併設をともなった。この時期、中間流通企業にとって、広域化の進展による競争激化のなかで、情報と物流のシステムの全社的な充実と高度化が競争力の要諦であったからである。伊藤伊の独立型センターとしては、大治配送センター（一九八六年三月）とみなと商品センター（通称ポート・アイ、一九九一年一〇月）の二つがあった。この一九九〇年代後半に支店とは別に新設された独立型のセンターとしては、愛知県江南市に建設を進めていた江南センターがある。

一九九八年四月、その江南センターが竣工し、同年一〇月から稼働した。繰り返しになるが、伊藤伊の支店とは独立したセンターである。敷地面積四六六五坪、延べ床面積二二六七坪の三階建てで、三階はバラ・ピッキング、二階は事務所、一階はケースとされた。この時点の伊藤伊としては、併設型も含めて、高針配送センター（江南センター開設当時はテクノケンセキ）、大治配送センター、みなと商品センター、KIK京都に続く五番目のセンターとなった。そして同年五月の金沢商品センターと一九九九年七月の新しい横浜視点の開設にともなう海老名物流センターの竣工により七センター体制が想定された(64)。

江南センターでは、バラ配送のピッキング、ケース配送のピッキング、各店への配送も含めてすべての配送を行うDC（在庫預かり型）機能と、イトーヨーカ堂のTC（通過型）機能を有した。

バラ・ピッキングでは、新しく開発されたスキャナー・ピッキングを行うこととなった。またSCMラベルが初めて採用された。竣工当時、物流担当の取締役であった前田裕彦は「従来は、お得意先のご要望に対応するため、ピッキングした商品をもう一度出して、伝票順に並べかえていたが解消した。このスキャナー・ピッキングにより、検品作業と陳列作業の時間短縮につながる」と述べている。さらに前田は「出荷量は月商八億円程度を予定しており〝店頭から見た卸機能〟をモットーにしたセンター」とも表現している(65)。

伊藤昌弘社長は、この江南センターのお披露目の場で、ノンフードのフルラインを提供するための物流機能、マーチャンダイジング機能をもつ提案型の卸売企業として進化する決意とともに、同年をもって株式店頭公開を実現させることを公表している(66)。

なお、この江南センターの新設について六億九七〇〇万円の設備投資を行ったが、その資金も全額自己資金を充当したとされた[67]。しかし、次の第七章でみるように、第三四期の長期借入金の借入理由をみると、江南センターの建設資金があり、実際には借入金にも頼っていた[68]。

テクノケンセキ新物流センター開設

一九九九年四月、伊藤伊の関係会社（連結子会社）であるテクノケンセキでは、岐阜商品センターを竣工させた。第五章[69]でみたように、テクノケンセキは、伊藤伊の二次卸三社が石川県の新和に合併された地域である岐阜県内のケンセキと、伊藤伊が永井商事の経営を継承して新設したテクノ中京とが一九九六年六月に合併して誕生した会社である。

同センターの所在地は岐阜市羽島郡岐南町若宮地二丁目二三八―一で、岐阜市南東の岐南インターから車で五～六分くらいの交通至便なところであった。これまでの岐阜支店（岐南町）の営業部門は本社（名古屋市名東区）に吸収され、物流専門のセンターとされた。敷地面積は三〇五七㎡（約九二六坪）、建築面積一九四〇㎡（約五八八坪）で、三階建ての延床面積は四九一三㎡（約一四八八坪）であった[70]。伊藤哲也社長は、四月五日の披露会で「重装備は避け、ローラー・コンベアーもソーターも入れず、できるだけシンプルな設備にした。合理化・省力化に徹し切っている」と概要を述べた[71]。

詳細をみてみると、一階にはケース倉庫、ケース・ピッキングの設備と物流管理事務所、荷物用昇降機二基、パレット・ラック四〇〇パレット、フォークリフト二台、ハンドリフト五台、入荷無線検品台車三台が設置された。二階はバラ・ピッキングの施設で、業務事務所、社員食堂、中量ラック一八〇台、ピッキング・カート一五台が配置された。三階もバラ・ピッキング施設で、軽量ラック三三〇台が配置された。

この岐阜商品センターの当時としての特徴は、四つの点があげられる。ひとつめは、クライアント・サーバーによるオープン・システムを採用し、本店のホスト・コンピュータとフレーム・リレー・ネットワークにより結ばれたということである。従来は、本店のホスト・コンピュータに接続した端末で業務を行っていたが、遠隔地では通信スピードが遅く不向きであった。このため、物流システム・パッケージ（クライアント・サーバー方式）を導入し、本店と接続させ、さらに物流パッケージのカスタマイズ開発を行い、物流サーバと物流クライアント端末や無線ＬＡＮ端末をそれに接続して合理化したのである。

二つめは、構内無線ＬＡＮを張り巡らせ、入荷から出荷・補充まで完全スキャンが可能となったことで省力化がはかれたことである。

三つめは、無線ハンディ・ターミナルとカートの組み合わせでピッキング作業の効率化と正確化をはかり、カテゴリー別ロケーション管理とオリコン明細書発行により店頭検品・陳列などの店舗内作業の効率化とローコスト化の支援を強化したことである。

さらに四つめは、物流作業を標準化し、熟練作業に依存しないシステムで作業負担を減らし、無線の採用によりリアルタイムな作業指示と実績送信が可能になったことである。これらにより、この商品センターは庫内のローコスト・オペレーションと、高精度物流と店舗オペレーションの効率化と顧客満足度の高さなどを同時に達成することが期待されたのである。

この顧客満足度に関して、岐阜商品センターの新聞記事で伊藤伊の伊藤昌弘社長は、テクノケンセキを「地域チェーン店対応の地域密着卸として発展させ」ると同時に、「販売店様のいい売り場作りに貢献できるソフト」の開発を通じて「消費者満足を実現したい」と抱負を述べている。[72]

いずれにせよ、一九九〇年代の後半の伊藤伊は、ＥＣＲ（Efficient Consumer Response）や小売店頭の効率化のニーズに貢献できる情報・物流システムの開発の面でも、大きな進化を遂げていたといってよい。

3　二〇〇〇年以降の広域展開

二〇〇〇年になると、伊藤伊は、子会社の吸収合併により北関東支店を設け、さらに東京都東村山に子会社を設ける。また関連会社と物流センターのあった京都に支店を開設し、関東と関西の地盤を強化する。二〇〇一年以降には、甲信越地域まで進出してゆく。こうして、伊藤伊は、関西・東海・関東・甲信越に及ぶ水平的展開を実現させ、広域型卸売企業グループとして盤石の体制を築いてゆく。以下、これらの過程の詳細を追ってみることにしたい。

北関東支店の設立

前述のように、一九九九年四月に伊藤伊と矢野との共同出資で設立された矢野伊藤伊株式会社は、株式会社矢野雑貨部事業所のあった群馬県佐波郡東村東小保方六二三一―三に置かれ、取締役会長に矢野社長の矢野昭、取締役社長には伊藤伊の島村光一が就任した(73)。伊藤伊は、その矢野伊藤伊を、二〇〇〇年二月一日に吸収合併し、北関東支店とした(74)。これによって、伊藤伊は横浜、浜松、静岡、北陸とともに五つの支店体制となった。

東京地区への進出

東村山の兼松カネカ株式会社の全株式取得

二〇〇〇年三月三一日には、伊藤伊が総合商社の兼松株式会社（東京都港区）の一〇〇％子会社であった兼松カネカ株式会社（東京都東村山市、社長石田武）の全株式を取得し、同年四月一日より経営を引き継いだ(75)。

兼松カネカは一九七一年の設立で、二〇〇〇年三月期の年間売上高は一〇八億円で、家庭紙七割、化粧品・日用品三割という構成であった。従業員数は約八〇名で、茨城県、山梨県、長野県に支店・営業所を構えていた。販売先は、地域の大手スーパーや有力チェーン・ドラッグであった。家庭紙の商品構成が大きいのは、親会社の兼松が化学品・紙パルプを中心とする商社であったことと関連しており、兼松にとっては子会社売却による企業再建の一環であった。

伊藤伊が経営を引き継いだ後の新会社では、名称は兼松カネカ株式会社を継承し、石田武司が会長に、新社長には、伊藤伊副社長であった島村光一がそれぞれ就任した。

伊藤伊は、これにより北関東支店（群馬）、横浜支店（海老名市）と並んで関東の拠点を増やしたことになり、首都圏地域への販売浸透に大きな基盤を築くこととなった。

後に二〇〇〇年の組織図（後掲図6－5）でみるように、兼松カネカは、横浜支店、北関東支店とともに横浜支店内の関東事業部に配置された。

営業の状況

二〇〇〇年四月に兼松カネカの東村山の東京本店に出向した今津太（一九六四年生まれ、一九八六年伊藤伊入社）によると、主な取扱製品は紙製品であった。主な得意先はサンドラッグで、このほかに西友、ウェルパーク、いいのドラッグ、バイゴー（二〇〇七年に富士薬品に買収されセイムスに）などがあったという。(76)

今津は、伊藤伊では扱った経験のない古紙のトイレットペーパーなどの卸販売を経験した。古紙のペーパーが一二ロールで売価が当時一八〇円くらい、ケースにそれが八個入り、トラック運転手が三交代で、それを倉庫から二一〇ケースくらいを積んで配送した。

利益が薄いので、「配送用トラックの後部のあおり（荷台を囲むプレート状の板――引用者注）の部分に積んだ分が利益」といわれたという。これは、トラックに幌をつけると、余り入らないので、幌なしの荷台に山盛りに積んで、さらにあおり部分にまで積み、それにシートをかけて荷物を安定させていた状況下でのことである。

なお、二〇〇一年五月に、兼松カネカの東京本店は、東村山から西に約一三キロ離れた立川市（同市高松町一―一〇）に移転した。この新しい東京本店・東京流通センターと称された立川の新センターは、一九四〇（昭和一五）年に建てられた旧日本陸軍の戦闘機「隼」の格納庫であった。全体の面積が一一三〇坪という広さで、柱がほとんどなく屋根の高い倉庫は、家庭紙の保管には最適であったが、外からの砂埃に悩まされたという。

今津は、島村社長と同じ部屋で暮らしたが、「この会社では伊藤伊のような看板で商売は出来ない。中小卸の営業は、格闘技と同じだ」と言われたことが忘れられないという。確かに、慣れない土地で、伊藤伊の知名度のない土地での既存の営業の継承も、新規開拓も容易なことではなかったであろう。しかし、そうした虚心坦懐な姿勢を促す助言は、営業に携わる今津にとって、その後の営業姿勢をも決定づける重要な格言となったようである。

一方、二〇〇〇年四月に兼松カネカの甲府支店に出向した幸島啓博（一九五六年生まれ、一九七九年伊藤伊入社）によると、山梨県の有力ホームセンターのくろがねやとの関係強化を進めることを主たる任務とされた。くろがねや本部には、久田宗広社長からバイヤー補助ということで、机を置いてもらい、紙製品のほか、化粧品、日用雑貨などの取引の拡充に努めた。また物流の改善にも取り組み、甲府の富岳通運と共同で物流センターも設立した。さらに幸島は、甲府支店だけではなく、長野営業所の運営の円滑化と黒字化にも取り組んだという(77)。

東京支社の開設

二〇〇一年四月二三日、伊藤伊では、東京都中央区八重洲一丁目七番七号の吉川ビル六階に東京支社を開設した(78)。支社長には、伊藤伊副社長の島村光一が就いた。兼松カネカの営業権取得の半年後の二〇〇〇年九月、後述するように伊藤伊では株式店頭公開を果たすので、それから七カ月後のことになる。

伊藤伊では、横浜支店（一九九九年七月新設）、北関東支店（二〇〇〇年二月開設）、兼松カネカ（二〇〇〇年三月子会社化）を統括する部署として関東事業部を横浜支店内に設けていた。しかし、情報収集や営業活動の効率とスピードを高めるうえで東京の都心に支社を設置するほうが、メリットが大きいと判断したのである。また、支社長となった島村光一は、すでに関東事業部長を兼務していたので、実質的には大きな異動ではなかった。

東京支社は、北関東・横浜・静岡の三つの支店と子会社の兼松カネカを統括し、関東戦略をいっそう強化することを目的として設置された。最大消費地の首都圏の消費者の最新情報を把握するとともに、それを含めた首都圏の最新情報を、全社・全支店にいちはやく発信することで、伊藤伊グループ全体としての機能性を高める役割を担うこととされた。

東京支社では、その機能のひとつとして「棚割り提案システムを中心にマーチャンダイジングのノウハウを有効活用する場の提供に全力を挙げる」(79)とし、その小売店頭支援業務の強化にも努めることとした。

京都支店の開設

後述する二〇〇〇年九月一九日の株式店頭公開から約一カ月後の同年一〇月一八日、伊藤伊では、ケイ・アイ・ケイに隣接する京都府八幡市上津屋中堤一五五に京都支店を竣工させ、その披露会を開いた(80)。京都府を中心に大阪府、兵庫県、滋賀県、奈良県、和歌山県の二府四県、すなわち二〇〇〇万人の市場に化粧品・日用品の浸透をはかることが期待された。

支店長には、平野正俊専務取締役の推薦で同年一月に伊藤伊に入社した井関篤美が就任した。第四章でもふれたが(81)、井関は青山学院大学を卒業後、ライオン油脂に入り、一九七九年には和歌山市のライオン油脂の有力代理店のエイコー(一九七三年に和歌山市内のいずれもライオン油脂代理店であった土井孝禧商店と貴志商工が合併して設立)に勤務の後、伊藤伊の平野の勧誘を受けて伊藤伊に入社した。メーカーの事情にも詳しく、関西エリアの卸売企業にもなじみがあった。

伊藤伊入社から京都支店開設までの約九カ月間、井関は関西市場への伊藤伊京都支店の戦略を練った。ひとつは物流や情報面での機能の充実の提案によって、取引先を獲得することであった。具体的には、販売店からの受注順のオリコン納品や陳列棚ごとの商品納品などや、EDI受注などによる販売支援などであった。また、廃業した滋賀県(京都に支店あり)の西川商事の旧販売先が、新しい取引先を探索しているとの情報を得て、有力店へのアプローチも行った。井関はライオン油脂在籍当時、西川商事の担当をしていたので、その配送業者とコンタクトを取ることもできたのである(82)。

京都支店発足に際して、井関は「京都支店の物流のキャパシティは、八〇億円の出荷が可能とするセンターを持って」おり、「京都支店の営業の社員から見ますと、在阪の量販店は、全て当社の取引候補店です」という意気込みをみせると同時に、多くの商品カテゴリーに関する売場の一括提案なども予定すると述べている(83)。

井関が述べた併設の物流センターは、三階建てで、一階は発送、荷受け、パレット・トラックなどのエリアで、二階には事務所、会議室、食堂が置かれ、三階はピッキング・エリアとされた。システムは、クライアント・サーバーによる最新のオープン・システムが採用され、構内無線ＬＡＮにより入荷から出荷、補充まで完全スキャンによるハイテク物流センターであった。さらに、江南センターなどで実績のあるオリコン容積計算、独自開発の無線ＬＡＮバラ・ピッキング・カートなど、効率化とローコストを追求したシステム構成となった(84)。

京都支店は一一月一日から業務をスタートさせて、関西エリアでの販路拡大に尽力していくこととなった。

翌二〇〇一年三月頃までの約四カ月まで取引先の販売企業は六社ほどで、売上規模は七億円程度であった。同年、関西で大手の卸売企業の倒産があり、販売先やメーカーから伊藤伊への取引変更の依頼が次々と持ち込まれ、販売先企業は三五社にまでなった。営業担当人員の不足を埋めるため、地元の卸売業者からの入社も相次いだ。二〇〇二年三月にかけて、売上げがさらに拡大し、京都商品センターの物流能力を超える見通しとなった。その対応策として講じられたのが、後述する泉南営業所の開設である(85)。

信越地区

シンリュウの合併

二〇〇一年一一月二〇日に、伊藤伊は長野県松本市の株式会社シンリュウと営業譲渡契約を締結した。これによって、翌年の二〇〇二年二月一日から伊藤伊甲信支店として新しくスタートさせることとした。シンリュウは長野県でも最大手の化粧品・日用品の卸売企業となっていたが、有力小売店の広域展開のなかでは営業の継続面で限界があったのである(86)。

シンリュウはこの七年前の一九九四年一〇月に、同じ松本市内の中部物産貿易株式会社の雑貨部（一九四七年七月設立、全売上高一二〇億円うち雑貨部門売高四四億円）と宮坂金人商店（一九一三年創業、売上高五二億円）との対等合併によって設立され、翌一九九五年四月より営業を開始した(87)。中部物産は、終戦後の財閥解体・集中排除政策の時期に、旧三井物産の関係者が小さな会社を数多く設立するなかで、松本出張所の社員が中心となって創設された。設立当初は肥料が中心であったが、翌年から石鹸も扱うようになり、一九七一年には雑貨部だけの営業所・倉庫を新設した。一九八八年度時点で、雑貨部は一万八〇〇〇アイテム、全売上の三三％を占めるまでに成長していた(88)。一方の宮坂金人商店は、創業時の個人商店・宮坂金人商店の名前が、一九五一年に有限会社となった際も、一九六八年に株式会社となった際にも継承されてきた。松本の本社と長野営業所をあわせると、南は上飯田、北は中野から飯山までをカバーしていた(89)。

両社とも、日用雑貨卸業の業界再編が進展しなかった長野県にあって、再編についての協議を重ね、一九九三年一月には、コンビニの共同配送センターである長野雑貨共同配送センターを設立した。その成果もふまえて、合併が実現したのである(90)。

新会社の代表取締役社長には、宮坂金人商店の宮坂真一、代表取締役副社長には中部物産の常務取締役・雑貨部長であった山本昌男がそれぞれ就き、資本金は二〇〇〇万円、所在地は宮坂金人商店のあった松本市笹賀七六〇〇―一九に置かれた。宮坂真一は「犬猿の仲であった両社の合併は、時の流れともいえる」とし、中部物産貿易の伊藤辰雄社長も「同一地域で同一規模を有した卸問屋でライバルとして発展してきたが、それだけに今回の合併メリットは双方にとって大きなものがある(91)」と述べた。ただし、メーカー側にとっても、卸流通部分を合理化するメリットがあった。たとえば、ライオンにとってみると、宮坂金人商店はライオン歯磨製品の代理店で、一方の中部物産貿易雑貨部はライオン油脂の代理店であり、ライオンの用語でいう「片肺」であった。両社の合併によるシンリュウは、ライオン全製品の代理店となったことになる。また、中部物産貿易雑貨部は、牛乳石鹸や日本香堂およびユニ・チャームなどの製品でも伊藤伊の二次卸店であったので、これらの製品も継続的に扱うこととなった。

しかし営業開始から五年余り経た頃、ライオンの販売担当の役員から同社の経営を伊藤伊に委任したいといった要望があった。伊藤昌弘も当初は逡巡したが、競争企業のパルタックにも相談してみるとの言葉に接して、すぐにその提案を受け入れることを決めたという。(92)二〇〇〇年一一月二一日には、伊藤伊はシンリュウと業務提携（包括的業務提携）を結び、(93)物流、マーチャンダイジング、情報処理などの卸機能の活性化についての相互の充実をはかることとした。しかし、その時点では伊藤伊への合併のステップという見方については否定していた。

シンリュウの経営・管理と営業の改善

合併の可否を判断するために、伊藤伊ではシンリュウに人員を派遣した。まず、経営・管理面の改善のために、松本常務が、二〇〇〇年一〇月にシンリュウの専務取締役として出向した。包括的業務契約の締結前のことである。松本は、副社長はじめ営業部長・課長の一部の退陣を求め、実行に移した。これとともに、従業員数の半減による人件費の圧縮、不良在庫の一掃、問題となっていた物流システムの改善を断行した。在庫の整理では、全品を各メーカーに正規入荷価格（伊藤伊の仕入価格）で引き取ってもらうことをお願いし、九割程度、それが実現できたという。これも伊藤伊の信用度があったからと松本は述懐している。(94)

営業面の見直しのために包括的業務提携の翌月の二〇〇一年一月には、只野善春を出向させた。(95)出向当時の売上規模は五四億円程度で、そこからさらに減少して三四億円程度にまでなっていった。この間、既存取引先との関係維持に努めながら、新規開拓と、停止された取引の再開に奔走した。しかし、一方で、長野県は、従来から伊藤伊の仲間卸の多いエリアであった。(96)いわば「二次卸の壁」である。しかし、二次卸（仲間卸）の販売先は概して地元の小規模小売店が多く、直販対象として想定する多店舗展開のスーパーやドラッグやホームセンターなどではなかった。このため、おおむねは「二次卸の壁」を迂回して、直販拡大に努めることとなった。(97)

こうした只野ら営業面の努力によって、売上の低下は三四億円で底をついて、その後、徐々に回復して三年目には四〇億円程度になった。そして、伊藤伊株式会社甲信支店としての基盤が徐々に確かなものとなっていった。

新潟営業所の開設

二〇〇一年七月一日、伊藤伊では仲間卸として取引のあった新潟県三条市の松永大山株式会社の営業権を取得して、北関東支店新潟営業所として新発足させた。[98]

松永大山は、一九五〇年の創業で、有限会社松永嘉平商店、株式会社松永そして松永大山株式会社と変遷するなかで、伊藤伊とも五〇年来の取引関係のあった地元卸売企業である。伊藤昌弘社長の記録によると、二〇〇〇年の八月四日に松永大山の松永昌一氏が訪ねてきて、経営上の問題などについて相談したという。さらに四カ月後の一二月二四日に再び訪れて、提携先の株式会社大山（東京都中央区）には資本金四〇〇万円を返上し、決算上の赤字決算分は一一〇坪の土地をもって処理するとの報告を受けている。そして翌二〇〇一年四月二七日には、大山と伊藤伊との間で松永大山の支援が約束された。[99]しかし、結局、伊藤伊が単独で支援することとなり、新潟営業所の開設にいたったのである。

なお、燕市八王寺荒所二四七二―一に置かれた新潟営業所の所長には、松永大山の松永昌一が就いた。[100]

東海地区

安城センターの開設

伊藤伊では、すでに関東までつながった東海道筋に、拠点を増やしてゆく。二〇〇〇年四月には、中部地区の物流強化のため安城センターを開設した。[101]これは、伊藤伊の取引関係のあった卸売企業の債権整理に関わることであった。愛知県半田市にあった伊藤商事は、一九二九（昭和四）年の創業で、その後、石鹸・洗剤・日用雑貨など幅広く扱って発展し、[102]戦後の復興期以降から伊藤伊とも仲間卸としての取引があった。[103]その後、急成長するスギ薬局との取引が大きくなり、その本社所在地の安城市に伊藤商事も移った。[104]しかし、スギ薬局との取引で赤字が続き、倒産するにいたった。筆頭債権者でもあった伊藤伊では、数億円に上った負債をすべて処理し、担保であった伊藤商事の安城センターを改築して、伊藤伊の安城センターとしたのである。[105]

シンリュウと同様に、小売勢力への対応の限界によって経営難に陥った企業の継承による展開であった。

なお、この時期、小売業との取引関係の卸売企業への影響という面では、小売業の経営破綻によって卸売企業が倒産する事態がいくつか発生する。東海地区では、一八八五（明治一八）年創業で、伊藤伊との取引もあった静岡の株式会社なすやが、主力取引先の長崎屋の会社更生法の適用の影響で、二〇〇〇年四月に倒産している。[106][107]

さて、伊藤伊の安城センター開設とともに同センターに赴いた黒宮幸雄（一九四一年生まれ、一九六〇年伊藤伊入社）によると、同センターでは、ユニーはじめユーマート（ユニー系の食品などのスーパーマーケット）、ユーホーム（ユニー系のホームセンター）、カネスエなどの企業への納品も新たに扱い、徐々に取引範囲を拡充していった。[108]

伊藤伊にとっては、こうした経営難に陥った卸売企業（仲間卸）の経営継承にともなう展開は、さらに続く。

加藤商店の営業譲渡

シンリュウの営業譲渡契約の前月の二〇〇一年一〇月、伊藤伊は、伊藤伊の本店と同じ名古屋市内の中区の株式会社加藤商店（一九四六年創業、資本金一二〇〇万円、代表取締役社長加藤正信）の営業の譲渡を受けた。[109] 同商店も、一般小売店との取引をやめて、ユニー系列に取引を重点化して生き残りをはかっていたが、小売勢力の広域化への対応には限界があったとみられる。この意味で、シンリュウの営業譲渡や伊藤商事の債権整理と同様の事情によるものであった。この営業譲渡により、伊藤伊では、ユニーやユーストアの取引と、営業七名、業務一名、物流六名を受け入れた。[110]

ところで、この加藤商店のように、新興小売勢力への対応のためにそちらへ主力を移したり一般小売店への販売を廃止することは、従来からの信頼にもとづく安定的利益源を失うことを意味する。交渉力の面で強い立場にある新興小売勢力との取引では、利益の安定が難しいからである。こうしたことで、問屋経営が難しくなっていったことにも注意しておきたい。

二〇〇〇年代初頭の広域化の意義と伊藤伊グループの概要

二〇〇〇年代初頭の合併・再編の諸要因

上述のように、二〇〇〇年代初頭の矢野伊藤伊合併による北関東支店の設立、兼松カネカの株式取得、信州のシンリュウの合併、三条市の松永大山の株式取得による新潟営業所の設置、伊藤商事の債権整理にともなう安城センターの設置、名古屋市内の加藤商事の営業権継承などのいずれも、伊藤伊にとっては先方の事情やメーカーの示唆を受けての経営の拡大であった。したがって、一九九〇年代後半の状況と同様に、受動的・他律的な要因が契機となったのである。

客体的な要因では受動的・他律的な面が強かったが、伊藤伊が合併によって支店・営業所を増やしグループの拡大を実現できたのは、いくつかの主体的要因があったからである。

まず、経営の継承の可否については、やはり経営リーダーである伊藤昌弘の情報アンテナの敏感さと交渉力があり、さらには伊藤伊の人材の広域的配置による合併・営業継承対象へのてこ入れがあった。本拠地名古屋には平野正俊を据え、関西地域では外部から入った井関篤美を配して、その下に配置された人を市場開拓にあたらせた。関東地域では、これも外部から入った島村光一を配し松本富士夫などを赴任させて、合併相手の経営・管理・営業面の改善を遂行させた。合併直前に出向させられた営業担当の人員の多くは、名古屋の大学を卒業して名古屋企業である伊藤伊を選んで入社したため、ほかの地域を勤務地として想定していなかった者が多かった。このため、私的面でも出向先でも当初はとまどいもあったが、客観的にみると、彼らはむしろ赴任先でのしがらみもなく、虚心坦懐に営業の開拓を実行してゆくことができたともいえる(11)。伊藤昌弘の指示の下、各地で経営や管理業務の再建の努力を重ねた伊藤伊の経営陣や、物流・営業面の改善や市場開拓を担当した人々の営みは、伊藤伊の広域的水平展開を可能とさせた重要な能動的・主体的要因であったろう。

また、資金面では内部留保をはじめとする資金余力があったことも、伊藤伊の長い経営史のなかで蓄積された主体的要因のひとつであった。

さらに、被合併企業や営業権を継承した相手企業よりも伊藤伊の方が情報・物流のシステム面で高度で規模が大きかったことも、伊藤伊のシステムを基軸に広域的に再編することを可能としたシステム面の主体要因として見逃せないであろう。(112)

二〇〇二年三月の伊藤伊グループ

さて、こうして伊藤伊は、次に述べる共同持株会社あらたが設立される二〇〇二（平成一四）年四月の前月の二〇〇二年三月までに、名古屋市の本社をはじめとして、横浜、北陸、浜松、静岡、北関東、京都、甲信の七つの支店、みなと、大治、江南、安城の四つの商品配送センターと、テクノケンセキ（化粧品・日用品卸売業）、ダイヤモンド化学（ローソク製造業）、テクノエクスプレス（運輸業）、兼松カネカ（紙製品・化粧品・日用品卸売業）、南関東物流サービス（運輸業）の五つの子会社をもち、東海、関東、関西、甲信越に事業を展開する広域卸売企業グループへと成長したのである。(113)

4　株式会社あらた統合への準備過程

株式公開と共同持株会社の設立

店頭登録の準備

伊藤伊では、二〇〇〇（平成一二）年九月一九日、株式を店頭登録した。(114) 第四章でみたように、(115) 伊藤伊の伊藤昌弘社長が伊藤伊の株式公開を考えたのは、その六年前の一九九四年のことであり、伊藤伊という卸売企業の社会性と発展の方向性を見据えてのことであった。伊藤昌弘社長は、一九九四年四月、トーマツ監査法人を訪れて株式公開の可能性についての調査を依頼し、その結果、可能との審査結果を得た。同年九月一日、伊藤伊の内田美喜雄取締役に総務部長兼株式公開準備委員長を発令し、(116) 内田はじめ総務部が中心となって準備が進められることになった。そして同年のうちに、株式分割による一・五倍の額面増資を行い、従来の九〇〇〇万円から一億三五〇〇万円の資本金となった（一株を一・五株に分割したので、一八万株×一・五＝二七万株となり、資本金は五〇〇円×

二七万株＝一億三二五〇〇万円となった）。

伊藤伊従業員持株会の発足

一九九六年三月一五日には、それまでの社員持株会に代わって伊藤伊従業員持株会を発足させた。第二章でみたように[117]、従来の社員持株会では加入資格が五年以上勤務の従業員であったが、新しい持株会では全従業員の加入が可能となった。加入希望者は、毎月の給与からの天引きで拠出し、伊藤伊の株式を買い付けることとした。これにより、加入希望者は少額から手間をかけずに自社株式を購入することができ、中長期的視点で資産を形成することが可能となった。他面で、経営に親和的な安定株主という側面もあったといえる。二〇〇〇年九月一八日までは、未公開株式であり、持株会で積み立てられた資産は、幹事会社の国際証券の中期国債ファンドで運用した。

第三者割当増資の実施

翌一九九七年三月二九日には、第四章でみたように[118]、八万株の第三者割当増資を実施した。このときの引き受け手企業は、表6－1に示す通りである。これをみると仕入先の主力メーカーや金融関係が主たる引き受け手となっていることがわかる。仕入先メーカーの引き受け比率は過半数以上であり、金融機関も三割以上であった。そのほかには、伊藤伊の取引先であった半田市の伊藤商事や一宮市の松本商店などもみられる。主力メーカーや金融機関による増資への協力は、伊藤伊にとってその社会的信用性の面から、大きな励みとなった。この増資によって伊藤伊の資本金は、一億三五〇〇万円から六億円増え、七億三五〇〇万円となった[119]。

株式店頭登録の実施

一九九九年四月には、株式市況が低迷していたため、一九九九年度内に予定していた株式公開の延期を決定した。二〇〇〇年四月一日の浜松市の木村屋との合併による資本増加[120]、二〇〇〇年三月二二日の一株を二〇株に分割する株式分割[121]を経て、二〇〇〇年九月一九日に株式公開が実現した。七〇万株を売り出したので、これによって株式数はそれまでの七九五万七六〇〇株に七〇万株を加えた八六五万七六〇〇株となった。発行価格は四六八円で、その半額が資本金組入額であったので、増加資本金額は四六八円÷二×七〇万株＝一億六三八〇万円となる。したがって、新たな資本金額は七億五八九四万円＋一億六三八〇万円で、九億二二七四万円となった。[122] 公開二週間前の時点で公開価格は五七〇円とされており、伊藤伊が受け取る発行価格との差額が、証券会社の利益とされたという。[123] 店頭への申請を依頼した申請会員は、上述の第三者割当増資でも株価算定会社となった国際証券（引受株式比率六三％）と大和証券エスピーキャピタルマーケッツ（同一〇％）であり、幹事証券は野村証券（同五％）、第一勧角証券（同五％）、東海証券（同五％）の三社であった。

表6-1　第3者割当増資引受企業と引受株式数

業　種	企業名	株式数	比率(%)
金融機関	株式会社第一勧業銀行	7,100	8.88
	株式会社東海銀行	6,000	7.50
	株式会社さくら銀行	3,000	3.75
	株式会社富士銀行	3,000	3.75
	東洋信託銀行株式会社	3,000	3.75
	中央三井信託銀行株式会社	2,000	2.50
	第一生命保険相互会社	1,500	1.88
	商工中央金庫	1,000	1.25
	8社	26,600	33.25
仕入先	ライオン株式会社	7,000	8.75
	ユニ・チャーム株式会社	6,000	7.50
	松下電器産業株式会社	3,500	4.38
	大日本除蟲菊株式会社	3,000	3.75
	小林製薬株式会社	3,000	3.75
	株式会社白元	3,000	3.75
	株式会社ネピア	3,000	3.75
	株式会社日本香堂	3,000	3.75
	アース製薬株式会社	2,000	2.50
	カネボウホームプロダクツ販売株式会社	2,000	2.50
	資生堂ファイントイレタリー株式会社	2,000	2.50
	株式会社ツムラ	2,000	2.50
	エステー化学株式会社	1,000	1.25
	貝印株式会社	1,000	1.25
	サランラップ販売株式会社	1,000	1.25
	ショーワ株式会社	1,000	1.25
	牛乳石鹸共進社株式会社	500	0.63
	フェザー安全剃刀株式会社	500	0.63
	株式会社孔官堂	500	0.63
	19社	45,000	56.25
ベンチャーキャピタル	JAVFカストディアンBV	2,400	3.00
	ベンションファンド株式会社	800	1.00
	勧角インベストメント株式会社	500	0.63
	国際ファイナンス株式会社	500	0.63
	さくらキャピタル株式会社	500	0.63
	株式会社ジャフコ	500	0.63
	株式会社セントラルキャピタル	500	0.63
	富士銀行キャピタル株式会社	500	0.63
	8社	6,200	7.75
その他	伊藤商事株式会社	100	0.13
	コスモプロダクツ株式会社	100	0.13
	株式会社マルヤマ	100	0.13
	株式会社松本商店	100	0.13
	(有)ティ・エム・インターナショナル	100	0.13
	株式会社ダイショウ	100	0.13
	有賀商事株式会社	100	0.13
	7社	700	0.88

（注）各引き受け株式数の合計株式数は78,500株となり，増資株式数80,000株と一致しないが，そのまま掲載した。
（出典）伊藤伊株式会社社内資料（内田喜美雄氏作成）「株式公開までの変遷」。

ところで、市場での初値は、六一〇円程度であった。これは、伊藤昌弘社長にとっては、予想よりも低い市場の評価であり[124]、ほかの伊藤伊関係者にとっても同様であった[125]。ただ、伊藤伊にとっては、店頭登録によって外部的に社会的公器としての側面を強くしただけではなく、その準備過程を通じて、諸規定を整備するなど、内部のマネジメント制度も強化することとなった。第四章でみたように[126]、株式公開の時期、所有面では伊藤家同族の所有比率がほかの有力企業と比べて高かったが、経営面では専門経営者（salaried managaer）の台頭が目立つようになっていた。そのこと、経営諸規定の整備がはかられたことによって、伊藤伊は、近代的企業の色彩をより濃くしたといえよう。

共同持株会社あらたの設立と統合の方針　伊藤伊株式会社（資本金九億二二〇〇万円、従業員数三六一名）は、東日本のダイカ株式会社（資本金二八億六〇〇〇万円、従業員数一二五三名）、西日本のサンビック（資本金五億五五〇〇万円、従業員数九三〇名）の二社とともに、二〇〇二年四月一日に、三社の株式移転により共同持株会社あらたを設立した[127]。同社の代表取締役理事長にはダイカの大公一郎社長が就任し、伊藤伊の伊藤昌弘社長とサンビックの小野文明社長は同副理事長に就いた[128]。

すでにダイカの研究でふれたように[129]、東日本のダイカ、中日本の伊藤伊、西日本のサンビックの三社による共同持株会社の設立は、「北海道から九州まで網羅する業界では初めての全国卸（ナショナル・ホールセラー）とな」って、「広域化するご販売店の要求に応えるとともに、間接費を削減、厳しい機能コスト競争に対処」して社会への貢献度を大きくするということが目的とされた。

この時期までのダイカ、伊藤伊、サンビックの拠点は、図6-1、図6-2、および図6-3に示す通りである。

この共同持株会社の構想は、設立四年前にさかのぼる。一九九八年四月九日、伊藤伊の伊藤昌弘社長、ダイカの大公一郎社長、サンビックの瓜生健二社長の三名が東京から名古屋に向かう新幹線のなかで乗り合わせた際、大公一郎氏が「持株会社が日本で解禁になったが、この形態を使った企業統合について研究してみないか」と提案した。三人とも同一業界の同世代の若手経営者として、すでに研究会[130]やメーカーの会合で二〇年来の交流があった。二〇〇一年四月二五日、あるメーカーの会合が東京であり、それが終わった後、三人が集まり、経営統合について話し合った。そして、同年七月一六日に、持株会社設立が発表されたのである。

ダイカが一九九二（平成四）年七月二三日に店頭登録銘柄として株式を公開し、次いで二〇〇〇年九月に伊藤伊が、さらに二〇〇一年三月にサンビックがそれぞれ店頭登録で株式公開を果たしていた。二〇〇二年四月二日に設立された共同持株会社は、ジャスダック（店頭売買有価証券市場）に株式を上場したので、その子会社となった三社は短期間でジャスダック市場から姿を消すこととなった。また、共同持株会社設立から五カ月後の二〇〇二年九月には、四国の徳倉株式会社も株式交換によって、株式会社あらたの完全子会社となった。そして、二〇〇四年四月をもって、伊藤伊、ダイカ、サンビック、徳倉の四社と、後述するように伊藤伊の子会社となった野村商事の計五社が合併して完全統合を目指すこととなった[131]。

なお、業界首位のパルタックが、粧連株式会社の営業譲渡を受けて、ダイカの創業・発展の地である北海道に進出してナショナル・ホールセラーとなるのは、二〇〇五（平成一七年）一月のことであるから[132]、持株会社あらたに集った五社による統合企業が全国卸企業化に向けて一歩先んじたことになる。

持株会社あらた誕生後の伊藤伊の展開

完全統合となる二〇〇四年は、伊藤伊株式会社の創業からちょうど一〇〇周年となる時期でもあった[133]。それまでの二年の間も、伊藤伊は、外部状況の変化に応じながら、経営基盤をいっそう拡充してゆくこととなった。その過程をみておくことにしよう。

泉南営業所の開設

共同持株会社あらたの誕生とほぼ同じ二〇〇二年四月一日、大阪市泉南市樽井三―三三―二二に泉南営業所を開設した。所長は井関篤美京都支店長が兼務し、センター長には篠原養正が就いた。

主な販売先は、ホームセンターコーナン、オークワ（阪和エリア）、丸長ホームセンター、キリン堂、ダイドードリン

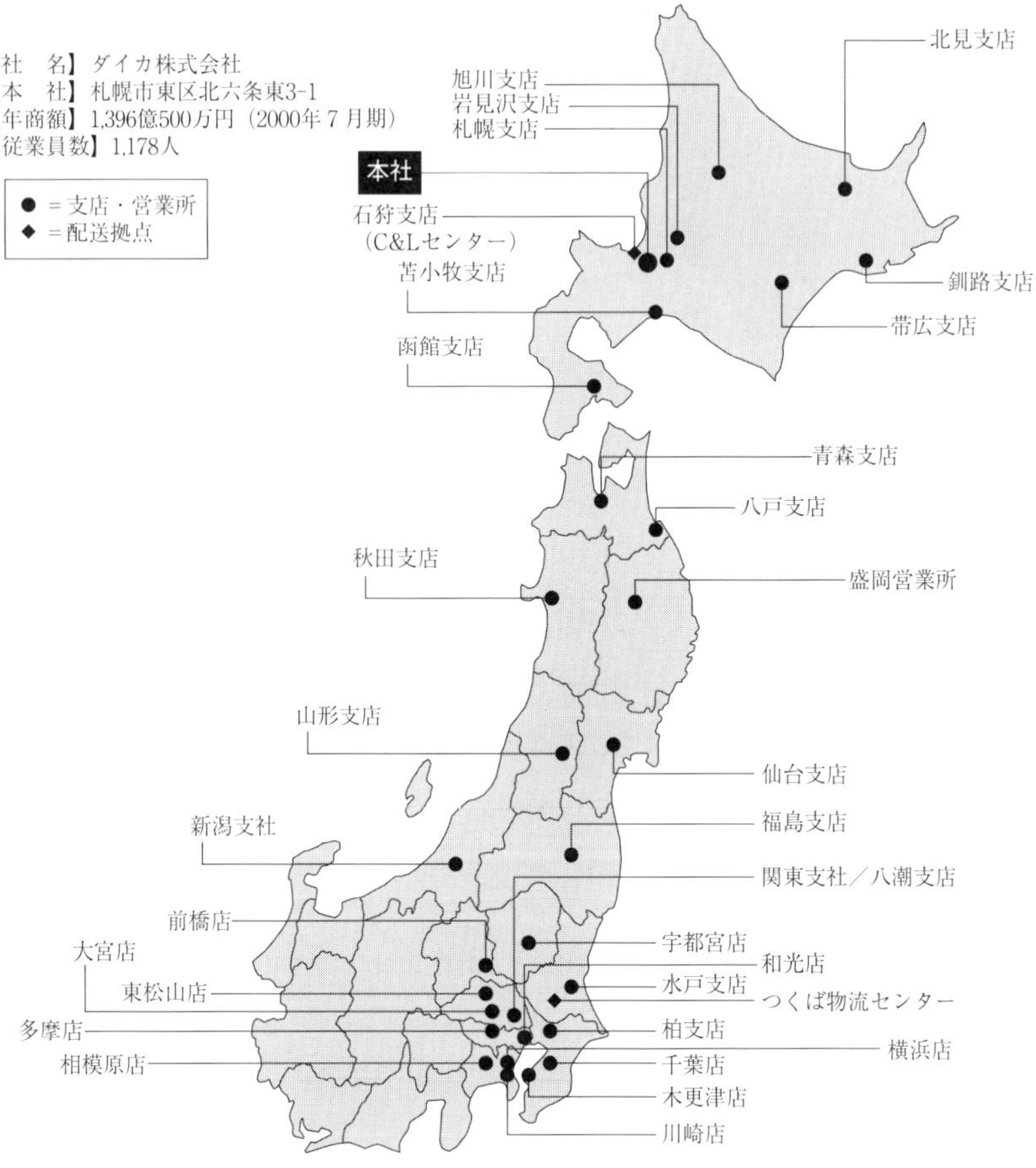

図６-１　ダイカの営業拠点と経営概要

（出典）『石鹸日用品新報』（2001年７月25日）。

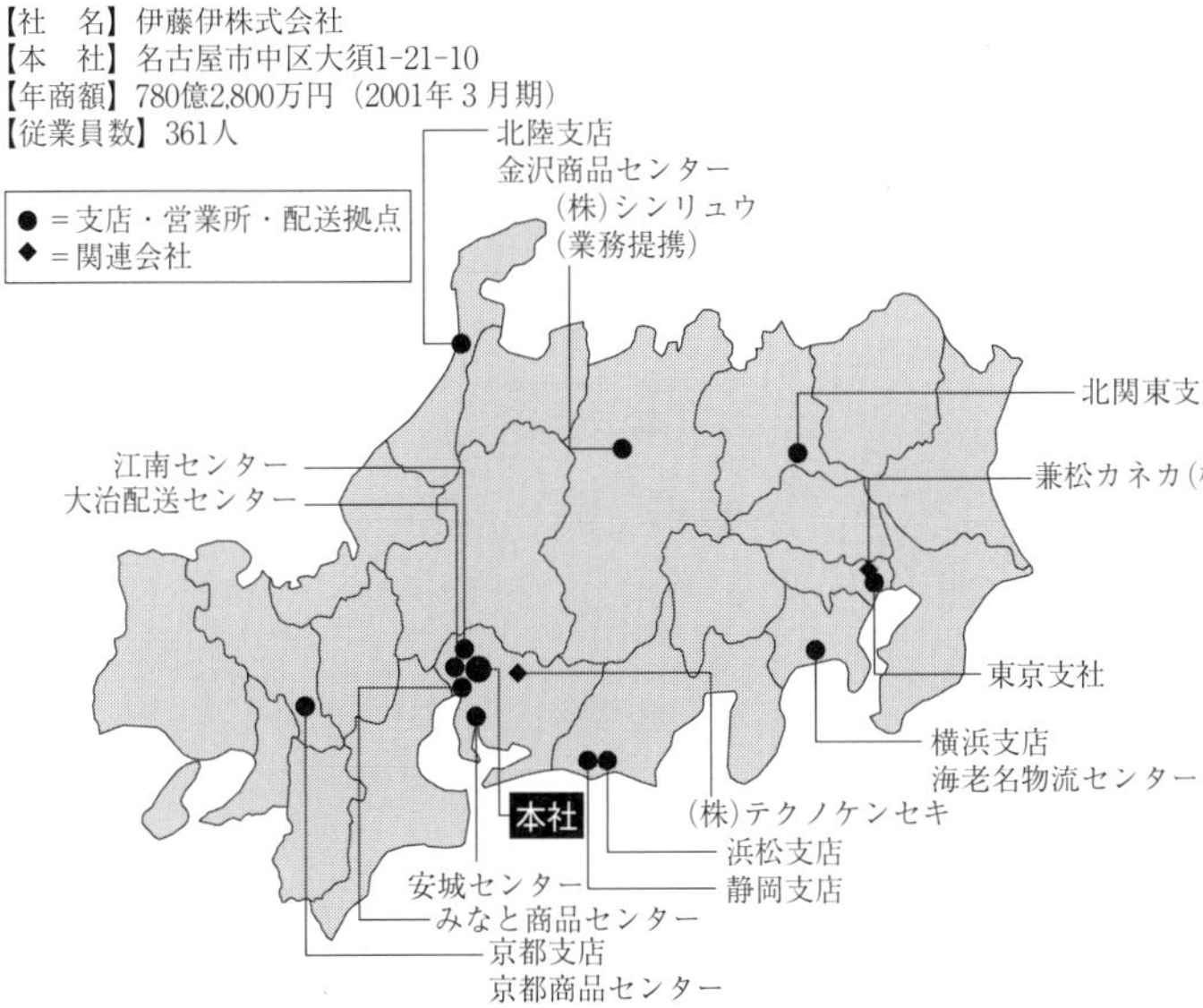

図６-２　伊藤伊グループの営業拠点と経営概要

（出典）『石鹸日用品新報』（2001年７月25日）。

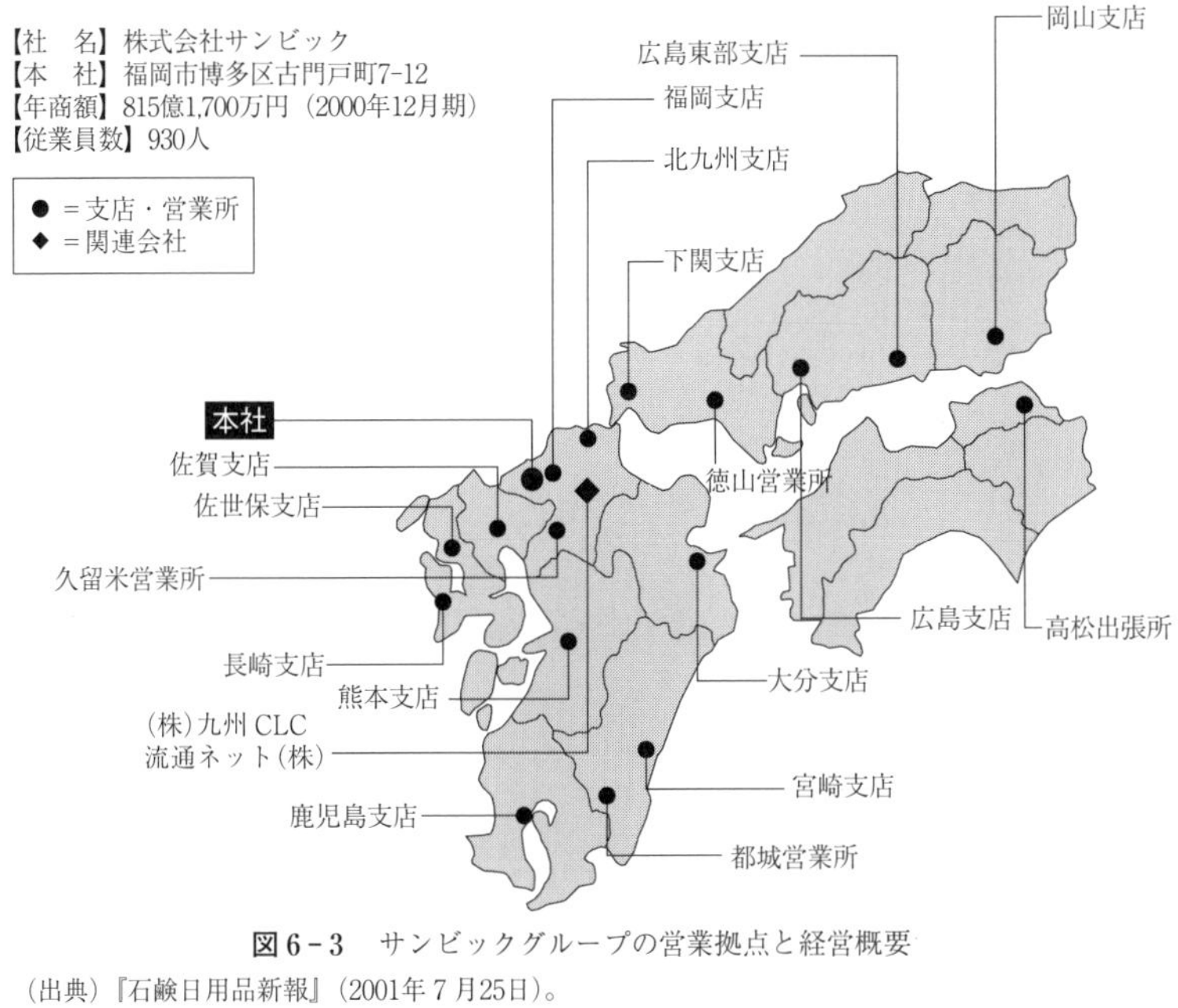

図６-３　サンビックグループの営業拠点と経営概要

（出典）『石鹸日用品新報』（2001年７月25日）。

コなどとされた[134]。

倉庫面積一五〇坪、二階建てで一階は入出庫とケース保管、二階をバラ出荷にあてた。先にもふれたように、この泉南センターの開設は、伊藤伊にとっては京都支社での売上急増に対処するためのもので、出庫能力は約二〇億円分とされた[135]。

いずれにせよ、関西エリアでの営業拡大にともない、拠点も増えてゆくこととなったのである。

テクノケンセキと兼松カネカの合併　二〇〇二年一〇月一日、伊藤伊の二つの子会社であったテクノケンセキ（本社名古屋市、二〇〇二年六月二七日の株主総会で伊藤哲也が代表取締役を退任し新社長は島村光一となった）と兼松カネカ（二〇〇〇年四月一日に島村光一が代表取締役社長に就任、前述のように二〇〇一年五月に本社を東京都立川市に移転）を合併させて、テクノカネカを発足させた。

合併の目的について、新会社の社長の九月二五日の経営方針発表会で、島村社長は、「テクノの化粧品、トイレタリーのノウハウに兼松カネカが強い紙、ペットフードのノウハウを統合してノンフーズ総合卸として首都圏のシェア拡大、あらたグループの中でのポジショニングの明確化」をあげた。また兼松カネカの前の親会社であった兼松から「兼松」の名前を外してほしいという要望があったことも、合併の契機となったという[136]。

伊藤伊としては、伊藤伊の広域化の大きな契機となった木村屋との統合に貢献した木村和敏と、伊藤昌弘社長を支えてテクノ中京およびテクノケンセキの舵取りを担った伊藤哲也の二人が同年六月に伊藤伊株式会社の取締役も退任したのと重なり、大きな転換の時期でもあった[137]。

伊藤昌弘社長は、「二つの会社を島村氏に委ねるよりも合併させて島村氏にみてもらい、規模のメリットも出しながら、まとめて島村氏に委ねようと思った」という。伊藤伊本体への合併という考えもなかったわけではないようである。しかし、「テクノカネカの前身会社の一つのテクノ中京以来持ち続けていた化粧品メーカーの代理店権が伊藤伊では消滅するのではないかという危惧もあったので、そうした方向には進めなかった」という[138]。それだけ、化粧品については、競合企業のパルタックの強さが脅威であったと思われる。

さて、合併直前の両社の経営状況をみると、テクノケンセキは資本金七五〇〇万円、年間売上高約八三億円、従業員数一三六名であり、兼松カネカは資本金五〇〇〇万円、年間売上高約一二一億円、従業員数六四名であった(139)。

新会社のテクノカネカの経営方針としては、①ローコスト・オペレーション・予算実績差管理の徹底・店頭フォロー・提案力の強化で厘毛差の争いに勝つ、②広い、使いやすい、正確さを追求した物流・情報システムの差別化、③主力チェーン、メーカーとの共同取り組み、④クイックレスポンス型組織、⑤人材育成、などがあげられた。二〇〇四年三月期の売上目標を三〇〇億円とし、業態別構成は、ドラッグストア六〇%、SM一七%、ホームセンター一五%、その他八%と設定した(140)。

テクノカネカでは、新会社発足とほぼ時を同じくして新しい物流センターを竣工させて、甲府支店とともに移転して一〇月二一日より業務を開始することとなった。この時点でのテクノカネカの営業と物流の体制は、名古屋本社・本店・高針DC（名古屋市名東区高間町五四三）、東京本店・立川支店（東京都立川市高松町一―一〇〇新立川航空一一号棟）、甲府支店（山梨県東八代郡中道町白井一四一〇）、土浦営業所（茨城県新治郡霞ヶ浦町加茂五三〇三―九）、長野営業所（長野県篠ノ井布施高田八二―四　アルピコビル一階）および岐阜DC（岐阜県羽島郡岐南町若宮地二―二三八―一）の六拠点であった(141)。

なお、前年の二〇〇一年一一月にシンリュウを合併した後の伊藤伊甲信支店（長野県松本市）と、テクノカネカ甲府支店は、連絡はとりあっていたが、商流も物流もそれぞれ別に運営された。

テクノカネカの東京本店では、その売上高の六五～七〇%が紙製品（テクノカネカ全体としては約三八%）を占め、家庭紙では、大王製紙のそれを筆頭に、純パルプものから古紙までほとんどを取り揃えて扱った。紙製品のほとんどを店入品としていたので、倉庫内の作業量も配送量も大きくなっていた。ただし、前述のように、倉庫はもともと戦機の整備工場であったところを賃借したものであった。このため、倉庫面積が一棟で三〇〇坪にもなるが、柱がほとんどなく天井も高い。したがって、紙製品のようにかさばる商品を保管したり、フォークリフトで入出荷したりするには最適な条件を備えていたのである。東京本店の営業エリアは、管轄下の土浦営業所を含め北関東を除く関東全域と東北は飛び地状ではあるが宮城まで及んだ。

甲府支店でも紙製品の扱いが三八%と大きかったが、ヘルス&ビューティー商品が一九%、トイレタリー商品が一八%、二〇〇三年四月から新たに取扱を始めたペットフード（それまでは長野営業所が受け持っていた物流分のみ）が八%、家庭用品が五%、電池・電材が三%と幅広いカテゴリーの商品を扱った。これによって、店舗ごとのニーズに対応した提案の一括化を行うことが可能であるとされた。

二〇〇二年度（二〇〇三年三月期）のテクノカネカ全体の売上げは二二五億円で、テクノカネカ発足当初の二〇〇四年三月期の目標額を二四二億円に下方修正しながら、業務の拡大をはかっていった[142]。

いずれにせよ、持株会社あらたの設置から二〇〇四年四月の完全統合に向けて、伊藤伊グループの経営資源全体の効率化が進展し、その有効活用による経営の展開が大きく期待された。

野村商事卸部門の子会社化

二〇〇二年七月一日、伊藤伊は野村商事株式会社との業務提携をスタートさせた[143]。この業務提携も、いわば野村商事からの経営支援の要請によるものであった。

野村商事は、一九三六（昭和一一）年創業の東京（渋谷区）の有力卸売企業であった[144]が、「バブル時代の投資額が嵩んで（一九八八年までの三カ年間の野村商事の設備投資額は約八八億円とされる）」、「いくら土地の高い東京とはいっても、一問屋の投資額としては桁外れ」と評されている[145]が、「最近の銀行の債権処理の変化と子会社プラネットワーク[146]の赤字が負担となり、銀行から卸売事業存続の決断を迫られてい」たという[147]。

伊藤伊の伊藤昌弘社長は、二〇〇一年一二月に「メインバンクである富士銀行の考え方が変わり、これ以上、継続して行くのが難しくなった」との相談を受け、「物流センターなど色々見せてもらったが、結局、不動産部門と卸売業を分離し、そのうちの卸売業を伊藤伊の百《ママ》%子会社として引きうけた」と述べている[148]。

当時の状況について少し立ち入って聞いてみると、「東西の大手卸売企業の経営が行き詰まり、メーカーのトイレタリー卸への期待はどうなるのかとも考えた」という。「時あたかもイオングループを中心にメーカーとの直接取引の気運がかなり高まっていた時でもあり、野村商事がダイエーの経営危機から取引を中止するとのこともあって、実際受け手がない場合、メーカーとの直接取引になるのではないかとの話題も業界で取沙汰されてもいました。結果としてダイエーの取引はダイカと伊藤伊で二分することになりましたが。野村商事も売上がシュリンクして身軽になったこともあり、不動産部門と卸部門を分社化して卸部門を当社が営業権ゼロで引き受けることになりましたが、主力メーカーの要望を受けての決断でした」という。そして、「これも最終的にはあらたに併合することを考えてのことで」あったという[149]。

野村商事では分社化された卸会社の社長に、野村忠専務が就任した。従業員は七九名で役員を含めると八三名であった。伊藤伊株式会社の一〇〇%子会社で、新資本金は一〇〇〇万円であった。なお、伊藤伊の東京支店は、この提携を機に、野村商事のある船橋市海神町南一―一三八九に移転した[150]。

関東地域の市場拡大に力を入れていた伊藤伊にとっては、またひとつ大きな拠点を確保したことになり、野村商事も二〇〇四年三月の株式会社あらたへの完全統合に参画することとなった[151]。

以上のように、持株会社あらた設立後も、伊藤伊は、業界の関係企業の問題の処理などに応じるかたちの受動的な対応という経緯で、事業の範囲を拡げることとなった。ただし、その拡大は、伊藤伊それ自体というよりは、二年後の完全統合の新会社あらたの広域基盤をつくるという意味をもったのである。

New Itos（伊藤伊の新情報システム）の稼働

二〇〇二年一一月二五日、伊藤伊では本社業務系の新しいシステムを稼働させた。基幹システムをオープン・システム（UNIX）へと全面的に再構築したのである。一年半という長期の開発期間を経てのことであった。

これにより、たとえば今まで一時間かかっていた物流抽出（ピッキングのデータ抽出、在庫引当[152]）が、わずか一〇分に短縮された。またウェッブ・システムを採用し、画面から各種台帳をダウンロードしてエクセル表でみたり加工したりすることも可能となった。データベースにはオラクルという世界標準のものを採用し、開発言語は慣れているCOBOLで作った。ウェッブでは、当時としては最新のJavaなども取り入れた。

すでに勘定系（売掛・買掛）では、二〇〇一年一〇月にスタートしており、データの安全性を重視しながら確実に請求書・入金などの管理を行っていた。業務用サーバーでは、受発注、物流、伝票発行を行って、確定データを勘定系ホスト・コンピュータに連携させて処理するが、その効率が格段にアップすることとなった。[153]

平和センターの開設

二〇〇三年九月二二日には、愛知県北部の中島郡平和町に、ユニー専用センターの平和センターを稼働させた。[154] 伊藤伊は、これまでも主要取引先のニーズに応じるかたちでセンターを開設したことはあったが、特定の販売先の専用のセンターは、この平和センターが初めてであった。敷地面積は五八八六坪、建築面積は二二九〇坪、延床面積は三四七一坪（一階二二一一坪、二階一二六〇坪）であった。土地代と建築費用は、約一九億円とされている。

伊藤伊では、二〇〇一年一月からユニーと流通研究会を発足させて、魅力ある店頭づくりと良品廉価を目指して、EDIに対応した一括物流に取り組み、発注、納品、陳列までのトータル・コストの削減（仕入伝票の廃止も含む）、効率的な店内物流などの課題について検討を重ねてきた。この平和センターは、そうした研究会の成果の集大成といえるものであった。江南センターと同様に、DC（在庫預かり型）機能とTC（通過型）機能を兼ね備えたセンターであり、「複数帳合対応型在庫管理システム」も新たに開発された。これにより、ひとつの商品コードで複数の帳合先（納入卸店）の在庫を管理することができるようになった。

DC機能としては、対象取引先（伊藤伊含めて一一企業）の商品をこのセンターで預かり、売場分類別にピッキングして、専用のカートに積み付けたかたちでユニーの各店舗へ配送することとされた。これにより、ユニーの各店舗での陳列作業の集中化と簡略化に大きく貢献することとなった。またTC機能としては、対象取引先（伊藤伊含めて六企業）から持ち込まれた個口に対して、ＡＳＮ（Advanced Ship Notice　事前出荷データ）のデータと照合し、郡番別（売場部門別）に荷合わせしたかたちでユニー各店舗へと配送することとされた。

所長には、大橋幸雄が就任した。高い納品精度を維持し、かつ無線ＬＡＮピッキングなどで庫内作業の合理化と省力化をはかった最新の物流センターとして一〇月二〇日から機能が発揮された。

この平和センターの用地取得と新情報システム開発などのため一〇億四〇〇〇万円の設備投資が行われたが、その資金は自己資金および借入金・社債によってまかなわれた[155]。

甲子園浜センターと大阪営業所

二〇〇三年一〇月三一日には、兵庫県西宮市甲子園浜の伊藤伊甲子園浜センターが稼働した。前年の共同持株会社発足から完全統合への報道が流れると、伊藤伊との取引を依頼する企業が増え、関西エリアでの物流量が増え、前述の京都商品センターや泉南センターだけでは、対応できなくなったのである。そこで、物流面の強化のため、この甲子園浜センターを設けて、物流加工・保管・出荷作業をシモハナ物流に委託した。持株会社あらたに加わり、二〇〇四年四月の統合会社のひとつでもあった徳倉の主要取引先の山陽マルナカ（関西に八店舗展開）を予定通り取り込んでのスタートでもあった[156]。

平屋建てで延べ床面積の半分の一二〇〇坪をセンターとして使用し、四三〇坪をメザニン構造（中二階構造）に改造して八六〇坪とした。ケース出荷エリアには、パレット・トラックを壁面と東側に設置した。二〇〇四年四月の伊藤伊のあらたへの統合後は、徳倉やサンビックの関西エリアで展開している企業も、このセンターでの効率的な物流に組み入れてゆくこととされた。また伊藤伊京都支店の開拓した企業も、さらに順次、このセンターの物流に組み入れてゆくこととされた。

なお、あらたへの完全統合直前の二〇〇四年一月、大阪市土佐堀に大阪営業所も開設した。これによって、伊藤伊の関西での営業拠点は、京都支店、泉南営業所、大阪営業所の三カ所となった[157]。

5　人員動向と組織体制

以上みてきたような、伊藤伊の水平的な拡大にともない従業員数や、従業員が配置される組織体制は、どのような変遷を遂げたのかについてみておこう。

従業員数の推移

正社員とパート数の増加

表6-2は、一九九七年三月末から共同持株会社あらた設立後の二〇〇三年三月までの伊藤伊の従業員数の推移を示している。第三三期の一九九七年三月末の正社員数は二一〇名で、第三八期の二〇〇三年三月のそれは三四五名であるから六四％余りの増加ということになる。この増加は、広域合併を通じた従業員の継承によるところが大きい。

まず第三三期の一九九七（平成九）年一〇月には、株式会社矢野の合併にともない、同社の従業員一二名（男性一〇名、女性二名）を引き継いだ[158]。翌第三四期の一九九八年七月には、伊藤伊株式会社金沢店の合併にともなって、同社の従業員一五名（男性一一名、女性四名）を引き継いだ[159]。翌第三五期には、まず木村屋との合併にともなって、一九九九年四月に同社の従業員一一一名（男性九一名、女性二〇名）を引き継いだ。また同じ第三五期の二〇〇〇年二月には、矢野伊藤伊株式会社との合併にともなって、同社の従業員一八名（男性一二名、女性六名）を引き継いだ[160]。この両社との合併により、伊藤伊では、ピークの三六七名の正社員数となった。このほかの増加の要因としては、前述の二〇〇一年一〇月の加藤商店の営業譲渡にともなう社員増という場合もあった。男女の正社員数を比較すると、男性正社員数が女性正社員数に比べて圧倒的に多いが、これは営業の最前線で業務に当たるのがほとんど男性正社員であったからである。

表6-2　伊藤伊株式会社従業員数の推移（1997年3月末～2003年3月末）

期	第32期	第33期	第34期	第35期	第36期	第37期	第38期
時期（年・月・日）	1996年4月1日~1997年3月31日	1997年4月1日~1998年3月31日	1998年4月1日~1999年3月31日	1999年4月1日~2000年3月31日	2000年4月1日~2001年3月31日	2001年4月1日~2002年3月31日	2002年4月1日~2003年3月31日
年　度	1996年度	1997年度	1998年度	1999年度	2000年度	2001年度	2002年度
正社員数(A)	210	233	245	367	359	347	345
男　子	153	167	180	285	–	–	–
女　子	57	66	65	82	–	–	–
パート数（期間中平均）(B)	–	99	146	165	179	238	284
就業者数(A)＋(B)＝(C)	–	332	391	532	538	585	629
パート比率(B/C)(%)	–	29.82	37.34	31.02	33.27	40.68	45.15
連結決算会社合計従業員数(A')	–	–	–	536	527	489	–
連結決算会社合計パート数（期間中平均）(B')	–	–	–	316	356	431	–
連結決算会社就業者数（C'）	–	–	–	852	883	920	–
パート比率（B'/C'）(%)	–	–	–	37.09	40.32	46.85	–

（出典）伊藤伊株式会社『営業報告書』（第32～第35期，第37～第38期），東海財務局長宛平成14年6月28日提出『第37期有価証券報告書届』所収「企業情報」。

表6-3　伊藤伊株式会社従業員平均年齢・平均勤続年数の推移（1997年3月末～2003年3月末）

期	第32期	第33期	第34期	第35期	第36期	第37期	第38期
時期（年・月・日）	1996年4月1日~1997年3月31日	1997年4月1日~1998年3月31日	1998年4月1日~1999年3月31日	1999年4月1日~2000年3月31日	2000年4月1日~2001年3月31日	2001年4月1日~2002年3月31日	2002年4月1日~2003年3月31日
年　度	1996年度	1997年度	1998年度	1999年度	2000年度	2001年度	2002年度
正社員平均年齢	34歳4カ月	33.9歳	34.7歳	37.15歳	–	38.8歳	40.2歳
男子正社員平均年齢	38歳3カ月	38.3歳	38.4歳	39.69歳	–	–	–
女子正社員平均年齢	23歳11カ月	23.5歳	24.4歳	28.92歳	–	–	–
正社員平均勤続年数	10年5カ月	9.7年	10.0年	11.77年	–	12.6年	12.6年
男子正社員平均勤続年数	12年11カ月	12.7年	12.6年	13.61年	–	–	–
女子正社員平均年齢	3年6カ月	2.4年	2.7年	5.38年	–	–	–

（出典）伊藤伊株式会社『営業報告書』（第32～第35期，第37～第38期），東海財務局長宛平成14年6月28日提出『第37期有価証券報告書届』所収「企業情報」。

第三七期以降、正社員数の減少がみられるが、これは離職者のほかに、伊藤伊のグループ会社への出向者数が増えたことも要因であろう。

期間中の平均パート従業員の数は、第三三期の九九名から第三八期の二八四名へと二・八倍の増加となっている。また、正社員とパート従業員数の合計数に占めるパート従業員数の比率も、前述の木村屋・矢野伊藤伊二社との合併で正社員数が大幅に増えた第三五期を除いて、大きくなっていることがわかる。これは、合併にともなって設置された各支店の併設物流センターおよび独立型物流センターの双方に必要な人員の確保が主な要因となっているとみられる。

平均年齢の上昇と平均勤続年数の伸び

他方、表6－3に示されるように、第三三期の一九九八年三月以降、正社員の平均年齢は、上がっていく傾向がみられる。これは、若い新卒者などの採用よりも合併にともなう従業員数の増加のほうが多かったからであろう。男女とも平均年齢が上がっていくが、とくに女性の上昇が男性に比べて大きいのは、ベテランの女性従業員を合併で継承したからであろう。平均勤続年数をみると、女性よりも男性の方が長い。そして、第三三期の一九九八年三月以降、平均勤続年数がわずかながら伸びてゆく傾向がみられる。とくに女性の伸び率が大きいのが注目される。厳密には、離職者数もみなければならないが、伊藤伊が全国卸への途上で、次第に従業員にとって魅力ある企業組織になっていったこともうかがわれよう。

その魅力を示すこととして、ここでは史料上の制約から明確な数字を提示することはできないが、伊藤伊本店のある名古屋地区の大学卒業者で伊藤伊を就職先として選択する者が一九九〇年代以前からみられ、それが九〇年代以降になっても一定程度あったことがあげられよう。しかし、先にもふれたように、彼らの多くは、名古屋からの転勤がないことを前提として伊藤伊に入社したが、伊藤伊の広域展開によって行動範囲を拡げることとなったのである。

組織改正と拠点の展開

一九九八年四月の組織改正と一九九九年の組織

さて、合併などで従業員数が増えるなかで、それらの人員がどのように配置されたのかについて、組織図の変遷によってみてみよう。

一九九五年以降の組織改正で大きな改正は、一九九八年四月一日付けの組織改正であったとされる[161]。一九九八年の組織図が発見できなかったので、ここでは一九九九年四月時点の組織図を図6‐4として示す。

要点は、二つあった。ひとつは、本部制を廃止し、役員の担当制を導入したことである。第五章でみたように、一九九五年の組織では、大きく直接部門である営業本部と間接部門である管理本部に分けられて、それぞれの本部長の下に組織が編成されていたが[162]、この改正では、二つの本部を廃止するとともに、役員の管掌を決めて社長直轄型の文鎮型組織とした。そのねらいは、意思決定と実行のスピード化と責任体制の明確化と人材育成にあった[163]。

もうひとつの要点は、二営業部制から三営業部制への転換である。かつては、仲間卸と松下電器・松下電工などやデパートなどを担当する第一営業部（四つの販売課と一業務課）と、直販部門を担当する第二営業部（六つの販売課と一業務課）であったが、図6‐4に示すような三つの営業部とした。新設された第三営業部には、従来の第二営業部の販売七課所管のドラッグストアや同部販売八課所管のホームセンターおよび第一営業部にあった販売九課が移された。成長著しい小売業態や季節商品などを扱う小売店へ新しい提案型マーチャンダイジング・システムを構築する部署としての役割が期待された[164]。

他方、仲間卸の第一営業部は、一九九五年の四つの販売課から二つの課に縮小されている。かつての第一営業部の販売四課（松下電器・松下電工ほか）は取引の多い有力小売店のユニー担当となって直販部門の第二営業部所管となった。また、第一営業部内で、地方卸担当の販売一課と、愛知県内の卸の担当であった販売二課が統合されて販売一課となり、新たな販売二課が松下電工・松下電器および象印などの所管となった。

一九九八年四月の時点では、支店は一九九七年一〇月に設置された横浜支店だけであったが、翌一九九九年には、

役員の管掌

伊藤社長：経営全般
伊藤会長：経営全般・(テクノケンセキ代表取締役・関係会社担当)
島村副社長：社長補佐(矢野伊藤伊株式会社代表取締役社長)
児玉専務：物流統括
平野常務：営業統括

前田取締役：物流企画・情報システム
上野取締役：経理担当
内田取締役：総務
高橋取締役：営業副統括(支店担当)
河野取締役：業務・仕入れ担当
木村顧問：経営全般
松本顧問：業務改善担当

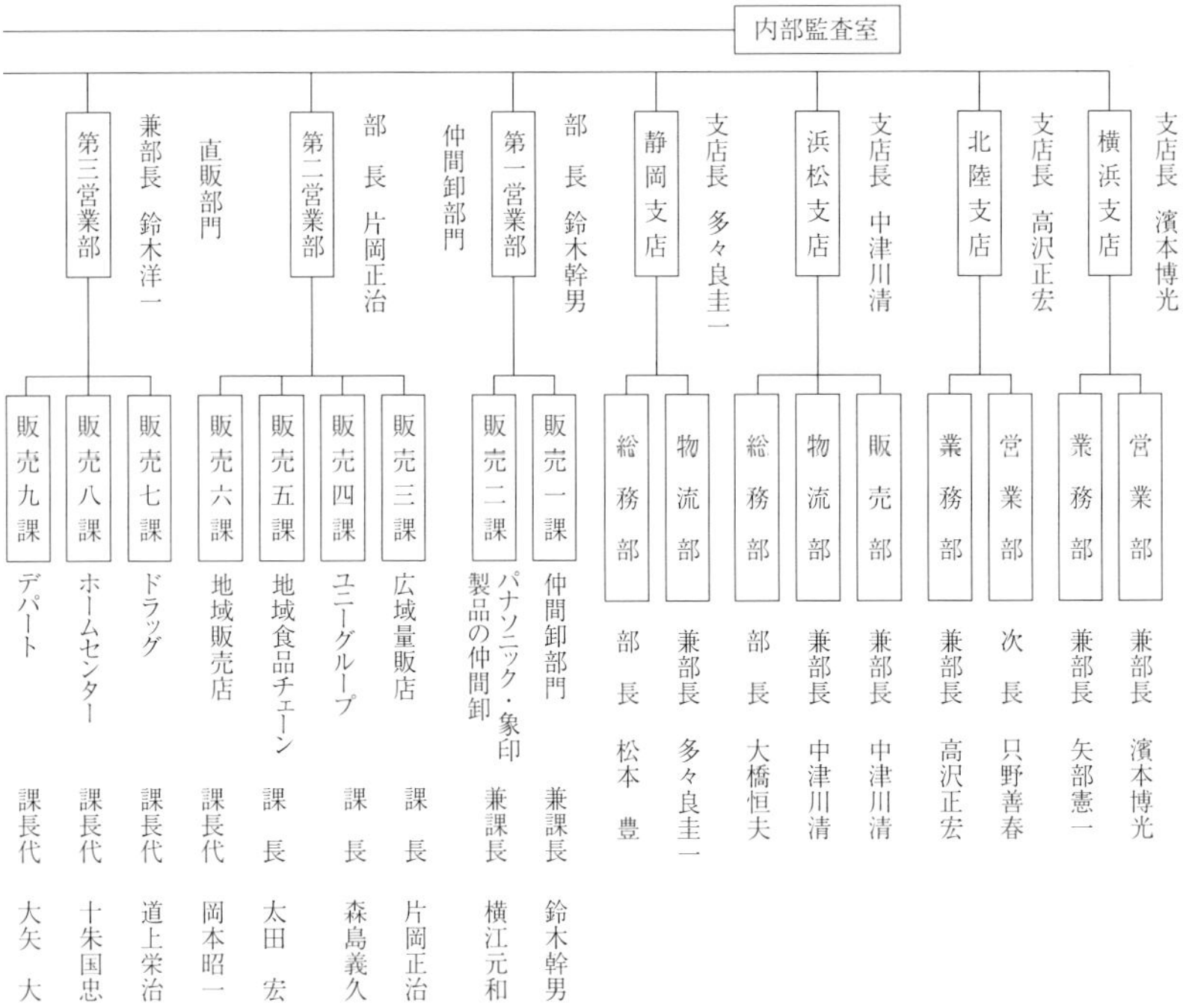

年4月　組織図
の情報提供による。

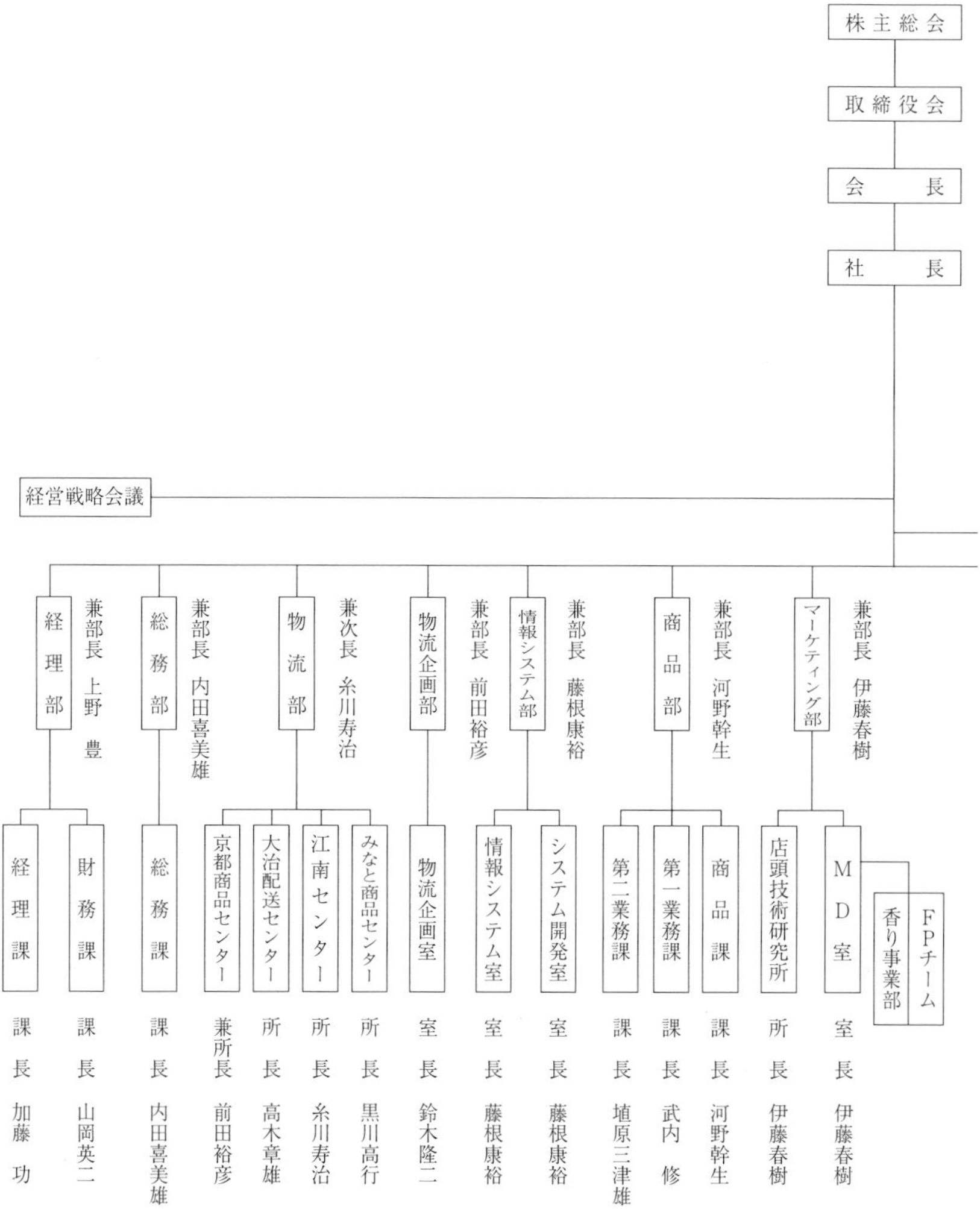

図6-4　1999

（出典）伊藤伊株式会社社内報編集委員会『社内報ぱぷりん』Vol.32（1999年）7頁および伊藤伊関係者

役員の管掌

木村会長：経営全般	内田取締役：総務・人事管掌
伊藤社長：経営全般	高橋取締役：営業副統括
島村副社長：経営全般・関東事業部統括	河野取締役：商品部管掌
平野専務：営業統括・マーケティング部管掌	鈴木取締役：経理・財務管掌
松本常務：業務統括	戸塚取締役：関東事業部副統括
前田取締役：情報システム・物流統括	伊藤取締役：相談役

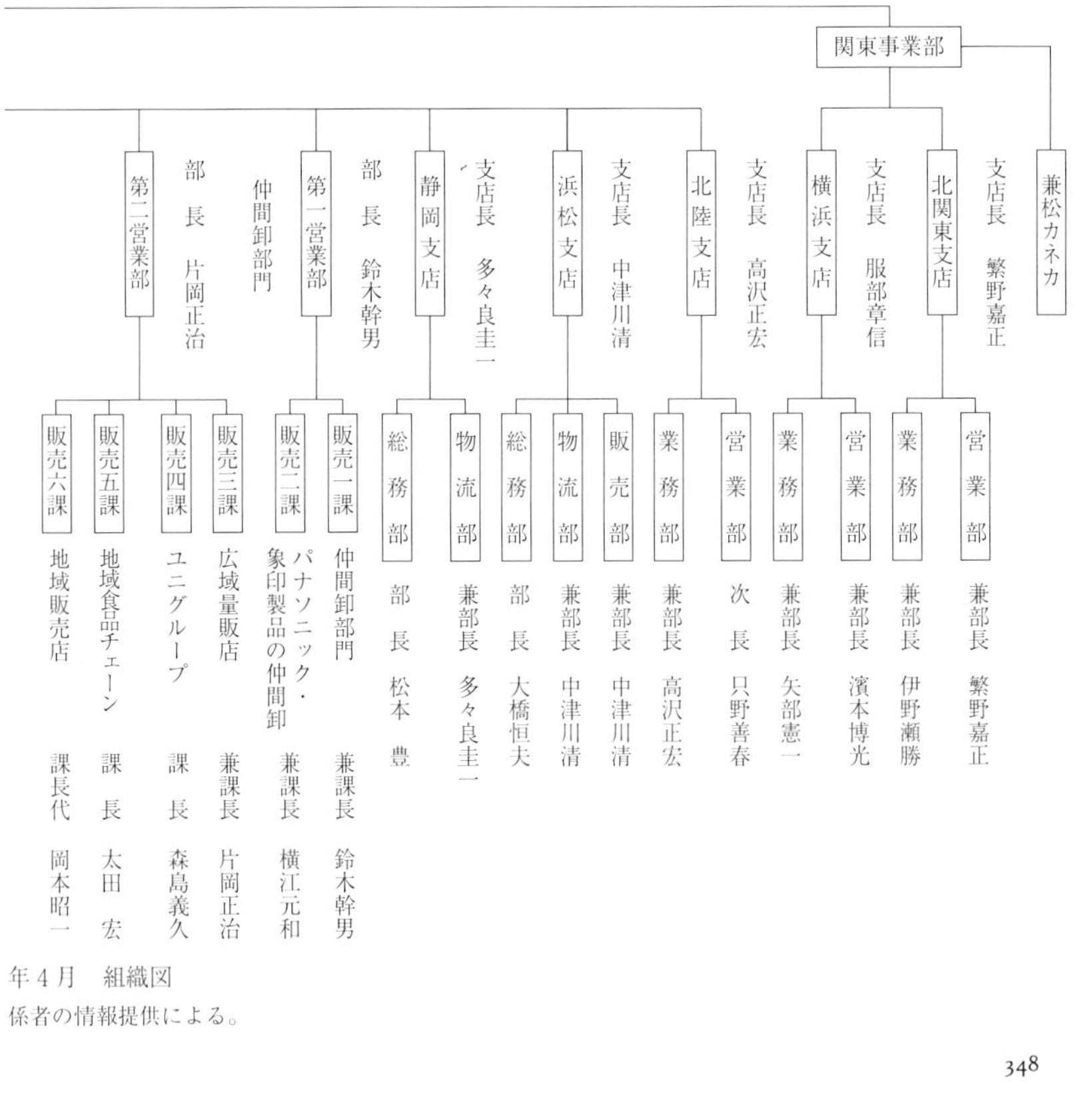

年４月　組織図

係者の情報提供による。

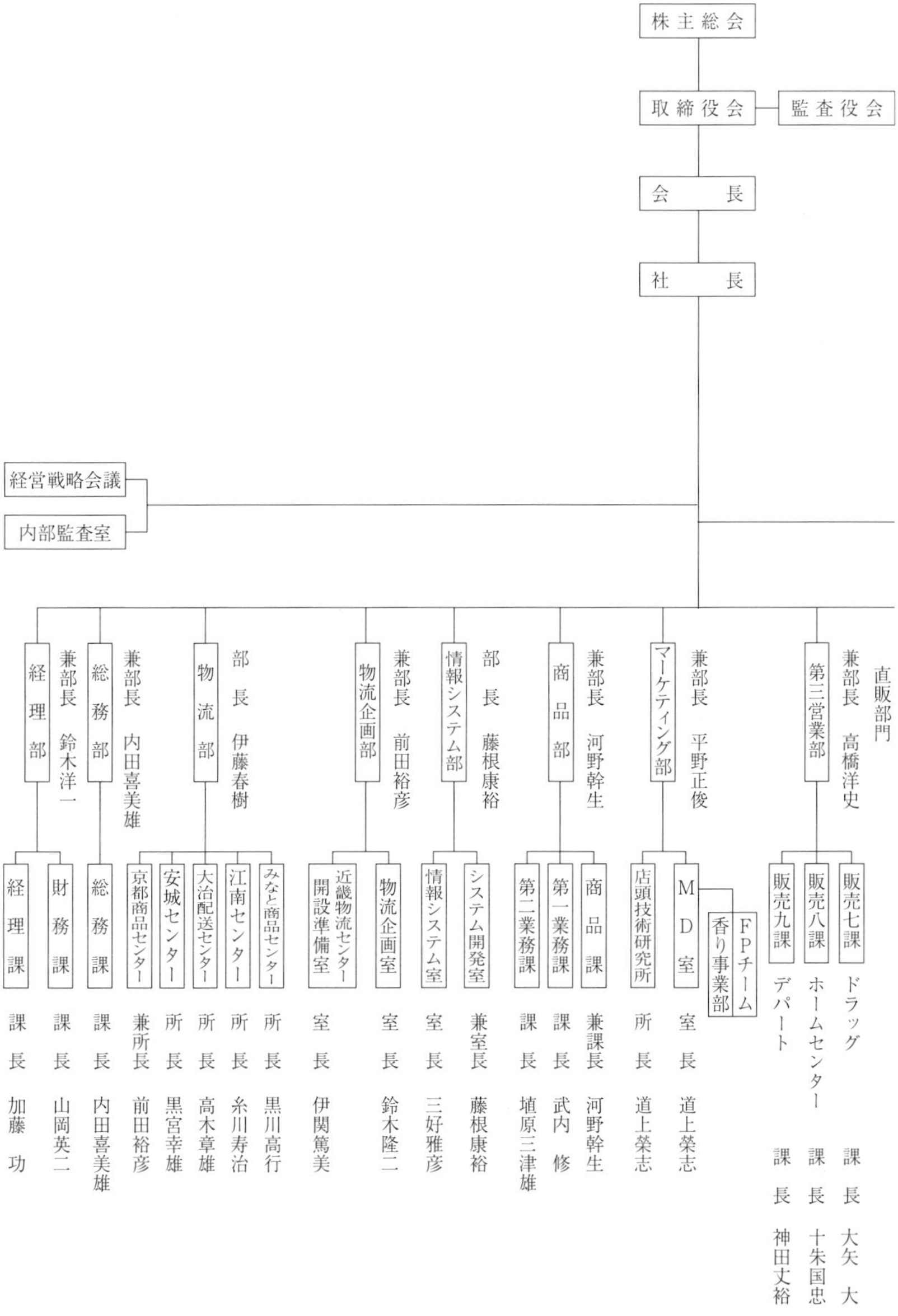

図6-5　2000

（出典）伊藤伊株式会社社内報編集委員会『社内報ぱぷりん』Vol.35（2000年）11～12頁および伊藤伊関

役員の管掌

木 村 会 長：経営全般
伊 藤 社 長：経営全般
島村副社長：経営全般・東京支社長
平 野 専 務：営業統括・マーケティング部管掌
松 本 常 務：内部監査室・㈱シンリュウ出向
前田取締役：情報システム・物流統括

内田取締役：総務・人事管掌
高橋取締役：営業副統括・兼東京支社
　　　　　　営業統括
河野取締役：商品部管掌
鈴木取締役：経理・財務管掌
伊藤取締役：相談役

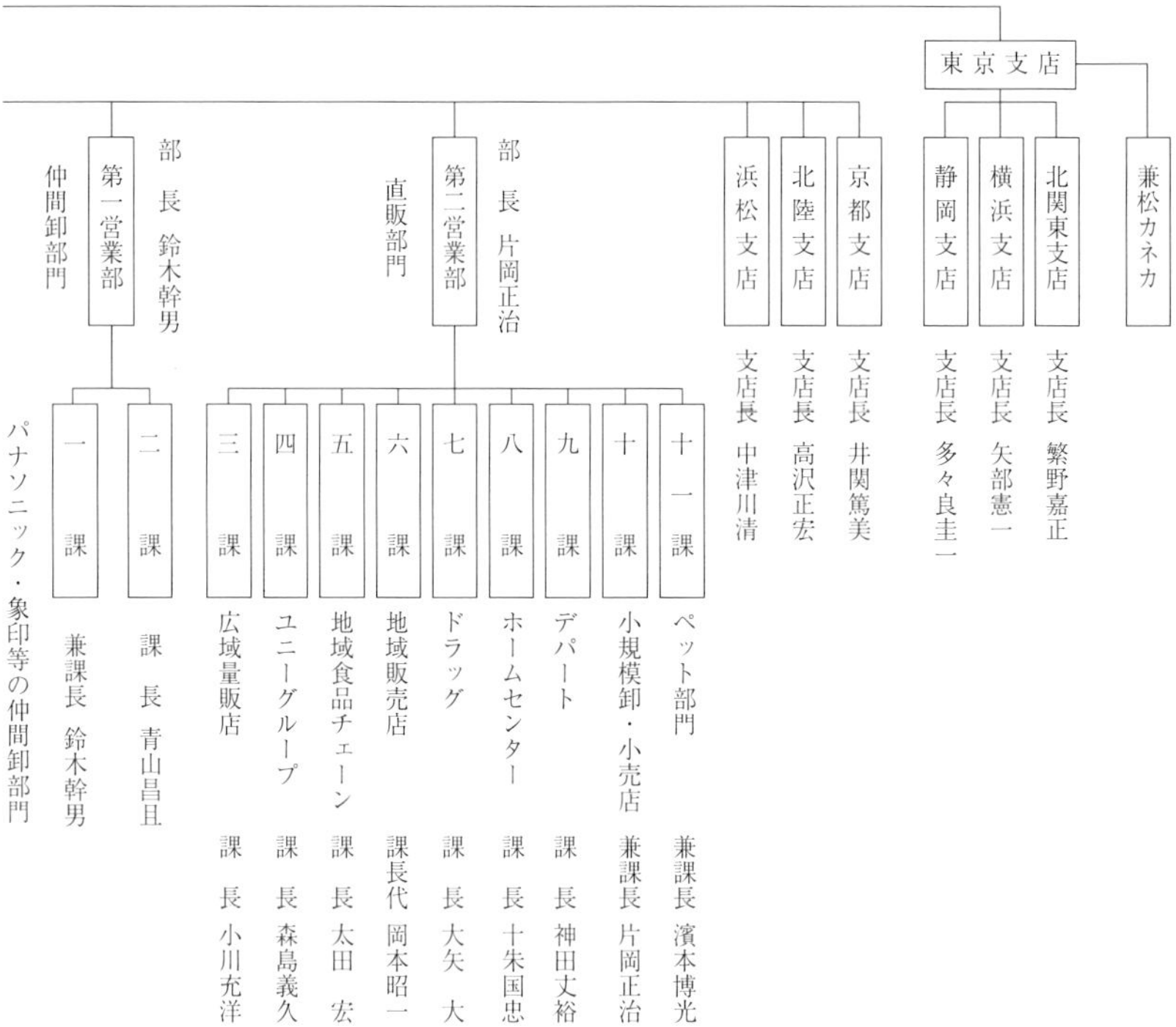

年4月　組織図

係者の情報提供による。

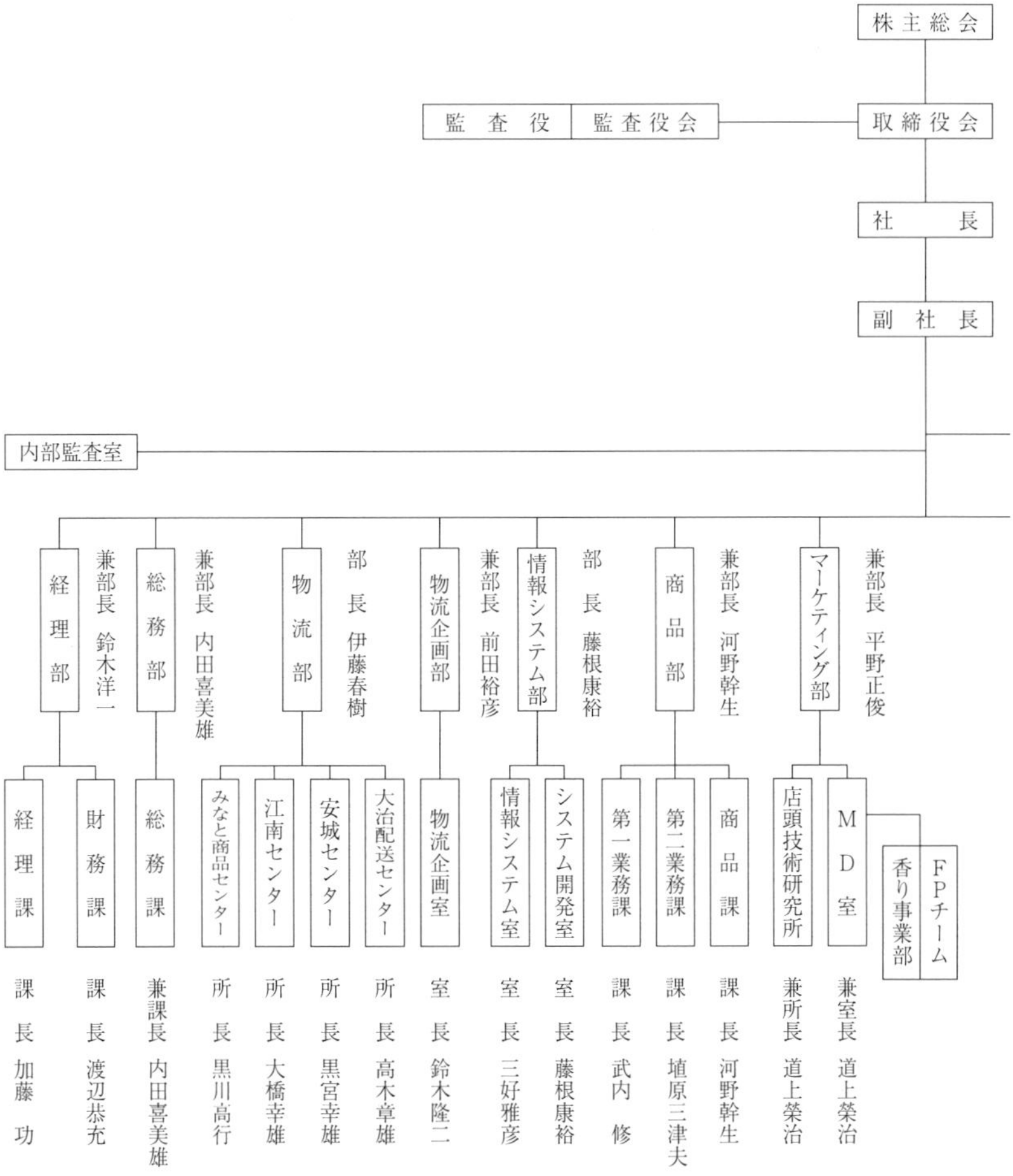

図6-6　2001

（出典）伊藤伊株式会社社内報編集委員会『社内報ぱぷりん』Vol.38（2001年）7～8頁および伊藤伊関

九八年七月に設置された北陸支店、九九年四月の木村屋合併にともない新設された浜松・静岡の両支店が加わり四支店体制となった。横浜支店の支店長には、前述の濱本博光が就いている。濱本は、一九九六年に株式会社矢部に出向して取締営業本部長に就いていた(165)。一九九七年一〇月に矢部が伊藤伊横浜支店となってから伊藤伊に戻ったことになるが、濱本自身は横浜地区の業務全般を担当していたことになる。横浜支店発足時に支店長であった服部章信も、同様に矢部出向から継続して横浜地区で経営・管理面の業務改善にあたった(166)。

北陸支店の只野善春も、同様であった。一九九八年五月に伊藤伊金沢店（伊藤伊と別会社）に出向し、同年七月の伊藤伊への合併にともない北陸支店に勤務し、伊藤伊に戻ったことになるが継続して北陸地域で業務に当たっていた。そして営業部長空席で、次長として営業面の業務を任されることになったのである(167)。この時期の伊藤伊人事の特徴として、被合併会社への出向を経て、合併後の支店勤務となる場合も少なくなかったことがあげられる。

なお、マーケティング部のＭＤ室のＦＰ（Field Promotion）チームは、小売業に売場の企画と提案を行い、スピードをもって営業と共同で活動することを目的とした店頭活性チームである。

二〇〇〇年・二〇〇一年の組織図

翌二〇〇〇年四月の組織である図６‐５をみると、三つの営業部という体制に変更はない。支店網は、一九九九年の四支店に加えて、同年二月に新設された北関東支店が加わり五支店体制となった。同支店は、同年四月に営業を始めた兼松カネカおよび横浜支店とともに、横浜支店に設けられた関東事業部の所管とされた。物流部では、同年四月設置の安城センターが加わり、支店に併設されない独立型センターは、京都商品センターを除くと四つとなっている。

二〇〇一年の組織である図６‐６では、三営業部体制が、一九九八年以前の二営業部体制に戻っている。具体的には、前年まで第三営業部に置かれていた七課、八課、九課の三つが第二営業部に戻されている。これは、二〇〇一年四月の東京支店開設にともなう再編であった。本社の直販部門である第二営業部と第三営業部を統合し、一九九九年以前の明確な二つの部、すなわち仲間卸と特販経路の第一営業部と、直販の第二営業部とした。また従来の関東事業

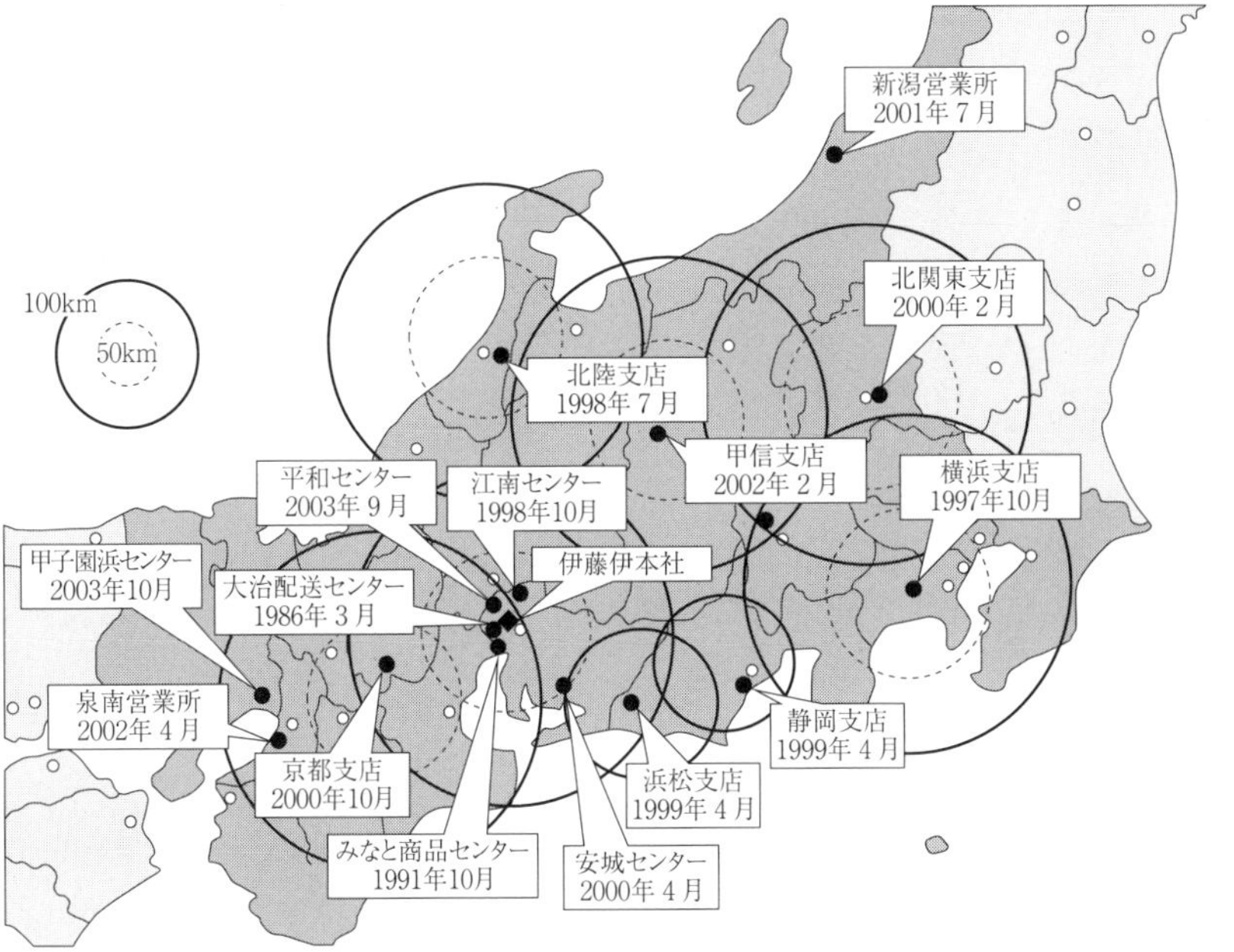

図6－7　2003年10月の伊藤伊の拠点
（出典）伊藤伊株式会社元取締役・藤根康裕氏作成。

部に代わって、東京支店が北関東支店、横浜支店、兼松カネカに加えて静岡支店も所管する体制となった(168)。

広域展開が進むなかで、伊藤昌弘社長は、関西地区は井関篤美（京都支店長）、本拠地の中部地区は平野正俊（専務取締役、マーケティング部長）、関東地区は島村光一（副社長、東京支社長）と高橋洋史（取締役、営業副統括）におおむね委ねるような考えであったという(169)。

この二〇〇一年の組織では、新たに十課（小規模卸・小売店所管）と十一課（ペット事業所管）が設けられた。十課の新設は、一般小売店の取引を名古屋市内の仲間卸に移管することを前提に、小規模な卸・小売店の管理を目的に設けられた。また十一課は、岐阜県のペット卸の三恵商事(170)との業務解消にともない、直販部門にペット部門を新設したものである(171)。

支店では、東京支店のほかに、二〇〇〇年一〇月設置の京都支店が加わって、東京支店も含めると七支店の体制となっている。その後、二〇〇二年二月に開設された甲信支店、二〇〇四年一月開設の大阪営業所が加わり、物流センターでは二〇〇二年四月開設の泉南センターが加わってゆく。

二〇〇三年三月末現在で、伊藤伊株式会社は、名古屋の本社、横浜、北陸、浜松、静岡、北関東(二〇〇一年七月設置の新潟営業所も管轄下に置く)、京都、甲信の七支店、みなと商品センター、大治配送センター、江南センター、安城センター、泉南センターの五つの独立センターを擁しており、このほかに株式会社テクノカネカ、ダイヤモンド化学株式会社、株式会社テクノエクスプレス、南関東物流サービス株式会社、野村商事株式会社という一〇〇%その株式を所有する関係会社をもつ広域中間流通企業グループとなった。

二〇〇三年一〇月の拠点展開図　(泉南営業所)

二〇〇三年九月には平和センター、同年一〇月には甲子園浜センターも加わり、図6-7に示されるように、二〇〇二年の共同持株会社設立時点よりも広範囲に事業拠点を展開するにいたったのである。

おわりに

これまでみてきたように、伊藤伊では一九九〇年代後半から二〇〇〇年代初期にかけて岐阜、京都、神奈川、石川、静岡、群馬、東京、長野、大阪へと営業拠点を拡げた。その多くは、経営面で課題をかかえた卸売企業の支援や取引先のニーズを契機として、それらを伊藤伊の拠点として併合するか新設するという経緯をたどった。すなわち伊藤伊の水平的広域展開の客体的要因は、伊藤伊と直接・間接に縁のあった同業他社の経営難への支援や取引先のニーズへの要請であった。その背景に小売店の倒産や取引面の圧力があったことも多かった。その意味で、伊藤伊の水平的広域化の契機は、多分に受動的・他律的なものであったといえよう。

判断・行動の担い手としての人的資源の面に注目すると、そうした広域化の経営判断を下した経営者の情報網と情報分析は、重要な主体的要因として注目しなければならない。さらに、広域化の先にある全国化や企業の公器性を念頭に置いた経営判断による店頭登録や共同持株会社の設立は、伊藤伊の従業員に対して、伊藤伊の発展の可能性とそれにともなう業務上の責任感をより強く認識させることとなったであろう。

また、伊藤伊のリーダーたる経営者が、広域化するエリア全般をおおまかに分担して委ねることができた外部出身の専門経営者に恵まれたことも重要な主体的要因であっただろう。さらに、合併・継承により広域化した伊藤伊の拠点を、確かな営業・物流の拠点として確立させることに尽力した従業員も大きな人的資源面での主体的要因であった。彼らによって構築された情報・物流システムが、被合併企業のそれよりも高度であったからこそ、伊藤伊全体のシステムの一部にそれらを組み込むかたちでの全体最適をはかることが可能となったのである。その意味で、構築されたシステムそれ自体の比較優位性も、広域化を可能とした主体的なシステム的要因としてあげることができよう。人的資源やシステムの面の効率化のために、組織のあり方の改善も継続的になされたのである。

さらに資金面で、伊藤伊内部に蓄積された内部留保や、伊藤伊の信用度も、こうした広域的水平展開を可能にした主体的要因として考慮しなければならない。これらは、伊藤伊の創業期から長期の時間をかけて蓄積された経営史的資産の面での主体的要因といえる。こうした資産面の余裕は、経営者判断の意思決定を積極的に促す効果ももったのである。

このように、一九九〇年代後半から二〇〇〇年代の伊藤伊の広域的水平的展開は、受動的な契機を好機と捉えた経営者判断と、小売直販拡充とシステム高度化に努めた従業員という人的資源面での主体的要因と、構築されたシステムの優位性、さらには経営史的に蓄積された資産という主体的要因があったからこそ可能となったといえよう。

注

（1）ダイカによる共同持株会社の準備の過程と、持株会社構想の契機については、佐々木聡『地域卸売企業ダイカの展開――

ナショナル・ホールセラーへの歴史的所産』（ミネルヴァ書房、二〇一五年三月）二〇六～二〇七頁を参照されたい。
（2）第一章、五〇頁を参照されたい。
（3）第五章、二六九頁。
（4）伊藤昌弘氏への聞き取り調査による。
（5）伊藤伊株式会社『第三〇期営業報告書』（平成六年一一月二九日より平成七年一一月二八日まで）一頁。
（6）『中日本商業新聞』（一九九四年八月五日）。
（7）伊藤昌弘氏への聞き取り調査による。
（8）伊藤昌弘氏への聞き取り調査による。
（9）ここでのＫＩＫ京都商品センターに関する記述は、伊藤伊株式会社社内報編集委員会『社内報ぱぶりん』Vol. 24（一九九七年）九頁。
（10）伊藤昌弘氏への聞き取り調査による。
（11）伊藤伊株式会社「新株発行並びに株式売出届出目論見書」（平成一二年八月一六日提出）一一頁、一三頁。
（12）伊藤昌弘氏への聞き取り調査による。
（13）伊藤伊株式会社で、情報システムの開発を担当した藤根康裕氏による。
（14）『中日本商業新聞』（一九九六年一一月五日）。なお、矢部商事株式会社は、伊藤伊株式会社代表取締役社長・伊藤昌弘氏の夫人の実家が営む卸売企業である。
（15）「伊藤伊株式会社出向・異動者調査書（服部章信氏）」（二〇一六年八月に伊藤昌弘氏の名前で発送・回答）。
（16）伊藤昌弘氏への聞き取り調査と、前掲「伊藤伊株式会社出向・異動者調査書（服部章信氏）」および筆者の質問に対する服部章信氏（一九四六年生まれ、一九六九年伊藤伊入社、伊藤昌弘の父・弥太郎の弟で伊藤伊会長を務めた服部清成の娘婿）作成の回答資料などによる。
（17）伊藤伊株式会社『第三三期営業報告書』（平成九年四月一日から平成一〇年三月三一日まで）一頁、五頁および伊藤昌弘氏による。
（18）藤根康裕氏による。

(19) 前掲「伊藤伊株式会社出向・異動者調査書（服部章信氏）」および筆者の質問に対する服部章信氏作成の回答資料などによる。
(20) 伊藤伊株式会社『第三五期営業報告書』（平成一一年四月一日から平成一二年三月三一日まで）一頁。
(21) 『中日本商業新聞』（一九九九年七月五日）。
(22) 『日経流通新聞』（一九九九年七月一日）。
(23) この遠隔地間を結ぶネットワークはＷＡＮ（Wide Area Network）と呼ばれた（『石鹸日用品新報』一九九九年六月三〇日）、同紙（同年七月七日）、同紙（同年七月二一日）。
(24) 伊藤伊での情報・物流システムの開発を担当した前田裕彦氏と藤根康裕氏による。
(25) 『中日本商業新聞』（一九九九年七月五日）、『日経流通新聞』（一九九九年七月一日）。
(26) 『伊藤伊株式会社第三四期定時株主総会招集ご通知』（平成一一年六月一一日）所収『第三四期営業報告書』（平成一〇年四月一日から平成一一年三月三一日まで）三頁。
(27) 「伊藤伊株式会社出向・異動者調査書（濱本博光氏）」（二〇一六年八月に伊藤昌弘氏の名前で発送・回答）および筆者による濱本博光氏に対する質問への回答による。
(28) 「伊藤伊株式会社出向・異動者調査書（飴達志氏）」（二〇一六年八月に伊藤昌弘氏の名前で発送・回答）および筆者による飴達志氏への質問に対する回答による。
(29) 前掲「伊藤伊株式会出向・異動者調査書（服部章信氏）」、服部章信氏への聞き取り調査、筆者の質問に対する服部章信氏作成の回答資料および伊藤伊株式会社『第三九期決算報告書』（自平成一五年四月一日至平成一六年三月三一日）所収「企業の概況」。
(30) 伊藤伊株式会社作成「沿革」（一九六九年九月から二〇〇〇年三月までの事項記載）作成年月不詳、『中日本商業新聞』（一九九七年一一月二五日）。
(31) 『中日本商業新聞』（一九六八年一一月五日）、同紙（一九六九年七月一五日）。
なお、大商がダイショウへと社名を変更したのは、大商設立二〇年目の一九八七年のことである。当時の得意先構成が小規模小売業が主体であり、チェーン展開している小売業との取引を強化していくことを表明するとともに、若い人材も多かったので若さを強調していきたいとの考えから、社名を変更したという。これにともない社是・社訓も一新したという（『中日本商業新聞』一九八七年六月五日および筆者の質問に対する元株式会社ダイショウ代表取締役高沢正宏氏からの回答による）。

また、伊藤伊の出資が五〇万円であったのは、ほかの仲間卸との関係上、その金額に抑えたという面があったという（筆者の質問に対する服部章信氏作成の回答資料）。

(32) 伊藤昌弘氏と服部章信氏への聞き取り調査と前掲「伊藤伊株式会社出向・異動者調査書（服部章信氏）」および筆者の質問に対する服部章信氏作成の回答資料などによる。

(33) 前掲『第三三期営業報告書』五頁。

(34) 伊藤伊株式会社『第三四期営業報告書』（平成一〇年四月一日から平成一一年三月三一日まで）二頁。

(35) 『中日本商業新聞』（一九九八年五月二五日）。

(36) 前掲『伊藤伊株式会社第三四期定時株主総会招集ご通知』（平成一一年六月一一日）所収『第三四期営業報告書』三頁。

(37) 伊藤伊の一九六〇年代後半から八〇年代前半までの内部留保については、第三章を参照されたい。なお、伊藤昌弘氏によると、先代の伊藤弥太郎とその弟で弥太郎を支えた服部清成の「売上ゼロでも二年間は従業員を食べさせていけるように」という方針を尊重していたという。利益配分については、「服部清成による算定方式があり、経営者報酬は、最上級課長職の給与を基準としたスライド方式であった。したがって、従業員である最上級課長の給料が上がらないと役員報酬も上がらないような方針になっていた。ただし、業績の良いときには、役員にも従業員にも特別賞与があった」という。したがって、一九八〇年代半ば以降の伊藤昌弘氏の社長時代にも、ある程度、内部留保重視と適正な成果配分の考え方は踏襲されていたといえる。

(38) 「伊藤伊株式会社出向・異動者調査書（只野善治氏）」（二〇一六年八月に伊藤昌弘氏の名前で発送・回答）および只野善治氏への聞き取り調査、鈴木洋一氏への質問に対する回答。なお、鈴木洋一氏の回答では、青木桂生氏との最初の海外視察について「第三営業部が新設された年」とあり、第五章での検討から、ここではその時期を一九八八年頃としている。

(39) 前掲「伊藤伊株式会社出向・異動者調査書（只野善治氏）」。

(40) 木村屋の本社は浜松市（菅原町九—二八）であったが、一九八九年に開設された営業拠点の豊田物流センターが磐田郡豊田町（宮之一色八五七）にあったため（前掲『中部流通名鑑一九九八』九〇～九一頁）、当時の新聞報道でも同社の所在地は磐田郡豊田町と紹介されている（『中日本商業新聞』一九九八年一一月一五日、『日本経済新聞』一九九八年一一月一九日、『日経流通新聞』一九九八年一一月一九日）。
（41）前掲『第三四期営業報告書』。
（42）『一九九八中部流通名鑑』（中日本商業新聞社、一九九八年一二月）八五頁、九〇～九一頁。
（43）『中日本商業新聞』（一九九八年一一月一五日）。
（44）『中日本商業新聞』（一九九八年一一月一五日）。
（45）伊藤伊株式会社社内報編集委員会『社内報ばぶりん』Vol.47（二〇〇四年）二頁、『日本商業新聞』（一九九八年一一月三〇日）。
（46）第四章の表4‐3を参照されたい。
（47）松本富士夫氏への聞き取り調査による。
（48）両支店の所在地は『一九九九中部流通年鑑』（中日本商業新聞社、一九九九年一〇月）四五頁。
（49）『日本商業新聞』（二〇〇〇年六月五日）。
（50）第七章、表7‐1を参照されたい。
（51）伊藤昌弘氏への聞き取り調査による。
（52）『石鹸日用品新報』（一九九八年一一月二五日）。
（53）前掲『第三四期営業報告書』。
（54）『日本商業新聞』（一九九九年二月八日）。
矢野本店は、一七一七（享保二）年に近江の蒲生郡日野町出身の初代矢野久左衛門が桐生に定着したのが始まりとされ、一七四九（寛延二）年に、店を構えて醸造業などを営んだ。一九一六（大正五）年に建てられた建物は、一八九〇（明治二三）年以前に建てられた蔵とともに、一九九四（平成六）年に桐生市指定重要文化財に指定された（http://www.guntabi.com/kiryu/yano.html 二〇一六年九月二二日アクセス）。
（55）伊藤昌弘氏への聞き取り調査による。

(56)『日経流通新聞』（一九九九年二月二日）、『石鹸日用品新報』（一九九九年四月七日）。
(57)『中日本商業新聞』（一九九九年二月五日）および伊藤伊関係者への聞き取り調査による。
(58)『日経流通新聞』（一九九九年二月二日）、『日本商業新聞』（一九九九年二月八日）。
(59)前掲「伊藤伊株式会社出向・異動者調査書（服部章信氏）」および筆者の質問に対する服部章信氏作成の回答資料などによる。
(60)伊藤昌弘氏に対する聞き取り調査と前掲「伊藤伊株式会社出向・異動者調査書（服部章信氏）」および筆者の質問に対する服部章信氏作成の回答資料などによる。
(61)「伊藤伊株式会社出向・異動者調査書（繁野嘉正氏）」（二〇一六年八月に伊藤昌弘氏の名前で発送・回答）。
(62)第五章、二六九〜二七〇頁。
(63)第四章、二一九〜二二二頁および筆者の伊藤昌弘氏に対する質問への回答による。
(64)『中日本商業新聞』（一九九八年四月二五日）、『日本商業新聞』（一九九八年四月二〇日）。
(65)『日本商業新聞』（一九九八年四月二〇日）。
(66)『中日本商業新聞』（一九九八年四月二五日）、『日本商業新聞』（一九九八年四月二〇日）。
(67)前掲『第三三期営業報告書』三頁。
(68)第七章の表7－15を参照されたい。
(69)第五章、二六二〜二六四頁および二六九頁。
(70)ここでのテクノケンセキ新物流センターの記述については、主に『中日本商業新聞』（一九九九年四月五日）、同センターの運営に関わった沼田英二氏、および伊藤伊の情報システムを担った藤根康弘氏による。
(71)『石鹸日用品新報』（一九九九年四月一四日）。
(72)『中日本商業新聞』（一九九九年四月五日）。
(73)『中日本商業新聞』（一九九九年二月五日）および伊藤伊関係者への聞き取り調査による。
(74)前掲『第三五期営業報告書』一頁。
(75)ここでの兼松カネカ買収に関する叙述は、伊藤伊株式会社『第三五期定時株主総会招集ご通知』所収『第三五期営業報告書』（平成一一年四月一日から平成一二年三月三一日まで）七頁、『石鹸洗剤新報』（二〇〇〇年四月五日）、同紙（同年七月二六日）および『中日本商業新聞』（二〇〇〇年四月二五日）による。

(76) ここでの兼松カネカ東京支店（東村山および立川）の状況については、「伊藤伊株式会社出向・異動者調査書（今津太氏）」（二〇一六年八月に伊藤昌弘氏の名前で発送・回答）、伊藤伊株式会社社内報編集委員会『社内報ばぷりん』Vol.39（二〇〇一年）一〇頁、および伊藤伊関係者への聞き取り調査による。

(77) ここでの兼松カネカ甲府支店の状況については、「伊藤伊株式会社出向・異動者調査書（幸島啓博氏）」（二〇一六年八月に伊藤昌弘氏の名前で発送・回答）および伊藤伊関係者への聞き取り調査による。

(78) 伊藤伊株式会社社内報編集委員会『社内報ばぷりん』Vol.38（二〇〇一年）五〜八頁、伊藤伊株式会社『第三七期定時株主総会招集ご通知』所収『第三七期営業報告書』（平成一三年四月一日から平成一四年三月三一日まで）二頁、および『石鹸日用品新報』（二〇〇一年四月四日）。

(79) 『石鹸日用品新報』（二〇〇一年四月四日）。

(80) ここでの京都支店に関する叙述は、とくに断りのない限り、『中日本商業新聞』（二〇〇〇年九月二五日）、同紙（二〇〇〇年一〇月二五日）、伊藤伊株式会社社内報編集委員会『社内報ばぷりん』Vol.37（二〇〇一年）九〜一〇頁。

(81) 第四章、二一一頁および二三六頁（注(19)）。

(82) ここでの井関篤美に関する叙述は、特に断りのない限り、「伊藤伊株式会社出向・異動者調査書（井関篤美氏）」（二〇一六年八月に伊藤昌弘氏の名前で発送・回答）による。

(83) 前掲『社内報ばぷりん』Vol.37、九〜一〇頁。

(84) 『石鹸日用品新報』（二〇〇〇年一〇月二五日）および藤根康裕氏による。

(85) 前掲「伊藤伊株式会社出向・異動者調査書（井関篤美氏）」。

(86) 前掲「伊藤伊株式会社出向・異動者調査書（只野善治氏）」、前掲『中日本商業新聞』（二〇〇一年一一月二五日）、『石鹸洗剤日用品新報』（二〇〇一年一月一〇日）、同紙（二〇〇二年一月三〇日）、『洗剤日用品粧報』（二〇〇一年一一月二六日）および同紙（二〇〇二年二月四日）。

(87) 『中日本商業新聞』（一九九四年八月五日）、『一九九四中部流通名鑑』（一九九四年七月）三三八〜三四〇頁。

(88)『石鹸化粧品日用品卸売業　日本の有力問屋一〇〇社』(日本商業新聞社、一九八八年一二月)九六〜九七頁。
(89)同書、九八〜九九頁および筆者の只野善春氏への質問に対する回答による。
(90)『九五年版石鹸化粧品日用品卸売業　日本の有力問屋一〇〇社』(日本商業新聞社、一九九五年九月)一〇四〜一〇五頁。
(91)前掲『中日本商業新聞』(一九九四年八月五日)。
(92)伊藤昌弘氏への聞き取り調査による。
(93)前掲『中日本商業新聞』(二〇〇一年一一月二五日)および松本富士夫氏への聞き取り調査による。
(94)ここでのシンリュウの経営・管理面の改善については、「伊藤伊株式会社出向・異動者調査書(松本富士夫氏)」(二〇一六年八月に伊藤昌弘氏の名前で発送・回答)および松本富士夫氏への聞き取り調査による。松本氏によると、商社出身の副社長の経営の方法が、地域の日用雑貨の卸売企業の経営となじまない面があったという。
(95)只野によると、出向当時、物流の滞りや売上の減少もあって、営業部の人々に覇気がなく、沈滞ムードであったという(前掲「伊藤伊株式会社出向・異動者調査書(只野善治氏)」および只野善春氏への聞き取り調査による)。
(96)長野県の伊藤伊の仲間卸(二次卸)については、第三章一三六〜一四〇頁を参照されたい。
(97)伊藤昌弘氏への聞き取り調査による。
(98)伊藤伊株式会社社内報編集委員会『社内報ぱぶりん』Vol.39(二〇〇一年)一〇頁、『中日本商業新聞』(二〇〇一年七月一五日)。
(99)伊藤昌弘自筆『伊藤昌弘日記』(二〇〇〇年八月四日)および同『日記』(二〇〇〇年一二月二四日)。
(100)『二〇〇一中部流通名鑑』(中日本商業新聞社、二〇〇一年一一月)一二五頁。
(101)伊藤伊株式会社『第三六期営業報告書』(平成一二年四月一日から平成一三年三月三一日まで)。
(102)『一九九八中部流通名鑑』(中日本商業新聞社、一九九八年一二月)五九頁。
(103)一九六〇〜七〇年代の伊藤伊と伊藤商事との取引関係については、第三章の表3-4-2、表3-4-3、表3-5-2、表3-6などを参照されたい。
(104)『一九九九中部流通名鑑』(中日本商業新聞社、一九九九年一〇月)五四頁では、伊藤商事の所在地が安城市高棚町秋葉堂一四九—一となっている。なお、『中日本商業新聞』(二〇〇〇年二月一五日)には「伊藤商事㈱では、二月七日付で連絡先を変更する」との記事があるが、半田市星崎町三―三九―六二という従来の住所の記載があるのみで移転先の安城市の住所などは記載されていない。

(105) 伊藤昌弘氏への聞き取り調査による。

(106) なすやと伊藤伊との一九七〇～八〇年代の取引関係については、第三章の表3-5-2と表3-6を参照されたい。

(107) 『中日本商業新聞』（二〇〇〇年四月二五日）。

(108) 「伊藤伊株式会社出向・異動者調査書（黒宮幸雄氏）」（二〇一六年八月に伊藤昌弘氏の名前で発送・回答）。

(109) ここでの加藤商店と同商店の伊藤伊への営業譲渡に関する記述は、『中日本商業新聞』（二〇〇一年八月五日）、『二〇〇〇中部流通名鑑』（中日本商業新聞社、二〇〇〇年一〇月）四六～四七頁による。

(110) 伊藤伊株式会社社内報編集委員会『社内報ばぶりん』Vol.40（二〇〇一年）九頁。

(111) 伊藤伊から出向した方々への聞き取り調査による。

(112) 藤根康裕氏への聞き取り調査による。

(113) 伊藤伊株式会社『第二七回定時株主総会招集ご通知』所収『第三七期営業報告書』（平成一三年四月一日から平成一四年三月三一日まで）。

(114) ここでの伊藤伊の株式の店頭登録に関する記述は、とくに断りのない限り、伊藤伊株式会社『第三六期営業報告書』（平成一二年四月一日から平成一三年三月三一日まで）、伊藤伊株式会社社内報編集委員会『社内報ばぶりん』Vol.36（二〇〇〇年）一～八頁、内田喜美雄作成「株式公開までの変遷」（社内資料）、および伊藤昌弘氏・内田喜美雄氏への聞き取り調査、などによる。

(115) 第四章、一九八頁および二二二頁。

(116) 内田喜美雄氏によると、取締役会では自分が指名されるような雰囲気もあり、自発的に挙手したほうが自分自信を鼓舞することにもなるので自ら名乗り出たとのことである。

(117) 第二章、八九～九五頁。

(118) 第四章、一九七～一九八頁および二〇三頁。

(119) 発行価格は一万五〇〇〇円（株価算定会社は国際証券で類似業種批准価額方式によった）で、資本金組入額は七五〇〇円であった。したがって、株式数は二七万株＋八万株で三五万株に増加し、資本金は、一億三五〇〇万円＋七五〇〇円×八万株＝七億三五〇〇万円となった。

(120) 木村屋の総株式二万二八〇〇株の一株につき、二・一株の合併比率であったので、増加株式数は二万二八〇〇株×二・一＝四万七八八〇株となり、合計株式数は三五万株＋四万七八八〇株＝三九万七八八〇株となった。これによる資本増加は、五〇〇円×四万七八八〇株＝二三九四万円であり、合計資本金額は七億三五〇〇万円＋二三九四万円＝七億五八九四万円となった。

(121) 株式数は三九万七八八〇株×二〇＝七九五万七六〇〇株となったが資本増加はなし。

(122) なお、店頭登録後の従業員の株式購入は、原則として毎月三〇日（休日のときは翌営業日）、賞与分については支給日の翌々営業日に時価で購入し、各人の積立金に応じて持ち分として配分することとなった。持株会の名義であるので、一〇〇〇株単位での個人名義引き出しができることとなった。ただし、実際の個人での引き出しはほとんどなかった。これは、インサイダー取引の恐れもあって自社株売買を自粛するように指導したことにもよる。退職時は、持株会を退会することになるが、持分株式の売買は本人の選択に委ねられたという（内田喜美雄氏への質問に対する回答）。

(123) 内田美喜雄氏への聞き取り調査による。

(124) 『日本商業新聞』（二〇〇〇年一〇月二三日）。

(125) 内田喜美雄氏への聞き取り調査による。

(126) 第四章、一九八～二〇六頁。

(127) 株式会社あらたの設立月日については四月一日という記述もあるが、ここでは株式会社あらた『第二期有価証券報告書』（自平成一五年四月一日至平成一六年三月三一日）二～三頁によった。また、各社の資本金額と従業員数は伊藤伊株式会社社内報編集委員会『社内報ぱぷりん』Vol.39（二〇〇一年）七頁による。なお伊藤伊とダイカの資本金と従業員数は二〇〇一年一月三一日現在の数値であり、サンビックのそれは二〇〇〇年一二月三一日現在の数値である。

(128) 伊藤伊株式会社社内報編集委員会『社内報ぱぷりん』Vol.42（二〇〇二年）七頁。

(129) 前掲『地域卸売企業ダイカの展開――ナショナル・ホールセラーへの歴史的所産』二〇六～二〇八頁。

(130) 三人の交流の場であったＭＳＳ研究会については、第二章一〇五頁を参照されたい。

(131) 前掲株式会社あらた『第二期有価証券報告書』三頁、伊藤伊株式会社社内報編集委員会『社内報ばぷりん』No.42（二〇〇二年）五頁。
(132) 株式会社パルタック『第七七期有価証券報告書』（自平成一六年一〇月一日至平成一七年九月三〇日）一四頁。
(133) 伊藤伊の創業期の状況については、第一章二〇～二九頁を参照されたい。
(134) この場所は、もともと大福商事の阪和流通センターのあった土地である。大福商事は一九二八（昭和三）年の創業で、従業員二四九名（うちパート数一四四名）、売上高一九五億円の卸売企業であった。一九九八年一〇月に実兄の辻中孝夫社長から三代目の社長を引き継いだのは、伊藤昌弘ともMSS研究会などで交流のあった辻中正であった（『二〇〇〇年版　石鹼・化粧品・日用品卸売業　日本の有力卸売業一〇〇社』日本商業新聞社、二〇〇〇年一一月、一四八～一四九頁）。『日本経済新聞』（二〇〇一年一〇月一一日）で、ダイカの大公一郎社長は「辻中正氏（大福商事社長）は誠実な人柄で幹事役として細やかな気配りをみせる。伊藤昌弘氏（伊藤伊社長）は堅実無比。当初はワイシャツのそでをまくり上げ、ズック靴でゴルフをしていた。」と評している。

辻中正は「基本的にはリージョナルホールセラーを目指して（中略――引用者）、地元SMの掘り起こし、ドラッグの強化、さらには今の帳合《ママ》いの更なる拡大などを目指す」（前掲『二〇〇〇年版　石鹼・化粧品・日用品卸売業　日本の有力卸売業一〇〇社』一四九頁）と経営の抱負を述べていた。しかし、二〇〇一年九月にマイカルが民事再生法の適用を申請したため、同社に対する二億三〇〇〇万円の焦げ付きが発生し、二〇〇一年一〇月一六日、大阪地裁に自己破産を申請せざるを得なくなったのである。主力銀行の支援も打ち切られ、負債総額は五七億円ともみられた（『日本経済新聞』夕刊、二〇〇一年一〇月一八日）。伊藤伊では、大福商事の茨木（茨木市）、阪和（泉南市）、中部（愛知県一宮市）の三つのセンターのうち、泉南市のセンターを賃借し、伊藤伊泉南センターとしたのである。
(135) 前掲「伊藤伊株式会社出向・異動者調査書（井関篤美氏）」。
(136) 『日本商業新聞』（二〇〇二年九月三〇日）、『中日本商業新聞』（二〇〇二年九月一〇日）、同紙（二〇〇二年一〇月一五日）、『石鹼日用品新報』（二〇〇二年一〇月二日）、同紙（二〇〇二年七月三日）などによる。
(137) 伊藤哲也氏と木村和敏氏の退任の挨拶は、伊藤伊株式会社社内報編集委員会『社内報ばぷりん』Vol.43（二〇〇二年）七～八頁に掲載されている。

(138) 伊藤昌弘氏への聞き取り調査による。
(139) 『トイレタリー・化粧品ダイジェスト二〇〇二～二〇〇三年版』(洗剤新報社、二〇〇二年六月)一七五頁および一八〇頁。
(140) 『日本商業新聞』(二〇〇二年九月三〇日)、『中日本商業新聞』(二〇〇二年一〇月一五日)。
(141) 『トイレタリー化粧品ダイジェスト二〇〇三～二〇〇四年版』(洗剤新報社、二〇〇三年六月)七六頁。なお、同書七六頁には、テクノカネカの「甲信支店」と記されているが、伊藤昌弘氏によると、「テクノカネカは一貫して甲府支店であって甲信支店と名乗ったことはない」という。テクノカネカの拠点は『二〇〇三年版「新・日本の有力卸売業一〇〇社」化粧品・日用品卸売業総覧』(日本商業新聞社、二〇〇三年)一一七頁による。
(142) 同書、一一七頁。なお、同書一一九頁には、「㈱テクノカネカ甲信支店」の紹介があり、テクノカネカの「甲信支店の社屋は旧兼松カネカの甲府支店だったもの」と記されているが、前述のように、伊藤昌弘氏の述べるところによると、テクノカネカ甲信支店ではなく、テクノカネカ甲府支店と思われる。
(143) 『中日本商業新聞』(二〇〇二年六月二六日)。
(144) ここでの野村商事に関する記述は、伊藤伊株式会社社内報編集委員会『社内報ばぶりん』Vol.43(二〇〇二年)一頁、『石鹸・化粧品・日用品卸売業　日本の有力問屋一〇〇社』(日本商業新聞社、一九八八年一二月)七六～七七頁、『二〇〇〇年版　石鹸・化粧品・日用品卸売企業　日本の有力卸売企業一〇〇社』(日本商業新聞社、二〇〇〇年一一月)六〇～六一頁、『石鹸日用品新報』(二〇〇二年七月三日)などによる。
(145) 前掲『石鹸・化粧品・日用品卸売業　日本の有力問屋一〇〇社』七六頁。
(146) 情報処理会社で野村商事の設立したシステム開発とエンジニアリング活動および物流業務・情報処理業務の受託会社(前掲『二〇〇〇年版　石鹸・化粧品・日用品卸売企業　日本の有力卸売企業一〇〇社』六一頁)。
(147) 前掲『社内報ばぶりん』Vol.43、一頁。
(148) 『日本商業新聞』(二〇〇二年九月三〇日)。
(149) 伊藤昌弘氏への聞き取り調査による。
(150) 前掲『社内報ばぶりん』Vol.43、四頁、
(151) 『石鹸日用品新報』(二〇〇二年七月三日)。

(152) 在庫引当とは、出荷作業を開始する時点で、その注文数をそのときの商品在庫数から「予約注文」として引き当てることである。伊藤伊では、受注後の出荷作業を行う時点で作業指示をすると、受注ごとにバラとケースに分割して、出荷対象となる商品ごとにコンピュータ在庫を確認し、出荷可能数を確認してOKであれば引当数に加算して出荷データを作成していた。計算式で表現すると、出荷可能数＝現在庫－引当数（予約・出荷中）となる。たとえば、現在庫が一五〇個で引当数が二七個であれば、出荷可能数が一二三個となる。この数字の状況下で、新たな受注が二三個あったとすれば、出荷可能数は一二三個あって出荷可能なので、引当数は二七個に二三個加算して五〇個とする。この時点で出荷可能数は一〇〇個となる。出荷が完了したときに出荷確定として出荷数を引当数からマイナスし、現在庫からマイナスする。これを在庫引き落としという。引当数の合計五〇個の出荷が完了したとすると、出荷可能数は一〇〇個、現在庫一〇〇個、引当数は〇個となる（藤根康裕氏による）。
(153) 伊藤伊株式会社社内報編集委員会『社内報ばぶりん』Vol.44（二〇〇二年）九頁および『伊藤伊情報系年表』。
(154) ここので平和センターの記述は、伊藤伊関係者への質問に対する回答、伊藤伊株式会社社内報編集委員会『社内報ばぶりん』Vol.46（二〇〇三年）九〜一〇頁および『日本商業新聞』（二〇〇三年五月五日）などによる。
(155) 伊藤伊株式会社『第三八期事業報告書』（平成一四年四月一日より平成一五年三月三一日まで）三頁。
(156) ここでの甲子園浜センターについての記述は、前掲「伊藤伊株式会社出向・異動者調査書（井関篤美氏）」、伊藤伊株式会社社内報編集委員会『社内報ばぶりん』Vol.47（二〇〇三年）一五頁および伊藤伊関係者への聞き取り調査による。
(157) 前掲「伊藤伊株式会社出向・異動者調査書（井関篤美氏）」。
(158) 前掲『第三三期営業報告書』六頁。
(159) 前掲『第三四期営業報告書』六頁。
(160) 前掲『第三五期営業報告書』六頁。
(161) 『石鹸日用品新報』（一九九八年四月八日）。
(162) 第五章、図5－6頁。
(163) 伊藤伊関係者の説明による。
(164) 『石鹸日用品新報』（一九九八年四月八日）。

(165) 前掲「伊藤伊株式会社出向・異動者調査書（濱本博光氏）」。
(166) 前掲「伊藤伊株式会社出向・異動者調査書（服部章信氏）」。
(167) 前掲「伊藤伊株式会社出向・異動者調査書（只野善春氏）」および筆者の只野善春氏への質問に対する回答。
(168) 伊藤伊の取締役であった河野幹生氏による。
(169) 伊藤昌弘氏への聞き取り調査による。
(170) 三恵商事については、第五章、二八〇頁を参照されたい。
(171) 河野幹生氏による。

第七章　損益・財務面の特徴（一九八五年以降）

はじめに

本章では、伊藤伊の利益の構造や財務面の特徴を明らかにすることにしたい。第三章でも一九六〇年代から八〇年代前半のそうした面について検討したが、ここで検討の対象とする時期は、伊藤昌弘が伊藤伊株式会社の第三代目の社長に就任した一九八五年二月の翌期の一九八五年一一月以降から、同社がダイカやサンビックおよび徳倉と合併して株式会社あらたとなる二〇〇四年三月までである。

第四章から第六章でみてきたように、この時期、伊藤伊は、伊藤昌弘のリーダーシップと新しく加わった経営陣によって、広域展開と情報・物流システムの高度化を実現した。営業方針としては、従来通り仲間卸（二次卸）との取引を尊重しながらも、小売店への直接販売も推進した。その結果、売上高に占める小売直販比率が大きくなり、仲間取引の比率が低下した。

こうした経過のなかで、伊藤伊の売上高や利益および経費にどのような推移や特徴があったのかについて、まず探ってみることにしたい。この検討を通じて、従来の諸研究で「見えざるリベート」としておぼろげに把握されていたものについても、実際の営業活動との関わりで、より明快にすることになろう。

さらに、日常の営業活動にともなう資金繰りや、事業の拡大にともなう設備投資のための資金調達にどのような変化が生じたのかについても検討する。また、グループ経営としての伊藤伊のグループ内取引や財務関係についてもみてみることにしたい。

こうした検討を通じて、これまでの日本経営史の研究史のなかで課題のひとつであった、広域化・全国化に向かっている時期の卸売企業の売上・利益の構造や財務面の実状とその動態について、明らかにすることになろう。

1　経営規模の拡大と売上増加

資産・純資産・資本金・資本装備率の増大

伊藤伊株式会社は、伊藤昌弘が社長になった翌期の一九八五年一一月期から株式会社あらたへの完全統合直前の二〇〇四年三月期まで、経営規模を拡大した。表7－1に示されるように、総資産で約一一四億円から約三五四億円へと三・一倍、純資産で約五一億円から約一四〇億円へと二・八倍、資本金額で九〇〇〇万円から約九億二〇〇〇万円と一〇・二倍の増加となっている(1)。

資産規模の増加は、第五章と第六章でみてきたように、物流・情報機能高度化のための投資と合併および広域的な経営展開によるものであった。

これに関連して、表7－2によって資本装備率の推移についてみてみよう。第二章でみたように(2)、伊藤昌弘の叔父で前会長の服部清成（一九二〇～一九九二）は「一人当たり資本装備率一千万円水準」を目標値として唱えていたが、その実現はなかなか難しかった。正社員にパート従業員を加えた就業者全員の資本装備率でみてみると、この目標を達成したのは、第二六期すなわち服部が他界して（一九九二年八月五日）会長職を終える前年のことであった。服部にとっては幸いなことに、在職中に実現できていたことになるが、このことを服部が認識できていたかどうかは不明である。

正社員だけを基準としてみると、第三二期には、一人当たり二〇〇〇万円近くとなっており、木村屋との合併の第三四期以降は二〇〇〇万円を超える額となっている。また就業者一人当たりでみると、一〇〇〇万円を超えてから大きな増加はなく、第三五期以降は減少している。これは、主に物流関係を中心とするパート従業員数の増加による。

ところで、資本の増加は、これも第四章で詳細をみたが[3]、第二九期の株式分割（一株を一・五株に）、第三二期の第三者割当増資、第三五期の木村屋との合併、同期の株式分割（一株の一〇割無償二分割と五〇〇円から五〇円への額面変更すなわち五〇〇円一株を五〇円二〇株）、さらに第三六期の株式店頭公開という五つの段階を経てのことであった。

売上高の伸長

売上高は、決算期の変更[4]のあった第三一期（一九九五年一一月二九日から一九九六年三月三一日までの約四カ月間）を除いて、毎期、増加していることがわかる。この逓増傾向のなかで第三〇期の伸び率が低かった要因として、伊藤伊自身では「依然として続く消費者マインドの冷え込みに加え」て「海外商品、PB商品の増加により、一層の競争激化となって」きたことをまずあげている。また、大店法緩和にともなう大手小売業のチェーン・ストアの出店の活発化と広域化さらには卸売企業の広域合併などによる競争圧力も指摘している[5]。

翌三一期の決算期変更後の第三二期には、「『商圏の拡大による事業規模の拡大』と『社内の部門収益の拡大』さらに、『物流コストを中心とするオペレーションコストの把握と低減』を前提とする事業構造の変革を遂げ活動して」きた結果、五五六億九九〇〇万円の売上高となり、第一営業部（仲間卸部門）全体の売上高も、「厳しい環境の中、三〇三億四五〇〇万円と堅調に推移」した[6]。

三〇三億四五〇〇万円を五五六億九九〇〇万円で除して算出される仲間卸の売上高比率は、五四・四八％となる。すなわち、この値を売上高一〇〇％から差し引いた値が表7－1に示される第三二期の小売直販比率四五・五二％と

利益の推移（1985年11月〜2004年３月）（金額：円，率：％）

第25期	第26期	第27期	第28期	第29期	第30期
1989年11月29日 〜1990年11月28日	1990年11月29日 〜1991年11月28日	1991年11月29日 〜1992年11月28日	1992年11月29日 〜1993年11月28日	1993年11月29日 〜1994年11月28日	1994年11月29日 〜1995年11月28日
1990年11月28日	1991年11月28日	1992年11月28日	1993年11月28日	1994年11月28日	1995年11月28日
43,953,914,635	46,718,369,724	49,195,537,391	51,132,932,265	52,149,131,236	52,564,177,028
44,065,069,059	46,832,667,723	49,341,050,054	51,279,144,900	52,302,299,715	52,720,122,670
111,154,424	114,297,999	145,512,663	146,212,635	153,168,479	155,945,642
40,634,891,243	42,752,558,741	45,236,924,289	46,948,349,957	47,881,378,906	48,844,005,300
1,239,458,042	1,420,808,448	1,816,120,177	1,506,966,958	1,502,044,087	1,691,645,266
41,521,877,065	43,847,104,346	45,639,462,772	47,576,904,199	48,701,944,088	49,053,382,434
−	−	−	−	−	−
705,635,416	699,233,876	711,691,702	633,477,113	630,964,003	610,556,648
1,420,808,448	1,816,120,177	1,506,966,958	1,502,044,087	1,691,645,266	1,290,465,752
−	36.50	37.00	38.96	−	38.50
3,319,023,392	3,965,810,983	3,958,613,102	4,184,582,308	4,267,752,330	3,720,171,728
7.55	8.49	8.05	8.18	8.18	7.08
2,425,624,144	2,948,140,664	3,423,149,504	3,492,524,653	3,618,084,982	3,590,572,094
893,399,248	1,017,670,319	535,463,598	692,057,655	649,667,348	129,599,634
2.03	2.18	1.09	1.35	1.25	0.25
643,423,249	939,011,746	497,393,479	499,343,324	503,205,651	620,693,044
1.46	2.01	1.01	0.98	0.96	1.18
546,168,293	854,030,588	352,407,739	442,543,324	496,760,338	622,022,080
272,417,193	292,357,288	259,752,639	341,582,824	212,012,438	295,776,878
90,000,000	90,000,000	90,000,000	90,000,000	135,000,000	135,000,000
6,525,657,796	5,247,902,766	5,477,855,405	5,800,038,229	6,038,100,667	6,300,720,696
16,750,038,303	19,317,013,724	20,814,565,995	20,658,314,603	21,205,468,186	20,939,251,151

第35期	第36期	第37期	第38期	第39期
1999年４月１日 〜2000年３月31日	2000年４月１日 〜2001年３月31日	2001年４月１日 〜2002年３月31日	2002年４月１日 〜2003年３月31日	2003年４月１日 〜2004年３月31日
2000年３月31日	2001年３月31日	2002年３月31日	2003年３月31日	2004年３月31日
73,776,655,769	78,028,015,197	82,482,157,379	91,057,487,506	94,798,407,768
74,238,865,348	78,623,286,904	83,105,370,020	91,909,210,609	95,995,444,378
462,209,579	595,271,707	623,212,641	851,723,103	1,197,036,610
67,552,372,629	71,065,112,050	74,617,172,132	81,753,963,965	85,185,202,483
2,134,121,962	2,983,119,047	3,947,286,679	5,064,760,871	5,696,312,230
68,402,564,345	72,785,231,011	76,452,285,265	83,295,281,032	85,072,400,271
753,491,471	−	−	−	−
754,686,102	755,951,329	717,638,941	909,765,708	771,631,957
2,983,119,047	3,947,286,679	5,064,760,871	5,696,312,230	4,811,878,061
60.26	67.06	72.73	77.07	−
6,224,283,140	6,962,903,147	7,864,985,247	9,303,523,541	9,613,205,285
8.44	8.92	9.54	10.22	10.14
5,771,587,636	6,680,428,331	7,400,144,554	8,523,276,920	9,093,352,089
452,695,504	282,474,816	464,840,693	780,246,621	519,853,196
0.61	0.36	0.56	0.86	0.55
1,114,472,193	1,067,682,107	1,229,552,287	1,381,468,945	1,129,393,995
1.51	1.37	1.49	1.52	1.19
831,324,157	1,092,406,852	938,397,984	1,404,006,279	1,045,316,179
428,041,402	592,537,647	457,946,362	781,816,352	570,219,906
758,940,000	922,740,000	922,740,000	922,740,000	922,740,000
11,770,948,412	12,980,986,555	13,183,533,405	13,481,590,416	13,983,031,774
30,685,592,830	31,878,298,439	34,237,386,604	35,261,370,233	35,367,745,131

異なる場合は，『営業報告書』の貸借対照表や損益計算書の数字を収録した。第21〜第26期の総資産額の
として計上していることによる。
小売店への販売比率の合計値である。第32〜第38期は各期『営業報告書』掲載数値によって算出した。

表７－１　伊藤伊株式会社の売上高・

期	第21期	第22期	第23期	第24期
時期（年・月・日）	1985年11月29日 ～1986年11月28日	1986年11月29日 ～1987年11月28日	1987年11月29日 ～1988年11月28日	1988年11月29日 ～1989年11月28日
期末（現在）（年・月・日）	1986年11月28日	1987年11月28日	1988年11月28日	1989年11月28日
売上高(A)＝（B)-(C)	32,383,562,933	33,288,344,479	35,132,649,994	40,003,404,494
商品売上高（B)	－	33,352,909,496	35,221,753,096	40,087,363,407
売上（支払）割戻金（C)	－	64,565,017	89,103,102	83,958,913
売上原価(D)=(E)＋(F)＋(G)－(H)－(I)	29,965,467,843	30,691,347,708	32,409,829,069	37,088,317,798
期首棚卸高（E)	－	885,554,758	736,208,169	988,388,332
商品仕入高(F)	－	31,129,933,152	33,283,107,804	38,010,634,121
合併受入商品（G)	－	－	－	－
仕入（受取）割戻高（H)	－	587,932,033	621,098,572	671,246,613
期末棚卸高（I)	－	736,208,169	988,388,332	1,239,458,042
小売直販比率	－	－	31.00	－
売上総利益（J）=(A)-(D)	2,418,095,090	2,596,996,771	2,722,820,925	2,915,086,696
売上総利益率=（J)÷(A)×100	7.47	7.80	7.75	7.29
販売費一般管理費（K)	1,516,968,524	1,639,496,913	1,775,878,421	2,028,354,930
営業利益（M)＝(J)-(K)	901,126,566	957,499,858	946,942,504	886,731,766
売上高営業利益率=(M)÷(A)×100	2.78	2.88	2.70	2.22
経常利益（L)	812,668,939	854,950,375	874,463,010	751,713,145
売上高経常利益率＝(L)÷(A)×100	2.51	2.57	2.49	1.88
税引前当期利益	720,102,266	751,530,810	776,394,087	650,605,627
当期純利益（N)	291,472,786	310,194,040	310,680,437	307,902,527
資本金	90,000,000	90,000,000	90,000,000	90,000,000
純資産額	5,054,485,002	5,425,706,242	5,812,975,602	6,196,185,647
総資産額	11,442,484,740	11,521,634,622	12,522,732,515	14,418,301,102
期	第31期	第32期	第33期	第34期
時期（年・月・日）	1995年11月29日 ～1996年３月31日	1996年４月１日 ～1997年３月31日	1997年４月１日 ～1998年３月31日	1998年４月１日 ～1999年３月31日
期末（現在）（年・月・日）	1996年３月31日	1997年３月31日	1998年３月31日	1999年３月31日
売上高(A)＝（B)-(C)	17,699,939,607	55,699,345,218	57,073,968,469	59,026,338,889
商品売上高（B)	17,774,998,338	55,857,868,304	57,350,598,180	59,389,527,471
売上（支払）割戻金（C)	75,058,731	158,523,086	276,629,711	363,188,582
売上原価(D)=(E)＋(F)＋(G)－(H)－(I)	16,562,511,209	51,676,930,353	52,968,126,376	54,569,255,826
期首棚卸高（E)	1,290,465,752	1,405,178,390	1,237,374,971	1,644,874,520
商品仕入高(F)	16,893,357,355	51,997,092,391	54,047,387,132	55,643,138,671
合併受入商品（G)	－	－	－	110,178,898
仕入（受取）割戻高（H)	216,133,508	487,965,457	671,761,207	694,814,301
期末棚卸高（I)	1,405,178,390	1,237,374,971	1,644,874,520	2,134,121,962
小売直販比率	45.00	45.52	48.00	52.22
売上総利益（J）=(A)-(D)	1,137,428,398	4,022,414,865	4,105,842,093	4,457,083,063
売上総利益率=（J)÷(A)×100	6.43	7.22	7.19	7.55
販売費一般管理費（K)	1,212,145,432	3,656,827,426	3,868,164,155	4,432,447,479
営業利益（M)＝(J)-(K)	-74,717,034	365,587,439	237,677,938	24,635,584
売上高営業利益率=(M)÷(A)×100	-0.42	0.66	0.42	0.04
経常利益（L)	131,425,129	875,465,411	812,739,164	863,103,462
売上高経常利益率＝(L)÷(A)×100	0.74	1.57	1.42	1.46
税引前当期利益	1,282,241,591	849,797,871	595,386,766	847,096,134
当期純利益（N)	1,279,048,415	464,486,883	251,161,444	496,714,656
資本金	135,000,000	735,000,000	735,000,000	735,000,000
純資産額	7,551,099,111	9,205,182,224	9,413,784,419	9,866,228,574
総資産額	20,339,119,983	23,437,695,254	22,861,479,463	25,637,226,047

（注１）下記出典のうち『決算報告書』と『営業報告書』のそれぞれの貸借対象表や損益計算書で数字が
不一致は，『決算書』の貸借対照表で，本来資産のマイナス勘定として計上すべき貸倒引当金を負債
（注２）小売直販比率は，第21～第31期は，表４－４－２および表４－４－３の表中の仲間卸への比率以外の
（出典）伊藤伊株式会社『第21期～第39期決算報告書』，同『第21期～第39期営業報告書』。

（1985年11月末～2003年３月末）

第24期	第25期	第26期	第27期	第28期	第29期
1988年11月29日 ～1989年11月28日	1989年11月29日 ～1990年11月28日	1990年11月29日 ～1991年11月28日	1991年11月29日 ～1992年11月28日	1992年11月29日 ～1993年11月28日	1993年11月29日 ～1994年11月28日
1989年11月28日	1990年11月28日	1991年11月28日	1992年11月28日	1993年11月28日	1994年11月28日
1,365,463,496	1,620,749,025	3,758,376,624	4,869,624,653	5,303,526,629	4,801,863,981
25,000,000	1,128,080,000	–	–	–	–
1,340,463,496	492,669,025	3,758,376,624	4,869,624,653	5,303,526,629	4,801,863,981
–	–	–	–	–	–
–	–	–	–	–	–
–	–	–	–	–	–
314	349	367	351	340	355
4,268,992	1,411,659	10,240,808	13,873,575	15,598,608	13,526,377

第34期	第35期	第36期	第37期	第38期
1998年４月１日 ～1999年３月31日	1999年４月１日 ～2000年３月31日	2000年４月１日 ～2001年３月31日	2001年４月１日 ～2002年３月31日	2002年４月１日 ～2003年３月31日
1999年３月31日	2000年３月31日	2001年３月31日	2002年３月31日	2003年３月31日
6,736,774,798	7,483,736,973	7,611,680,993	7,684,614,152	8,111,531,465
97,990,350	25,137,499	126,000	118,950,300	131,586,000
6,638,784,448	7,458,599,474	7,611,554,993	7,565,663,852	7,979,945,465
245	367	359	347	345
27,097,079	20,323,159	21,202,103	21,803,066	23,130,277
146	165	179	238	284
391	532	538	585	629
16,978,988	14,019,924	14,147,872	12,932,759	12,686,718

期）・「会社の事業概況（説明）書」（第20期，第26期，第27期，第30期，第31期）・「役員人員給与」（第22期については，各期の『営業報告書』・『決算報告書』所収「貸借対照表」・「会社の概況」中「従業員の状報」による。

なる。すなわち、この時期の伊藤伊では、まだ売上高に占める仲間卸比率の割合が高かったことがわかる。

なお、後述するように、伊藤伊の商品の売上高や仕入高の一部には、伊藤伊の関係会社のものも含まれている。

商品別・拠点別売上高

表7-3によって一九九〇年代後半以降の商品部門別売上高の推移をみると、第三三期（一九九七年四月～一九九八年三月）以降、首位がヘルス&ビューティ商品、第二位が洗剤関連商品、第三位が紙・衛生材商品という順位に変わりがなく、これらで全売上の七〇～八〇%を占めていることがわかる。なかでも売上高を着実に伸ばしているのは、紙・衛生材商品である。また、ヘルス&ビューティ商品も、第三四期の低下を除くと、増加傾向にあったことがわかる。

これらに対して、松下電器、松下電工、東

表7－2　伊藤伊株式会社の資本装備率の推移

期	第20期	第21期	第22期	第23期
時期（年・月・日）	1984年11月29日～1985年11月28日	1985年11月29日～1986年11月28日	1986年11月29日～1987年11月28日	1987年11月29日～1988年11月28日
期末（現在）（年・月・日）	1985年11月28日	1986年11月28日	1987年11月28日	1988年11月28日
有形固定資産（A）（円）	1,199,999,778	1,291,808,843	1,272,846,853	1,281,519,977
建設仮勘定（B）（円）	50,000,000	－	－	8,800,000
(A)－（B）＝（C）（円）	1,149,999,778	1,291,808,843	1,272,846,853	1,272,719,977
正社員数(D)	－	－	－	－
正社員１人当たり資本装備率（C）÷(D)(円)	－	－	－	－
パート数（期間中平均）(E)	－	－	－	－
就業者数(F)＝(D)＋(E)	229	－	256	271
就業者１人当たり資本装備率(C)÷(F)(円)	5,021,833	－	4,972,058	4,696,384
期	第30期	第31期	第32期	第33期
時期（年・月・日）	1994年11月29日～1995年11月28日	1995年11月29日～1996年３月31日	1996年４月１日～1997年３月31日	1997年４月１日～1998年３月31日
期末（現在）（年・月・日）	1995年11月28日	1996年３月31日	1997年３月31日	1998年３月31日
有形固定資産（A）（円）	4,446,830,078	4,260,349,817	4,189,115,703	4,900,348,127
建設仮勘定（B）（円）	－	－	6,180,000	776,865,076
(A)－(B)＝(C)(円)	4,446,830,078	4,260,349,817	4,182,935,703	4,123,483,051
正社員数(D)	－	－	210	233
正社員1人当たり資本装備率(C)÷(D)(円)	－	－	19,918,741	17,697,352
パート数（期間中平均）（E）	－	－	－	99
就業者数(F)＝(D)＋(E)	326	345	－	332
就業者１人当たり資本装備率(C)÷(F)(円)	13,640,583	12,348,840	－	12,420,130

（出典）第20～第31期については伊藤伊株式会社『第20期～第31期決算書類』各期所収「貸借対照表」（各
期～第25期）・「外国法人税等の額の控除に関する明細書」（第28期，第29期）による。第32期～第38
況」（各期）および東海財務局長宛平成14年６月28日提出『第37期有価証券報告書届』所収「企業情

芝などの電材関連商品（乾電池・蛍光灯・電球・配線器具・ビデオテープ等）の売上高は、増減しながら全体のなかでの構成比率を下げていることがわかる。

表７－４によって、広域化後の伊藤伊の仲間卸・拠点別の売上高と構成をみると、この時期の仲間卸は二〇％台と減ってはいるが、第三七期と第三八期のいずれにおいても本社の小売店への直販に次ぐ販売高となっていることがわかる。第三七期でこれらに続くのが、木村屋の拠点のあった浜松支店である。ともにその販売地域であった浜松支店と静岡支店を合わせると、いずれの期においても全体の一〇％以上となる。そして、京都、横浜がそれらに続く実績であったことがわかる。

小売直販の増加

さて、伊藤伊としては、前の第三一期にも「卸店とは、伊藤伊ネットワーク化を推

売上高の推移（1996年４月～2003年３月）

第34期		第35期		第36期		第37期		第38期	
1998年４月１日 ～1999年３月31日		1999年４月１日 ～2000年３月31日		2000年４月１日 ～2001年３月31日		2001年４月１日 ～2002年３月31日		2002年４月１日 ～2003年３月31日	
1999年３月31日		2000年３月31日		2001年３月31日		2002年３月31日		2003年３月31日	
売上高 （100万円）	構成比 （％）	売上高 （100万円）	構成比 （％）	売上高 （100万円）	構成比 （％）	売上高 （100万円）	構成比 （％）	売上高 （100万円）	構成比 （％）
15,955	27.0	20,592	27.9	24,376	31.2	26,933	32.6	30,213	33.2
15,203	25.8	20,163	27.4	19,651	25.2	20,173	24.5	23,009	25.3
13,134	22.2	18,098	24.5	18,865	24.2	19,226	23.3	20,064	22.0
4,473	7.6	5,238	7.1	4,929	6.3	4,858	5.9	5,333	5.9
3,478	5.9	4,522	6.1	4,617	5.9	5,430	6.6	6,011	6.6
6,783	11.5	5,161	7.0	5,590	7.2	5,862	7.1	6,425	7.0
59,026	100.0	73,774	100.0	78,028	100.0	82,482	100.0	91,055	100.0

拠点別比較（2001年４月～2003年３月）

第38期				
2002年４月１日～2003年３月31日				
2002年３月31日				
売上高（千円）（A）	割戻高（千円）（B）	割戻率（％） （B）÷（A）×100	商品売上高（千円） （A）－（B）	売上構成比（％）
21,062,032	40,266	0.19	21,021,766	23.09
32,888,710	441,141	1.34	32,447,569	35.63
1,864,432	145	0.01	1,864,287	2.05
6,139,435	64,631	1.05	6,074,804	6.67
3,373,129	14,889	0.44	3,358,240	3.69
3,935,385	21,197	0.54	3,914,188	4.30
6,280,220	17,301	0.28	6,262,919	6.88
4,029,464	22,153	0.55	4,007,311	4.40
3,035,561	19,551	0.64	3,016,010	3.31
9,300,876	210,438	2.26	9,090,438	9.98
91,909,244	851,712	0.93	91,057,533	100.00

では下記出典の数字のままとした。
５月10日作成）。

表7－3　伊藤伊株式会社の商品部門別

商品部門	期	第32期		期	第33期	
	時期（年・月・日）	1996年4月1日～1997年3月31日		時期（年・月・日）	1997年4月1日～1998年3月31日	
	期末（現在）（年・月・日）	1997年3月31日		期末（現在）（年・月・日）	1998年3月31日	
	各部門の主な商品	売上高（100万円）	構成比（%）	商品部門	売上高（100万円）	構成比（%）
ヘルス&ビューティ商品	ヘアケア，オーラルケア，スキンケア，化粧品，装粧品，理美容品	15,473	27.8	ヘルス&ビューティ商品	16,460	28.8
洗剤関連商品	衣料用洗剤，洗濯用助剤	10,142	18.2	洗剤関連商品	15,684	27.5
紙・衛生材商品	家庭紙，紙おむつ，生理用品，衛生材料，ベビー用品	12,060	21.6	紙・衛生材商品	12,271	21.5
ハウスホールド商品	台所用洗剤，住居用洗剤，防虫・芳香剤	6,608	11.9	電材関連商品	5,079	8.9
その他日用品・家庭用品	電材，殺虫剤，文具，玩具，ペット用品，喫煙具，その他	11,416	20.5	家庭用品	4,126	7.2
—	—	—	—	その他日用品	3,453	6.1
合　計		55,699	100.0	合　計	57,073	100.0

（出典）伊藤伊株式会社『第21期～第38期決算報告書』，同『第21期～第38期営業報告書』。

表7－4　伊藤伊株式会社の売上高・売上割戻の取引別・

期	第37期				
時期（年・月・日）	2001年4月1日～2002年3月31日				
期末（現在）（年・月・日）	2002年3月31日				
販売対象・拠点	売上高(千円)(A)	割戻高(千円)(B)	割戻率（%）(B)÷(A)×100	商品売上高（千円）(A)－(B)	売上構成比（%）
仲間卸	22,538,688	43,188	0.19	22,495,500	27.27
本社直販	33,998,989	364,595	1.07	33,634,394	40.78
百貨店	1,996,950	982	0.05	1,995,968	2.42
横浜支店	3,340,407	25,931	0.78	3,314,476	4.02
甲信支店	427,421	72	0.02	427,349	0.52
北陸支店	2,927,571	17,018	0.58	2,910,553	3.53
浜松支店	6,039,768	17,088	0.28	6,022,680	7.30
静岡支店	3,485,598	21,425	0.61	3,464,173	4.20
北関東支店	3,046,631	34,935	1.15	3,011,696	3.65
京都支店	5,303,341	97,974	1.85	5,205,367	6.31
合　計	83,105,364	623,208	0.75	82,482,156	100.00

（注）第38期の売上高合計は，厳密には表7－1の売上高および売上（支払）割戻金と一致しないが，ここ
（出典）伊藤伊株式会社『第38期決算書』書類綴り所収「売上・売上割戻し拠点前期比較一覧表」（2003年

進し売上げ拡大に努める」[7]とし、この第三二期でも伊藤伊の開発した棚割システムの「プラノマスター」[8]を「卸店様を中心に二八企業でご利用いただき、お得意様の店頭活性化のためにご利用いただいてい」[9]ることを『営業報告書』で明記しており、卸店尊重の経営方針を変えることはなかった。しかし、第五章でみたように、一九九五年六月に伊藤伊の岐阜の仲間卸が石川県の新和と合併するとの報道が同年四月にあってから二〜三カ月後、伊藤昌弘社長は、仲間卸との取引関係を尊重しつつ小売直販の強化を指示した[10]。この指示の時期に間違いがなければ、第三〇期（一九九四年一一月二九日〜一九九五年一一月二八日）のことになる。

表7-1に示されるように、それ以降、売上高に占める仲間卸（二次卸）への売上高比率が低下し、小売店への伊藤伊からの直販の比率が増えていく。木村屋の合併のあった一九九九年四月一日直前の第三四期には、小売直販比率が五〇％以上となり、ついに仲間卸比率と逆転した。これ以降、広域展開もあって、売上高はいっそう伸びている。広域展開は、第六章でみたように、伊藤伊と取引関係のあった仲間卸や取引のなかった各地の卸売企業との合併や、そのグループ化を経たうえでの合併として進められた。このため、合併相手の従来からの販売先小売店も伊藤伊の小売直販対象となった。これに、広域展開する小売店（主にチェーン）との新規取引が加わっていったのである。

売上総利益率の増加とその要因

小売直販の進展は、表7-1に示されるように実際の商品の売上高と仕入高を増加させた。とくに小売直販が五〇％を超えた第三四期以降、その傾向が強くみられる。この第三四期以降は、売上総利益（粗利）と売上総利益率も伸びていることがわかる。これは、小売直販の進展にともなって、売上総利益の構造に変化が生じたためである。

第三章でもみたように[11]、仲間卸（二次卸）相手の取引では、伊藤伊と仲間卸は「仲間」として、それぞれから小売店への卸売価格は同一にするというのが伊藤伊の従来からの方針であった。それゆえ、伊藤伊のメーカーからの仕入価格と仲間卸への販売価格は同一であった。すなわち、それだけでみると、仲間卸への売上総利益はゼロとなる。

ただし、仲間卸への販売については、メーカーから卸売企業たる伊藤伊に対して、売上高の通常二〜三%、多い場合で七%前後に相当する帳合料が支払われていた。広告宣伝を大きく実施するナショナル・ブランドをもつメーカーと知名度の低いメーカーとでは、それぞれの商品に対する卸機能の発揮の面で差異が生じる。前者に対する卸機能は、市場調整とリスク管理、いわば商社機能が主となる。後者に対しては、さらに販売促進機能も求められることになり、帳合料も大きくなる(12)。

この帳合料は、仕入割戻すなわち仕入額の減額として処理されていた。その商品は、メーカーから仲間卸への直送が多く、販売金額によって販売費・一般管理費が増減することは少なかった。このため仲間卸に要する費用は、比較的、一定程度で安定する傾向があったといえる。

一方、伊藤伊から小売店への直接販売の場合、小売店への販売価格すなわち卸売価格から、仕入価格を差し引いた額が売上総利益となる。したがって、伊藤伊にとっては、小売直販が増えるほど、売上総利益の伸びが期待されることになる。

実際には、大手小売店への卸売価格の決定については、伊藤伊の独断で決められることは少なく、メーカーの担当者や小売店の仕入担当者と伊藤伊との三者による折衝で決められた。伊藤伊から小売店への販売価格として決定された価格で粗利不足が見込まれる場合、伊藤伊とメーカー担当者との間で「約定書」が取り交わされ、販売数量（商品売上高）に応じた金額を「販売促進費」または「販売奨励金」として、メーカーから伊藤伊に支払うこととされた。この分については、仕入割戻（仕入代金の控除）というかたちで処理されたという(13)。

また、伊藤伊と小売店との間で取り決める「販売契約書」にもとづいて、伊藤伊から小売店へ支払われる「販売奨励金」は、売上割戻（売上高の減額）として処理された。この「販売奨励金」などの売上割戻金は、伊藤伊と小売店との取引が増えるほど増加する傾向がある。表7‐1に示されるように、短期決算の第三一期を除いて、売上割戻金が毎期増加しているのは、小売直販の増加によるものである(14)。これも、仕入割戻と同様、取引慣行や力関係などによって左右される一面をもつ。

表7－4に示している売上割戻率をみても、仲間卸の平均の〇・一九％がほとんど変わらないのは取引慣行の継承とみてよいであろう。一方で、直販では拠点別に差異のあることがわかる。販売実績の大きい本社直販や京都支店などが比較的高い。これは、販売量に応じたものであろう。因果関係では、割戻率を高めて販売先への還元額を高めることで、売上高の実績を確保したともいえる。他方で、浜松支店のように変わらないのも、従来の木村屋の時代からの取引慣行によるものであろう。甲信支店や京都支店のように、短期間に割戻率が高くなっているのは、それによって小売店への売上高を確保した一面があったからであろう。他方で、北関東支店のように、さほどの販売高の減少がないにもかかわらず、割戻率が低下しているのは、このエリアでの伊藤伊の力が優位性をもち得る要因があった可能性が考えられよう。

売上割戻のような売上高のマイナス要因を補って余りあるほどの商品販売先と販売量の増加があったことが、売上総利益増加の主たる要因となった。さらに、減少しながらも一定程度保たれた仲間卸の帳合料としての、あるいは増加する小売店の出荷コスト低減とボリューム・ディスカウントとしての仕入割戻などのプラス要因も加わって、伊藤伊の売上総利益の増加傾向が続いたとみることができる。

なお、表7－1に示されるように、売上原価として一時的に計上されている合併商品受入高は、被合併会社からの在庫商品購入として処理された。第六章でみたように[15]、第三四期は、伊藤伊株式会社金沢店（石川県のダイショウの株式九〇％取得をもとに一九九八年一月一日に設立した伊藤伊株式会社とは別法人の関係会社）を一九九八年七月一日に合併して伊藤伊株式会社北陸支店としたことによるものである。第三五期は、一九九九年四月一日の浜松の木村屋との合併によるものである。

2　販売費・一般管理費の増加と営業外損益

売上高営業利益率の低下

広域化とそれにともなう小売直販比率の上昇によって、売上高の増加と売上総利益率の上昇がみられたが、表7‐1に示されるように、営業利益はむしろ減ってゆく傾向にあった。したがって、売上高の逓増傾向の一方で、当然のことながら、売上高営業利益率は低下していった。表7‐1に示されるように、第三〇期以降、売上高営業利益率は一％未満の低水準にとどまった。

この営業利益の減少傾向と営業利益率の低さの最大の要因は、販売費・一般管理費の増加によるものであった。表7‐1に示されるように、短期決算の第三一期とその前期の第三〇期を除いて、毎期、販売費・一般管理費が増加していることがわかる。

人件費の増加

販売費・一般管理費のなかで、最大は、表7‐5に示されるように、人件費（給与手当、退職金、役員報酬、賞与引当金繰入、人材派遣料ほか）である。第三三期に、役員報酬とあるのは、給与手当という勘定科目からの分割である(16)。また第三五期で一時的に賞与の勘定科目が発生しているのは、合併後の会計システムの統合に向けた移行過程の一時的措置として、被合併会社の会計処理方法を採用したことによると推定される(17)。前述のように、この年度の初めには、浜松の木村屋との合併が実現している。

伊藤伊では、広域化と合併・グループ化後の経営統合の過程で、役員と従業員が増えていった。小売直販の拡大にともない営業部門・物流部門等各部門での人材需要が高まり、これに必要な人員も増えていったのである。

（1990年11月～2004年3月）（金額：円，率：%）

期	第33期		第34期		第35期		第36期		第37期		第38期		第39期	
時期（年・月・日）	1997年4月1日～1998年3月31日		1998年4月1日～1999年3月31日		1999年4月1日～2000年3月31日		2000年4月1日～2001年3月31日		2001年4月1日～2002年3月31日		2002年4月1日～2003年3月31日		2003年4月1日～2004年3月31日	
期末（現在）（年・月・日）	1998年3月31日		1999年3月31日		2000年3月31日		2001年3月31日		2002年3月31日		2003年3月31日		2004年3月31日	
金額・比率	金額(円)	比率(%)	金額(円)	比率(%)	金額(円)	比率(%)	金額(円)	比率(%)	金額(円)	比率(%)	金額(円)	比率(%)	金額(円)	比率(%)
役員報酬	120,420,833	3.11	145,016,890	3.27	173,449,150	3.01	169,537,000	2.54	182,101,200	2.46	193,391,488	2.27	209,885,520	2.31
給与手当	1,162,097,403	30.04	1,340,099,292	30.23	1,522,305,071	26.38	1,930,353,096	28.90	2,076,999,971	28.07	1,918,222,449	22.51	1,921,969,648	21.14
人材派遣料	－	－	－	－	－	－	－	－	－	－	97,863,713	1.15	130,942,135	1.44
賞　与	－	－	－	0.00	310,355,840	5.38	－	－	－	－	344,219,782	4.04	300,965,573	3.31
賞与引当金繰入額	106,920,000	2.76	114,292,800	2.58	196,500,000	3.40	183,600,000	2.75	176,700,000	2.39	189,000,000	2.22	188,109,000	2.07
退職金	2,469,100	0.06	6,645,600	0.15	6,581,700	0.11	－	－	－	－	－	－	－	－
役員退職慰労引当金繰入額	17,283,000	0.45	18,179,000	0.41	35,225,600	0.61	21,560,000	0.32	22,540,000	0.30	22,705,000	0.27	24,500,000	0.27
退職給付費用	－	－	－	－	－	－	72,566,115	1.09	66,312,000	0.90	115,144,000	1.35	120,915,300	1.33
法定福利費	193,074,064	4.99	221,068,867	4.99	305,417,311	5.29	244,885,454	3.67	256,414,826	3.46	296,124,907	3.47	311,654,380	3.43
法定厚生費（福利厚生費）	27,296,905	0.71	23,096,122	0.52	20,776,052	0.36	28,759,848	0.43	25,675,366	0.35	24,357,866	0.29	59,779,809	0.66
保険料	8,693,791	0.22	14,603,748	0.33	19,261,662	0.33	23,560,956	0.35	21,195,913	0.29	16,847,918	0.20	14,463,047	0.16
賃借料	482,565,994	12.48	485,037,398	10.94	536,378,272	9.29	640,229,702	9.58	691,492,599	9.34	803,366,861	9.43	787,703,929	8.66
減価償却費	243,723,379	6.30	337,048,653	7.60	353,413,033	6.12	378,527,787	5.67	382,331,912	5.17	389,514,790	4.57	426,006,550	4.68
貸倒引当金繰入	17,831,424	0.46	－	0.00	10,054,935	0.17	－	－	57,648,688	0.78	110,553,746	1.30	37,030,268	0.41
消耗品費	81,209,407	2.10	122,626,564	2.77	108,687,237	1.88	134,173,314	2.01	159,151,245	2.15	105,869,178	1.24	138,738,657	1.53
維持修繕費	57,185,019	1.48	70,170,273	1.58	75,392,457	1.31	89,053,031	1.33	100,940,648	1.36	83,711,875	0.98	85,700,971	0.94
水道光熱費	51,105,795	1.32	68,949,783	1.56	79,575,672	1.38	90,955,044	1.36	99,312,055	1.34	101,496,044	1.19	98,362,808	1.08
旅　費	129,601,500	3.35	152,503,489	3.44	194,148,882	3.36	212,164,796	3.18	214,026,043	2.89	149,547,692	1.75	150,321,843	1.65
通信費	36,903,106	0.95	43,877,245	0.99	50,636,143	0.88	51,519,577	0.77	54,121,709	0.73	70,160,538	0.82	68,443,417	0.75
販促費	23,093,256	0.60	44,450,088	1.00	15,900,601	0.28	26,804,004	0.40	22,499,779	0.30	2,361,937	0.03	12,315,576	0.14
運　賃	695,678,881	17.98	805,361,680	18.17	1,157,019,487	20.05	1,402,793,194	21.00	1,677,536,553	22.67	－	－	－	－
車輛費	－	－	－	－	－	－	－	－	－	－	89,624,730	1.05	102,647,239	1.13
荷造発送費	－	－	－	－	－	－	－	－	－	－	2,929,421,661	34.37	3,438,965,832	37.82
広告宣伝費	12,610,210	0.33	26,342,895	0.59	40,618,758	0.70	41,071,779	0.61	38,175,224	0.52	20,822,093	0.24	21,762,960	0.24
租税公課	66,304,921	1.71	62,645,762	1.41	102,057,192	1.77	75,955,552	1.14	90,849,285	1.23	94,107,185	1.10	77,963,803	0.86
交際会議費	42,867,229	1.11	54,549,755	1.23	43,026,687	0.75	43,290,542	0.65	39,001,495	0.53	39,046,903	0.46	44,678,233	0.49
電算処理費	－	－	－	－	－	－	－	－	－	－	178,879,281	2.10	193,980,492	2.13
手数料	156,882,680	4.06	227,746,203	5.14	355,593,648	6.16	764,106,098	11.44	892,516,220	12.06	67,297,619	0.79	55,654,724	0.61
研修費	22,494,727	0.58	20,246,332	0.46	16,539,297	0.29	19,289,355	0.29	16,202,136	0.22	17,536,162	0.21	15,099,282	0.17
事業税等	103,096,400	2.67	16,585,600	0.37	18,039,500	0.31	17,489,400	0.26	17,041,400	0.23	17,161,400	0.20	17,053,600	0.19
寄付金	－	－	345,250	0.01	78,800	－	114,600	0.00	81,000	－	104,380	－	163,100	－
少額資産	－	－	623,930	0.01	5,918,167	0.10	539,779	0.01	－	－	－	－	－	－
高額消耗品	－	－	－	－	－	－	－	－	1,658,874	0.02	762,688	0.01	2,760,676	0.03
雑　費	6,755,131	0.17	10,334,260	0.23	18,636,482	0.32	17,528,308	0.26	17,618,413	0.24	34,053,034	0.40	34,813,717	0.38
合　計	3,868,164,155	100.00	4,432,447,479	100.00	5,771,587,636	100.00	6,680,428,331	100.00	7,400,144,554	100.00	8,523,276,920	100.00	9,093,352,089	100.00

表 7－5　伊藤伊株式会社の販売・一般管理費の推移

期	第26期		第27期		第28期		第29期		第30期		第31期		第32期	
時期（年・月・日）	1990年11月29日~1991年11月28日		1991年11月29日~1992年11月28日		1992年11月29日~1993年11月28日		1993年11月29日~1994年11月28日		1994年11月29日~1995年11月28日		1995年11月29日~1996年3月31日		1996年4月1日~1997年3月31日	
期末（現在）（年・月・日）	1991年11月28日		1992年11月28日		1993年11月28日		1994年11月28日		1995年11月28日		1996年3月31日		1997年3月31日	
金額・比率	金額(円)	比率(%)	金額(円)	比率(%)	金額(円)	比率(%)	金額(円)	比率(%)	金額(円)	比率(%)	金額(円)	比率(%)	金額(円)	比率(%)
給与手当	1,283,803,987	43.55	1,327,049,784	38.77	1,303,670,486	37.33	1,330,252,814	36.77	1,302,089,242	36.26	336,174,345	27.73	1,236,486,986	33.81
賞与退職金繰入額	–	–	–	–	–	–	–	–	–	–	–	–	103,900,000	2.84
退職金	–	–	–	–	–	–	–	–	–	–	23,516,585	1.94	880,290	0.02
役員退職慰労引当金繰入額	–	–	–	–	–	–	–	–	–	–	–	–	31,066,000	0.85
厚生費	58,619,439	1.99	72,325,863	2.11	66,973,241	1.92	44,670,624	1.23	16,760,102	0.47	8,876,526	0.73	19,332,858	0.53
法定福利費	113,761,459	3.86	111,348,368	3.25	112,018,126	3.21	113,904,275	3.15	103,891,175	2.89	49,206,318	4.06	186,935,588	5.11
保険料	2,383,117	0.08	3,930,181	0.11	3,850,027	0.11	3,702,200	0.10	4,207,870	0.12	501,597	0.04	4,616,758	0.13
借地借家料	238,026,923	8.07	426,108,881	12.45	419,547,748	12.01	422,015,576	11.66	388,036,936	10.81	166,688,312	13.75	484,789,076	13.26
減価償却費	140,040,478	4.75	269,843,638	7.88	292,800,950	8.38	427,796,585	11.82	379,715,609	10.58	122,189,088	10.08	261,374,290	7.15
消耗品費	104,106,502	3.53	64,449,819	1.88	79,286,691	2.27	69,048,180	1.91	72,382,235	2.02	25,718,896	2.12	85,228,890	2.33
維持修繕費	28,253,787	0.96	34,411,331	1.01	34,708,248	0.99	39,761,160	1.10	66,131,043	1.84	34,721,839	2.86	55,960,383	1.53
水道光熱費	35,255,261	1.20	58,305,799	1.70	50,467,572	1.45	50,745,004	1.40	49,033,382	1.37	15,598,483	1.29	48,088,583	1.32
旅　費	37,384,710	1.27	39,048,914	1.14	37,705,726	1.08	67,145,243	1.86	94,503,669	2.63	32,040,583	2.64	111,816,339	3.06
通信費	27,368,593	0.93	27,467,197	0.80	27,937,470	0.80	29,948,264	0.83	31,721,268	0.88	9,659,758	0.80	37,614,900	1.03
運　賃	493,964,721	16.76	571,251,921	16.69	594,726,026	17.03	563,076,610	15.56	549,166,408	15.29	204,543,590	16.87	632,650,535	17.30
車輌燃料費	13,084,919	0.44	12,487,542	0.36	11,223,387	0.32	11,309,520	0.31	11,245,234	0.31	–	–	–	–
広告宣伝費	31,538,984	1.07	42,492,027	1.24	35,987,140	1.03	33,001,044	0.91	19,664,658	0.55	17,817,037	1.47	839,944	0.02
租税公課	55,729,477	1.89	69,905,574	2.04	123,610,177	3.54	92,939,362	2.57	61,559,820	1.71	14,794,479	1.22	67,928,061	1.86
接待交際会議費	51,152,210	1.74	40,127,776	1.17	31,145,207	0.89	42,290,658	1.17	50,553,826	1.41	25,256,895	2.08	47,338,208	1.29
手数料	4,757,591	0.16	6,074,300	0.18	12,439,030	0.36	10,751,490	0.30	16,162,025	0.45	30,213,630	2.49	94,743,602	2.59
データ処理料	26,388,511	0.90	30,472,981	0.89	30,731,964	0.88	36,838,361	1.02	40,326,325	1.12	–	–	–	–
リース料	114,347,412	3.88	121,348,924	3.54	133,974,783	3.84	135,547,575	3.75	132,626,225	3.69	–	–	–	–
車輌リース料	44,780,900	1.52	48,311,000	1.41	47,361,501	1.36	45,083,500	1.25	41,151,200	1.15	–	–	–	–
研修費	9,053,817	0.31	15,888,894	0.46	19,631,358	0.56	30,999,971	0.86	28,133,117	0.78	2,729,823	0.23	16,966,642	0.46
事業税等	–	–	–	–	–	–	–	–	115,741,100	3.22	6,634,900	0.55	113,000,000	3.09
貸倒引当金繰入	–	–	–	–	–	–	–	–	–	–	13,326,612	1.10	1,546,253	0.04
貸倒損失	–	–	–	–	–	–	363,519	0.01	–	–	–	–	7,673,594	0.21
賞与引手金繰入	–	–	–	–	–	–	–	–	–	–	69,906,000	5.77	–	–
寄付金	–	–	–	–	–	–	–	–	–	–	20,000	–	–	–
雑　費	34,337,866	1.16	30,498,790	0.89	22,727,795	0.65	16,893,447	0.47	15,769,625	0.44	2,010,136	0.17	6,049,646	0.17
合　計	2,948,140,664	100.00	3,423,149,504	100.00	3,492,524,653	100.00	3,618,084,982	100.00	3,590,572,094	100.00	1,212,145,432	100.00	3,656,827,426	100.00

（注）第29期は，別の資料では租税公課は74,992,462円，事業税が92,175,400円で合計値が3,691,949,963円となっている。
（出典）伊藤伊株式会社『第26～第38期決算報告書』，同『第26～第38期営業報告書』。

実際、表7－2でみたように、第三二期から第三八期にかけて正社員数は二一〇名から三四五名へ、パート従業員数は、期間中平均数で第三三期の九九名から第三八期には二八四名となっている。このため、人件費の増加は必然的なものであった。

なお、第三八期の人材派遣料は、こうした人材需要をまかなうために人材派遣会社から派遣された人員のための費用である。主に物流業務の従事者で、その多くは学生であった。このほかに、伝票処理や入力作業などの事務処理の人員も派遣され、おおむね能力が高かったという(18)。

このほか、賞与や退職金は、当該期に支払いの発生したものである。また賞与引当金繰入額は、賞与の支給額を賞与引当金として計上する金額について、当期の負担に属する賞与の繰入額である。役員退職慰労引当金繰入額や退職給付費用は、将来、役員や従業員が退職するときに支払う慰労金や退職給付のうち、当期に負担すべき金額を見積って、当期の費用として処理・計上したものである。

借地借家料・減価償却費・運賃の増加

借地借家料（賃借料）と減価償却費は、ともに第三三期まで増減しているが、それ以降、いずれも毎期、増加している。これも、広域化にともなう営業拠点や物流センターの新設にともなうものであった。

主なものだけをみてゆくと、第二六期から第二七期にかけて、借地借家料と減価償却費が急増しているのは、一九九一年一〇月のみなと商品センター（借地）の開設によるものであった(19)。第三三期から第三四期にかけては、一九九八年四月の江南センター（自社物件）と北陸支店および金沢商品センター（自社物件）の開設により減価償却費が増加した(20)。第三四期から第三五期にかけては、まず一九九九年四月の木村屋の合併と浜松・静岡支店の開設によって賃借料と減価償却費が増加し、同年七月の新横浜支店と海老名物流センターの開設（借地）によって減価償却費が増加した。さらに二〇〇〇年二月の北関東支店（借地・借家）の開設も、賃借料を増加させた(21)。

第三五期から第三六期にかけては、二〇〇〇年四月の安城センター（借地・借家）の開設によって賃借料が増加し、同年一〇月の京都支店および京都商品センター（借地）の開設によって減価償却費が増加した[22]。さらに第三六期から第三七期にかけての賃借料増加は、二〇〇二年二月の甲信支店（借地・借家）の開設によるものであった[23]。

運送に関わる費用の合計額は、短期決算の第三一期を除いて、毎年、増加していることがわかる。運賃の増加は、主に、取引量の拡大にともなう物流面の増大、それに応じた各センターの充実を背景としたものである。さらに、大手小売店の物流センターに納品した際に徴収されるセンター・フィーなども、初めのうちは明細科目を納品代行料とし、小科目を運賃として処理していた。しかし、その後、第三八期から科目がみられる荷造発送費として処理するようにしたという[24]。この荷造発送費が販売費・一般管理費に占める比率が大きいのは、それだけセンター・フィーの負担が大きくなったことを意味している。このセンター・フィーは、伊藤伊のみならず、大手中間流通企業にとって、共通の課題でもあった。

仕入割引・売上割引と営業外損益

表7-6によって、営業外収益をみると、第二九期まで受取利息や配当金などが大きいが、第三〇期以降は、仕入割引が最大となっている。第二九期までも仕入割引があった可能性があるが、『損益計算書』に明記されていないので不明である。一方、営業外費用で、第三二期まで最大であったのは支払利息であるが、その後、第三四期を除き、第三七期まで売上割引のほうが大きくなっている。

仕入割引は、卸売企業が仕入先メーカーへの支払時に現金引きされるものであり、メーカーごとに設定されていた[25]。「現金引き」や「金利引き」とも称され、メーカーへの早期の支払いなどによって、買掛金の一部などが免除（減額）される。後に伊藤伊と合併するダイカの場合も、営業外収益の最大比率を占めており[26]、伊藤伊でも、短期決算の第三四期を除いて、おおむね六六〜八三％の高い割合を占めていたことがわかる。

これに対し、売上割引は、伊藤伊が販売先から売掛金を回収する際の一定割合での現金引きである。これも、営業外費用のなかで、二五～五〇%という比較的大きい比率を占めていることがわかる。売上割引とともに、高い比率の支払利息は、長期・短期の借入金の利子の損金算入である。

営業外損益全体の推移をみると、第二九期までは損失が大きく、むしろ経常利益を下げる傾向にあったが、第三〇期以降は、営業外収益が上回り、経常利益を上げる方向に転じている。しかしながら、営業利益の低さを補って余りあるほどの営業外収益とはならず、営業外損益がプラスに転じた第三〇期以降も、売上高経常利益率は、一%台以下の低水準にとどまっている。

いずれにせよ、伊藤伊が一九九〇～二〇〇一年度の業界ランキング[27]で、売上高で三～五位、一人当たり売上高で一

2004年３月）（金額：円，率：%）

第27期	第28期	第29期	第30期
1991年11月29日 ～1992年11月28日	1992年11月29日 ～1993年11月28日	1993年11月29日 ～1994年11月28日	1994年11月29日 ～1995年11月28日
1992年11月28日	1993年11月28日	1994年11月28日	1995年11月28日
594,602,196	224,129,671	208,055,348	932,028,584
101,830,868	80,008,366	73,224,103	71,207,921
36,346,331	55,839,767	59,220,939	53,047,457
–	–	–	721,468,988
–	–	–	77.41
456,424,997	88,281,538	75,610,306	86,304,218
632,672,315	416,844,002	354,517,045	440,935,174
464,088,697	372,217,465	277,244,720	232,903,665
152,792,500	31,113,100	74,228,500	–
–	–	748,000	–
–	–	–	207,557,779
–	–	–	47.07
15,791,118	13,513,437	2,295,825	473,730
-38,070,119	-192,714,331	-146,461,697	491,093,410

第37期	第38期	第39期
2001年４月１日 ～2002年３月31日	2002年４月１日 ～2003年３月31日	2003年４月１日 ～2004年３月31日
2002年３月31日	2003年３月31日	2004年３月31日
1,069,098,598	1,052,700,447	1,021,287,326
20,417,695	26,661,924	31,348,596
172,175,174	186,857,824	176,405,495
861,189,855	824,770,622	792,618,958
80.55	78.35	77.61
–	–	–
15,315,874	14,410,077	20,914,277
304,387,004	451,478,123	411,746,527
121,616,241	120,890,092	127,037,473
154,378,294	116,853,660	115,502,768
50.72	25.88	28.05
–	–	–
–	–	–
–	–	–
14,891,668	184,298,798	129,234,317
–	10,235,518	20,840,174
3,090,149	–	–
10,410,652	19,200,055	19,131,795
764,711,594	601,222,324	609,540,799

で数字が異なる場合は，『決算報告書』所収の「貸借対

には，以降の時期に計上されている貸倒引当金の金額が

表7-6　伊藤伊株式会社の営業外損益（1993年４月～

期	第21期	第22期	第23期	第24期	第25期	第26期
時期（年・月・日）	1985年11月29日 ～1986年11月28日	1986年11月29日 ～1987年11月28日	1987年11月29日 ～1988年11月28日	1988年11月29日 ～1989年11月28日	1989年11月29日 ～1990年11月28日	1990年11月29日 ～1991年11月28日
期末(現在)(年・月・日)	1986年11月28日	1987年11月28日	1988年11月28日	1989年11月28日	1990年11月28日	1991年11月28日
営業外収益(A)	211,215,304	122,234,451	168,618,847	158,076,948	175,778,295	562,770,019
受取利息・配当金	111,900,039	96,514,013	106,438,680	94,711,477	100,603,495	107,953,721
不動産賃貸収入	14,605,000	21,930,000	22,452,000	22,452,000	22,452,000	22,452,000
仕入割引(A1)	−	−	−	−	−	−
仕入割引の比率＝(A1)÷（A)×100	−	−	−	−	−	−
雑収入	84,710,265	3,790,438	39,728,167	40,913,471	52,722,800	432,364,298
営業外費用(B)	299,672,931	224,783,934	241,098,341	293,095,569	425,754,294	641,428,592
支払利息	166,444,211	121,402,803	121,493,600	166,514,785	336,125,428	507,336,951
事業税等	133,228,720	103,381,131	119,604,741	126,580,784	89,628,866	79,357,400
新株発行費（償却）	−	−	−	−	−	−
売上割引(B1)	−	−	−	−	−	−
売上割引の比率＝(B1)÷（B)×100	−	−	−	−	−	−
その他（雑損失）	−	−	−	−	−	54,734,241
営業外損益	-88,457,627	-102,549,483	-72,479,494	-135,018,621	-249,975,999	-78,658,573

期	第31期	第32期	第33期	第34期	第35期	第36期
時期（年・月・日）	1995年11月29日 ～1996年３月31日	1996年４月１日 ～1997年３月31日	1997年４月１日 ～1998年３月31日	1998年４月１日 ～1999年３月31日	1999年４月１日 ～2000月31日	2000年４月１日 ～2001年３月31日
期末(現在)(年・月・日)	1996年３月31日	1997年３月31日	1998年３月31日	1999年３月31日	2000年３月31日	2001年３月31日
営業外収益(A)	298,416,961	773,240,287	827,041,469	1,180,117,792	1,052,879,287	1,120,712,464
受取利息・配当金	45,901,340	57,102,847	53,873,087	47,700,724	44,718,260	28,153,094
不動産賃貸収入	16,454,876	55,461,465	57,491,720	71,011,716	121,385,543	133,085,531
仕入割引(A1)	196,963,059	575,349,749	659,318,721	605,597,510	756,912,959	935,560,317
仕入割引の比率＝(A1)÷（A)×100	66.00	74.41	79.72	51.32	71.89	83.48
有価証券売却益	−	57,716,369	932,109	426,671,546	86,805,369	7,852,892
雑収入	39,097,686	27,609,857	55,425,832	29,136,296	43,057,156	16,060,630
営業外費用(B)	92,274,798	263,362,315	251,980,243	341,649,914	391,102,598	335,505,173
支払利息	50,208,087	125,285,325	100,072,849	140,381,033	148,237,450	139,220,393
売上割引(B1)	24,798,903	105,783,459	105,022,934	95,832,342	160,215,624	158,831,060
売上割引の比率＝(B1)÷（B)×100	26.88	40.17	41.68	28.05	40.97	47.34
有価証券売却損	−	2,232,878	35,450	−	44,897,468	−
有価証券評価損	16,929,390	24,778,809	41,683,333	21,214,487	−	−
新株発行費（償却）	−	−	−	−	−	25,247,616
貸倒引当金繰入	−	−	−	−	−	−
不動産賃貸原価	−	−	−	−	−	−
営業外減価償却	−	3,525,037	3,302,526	10,524,178	12,389,937	6,891,676
その他（雑損失）	338,418	1,756,807	1,863,151	73,697,874	25,362,119	5,314,428
営業外損益	206,142,163	509,877,972	575,061,226	838,467,878	661,776,689	785,207,291

（注１）下記出典のうち『決算報告書』と『営業報告書』のそれぞれの「貸借対照表」や「損益計算書」照表」や「損益計算書」の数字を収録した。

（注２）第21期は『営業報告書』所収の「貸借対照表」・「損益計算書」のみによった。この場合，総資産額含まれていないと推定される。

（出典）伊藤伊株式会社『第21期～第39期決算報告書』，同『第32期～第39期営業報告書』。

〜六位を保ちながらも、売上高経常利益率では、さほど上位に入れなかったのは、以上のような事情による。

純利益の増加

表7－1に示されるように、税引前利益も純利益も増減を繰り返しながらも、長期的には増加の傾向をたどった。第二一期と第三九期を比べると、税引前利益は約七億二〇〇〇万円から約一〇億五〇〇〇万円へと約一・四五倍になり、純利益は約二億九〇〇〇万円から五億七〇〇〇万へと二倍近くの増加となっている。

3 財務体質とその変化

内部留保の維持と自己資本比率の推移

表7－7によって、伊藤伊の純利益の配分の推移をみてみよう。株主への利益還元である配当性向は三〜四％台の時期が多く、高い時期でも第三五期までは八〜九％台であった。利益配当金を除いた残額、すなわち内部留保額の純利益に占める比率である内部留保率①をみると、第三五期までは九〇％以上を維持していることがわかる。第三六期以降でも、八〇％以上である。役員賞与金も外部への配分とみて、これを内部留保から控除した金額を内部留保とみた内部留保率②をみても、第三五期まで八五〜九九％の間にある。第三六期以降でも、七二〜八二％である。

第三章でみたように(28)、一九六〇年代後半から八〇年代前半も、伊藤伊の内部留保率は、役員賞与を控除しない場合も控除した場合も高い比率であった。したがって、広域化と直販への移行が進展したこの一九八〇年代後半から九〇年代においても、その傾向が維持されたといえる。

こうしたフローとしての内部留保率の高さをストックの面でみる尺度として、総資産に対する内部留保資産の比率、すなわち内部留保比率によってみてみよう。表7－7に示されるように、第二四期までは四〇％台を維持していたが、第二五期以降のその数値は三〇％台に下がる。とはいえ、第三八期までその水準を維持していたことがわかる。

表7－8によって、伊藤伊の自己資本比率の推移をみると、上記の内部留保率と同様に、第二四期まで四〇％台の水準を維持していたが、第二五期から第三二期まで二六～三九％の間を増減している。第三三期には四〇％台に戻り、その後、三八～四〇％の水準を維持していることがわかる。こうした自己資本比率の高さの要因のひとつは、前述の内部留保率の高さによるであろう。

ちなみに、伊藤伊の負債比率（自己資本に対する負債の比率）についてみておくと、流動負債、固定負債ともに急増していく第二六期から第三〇期にかけては、二三〇％以上の高い水準となっているが、それ以外は一一〇～一六〇％台の水準となっており、自己資本比率は高いものの、事業全体でみると自己資本よりも他人資本で動かされていた割合がいくぶん大きいということになる。(29)

売掛債権と買掛債務の増加

表7－8をみると、流動資産のなかで売掛金の金額が大きいことがわかる。受取手形と合わせた金額で五七～六七％台の比率を占めている。その一方で、流動負債のなかで買掛金の金額も大きいこともわかる。

売掛金の内容を、仲間卸の販売比率を小売直販の比率が上回る前後で比べてみると、小売直販比率が四五・五二％（表7－1参照）で仲間卸がまだ大きかった第三二期で、表7－9に示されるように、すでに売掛金の比率では仲間卸以外すなわち小売直販および関係会社への売掛金の比率が五〇・七一％と過半数を超えていることがわかる。そして、小売直販比率が六〇・二六％に増えた第三五期をみると、その比率は七三・六五％にまで増えていることがわかる。このことから、おそらく小売直販比率の拡大に先んじて、買掛金のなかで小売直販についての比率の拡大が進行したとみられる。小売直販の拡大のなかで、小売店への売上に占める買掛金の比率が大きくなっていったことも推測される。

（1986年11月29日～2004年３月31日）（金額：円，率：％）

第24期	第25期	第26期	第27期	第28期	第29期
1988年11月29日 ～1989年11月28日	1989年11月29日 ～1990年11月28日	1990年11月29日 ～1991年11月28日	1991年11月29日 ～1992年11月28日	1992年11月29日 ～1993年11月28日	1993年11月29日 ～1994年11月28日
1989年11月28日	1990年11月28日	1991年11月28日	1992年11月28日	1993年11月28日	1994年11月28日
307,902,527	272,417,193	292,357,288	259,752,639	341,582,824	212,012,438
10,800,000	10,800,000	10,800,000	10,800,000	10,800,000	17,956,849
9,400,000	19,500,000	19,000,000	8,600,000	8,150,000	15,200,000
3.51	3.96	3.69	4.16	3.16	8.47
3.05	7.16	6.50	3.31	2.39	7.17
96.49	96.04	96.31	95.84	96.84	91.53
93.44	88.88	89.81	92.53	94.45	84.36
14,418,301,102	16,750,038,303	19,317,013,724	20,814,565,995	20,658,314,603	21,205,468,186
90,000,000	90,000,000	90,000,000	90,000,000	90,000,000	90,000,000
5,675,055,362	6,052,310,318	6,371,435,527	6,707,222,757	6,947,222,757	7,257,222,757
33,227,758	20,930,285	33,047,478	35,604,766	35,957,405	48,590,229
5,798,283,120	6,163,240,603	6,494,483,005	6,832,827,523	7,073,180,162	7,395,812,986
40.21	36.80	33.62	32.83	34.24	34.88
第33期	第34期	第35期	第36期	第37期	第38期
1997年４月１日 ～1998年３月31日	1998年４月１日 ～1999年３月31日	1999年４月１日 ～2000年３月31日	2000年４月１日 ～2001年３月31日	2001年４月１日 ～2002年３月31日	2002年４月１日 ～2003年３月31日
1998年３月31日	1999年３月31日	2000年３月31日	2001年３月31日	2002年３月31日	2003年３月31日
251,161,444	496,714,656	428,041,402	592,537,647	457,946,362	781,816,352
17,497,500	17,497,500	39,788,000	103,891,200	86,576,000	106,748,208
19,950,000	18,000,000	21,000,000	25,400,000	38,022,800	32,500,000
6.97	3.52	9.30	17.53	18.91	13.65
7.94	3.62	4.91	4.29	8.30	4.16
93.03	96.48	90.70	82.47	81.09	86.35
85.09	92.85	85.80	78.18	72.79	82.19
22,861,479,463	25,637,226,047	30,685,592,830	31,878,298,439	34,237,386,604	35,261,370,233
638,750,000	643,750,000	654,750,000	872,110,000	885,110,000	885,110,000
7,724,000,000	7,924,000,000	9,544,000,000	10,297,228,496	10,621,120,184	10,828,830,163
74,399,424	73,586,919	122,981,074	296,370,412	296,616,859	329,964,421
8,437,149,424	8,641,336,919	10,321,731,074	11,465,708,908	11,802,847,043	12,043,904,584
36.91	33.71	33.64	35.97	34.47	34.16

で数字が異なる場合は，『営業報告書』の「貸借対照表」や「損益計算書」の数字を収録した。第21～第26
き貸倒引当金を負債として計上していることによる。
ら106,748,208円の中間配当が行われた残額の869,133,743円が次期繰越利益として株式会社あらたへ引き

に内部にストックされた資産の金額である。

表7－7　伊藤伊株式会社の内部留保の推移

期	第21期	第22期	第23期
時期（年・月・日）	1985年11月29日 ～1986年11月28日	1986年11月29日 ～1987年11月28日	1987年11月29日 ～1988年11月28日
期末（現在）（年・月・日）	1986年11月28日	1987年11月28日	1988年11月28日
純利益（A）	291,472,786	310,194,040	310,680,437
配当金（B）	10,800,000	10,800,000	10,800,000
役員賞与（C）	16,300,000	15,680,000	15,500,000
配当性向（％）（D）（B÷A×100）	3.71	3.48	3.48
役員賞与比率（E）（C÷A×100）	5.59	5.05	4.99
内部留保率①{(A－B)÷A×100}あるいは(100－D)	96.29	96.52	96.52
内部留保率②{(A－B－C)÷A×100}あるいは{100－(D+E)}	90.70	91.46	91.53
総資産額（F）	11,442,484,740	11,521,634,622	12,522,732,515
法定積立金（資本準備金・利益準備金）（G）	90,000,000	90,000,000	90,000,000
任意積立金（諸積立金）（H）	4,521,451,721	4,870,378,921	5,273,447,844
前期繰越金（I）	61,560,495	65,133,281	48,847,321
内部留保資産額（J）（G＋H＋I）	4,673,012,216	5,025,512,202	5,412,295,165
内部留保比率（J÷F×100）	40.84	43.62	43.22
期	第30期	第31期	第32期
時期（年・月・日）	1994年11月29日 ～1995年11月28日	1995年11月29日 ～1996年3月31日	1996年4月1日 ～1997年3月31日
期末（現在）（年・月・日）	1995年11月28日	1996年3月31日	1997年3月31日
純利益（A）	295,776,878	1,279,048,415	464,486,883
配当金（B）	13,500,000	4,573,770	13,532,800
役員賞与（C）	15,170,000	5,830,000	19,500,000
配当性向（％）（D）（B÷A×100）	4.56	0.36	2.91
役員賞与比率（E）（C÷A×100）	5.13	0.46	4.20
内部留保率①{(A－B)÷A×100}あるいは(100－D)	95.44	99.64	97.09
内部留保率②{(A－B－C)÷A×100}あるいは{100－(D+E)}	90.31	99.19	92.89
総資産額（F）	20,939,251,151	20,339,119,983	23,437,695,254
法定積立金（資本準備金・利益準備金）（G）	90,000,000	90,000,000	633,750,000
任意積立金（諸積立金）（H）	7,437,222,757	5,992,498,000	7,324,000,000
前期繰越金（I）	47,445,818	54,552,696	47,945,341
内部留保資産額（J）（G＋H＋I）	7,574,668,575	6,137,050,696	8,005,695,341
内部留保比率（J÷F×100）	36.17	30.17	34.16

（注1）下記出典のうち『決算報告書』と『営業報告書』のそれぞれの「貸借対照表」や「損益計算書」
期の総資産額の不一致は，『決算書』の「貸借対照表」で，本来資産のマイナス勘定として計上すべ
（注2）第39期には、前期繰越金405,662,045円＋当期利益金570,219,906円の和である975,881,951円か
継がれている。
（注3）ここで内部留保資産額と表記した金額は，前期までの利益処分案などにしたがって，当該期まで
（出典）伊藤伊株式会社『第21期～第38期決算報告書』，同『第21期～第38期営業報告書』。

（1985年4月～2004年３月）（金額：円，率：％）

第29期	第30期	第31期	第32期	第33期	第34期	第35期	第36期	第37期	第38期	第39期
1993年11月29日 ～1994年11月28日	1994年11月29日 ～1995年11月28日	1995年11月29日 ～1996年３月31日	1996年４月１日 ～1997年３月31日	1997年４月１日 ～1998年３月31日	1998年４月１日 ～1999年３月31日	1999年４月１日 ～2000年３月31日	2000年４月１日 ～2001年３月31日	2001年４月１日 ～2002年３月31日	2002年４月１日 ～2003年３月31日	2003年４月１日 ～2004年３月31日
1994年11月28日	1995年11月28日	1996年３月31日	1997年３月31日	1998年３月31日	1999年３月31日	2000年３月31日	2001年３月31日	2002年３月31日	2003年３月31日	2004年３月31日
13,972,117,987	13,991,870,203	13,664,419,760	16,657,144,997	15,123,421,261	16,164,920,761	20,351,113,490	21,011,039,870	23,224,612,427	23,718,642,783	23,344,893,781
2,261,654,078	2,307,544,457	2,932,394,030	2,338,365,019	2,598,654,955	2,042,969,102	2,436,046,409	2,917,908,130	2,545,066,613	1,412,188,103	1,078,555,468
6,973,546,296	7,157,180,710	6,168,319,900	7,082,899,744	6,744,817,889	7,545,082,999	10,174,054,900	10,620,099,485	12,358,981,888	12,264,072,567	12,590,132,905
66.10	67.64	66.60	56.56	61.78	59.31	61.96	64.43	64.17	57.66	58.55
1,691,645,266	1,290,465,752	1,405,178,390	1,237,374,971	1,644,874,520	2,134,121,962	2,983,119,047	3,947,286,679	5,064,760,871	5,696,312,230	4,811,878,061
12,280,472,721	12,701,404,451	12,259,241,370	15,419,770,026	13,478,546,741	14,030,798,799	17,367,994,443	17,063,753,191	18,159,851,556	18,022,330,553	18,533,015,720
4,972,213,740	4,821,374,066	5,544,365,465	4,898,343,301	5,639,331,469	5,656,043,696	8,161,583,385	9,609,681,374	10,783,947,356	11,229,876,384	11,551,199,314
10,534,716,772	12,031,523,860	11,721,141,455	13,856,229,737	11,627,963,839	12,658,495,626	17,115,774,642	15,540,663,493	17,809,418,093	18,148,074,677	18,135,476,755
349,062,239	387,992,134	252,565,175	266,515,841	254,102,145	252,732,955	303,986,418	442,826,693	555,697,803	0	0
5,605,569,661	5,545,824,719	4,708,961,680	5,493,780,592	5,094,913,750	5,813,397,412	7,127,650,553	7,432,786,227	8,629,164,213	8,142,696,516	6,929,367,120
3,805,000,000	5,398,902,027	6,292,981,580	7,076,000,000	5,275,560,000	5,762,136,000	8,366,336,000	6,693,036,000	7,212,534,000	8,369,132,000	9,138,652,000
76.53	111.98	113.50	144.46	93.55	101.88	102.51	69.65	66.88	74.53	79.11
2,927,925,990	902,281,838	1,066,879,417	376,283,293	1,819,731,205	3,112,501,847	1,798,869,776	3,356,648,391	3,244,435,106	3,631,705,140	3,249,236,602
2,900,000,000	872,991,648	938,563,342	233,000,000	1,645,540,000	2,920,904,000	1,614,968,000	3,044,330,000	2,481,796,000	2,643,224,000	2,595,572,000
1,704,724,757	1,704,724,757	－	－	－	－	－	－	－	－	－
15,167,367,519	14,638,530,455	12,788,020,872	14,232,513,030	13,447,695,044	15,770,997,473	18,914,644,418	18,897,311,884	21,053,853,199	21,779,779,817	21,384,713,357
6,038,100,667	6,300,720,696	7,551,099,111	9,205,182,224	9,413,784,419	9,866,228,574	11,770,948,412	12,980,986,555	13,183,533,405	13,481,590,416	13,983,031,774
135,000,000	135,000,000	135,000,000	735,000,000	735,000,000	735,000,000	758,940,000	922,740,000	922,740,000	922,740,000	922,740,000
21,205,468,186	20,939,251,151	20,339,119,983	23,437,695,254	22,861,479,463	25,637,226,047	30,685,592,830	31,878,298,439	34,237,386,604	35,261,370,233	35,367,745,131
7,233,350,199	6,947,380,948	6,674,700,223	6,780,550,257	7,738,058,202	9,472,305,286	10,334,479,340	10,867,258,569	11,012,774,177	11,535,847,450	12,019,411,350
28.47	30.09	37.13	39.28	41.18	38.48	38.36	40.72	38.51	38.23	39.54
251.19	232.33	169.35	154.61	142.85	159.85	160.69	145.58	159.70	161.55	152.93
132.63	116.29	116.58	120.21	130.06	127.70	118.90	135.20	130.41	130.70	128.73
116.57	105.57	104.59	111.28	115.91	110.84	101.47	109.80	101.97	99.31	102.19
119.80	110.26	88.39	73.66	82.20	96.01	87.80	83.72	83.53	85.57	85.96
80.68	96.45	77.45	70.77	68.88	72.98	76.16	66.52	67.04	67.41	69.75

なかに長期借入金が含まれている。このため、第21期～第23期については，長期借入金を固定負債として区分して，この表
長期のものが混在している可能性があるが，それを区分できないので，そのままのかたちで表示した。
には、類似の科目として、構造改革積立金というものもある。いずれについても，伊藤伊関係者に内容を確認したが，不明

役員退職慰労引当金は固定負債として計上されている。

計上されている。第39期にも，１年内償還社債（44,000,000円）が流動負債に，社債（190,000,000円）が固定負債に計上さ

表7-8　伊藤伊株式会社の流動資産・流動負債などの推移

期	第21期	第22期	第23期	第24期	第25期	第26期	第27期	第28期
時期（年・月・日）	1985年11月29日 ~1986年11月28日	1986年11月29日 ~1987年11月28日	1987年11月29日 ~1988年11月28日	1988年11月29日 ~1989年11月28日	1989年11月29日 ~1990年11月28日	1990年11月29日 ~1991年11月28日	1991年11月29日 ~1992年11月28日	1992年11月29日 ~1993年11月28日
期末（現在）（年・月・日）	1986年11月28日	1987年11月28日	1988年11月28日	1989年11月28日	1990年11月28日	1991年11月28日	1992年11月28日	1993年11月28日
流動資産（A）	8,641,480,637	8,559,173,556	9,463,386,320	11,041,063,099	11,932,722,595	12,922,394,549	13,501,660,647	13,369,715,470
受取手形（A1）	1,443,896,907	1,437,431,339	1,776,182,988	1,527,925,536	1,837,612,628	1,935,428,965	1,911,186,311	2,080,667,907
売掛金（A2）	4,217,671,820	4,262,718,964	4,446,845,332	5,609,866,470	6,143,447,977	6,453,197,529	5,592,561,034	6,842,367,454
受取手形と売掛金の比率 ={(A1)+(A2)}÷(A)×100	65.52	66.60	65.76	64.65	66.88	64.92	55.58	66.74
商品在庫（棚卸資産）（A3）	885,544,758	736,208,169	988,388,332	1,239,458,042	1,420,808,448	1,816,120,177	1,506,966,958	1,502,044,087
当座資産(A')=(A)-(A3)	7,755,935,879	7,822,965,387	8,474,997,988	9,801,605,057	10,511,914,147	11,106,274,372	11,994,693,689	11,867,671,383
経常運転資金(A*) ={(A1)+(A2)+(A3)} -{(B1)+(B2)}	2,459,350,021	2,674,080,520	3,181,199,935	3,466,822,470	3,949,377,444	4,492,327,538	3,389,410,398	4,612,090,645
流動負債（B）	6,322,071,038	6,050,139,906	6,684,415,152	8,222,115,455	9,924,380,507	12,410,173,431	12,731,985,833	11,508,284,876
支払手形（B1）	274,944,217	278,990,566	243,952,905	322,245,748	375,748,905	339,071,569	328,207,898	348,918,521
買掛金（B2）	3,812,819,247	3,483,287,386	3,786,263,812	4,588,181,830	5,076,742,704	5,373,347,564	5,293,096,007	5,464,070,282
短期借入金（B3）	1,500,000,000	1,500,000,000	1,850,000,000	2,400,000,000	3,600,000,000	5,200,000,000	6,300,000,000	5,105,000,000
経常運転資金に対する 短期借入金の比率= (B3)÷(A*)×100	60.99	56.09	58.15	69.23	91.15	115.75	185.87	110.69
固定負債（C）	65,928,700	45,788,474	25,341,761	-	300,000,000	300,000,000	900,000,000	1,645,266,741
長期借入金	65,928,700	45,788,474	25,341,761	-	300,000,000	300,000,000	900,000,000	1,600,000,000
引当金（D）	-	-	-	-	-	-	1,704,724,757	1,704,724,757
負債合計額（E）=（B） +（C）+（D）	6,387,999,738	6,095,928,380	6,709,756,913	8,222,115,455	10,224,380,507	12,710,173,431	15,336,710,590	14,858,276,374
自己資本（純資産）額（F）	5,054,485,002	5,425,706,242	5,812,975,602	6,196,185,647	6,525,657,796	5,247,902,766	5,477,855,405	5,800,038,229
資本金（G）	90,000,000	90,000,000	90,000,000	90,000,000	90,000,000	90,000,000	90,000,000	90,000,000
総資産額（H）	11,442,484,740	11,521,634,622	12,522,732,515	14,418,301,102	16,750,038,303	19,317,013,724	20,814,565,995	20,658,314,603
固定資産（I）	2,801,004,103	2,962,461,066	3,059,346,195	3,377,238,003	4,817,315,708	6,394,619,175	7,312,905,348	7,360,791,559
自己資本比率=（F）÷ (H)×100	44.17	47.09	46.42	42.97	38.96	27.17	26.32	28.08
負債比率=（E）÷ (F)×100	126.38	112.35	115.43	132.70	156.68	242.20	279.98	256.18
流動比率=（A）÷ (B)×100	136.69	141.47	141.57	134.28	120.24	104.13	106.05	116.17
当座比率=（A'）÷ (B)×100	122.68	129.30	126.79	119.21	105.92	89.49	94.21	103.12
固定比率=（I）÷ (F)×100	55.42	54.60	52.63	54.51	73.82	121.85	133.50	126.91
固定長期適合比率=(I) ÷{(F)+(C)}×100	54.70	54.14	52.40	54.51	70.58	115.26	114.66	98.86

（注１）下記出典のうち第21～25期までは負債勘定は流動負債しかなく，かつ第21～第23期はその流動負債の
　　　に記載した。また、第21期～第25期に流動負債の１科目として計上されている「預り金」のなかには，
（注２）第27期～第30期の引当金は構造改革引当金というもので，ほかの時期の『決算書』所収「貸借対照表」
　　　である。
（注３）第31期以降，賞与引当金および債務保証損失引当金は流動負債として，また役員退職引当金および
（注４）第31期以降，１年以内返済長期借入金として計上されている金額は，短期借入金計上額に合算している。
（注５）第38期の流動負債には，１年内償還社債（44,000,000円），固定負債には社債（234,000,000円）が
　　　れている。

（出典）伊藤伊株式会社『第21期～第39期決算書』，同『第21期～第39期営業報告書』所収「貸借対照表」。

表7－9　第32期・第35期の売掛金の販売先別内訳

期	第32期		第35期	
時期（年・月・日）	1996年4月1日 ～1997年3月31日		1999年4月1日 ～2000年3月31日	
期末（現在）（年・月・日）	1997年3月31日		2000年3月31日	
販売先別	売掛金（円）	比率（％）	売掛金（円）	比率（％）
仲間卸部門	3,490,908,653	49.29	2,794,220,734	26.35
仲間卸以外	3,591,991,091	50.71	7,808,026,485	73.65
合　計	7,082,899,744	100.00	10,602,247,219	100.00

（注）仲間卸部門の売掛金は各時点の仲間卸担当部署の第1課・第2課の売掛金合計額である。
（出典）伊藤伊株式会社『第32期・第35期決算報告書綴』所収「売掛金の内訳」。

ところで、売掛金と買掛金がともに大きいのは、売買を仲介する中間流通業（卸売企業）の財務面の基本的な特徴といえよう。売上高の拡大にともなって、こうした売掛債権と買掛債務ともに、増加していったことが表7－8からもわかる。ただし、売掛債権のほうが買掛債務よりも、大きかったことに注目しておきたい。

預け金（信認金）と預り金（保証金）

ここで、伊藤伊と長期的な取引関係を傍証的にみることのできる預け金と預り金[30]についてみておこう。預け金は、かつては信認金と呼ばれていたもので、伊藤伊などの卸売企業が、仕入先メーカーとの取引の保証金として預け置くものである。一方、預り金は、伊藤伊が商品を販売する仲間卸店や小売店が、伊藤伊に取引の保証金として預け置くものである。第三章でも一九八五年以前のそれらを詳細に検討したが[31]、いずれも石鹸・洗剤などの取引では戦前からあった取引慣行のひとつである。

表7－10に示されるように、伊藤伊の仕入先メーカーなどへの預け金は、第二四期と第二六期を除くと、第三六期まで増加していることがわかる。他方、仲間卸などからの預り金も、第二八期、第二九期、第三二期、第三四期に落ち込み、第三五期以降に増加する。

表7－11は、その第三五期の預け金と預り金の内容を示している。預け金をみると、八社がある。牛乳石鹸共進社株式会社、松下電工、大日本除虫菊、TDKなどは、以前からの預け先であった。しかし、第二〇期時点で、これらを含めて一一社の預け先であったことから比べると減っている（第三章、表3－2－2）。長く預け

表 7-10　伊藤伊株式会社の預け金（信認金）と預り金（保証金）などの推移（1985年４月～2004年３月）

期		第22期	第23期	第24期	第25期	第26期	第27期	第28期	第29期	第30期
時期(年・月・日)		1986年11月29日~1987年11月28日	1987年11月29日~1988年11月28日	1988年11月29日~1989年11月28日	1989年11月29日~1990年11月28日	1990年11月29日~1991年11月28日	1991年11月29日~1992年11月28日	1992年11月29日~1993年11月28日	1993年11月29日~1994年11月28日	1994年11月29日~1995年11月28日
期末(現在)(年・月・日)		1987年11月28日	1988年11月28日	1989年11月28日	1990年11月28日	1991年11月28日	1992年11月28日	1993年11月28日	1994年11月28日	1995年11月28日
預け金	勘定科目名	預け金(流動資産)	預け金(流動資産)	預け金(流動資産)	預け金(流動資産)	預け金(流動資産)	取引保証金(投資等)	預け金(流動資産)	預け金(流動資産)	預け金(流動資産)
	金額(円)	93,714,398	101,920,093	66,171,443	75,811,309	65,232,431	68,584,094	72,192,426	74,422,169	78,293,662
預り金	勘定科目名	預り金(流動負債)	預り金(流動負債)	預り金(流動負債)	預り金(流動負債)	預り金(流動負債)	預り金(流動負債)	預り保証金(固定負債)	預り保証金(固定負債)	預り保証金(固定負債)
	金額(円)	43,567,655	47,926,889	53,663,842	56,948,165	57,821,396	66,244,601	45,266,741	27,925,990	29,290,190
期		第31期	第32期	第33期	第34期	第35期	第36期	第37期	第38期	第39期
時期(年・月・日)		1995年11月29日~1996年３月31日	1996年４月１日~1997年３月31日	1997年４月１日~1998年３月31日	1998年４月１日~1999年３月31日	1999年４月１日~2000年３月31日	2000年４月１日~2001年３月31日	2001年４月１日~2002年３月31日	2002年４月１日~2003年３月31日	2003年４月１日~2004年３月31日
期末(現在)(年・月・日)		1996年３月31日	1997年３月31日	1998年３月31日	1999年３月31日	2000年３月31日	2001年３月31日	2002年３月31日	2003年３月31日	2004年３月31日
預け金	勘定科目名	長期差入保証金（投資等）一部	長期差入保証金（投資等）一部	長期差入保証金（投資等）一部	長期差入保証金（投資等）一部	長期差入保証金（投資等）一部	長期差入保証金（投資等）一部	長期差入保証金（投資等）	その他投資等（投資等）一部	その他投資等（投資等）一部
	金額(円)	80,339,466	84,501,946	90,791,694	94,120,188	114,908,888	114,939,205	91,401,482	58,888,946	24,728,320
預り金	勘定科目名	預り保証金(固定負債)	預り保証金(固定負債)	預り保証金(固定負債)	預り保証金(固定負債)	預り保証金(固定負債)	預り保証金(固定負債)	その他の固定負債(固定負債)	その他の固定負債(固定負債)	その他の固定負債(固定負債)
	金額(円)	34,336,075	24,997,293	39,560,205	38,787,847	36,966,176	95,334,489	271,603,506	302,889,847	366,441,132

（注１）勘定科目名は，下記出典の「貸借対照表」上の科目名である。
（注２）第31期～第36期で「長期差入保証金」の他の内容は，「保証金・敷金」である。第37期は，科目名と数値が一致している。第38期～第39期の「その他投資等」の他の内容は，「保証金・敷金」とその他と思われるが，その他の内容は不明である。
（注３）第37期以降で「預り金」が急に増えたのは，神奈川県の取引先2,000万円の大口と，関西・北陸地域の取引先の「預り先」が増えたことによる。
（出典）伊藤伊株式会社『第22期～第39期決算書』，同『第22期～第39期営業報告書』所収「貸借対照表」・「預け金明細」・「預り金明細」。

先であったライオンやジョンソン・エンド・ジョンソン、および比較的新しい預け先であったユニ・チャームなどの有力仕入先がこのリストにはない[32]。これらのことから、預け金の増加傾向は、表7-1にみられる商品仕入の種類と量の増加を反映し、一社あたりの預け金の増額によるものとみてよいであろう。

一方、預り金をみると、表7-11に示されるように、一九社である。これも一九六〇年代末から一九八五年まで預ける企業数が減少する傾向があった[33]が、一九八五年一一月時点の預り先が一九社であったから（第三章、表3-6）、それから減っていないことがわかる。仲間卸の伊藤商事、伊藤勇《いさむ》、なすや、町田

表7-11　伊藤伊株式会社の第35期の「預け金（差入保証金）」と「預り金（保証金）」

	企業名	所在地	伊藤伊との関係	金額（円）
預け金（差入保証金）	牛乳石鹸共進社(株)	大阪市	仕入先メーカー	6,000,000
	松下電工(株)	名古屋市	仕入先メーカー	57,718,992
	大日本除虫菊	大阪市	仕入先メーカー	25,340,000
	TDK(株)	東京都	仕入先メーカー	18,683,995
	貝の友	不　明	仕入先メーカー	1,928,000
	(株)中央ホームズ	東京都	仕入先メーカー	3,000,000
	桂屋ファイングッズ(株)	東京都	仕入先メーカー	237,901
	カネボウホームプロダクツ(株)	名古屋市	仕入先メーカー	2,000,000
	合　計			114,908,888
預り金（保証金）	伊藤商事(株)	愛知県半田市	仲間卸	3,000,000
	(株)伊藤勇	愛知県豊橋市	仲間卸	1,102,285
	(株)丸宮商事	岐阜県高山市	仲間卸	4,242,508
	(株)なすや	静岡市	仲間卸	2,945,164
	(株)町田商店	長野県上田市	仲間卸	1,905,699
	音羽殖産(株)	名古屋市	関係会社	5,100,000
	吉津屋商店	静岡県志太郡	仲間卸	616,638
	野々部商事	愛知県豊橋市	仲間卸	477,632
	ギフトセンターかさい	岐阜市	販売店	2,000,000
	レディメイト(株)	静岡県浜松市	ミュゼ・アローム商品販売先	200,000
	岐阜産研工業（株）	岐阜県揖斐郡	仲間卸	2,000,000
	(株)ミナス	名古屋市	販促企画会社	1,500,000
	(有)センダ	岐阜県本巣郡	ギフト卸	300,000
	中日物産(株)	岐阜市	仲間卸	500,000
	(株)日進	名古屋市	仲間卸	500,000
	(株)丸康	岐阜市	仲間卸	5,000,000
	(株)タカスギ	岐阜県本巣郡	仲間卸	5,000,000
	(株)サスカ	長野県諏訪市	仲間卸	376,250
	(株)シャチ	名古屋市	不　明	200,000
	合　計			36,966,176

（出典）伊藤伊株式会社『第35期決算書』，同『第35期営業報告書』所収「貸借対照表」，「預け金明細」，「預り金明細」。

商店などは、一九八五年一一月の預り金額と全く同一である。預り金は、むしろ、伊藤伊側が預かる一社あたりの預り金額が、特定の対象を除いて、増やされなかった傾向があったとみられる。これによって、一社当たりの預り金が少なくなる傾向にあったとみてよいであろう。

資金繰り

一般に、伊藤伊を含む卸売企業では、仕入先のメーカーに対しては、きわめて短期のサイトで支払い、販売先の小売のチェーン・ストアからはかなりの長いサイトでの入金を余儀なくされる。伊藤伊でも、入金と支払いの間で、少なくとも六〇日から九〇日くらいのタイムラグが常時発生していたという。さらにメーカーの決算期になると、かなりの在庫を要求されたり（メーカーにとって売上増加）、店舗展開の多い小売業からは、一時的にせよ支払延長（伊藤伊にとっての入金延期）の要求もしばしばであったという。メーカーと小売業の双方の板挟みの立場にある卸売企業にとっては、競争相手が多いこともあって、こうした双方の要求に無理なく応じられるかどうかも、問われるべき強みのひとつであった(34)。

これに関して、伊藤伊の経常運転資金の推移をみてみると、表7－8に示されるように、やはり増加の傾向をたどっていることがわかる。一般に、中間流通業では、経常運転資金の調達のため、資金調達コストが比較的安い短期借入などが必要となる。伊藤伊でも、この短期の借入があったが、実際の資金繰りに窮したことはほとんどなかったという。

参考までに、伊藤伊の手元流動性をみてみると、表7－12に示されるように、現金・預金および有価証券が減少傾向を辿り始める第三五期以降を除いて、必ずしも安全というレベルではないが、半月以上の手元流動性は確保していたことがわかる。また、前述のように内部留保が豊かであり、かつ後述するように短期資金の借入枠も一定程度余裕があったので、タイムラグをカヴァーできる資金的余裕があったのであろう。実際、売掛金の入金や受取手形の期日での現金化を待って、買掛債務の支払いに充当していた。支払いのために手形を割り引いて現金化したことや、手形を裏書譲渡したことはなかったという(35)。

表7－13に示される伊藤伊の売上債権回転期間（短いほど現金化が早くて良い）の推移をみても、二カ月程度の売上債権回転期間となっていて（卸業では六〇～八〇日とされるのでさほど長くもない）、緊急に資金繰りに困ったとは考えられない(36)。

（1985年11月29日～2003年３月31日）（金額：円，率：％，手元流動性比率：～月分）

第25期	第26期	第27期	第28期	第29期	第30期
1989年11月29日 ～1990年11月28日	1990年11月29日 ～1991年11月28日	1991年11月29日 ～1992年11月28日	1992年11月29日 ～1993年11月28日	1993年11月29日 ～1994年11月28日	1994年11月29日 ～1995年11月28日
1990年11月28日	1991年11月28日	1992年11月28日	1993年11月28日	1994年11月28日	1995年11月28日
16,750,038,303	19,317,013,724	20,814,565,995	20,658,314,603	21,205,468,186	20,939,251,151
1,799,540,931	2,055,759,241	2,692,748,087	2,297,609,853	2,234,951,207	2,202,696,647
640,603,215	519,398,167	519,414,847	490,613,847	506,927,247	489,842,247
2,440,144,146	2,575,157,408	3,212,162,934	2,788,223,700	2,741,878,454	2,692,538,894
43,953,914,635	46,718,369,724	49,195,537,391	51,132,932,265	52,149,131,236	52,564,177,028
3,662,826,220	3,893,197,477	4,099,628,116	4,261,077,689	4,345,760,936	4,380,348,086
14.57	13.33	15.43	13.50	12.93	12.86
0.67	0.66	0.78	0.65	0.63	0.61

第35期	第36期	第37期	第38期	第39期
1999年４月１日 ～2000年３月31日	2000年４月１日 ～2001年３月31日	2001年４月１日 ～2002年３月31日	2002年４月１日 ～2003年３月31日	2003年４月１日 ～2004年３月31日
2000年３月31日	2001年３月31日	2002年３月31日	2003年３月31日	2004年３月31日
30,685,592,830	31,878,298,439	34,237,386,604	35,261,370,233	35,367,745,131
2,842,470,297	1,651,018,908	1,220,120,940	391,793,143	586,692,426
133,060,699	0	0	0	0
2,975,530,996	1,651,018,908	1,220,120,940	391,793,143	586,692,426
73,776,655,769	78,028,015,197	82,482,157,379	91,057,487,506	94,798,407,768
6,148,054,647	6,502,334,600	6,873,513,115	7,588,123,959	7,899,867,314
9.70	5.18	3.56	1.11	1.66
0.48	0.25	0.18	0.05	0.07

表」・「損益計算書」。

短期借入と長期借入

今、経常運転資金に対する短期借入金の比率を試算してみると、表７－８に示されるように、最低が第二二期の五六・〇九％で、最大が第二七期の一八五・八七％である。おおむね経常運転資金の過半数から一・九倍の間で、短期借入金が推移したとみてよいであろう。

この短期借入金は、伊藤伊が金融機関にもっている当座預金の貸付限度枠の範囲内で貸し付けられる当座貸越である。限度枠は、借入側の信用度や資産価値などを基準に設定される。自己資本比率四〇％前後の伊藤伊に対する銀行の信用度の評価は、高かった。このため、伊藤伊にとって、短期借入は、必要なときに無担保で借り入れができるし、返済も期日前の余裕のあるときに可能なので、借りやすい融資であった。広域化にともなう資金需要増加のなかで、伊藤伊の財務担当者としては、多めにその必要性を訴える傾向があった。他方、銀行側にとっても、決算期が近づくと、伊藤伊などの優良貸出先に

表７－12　伊藤伊株式会社の手元資金比率・手元流動性（現預金月商）比率の推移

期	第21期	第22期	第23期	第24期
時期（年・月・日）	1985年11月29日～1986年11月28日	1986年11月29日～1987年11月28日	1987年11月29日～1988年11月28日	1988年11月29日～1989年11月28日
期末（現在）（年・月・日）	1986年11月28日	1987年11月28日	1988年11月28日	1989年11月28日
総資産額（A）	11,442,484,740	11,521,634,622	12,522,732,515	14,418,301,102
現金・預金（B）	1,475,794,907	1,613,592,785	1,638,115,423	1,726,962,679
有価証券（C）	746,207,371	647,162,943	738,426,540	873,683,016
手元資金（円）（D）（B＋C）	2,222,002,278	2,260,755,728	2,376,541,963	2,600,645,695
売上高（E）	32,383,562,933	33,288,344,479	35,132,649,994	40,003,404,494
平均月商（F）＝（E）÷12	2,698,630,244	2,774,028,707	2,927,720,833	3,333,617,041
総資産に対する手元資金比率（D）÷（A）×100	19.42	19.62	18.98	18.04
手元流動性（現預金月商）比率＝（D）÷（F）	0.82	0.81	0.81	0.78
期	第31期	第32期	第33期	第34期
時期（年・月・日）	1995年11月29日～1996年３月31日	1996年４月１日～1997年３月31日	1997年４月１日～1998年３月31日	1998年４月１日～1999年３月31日
期末（現在）（年・月・日）	1996年３月31日	1997年３月31日	1998年３月31日	1999年３月31日
総資産額（A）	20,339,119,983	23,437,695,254	22,861,479,463	25,637,226,047
現金・預金（B）	2,074,334,914	4,198,567,227	2,371,966,990	2,785,540,674
有価証券（C）	717,670,354	649,751,674	579,905,903	402,341,419
手元資金（円）（D）（B＋C）	2,792,005,268	4,848,318,901	2,951,872,893	3,187,882,093
売上高（E）	17,699,939,607	55,699,345,218	57,073,968,469	59,026,338,889
平均月商（F）＝（E）÷12	1,474,994,967	4,641,612,102	4,756,164,039	4,918,861,574
総資産に対する手元資金比率（D）÷（A）×100	13.73	20.69	12.91	12.43
手元流動性（現預金月商）比率＝（D）÷（F）	1.89	1.04	0.62	0.65

（出典）伊藤伊株式会社『第21期～第38期決算報告書』，同『第21期～第38期営業報告書』所収「貸借対照

は、借りてほしいという面もあったという[37]。

　さて、短期借入金の借入理由が明記されている史料が限られているので、それらのなかで、浜松の木村屋との合併直前の第三四期（一九九九年三月末）の短期借入金の明細をみると、表７－14に示す通りである。これをみると、借入目的は、横浜センター（一九九九年七月開設の海老名物流センター）の土地購入資金を除いて、ほとんどが運転資金とされている。

　実際、伊藤伊の毎月の支払いには、販売費・一般管理費を中心とする諸費用、長期借入金の返済、不定期な税金、修繕費など不測の費用など、多様なものがある。これらの支払いのための資金としては、短期借入金だけではなく、前月までの繰越金、当該月の売上収入などが充てられた[38]。

　これに対して、長期借入金は、金額に応じた担保や返済計画が設定され、余裕ができたからといって前倒しで返済できない固定的な融資である。

表７-13　伊藤伊株式会社の売上債権回転期間などの推移（1985年11月～2004年３月）（金額：円，売上債権回転月数：～月，売上債権回転日数：～日）

期	第21期	第22期	第23期	第24期	第25期	第26期	第27期
時期（年・月・日）	1985年11月29日～1986年11月28日	1986年11月29日～1987年11月28日	1987年11月29日～1988年11月28日	1988年11月29日～1989年11月28日	1989年11月29日～1990年11月28日	1990年11月29日～1991年11月28日	1991年11月29日～1992年11月28日
期末（現在）（年・月・日）	1986年11月28日	1987年11月28日	1988年11月28日	1989年11月28日	1990年11月28日	1991年11月28日	1992年11月28日
売掛金（円）(A)	4,217,671,820	4,262,718,964	4,446,845,332	5,609,866,470	6,143,447,977	6,453,197,529	5,592,561,034
受取手形（円）(B)	1,443,896,907	1,437,431,339	1,776,182,988	1,527,925,536	1,837,612,628	1,935,428,965	1,911,186,311
売掛金＋受取手形（円）(C)＝(A)＋(B)	5,661,568,727	5,700,150,303	6,223,028,320	7,137,792,006	7,981,060,605	8,388,626,494	7,503,747,345
売上高（円）(D)	32,383,562,933	33,288,344,479	35,132,649,994	40,003,404,494	43,953,914,635	46,718,369,724	49,195,537,391
平均月商（円）(E)＝(D)÷12	2,698,630,244	2,774,028,707	2,927,720,833	3,333,617,041	3,662,826,220	3,893,197,477	4,099,628,116
平均日商（円）(F)＝(D)÷365	88,722,090	91,200,944	96,253,836	109,598,368	120,421,684	127,995,533	134,782,294
売上債権回転月数 (G)＝(C)÷(E)	2.10	2.05	2.13	2.14	2.18	2.15	1.83
売上債権回転日数 (H)＝(C)÷(F)	64	63	65	65	66	66	56

期	第28期	第29期	第30期	第31期	第32期	第33期
時期（年・月・日）	1992年11月29日～1993年11月28日	1993年11月29日～1994年11月28日	1994年11月29日～1995年11月28日	1995年11月29日～1996年３月31日	1996年４月１日～1997年３月31日	1997年４月１日～1998年３月31日
期末（現在）（年・月・日）	1993年11月28日	1994年11月28日	1995年11月28日	1996年３月31日	1997年３月31日	1998年３月31日
売掛金（円）(A)	6,842,367,454	6,973,546,296	7,157,180,710	6,168,319,900	7,082,899,744	6,744,817,889
受取手形（円）(B)	2,080,667,907	2,261,654,078	2,307,544,457	2,932,394,030	2,338,365,019	2,598,654,955
売掛金＋受取手形（円）(C)＝(A)＋(B)	8,923,035,361	9,235,200,374	9,464,725,167	9,100,713,930	9,421,264,763	9,343,472,844
売上高（円）(D)	51,132,932,265	52,149,131,236	52,564,177,028	17,699,939,607	55,699,345,218	57,073,968,469
平均月商（円）(E)＝(D)÷12	4,261,077,689	4,345,760,936	4,380,348,086	1,474,994,967	4,641,612,102	4,756,164,039
平均日商（円）(F)＝(D)÷365	140,090,225	142,874,332	144,011,444	48,492,985	152,600,946	156,367,037
売上債権回転月数 (G)＝(C)÷(E)	2.09	2.13	2.16	6.17	2.03	1.96
売上債権回転日数 (H)＝(C)÷(F)	64	65	66	188	62	60

期	第34期	第35期	第36期	第37期	第38期	第39期
時期（年・月・日）	1998年４月１日～1999年３月31日	1999年４月１日～2000年３月31日	2000年４月１日～2001年３月31日	2001年４月１日～2002年３月31日	2002年４月１日～2003年３月31日	2003年４月１日～2004年３月31日
期末（現在）（年・月・日）	1999年３月31日	2000年３月31日	2001年３月31日	2002年３月31日	2003年３月31日	2004年３月31日
売掛金（円）(A)	7,545,082,999	10,174,054,900	10,620,099,485	12,358,981,888	12,264,072,567	12,590,132,905
受取手形（円）(B)	2,042,969,102	2,436,046,409	2,917,908,130	2,545,066,613	1,412,188,103	1,078,555,468
売掛金＋受取手形（円）(C)＝(A)＋(B)	9,588,052,101	12,610,101,309	13,538,007,615	14,904,048,501	13,676,260,670	13,668,688,373
売上高（円）(D)	59,026,338,889	73,776,655,769	78,028,015,197	82,482,157,379	91,057,487,506	94,798,407,768
平均月商（円）(E)＝(D)÷12	4,918,861,574	6,148,054,647	6,502,334,600	6,873,513,115	7,588,123,959	7,899,867,314
平均日商（円）(F)＝(D)÷365	161,715,997	202,127,824	213,775,384	225,978,513	249,472,569	259,721,665
売上債権回転月数 (G)＝(C)÷(E)	1.95	2.05	2.08	2.17	1.80	1.73
売上債権回転日数 (H)＝(C)÷(F)	59	62	63	66	55	53

（出典）伊藤伊株式会社『第21期～第39期決算書』，同『第21期～第39期営業報告書』所収「貸借対照表」・「損益計算書」。

表7-14　伊藤伊株式会社の第34期短期借入金の明細（金額：円，比率：%）

銀行・支店名		1999年3月末現在高（円）	期中の支払利子額（円）	利率（%）	借入理由	担　保
第一勧業銀行	大須支店	1,600,000,000	26,926,021	記載なし	運転資金	無し
東海銀行	本　店	1,300,000,000	21,168,310	記載なし	運転資金	無し
富士銀行	名古屋金山支店	800,000,000	13,937,112	記載なし	運転資金	無し
	名古屋金山支店	150,000,000	967,805	1.500	横浜センター土地購入資金	無し
	小　計	950,000,000		－	－	－
さくら銀行	上前津	1,000,000,000	16,685,365	記載なし	運転資金	無し
商工中金	名古屋支店	200,000,000	2,639,122	1.240	運転資金	無し
	名古屋支店	150,000,000	1,428,391	1.25310	運転資金	無し
	小　計	350,000,000		－	－	－
十六銀行名古屋支店		－	1,403,031	記載なし	運転資金	無し
中央信託銀行名古屋支店		－	727,398	記載なし	運転資金	無し
東洋信託銀行名古屋支店		－	51,037	記載なし	運転資金	無し
北國銀行金沢支店		－	77,670	記載なし	運転資金	無し
合　計		5,200,000,000	－	－	－	－

（出典）伊藤伊株式会社『第34期決算報告書書類綴』所収「借入金及び利子の内訳書」。

伊藤伊は、伊藤昌弘が社長に就任してからしばらくの間、設備投資資金などは、自己資金でまかなっていった。これは、内部留保が豊かであったからである。しかし、広域化と小売直販化が進行するなかで、従来にもまして、大規模な物流センターなどへの設備投資が必要になり、自己資金のみをもっては難しい状況となった。

表7-15に示されるように、第三四期の一九九九年三月末時点の長期借入金の借入理由をみると、前述の横浜センターの土地購入資金のほか、江南センター（一九九八年四月竣工）の建築資金、北陸センター（一九九八年五月竣工の金沢商品センター）の建築資金および運転資金となっている。江南センターは、当初、その「資金は全額自己資金を充当した[39]」とされたが、この記述が誤りか、あるいは事情が変わったかのいずれかであろう。

表7-16に示されるように、借入先の諸銀行は、いずれも伊藤伊の株主となっており、また伊藤伊もそれらのうちのいくつかの銀行の株主となっていた。銀行が、伊藤伊との所有関係を強めるようになったのは、一九九七年三月の第三者割当増資がきっかけであった[40]。

表7-15　伊藤伊株式会社の第34期長期借入金の明細（金額：円，比率：%）

銀行・支店名		1999年3月末現在高(円)	うち1年以内返済額(円)	1年以内返済額を除く残高(円)	期中の支払利子額(円)	利率(%)	借入理由	担保
第一勧業銀行	大須支店	300,000,000	0	300,000,000	6,175,466	1.900	運転資金	無し
	大須支店	79,770,000	14,280,000	65,490,000	1,672,242	1.910	江南センター建築資金	無し
	大須支店	81,630,000	20,040,000	61,590,000	1,598,227	1.815	江南センター建築資金	無し
	大須支店	178,400,000	28,800,000	149,600,000	2,764,933	1.790	北陸センター建築資金	無し
	大須支店	235,000,000	36,000,000	199,000,000	1,782,389	1.700	横浜センター土地購入資金	無し
	小　計	874,800,000	99,120,000	775,680,000	13,993,257	-	-	-
東海銀行	本　店	379,770,000	14,280,000	365,490,000	7,481,185	記載なし	運転資金	無し
	本　店	80,080,000	19,920,000	60,160,000	1,657,782	1.905	江南センター建築資金	無し
	本　店	170,030,000	39,960,000	130,070,000	2,467,682	1.825	北陸センター建築資金	無し
	本　店	235,000,000	36,000,000	199,000,000	1,764,320	1.680	横浜センター土地購入資金	無し
	本　店	250,000,000	50,400,000	199,600,000	96,165	1.560	横浜センター土地購入資金	無し
	小　計	1,114,880,000	160,560,000	954,320,000	13,467,134	-	-	-
富士銀行	名古屋金山支店	300,000,000	0	300,000,000	6,269,994	1.500	横浜センター土地購入資金	無し
	名古屋金山支店	144,500,000	66,600,000	77,900,000	1,968,776	1.350	北陸センター建築資金	無し
	名古屋金山支店	141,100,000	21,360,000	119,740,000	1,061,055	1.690	横浜センター土地購入資金	無し
	小　計	585,600,000	87,960,000	497,640,000	9,299,825	-	-	-
さくら銀行	上前津	200,000,000	0	200,000,000	3,799,999	1.900	運転資金	無し
	上前津	180,800,000	28,800,000	152,000,000	2,538,128	1.980	北陸センター建築資金	無し
	上前津	140,960,000	21,696,000	119,264,000	948,928	1.680	横浜センター土地購入資金	無し
	小　計	521,760,000	50,496,000	471,264,000	7,287,055	-	-	-
商工中金名古屋支店		300,000,000	150,000,000	150,000,000	6,643,470	記載なし	江南センター土地購入資金	無し
第一生命名古屋支店		86,000,000	14,000,000	72,000,000	1,663,470	1.800	運転資金	無し
合　計		3,483,040,000	562,136,000	2,920,904,000	52,354,211	-	-	-
短期負債と長期負債のうち1年以内返済額の合計			5,762,136,000	-	-	-	-	-

（注）1年以内返済額が0となっているのは，期限一括返済の借入金である。
（出典）伊藤伊株式会社『第34期決算報告書書類綴』所収「借入金及び利子の内訳書」・「1年以内返済長期借入金（平成11年3月末）」。

表7-16　第34期の伊藤伊株式会社と主要借入先との株式所有関係（1999年3月末）

借入先	借入金残高（円）	借入先が有する伊藤伊の株式		伊藤伊が有する借入先の株式	
		持株数（千株）	持株比率（%）	持株数（千株）	持株比率（%）
株式会社第一勧業銀行	2,474,800,000	7	2.02	43	0.00
株式会社東海銀行	2,414,880,000	6	1.71	43	0.00
株式会社富士銀行	1,535,600,000	3	0.85	-	-
株式会社さくら銀行	1,521,760,000	3	0.85	8	不　明
商工組合中央金庫	650,000,000	1	0.28	-	-

（注1）第一勧業銀行の持株数は，音羽殖産，伊藤伊従業員持株会，伊藤昌弘に続く第4位である。
（注2）東海銀行の持株数は，第一勧業銀行，ライオン株式会社に続く第6位である。
（出典）伊藤伊株式会社『第34期営業報告書』所収「会社の概況」，伊藤伊株式会社『第34期決算報告書綴』所収「科目内訳書」中の「投資有価証券」。

投資先

他方、投資先について、第三五期（二〇〇〇年三月末）時点をみてみると、一時的な所有のものは表7－17に示す通りである。日本碍子を除くと、第三章でみたように（表3－9、表3－11－1①、表3－11－1②、表3－11－2）、一九八六年以前から伊藤伊が有価証券を保有していた企業である。そのなかには、日本碍子と同様に、豊田合成、中部電力、中部飼料のような地元企業も含まれている。

同じ時期の長期の投資先をみると、表7－18に示されるように、販売先の小売企業が最も多く、次いで仕入先が多い。取引銀行、業務上の関係会社、競合他社などが、それに続く投資先となっている。また、表7－19に示されるように、伊藤伊の子会社や関係会社への投資も一定程度あった。

表7－17　伊藤伊株式会社の第35期の短期有価証券（2000年3月末）

種　別	銘　柄	期末現在高（円）	
		数　量	金　額
株　式	日本碍子株式会社	46,800	41,816,012
	豊田合成株式会社	75,105	31,596,617
	日本電話施設株式会社	117,659	21,805,692
	中部電力株式会社	29,913	17,871,614
	三菱重工業株式会社	70,000	5,529,200
	日本鋼管株式会社	100,000	5,176,388
	中部飼料株式会社	24,000	5,007,108
	株式会社神戸製鋼所	65,000	4,258,068
合　計		528,477	133,060,699

（出典）伊藤伊株式会社『第35期決算報告書綴』所収「科目内訳書」中の「投資有価証券12．3」および伊藤伊株式会社『株式発行並びに株式売出届出目論見書』（平成12年8月）67～68頁所収「有価証券明細表」。

取引先の経営破綻と貸倒引当

伊藤伊にとって、常に直面した課題は、取引先の経営破綻であった。このため、伊藤伊では、表7－20に示すような貸倒引当金を計上しなければならなかった。

貸倒引当金は、営業に関わるものでは、受取手形、売掛金、未収入金、仕入前渡金などの債権に関するものがあり、その回収可能性を過去数年間の貸倒実績などにもとづいて算定される。これは、流動資産のマイナス勘定として計上される。表7－20の上の欄に示されるのがこの値である。このほかに、営業外で、長期貸付金やゴルフ会員権などの債権、更生債権（会社更生手続開始前の原因にもとづいて生じた更生会社に対する債権

表7-18　伊藤伊株式会社の第35期の長期投資有価証券（2000年３月末）

種別	銘柄	期末現在高		伊藤伊との関係
		数量	金額（円）	
株式	株式会社ヤマナカ	131,920	122,376,359	販売先
	ユニー株式会社	120,369	107,907,500	販売先
	株式会社ライオン	133,580	50,368,870	販売先
	サークルケイ・ジャパン株式会社	13,200	35,407,240	販売先
	株式会社東芝	287,011	31,996,271	仕入先
	花王株式会社	111,754	29,394,005	仕入先
	株式会社第一勧業銀行	43,483	28,735,750	取引銀行
	株式会社東海銀行	43,364	27,023,068	取引銀行
	株式会社バロー	23,200	26,391,742	販売先
	株式会社ユーストア	25,420	22,998,351	販売先
	株式会社マキヤ	17,292	22,719,079	販売先
	株式会社ドミー	41,897	21,059,778	販売先
	ハローフーヅ株式会社	20,000	19,000,000	販売先
	花王販売株式会社	15,387	16,611,267	仕入先
	ジャスコ株式会社	36,418	14,808,517	販売先
	株式会社ツムラ	31,000	12,380,260	仕入先
	日清紡績株式会社	24,876	10,528,913	仕入先
	株式会社マイカル	27,581	10,407,822	販売先
	株式会社ケイアイケイ	200	10,000,000	販売先
	株式会社東海流通ネットワーク	96	4,800,000	共同ＶＡＮ
	株式会社松坂屋	17,020	4,511,220	販売先
	株式会社丸栄	21,514	4,466,674	販売先
	エスエスブイ株式会社	6,111	4,421,989	販売先
	牛乳石鹸共進社株式会社	8,725	4,362,500	仕入先
	株式会社さくら銀行	8,400	4,011,458	取引銀行
	南関東物流サービス株式会社	80	4,000,000	業務委託会社
	株式会社パルタック	3,630	3,455,780	競合他社
	株式会社ダイエー	10,366	3,153,870	販売先
	株式会社キガスカンサイ	5,000	2,176,895	販売先
	フレックス株式会社	2,425	2,076,163	販売先
	コスモプロダクツ株式会社	20,000	2,000,000	仲間卸（２次卸）
	株式会社アオキスーパー	1,100	1,869,724	販売先
	オークワ共栄会	2,012	1,725,789	販売先
	コーナン商事株式会社	1,172	1,514,368	販売先
	株式会社マルヤマ	1,500	1,500,000	仲間卸（２次卸）
	株式会社松本商店	3,000	1,500,000	仲間卸（２次卸）
	伊藤商事株式会社	9,000	1,494,000	仲間卸（２次卸）
	株式会社ダイカ	1,100	1,350,000	同業者
	ナカイ株式会社	4,153	1,299,262	販売先
	株式会社カーマ	2,000	1,080,001	販売先
	三洋ホームズ株式会社	1,000	1,000,000	仲間卸（２次卸）
	ピーワン株式会社	20	1,000,000	販売先
	ハリマ共和物産株式会社	1,000	648,275	競合他社
	中央物産株式会社	1,000	344,410	競合他社
	株式会社シーガル	6	300,000	不　明
	株式会社オリンピック	100	235,277	販売先
	小林製薬株式会社	16	168,750	仕入先
	ジレットジャパンインコープレイテッド	8	10,583	仕入先
	株式会社名古屋レジホンセンター	100	1	情報処理会社
	株式小計	1,279,606	680,591,781	−
社債	第１回株式会社バロー転換社債	20,000	18,587,530	−
	社債小計	20,000	18,587,530	−
合計		1,299,606	699,179,311	−

（出典）伊藤伊株式会社『第35期決算報告書綴』所収「科目内訳書」中の「投資有価証券12. 3」および伊藤伊株式会社『株式発行並びに株式売出届出目論見書』（平成12年８月）67～68頁所収「有価証券明細表」。なお，伊藤伊との関係については，元伊藤伊株式会社取締役内田喜美雄氏にご確認いただいた。

表7-19　伊藤伊株式会社の第35期の子会社・関連会社への有価証券（2000年3月末）

種　別	銘　柄	期末現在高（円）	
		数　量	金　額
株　式	株式会社テクノエクスプレス	32,000	22,686,700
	ダイヤモンド化学株式会社	400	20,000,000
	株式会社テクノケンセキ	1,080	357,929,600
	矢野伊藤伊株式会社	0	0
	兼松カネカ株式会社	100,000	100,000
合　計		133,480	400,716,300

（出典）伊藤伊株式会社『株式発行並びに株式売出届出目論見書』（平成12年8月）67～68頁所収「有価証券明細表」。

表7-20　伊藤伊株式会社の貸倒損失引当金（1985年11月～2004年3月）

期	第21期	第22期	第23期	第24期	第25期	第26期	第27期
時期（年・月・日）	1985年11月29日～1986年11月28日	1986年11月29日～1987年11月28日	1987年11月29日～1988年11月28日	1988年11月29日～1989年11月28日	1989年11月29日～1990年11月28日	1990年11月29日～1991年11月28日	1991年11月29日～1992年11月28日
期末（現在）（年・月・日）	1986年11月28日	1987年11月28日	1988年11月28日	1989年11月28日	1990年11月28日	1991年11月28日	1992年11月28日
貸倒引当金（流動資産マイナス）（円）	170,500,000	185,500,000	180,500,000	180,000,000	200,000,000	190,000,000	190,000,000
貸倒引当金（投資等マイナス）（円）	-	-	-	-	-	-	-
合　計	170,500,000	185,500,000	180,500,000	180,000,000	200,000,000	190,000,000	190,000,000

期	第28期	第29期	第30期	第31期	第32期	第33期
時期（年・月・日）	1992年11月29日～1993年11月28日	1993年11月29日～1994年11月28日	1994年11月29日～1995年11月28日	1995年11月29日～1996年3月31日	1996年4月1日～1997年3月31日	1997年4月1日～1998年3月31日
期末（現在）（年・月・日）	1993年11月28日	1994年11月28日	1995年11月28日	1996年3月31日	1997年3月31日	1998年3月31日
貸倒引当金（流動資産マイナス）（円）	190,000,000	196,445,313	102,000,000	94,408,747	95,955,000	93,729,444
貸倒引当金（投資等マイナス）（円）	-	-	-	1,300,000	1,300,000	17,270,556
合　計	190,000,000	196,445,313	102,000,000	95,708,747	98,255,000	111,000,000

期	第34期	第35期	第36期	第37期	第38期	第39期
時期（年・月・日）	1998年4月1日～1999年3月31日	1999年4月1日～2000月31日	2000年4月1日～2001年3月31日	2001年4月1日～2002年3月31日	2002年4月1日～2003年3月31日	2003年4月1日～2004年3月31日
期末（現在）（年・月・日）	1999年3月31日	2000年3月31日	2001年3月31日	2002年3月31日	2003年3月31日	2004年3月31日
貸倒引当金（流動資産マイナス）（円）	81,000,000	86,979,419	30,638,307	26,001,716	95,510,035	76,164,665
倒引当金（投資等マイナス）（円）	24,000,000	32,168,858	272,212,669	77,421,583	272,786,602	215,425,739
合　計	105,000,000	119,148,277	302,850,976	103,423,299	368,296,637	291,590,404

（出典）伊藤伊株式会社『第21期～第39期決算報告書』『第21期～第39期営業報告書』所収「貸借対照表」・「損益計算書」。

――「会社更生法」第二条八項参照）などに関するものがある。伊藤伊では、投資等のマイナス勘定として処理されている。表7－20の下の欄に示されるものが、この値である。ただし、伊藤伊の貸借対照表で、この科目が設けられるのは、第三一期以降である（それ以前は、こうした区分がなく、流動資産のマイナスとしてまとめられて計上されていた可能性もある）。

表7－21に示すように、第二七期から第三九期までの間に、第三二期を除いて、伊藤伊の多くの取引先の経営破綻が発生した。業態をみると、やはり最も多いのは卸売企業であり、伊藤伊の仲間卸であった。それに次ぐのは、急成長したドラッグストアやスーパー（GMS、SM）であった。伊藤伊の負債金額として最も大きいのは、二〇〇四年三月の株式会社Sドラッグの約一億二九二三万円である。これに次ぐのが二〇〇三年三月のZ販売株式会社の約九二一五万円である。各期の合計でみると、第三八期が最大となっている。当初の回収見込みが五〇％程度とみていたものが、全額不可となっていく事例も多かったようである[41]。

これらのうち営業に関するものの一年以内の回収不能見込額を、一定基準で決算時に処理した金額は、表7－5の販売費・一般管理費の貸倒引当金繰入として計上されている。しかし、厳密な対応関係（算出基礎）については、未確認である。他方、更生債権などを含む営業外のものについては、表7－6の営業外費用の貸倒引当金繰入として計上される、伊藤伊の「損益計算書」で、この科目が確認できるのは、第三七期（一四八九万一六六八円）と第三八期（一億八四二九万八七九八円）だけである。いずれにせよ、卸売企業は、こうした取引先の経営破綻に耐えうる財務力も必要であった。実際、伊藤伊では、倒産による売上への影響は微小であったという[42]。

表7-21　伊藤伊株式会社の主な取引先の事故（1992年3月～2004年3月）

発生期	期　間	地　区	取引先名	業　態	負債金額(円)	各年度合計額(円)
第27期	1991年11月29日～1992年11月28日	愛知県	有限会社Y商店	卸売業	9,675,859	9,675,859
第29期	1993年11月29日～1994年11月28日	愛知県	株式会社Aドラッグ	ドラッグストア	7,417,493	21,860,776
			合資会社I商店	卸売業	13,335,585	
			株式会社Kマート	CVS	1,107,698	
第30期	1994年11月29日～1995年11月28日	長野県	株式会社S	卸売業	59,108,887	60,846,697
		新潟県	株式会社S商店	卸売業	1,737,810	
第31期	1995年11月29日～1996年3月31日	愛知県	有限会社A事業団	職域販売	21,191,938	21,191,938
第33期	1997年4月1日～1998年3月31日	静岡県	Yストア	GMS	20,648,678	43,667,290
			株式会社O商店	卸売業	10,637,154	
		石川県	株式会社T産業	卸売業	12,381,458	
第34期	1998年4月1日～1999年3月31日	岐阜県	株式会社H	専門店	9,473,171	13,351,385
		新潟県	株式会社O商店	卸売業	1,263,468	
		京都府	O商店	卸売業	2,614,746	
第35期	1999年4月1日～2000年3月31日	滋賀県	Z商事株式会社	卸売業	1,593,457	68,466,481
		東京都	N株式会社	GMS	5,842,966	
		岐阜県	株式会社Y	卸売業	13,355,797	
		静岡県	株式会社N	卸売業	4,550,520	
		愛知県	株式会社I商事	卸売業	43,123,741	
第36期	2000年4月1日～2001年3月31日	愛知県	(株)I	卸売業	3,651,072	9,279,321
		富山県	A株式会社	卸売業	5,628,249	
第37期	2001年4月1日～2002年3月31日	埼玉県	株式会社Y商事	卸売業	4,162,084	50,509,318
		富山県	株式会社H	卸売業	37,564,770	
		愛知県	(有)Hコーポレーション	SM	4,760,364	
		静岡県	M薬局	ドラッグストア	4,022,100	
第38期	2002年4月1日～2003年3月31日	岐阜県	株式会社M	SM	3,822,921	141,457,353
		静岡県	Z販売株式会社	卸売業	92,149,399	
		新潟県	株式会社M	卸売業	3,698,968	
		長野県	株式会社Gコーポレート	卸売業	4,894,741	
		大阪府	株式会社V	ドラッグストア	13,874,526	
		長野県	有限会社H	ドラッグストア	4,373,856	
		長野県	株式会社M商店	ドラッグストア	18,642,942	
第39期	2003年4月1日～2004年3月31日	三重県	株式会社T	卸売業	24,660,290	137,068,317
		愛知県	株式会社Sドラッグ	ドラッグストア	129,234,317	
		愛知県	株式会社G	SM	7,834,000	

（注）ここでの職域販売とは，障害者の支援事業として，企業への販売などをしていたものであるという（元伊藤伊取締役・河野幹生氏による）。
（出典）伊藤伊内部資料にもとづいて，旧伊藤伊関係者が作成。

4　伊藤伊グループとしての決算

伊藤伊の関係会社

第六章で検討したように、伊藤伊は、一九九〇年代後半から二〇〇〇年代前半にかけて、広域展開を遂げた。その結果、二〇〇三年三月末で、名古屋の本社のほか、横浜、北陸、浜松、静岡、北関東、京都、甲信の七つの支店、みなと商品センター、大治配送センター、江南センター、安城センター、泉南センターの五つの独立センターを擁する企業となった。さらに同時期時点で、伊藤伊は、株式会社テクノカネカ（二〇〇二年一〇月一日に株式会社テクノケンセキと兼松カネカ株式会社が合併して発足）、ダイヤモンド化学株式会社、株式会社テクノエクスプレス、南関東物流サービス株式会社、野村商事株式会社（二〇〇二年七月一日に経営支援要請により業務提携・子会社化）の五つの一〇〇％株式所有の子会社をもち、グループ経営という面をもつようになっていた。

表7－22は、二〇〇〇年三月時点の伊藤伊の関係会社を示したものである。これをみると、連結子会社四社、持分法適用関連会社一社、伊藤伊の不動産部門といってよい音羽殖産という六つの関係会社を擁していることがわかる。それらの五〇～一〇〇％の株式を伊藤伊が所有し、すべてに役員も派遣している。

営業面での関係

二〇〇〇年前後の伊藤伊とその子会社との取引関係をみたものが、表7－23である。第三三期で、子会社全体への売上高は九％程度であった。その後、比率を低下させているが、それでも五％程度は子会社への売上であったことがわかる。仕入面の関係をみると、増減があるが、おおむね〇・七％台から一・二％台の範囲が子会社からの仕入であったことがわかる。

表7-22　伊藤伊株式会社の関係会社（2000年3月）

関係区分	会社名	設立年月	資本金（千円）	主な業務の内容	伊藤伊の議決権の所有又は被所有の割合（%）	関係内容
連結子会社	株式会社テクノケンセキ	1996年6月	75,000	化粧品・日用品卸売	72	伊藤伊代理店として商品の販売を行う一方，伊藤伊に対し化粧品関連商品を販売している。伊藤伊所有の建物を賃貸している。役員の兼任3名。
	ダイヤモンド化学株式会社	1991年3月	20,000	ローソク製造	100	伊藤伊が製品を一括販売してる。伊藤伊所有の建物を賃貸している。役員の兼任3名。
	株式会社テクノエクスプレス	1991年5月	16,000	運輸業	100	業務委託契約にもとづき伊藤伊の配送業務を請け負っている。伊藤伊所有の建物を賃貸している。役員の兼任3名。
	兼松カネカ株式会社	1971年	50,000	化粧品・日用品卸売	100	伊藤伊代理店として商品の販売をしている。伊藤伊所有の土地を賃貸している。役員の兼任6名。
持分法適用関連会社	株式会社ケイ・アイ・ケイ	1996年4月	20,000	物流受託会社	50	伊藤伊の販売先であるサークル・ケイ・ジャパン株式会社に対する物流業務全般を請け負っている。役員の兼任3名。
その他の関係会社	音羽殖産株式会社	1981年5月	12,037	不動産賃貸業，損害保険代理店，車輛リース業	被所有33	伊藤伊本社ビルおよび駐車場を賃借している。損害保険に加入している。車輛を賃借している。伊藤伊の不動産を賃貸している。役員の兼任4名。

（注1）上記のほかに，伊藤伊の関係会社として，1999年5月に北関東物流（60%）と伊藤伊（40%）の共同出資で設立され，2000年2月に伊藤伊の100%子会社となった南関東物流株式会社（物流受託業務，運送業務）がある。

（注2）ダイヤモンド化学は，伊藤伊の堀田工場が独立した会社である。堀田工場は，1932年に大阪の中村惣吉商店（後の東洋ローソク）との共同出資で共進社（偶然にも「牛乳石鹸」を製造する共進社石鹸製造所と同名）として設立されたが，後に伊藤伊の単独経営になり，伊藤伊専属工場となったものである。

（注3）兼松カネカの設立年は，『石鹸日用品新報』（2000年4月5日）による。伊藤伊は，2000年3月31日に兼松株式会社の子会社であった兼松カネカの全株式を取得した。

（注4）音羽殖産の設立年月については，元伊藤伊取締役で現在も音羽殖産に勤務する河野幹生氏による。

（出典）伊藤伊株式会社『新株発行並びに株式売出届出目論見書』（平成12年8月）13頁所収「関係会社の状況」。

(1997年4月～2002年３月)（金額：千円，比率：%）

第35期			第36期			第37期		
1999年４月１日～2000年３月31日			2000年４月１日～2001年３月31日			2001年４月１日～2002年３月31日		
営業取引		営業以外の取引	営業取引		営業以外の取引	営業取引		営業以外の取引
売上高(千円)	仕入高(千円)		売上高(千円)	仕入高(千円)		売上高(千円)	仕入高(千円)	
4,549,485	439,333	52,639	3,979,229	414,686	66,088	2,940,513	462,422	56,768
995	66,699	4,418	1,117	45,460	3,243	891	43,322	2,667
0	0	327,170	0	0	331,722	0	0	129,694
–	–	–	–	–	–	–	–	–
–	–	–	918,257	2,239	28,540	1,129,527	50,080	139,065
455,066	336,670	0	–	–	–	–	–	–
–	–	–	0	0	143,168	0	0	178,799
5,005,547	842,704	384,228	4,898,603	462,385	572,761	4,070,931	555,824	506,993
73,776,656	68,402,564	–	78,028,015	72,785,231	–	82,482,157	76,452,285	–
6.78	1.23	–	6.28	0.64	–	4.94	0.73	–

ら同年６月30日までの合計額である。

日から2000年１月31日までの合計額である。

引は第36期以降となる。

伊藤伊株式会社の100%子会社となった。同社と伊藤伊株式会社との間では，物流などの営業以外の取引

に対する債権・債務の明細及び増減」。

(1997年４月～2002年３月)（金額：千円，比率：%）

第35期				第36期				第37期			
1999年４月１日～2000年３月31日				2000年４月１日～2001年３月31日				2001年４月１日～2002年３月31日			
2000年３月31日				2001年３月31日				2002年３月31日			
短期債権(千円)				短期債権(千円)				短期債権(千円)			
売掛金	受取手形	未収入金	計	売掛金	受取手形	未収入金	計	売掛金	受取手形	未収入金	計
299,097	306,721	2,410	608,228	260,307	451,753	0	712,060	133,292	492,686	0	625,978
0	0	0	0	83	0	214	297	0	0	177	177
0	0	500	500	0	0	561	561	0	0	179	179
–	–	–	–	–	–	–	–	–	–	–	–
43,723	0	0	43,723	110,858	59,397	534	170,789	137,356	60,697	74	198,127
–	–	–	–	–	–	–	–	–	–	–	–
–	–	–	–	–	–	–	–	–	–	–	–
342,820	306,721	2,910	652,451	371,248	511,150	1,309	883,707	270,648	553,383	430	824,461
10,174,055	2,436,046	920,897	13,530,999	10,620,099	2,917,908	1,206,055	14,744,063	12,358,982	2,545,067	1,308,595	16,212,643
3.37	12.59	0.32	4.82	3.50	17.52	0.11	5.99	2.19	21.74	0.03	5.09

ここでは割愛している。

対する債権・債務の明細及び増減」。

表7-23　伊藤伊株式会社とその子会社との取引関係の推移

子会社名	第33期 1997年4月1日〜1998年3月31日 営業取引 売上高(千円)	仕入高(千円)	営業以外の取引	第34期 1998年4月1日〜1999年3月31日 営業取引 売上高(千円)	仕入高(千円)	営業以外の取引
株式会社テクノケンセキ	4,483,377	313,009	48,191	4,868,678	361,031	50,092
ダイヤモンド化学株式会社	412	62,169	2,635	583	64,398	4,098
株式会社テクノエクスプレス	0	269,962	1,145	0	0	305,150
伊藤伊株式会社金沢店	679,796	0	1,044	98,845	0	174
兼松カネカ株式会社	－	－	－	－	－	－
矢野伊藤伊株式会社	－	－	－	－	－	－
南関東物流サービス株式会社	－	－	－	－	－	－
合計（A）	5,163,585	645,140	53,015	4,968,108	425,429	359,515
伊藤伊株式会社（B）	57,073,968	54,047,387	－	59,026,339	55,643,139	－
伊藤伊株式会社の営業取引に占める子会社の比率（A）÷（B）×100（％）	9.05	1.19	－	8.42	0.76	－

（注1）伊藤伊株式会社金沢店は，1998年7月1日に伊藤伊株式会社に合併されたので，同年4月1日か
（注2）矢野伊藤伊株式会は，2000年2月1日に伊藤伊株式会社に合併されたので，前年の1999年4月1
（注3）兼松カネカ株式会社は，2000年3月31日に伊藤伊株式会社の子会社となったので，伊藤伊との取
（注4）南関東物流会社は，2000年11月1日をもって，北関東物流サービス株式会社より120株取得して，
　　が発生している。

（出典）伊藤伊株式会社『第33期〜第37期決算報告書』所収「子会社との間の取引の明細並びに各子会社

表7-24　伊藤伊株式会社の子会社に対する短期債権の推移

期	第33期				第34期			
時期（年・月・日）	1997年4月1日〜1998年3月31日				1998年4月1日〜1999年3月31日			
期末（現在）（年・月・日）	1998年3月31日				1999年3月31日			
子会社名	短期債権(千円) 売掛金	受取手形	未収入金	計	短期債権(千円) 売掛金	受取手形	未収入金	計
株式会社テクノケンセキ	294,860	279,155	2,029	576,044	526,384	145,655	1,750	673,790
ダイヤモンド化学株式会社	0	0	344	344	0	0	5,458	5,458
株式会社テクノエクスプレス	0	0	18,512	18,512	0	0	16,250	16,250
伊藤伊株式会社金沢店	81,162	81,312	0	162,474	－	－	－	－
兼松カネカ株式会社	－	－	－	－	－	－	－	－
矢野伊藤伊株式会社	－	－	－	－	－	－	－	－
南関東物流サービス株式会社	－	－	－	－	－	－	－	－
合計（A）	376,022	360,467	20,885	757,374	526,384	145,655	23,458	695,498
伊藤伊株式会社（B）	6,744,817	2,598,654	784,203	10,127,676	7,545,083	2,042,969	829,288	6,313,147
伊藤伊株式会社の短期債権に占める子会社の比率（A）÷（B）×100（％）	5.57	13.87	2.66	7.48	6.98	7.13	2.83	11.02

（注）第37期の下記出典の短期債権には，南関東物流サービス会社への貸付金2,000万円が掲載されているが，
（出典）伊藤伊株式会社『第33期〜第37期決算報告書』所収「子会社との間の取引の明細並びに各子会社に

（1997年４月～2002年３月）（金額：千円，比率：％）

第35期				第36期				第37期			
1999年４月１日～2000年３月31日				2000年４月１日～2001年３月31日				2001年４月１日～2002年３月31日			
2000年３月31日				2001年３月31日				2002年３月31日			
短期債権(千円)				短期債権(千円)				短期債権(千円)			
買掛金	未払金	預り金	計	買掛金	未払金	預り金	計	買掛金	未払金	預り金	計
45,810	831	44,138	90,779	41,805	173	－	41,978	83,444	1,392	－	84,836
7,920	61	0	7,982	4,950	0	－	4,950	4,681	25	－	4,706
0	35,649	0	35,649	0	28,946	－	28,946		12,801	－	12,801
－	－	－	－	－	－	－	－	－	－	－	－
－	－	－	－	2,239	－	－	2,239	0	0	－	0
－	－	－	－	－	－	－	－	－	－	－	－
－	－	－	－	0	8,587	－	8,587	0	18,263	－	18,263
53,730	36,541	44,138	134,410	48,994	37,706	－	86,700	88,125	32,481	－	120,606
7,127,651	384,396	25,192	7,537,238	7,432,786	419,423	25,966	7,878,175	8,629,164	603,091	28,931	9,261,186
0.75	9.51	175.21	1.78	0.66	8.99	－	1.10	1.02	5.39	－	1.30

異常値であるが，そのまま表示した。
に対する債権・債務の明細及び増減」。

連結経営指標（金額：千円，比率：％）

第35期		
1999年４月１日～2000年３月31日		
2000年３月31日		
金額（千円）		(B)÷(A)(%)
連結会計(A)	伊藤伊単体会計(B)	
76,341,413	73,776,656	96.64
7,019,626	6,224,283	88.67
334,071	452,696	135.51
1,038,765	1,114,472	107.29
358,329	428,041	119.45
11,785,089	11,770,948	99.88
36,079,778	30,685,593	85.05

クスプレス，ダイヤモンド化学株式会社の３社である。
であるが，同社が子会社となったのが第35期末の2000年３
引は含まれていない。
「企業の概況」および30～49頁所収「連結財務諸表」および
算書」。

表７-25　伊藤伊株式会社の子会社に対する短期債務の推移

期	第33期				第34期			
時期（年・月・日）	1997年４月１日～1998年３月31日				1998年４月１日～1999年３月31日			
期末（現在）（年・月・日）	1998年３月31日				1999年３月31日			
子会社名	短期債権（千円）				短期債権（千円）			
	買掛金	未払金	預り金	計	買掛金	未払金	預り金	計
株式会社テクノケンセキ	－	－	－	50,742	32,511	1,180	60,000	93,961
ダイヤモンド化学株式会社	－	－	－	7,048	8,568	163	0	8,731
株式会社テクノエクスプレス	－	－	－	27,571	0	29,457	0	29,457
伊藤伊株式会社金沢店	－	－	－	－	－	－	－	－
兼松カネカ株式会社	－	－	－	－	－	－	－	－
矢野伊藤伊株式会社	－	－	－	－	－		－	－
南関東物流サービス株式会社	－	－	－	－	－	－	－	－
合計（A）	－	－	－	85,361	41,079	30,800	60,000	131,879
伊藤伊株式会社（B）	－	－	－	5,694,144	5,813,397	247,017	108,391	6,168,805
伊藤伊株式会社の短期債務に占める子会社の比率（A）÷（B）×100（％）	－	－	－	1.50	0.71	12.47	55.36	2.14

（注）第35期は，表示のように子会社に対する預り金合計が伊藤伊の預り金額を上回っており，明らかに
（出典）伊藤伊株式会社『第33期～第37期決算報告書』所収「子会社との間の取引の明細並びに各子会社

表７-26　伊藤伊株式会社の第34期・第35期の主な

期	第34期		
時期（年・月・日）	1998年４月１日～1999年３月31日		
期末（現在）（年・月・日）	1999年３月31日		
	金額（千円）		（B）÷（A）（％）
	連結会計（A）	伊藤伊単体会計（B）	
売上高	62,536,683	59,026,339	94.39
売上総利益	5,486,876	4,457,083	81.23
営業利益	144,333	24,636	17.07
経常利益	996,846	863,103	86.58
当期純利益	546,315	496,715	90.92
純資産（自己資本）	9,954,871	9,866,229	99.11
総資産	27,485,596	25,637,226	93.28

（注１）第34期の連結対象子会社は，株式会社テクノケンセキ，株式会社テクノエ
（注２）第35期の連結対象子会社は，上記３社に兼松カネカ株式会社を加えた４社
月末であったため，第35期連結損益計算書には兼松カネカ株式会社の損益取
（出典）伊藤伊株式会社『新株式発行並びに株式売却売出届出目論見書』10頁所収
伊藤伊株式会社『第34期・第35期決算書綴り』所収「貸借対照表」・「損益計

同じ期間の伊藤伊の子会社に対する短期債権の比率をみると、表7－24に示されるように、売掛金で二・一％台から六・九％台、受取手形で七・一％台から二一・七％台、未収入金で〇・〇三％から二・八％台となっている。これら全体でみると、四・八％台から一一％台の範囲にあったことがわかる。

伊藤伊の子会社に対する短期債務の比率をみると、表7－25に示されるように、買掛金では〇・六％台から一％台、未払金で五・三％台から一二・四％台、全体で一・一％台から二・一％台の範囲であった。

伊藤伊の連結会計と伊藤伊単体の会計との売上や利益の関係についてみてみると、表7－26に示されるように、第三四期では、いずれも伊藤伊単体の会計は、連結の会計数値の範囲内に収まっている。しかし、第三五期では、営業利益、経常利益、純利益の三つが、伊藤伊単体の数値のほうが高い。

これは、有力子会社の株式会社テクノケンセキが赤字決算であったことが最大の要因であると考えられるという(43)。テクノケンセキでは、第五章でもみたように(44)、一九九九年四月に岐阜県羽島郡岐南町に新物流センターを開設したが、主要取引先であったファミリーマートとの取引がなくなってしまった。このため、赤字転落となり回復に努力したものの第三五期時点では黒字転換できなかったのである。とはいえ、こうしたグループによる総合力をもって、伊藤伊は、広域卸売企業としての経営地盤を強化し、全国的卸売企業を形成する中核的企業にまで成長するにいたったのである。

おわりに

最後に、以上の検討から明らかにされたことを概括しておきたい。

伊藤伊は、合併とグループ企業化をともなう広域化と小売直販の拡大過程を通じて、売上高、資本金および資産を増大させた。

売上や利益についてみると、売上総利益は増加の傾向を辿った。これは、直販による売買差益の増加、小売店への売上割戻金などを補って余りあるメーカーからの仕入割戻や小売店への売上増によって実現した。しかし、営業利益、経常利益は増減を繰り返した。

営業利益が増えなかったのは、営業規模の拡大にともない、販売費・一般管理費が増したためであった。なかでも、人件費、借地料、運送費、減価償却費の負担が大きかった。運送費関係では、大手小売店に納入する際に徴収されるセンター・フィーなどの負担が次第に重くなっていった。

経常利益が増えなかったのは、一九九〇年代前半までは営業外損失が発生していたことや、それ以降、売上割引に優る仕入割引などによって営業外利益が出ていたものの、販売費・一般管理費の増加を補完するほどのプラスにならなかったことによる。このため、伊藤伊では、業界のなかで、売上高や一人当たり売上高では上位にありながらも、売上高経常利益率では、さほど上位にはならなかった。

なお、仕入先からのリベートの一部は、仕入割戻（仕入原価控除）、仕入割引（営業外収益）などとして、販売先へのリベートの一部は売上割戻（売上高控除）、売上割引（営業外損失）として、それぞれ処理されていることも確認できた。

純利益をみると、増減があったが、ここでみた一九八五年から二〇〇四年の一九年間で約二倍の伸びとなった。その純利益の配分をみると、従来のように、内部留保される比率が八〇％以上と高かった。伊藤伊の自己資本比率も、一時期を除いて高く、それゆえ、銀行の信用度も高かった。

売掛債権と買掛債務の双方が大きいことが卸売企業の特徴であることが確認されたが、手元流動性もあり、また銀行の短期借入枠も一定程度確保されたので、伊藤伊が資金繰りに困ることはなかった。しかし、広域化にともなう事業規模の拡大のため、従来のように自己資金だけでまかなうことはできず、銀行からの長期借入も必要であった。さらに、取引先の経営破綻は、伊藤伊にとって財務上の負担となったが、それに耐えうる財務力ももっていた。

伊藤伊は、五つの関係会社（子会社）をもつ企業グループとなったが、それらの関係会社とは所有と経営の両面で強く結びつき、一定程度の取引関係もあった。その関係会社の業績不振が、連結決算面で、若干のマイナス要因となることもあったが、こうしたグループによる総合力をもって、伊藤伊は、広域卸売企業としての経営力を強化していったのである。

注

（1）ちなみに、二〇〇二年四月に伊藤伊と共同持株会社あらたを設立したダイカ（二〇〇一年七月）やサンビック（二〇〇〇年一二月）と比べてみると（伊藤伊株式会社社内報編集委員会『社内報ぱぶりん』Vol.39、二〇〇一年、七頁所収「株式移転当時の会社の概要」、ダイカの経営規模については、佐々木聡『地域卸売企業ダイカの展開――ナショナル・ホールセラーへの歴史的所産』ミネルヴァ書房、二〇一五年三月、二一八〜二一九頁も参照されたい）、総資産はダイカが約四九〇億円、サンビックが約三五二億円、純資産はダイカが約一五七億円、サンビックが約四三億円、資本金額はダイカが約三八億円、サンビックが約五億五〇〇〇万円であった。二社との比較の時期の近い伊藤伊の第三六期をみると、総資産約三一九億円、純資産約一三二億円、資本金額九億二〇〇〇万であるから、総資産はサンビックが伊藤伊を上回っているものの、純資産と資本金額でみると、伊藤伊はダイカとサンビックの中間に位置したといえる。また、この時期の売上高業界首位のパルタックをみると（二〇〇一年九月、単体）、総資産約一〇〇三億円、純資産約二七六億円、資本金約二七億円であった（株式会社パルタック『平成一三年度　有価証券報告書』、自平成一二年一〇月一日至平成一三年九月三〇日、七一〜七二頁所収「貸借対照表」）。したがって、パルタックは、総資産と純資産でみる限り、伊藤伊、ダイカ、サンビックの三社合計でようやく超え得る存在であった。

（2）第二章、一〇三頁。

（3）第四章、一九七〜一九八頁。

（4）当時の伊藤昌弘社長によると、決算期の変更のあった前年の一九九四年の四月に今井会計事務所の浅井先生（伊藤伊の長年の税理士）とトーマツ監査法人の上田先生と伊藤社長が初めて会食したのが、変更に向けてのスタートであったという。同年六月に、トーマツ監査法人が伊藤伊で三日間の調査を行い、この準備段階を経て、翌年の一九九五年一一月二九日から始まる期を翌年の一九九六年三月三一日の決算とし、翌年から年度決算になった。

(5) 伊藤伊株式会社『決算報告書第三〇期』（自平成六年一一月二九日至平成七年一一月二八日）所収「第三〇期営業報告書」。ちなみに、共同持株会社あらた設立より前のダイカ（二〇〇〇年一二月）とサンビック（二〇〇〇年一二月）の売上高をみておくと、ダイカ（二〇〇一年七月）が約一五三一億円（前掲『地域卸売企業ダイカの展開――ナショナル・ホールセラーへの歴史的所産』二一八頁）、サンビックが約八一三億円であり、ほぼ同時期の第三六期の伊藤伊のそれは約七八〇億円であったから、二社よりも伊藤伊の売上規模は小さかった。なお、パルタック（二〇〇一年九月、単体）の売上高は約二八八二億円であった（前掲『平成一三年度　有価証券報告書』七三～七四頁所収「損益計算書」）。

(6) 伊藤伊株式会社『第三二期定時株主総会招集ご通知』（平成九年六月一二日）所収「第三二期営業報告書」（平成八年四月一日から平成九年三月三一日まで）。

(7) 伊藤伊株式会社『第三一期決算書』（自平成七年一一月二九日至平成八年三月三一日）所収「第三一期営業報告書」。

(8) 「プラノマスター」については、第五章、二五八～二五九頁を参照されたい。

(9) 前掲「第三二期営業報告書」。

(10) 第四章、二二四～二二五頁。

(11) 第三章、一六三頁および一七七頁。

(12) 伊藤昌弘氏への聞き取り調査による。

(13) 伊藤伊の販売・営業関係者を担当した河野幹生、加藤功、藤根康裕の各氏への聞き取り調査による。

(14) 伊藤伊の販売・営業関係者を担当した河野幹生、加藤功、藤根康裕の各氏への聞き取り調査による。

(15) 第六章、三〇八～三〇九頁および伊藤昌弘氏による。

(16) 当時の伊藤伊の関係担当者であった加藤功氏によると、一九九七年一〇月一日の「横浜支店開設の頃から、経費の部門管理を重視することとなって、従業員給与と取締役報酬・監査役報酬を役員報酬として分けて管理するようになった」という。その際、「役員報酬は本社で、従業員給与は発生部署でそれぞれ処理をしていた」という（筆者の質問に対する加藤功氏からの回答)。

(17) 伊藤伊の販売・営業関係者を担当した河野幹生、加藤功、藤根康裕の各氏への聞き取り調査による。

(18) 伊藤伊の販売・営業関係者を担当した河野幹生、加藤功、藤根康裕の各氏への聞き取り調査による。

(19) みなと商品センターの開設については、第五章、二五四〜二五五頁を参照されたい。

(20) 江南センターの開設については、第六章三一五〜三一七頁を、北陸支店および金沢商品センターの開設については、同章、三〇八〜三一〇頁をそれぞれ参照されたい。

(21) 木村屋の合併と浜松・静岡両支店の開設については、第六章、三一一〜三一二頁を、一九九九年七月の新横浜支店と海老名物流センターの開設については、同章、三〇五〜三〇六頁をそれぞれ参照されたい。また北関東支店の開設については、同章、三一九頁を参照されたい。

(22) 安城センター(借地・借家)の開設については、第六章、三二六〜三二七頁を、京都支店および京都商品センターの開設については、同章、三二二〜三二三頁を参照されたい。

(23) 伊藤伊の甲信支店の開設については、第六章、三二三〜三二五頁を参照されたい。

(24) 筆者の質問に対する伊藤伊元経理担当の加藤功氏の回答による。

(25) 伊藤伊の販売関係者への聞き取り調査による。

(26) 前掲『地域卸売企業ダイカの展開——ナショナル・ホールセラーへの歴史的所産』二五〇〜二五六頁を参照されたい。

(27) 同書、二五七〜二六三頁。

(28) 第三章、一六七〜一七一頁。

(29) また、これもおおざっぱな安全性の尺度といわざるを得ないであろうが、固定比率(固定資産が自己資本の範囲内に収まっているかどうか)でみると、表7-8に示されるように、固定資産が急増した第二六期〜第三〇期を除いて、一〇〇%以下となっている。また関連する固定長期適合比率(固定資産が自己資本と固定負債の範囲内に収まっているかどうか)でみても第二六期〜第二七期を除いて一〇〇以下になっていることがわかる。したがって、この尺度でみても、伊藤伊は、財務面でおおむね安全性が保たれて推移していたといってよいであろう。

(30) ここでみる「預り金(保証金)」は固定負債であるが、短期負債の「預り金」には、従業員の給与から天引きされる源泉税・住民税・社会保険や販促預り金などが含まれている。この販促預り金は、メーカーからの小売店への販売促進に関する預り金である。

(31) 第三章、一三〇～一四二頁。

(32) 有力仕入先メーカーへの預け金がなくなっているのは、取引制度の変更によるものと考えられるが、現金での支払いが増えてゆくと、信認金が不要となるので、現金での支払が増えたことによるとも考えられる（筆者の伊藤昌弘氏に対する質問への回答による）。

(33) 第三章、表3－4－1、表3－4－2、表3－4－3、表3－5－1、表3－5－2および表3－6を参照。

(34) 筆者の質問に対する伊藤昌弘氏の回答による。

(35) 筆者の質問に対する元伊藤伊取締役・河野幹生氏の回答による。

(36) また、同様におおざっぱな信用力をはかる尺度のひとつである流動比率すなわち流動負債に対する流動資産の比率をみると、表7－8に示されるように、一〇〇以上となっている。つまり短期の支払義務よりも支払能力が常に上回っていたことになる。この面で少し厳密な比率である当座比率、すなわち流動資産から棚卸資産を控除した額の流動負債に対する比率でみても、全期間で一〇〇％以上となっており、これらの尺度でみる限り、一定程度の安全性（担保力）を保っていたことがわかる。

(37) 筆者の質問に対する伊藤昌弘氏の回答による。

(38) 筆者の質問に対する伊藤昌弘氏および河野幹生氏の回答による。

(49) 伊藤伊株式会社『第三三期定時株主総会招集通知』（平成一〇年六月一二日）所収「営業報告書」三頁。

(40) 第三者割当増資については、第四章、一九七～一九八頁および第六章、三三〇～三三一頁を参照されたい。

(41) 伊藤伊株式会社『第三五期・第三六期決算報告書』所収「破産更生債権・貸倒引当金（個別）」をみると、五〇％の回収見込とされているものがほとんどであるが、そこに掲載された事例の最終貸倒損失をみると、債権全額回収不可となったことが多い。

(42) 伊藤昌弘氏によると、一億円規模の倒産があったとしても、この場合の一カ月の売上は三〇〇〇万円程度の影響であったという。表7－1の第三八期の売上高に示されるように、二〇〇二年四月～二〇〇三年三月頃の年商約九〇〇億円に対して、その取引先の年間売上は三〇〇〇万円×一二カ月で約三億六〇〇〇万円となって、年商に対しては〇・四％程度であった。他方、一般的に総資産の一％を超える貸倒れの場合は、会計の専門家によって「金額の重要性はあった」と表現されるという。表７‐21に示される伊藤伊の最大の貸倒金額は、第三九期のＳドラッグストアの約一億二九二三万円であり、この期の資産額は表７‐１に示されるように約三五三億六七七五万円であったから、一％に満たない貸倒金額ということになる。伊藤伊では、営業利益に対しても、引当金があるので、影響は軽微であった。むしろ伊藤昌弘社長が懸念したのは、伊藤伊の従業員の気の緩みと関係社員の動揺であった。このため、五〇〇〇万〜　億円の倒産があった場合、具体的には表７‐21に示される第三五期（合計約六八四七万円）や第三七期（合計五〇五一万円）などに、伊藤伊では、社長以下役員課長クラスまで、三〜六カ月にわたって三〜二〇％（伊藤昌弘氏の記憶では、おおむね社長が二〇％、役員が一〇％前後、部長クラスで五％、課長で三％という）の減俸を、三回ほど実施した。ただし、その年度の計画が達成した場合は全額戻したという（筆者の質問に対する伊藤昌弘氏の回答による）。

(43)　筆者の質問に対する元伊藤伊取締役の内田喜美雄氏の回答による。

(44)　第五章、二七〇頁。

結　伊藤伊の広域展開と流通革命

最後に本書の各章で明らかにされたことをあらためて整理し、伊藤伊の経営発展にみられる経営史的特徴と、その足跡の日本経営史上の意義について総括してみることにしたい。

1　伊藤伊の創業と経営展開

第一章では、伊藤伊三郎によって一九〇四年に蠟燭の製造・販売業をもって創業した伊藤伊が、東海地区の有力卸売企業に成長するまでの過程を明らかにした。伊藤伊は、一九二〇年代前半にかけて取扱商品と販売区域を拡げ、これらを基盤として、それ以降メーカーとの関係が強化された。戦時・戦後の統制期には、名古屋地区の重要な配給経路の要として位置づけられるまでになった。戦後、二代目経営者の伊藤弥太郎はそうした信用と実績を基礎に、仲間卸の取引関係を広範囲にわたって構築する経営を進めた。伊藤伊はライオン油脂との取引実績では首位となり、伊藤弥太郎も卸業界の全国組織を代表する立場にまでなった。

企業形態と所有と経営についてみると、一九二〇年代後半から高度成長前半期にいたるまで資本規模を大きくしてゆくなかでも合名会社形態を維持し、伊藤家の家族・同族による封鎖的な出資による経営であった。高度成長の始まる一九五〇年代半ばで従業員規模は五〇名弱であり、地域の卸売企業としては比較的規模の大きい企業にまでになった。仲間取引中心の伊藤伊の経営実績は業界平均程度であったが、小売直販の比重の大きいダイカと比べると小さいものであった。全体的な傾向としては、増収・増益の傾向をたどり、経営基盤は拡充した。

仕入関係では、恒常的取引の拡大を反映して、仕入先への信認金や仕入先からの受取割戻金の額は増加する傾向を辿り、また仕入先への出資者という関係も構築されるようになっていった。他方、販売先への支払割戻金も増加し、過当な競争にともなう貸倒損失も増えていったことが明らかにされた。

第二章では、一九六六年に伊藤伊株式会社を設立してからの伊藤伊の経営の体制を検討した。所有と経営の面をみると、以前と同様に、いずれも伊藤伊・伊藤家の家族・同族が多くを占めており、二代目経営者の伊藤弥太郎の経営方針も、従前通り、仲間取引（二次卸）の尊重であった。この時期、次代を担う伊藤弥太郎の次男・伊藤昌弘が入社し、メーカーや海外での経験をふまえ、伊藤伊での業務経験を重ねていった。メーカーによる中間流通への支配的な戦略に対しては、伊藤伊の経営権や販売方針に関わる根幹部分を手放すことなく、独自の経営方針すなわち仲間（二次）卸尊重の方針を継続していった。他方で、この時期の新興小売企業の動きには組織的に即応した。新しい営業拠点や物流施設や事務システムへの投資も、積極的に推進された。

伊藤弥太郎が尊重した仲間卸取引すなわち多段階取引は、流通の上部に位置するメーカーにとっては、コスト節約的かつリスク回避的に販路を確保できるというメリットがあり、伊藤伊のような中間流通業者にとっても、多くの仲間卸（二次卸）店を擁することで、物的・人的資源の負担を増すことなく、販売先の複数小売店を広範囲に確保できるメリットがあった。こうしたネットワークによる広範囲の販路の確保と、流通の中間段階から川下にかけてのリスクを負担することで、中間流通の要となる卸売企業はメーカーの信用を得ることも可能となり、経営発展を期することができたのである。

第三章では、こうした仲間卸中心の取引にみられる歴史的特徴を分析した。まず、仕入先や販売先との関係を取引とそれに付随する保証の面をみると、仕入先メーカーへ伊藤伊が預けおく信認金は、長期的にみて取引の拡大にともない増加する傾向をたどったが、販売先の範囲をみると二次卸店を中心に広範囲に及んでいることも明らかにされた。これらの仕入先メーカーや販売先とは、出資や債券購入の関係ももっていることが確認された。

伊藤伊の販売のほとんどが掛売りであり、このため貸倒損失の負担が継続していたことも明らかにされた。伊藤伊から仲間卸への販売価格と伊藤伊から小売店への販売価格は、仲間卸の利益を確保するために、同一という方針が貫かれた。すなわち、伊藤伊は仕入価格と同額で仲間卸へ販売しており、この仲間卸への販売にともなう伊藤伊の報酬は、仕入先メーカーからの帳合料のみであることも明らかにされた。伊藤伊は多様な取引に関わる経理を集約する金融機能も担っており、メーカーにとっては、中部地域の市場戦略の要と位置づけられる存在となっていたのである。

伊藤伊は、フローとしての内部留保を高くして、ストックとしての内部留保を次第に増やしており、手元資金の流動性も確保していたことが明らかにされた。これらは、伊藤伊の卸売企業としての主要機能である金融機能の強い基盤を成すものであり、後の時代の投資の基礎となるものでもあった。以上のような取引面や経理面の特徴を有する伊藤伊は、売上・利益ともに順調に増加させ、一九八〇年代前半には売上高で業界第四位、一九八五年の業界法人所得のランキングでは、首位の地位にまでなったのである。

第四章では、まず、伊藤昌弘が社長となった一九八〇年代半ばから二〇〇〇年代初期までの伊藤伊株式会社の資本が一〇倍強にまで増加するなかで、伊藤伊の創業者の家族・同族および彼らの出資会社による伊藤伊株式会社の所有比率が、次第に低下する傾向がみられたことを確認した。封鎖的所有は、二〇〇〇年九月の株式店頭公開によって解かれたが、伊藤伊創業者の家族・同族とその出資会社および従業員持株会による株式所有比率が過半数以下になることはなく、伊藤伊株式会社は創業者の家族・同族・従業員による所有の企業であり続けたことが確認された。

経営陣についてみると、一九九〇年代になると内部昇進の専門経営者も経営陣に加わるようになり、彼ら若手経営陣のほかに、伊藤昌弘より年長の古参番頭型の経営者もおり、伊藤昌弘に請われて外部の人材も経営陣に加わるようになった。年長経営者や外部から伊藤伊に入った経営者は伊藤昌弘を側面から支え、若手経営陣は、主に伊藤伊の幅広く展開する営業の現場での対応や情報・物流システムの高度化を実現する役割を担った。伊藤昌弘は、得意先との信頼と情報共有にもとづく物流・情報機能とマーチャンダイジング機能の高度化および経営効率の向上を唱え、一九九〇年代になると、ＬＣＯ（Low Cost Operation）とＨＣＯ（Highly Competetive Operation）をキイワードとし、これらを実現する担い手たちを「流通技能技術者集団」として、組織構成員の能力の向上を目指した。業界では、伊藤昌弘は一九八〇年代後半以降、父・伊藤弥太郎と同様に、業界を代表する役割も担うこととなった。

伊藤伊が小売直販の推進と営業権の継承や合併によって広域展開を遂げる過程で、小売店への直販量も増やしていったため、次第に仲間卸の取引比率が低下し、一九九〇年代末には五〇％を割り、二〇〇二年度には二〇％台まで低下した。ただし、伊藤伊株式会社自身が仲間卸との取引を意図して縮小したことはなく、小売直販の増加と取引先二次卸の破綻や経営難などがこうした傾向を加速したとみられる。

第五章では、一九八五年の通信自由化にともない、伊藤伊の情報システムの担当者が業界の受発注オンライン化の基盤づくりに尽力するとともに、先駆的企業が構築したＥＤＩのネットワーク・システムに伊藤伊がいち早く加入したことを確認した。自社では、一九八〇年代後半に、物流システムのオンライン化を進めるとともに、勢力を増すコンビニ対応の配送センターも設け、マーチャンダイジング機能の強化にも努めた。一九九〇年代になると、最新の物流センターを新設し、卸売企業としての競争力を強化した。仲間卸との取引にもＥＤＩを導入し、経営支援に努め、さらに独自の棚割システムを開発した。こうした新規展開のための投資の多くは、従来からの内部留保によった。

他方、他からのはたらきかけで、伊藤伊では、同じエリアの有力卸店の経営を継承し、新会社を設けた。これによって、取扱商品の幅を広げるとともに、伊藤伊グループとしての経営の第一歩を踏み出した。創業の業務のひとつであった蠟燭製造部門の工場を法人化した企業や、運送業務の企業などもグループの一員となった。さらに、伊藤伊はＰ＆Ｇの中核代理店としての指定を受けて、その取引関係も強化させた。

岐阜県所在の伊藤伊の仲間卸三企業が、北陸の有力企業に合併されたことは、伊藤伊の小売直販の強化と、伊藤伊グループ企業と岐阜県企業ケンセキとの水平的合併という二つの点で大きなインパクトを与えた。ただし、この時期の伊藤伊としても、創業以来の仲間卸（二次卸）尊重の方針を継続したということに注意しておく必要がある。人的資源の増加とともに能力向上がはかられ、対外交渉力や提案能力を培うことになり、将来の経営幹部候補生の充実がはかられた。そうした人々が配置される組織は、情報・物流システムの充実、小売直販の推進、人材の充実といった経営方針の展開に合わせて、たびたび改編された。伊藤伊という卸売企業も、まさに戦略にしたがって組織が改編されたのである。

第六章では、伊藤伊が一九九〇年代後半から二〇〇〇年代初期にかけて岐阜、京都、神奈川、石川、静岡、群馬、東京、長野、大阪へと営業拠点を拡げてゆく過程を追いながら、伊藤伊の水平的広域展開の客体的要因の多くが伊藤伊と直接・間接に縁のあった同業他社の経営難への支援や取引先のニーズへの要請によるものであったことを明らかにした。伊藤伊の水平的広域化の契機は、多分に受動的・他律的なものであったといえるが、受動的な契機を好機と捉えた経営判断は、何よりも重要な戦略的な主体的条件であった。さらに経営拠点の持続的な営業力強化のためにも、能動的かつ自律的主体性が発揮されたのであり、それらを担える人材に恵まれたことも伊藤伊にとって大いなる主体的条件となった。彼らによって構築された物流や情報のシステムそれ自体の優位性も、広域化を可能とした主体的なシステム的要因であった。人的資源やシステムの面の効率的運用のために、組織のあり方の改善も継続的になされたのである。

資金面で、伊藤伊内部に蓄積された内部留保や、伊藤伊の信用度も、こうした広域的水平展開を可能にした主体的要因であった。これは、伊藤伊の創業期から長期の時間をかけて蓄積された経営史的資産の面での主体的要因といえる。こうした資産面の余裕は、経営者の意思決定を前向きに促す効果ももったのである。

第七章では、伊藤昌弘が第三代目の社長に就任した一九八五年から株式会社あらたへの統合にいたる二〇〇〇年代前半までの、伊藤伊の売上・利益の構造、財務面の特徴を分析した。伊藤伊は、合併とグループ企業化をともなう広域化と小売直販の増加過程を通じて、売上高、資本金および資産を増大させた。売上の中身についてみると、売上総利益は増加の傾向を辿った。これは、直販による売買差益の増加、小売店への売上割戻金などを補って余りあるメーカーからの仕入割戻や小売店への売上増によって実現した。しかし、営業利益、経常利益は増減を繰り返した。営業利益を圧迫したのは、販売費・一般管理費の増大であった。なかでも、人件費、借地料、運送費、減価償却費の負担が大きかった。運送費関係では、大手小売店に納入する際に徴収されるセンター・フィーなどの負担が次第に重くなっていったことが明らかにされた。経常利益が増えなかったのは、一九九〇年代前半までは営業外損失が発生していたことや、販売費・一般管理費の増加を補完するほどの営業外利益のプラスにならなかったことによる。

仕入先からのリベートの一部は、仕入割戻（仕入原価控除）、仕入割引（営業外収益）などとして、販売先へのリベートの一部は売上割戻（売上高控除）、売上割引（営業外損失）として、それぞれ処理されていることも確認できた。

純利益をみると、増減があったが一九八五年から二〇〇四年の一九年間で約二倍の伸びとなった。その配分をみると、従来のように、内部留保される比率が八〇％以上と高かった。伊藤伊の自己資本比率も、一時期を除いて高く、それゆえ、銀行の信用度も高かった。売掛債権と買掛債務の双方が大きいことが卸売企業の特徴であることが確認されたが、手元流動性もあり、また銀行の短期借入枠も一定程度確保されたので、伊藤伊が資金繰りに困ることはなかった。しかし、広域化にともなう事業規模の拡大のため、従来のように自己資金だけでまかなうことはできず、銀行からの長期借入も必要であった。さらに、取引先の経営破綻は、伊藤伊にとって財務上の負担となったが、それに耐えうる財務力ももっていた。

二〇〇〇年代までの広域化と小売直販の推進によって、伊藤伊は五つの関係会社（子会社）をもつ企業グループとなり、このグループによる総合力をもって、伊藤伊は、広域卸売企業としての経営力を強化していったのである。

2　伊藤伊発展の経営史的特徴と流通経営史上の意義

以上のような検討の結果から、創業の一九〇四年から約一〇〇年にわたる伊藤伊自体の経営史的特徴と、伊藤伊が日本の経営史上に果たした役割を次のように総括することができよう。

伊藤伊の経営史の諸側面のなかでも、まず創業者から三代目までの経営の継承と、それぞれが果たした経営者としての役割についてである。創業者の伊藤伊三郎の時代は、名古屋地区の後発卸売業として万屋的な志向をもって商いの拡充を試み、配給統制期の要となるまでになった。二代目の伊藤弥太郎の時代には、弟の清成の補助も得て、中部地区を中心に多段階取引の範囲を拡げ、弥太郎自身も業界を代表する立場にまでになった。そして三代目の伊藤昌弘は、変化の激しさのなかでそれを敏感に捉える情報の受信・解析能力によって、従来の経営者とは異なった戦略的な経営方針の実現のためのメッセージを発信し、中部地区から関東・関西を商圏とする広域卸売企業にまで発展させたのである。その意味で、三代目の経営者が果たした役割は、伊藤伊の経営史上、大きな革新的意義をもつものであったといってよいであろう。

第二に、そうした経営者の判断や主体性に関わる伊藤伊の外部環境への対応についてである。伊藤伊の転換をなす契機は、概して外部からのはたらきかけや刺激であった。しかし、それに対する対応をみると、それを好機と捉えた戦略的な判断があり、システム構築の面や営業現場などでも、創意・工夫をともなう能動的かつ積極的な主体性をもつものであった。その意味で、伊藤伊の経営では、外圧を受けつつも、それによる他律性を一定程度に抑え込み、残された自律的領域のなかで多面的な革新や改善を内発的に遂行することができたのである。

第三に、主体的な革新を遂行できた自律的領域とその原資についてである。創業から戦後の高度成長期を経て安定成長期にいたるまで、伊藤伊の中心的な取引は多段階取引であり、定常的かつ静態的な商業活動であった。しかし、一九八〇年代後半以降の伊藤昌弘の時代になると、情報通信の自由化や小売勢力の広域化・全国化にともなう物流結節点の変化などがあり、情報通信システムやロジスティック・システムの高度化が必要となった。伊藤伊では、そうした競争力を決定づける主体的条件の面への投資を積極的に行った。そして、その原資のほとんどは、長期間にわたって蓄積された伊藤伊の内部留保と信用によるものだったのである。これらは、いわば伊藤伊の経営三代にわたって蓄積された金融面の自律性発揮の領域であり、またそれを基礎に実現された情報システムや物流システムも、伊藤伊の競争力上の優位性を決定づける領域となった。さらに、合併・統合によって断ち切れる可能性のあった取引の継続や新規取引の開拓を実現した営業力も、自律性発揮の領域であった。

第四に、そうした自律性を発揮する領域での内発的な主体性の当事者、すなわち人的資質の面についてである。伊藤昌弘の周囲の経営陣には、先代の時代からの経営者と、同世代以下の若手経営者、合併などで外部から経営陣に加わった者もいた。なかには、伊藤昌弘に請われて経営陣に加わった者もいた。こうした人々が、多面化・広域化した伊藤伊の経営の判断や舵取りで、リーダーシップと相互補完性を発揮した。さらに、伊藤昌弘の同世代の同業経営者や業界関係者のネットワークも、伊藤昌弘にとって一定程度の補完性をもったであろう。また、伊藤伊内部の若手経営陣のほか、情報システム、物流システム、営業、総務などの自律性発揮の諸領域で、革新や改善や日常業務を遂行した有能な従業員などの人的資源が、大きな主体的条件となって伊藤伊の経営発展を可能にしたのである。

このように捉えると、伊藤伊の広域的水平的展開と小売直販化の遂行という経営革新は、受動的な契機を好機と捉えた経営者判断と、自律性を確保しながら小売直販拡充とシステム高度化に努めた従業員という人的資源面での主体的要因と、構築されたシステムの優位性、さらには経営史的に蓄積された資産という主体的要因があったからこそ可能となったといえよう。すなわち、自律性を失い、受動的な対応にとどまり、人や資金などの主体的条件を備えることができなかった卸売企業は、「問屋無用論」の予測が的中することになってしまったともいえよう。

さて、最後に、伊藤伊の経営発展を遂行した経営革新が日本の流通史上に果たした経営史的意義についてふれておきたい。

伊藤伊の経営戦略は、一九八〇年代前半にいたるまで日本経営史上の一定期間において典型的であった日本型の多段階的取引構造を構築し維持し続ける戦略であった。こうした静態的な戦略は、メーカーによるテリトリー制が明確で、大手小売店の全国展開もみられず、卸店の地理的営業範囲が卸店の本拠地の周辺府県に限定されていた時期までは有効であったといえる。この限界的局面を打破するには、やはり卸売企業の経営革新が必要であった。

これまでみてきたように、情報通信の自由化、小売勢力の広域化・全国化が進むにしたがって、卸売企業にとって仕入先であるメーカー側も、それに対応した合理的な流通システムの再構築に努めなければならなかった。花王のように販社政策によって中間流通部分を自前のシステムにしたメーカーもあったが、多くは中間流通企業との取引を継続する方針をとった。それは、中間流通企業を活用する経済合理性があったからである。伊藤伊をはじめ、この合理性を満たし得る企業のみが、メーカーや新興小売勢力の取引対象となって、社会経済的な役割を果たし続けることができたのである。

その合理性とは、商流、物流、情報流の各面で、卸売企業の垂直的競争の対象となるメーカーや小売勢力が構築する自前の中間流通システム、あるいはメーカーや小売勢力が卸売企業のシステムを包摂して再構築するシステムよりも、優位性を持ち得る経営システムを構築し続けることができたということである。すなわち垂直的競争のなかで、競争力をもち得る経営革新を実現したということである。それらを実現する具体的な中間流通企業の各サブ・システムは、情報・通信システム、ロジスティック・システム、マーチャンダイジング・システム、およびそれらを基盤とした営業面の交渉力などであった。これらの各システムの総合力としての経営のホール・システムが、規模、範囲、速度の経済性のいずれの点でも優位性を保ち得た中間流通企業のみが、「問屋無用論」の予測に反して、各時代の流通システム全体の最適化に貢献する「有用性」をもち続けたのである。

伊藤伊も、そうした社会経済の全体最適を担う企業経営システムの発展を実現し得た中間流通企業であった。そして、競争力を備え広域企業化した伊藤伊それ自体が、中間流通業のナショナル・ホールセラー化の主体ともなっていった。その意味で、伊藤伊の持続的な経営進化の軌跡は、日本の経営史上、流通革命の大きな動因の形成とその作用の過程を示す意義をもつものであったといえよう。

あとがき

本書は、日用雑貨卸売企業の株式会社あらたの前身企業のひとつである伊藤伊の経営史的研究である。すでに前著『地域卸売企業ダイカの展開――ナショナル・ホールセラーへの歴史的所産』（ミネルヴァ書房、二〇一五年三月）で、伊藤伊と統合する一社のダイカについての事例研究を試みた。同書では、一九〇九（明治四二）年に函館で創業したダイカが、一九六九（昭和四四）年の北海道内の有力六社との合併によって道内での地盤を固めた後、一九九〇年代以降、東北そして関東へと南下し、二〇〇四（平成一六）年の四社完全統合によってナショナル・ホールセラーの株式会社あらたとなるまでの過程を検討した。本書は、研究対象の関連からみても、前著のいわば姉妹的研究書といってよい。

本書を構成する各章の論考の初出を、章の順に示すと、次の通りである。

第一章　「伊藤伊にみる地域有力卸企業の経営基盤形成過程」（明治大学経営学研究所『経営論集』第六一巻第二号、二〇一四年三月）

第二章　「伊藤伊にみる一九六〇年代後半から八〇年代前半の地域有力卸売企業の経営体制」（明治大学経営学研究所『経営論集』第六二巻第一・二号、二〇一五年三月）

第三章　「伊藤伊にみる一九六〇年代後半から八〇年代前半の多段階取引経営の特徴」（明治大学経営学研究所『経営論集』第六二巻第三・四号、二〇一五年三月）

第四章　「一九八〇年代半ばから二〇〇〇年代前半の伊藤伊にみる地域有力卸売企業の所有と経営および取引関係

の変容」（明治大学経営学研究所『経営論集』第六三巻第一・二号、二〇一六年二月）
第五章「一九八〇年代後半から九〇年代半ばまでの伊藤伊にみる地域有力卸売企業の機能進化と水平的広域展開の端緒」（明治大学経営学研究所『経営論集』第六三巻第三・四号、二〇一六年三月）
第六章「一九九〇年代後半以降の伊藤伊にみる地域有力卸売企業の水平的広域展開と全国卸への布石」（明治大学経営学研究所『経営論集』第六四巻第一・二・三号、二〇一七年三月）
第七章「一九八五年以降の伊藤伊にみる広域卸売企業の損益・財務面の特徴」（明治大学経営学研究所『経営論集』第六五巻第二・三・四号、二〇一八年三月）

第一章に関する論考では、明治大学社会科学研究所研究費・二〇一二（平成二四）〜二〇一三（平成二五）年度・個人研究「戦後日本の有力地域卸売企業の展開の経営史的研究」、第二章、第三章、第四章、第五章、第六章、第七章に関する論考では、二〇一三（平成二五）〜二〇一七（平成二九）年度・科学研究費助成事業（学術研究助成基金助成金）（基盤研究(c)）「一九八〇年代以降の日本における日用雑貨卸企業の経営展開の経営史的研究」課題番号：25380448の助成をそれぞれ得ることができた。

また、これらの論考を作成する過程で、明治大学図書館、学習院大学図書館、立教大学図書館、弘前大学図書館、秋田県立図書館、岩手県立図書館、仙台市民図書館、新潟県立図書館、新潟市ほんぽーと中央図書館、県立長野図書館、長野市立図書館、石川県立図書館、愛知県図書館、京都府立図書館、京都市図書館、中日本商業新聞社、石鹸新報社、日用品化粧品新聞社、日本商業新聞社、全国化粧品日用品卸連合会、株式会社パルタック、中央物産株式会社、音羽殖産株式会社（旧伊藤伊株式会社の関係会社）などの所蔵文献・史料を調査させていただいた。記して、関係者の御協力に感謝の意を表したい。

前述のように、本書は前著の姉妹的研究書ではあるが、本書の各章を構成するこれら論考では、検討の対象となった経営史料の豊富さや、当事者への聞き取り調査の範囲と頻度などの面で、前著を大きく上回っている。それゆえ、前著では、検討が及ばなかった諸側面に立ち入って検討することができた。

検討すべき史料や聞き取り調査の機会に恵まれたのは、伊藤昌弘氏とのご縁をいただいたからである。筆者が、伊藤昌弘氏と初めてお会いしたのは、二〇一〇年六月八日である。ダイカの大公一郎氏のご紹介で、帝国ホテルのフロント前でお会いし、それまでの研究経過や研究の趣旨などをご説明した。伊藤昌弘氏の『日記』には、当日の筆者による説明の内容や印象について書かれているとのことである。その後、同年六月二九日には明治大学にお越しいただき、研究上の打ち合わせと聞き取り調査を行い、伊藤伊の経営史的な事例研究を始めさせていただいた。それから本書の上梓にいたる八年半の間、伊藤昌弘氏には、伊藤伊の経営や各業務に携わった方々、業界の関係者、業界紙誌の関係者など多くの方々をご紹介いただくとともに、伊藤伊の関係会社であった音羽殖産に保管されている伊藤伊の経営史料、伊藤昌弘氏ご自身の手持ち史料や記録などをご提供いただいた。日本の経営史研究のなかでの流通史の事例研究の意義をお認めいただき、積極的にご協力いただいた大公一郎氏と伊藤昌弘氏、伊藤氏のご紹介でご協力いただいた関係者にも、心よりお礼を申し上げたい。

ところで、前々著『日本的流通の経営史』（有斐閣、二〇〇七年一一月）や前著のあとがきでも記したが、筆者は、日本の流通史に関わる二人の学者と接点をもっていた。おひと方は田島義博先生（故人）であり、もうおひと方は林周二先生である。田島先生には、学習院大学経済学部の指定校推薦入試の面接試問でお会いした。林周二先生は、筆者が一九八八年四月に赴任した静岡県立大学経営情報学部の初代学部長であられた。大学在学時は経営史の世界に入っていったがまだ流通の歴史への関心は薄く、大学院在籍時から静岡県立大学着任当時までは、最初の研究書『科学的管理法の日本的展開』（有斐閣、一九九八年一二月）を構成する各論考の研究に取り組んでいた。このため、両先生に流通に関してご指導を賜る機会はなかった。しかし、その後、日本の流通に関するテーマに研究の中心を移すにしたがって、両先生との奇縁がこうした方向への誘いとなったのではという思いも次第に強まっていった。

本書は、筆者の単著研究書としては四冊目であり、その他の経営史的な単著書を含めても七冊目の単著書にすぎない。最初の単著研究書が上梓されてから、二〇年余りも過ぎてしまった。「光陰矢のごとし」「老い易く学成りがたし」を痛感している。それでも、筆者が経営史という難しくもおもしろい研究を続けることができたのは、多くの先生方のご指導のおかげである。学部時代の指導教授の湯沢威先生、大学院時代の指導教授の由井常彦先生には、今でも折りにふれて、さまざまな研究上のご示唆をいただいている。森川英正先生、米川伸一先生（故人）、宇田川勝先生、大東英祐先生ほか、多くの先生方のご指導やご支援も、筆者にとって研究を進める上での大きな励みとなっている。諸先生方に、深くお礼を申し上げたい。

本書の序文の業界の全体像や系譜については、株式会社プラネット顧問でアイリスマーケティング研究所代表の山田啓蔵氏と石鹸新報社の由上優氏にご教示いただいた。石鹸新報社のほか、中日本商業新聞社、日用品化粧品新聞社、日本商業新聞社など業界各紙の方々にもいろいろとご教示いただいた。これら業界紙関係の方々に深くお礼を申し上げたい。また、本書の企画・出版に際しては、株式会社ミネルヴァ書房の堀川健太郎氏にお世話になった。また編作業では、同社中川勇士氏にたいへんお世話になった。ミネルヴァ書房の関係者にも、お礼を申し上げたい。

なお、本書で対象とした伊藤伊などの卸売企業が扱う日用雑貨用品の主要商品のひとつである石鹸・洗剤の業界の発展過程に関心のある方は、拙著『産業経営史シリーズ10　石鹸・洗剤産業』（日本経営史研究所、二〇一六年九月）を、ご一読いただきたい。また、この業界の有力メーカーの創業者や革新を遂行した経営者については、拙著『シリーズ情熱の日本経営史③　暮らしを変えた美容と衛生』（芙蓉書房出版、二〇〇九年四月）、拙著『日本の企業家9　丸田芳郎』（ＰＨＰ研究所、二〇一七年九月）を参照されたい。

二〇一九年一月

佐々木　聡

人名・組織・企業名索引

（＊は人名、「株式会社」は省略した。）

ア　行

カ　行

サ　行

タ　行

マ　行

ヤ　行

ラ・ワ行

欧　文

事項索引

ア 行

カ 行

サ　行

タ　行

マ　行

ヤ　行

ラ・ワ行

欧　文

《著者紹介》

佐々木　聡（ささき・さとし）

1957年　青森市生まれ。

1988年　明治大学大学院経営学研究科博士後期課程単位取得退学。

1995年　博士（経営学）（明治大学）。

現　在　明治大学経営学部教授。

主　書　『科学的管理法の日本的展開』（有斐閣，1998年）

『日本的流通の経営史』（有斐閣，2007年）

『シリーズ情熱の日本経営史③　暮らしを変えた美容と衛生』（芙蓉書房出版，2009年）

『地域卸売企業ダイカの展開――ナショナルホールセラーへの歴史的所産』（ミネルヴァ書房，2015年）

『産業経営史シリーズ10　石鹸・洗剤産業』（日本経営史研究所，2016年）

『日本の企業家９　丸田芳郎』（PHP研究所，2017年）

『日本の企業家群像』（編著，丸善，2001年）

『日本の戦後企業家史』（編著，有斐閣，2001年）

『日本の企業家群像Ⅱ』（編著，丸善出版，2003年）

『日本の企業家群像Ⅲ』（編著，丸善出版，2011年），ほか多数。

中部地域有力卸売企業・伊藤伊の展開

――多段階取引から小売直販への移行と全国卸あらたへの道――

2019年３月10日　初版第１刷発行　〈検印省略〉

定価はカバーに
表示しています

著　者　佐々木　聡

発行者　杉田啓三

印刷者　藤森英夫

発行所　株式会社　ミネルヴァ書房

607-8494　京都市山科区日ノ岡堤谷町１

電話代表　(075)581-5191

振替口座　01020-0-8076

亜細亜印刷・新生製本

ISBN978-4-623-08479-1

Printed in Japan